U0948996

司馬溫公
資治通鑑

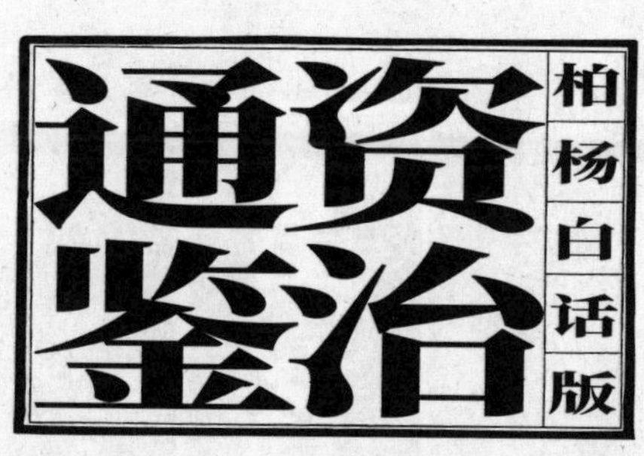


# 第二部

柏杨 著

黄老之治
开疆拓土
宫廷斗争
万里诛杀

人民东方出版传媒
東方出版社

# 黄老之治

# 导读

在进入西汉王朝后，开始出现一种烦人的现象，那就是：不断刊出当事人的奏章，诸如“上书”“对策”之类，长篇累牍，活像老太婆的裹脚布。很多《资治通鉴》读者，厌烦它厌烦到极点，从来都不看它。有些读者甚至索性用笔把它涂掉，免得扰乱视听。但它却多得要命，仅在《黄老之治》中，这些文件便占了大量篇幅。

读者所以厌烦这些文件，主要因为它们是用文言文写的，具有文言文夹缠混乱的缺点，再加上一个连一个陌生典故，使人望风而逃。这些困难，在翻译过程中，也头大如斗。不过我们必须了解，这些都是重要文献，当时社会的和政治的形态，以及人民的痛苦——时代的整个横断面，都在这些文件上历历呈现，它们包含了太多和太重要的史料，像董仲舒先生五千余字的“对策”，竟使中国人的思想，被统一两千余年。像主父偃先生的“上书”，可从中了解“汉匈”战争中，由于西汉政府官员腐败，人民的悲惨命运，在对外抗战的光芒下，掩藏着多少血泪。

柏杨　一九八三·一二·一五

目录

纪元前二世纪

六〇年代

前一四〇—前一三一年

西汉王朝

●罢黜百家，独尊儒术●攻击闽越王国●马邑之役●灌夫骂座



纪元前二世纪

七〇年代

前一三〇—前一二一年

西汉王朝

●唐蒙通夜郎●张骞通西域●卫青大破匈奴汗国●匈奴浑邪王投降

# 四〇年代

纪元前二世纪

前一六〇—前一五一年

西汉王朝

- 周亚夫屯军细柳。
- 七国之乱。
- 公主初嫁匈奴单于。

- 大月氏占阿姆河流域，压迫刹卡族南迁。
- 罗马军团在西班牙跟琉西泰尼阿人战争。

# 纪元前一六〇年 辛巳

西汉　文帝后元　四年

**1** 夏季，四月三十日，日蚀。

**2** 五月，西汉王朝政府（首都长安〔陕西省西安市〕）赦天下。

**3** 西汉帝（五任文帝）刘恒（本年四十三岁）前往雍县（陕西省宝鸡市凤翔区）。

# 纪元前一五九年 壬午

西汉　文帝后元　五年

1 春季，正月，西汉王朝（首都长安〔陕西省西安市〕）皇帝（五任文帝）刘恒（本年四十四岁），出游陇西（甘肃省临洮县）。

三月，刘恒返雍县（陕西省宝鸡市凤翔区）。

秋季，七月，刘恒前往代国（首府晋阳〔山西省太原市〕）。

# 纪元前一五八年——癸未

西汉　文帝后元　六年

**1** 冬季，匈奴汗国（王庭设蒙古国哈拉和林市）大举南下，三万人攻入西汉王朝（首都长安〔陕西省西安市〕）上郡（陕西省延安市），三万人攻入云中（内蒙古托克托县），屠杀掳掠，损失惨重，烽火直抵甘泉（陕西省淳化县西北），首都长安（陕西省西安市）震动（烽火台，乃古代的人造卫星，专门传递军事上紧急情况。从首都作放射形状，分别通往边疆或各封国，每隔十公里或十五公里，建筑高大的碉堡。碉堡上除了战士日夜二十四小时轮班眺望外，还储备木柴和狼粪。夜间燃起木柴，谓之烽火；白天燃起狼粪，谓之狼烟。据说，狼粪的烟，比较有凝聚力，直冲天际，不容易被风吹散。如果敌人发动攻击，烽火台燃起烽火狼烟，消息会很快传到首都，中央就可发兵赴援。如果首都有难，各封国也可以立刻得到消息，起兵勤王）。

西汉帝（五任文帝）刘恒（本年四十五岁）任命高级国务官（中大夫）令免（令，姓），当车骑将军，进驻飞狐（河北省涞源县南）。故楚国（首府彭城〔江苏省徐州市〕）宰相（相）苏意，担任将军，进驻句注（山西省代县西北二十五公里）。将军张武，进驻北地（甘肃省庆阳市西峰区）。河内郡（河南省武陟县）郡长（太守）周亚夫，也当将军，进驻细柳（陕西省咸阳市西南）。皇族事务部长（宗正）刘礼，也当将军，进驻霸上（陕西省西安市东灞河畔）。祝兹侯徐厉，也当将军，进驻棘门（长安城北面西头第一门），严加戒备。

刘恒御驾亲自劳军，先到霸上（陕西省西安市东灞河畔）跟棘门（长安城北面西头第一门），统帅一听说天子驾到，立刻大开辕门，率领官兵，列队恭迎。刘恒一行皇家卫队，浩浩荡荡，穿过军营，如入无人之境。接着，抵达细柳（陕西省咸阳市西南），细柳营垒，警戒森严，军官身穿盔甲，士兵全副武装，弓上弦、刀出鞘，鸦雀无声，皇帝仪队先到，被岗哨拦阻，不能前进。仪队队长传话说："天子驾到！"民兵司令（都尉）回答说："将军（周亚夫）有令：'军中只服从将军（周亚夫）命令，不服从天子（皇帝刘恒）诏书。'"一会工夫，刘恒抵达，仍不能前进。遂派人"持节"告诉统帅周亚夫："我准备入营劳军。"周亚夫才传令打开辕门。辕门卫兵长向皇家卫队请求："将军（周亚夫）有令，军营之中，不可以奔驰。"于是，刘恒手扶马鞍，慢慢前进。将到虎帐，周亚夫手持兵器，向刘恒作了一揖（揖，伸直手臂，双手相握，上下举动，是一种平等地位相待的礼节），说："身穿铠甲的武士，不便于下跪，请准允用军礼参见。"刘恒至为感动，面容不由得不变严肃，用手扶着车厢前横木，微微躬身行礼，教人传话致歉说："皇上恭敬的慰劳将军。"完成仪式后告辞。

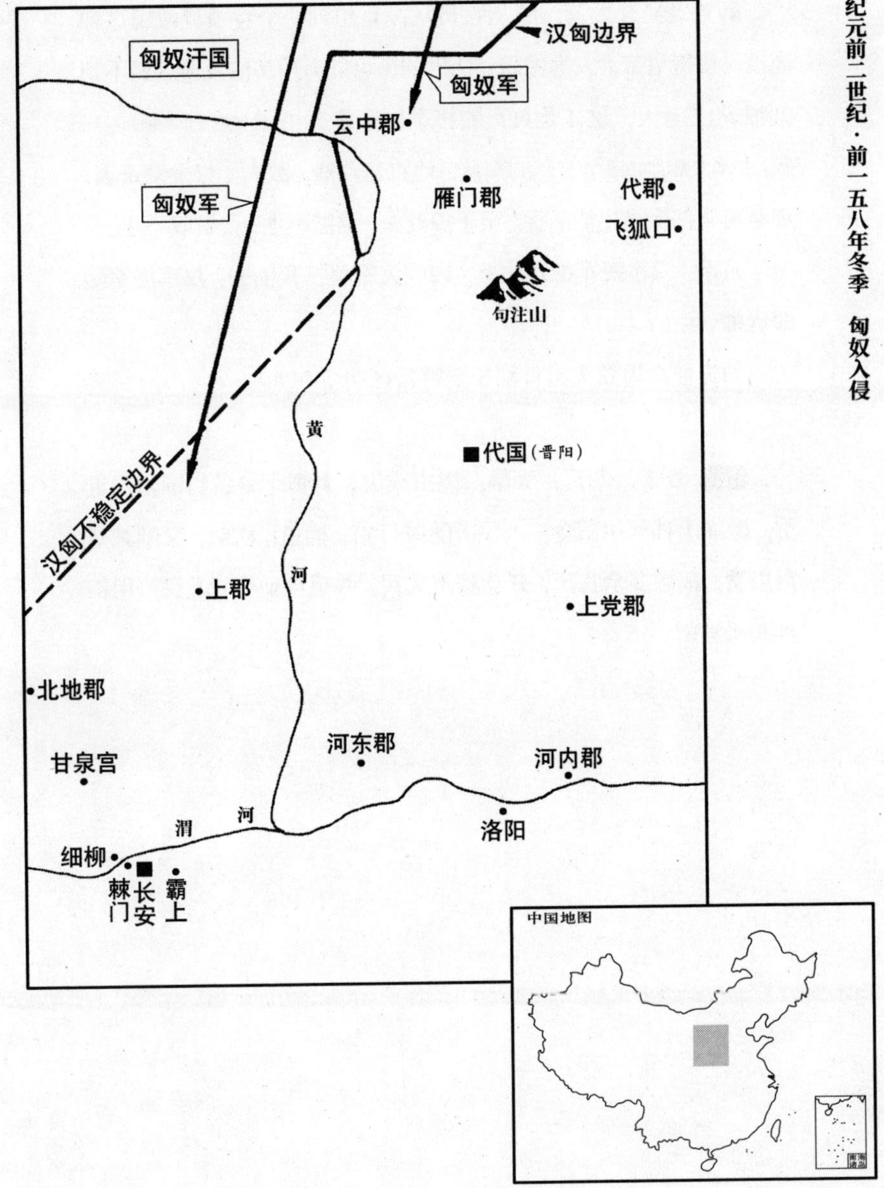


纪元前二世纪·前一五八年冬季　匈奴入侵

御驾既离开大营，随从官员从没有想到一个将领竟敢用这种态度，接待皇帝，大为惊恐，认为刘恒可能有严厉的反应。想不到刘恒说："老天，这才是真正的将军！像霸上（陕西省西安市东灞河畔）、棘门（长安城北面西头第一门）的军队，简直是儿戏，敌人如果发动奇袭，那些将领都会被生擒活捉。至于周亚夫，谁能碰他？"赞叹不止。

月余，汉军援军抵达边塞，匈奴大军早扬长而去，汉军援军随即班师。

刘恒任命周亚夫当首都长安警备区司令（中尉）。

**2** 夏季，四月，大旱，蝗虫成灾。刘恒下令各封国暂停进贡，撤除山林河川禁令，人民可随时打猎、捕鱼、砍柴，又削减皇宫用费，裁撤多余官员，开仓救济灾民。并重申前令：人民可用粮食购买官爵。

# 纪元前一五七年 甲申

西汉 文帝后元 七年

1 夏季，六月一日，西汉王朝（首都长安〔陕西省西安市〕）皇帝（五任文帝）刘恒（本年四十六岁），在未央宫逝世。遗诏说："我听说，天下万物，既然有生，必然有死。死是天地自然的道理，和万物自然的归宿，有什么悲哀？当今之世，人们都庆幸活命，厌恶死亡，以致使葬礼成为一种严重的奢侈浪费。人们为了陪葬丰富（厚葬），往往弄得家产败破。为了守丧的时间太长（儒家系统坚持：父母去世，儿女要守三年之丧，只能每天哀痛，不能做任何工作），全家生活，都受到伤害，我不赞成这种作法。我既缺乏恩德，对人民又没有什么帮助，而今去世，却教人民如此待我，冒犯酷热严寒的时令，使父子陷于悲哀，长辈陷于痛苦。守丧期间再限制饮食，连鬼神都不可以祭祀，更是增加我的罪过，怎么对得起天下？

“我被允许承担保护祖先祭庙（宗庙）的责任，以渺小的身躯，居于天下君王之上，二十余年。感谢上苍神灵，国家福气，境内一派升平，没有战争。我虽然并不聪明，但总是害怕自己的行为，或有过失，玷污先帝（刘邦）盛大的恩德。也害怕寿命太长，辜负此心。而今，幸而得以享尽天年，将追随先帝（刘邦）在天之灵，还有什么值得哀念？

“我下令给天下官民：遗诏颁布之时，哭临祭礼，以三天为限，三天之后，脱下丧服。不可禁止人民娶媳妇、嫁女儿，不可禁止人民祭祀、饮酒、吃肉。凡是哭临祭礼的，不必赤脚（古时赤脚，表示哀痛）。头上系的麻巾、脚上扎的麻绳，长度都不要超过三寸。出殡时，不要出动车队跟军队，不要发动人民到宫殿哭泣。应该到宫殿哭泣的亲属或官员，早上和晚上每十五个人一组，致祭时才哭。祭罢，即应停止。除非是早晚规定时间，不准任何人擅自到祭坛哭泣。

“安葬之后，应穿九个月丧服的（大功），改穿十五日。应穿五个月丧服的（小功），改穿十四日。应穿三个月丧服的（缌麻），改穿七日。期满即行脱下（葬礼，是儒家学派最最重要的一项仪式，它的繁杂跟精密，可跟最新的太空科技相比。仅丧服一项，就花样百出，学者专家研究三年也未必清楚，大略是：依血缘的亲疏远近，分为五等，穿五等丧服，称“五服”。第一等最重，“斩衰”，子为父、臣为君、妻为夫、封国国君为皇帝，穿生麻布丧服，不缝边，守丧三年。第二等次重，“齐衰”，孙为祖父母、夫为妻、已嫁女为父母，穿熟麻布丧服，缝边，守丧分别为三年、三月。第三等中级，“大功”，为堂兄弟堂姐妹、已嫁女为伯父叔父，穿普通粗白布丧服，守丧九月。第四等次轻，“小功”，为曾祖父母、叔祖父母、伯祖父母，穿普通细白布丧服，守丧五月。第五等最轻，“缌麻”，为高祖父母、表兄弟，穿细质白布丧服，守丧三月。参考五七四年）。本诏书没有明确规定的，一律比照已经明确规定的办理，向天下宣布，使人民知道我所做的决定。霸陵山川（霸陵，陕西省西安市东，刘恒坟墓所在。参考前一七八年），仍保持原状，不要更改。我的姬妾，‘夫人’以下直到‘少使’，都送她们各回各的娘家。”（前二世纪初叶，刘恒、刘启时代，西汉宫廷小老婆群编制〔皇后一人，位爵比皇帝，不在此限〕，共分七级：第一级“夫人”，位比丞相，爵比亲王。第二级“美人”，位比上卿，爵比列侯。第三级“良人”，位比中二千石，爵比关内侯。第四级“八子”，位比真二千石，爵比大上造〔文官五级〕。第五级“七子”，位比二千石，爵比少上造〔文官六级〕。第六级“长使”，位比千石，爵比中更〔文官八级〕。第七级“少使”，位比千石，爵比左更〔文官九级〕。每一级并不限于一人，看皇帝高兴，想有多少就有多少。）

六月七日，把刘恒安葬霸陵（陕西省西安市东）。

刘恒在位二十三年，宫廷、花园、车骑、服装，都没有增添。有必须修建补充的，宁可使它废弃，也不骚扰人民。曾经准备兴建一个露台，教工程人员估价，需黄金二千四百两，刘恒吃了一惊，说：“这个数目，是中等人家十家的财产。我继承先帝（刘邦）的宫殿，常觉得不配，要露台干什么？”平常只穿黑色丝绸。最心爱的慎夫人（小老婆群第一级），衣服长度，从不拖到地面，床帐上从没有刺绣。用朴实的生活，作天下表率。兴筑霸陵（陕西省西安市东）坟墓，陪葬的全是陶制品，不准使用金、银、铜、锡之类。顺山陵形势，挖掘洞穴，不再加高。吴王（首府广陵〔江苏省扬州市〕）刘濞假装有病，不来朝见，刘恒就送给他茶几、手杖。高级官员袁盎等，常常不容情面的直言极谏，刘恒总是采纳。张武等受贿案发，刘恒特别再加赏赐，使他内心愧疚。专心以恩德教化人民，所以天下安宁，家家丰裕，人人富足，后世君王，很少能跟他相比。

中国历史上，刘恒属于第一流君王。长期动乱及一个接一个大屠杀，在刘恒手中，尘埃落定，人民终于得到和平。而他的朴实生活，也确为当代建立一个最好榜样。自从上古以降就根深柢固的厚葬，刘恒用实践作了一次使万民赞赏的突破措施。他要求薄葬，并缩短守丧时间。只因帝王之死，可比一头猪之死严重得多，除了有关系的亲属和官员外，连平民都得跟着倒霉。而帝王之丧，谓之“国丧”，国丧期间，人民不准演戏、不准喝酒、不准结婚、不准理发，甚至不准笑逐颜开，都要为那个已死的当权分子，一心一意的悲哀流泪。胆敢拒绝，那可是惹了虎头蜂，非死即伤。

从刘恒的遗诏，可发现一心一意悲哀流泪的人，实在不多，为了支撑场面，政府不得不强迫平民“自动自发”的进宫哭泣。礼教和权势逼人作伪，刘恒都一一禁止。然而，在以后的漫长历史中，统治阶层的老毛病不断发作，虽然有人力主薄葬，结果仍是厚葬，祖先崇拜的情操，使做儿子的人，觉得如不长期守丧，就是不孝；做部属的人，觉得如不搞得热热闹闹，就是不忠。于是，笑话百出，丧礼遂变成一场锣鼓喧天的趣剧，既不严肃，也没有一点悲哀的气氛。

**2** 六月九日，皇太子刘启（本年三十二岁）继位（六任景帝），尊皇太后薄女士当太皇太后，皇后窦女士当皇太后。

**3** 九月，西方天际，出现孛星。

**4** 本年（前一五七）长沙王（首府临湘〔湖南省长沙市〕）吴著逝世，没有儿子，封国撤除。

最初，刘邦（一任帝高祖）对长沙王（文王）吴芮，深为敬重，下诏给监察官（御史）："长沙王（吴芮）忠心耿耿，特准保持王爵，明令公布。"（西汉王朝非姓刘的不得封王，吴姓得以封王，是一项特殊现象。）刘盈（二任惠帝）、刘恭（三任前少帝）、刘弘（四任后少帝）时，又把吴芮的两位庶子，封成侯爵，传位几代，嫡子才绝。

# 纪元前一五六年 乙酉

西汉　景帝前元　元年

1 冬季，十月，西汉王朝（首都长安〔陕西省西安市〕）宰相（丞相）申屠嘉等奏称："功劳莫大于高皇帝（一任帝刘邦），恩德莫盛于孝文皇帝（五任帝刘恒）。所以建议：高皇帝（刘邦）祭庙名'太祖'，孝文皇帝（刘恒）祭庙名'太宗'。天子应世世代代祭祀'太祖'，各封国及地方首长应祭祀'太宗'。"（建立政权的叫"祖"，管理政权的叫"宗"。但特别有大功勋的皇帝祭庙，有时也叫"祖"。）皇帝（六任景帝）刘启（本年三十三岁）批："可。"

**2** 夏季，四月二十二日，赦天下。

**3** 西汉政府派最高监察长（御史大夫）陶青，到代郡（河北省蔚县）跟匈奴汗国（王庭设蒙古国哈拉和林市）接触，谋求和解。

**4** 五月，恢复征收人民一半田赋（前一六八年，减收一半。前一六七年，免收全部），普通税率，定为三十分之一。

**5** 最初，五任帝刘恒废除肉刑（参考前一六七年），表面上看起来，是减轻刑罚，实质上却更残忍，不但不能救人，反而杀人。应砍断右脚趾的，固然处死。应砍断左脚趾的，改用藤条鞭打五百。应割鼻子的，改用藤条鞭打三百。没有人能承受得了，鞭打未完，人已断气。

本年（前一五六），刘启下诏："鞭打跟死刑没有分别，幸而不死，已造成伤残，终生不能行动。现在规定：应打五百鞭的，减为打三百鞭。应打三百鞭的，减为打二百鞭。"

**6** 任命中级国务官（太中大夫）周仁，当宫廷禁卫官司令（郎中令），张欧当司法部长（廷尉）。楚（元）王（首府彭城〔江苏省徐州市〕）刘交的儿子平陆侯刘礼，当皇族事务部长（宗正）。高级国务官（中大夫）晁错（晁，音cháo〔潮〕），当首都长安特别市长（内史）。

周仁在刘启当太子时，做太子宫随从官（太子舍人），清廉谨慎，深受刘启喜爱。张欧也在太子宫做事，虽然精通法令，但为人忠厚。刘启也很敬重，擢升他们担任部长级（九卿）高官。张欧当法官，从来没有拷打过人，在官位上诚挚宽大，僚属部下也认为他是敦厚长辈；不敢作大的欺骗。

# 纪元前一五五年

## 丙戌

西汉　景帝前元　二年

**1** 冬季，十二月，西南天际，出现孛星。

**2** 西汉王朝（首都长安〔陕西省西安市〕）皇帝（六任景帝）刘启（本年三十四岁），下令天下男子，年满二十，就应开始服劳役、当官差，供政府派遣（原规定，男子二十三岁才开始服劳役、当官差，现在提前）。

**3** 春季，三月二十六日，刘启封皇子刘德当河间王（首府乐成〔河北省献县〕)、刘阏当临江王(首府江陵〔湖北省江陵县〕)、刘馀当淮阳王(首府陈县〔河南省周口市淮阳区〕)、刘非当汝南王(首府平舆〔河南省平舆县西北射桥镇〕)、刘彭祖当广川王(首府信都〔河北省衡水市冀州区〕)、刘发当长沙王(首府临湘〔湖南省长沙市〕)。

**4** 夏季,四月二十五日,太皇太后薄女士逝世。

**5** 六月,宰相(丞相)申屠嘉逝世。

当时,首都长安特别市长(内史)晁错,常要求皇帝单独召见,刘启无不允许。宠幸荣耀,超过九部部长(西汉王朝初期九卿:一、祭祀部长〔奉常〕,二、宫廷禁卫官司令〔郎中令〕,三、皇城保安司令〔中大夫令〕,四、交通部长〔太仆〕,五、司法部长〔廷尉〕,六、外籍官民接待总监〔典客〕,七、皇族事务部长〔宗正〕,八、粮食部长〔治粟内史〕,九、宫廷供应部长〔少府〕),法令不断变更。申屠嘉相形见绌,所作建议,刘启都不采用,所以对晁错深为嫉恨。正巧,晁错当首都长安特别市长,从他家前往市政府,出了大门后,必须绕道才行。晁错就在南墙另开一门,而墙外却是刘邦(一任帝高祖)的老爹刘执嘉祭庙(太上皇庙)墙外的余地。报复的机会来了,申屠嘉弹劾晁错"穿过太上皇庙墙",要求处斩。还没有行动,消息泄漏,晁错吓出冷汗,连夜入宫晋见刘启自首。第二天早朝,申屠嘉呈上奏章,请斩晁错。刘启说:"晁错穿的并不真是太上皇(刘执嘉)祭庙的墙(庙垣),不过是墙外余地(壖垣),一些闲杂官员住在那里,并没有关系。而且,这是我命令他做的,跟他无干。"申屠嘉吃了闷棍,向刘启道歉。早朝之后,申屠嘉对他的秘书长(长史)说:"我后悔没有先诛杀晁错,再行奏报,竟然跳到他的圈套里。"回到家里,大口吐血,遂即不起。而晁错也因此越加尊贵。

**6** 秋季，西汉王朝再度跟匈奴汗国（王庭设蒙古国哈拉和林市）和解。

**7** 八月一日（八月丙辰朔，没有丁未），刘启擢升最高监察长（御史大夫）开封侯陶青，继任宰相（丞相）。

八月二日，擢升首都长安特别市长（内史）晁错，当最高监察长（御史大夫）。

**8** 东北天际，出现彗星。

**9** 秋季，衡山（安徽省霍山县西南霍山）天降冰雹，大的有五寸，深入地下二尺。

**10** 天象：火星（荧惑）忽然反方向运行，接近北极星（北辰）；月亮出现在北极星左右。木星（岁星）反方向运行，进入太微星座（中国古代星象学家，认为北极星和太微星，象征地上君王之位，尊严不可侵犯。如果有其他星体接近、穿过或进入，显示将有犯上作乱的事件。但我们不懂如何穿过或进入，还待天文学家指示）。

**11** 梁（孝）王（首府睢阳〔河南省商丘市〕）刘武，因为是窦太后最小的儿子，受到特别宠爱。梁国（首府睢阳〔河南省商丘市〕）辖四十余县，拥有天下最肥沃的农田。中央对他的赏赐，多到无可计数。仓库里的金钱，有万万之数，珠玉宝器，比皇帝老哥刘启的都多。在国内兴筑东花园（东苑），方圆三百余华里，把首府睢阳城（河南省商丘市）扩充到方圆七十华里。大肆兴建宫殿、双层道，从王宫接连平台（睢阳城东十公里，刘武的离宫），长达三十余华里。广为招请四方英雄豪杰，像吴国（首府广陵〔江苏省扬州市〕）人枚乘、严忌，齐国（首府临淄〔山东省淄博市东临淄区〕）人羊胜、公孙诡、邹阳，蜀郡（四川省成都市）人司马相如之辈，都作为他的宾客。

刘武每次到长安朝见，刘启都派使臣“持节”，带着皇帝御用的车辆卫队，到函谷关（河南省灵宝市东北）迎接。到了长安之后，宠幸无比。入宫晋见皇帝，与刘启同坐一辆辇车；出宫到御花园（上林苑）打猎，又跟刘启同坐一辆御车。因而要求留在长安，一留就是半年。梁国的王宫随从（侍中）、禁卫官（郎）、王宫礼宾官（谒者），进出宫廷，跟中央同等职位的官员，没有分别。

# 纪元前一五四年 丁亥

西汉 景帝前元 三年

1 冬季，十月，西汉王朝（首都长安〔陕西省西安市〕）梁（孝）王（首府睢阳〔河南省商丘市〕）刘武再到首都长安朝觐。这时，西汉帝（六任景帝）刘启（本年三十五岁）还没有指定太子。有一天，兄弟二人欢宴，刘启从容说："等我死了之后，把宝座传给你。"刘武急忙推辞，虽然知道并不是认真的话，但心里暗喜，娘亲窦太后心里也暗喜。皇后宫总管（詹事）窦婴，罚刘启一杯酒，说："天下，是高祖（一任帝刘邦）的天下，依照规定，一定父子相传，这是西汉王朝的法则，陛下怎么有权传位梁王（刘武）？”窦太后因此讨厌窦婴，宣称窦婴有病，把他免职，撤销他出入宫廷的资格（门籍），不准朝觐。刘武由此更加骄傲。

**2** 春季，正月二十二日，减刑。

**3** 长星（彗星的一种，象征战争）在西方天际出现。

**4** 洛阳（河南省洛阳市东白马寺东）东宫（刘邦所建的宫殿）失火。

**5** 最初，五任帝（文帝）刘恒在位时，吴国（首府广陵〔江苏省扬州市〕）太子刘贤，到长安（陕西省西安市）朝见。跟当时还是太子的刘启，在一块吃酒赌博。刘贤在赌桌上争胜，口出不逊，态度恶劣，刘启拿起赌博用的木板，向刘贤投击，刘贤当场死亡。中央政府把他的棺柩送回安葬，棺柩抵达吴国（首府广陵），吴王刘濞忿忿说："我们姓刘的，都是一家人，死在长安，就葬在长安，何必多此一举。"又把棺柩送回，葬在长安。

自此之后，刘濞开始不遵守封国应守的礼节，声称有病，不再到长安朝见。中央政府知道原因何在，当下逮捕吴国（首府广陵）的使节，印证审问。刘濞恐惧，遂兴起叛变意图。后来，刘濞派使节到长安，代表他秋季朝见（封国国君，每年春秋二季，定期到长安晋见皇帝，春季称"朝"，秋季称"请"。刘濞应亲自来而没有亲自来）。刘恒亲自查问，吴国使节说："我家大王，实际上并没有生病。只因中央政府几次逮捕审问吴国的使臣，大王害怕，只好假装有病。不过，谚语说：'聪明到可以看见深海中的鱼，不是好事。'（比喻皇帝不应探索臣属的隐私，否则臣属恐惧过度，必将生变。）请求陛下原谅他从前的过失，使他能够重新开始。”于是刘恒赦免吴国所有被捕的使节，送他们回去，并再送给刘濞茶几、手杖。体谅他年纪已老，特准不再朝觐。吴国既然免于谴责，阴谋也就中止。

然而，刘濞在他的封国之内，因为拥有可以铸钱的铜矿，和民生必需品的食盐，所以平民不缴任何赋税。凡被征集边疆服役的人，都由吴国政府出钱（西汉王朝制度：不愿当兵的人，可以出钱雇人代替，或把钱缴给政府，由政府招募。刘濞为了收买民心，对于当兵的人，无论自己服役，或代别人服役，都发给费用）。逢年过节（中秋、端午之类），对国内人才，都有慰问，对普通里邻居民，也常有赏赐。其他封国或外郡治安人员，来吴国（首府广陵）追捕逃犯，刘濞都公然拒绝。这种种情形，已历四十余年。

晁错屡屡上书，建议刘恒，乘着刘濞不断犯过，削小吴国（首府广陵）的面积。刘恒宽大，不忍心这么做，于是吴国更为蛮横。

等到刘启即位，晁错再提建议，说：

“当初，高皇帝（刘邦）平定天下，因为兄弟太少，儿子们年纪又幼，大封亲属时，封国都很大。齐国（首府临淄〔山东省淄博市东临淄区〕）七十余县（辖临淄郡、济北郡、博阳郡、城阳郡、胶东郡、胶西郡、琅邪郡），楚国（首府彭城〔江苏省徐州市〕）四十余县（辖彭城郡、东海郡、薛郡），吴国（首府广陵）五十余县（辖东阳郡、吴郡、鄣郡）。这三个封国的国君，不是庶子，就是疏族，却分去了一半天下。而今刘濞因为衔恨他儿子死亡的往事，假装害病，不来朝见，依照古代法律，应该诛杀。先帝（刘恒）不忍心那样做，反而赏赐给他茶几、手杖，恩德太厚，按理他应该自己检讨，改过自新，想不到反而促使他更加骄横。开矿山铸钱，煮海水制盐，引诱天下亡命之徒，阴谋作乱。削减他的土地，他固然反；就是不削减他的土地，他也会反。现在就行动，他反得快，但祸小；现在不行动，他反得迟，但祸大。”

刘启下令高阶层官员（公卿）、侯爵、皇族（宗室），参与讨论，没有人敢反对晁错的建议，只有窦婴认为并不是这么回事，坚不附和，跟晁错之间，遂有芥蒂。

**6** 楚王（首府彭城〔江苏省徐州市〕）刘戊（音wù〔务〕），到长安（陕西省西安市）朝见，晁错弹劾刘戊：去年（前一五五）太皇太后薄女士逝世，守丧期间，他在私宅跟女人上床，应依法斩首。刘启下令赦免死刑，仅削去东海郡（山东省郯城县）。于是，晁错开始一连串打击行动，追查前年（前一五六）赵王（首府邯郸〔河北省邯郸市〕）刘遂，曾犯过失（没有指出什么过失），削去常山郡（河北省正定县）。再追查胶西王（首府高密〔山东省高密市〕）刘卬（音áng〔昂〕），在执行政府卖官事件上，舞弊诈欺，削去六个县（后改置北海郡〔山东省昌乐县东南〕）。

一连串雷厉风行、削减封国土地的措施，造成震撼。中央决策，至为明显。而事实上中央确实也在讨论如何对付吴国（首府广陵）。吴王刘濞大为惊慌，深怕临到自己头上，因而阴谋再起。可是，刘濞发现封国中没有一个人可以商议大事。听说胶西王刘卬勇敢而有谋略，又喜爱兵法，其他封国都有点怕他，于是，刘濞派吴国高级国务官（中大夫）应高，前往晋谒。应高对刘卬说：“天子（刘启）任用奸邪（晁错），听信谗言，削减封国土地，诛杀惩处善良敦厚的忠心干部，打击面一天比一天扩大，谚语说：‘狗吃东西，把糠吃完，就要吃米。’吴国（刘濞）跟胶西国（刘卬），都是有名的封国，一旦被怀疑，我们就再没有自由。吴王（刘濞）身患暗疾（外表虽然健壮，但内部有病），不能前往长安朝觐，二十余年来，一直活在猜忌之中，

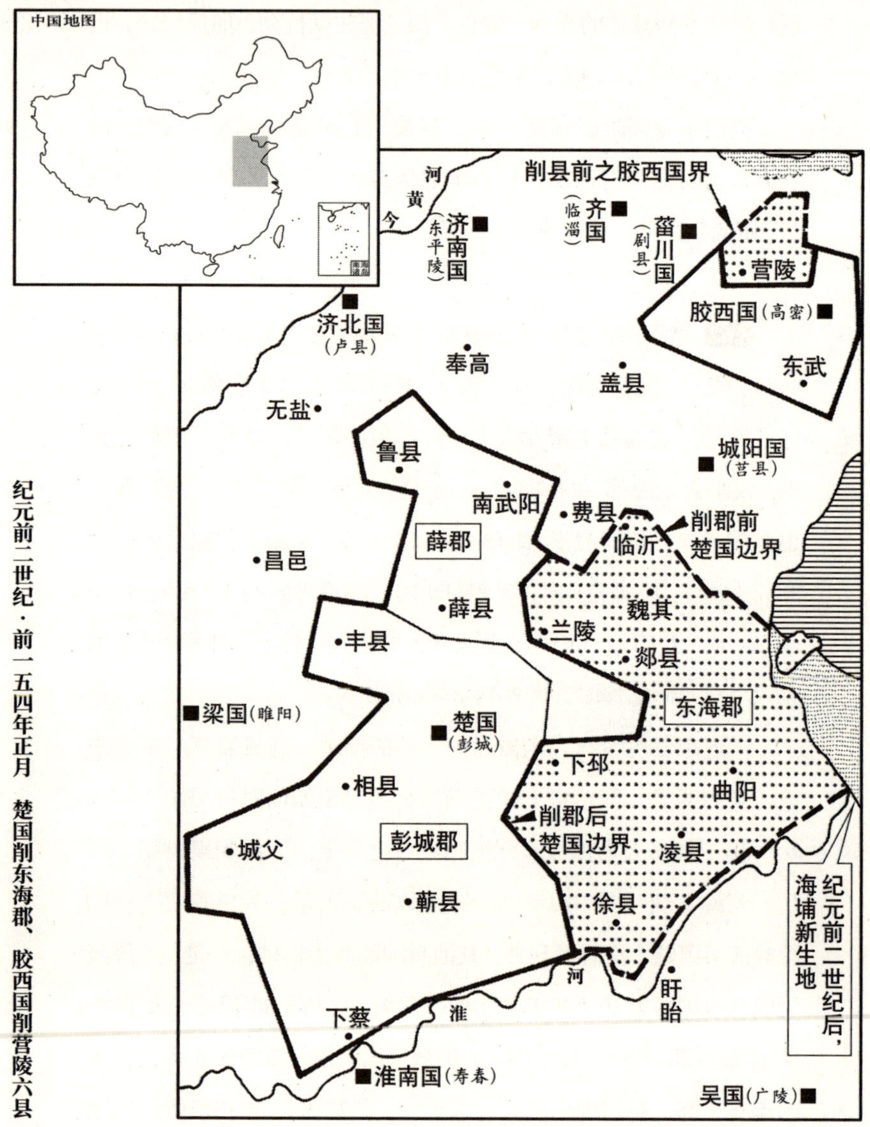


纪元前二世纪·前一五四年正月 楚国削东海郡、胶西国削营陵六县

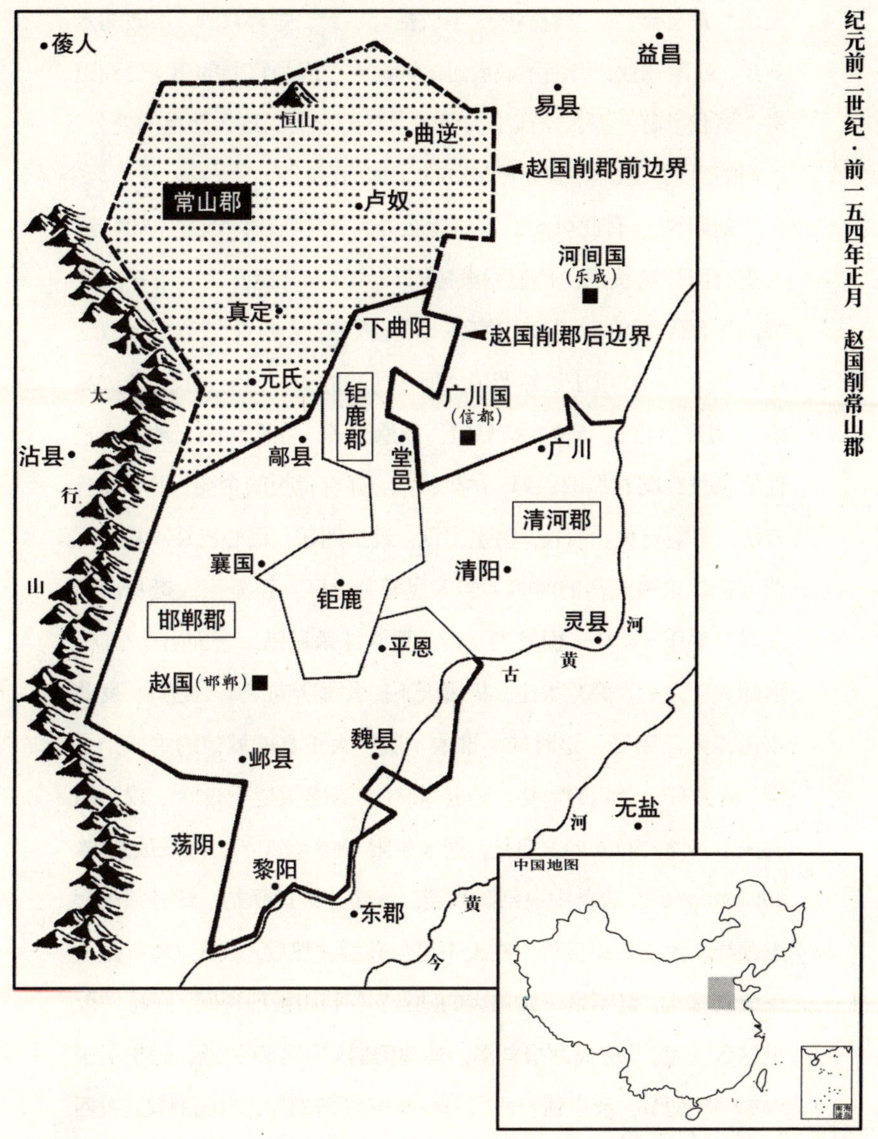
蓚人
益昌
易县
恒山
曲逆
赵国削郡前边界
常山郡
卢奴
河间国
（乐成）
真定
下曲阳
赵国削郡后边界
元氏
钜鹿郡
广川国
（信都）
太
沾县
鄗县
堂邑
广川
行
清河郡
襄国
清阳
山
钜鹿
邯郸郡
灵县
河
平恩
黄
古
赵国（邯郸）
魏县
邺县
无盐
河
荡阴
黎阳
东郡
黄
今
中国地图

无法为自己辩白。耸着肩膀，不敢抬起手臂；并着双脚，不敢前走一步；兢兢业业，仍怕不被放过。听说大王因为官爵的事，受到谴责。据我了解，那么一点小的罪名，不至于受到这么严重的处分。他们的目的，恐怕不仅是削减你的土地而已。”

刘印说：“有此可能，那将怎么办？”应高说：“吴王（刘濞）跟大王有同样的忧虑，他愿意顺应时势，捐弃身躯，为天下铲除灾害，大王意下如何？”刘印惊恐，面无人色，大叫说：“我怎么敢这样？皇上（刘启）用法虽然严厉，顶多要我的命，岂能谋反？”应高说：“最高监察长（御史大夫）晁错，蛊惑天子，夺取封国土地，全是他的主意！国君们的愤怒，达到极点，都有背叛的企图，用尽所有方法，不能避免。而且，彗星出现，蝗虫四起，民心已经动摇，可谓万世以来最难得的时机。当人民怨苦之际，正是圣人挺身而出之时。吴王（刘濞）一面发表文告，要求诛杀晁错，一面出动军队，追随大王之后。翱翔太空，护翼天下。大军所向，无不迎降；发动攻击，无不克复。这时候，谁敢不服？大王真能诚信的给一个承诺，就会有一个新的形势。吴王（刘濞）自当率领楚王（刘戊），攻击函谷关（河南省灵宝市东北）。但是，据守荥阳（河南省荥阳市），夺取敖仓（荥阳市北敖山粮仓），防备中央部队偷袭，修建并维护驿站，却必须由大王领导。大王如果应许，则天下可以并吞。然后，吴王（刘濞）跟大王分割国土，岂不是一件伟大的勋业？”刘印被他说服，回答：“就是这么决定。”应高回报刘濞，刘濞仍怕刘印不够果断，假扮吴国（首府广陵）使节，亲自到胶西国（首府高密）拜访刘印，当面商谈。胶西国官员们多少已听到消息，大为震动，劝告刘印说：“所有封国土地，加起来不过全国土地的十分之二。一旦起兵叛变，徒使太后（刘印的娘）忧虑，不是上等之策。而今侍奉一位皇上（刘启），还这么困难，将来即令事情成功，两主分争，祸患恐怕更大。”刘印不肯听从，并且派出密使，分赴齐国（首府临淄〔山东省淄博市东临淄区〕）、菑川国（首府剧县〔山东省寿光市南〕）、胶东国（首府即墨〔山东省平度市〕）、济南国（首府东平陵〔山东省济南市章丘区〕），各国都同意发动。

**7** 最初，楚国（首府彭城）一任王（文王）刘交，喜爱读书，幼年时，跟三位好友：鲁国申先生、穆先生、白先生（名均不详），拜浮丘伯（浮丘，复姓）为师，同窗学习《诗经》。后来，刘交封楚王，任命三人当高级国务官（中大夫）。穆先生从不饮酒，每逢宴会，刘交总特别在他面前放一杯甜酒。刘交死后，儿子刘郢客继位（二任夷王），照样如此。刘郢客死后，孙儿刘戊（音wù〔务〕）继位（三任今王），起初也一直如此，可是后来竟然忘了这回事。穆先生退席后，说：“可以走了。不再摆上甜酒，说明大王（刘戊）已经懈怠。如果不走，他会把我锁到街头示众。”遂声称有病，卧床不起。

申先生、白先生劝他不要如此，说：“难道我们不思念刘交的恩情？刘戊偶尔一次小小的失礼，何必闹成这个样子？”穆先生说：“《易经》有言：‘洞察到契机的人，简直是神仙！契机，就是引起行动的那种潜意识，跟形成吉凶的先兆。有学问的人，一旦洞察，立刻就做决定，不等到天晚。’刘交父子所以礼敬我们三人，是道义尚在。刘戊忽略，是道义已尽。没有道义的人，怎么能够跟他长期相处？岂只是为了小小的礼节不周？”终于辞职而去。申先生、白先生不相信会有恶果，仍留下来。

刘戊年纪稍长，荒淫凶暴，亲王师傅（太傅）韦孟不敢直言教导，只敢作诗来隐约规劝，刘戊不理，结果韦孟辞职，前往邹县（山东省邹城市东南）定居。这次，因为楚国被中央政府削减土地，跟吴国

（首府广陵）联谋。申先生、白先生进言劝阻，刘戊早已没有把他们看到眼里，这时乘机翻脸。下令二人从事苦役，脖子拴着绳索，身上穿着土红色粗布囚衣，牵到街头捣米。叔父休侯刘富，派人规劝，刘戊说："叔父如果不参加，等我起兵时，先杀叔父。"刘富恐惧，带着娘亲溜走，投奔长安。

**8** 中央政府终于削到吴国（首府广陵），下令收回会稽（江苏省苏州市）、豫章（应为鄣郡〔浙江省安吉县北〕。豫章郡此时属庐江国〔首府番阳，江西省鄱阳县〕）两郡。诏书抵达，吴王刘濞遂起兵叛变，把中央政府派到吴国的郡长级（二千石）以下官员，全部诛杀。胶西国（首府高密〔山东省高密市〕）、胶东国（首府即墨〔山东省平度市〕）、菑川国（首府剧县〔山东省寿光市南〕）、济南国（首府东平陵〔山东省济南市章丘区〕）、楚国（首府彭城〔江苏省徐州市〕）、赵国（首府邯郸〔河北省邯郸市〕），七国同时起兵响应。

楚国（首府彭城）宰相（相）张尚、亲王师傅（太傅）赵夷吾，竭力劝阻楚王刘戊，刘戊把二人斩首。

赵国（首府邯郸）宰相建德（姓不详）、秘书长（内史）王悍，也劝阻赵王刘遂，刘遂把二人活活烧死。

**9** 齐（孝）王（首府临淄）刘将闾，不知道什么原因，忽然后悔，拒绝行动，并下令闭城戒备。而济北国（首府卢县〔山东省济南市长清区〕）城垣颓坏，正在修补，还没有完工，王宫禁卫官司令（郎中令）劫持济北王刘志，不准响应。胶西王（首府高密）刘卬、胶东王（首府即墨）刘雄渠，担任元帅，率领部队，集结菑川国（首府剧县）、济南国（首府东平陵）部队，联合进攻齐国，包围临淄（齐国首府，山东省淄博市东临淄区）。赵王（首府邯郸）刘遂派军向西推进到边界，等待吴国、楚国大军，准备

纪元前二世纪·前一五四年正月
齐地诸郡国形势

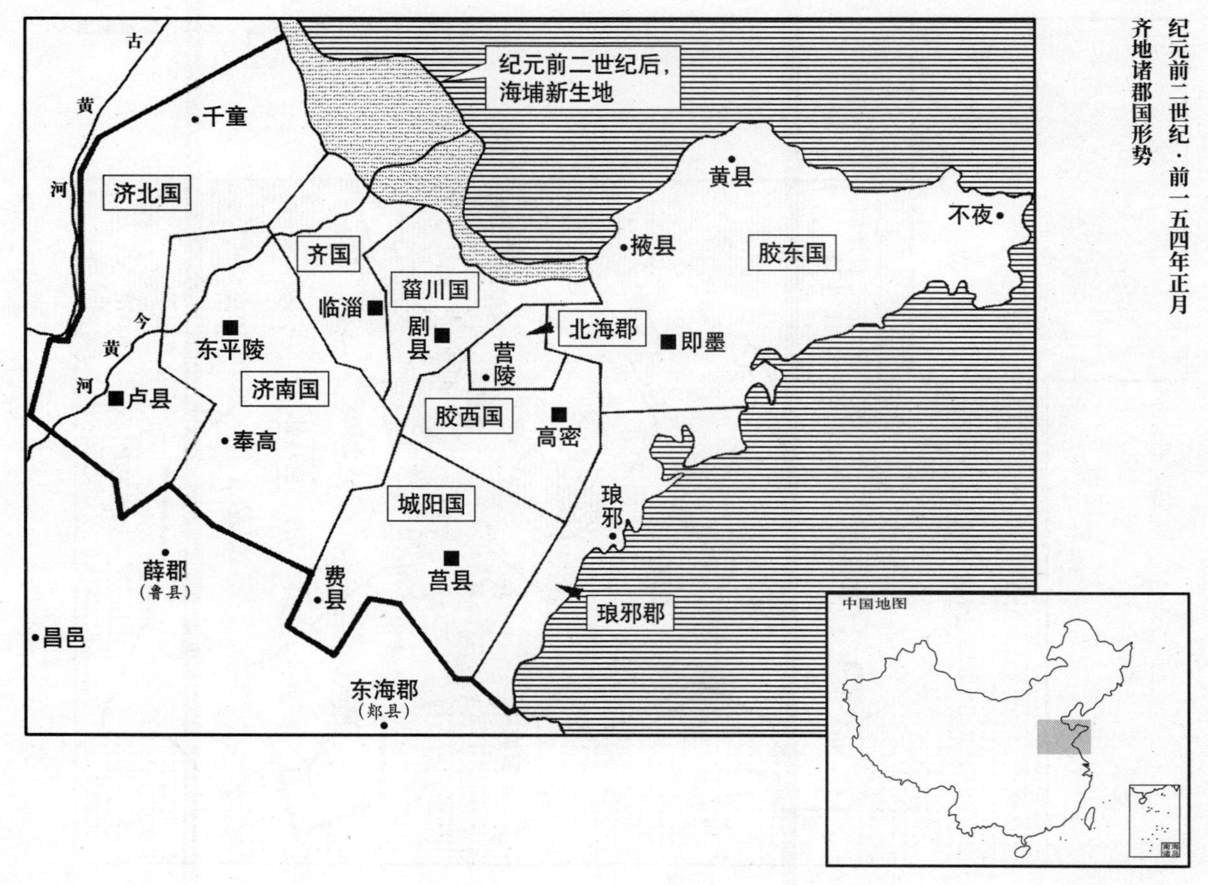

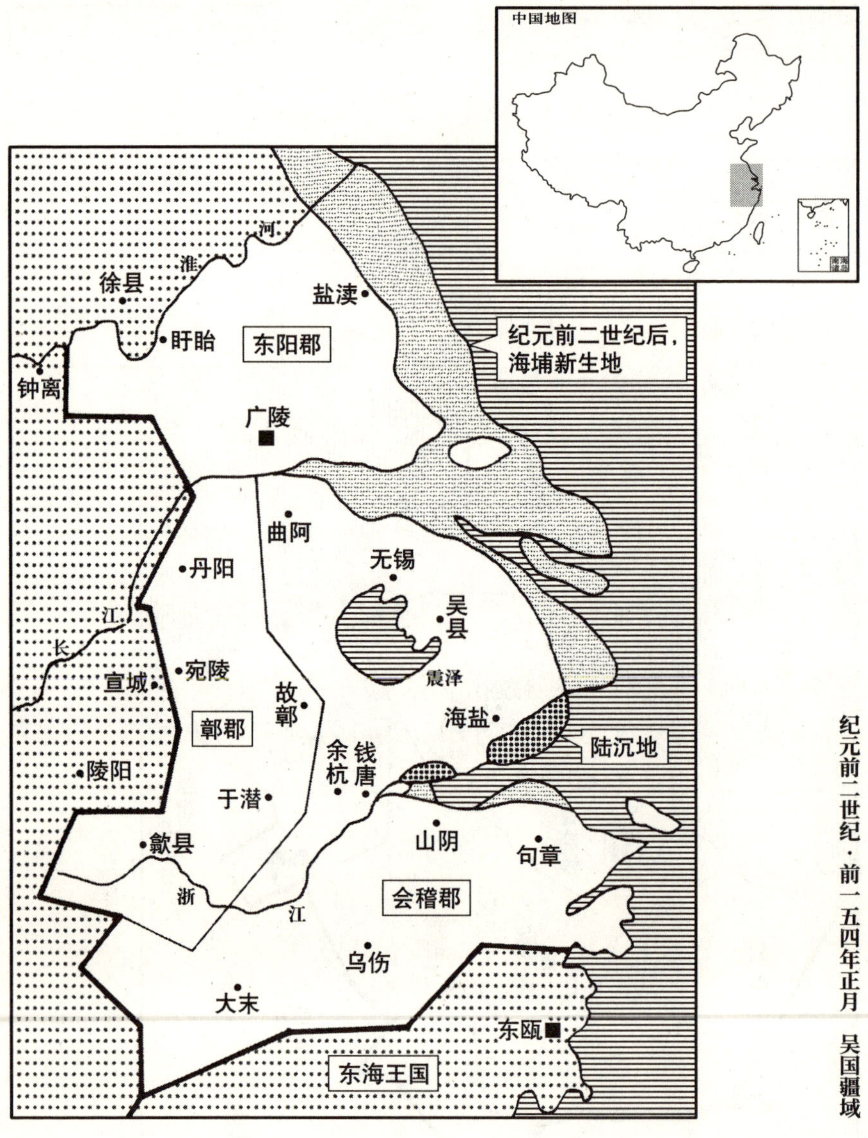


纪元前二世纪·前一五四年正月　吴国疆域

同时发动攻击。一面派使节到匈奴汗国（王庭设蒙古国哈拉和林市），要求援助。

吴王刘濞动员所有的武装部队，下令说："我年已六十有二，亲自统率大军。幼子年才十四岁，也将身先士卒。年纪大，跟我相等的人；年纪轻，跟我幼子相等的人，全部投入战场。"共二十余万人，派使节到闽越王国（首都东冶〔福建省福州市〕）、东海王国（首都东瓯〔浙江省温州市〕），两个王国都派军参战。

吴国大军从首府广陵（江苏省扬州市）出发，向西渡过淮河，跟楚国部队会合。发表告各封国文告，指控晁错罪状，要求诛杀晁错。

吴楚联军进入梁国（首府睢阳〔河南省商丘市〕），攻陷棘壁（河南省永城市西北），击斩梁军数万人，乘胜北进，锐不可当。梁王刘武派遣将领迎战，吴楚联军再行攻击，梁军再大败，士兵溃散，不能集结。刘武急闭睢阳城门（梁国首府，河南省商丘市），登城坚守。

**10** 最初，五任帝（文帝）刘恒逝世时，告诉当时还是太子的刘启说："如果发生巨变，可任命周亚夫当统帅。"等到七国发布起兵文告，刘启遂擢升首都长安警备区司令（中尉）周亚夫，当全国武装部队总司令（太尉），率领三十六位将军，迎战吴楚联军。派曲周侯郦寄（这个侯爵跟犹大的三十两纹银一样，大概是卖友求荣换来的），攻击赵军。派将军栾布，攻击齐国地区（指故齐王国土地上的胶东国、胶西国、济南国、菑川国）。征召窦婴，命他担任全国最高统帅（大将军），进驻荥阳（河南省荥阳市），监视故齐国地区（山东省）诸国跟赵国（首府邯郸）军事行动。

**11** 最初，晁错所更改的法令，多达三十种，各封国的反应

纪元前二世纪·前一五四年正月　七国之乱

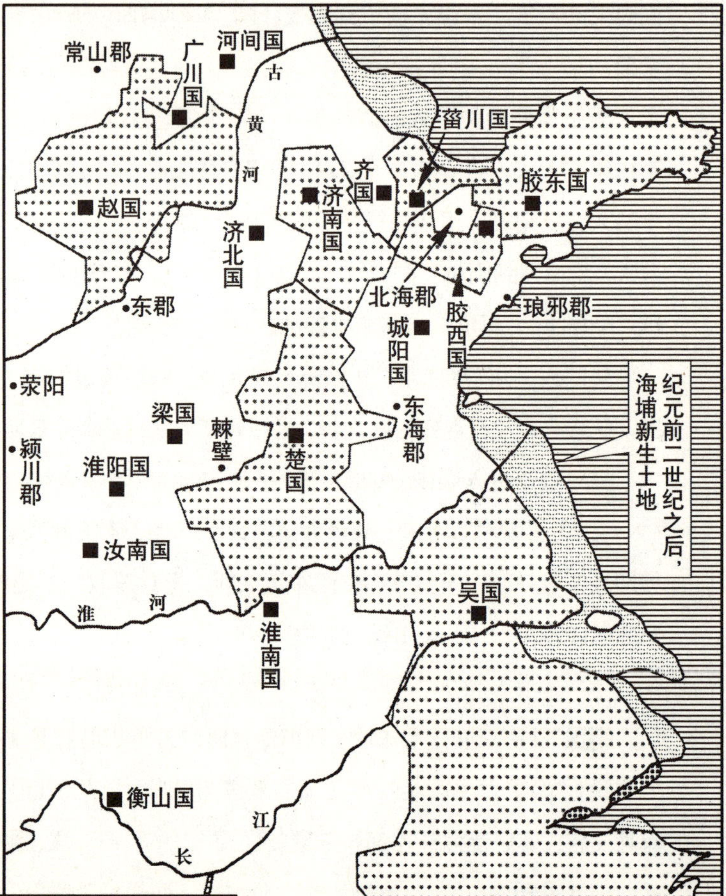

常山郡
广川国
河间国
古黄河
淄川国
胶东国
齐国
济南国
赵国
济北国
北海郡
胶西国
琅邪郡
东郡
城阳国
荥阳
东海郡
梁国
棘壁
楚国
颍川郡
淮阳国
纪元前二世纪之后，海埔新生土地
汝南国
吴国
淮河
淮南国
衡山国
长江
中国地图
庐江国
彭蠡泽
东海王国

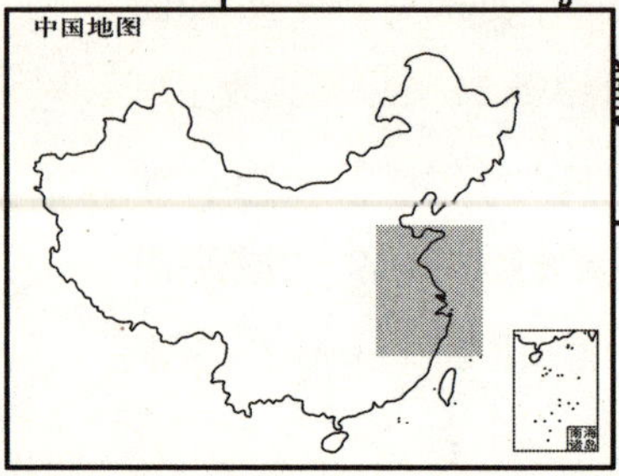

十分激动。晁错的老爹从故乡颍川（河南省禹州市）到长安，质问说："皇上刚刚登极，阁下掌握大权，第一件事就是削减封国的国土，离间疏远人家的骨肉（皇帝跟各封国亲王，原是叔侄兄弟一家人），所有的怨恨，都集中在你一个人身上，阁下为的是什么？"晁错说："你说得对，可是，不这样的话，中央政府没有尊严，皇家不能平安。"晁老爹说："姓刘的平安了，姓晁的可陷入危境。我就要走了，离开你这位贵官。"回家之后，服毒自杀，临死时说："我不愿灾祸加到我身上。"死后十余日，吴楚等七个封国，联合叛变，指名要求中央政府诛杀晁错。

刘启跟晁错磋商军事行动，晁错建议刘启御驾亲征，而自己留守长安，又建议把徐县（江苏省泗洪县南）、僮县（安徽省泗县东北）一带，吴楚联军还没有攻下的地方，划归吴国（首府广陵）。刘启大为惊骇。

晁错跟吴国宰相袁盎，互相仇视，晁错所在的地方，袁盎总是躲开；袁盎所在的地方，晁错也从不去，两人没有在一起说过话。晁错当了最高监察长（御史大夫）之后，就派人调查袁盎收受吴王刘濞贿赂的事情，证据确凿，依法应处死刑。刘启下令赦免，只把袁盎贬作平民。

吴楚等七国既反，晁错准备趁机再打击袁盎，对总监察官（丞）和监察官（史）说："袁盎收了刘濞太多的金银财宝，专门替他说话，蒙蔽皇上（刘启），誓言刘濞绝不会叛变。而今刘濞竟然叛变，我打算把袁盎定罪，相信袁盎一定参与刘濞们的阴谋。"总监察官（丞）和监察官（史）说："叛变没有公开时，惩治袁盎，可能断绝刘濞的叛变念头。而今刘濞大军已经发动，杀掉袁盎，有什么补益？而且，袁盎只不过贪财而已，不可能参与。"晁错犹豫不决。而这时，已有人密报袁盎。

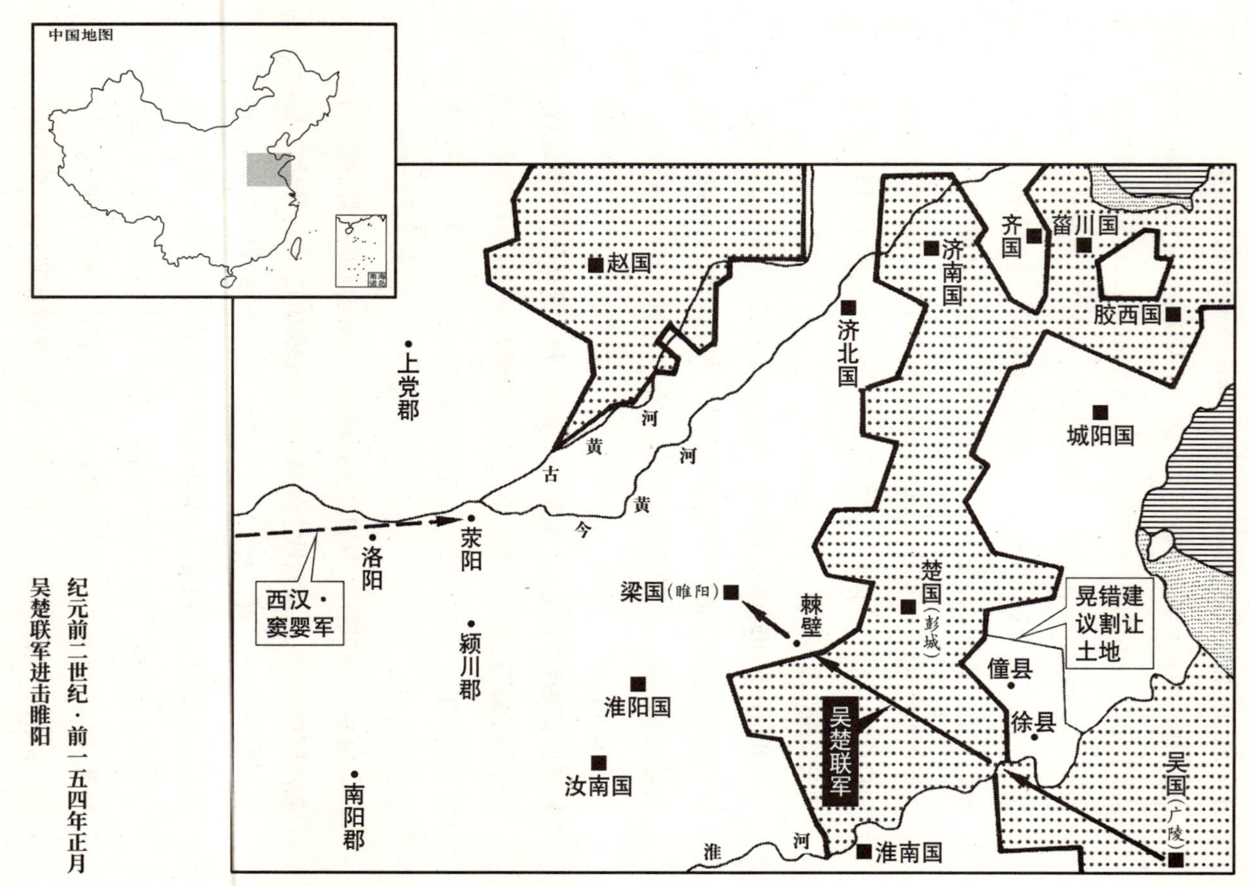


纪元前二世纪·前一五四年正月
吴楚联军进击睢阳

袁盎面对满门抄斩的情势，惊慌恐惧。星夜拜访窦婴，对吴国叛变的原因，作一分析，愿晋见皇帝（刘启），当面陈述。窦婴入宫向刘启报告，刘启答应。袁盎遂即入宫晋见，当时，刘启正跟晁错讨论后方勤务，及军队粮秣如何调度问题。刘启问说："而今吴楚反叛，你有什么看法？"袁盎说："用不着忧虑！"刘启说："刘濞有矿山可以铸钱、海水可以制盐，集结天下英雄豪杰，在头发已白时才举大事。如果没有周密的计划，岂敢发动？怎么能不忧虑？"袁盎说："吴国诚然有铸钱、制盐的财源，可是并没有被引诱上钩的英雄豪杰。假令有英雄豪杰，一定会辅佐刘濞走上正道，就不会叛变。吴国所引诱的，不过地痞流氓、无赖亡命，跟一些铸钱工人而已。"晁错认为袁盎倒向自己这一边，在旁插嘴说："袁盎的判断正确。"刘启说："那么，我们用什么办法对付？"袁盎说："请求陛下屏退左右，单独听取我的意见。"刘启命左右侍卫退出正殿，只留下晁错。袁盎说："我的报告，做臣属的不应该知道。"刘启就教晁错也退出正殿。晁错只好退到正殿东厢房，心里兴起怨恨。

晁错退出之后，刘启问袁盎的建议。袁盎说："吴楚两国发表文告，声称：高皇帝（刘邦）封子弟们当王，各有固定的疆界。而奸臣晁错，擅自处分各国王侯，削减各国土地，所以被迫起兵。大军西上，只在诛杀晁错、恢复失土，一旦达到这两项目的，自然班师。现在唯一的办法，只有牺牲晁错，派使节赦免吴楚等七国，把原削减的土地，归还他们，不必流血，就能重获和平。"刘启听了之后，沉默不语，很久之后，说："但不知他们是不是诚意？我不会因为爱一个人，而得罪天下所有的人。"袁盎说："我的意见是这样，请陛下深思。"刘启遂任命袁盎当祭祀部长（奉常），秘密整装，前往吴国。

十余日后，刘启命宰相（丞相）陶青、首都长安警备区司令（中尉）嘉（姓不详）、司法部长（廷尉）张欧，联名弹劾晁错："一切行为，不符合领袖的恩德信义，打算使领袖疏远群臣跟全国人民，又打算把城市割给吴国，失去臣属的立场，大逆不道。晁错应腰斩，父母、妻子、同母的兄弟姐妹，无论老幼，应全体绑赴街市处决。"刘启批："可。"

晁错一点消息都不知道，还在为前方军事尽力。

正月二十九日，刘启命首都长安警备区司令（中尉）嘉（姓不详），传话晁错入宫晋见。一同乘车，穿过街市。就在街头，晁错仍穿着朝服，被武士摔下，拦腰砍断而死。刘启遂派袁盎，跟刘濞的侄儿、皇族事务部长（宗正）德侯刘通，出使吴国（首府广陵）。

**班固曰**

晁错为国家谋取安定，锐于任事，而看不见自身的危险。只有老爹看到这种危险，先行自杀，却不能拯救全家性命。比起赵括的老娘，竟能保全宗族（参考前二六〇年），自然不如。不过，晁错虽然下场凄惨，但世人悲怜他的忠心。

**柏杨曰**

人称晁错先生是"智囊"，看他种种方略，确实是"智囊"；唯一的遗憾是他的胸襟太窄、器宇太小，指尖刚触到权力，便急吼吼公报私仇，要把对方满门抄斩。政治家必须有三分混沌，才能把反对力量稀释到最低限度，一定要把账算得清清楚楚，去年张三瞪了我一眼，前年李四踢了我一脚，对方为了自保，自不得不奋起反击。反击失败，不会有再大的损失；反击成功，晁错便是一个榜样。他如果不先向袁盎下手，袁盎何至狗急跳墙。政治家固然不能没有敌人，但绝不努力制造敌人。

正因晁错不是一位政治家，所以才建议皇帝出去打仗而由自己坐镇京师，把皇帝置于险境而自己稳享太平，可谓荒唐得离谱。刘邦可以出征，而请萧何留守，但那要出自他的自愿。刘启不过一个嫩娃儿，他怎有那么大的胆量？至于忽然又要割两个城市给吴国，事属蹊跷。我认为那可能是晁错的一种谋略，而被刘启断章取义。但不管怎样吧，晁错显然临危已乱。叶公以画龙闻名于世，一旦真龙驾到，几乎把他吓死。晁错在文字上预卜吴国必反，看起来心有定见，一旦吴国真的起兵，面对那么多复杂难题，其中最可怕的一个难题是：中央军可能战败，中央政府可能崩溃。于是，方寸不安，遂掌不稳舵。高级知识分子很容易陷于这种窘境，因为说话容易，写文章容易。

然而，晁错却是忠于刘启的，为了和平而牺牲晁错，可以理解。但我们不理解的是，为什么教他死得那么悲惨？砍头也行，何至腰斩？腰斩之人，因没有伤及心脏，上体仍然在活，清王朝一位官员在腰斩之后，用手沾自己的血，在地上连写“惨惨惨惨惨惨惨”七字，闻者垂泪。晁错在刘启还是孩提时，便在身旁陪伴，以后言听计从，宠信有加。即令有过，处死已经足够，杀就一杀了之，照样可以向吴国表态，何至指定用此酷刑？甚至“无少长皆斩”？古人云：“伴君如伴虎。”事实更为严重，在极权政体下，伴君简直像坐在百步蛇的毒牙之上。

刘启从决定到执行，中间有十余天时间，仍跟晁错在一起商讨军国大计，不知道每天面对猎物时，刘启心里有什么反应。更使人毛骨悚然的，是晁家的巨变，父子夫妻兄弟姐妹，霎时一堆鲜血人头。晁错并非大奸巨恶，手握兵权，何用如此闪电手段？鼓儿词有言：“说忠良，道忠良，忠良自古无下场。”数千年传统文化，化作三句唱词，令人兴悲。 

**12** 皇家礼宾执行官（谒者仆射）邓公（名不详），当时担任指挥官（校尉）。从前方回长安，报告军事，晋见刘启，刘启问：“你在前方应知道晁错伏诛，吴楚联军会不会撤退？”邓公说：“吴国叛变阴谋，已酝酿有十余年，削地只是导火线，杀晁错只是借口，他们并不在乎晁错死活。晁错如此结局，我恐怕天下人才，从此闭口，不敢再贡献任何意见。”刘启说：“为什么？”邓公说：“晁错忧虑封国强大，将来可能失去控制，所以主张削减他们的土地，把全国权力，集中中央，这是皇家万世之福。想不到计划刚刚实施，竟全族屠灭。对内钳制忠臣的口，对外代替叛徒报仇，我不认为陛下恰当。”刘启叹息说：“你说得对，我也后悔。”

**13** 袁盎、刘通抵达吴国（首府广陵），吴楚联军已开始攻击梁国（首府睢阳）阵地。刘通因为是亲属的缘故，先行入见刘濞，劝刘濞接受诏书。刘濞知道袁盎也来，将要有一番说词，笑着回答说：“我已经当了东帝（跟“西帝”刘启平分天下），还接谁的诏书？”拒绝接见袁盎，把袁盎软禁军营，打算任命他当将军，袁盎不肯。刘濞大不高兴，派人看守，准备把他杀掉。

袁盎乘守卫松懈，落荒逃走，回报刘启。全国武装部队总司令（太尉）周亚夫建议刘启说：“楚军剽悍而机动性高，将发动锐不可当的猛烈攻击，难以对抗。假如我们让梁国承当这项灾难，中央军不去救梁国，而去断绝吴楚联军的粮道，才可以制服。”刘启承诺。

周亚夫乘装甲驿车出发，准备跟大军在荥阳（河南省荥阳市）会合。车队到霸上（陕西省西安市东灞河畔），赵涉拦住马头，警告说：“吴国（首府广陵）财力雄厚，很久以来，都在豢养刺客。他们知道你一定出函谷关（河南省灵宝市东北），必然在崤山、渑池（河南省渑池县西）之间的险要狭径上，埋伏杀手。兵不厌诈，将军为什么不改变路线，在此右转，穿过蓝田（陕西省蓝田县），直出武关（陕西省商南县西南），抵达洛阳（河南省洛阳市东白马寺东），不过多一两天行程。到洛阳后，取出军械库武器，高击战鼓，各军得到消息，还以为将军从天而降。”周亚夫接受，平安抵达洛阳，大喜说："七国叛变，我乘坐驿车，想不到能安全到此。现在以荥阳（河南省荥阳市）为根据地（荥阳在洛阳东航空距离八十公里），荥阳以东，不再担心。”（《史记》《汉书》都说："周亚夫得到剧孟，好像得到一个敌国，大喜说：'对吴楚不再担心。'"剧孟是洛阳侠士，在民间有极大影响力。儒家学派司马光则素来轻视侠义，也不相信一介平民有什么了不起，所以把剧孟的事删掉。）周亚夫派人搜索崤山、渑池之间，果然找到吴国伏兵，于是擢升赵涉当大军保护官（护军）。

**14** 周亚夫率大军直指昌邑（山东省巨野县东南大谢集镇）。吴楚联军猛攻睢阳（梁国首府，河南省商丘市），梁王刘武不断派使节向周亚夫求救（昌邑在睢阳东北航空距离一百公里），周亚夫不理。刘武向皇帝刘启控告周亚夫，刘启下令周亚夫赴援，周亚夫拒绝接受诏书，只坚守营垒，而派弓高侯韩颓当（韩王韩信的儿子）等将领，率领轻骑兵部队，南下渡过淮河、泗水交流口，绕到吴楚联军之后，切断吴楚联军补给线。

梁国（首府睢阳）高级国务官（中大夫）韩安国，跟楚国国相（相）张尚（被楚王〔首府彭城〕刘戊所杀）的弟弟张羽，分别担任将军，保卫首府睢阳（河南省商丘市），竭力抵御。张羽采取攻势，韩安国则持重谨慎，使吴楚联军受到相当挫折，陷于窘境。吴楚联军打算向西推进，因睢阳挡路，不能向西，而城又不能马上攻破。于是，转向东北，直攻昌邑（山东省巨野县东南大谢集镇），准备先行歼灭周亚夫兵团。外援如果消除，睢阳自然陷落。

吴楚联军在下邑（安徽省砀山县）再集结后，立即发动猛烈攻击，周亚夫不肯出战，只严守营寨。营寨坚固，吴楚联军无法攻入。而此时，后勤补给线切断的效果，显著呈现，吴楚联军开始缺乏粮秣，更急于一决胜负。于是一连发动几次更猛烈的攻击，周亚夫兵团只固守不出；然而士兵已筋疲力尽，精神紧张。忽然发生“夜惊”（军营是肃杀之地，威重命贱，无论平时或战时，因疲倦恐惧的压力，往往在午夜时分，蓦地一声号叫，全营士卒，一跳而起，黑夜中互相斗殴，甚至残杀，处理不当，可能崩溃），官兵互相攻击，死伤狼藉，已转斗到周亚夫虎帐之前，情势危急。周亚夫假装睡得正熟，虽然侍卫人员惊恐催促，仍卧在床上不动。扰乱了一阵之后，始行平息。

吴楚联军集中力量攻击周亚夫兵团东南阵地，周亚夫下令加强西北阵地戒备，果然不久，大迂回的吴楚精锐部队，向西北阵地突袭，无法突破。这是吴楚联军最后一次攻势，失败之后，饥饿之神抓住他们，士兵很多饿死，有人开始逃亡，只好撤退。

二月，周亚夫兵团出动精锐追击，吴楚联军大败，身兼统帅的吴王（首府广陵）刘濞，自知不能再战，遂抛弃他的大军，率领忠心卫士数千人，乘夜逃亡。楚王（首府彭城）刘戊看大势已去，自杀。

**15** 吴王（首府广陵）刘濞当初起兵时，统帅本来是田禄伯。田禄伯建议说：“集中所有部队，向西挺进，没有声援，又没有呼应，恐怕难以收到功效。我愿率领五万人，另辟战场，顺着长江、淮河，逆流而上，夺取长沙国（首府临湘〔湖南省长沙市〕）、淮南国（首府寿春

〔安徽省寿县〕），直入武关（陕西省商南县西南），跟大王（刘濞）会师关中（陕西省中部），这应是一支奇兵。”吴国太子刘驹对老爹刘濞说：“我们是以‘反’作号召的，军权不可以随便给人，因为别人可能也‘反’我们，那将怎么办？而且，另派奇兵，主力势将削弱，并没有益处，只会对自己伤害。”刘濞遂放弃田禄伯计划。

吴国（首府广陵）另一位年轻将领桓将军（名不详），建议刘濞：“吴国步兵多，步兵在险地才可以发挥威力。中央军骑兵多，骑兵在平原才可以驰骋。最好的战略是：对所经过的城市，置之不理，直扑洛阳，夺取军械库跟敖仓（河南省荥阳市北敖山粮仓）粮食，依仗黄河跟峭山的险阻，号令各个封国，虽没有攻入函谷关（河南省灵宝市东北），天下已进入掌握。如果大王（刘濞）进军不够迅速，被困在坚城之下，中央骑兵部队赶到梁国（首府睢阳〔河南省商丘市〕）跟楚国（首府彭城〔江苏省徐州市〕）交界处的大平原地带，我们就会失败。”刘濞征求一些老将领的意见，老将们说：“这个年轻人，冲锋陷阵还可以，怎知道深谋远虑？”刘濞再放弃桓将军计划。

**柏杨曰**

桓将军的建议是一种跳蛙战术，二十世纪四〇年代第二次世界大战末期，美国就用它直逼日本本土。桓将军在两千年前，便曾经提出来，可惜没有人领略，否则中国历史又是一种局面。一群老耋人物不考虑问题的实质，和建议的内涵，却用“年轻”二字，打击新生代精英，是传统社会最流行的手段。老人固然有可敬的优点，但必须是优点。仅由岁月累积出来的纯老人，有时反而成为进步的阻力。年轻人的见解，固不全对，但不能仅因为年轻，就认为一无是处。世界上百分之九十以上的惊人功业，都由年轻人开创。

纪元前二世纪·前一五四年二月

田禄伯、桓将军大战略

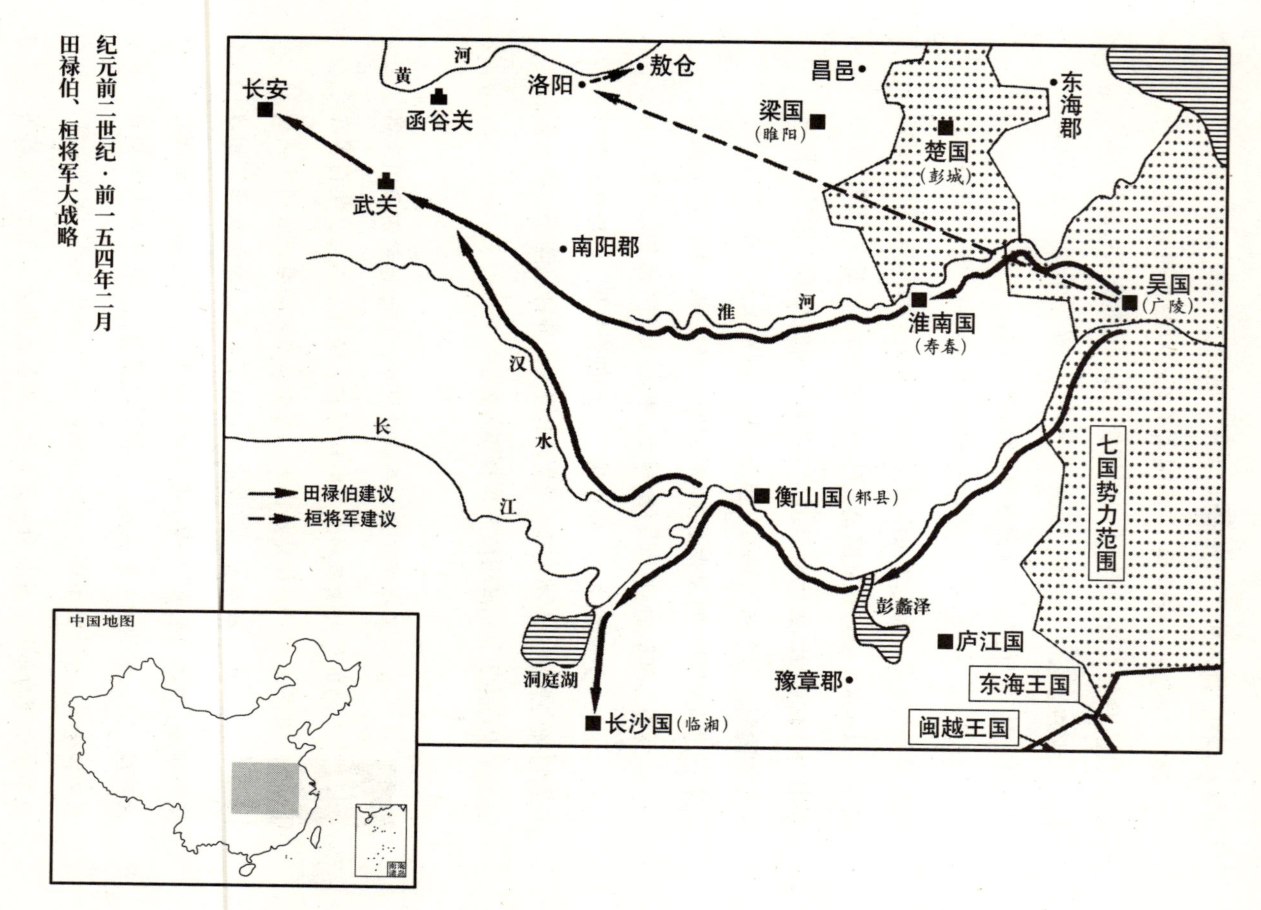

刘濞自任统帅，在北渡淮河之前，宾客们分别担任将领（将）、指挥官（校尉）、侦察官（候）、军政官（司马），唯独不用周丘。

周丘，是下邳（江苏省睢宁县北）人，在家乡犯法，逃亡到吴国（首府广陵），喜爱饮酒，行径无赖，刘濞轻视他，所以不给他任何职务。周丘晋见刘濞，请求说："我因为没有能力，不被收容在行列之间。我不敢要求当将军，但求大王（刘濞）赐给我一个中央政府的'符节'（皇帝用的信物），一定有所回报。"刘濞就交给他。周丘遂"持节"，乘夜驰入下邳（江苏省睢宁县北）。当时下邳已得到吴国（首府广陵）起兵消息，紧闭城门。周丘到驿站招待所，以中央政府使节资格，召见下邳县长（令）。下邳县长晋见，周丘命随从宣布捏造的罪状，把他格杀。然后召集他的一帮豪杰兄弟，跟平常有交情的县政府官员，宣告说："吴国叛变，大军马上就到，攻破城池，大肆屠杀，用不了吃顿饭的时间。我们必须先行迎降，才可以保护家族安全，而有才干的朋友，正好抓住这个机会，立功封侯。"大家奔走相告，决定迎降。周丘一夜之间，集结三万余人，一面派人报告刘濞，一面率军北进，夺取城市。等抵达城阳国（首府莒县〔山东省莒县〕），兵力已达十余万，大破城阳国首府莒县警备区司令（中尉）的军队。正在此时，得到刘濞败走消息，自料再找不到可以共大事的人，遂率军返回下邳。因过度焦虑，中途，背上长疮，不治而逝。

**16** 二月三十日，日蚀。

**17** 吴楚联军忽然发现统帅吴王（首府广陵）刘濞逃走，霎时崩溃，有的则投降周亚夫兵团跟梁国（首府睢阳）兵团。刘濞南渡长江，固守丹徒（江苏省镇江市东丹徒区），打算撤退到东海王国（首都东瓯〔浙江省

纪元前二世纪·前一五四年正月至二月
昌邑之战

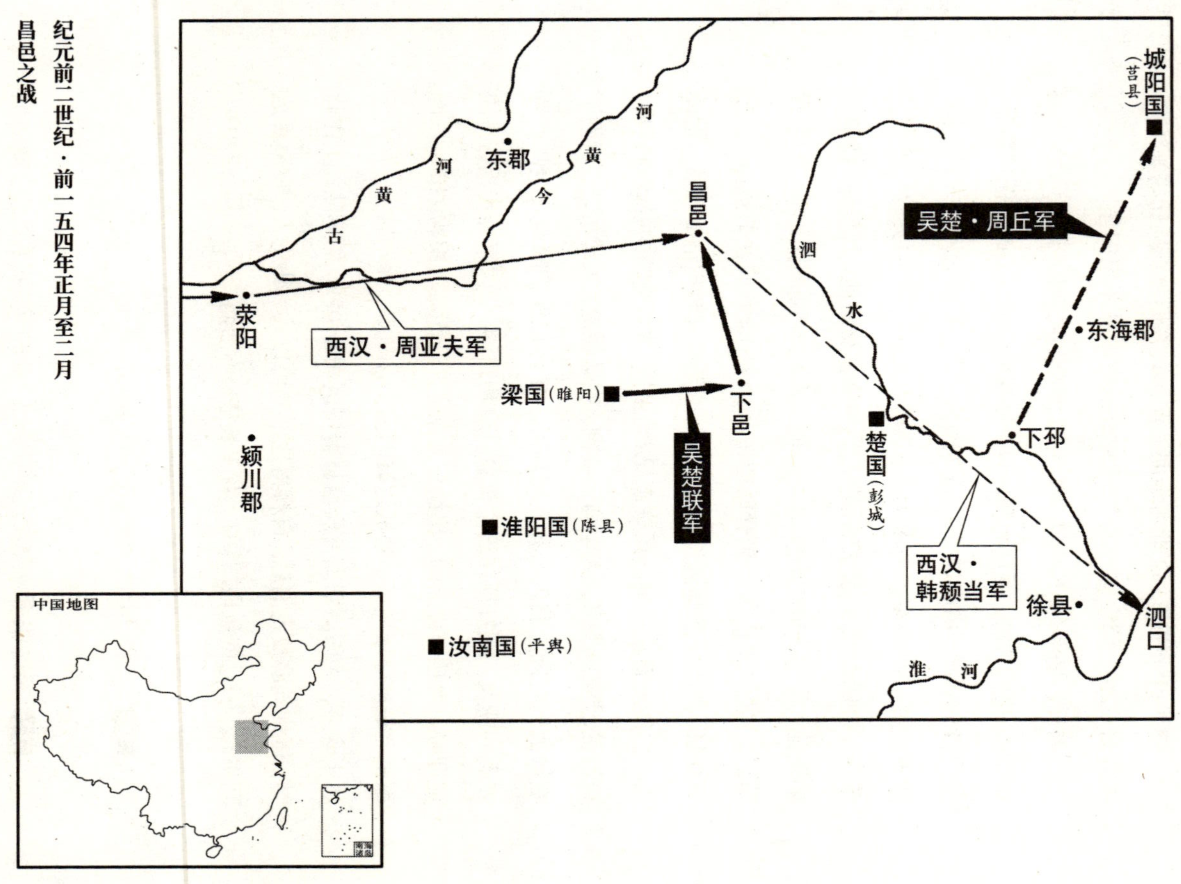

温州市〕）。这时已集结残兵败将一万余人，并继续招收散兵游卒，中央政府用重金贿赂东海王国，东海国王骆望，请求刘濞亲临劳军。刘濞不怀疑骆望，在劳军时，骆望派杀手用铁矛猛击，刘濞立即毙命；骆望砍下刘濞人头，用驿马车飞快奏报刘启。吴国太子刘驹向南逃亡，投奔闽越王国（首都东冶〔福建省福州市〕）。

吴国（首府广陵）跟楚国（首府彭城）的叛变，历时三个月，全部平定。将领们都认为周亚夫坚持不战，先断绝吴楚联军粮道的决策正确。但梁王（首府睢阳）刘武，却对周亚夫的见死不救，记恨在心。

三国（菑川国、济南国、胶西国）联军围攻齐国首府临淄（山东省淄博市东临淄区），齐国派高级国务官（中大夫）路某（名不详），向皇帝刘启告急。刘启派路某回报齐国，要齐王刘将闾坚守，并说，中央军很快就会击败吴楚。路某回去后，三国联军把临淄包围了好几重，无法溜进去。三国联军把路某逮捕，跟他盟誓："向城里报告，中央军已败，齐国不如马上投降，不然，将被屠城。"路某承诺。于是把他押到城下，齐王刘将闾在城楼听取报告，路某大叫："中央已出动百万大军，派武装部队总司令（太尉）周亚夫把吴楚联军消灭，正星夜赶来支援，大王（刘将闾），一定要坚守，不要投降！"三国将领勃然大怒，就在城下把路某格杀。

齐国（首府临淄）被围紧急时，暗中跟三国取得和解，但没有做最后决定。恰好路某从中央回来，高级官员们劝齐王刘将闾继续坚守。不久，中央军将军栾布、平阳侯曹奇，率军抵达，击破三国军队，临淄解围。稍后，栾布发现齐国最初也参加三国叛变的阴谋，吃了一惊，遂准备攻击齐国。齐王刘将闾恐惧，无法解释，服毒自杀。

胶西王（首府高密〔山东省高密市〕）刘卬、胶东王（首府即墨〔山东省平度市〕）刘雄渠、菑川王（首府剧县〔山东省寿光市南〕）刘贤，各率败军回国。胶西王刘印，赤着双脚、睡到草席上、饮水（三者都是古时罪犯的待遇，用此表示自责），向娘亲（太后）请罪。胶西国太子刘德说："中央军正在撤退，他们已经疲惫，可以发动突击。我们不妨集结部队，作最后一战，如果不能胜利，再逃到海岛上，仍然不晚。"刘印说："我们部队残破，已不能再用了。"

弓高侯韩颓当，写信给刘印说："我奉到的命令是：诛杀叛逆。投降的赦免他的罪行，恢复官爵；不投降的予以消灭。你如何选择，请做决定。"刘印赤露上体，到中央军营垒，叩头说："我，刘印，不遵守法令，惊动人民，劳苦将军远道前来这个穷苦的国度，请求赐给剁成肉酱的严厉处分。"韩颓当带着金鼓（表示可以立即鸣鼓进击）接见，问说："大王（刘印）发兵劳苦，请说明为什么发兵？"刘印再叩头，用膝盖向前走几步，回答说："原来，晁错是皇上（刘启）手下的当权高官，擅自变更高皇帝（刘邦）的法令，剥夺封国的疆土。我们以为他的做法不忠不义，恐怕他扰乱天下，七国才联合出动军队，只为了诛杀晁错。听说晁错已死，我们就撤回部队，向将军报到。"韩颓当说："大王如果认为晁错的作为不适当，为什么不奏报天子？而且没有中央政府的诏书、虎符，就擅自调动军队，攻击拒绝叛变的邻国，你们的目的，恐怕不仅仅是诛杀晁错而已。"取出刘启的诏书，向刘印宣读。读完之后，告诉刘印说："大王自己决定。"刘印说："像刘印等，死有余罪。"于是自杀。娘亲（太后）、太子刘德，跟着全死。胶东王刘雄渠、菑川王刘贤、济南王刘辟光，都被处死。

**18** 曲周侯郦寄率军抵达赵国（首府邯郸〔河北省邯郸市〕），赵王刘遂退回首府邯郸。郦寄进攻七个月，不能攻陷。匈奴汗国听说吴楚联军溃散，失去内应，不肯进入边塞。正好栾布从齐国（首府临淄）回军，跟郦寄会师，决河水灌入邯郸，城墙崩塌。刘遂自杀。

刘启认为齐国（首府临淄）本没有背叛之意，在胁迫之下，姑且应允，并不是罪恶。下诏准许刘将闾（孝王）的太子刘寿，继承王位（懿王）。

**19** 济北王（首府卢县〔山东省济南市长清区〕）刘志也要自杀，只希望能保全妻子、儿女，齐国（首府临淄）人公孙玃（音jué〔决〕）说："我想替大王去说服梁王（首府睢阳）刘武，请他向天子（刘启）反映，如果说服失败，你再死也不迟。"遂往睢阳（梁国首府，河南省商丘市），晋见刘武，说："济北国（首府卢县）东边是强大的齐国，南面被吴国（首府广陵）、楚国（首府彭城）牵制，北面受燕国（首府蓟县〔北京市〕）、赵国（首府邯郸）胁迫，是一个随时都会四分五裂的国度，没有自保和抵御侵略的能力，也没有神仙妖怪，拯救自己出于灾难的法术。虽然在吴国使节前胡言乱语（指当初承诺同反），绝不出于本心。假使济北国当初不跟吴国虚情假意，而直率的说出真心实话，严加拒绝，吴国势将改变战略，不会使三国屯兵齐国坚城之下，而会命大军北上，踏平济北国之后，吞并燕国、赵国。如此，山东（崤山以东）各封国成为一体，中央政府便无隙可乘。而今，刘濞联合各封国军队，驱逐一些没有受过军事训练的人民，向西跟天子（刘启）争夺政权，济北国始终固守臣节，不肯降服。使吴国丧失友邦的助力，孤独前进而又行动迟缓，终于瓦解土崩，受到绝望的失败，未必不是济北国的贡献。以这么脆弱的济北国，跟封国联军斗争，简直跟羔羊抵抗虎狼一样，可是却坚持到底，不肯屈膝，应是一片至诚至忠。功劳道

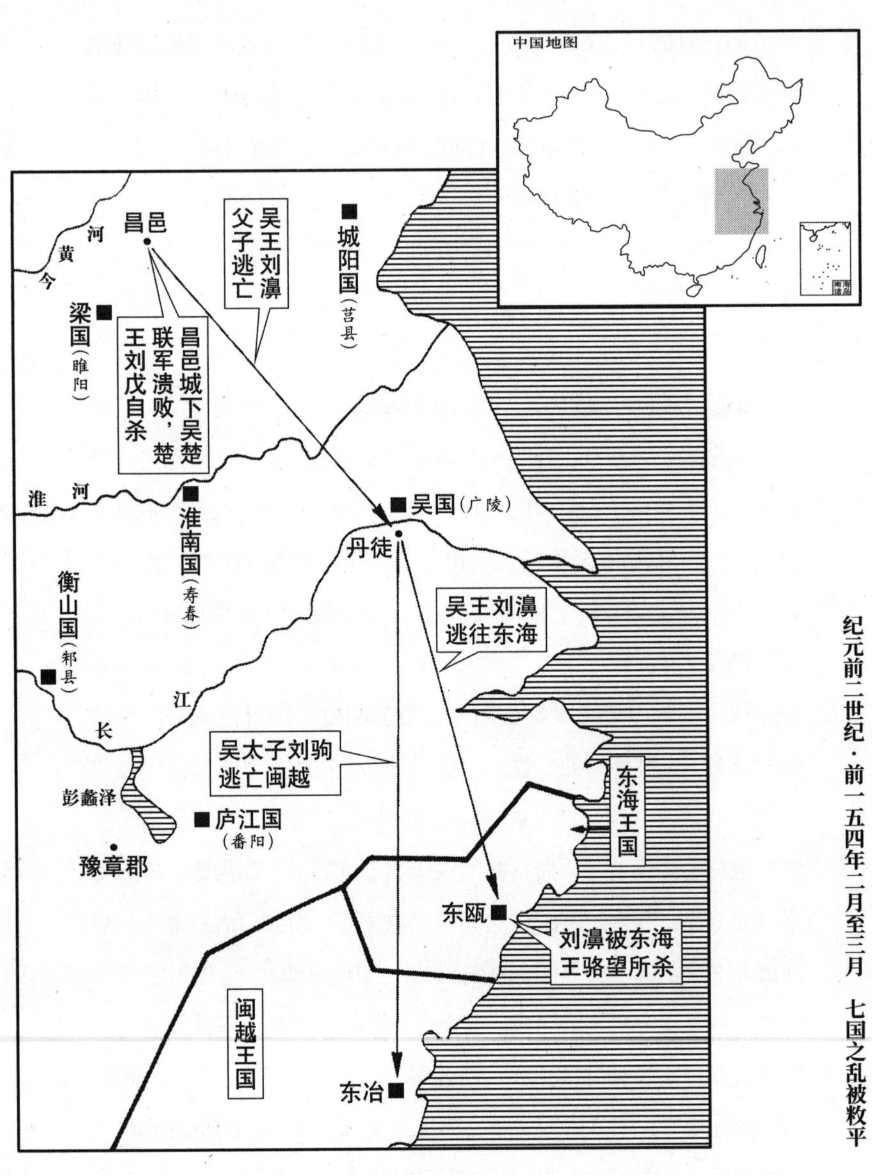


纪元前二世纪·前一五四年二月至三月　七国之乱被敉平

义如此，还被上级猜疑，使人有一种低头徘徊，抚拍衣襟，后悔不如当初也参加逆谋的悲愤。这不是国家之福，恐怕将引起忠心藩属的惊惧。我私自思量，能够通过西山（华山、崤山），到长乐宫（皇太后宫，刘武的娘亲居所），进未央宫（皇帝刘启居所），力争正论的，只有大王（刘武）一人。上有保全亡国（济北国）的功德，下有安抚人民的英名。恩德及于骨髓，善意无穷无尽，请求大王留意这件事，仔细考虑。”刘武大为高兴，派人到长安奏报。刘志得免于连坐，改封菑川王（首府剧县〔山东省寿光市南〕）。

**20** 河间国（首府乐成〔河北省献县〕）亲王师傅（太傅）卫绾，攻击吴楚联军有功，擢升首都长安警备区司令（中尉）。卫绾在五任帝（文帝）刘恒时，任职皇家警卫指挥官（中郎将），忠厚谨慎，小心翼翼。刘启当太子时，曾邀请老爹刘恒左右官员饮宴。卫绾回报说，因为有病的缘故，不能应召。刘恒临死时，嘱咐刘启：“卫绾是一位忠厚长者，要好好待他。”所以刘启对他非常宠信。

**21** 夏季，六月二十四日，刘启下诏：“无论官吏或人民，被吴王刘濞牵连，应该逮捕审问的逃犯，或从军中开小差逃亡的，一律赦免。”

**22** 刘启准备封刘濞老弟刘广的儿子刘通当吴王，复建吴国（首府广陵）；并封楚王（元王）刘交的儿子刘礼当楚王，复建楚国（首府彭城）。娘亲窦太后说：“刘濞，已是一位老人，应该当皇族表率，从顺为善，走上正道，却首先发难，领导七国起兵，使天下混乱，为什么还要人（刘通）继承王位？”不准吴国复国，只许楚国复国。

六月二十四日，改封淮阳王（首府陈县〔河南省周口市淮阳区〕）刘馀当鲁王（首府鲁县〔山东省曲阜市〕）；汝南王（首府平舆〔河南省平舆县西北射桥镇〕）刘非当江都王（首府广陵〔江苏省扬州市〕），管辖故吴国土地。封皇族事务部长（宗正）刘礼当楚王（首府彭城〔江苏省徐州市〕），封皇子刘端当胶西王（首府高密〔山东省高密市〕），刘胜当中山王（首府卢奴〔河北省定州市〕）。

周王朝建立之初，除了国王直辖地区王畿一小块土地外，全部都是封国，封国林立，虽然巩固了王国的安全，但也使王国因分裂而毁灭。秦王朝建立之初，封国的流弊，记忆犹新，于是彻底扫除，改设郡县；而郡县首长因跟中央没有血缘上的亲情，一旦动乱，立刻游离。西汉王朝建立后，郡县的流弊，同样也记忆犹新。但全部封建，已不可能，而没有封建，也不可能。于是王国跟中央直属郡平行，也就是大幅的扩大王畿。使中央直辖郡县的面积，超过封国的总和。封国则比周王朝的封国为大，大到跟战国时代的各个独立王国相埒。

七国之乱是一个重大的转折点，如果七国胜利，中国势必回到战国时代，互相并吞，可能演出罗马帝国瓦解后欧洲各国林立，永不能复合的局面。七国失败，西汉王朝顺利通过瓶颈，大一统观念逐渐凝固，深植人心，认为“大一统”才是正常之规，分裂乃一种暂时现象。虽然经过大分裂时代和小分裂时代，这种心理都没有改变。

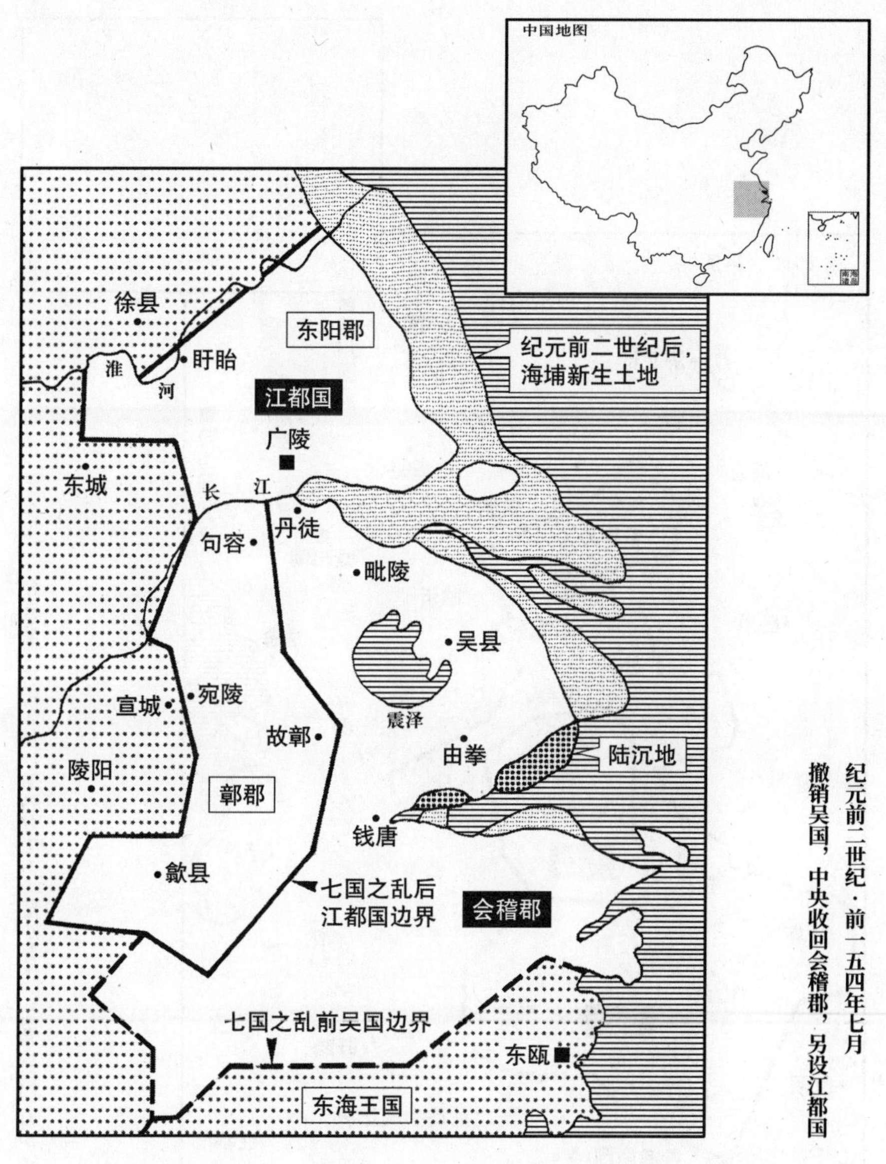


纪元前二世纪·前一五四年七月
撤销吴国，中央收回会稽郡，另设江都国

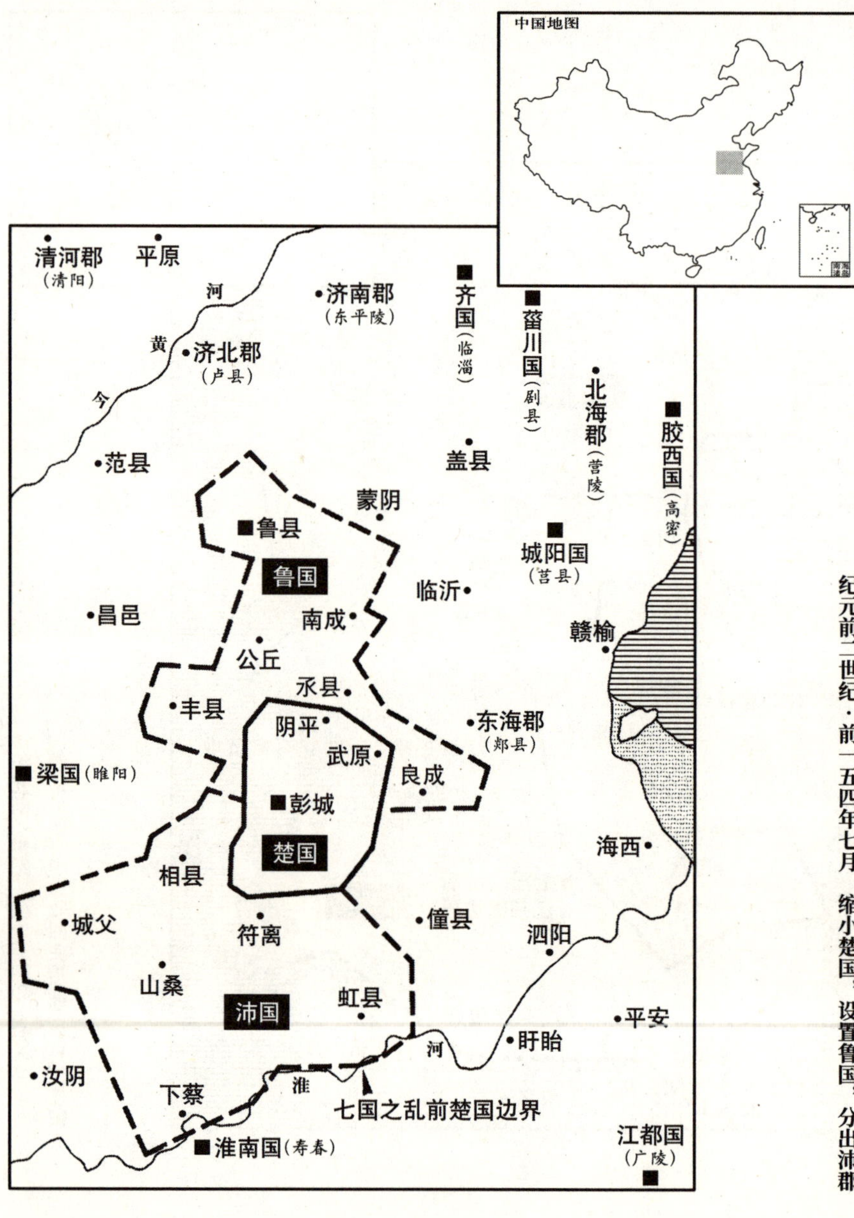


纪元前二世纪·前一五四年七月 缩小楚国，设置鲁国，分出沛郡

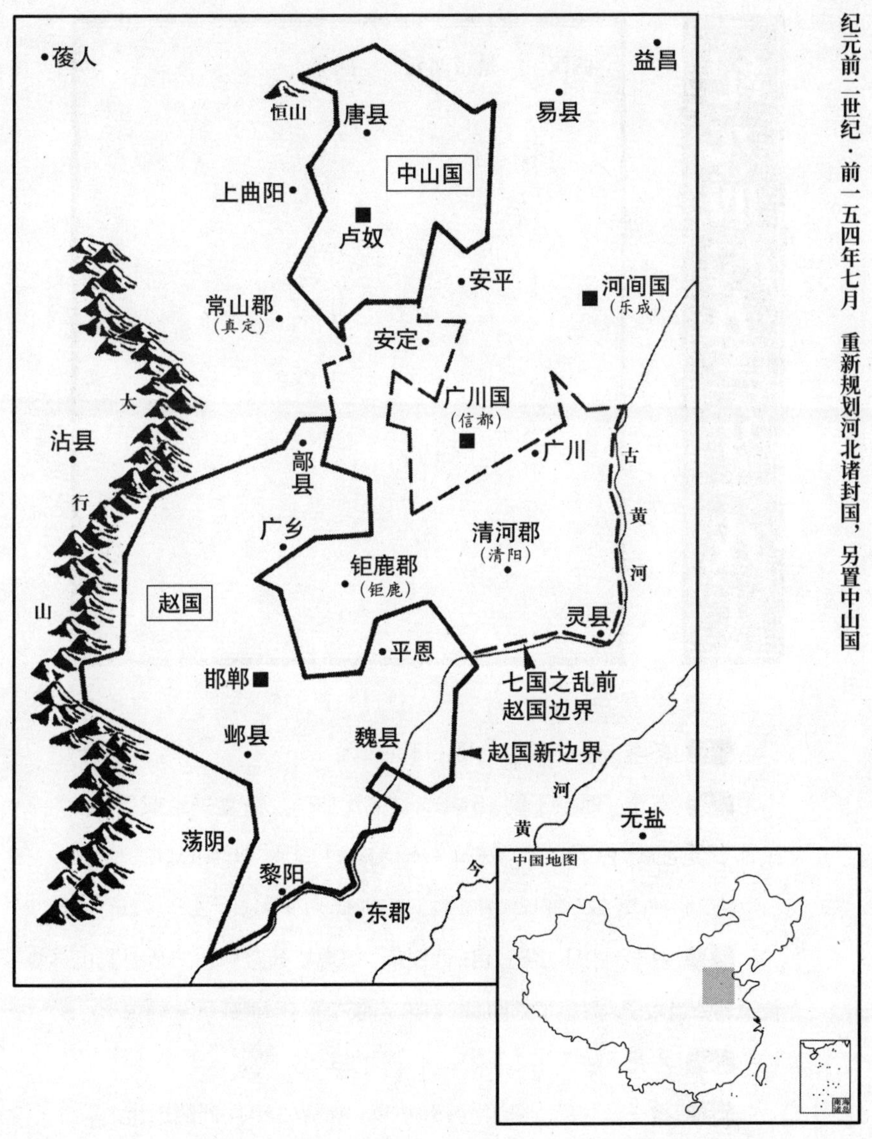


纪元前二世纪·前一五四年七月　重新规划河北诸封国，另置中山国

# 纪元前一五三年 戊子

西汉　景帝前元　四年

**1** 冬季，十月二十九日，日蚀。

**2** 春季，西汉王朝（首都长安〔陕西省西安市〕）恢复关卡戒严，官民都要凭证明才可通行（五任文帝刘恒废除关卡证明，准许自由通行，参考前一六八年。本年恢复，因为七国之乱刚刚平定，防备反抗分子串联）。

**3** 夏季，四月二十三日，西汉帝（六任景帝）刘启（本年三十六岁）封庶长子刘荣当太子，封皇子刘彻（本年四岁）当胶东王（首府即墨〔山东省平度市〕）。

**4** 六月，赦天下。

**5** 秋季，七月，临江王（首府江陵〔湖北省江陵县〕）刘阏逝世。

**6** 最初，吴楚等七国叛变，吴国（首府广陵）使节到淮南国（首府寿春〔安徽省寿县〕），淮南王刘安准备起兵响应。封国宰相（姓名不详）说："大王一定要响应吴国的话，我愿担任统帅。"刘安把军权交给他。宰相既掌握军权，即行关闭城门固守，不接受刘安命令，继续效忠中央。中央政府派曲城侯虫达（虫，姓），率军赴援，淮南国因而不受七国牵连，得以保全。

吴国使节到庐江国（首府番阳〔江西省鄱阳县〕），庐江王刘赐拒绝，反而派使节再前往南越王国（首都番禺〔广东省广州市〕），争取支持。吴国使节到了衡山国（首府邾县〔湖北省黄冈市黄州区〕），衡山王刘勃坚守城垣，毫无二心。后来，吴楚破灭，刘勃到长安晋见，刘启对他的忠贞，印象深刻，慰劳他的艰苦，说："南方地势太低，而又太潮湿。"调封济北王（首府卢县〔山东省济南市长清区〕），作为褒奖。而刘赐因国土跟南越王国（首都番禺）相邻，经常派人前往结交，于是封刘赐为衡山王（首府邾县），管辖长江以北地区。

# 纪元前一五二年 己丑

西汉　景帝前元　五年

**1** 春季，正月，西汉王朝（首都长安〔陕西省西安市〕）皇帝（六任景帝）刘启（本年三十七岁）兴建阳陵（陕西省咸阳市东北二十五公里，刘启预筑的坟墓）。

夏季，鼓励人民迁住，赏赐二十万钱。

**2** 送公主嫁给匈奴汗国（王庭设蒙古国哈拉和林市）单于（四任）挛鞮军臣。

**3** 改封广川王（首府信都〔河北省衡水市冀州区〕）刘彭祖当赵王（首府邯郸〔河北省邯郸市〕）。

**4** 济北（贞）王（首府卢县〔山东省济南市长清区〕）刘勃逝世。

# 纪元前一五一年 庚寅

西汉　景帝前元　六年

1 冬季，十二月，有雷，降雨不停。

2 最初，西汉王朝（首都长安〔陕西省西安市〕）皇帝（六任景帝）刘启（本年三十八岁）当太子时，祖母太皇太后薄女士，把薄家女儿许配给刘启。刘启即位后，顺理成章，升为皇后，可是刘启对她并不宠爱，而太皇太后薄女士又不久逝世。

秋季，九月，刘启撤销薄女士的皇后封号，贬作平民，囚禁皇宫。

3 楚（文）王（首府彭城〔江苏省徐州市〕）刘礼逝世。

4 最初，燕王（首府蓟县〔北京市〕）臧荼有位孙女，名臧儿，嫁给槐里（即废丘〔陕西省兴平市〕）人王仲，生了一个儿子王信、两个女儿王娡、王息姁。不久，王仲去世。臧儿再嫁长陵（陕西省咸阳市东北）人田家，生了两个儿子田蚡、田胜。

五任帝（文帝）刘恒时，臧儿的长女王娡，嫁给金王孙，生了一位女儿，名金俗。臧儿请巫师卜卦，卦词说："你的两个女儿，都贵不可言。"臧儿了解，除非攀上皇家，就不可能贵不可言，于是要求女儿王娡离婚。金王孙对这种荒唐怪事，惊骇而又羞怒交加，一口拒绝。臧儿不理会女婿态度，而直接把王娡送进太子宫，献给当时的太子刘启，生了一个儿子刘彻。当怀孕刘彻时，王娡声称：她梦见太阳投到她怀里。等到刘启登极，因为薄皇后没有儿子（只要身在皇宫，不管你是皇后也好，小老婆群的一员也好，无子就是一个定时炸弹），这才指定庶长子刘荣当太子。

刘荣的娘亲栗姬，是齐国（首府临淄〔山东省淄博市东临淄区〕）人。刘启的姐姐长公主（皇帝的女儿称"公主"，皇帝的姑妈、姐妹，称"长公主"）刘嫖，打算把女儿陈娇，嫁给刘荣。可是皇宫美女们，差不多都由于刘嫖的推荐，而跟刘启上床。栗姬妒火如烧，把刘嫖恨入骨髓，为了报复，立刻拒绝这门亲事。刘嫖退而求其次，打算把陈娇许配给刘彻，做母亲的王娡，迫不及待的一口应允。

刘嫖开始反击，在老弟刘启面前，日夜诋毁栗姬，而称赞刘彻英俊聪明，刘启自己也深爱刘彻，又加上王娡所声称的太阳入怀的奇梦，遂有意更换太子，但一直没有下定决心。王娡知道刘启正在衔恨栗姬，怒气仍未消失，于是，她施用激将毒计，密请礼宾总监（大行）上奏章给刘启，请封栗姬当皇后。刘启暴跳如雷，说："这是你应该说的话呀？"斩礼宾总监（大行）。

# 纪元前二世纪 五〇年代

前一五〇—前一四一年

西汉王朝

- 太子刘荣罢黜。
- 酷吏郅都伏诛。
- 梁王刘武暗杀袁盎。
- 刘启诬周亚夫谋反。

---

- 刹卡民族侵入印度。
- 第三次布匿战争爆发，迦太基亡国。罗马纵火焚城，未死的迦太基人，全被贩作奴隶。
- 犹太人脱离叙利亚。

# 纪元前一五〇年 辛卯

西汉　景帝前元　七年

**1** 冬季，十一月五日（原文“己酉”，据《史记·汉兴以来诸侯王年表》改），西汉王朝（首都长安〔陕西省西安市〕）皇帝（六任景帝）刘启（本年三十九岁）罢黜太子刘荣，改封临江王（首府江陵〔湖北省江陵县〕）。刘荣的师傅（太子太傅）窦婴极力抗议，无法挽回，只好声称有病，去职。栗姬恚恨而死。

西汉王朝宫廷第一次夺嫡斗争，发生在纪元前二世纪〇〇年代，吕雉经过无数屈辱挫折之后，大获全胜；戚姬惨败，母子同归于尽。四十年后的一世纪五〇年代，第二次夺嫡斗争爆发，王娡跟栗姬，一生一死，失败者母子也同归于尽。皇宫之地，富丽堂皇，三步一岗，五步一哨，好不庄严肃穆，再想不到内部却是黑暗深洞，没有天理、人性、国法，而只有权势。一个女子一旦被吸入黑洞，可是达尔文所说的："优胜劣败。"千万如花似玉，哪一个不渴望跟那唯一的男人（皇帝）上床？又哪一个生了儿子，不渴望儿子继承宝座？弱者忍气吞声，强者必然火拼。

个性造成悲剧，栗姬是一个标本，她的美艳绝伦，不在话下，如果不美艳绝伦，就不能把皇帝抓到手心。可是，她既缺乏见识，又缺乏头脑。皇宫之中，无论皇后也好，小老婆群也好，只要心怀嫉妒，一定付出代价。长公主刘嫖不断向老弟刘启推荐美女，栗姬当然不高兴，说明她的头脑远落在她的容貌之后。皇帝丈夫不是民间丈夫，无法独占，必须分割给其他美女。栗姬却像呆头鹅一样，一味自生闷气。刘嫖提议把女儿许配给栗姬的儿子，正是化解嫌隙的契机，求都求不到，幸运之神主动敲门，而栗姬竟把它一棒打出，可谓天下第一愚不可及。刘嫖考虑到将来栗姬当了皇太后后自己危险的处境，当然射出毒箭。

栗姬的最大错误，是把跟皇帝之间的关系，当成民间夫妻。民间丈夫一旦大发雷霆，不过痛揍一顿，皇帝丈夫一旦反脸，那可是人头落地。刘嫖警告老弟说："你那么疼爱王娡，一旦你去世以后，栗姬当了皇太后，恐怕'人彘'惨祸，再见今世。"刘启打了一个冷颤，于是向栗姬试探，拜托她照顾其他小老婆生的孩子。栗姬一听到那些狐狸精，血压就往上升，马上板起面孔，一语不发。这不是一个好兆头，没有当上皇太后，便如此强硬，连一句温情的话都没有，如果真的有那么一天，皇宫岂不成了屠场？刘启跺脚而去，她又骂他“老狗”，偏偏又被刘启的尖耳朵听见。他去年（前一五一）才三十八岁，离“老狗”还有一大截。而在这节骨眼上，王娡女士借用礼宾总监（大行）的人头，激怒刘启，局势遂急转直下。

王娡不是一个野心家，但既进入宫廷，就不得不铤而走险。刘嫖在宫廷拥有绝对的影响力，栗姬看不出，而王娡看得出，成败利钝，决定在刹那之间。

**2** 十一月三十日，日蚀。

**3** 二月，宰相（丞相）陶青免职。

二月十六日，刘启擢升全国武装部队总司令（太尉）周亚夫当宰相，撤销全国武装部队总司令（太尉）一职。

**4** 夏季，四月十七日，刘启封王娡当皇后。

**5** 四月二十九日，刘启封胶东王（首府即墨〔山东省平度市〕）刘彻（本年七岁）当太子。





**6** 本年（前一五〇），刘启任命交通部长（太仆）刘舍（父项襄，刘邦赐姓刘）当最高监察长（御史大夫）；又任命济南郡（山东省济南市章丘区。济南国在七国之乱后撤销）郡长（太守）郅都，当首都长安警备区司令（中尉）。

最初，郅都当皇家警卫指挥官（中郎将），不断大胆的向皇帝进言规劝。曾经跟随刘启游御花园（上林苑），贾姬女士去厕所，一只野猪不知道从哪里突然跑出来，向厕所闯去。刘启用眼神示意郅都，郅都不动。刘启情急，跳起来抓住兵器，就要亲自去救。郅都跪下拦住去路，说："死一个，换一个，天下美女多的是，难道只有贾姬？陛下纵然自己不顾性命，却没有为国家及皇太后（窦太后）着想？"刘启只好停止，而野猪也终于被赶走。窦太后听到这回事，赏赐给郅都黄金一百斤，自此对他十分倚重。郅都对人至为严厉，从不拆阅私人给他的信件。但做事廉洁公正，任何馈赠或任何礼物，以及人情慰问，都不接受。请托谒见，也都不理会。被任命当首都长安警备区司令（中尉）后，执法严格，甚至到残酷，不管是不是皇亲国戚，是不是公侯和贵族，见了郅都，都不敢正视，唯恐冒犯，大家给他一个绰号"苍鹰"。

# 纪元前一四九年 壬辰

西汉　景帝中元　元年

**1** 夏季，四月二十三日，赦天下。

**2** 地震，衡山国（首府邾县〔湖北省黄冈市黄州区〕）原都（今地不详），天降冰雹，大的直径约一尺八寸。

# 纪元前一四八年 癸巳

西汉　景帝中元　二年

**1** 春季，二月，匈奴汗国（王庭设蒙古国哈拉和林市）入侵西汉王朝（首都长安〔陕西省西安市〕）燕国（首府蓟县〔北京市〕）。

**2** 三月，临江王（首府江陵〔湖北省江陵县〕）刘荣，被指控扩建王宫时，侵占祖父、五任帝刘恒祭庙（太宗庙）墙外余地。西汉帝（六任景帝）刘启（本年四十一岁）下诏，命刘荣前往首都长安警备区司令部（中尉府）听候审讯。刘荣报到后，即被囚禁，他要求借用刀笔写信给老爹（当时还没有纸张，写字不是写字，而是用刀把字刻在竹板上，所以必须刀当笔用），郅都下令监狱官，不准拿给他。魏其侯窦婴派人偷送进去，刘荣才得以留下遗书，写毕自杀。窦太后得知孙儿惨死，怒不可遏。后来竟运用法律条文，诛杀郅都。

侵占皇帝祭庙墙外余地，并不是十恶不赦的大罪。当初，晁错就干过这种勾当，刘启认为稀松平常（参考前一五五年六月）。何以对臣属如此之宽，对亲生之子如此之苛？显然，里面有不可告人的阴谋，可追溯到王娡跟刘嫖，她们要斩草除根。

郅都先生名列《史记》《汉书》的《酷吏传》，他的优点使人钦敬，但严格到残忍的程度，便丧失人性，他根本不知道什么是忠，什么是义，不过一只只认识谁是当权派的野兽。一旦刘启犯到他手里，他也会照样蹂躏。郅都不救贾姬，不过恐惧野猪。稍后阻止刘启奔往，也不过考虑到救得了或救不了的后果。如像他所责备的“为什么不为皇太后着想”那般充满爱心，则严酷的对待皇太后的爱孙，岂不更“不为皇太后着想”。任何人看见别人即将丧生兽爪之下，都会兴拔刀相助之念。孟轲说：“无恻隐之心的人，不是人。”郅都正是如此。

后来郅都当雁门郡（山西省右玉县）郡长（太守）时，匈奴汗国用反间手段，使郅都跟刘荣一样，也陷在法网之中。刘启说：“郅都是忠臣。”打算赦免。窦太后说：“难道你儿子刘荣不是忠臣？”于是，诛杀郅都。郅都在这项法网里，罪恶似不应至死。然而他摧残人权，不容宽恕。

**3** 夏季，四月，西北天际，出现孛星（一种尾巴比彗星短的流星）。

**4** 刘启封皇子刘越当广川王（首府信都〔河北省衡水市冀州区〕）、刘寄当胶东王（首府即墨〔山东省平度市〕）。

**5** 秋季，九月三十日，日蚀。

**6** 最初，梁（孝）王（首府睢阳〔河南省商丘市）刘武，以皇帝刘启同胞弟弟的身份，七国之乱（参考前一五四年）时，又有战功。刘启特别准许他使用天子专用的旌旗，有成千上万的车辆马匹作侍从卫士，出警入跸（警，戒严。跸，禁止行入，事实上，警就是跸，跸就是警）。刘武宠信羊胜、公孙诡，任命公孙诡当首府睢阳（河南省商丘市）警备区司令（中尉）。羊胜、公孙诡，诡计多端，怂恿刘武谋取皇帝继承人位置。

刘荣被罢黜的时候，窦太后的意思，想教刘武继承帝位。她曾经在酒筵上，对刘启说："你百岁之后，可以传给弟弟（指刘武）。"刘启跪直挺身说："当然。"酒宴之后，刘启向大臣们探听反应。袁盎等说："千万不可以，从前宋国（首府睢阳）国君（十三任宣公）子力，不传给儿子，而传给弟弟子和（十四任穆公），闯下大祸，五世都不能平安（二人的儿子互相斗争，宋国大乱，三个国君连续死于非命）。小小仁心，会伤害大义，所以《春秋》主张大义第一。"（大义第一，见《春秋公羊传》，原义为"大居正"，即大义应为主宰，不可被小仁小爱动摇。）于是窦太后的意见，不再谈及。

刘武曾经请求，准许他从睢阳（梁国首府，河南省商丘市）修筑一条高速大道（甬道），直达长安长乐宫（皇太后住所），以便随时可以朝见娘亲（睢阳到长安，航空距离六百公里，中经崤山山脉，自古以险恶闻名于世，筑路困难，再夹路筑墙，只有逼民谋反。而且隔绝南北，人民何以交通），袁盎等极力反对（他们可能着重军事观点，梁军如果叛变，用高速道袭击首都，那可真是如入无人之境）。刘武对袁盎跟反对的一些官员，深恶痛绝。于是，跟羊胜、公孙诡商量，秘密派出刺客，把袁盎跟其他十余位坚持异议的高级官员，全部暗杀。 

这是个胆大的暴行，而刺客竟然逃脱，无法擒拿归案，首都长安（陕西省西安市）大为震动。刘启下令，定要捕获凶手，凶手当然捕获不到。刘启想起来，可能跟梁国（首府睢阳）有关。调查案发情形，追踪刺客行迹，发现果然是梁国派出。刘启派田叔、吕季主，前往梁国调查，搜捕羊胜、公孙诡，而二人躲在刘武的王宫里藏匿。

刘启先后派出十余位钦差大臣，督促破案。严厉谴责梁国部长级官员（二千石），急如星火，梁国国相（相）轩丘豹（轩丘，复姓），跟秘书长（内史）韩安国，展开地毯式捉拿，一月有余，好像地球把人吞没了似的，仍没有消息。最后韩安国听说二人躲在王宫，于是求见刘武，流泪说："领袖受辱，部下应死。大王（刘武）没有优秀的干部，才弄成这个样子。而今，我们已竭尽能力，仍找不到羊胜、公孙诡，请大王把我处决。"刘武说："怎么会严重到这种地步？"韩安国泣不成声说："大王，你自认为跟皇上（刘启）的关系，比临江王（首府江陵）刘荣，哪一个亲？"刘武说："他们是父子，我当然不如。"韩安国说："刘荣原本是皇太子，只因为被人说了一句话，贬作临江王。而假借祭庙外余地，在首都长安警备区司令部（中尉府），被活活逼死。为什么？治理国家，不能因私害公。现在，大王不过封国亲王之一，竟采信奸臣的邪说，冒犯皇上的禁令，轻视法律的尊严。皇上因为太后（窦太后）的缘故，不忍心用法律处罚你。而太后日夜啼哭，希望你能改过向上。大王始终不知道觉悟，你有没有想到，一旦太后逝世，你还靠谁？”话还没有说完，刘武已泪流满面，向韩安国道歉说：“我今天就交出他们。”下令羊胜、公孙诡自杀，把尸体抬出；刘启因此怨恨老弟。

谋杀高官案虽了，刘启对老弟，却十分不满。刘武恐惧，派邹阳前往长安（陕西省西安市），晋见王娡的哥哥王信，说：“你妹妹（王娡）受到皇上宠爱，皇宫之内，没有人能比。而你的行为，有很多地方违法失理。而今，皇上（刘启）穷追袁盎事件，一旦梁王（刘武）处死，太后（窦太后）的怒气无法发作，衔恨你们这些权贵不及时营救，我为你担忧。”王信紧张说：“那怎么办？”邹阳说：“如果得便时，秘密向皇上说情，不再深入发掘梁国（首府睢阳）的事，你在太后心中的地位，就不可动摇。太后感激你，将入骨髓。而你妹妹，同时得到两宫（太后和皇帝）的欢心，地位比起金城汤池，还要稳固。从前，姚重华（舜）的弟弟姚象，每天都想杀他哥哥，等到姚重华当了天子，却把姚象封到有卑（湖南省东安县东北）。一个仁爱的人，对于弟兄，从不隐藏自己的恼怒，也从没有隔夜的怨恨，而只有浓厚的亲情，所以后世一致赞颂。假使你用这种话打动皇上，梁国的事可能侥幸不再扩大。”（所举姚重华待他弟弟那一套，是儒家学派托古改制下的产物。有卑跟当时首都蒲阪〔山西省永济市〕航空距离一千二百公里，西汉王朝初年，还是一片蛮荒，满布毒蛇猛兽，何况又在西汉王朝之前两千年？恐怕连鸟道都时断时续。把弟弟驱逐到那种地方，还叫什么封？还叫什么爱？更何况事实上姚象被封之后，便没有消息，封国没有他，首都没有他。只有一个合理的解释：中途就被姚重华谋杀。）王信承诺说：“我一定照办。”找到一个机会，向刘启进言，刘启的愤怒情绪，稍稍化解。

这时窦太后思念她的幼子刘武，忧虑他已闯下大祸，饮食不能下咽，日夜啼哭，刘启也感觉到烦闷。恰好钦差大臣田叔一行，从梁国（首府睢阳）回来，到霸昌车站（首都长安东），就在车站宿舍，把在梁国所取得的口供笔录，全部烧掉，空着双手晋见刘启。刘启问："梁王（刘武）有没有罪？"田叔说："有死罪。"刘启说："告诉我事实。"田叔说："陛下最好不要再问这件事。"刘启说："为什么？"田叔说："如果梁王（刘武）不伏诛，是中央政府的法律全盘作废。如果梁王（刘武）伏诛，而皇太后（窦太后）食不知味，卧不安席，陛下将如何是好？"刘启认为他考虑得十分周到。教田叔一行晋见窦太后，报告说："梁王（刘武）根本什么都不知道，肇事的只是他所宠信的羊胜、公孙诡等人，已经处决；梁王（刘武）仍好好的，跟往常一样。"窦太后听到，大为欣慰，立刻就起床进餐，心情也恢复平静。

刘武上书，请求朝觐，刘启批准。刘武到函谷关（河南省灵宝市东北），护送的卫队刚到关外，而刘武忽然失踪。刘启跟过去一样，派出天子仪队，前往迎接。既找不到刘武，大吃一惊，急急回报，窦太后大哭说："皇上果然杀了我的儿子（刘武）。"刘启忧愁而又恐惧，恐惧老弟真的丧生，无法善后。而刘武却是接受他的国务官（大夫）茅兰的建议，到函谷关后，换乘平民使用的丧车，只带两个随从骑兵卫士，投奔姐姐长公主刘嫖。然后身背刀斧、砧板，跪在未央宫北门（未央宫北阙下，是臣僚奏事跟谒见的地方）请罪。窦太后、刘启喜出望外，激动得流泪。弟兄相见，一切如同从前，把停留在函谷关外的梁国侍卫，全部召到长安。然而，弟兄们心上已有了一个结，刘启从此不再请刘武跟他一起坐车。

刘启认为田叔有独到的见解和魄力，任命他当鲁国（首府鲁县〔山东省曲阜市〕，刘启封儿子刘馀鲁王）宰相（相）。

# 纪元前一四七年 甲午

西汉　景帝中元　三年

1 冬季，十一月，西汉王朝（首都长安〔陕西省西安市〕）皇帝（六任景帝）刘启（本年四十二岁），撤销各封国的最高监察长（御史大夫）一职。

2 春季，三月二十六日（原文“丁巳”，据《汉书·诸侯王表》改），刘启封皇子刘乘当清河王（首府清阳〔河北省清河县〕）。

3 夏季，四月，地震。旱灾，禁酒。

4 秋季，九月，蝗虫成灾。

5 西北天际，出现孛星（一种尾巴比彗星短的流星）。

**6** 九月三十日，日蚀。

**7** 最初，刘启罢黜太子刘荣时，宰相（丞相）周亚夫竭力反对，没有效果，刘启逐渐对他疏远。而梁（孝）王（首府睢阳〔河南省商丘市〕）刘武每次到长安（陕西省西安市）朝见，跟窦太后又一致经常的攻击他（报复七国之乱时，他不救梁国之仇。参考前一五四年）。窦太后告诉刘启："皇后王娡的哥哥王信，应该封侯爵。"（这是酬庸王信去年〔前一四八〕救刘武的功劳）刘启推辞说："当初窦彭祖（窦太后弟窦长君的儿子）、窦广国（窦太后少弟），先帝（刘恒）都没有封他们，还是我登极后才封的（窦彭祖封南皮侯，窦广国封章武侯），怎么也轮不到王信。"窦太后说："人生，各有各的做法。窦长君在世时，一直没有封侯，死后，儿子（窦彭祖）才封，我常觉得遗憾。你现在只管封王信就是了。"刘启说："等我跟宰相（周亚夫）商议，再做决定。"

刘启告诉周亚夫，周亚夫反对，说："高皇帝（一任帝刘邦）曾有约定：'非刘姓皇族，不可以封王。非对国家有功劳，不可以封侯。'王信虽是皇后的兄长，却对国家没有贡献，如果封他侯爵，岂不违背高皇帝（刘邦）的约定？"刘启无话可答，只好中止。后来，匈奴汗国（王庭设蒙古国哈拉和林市）重要酋长徐卢等六人投降，刘启打算封他们侯爵，作为政治号召。周亚夫又反对，说："他们背叛祖国，向陛下投降。陛下却封他们侯爵，以后怎么责备臣僚不忠？"刘启说："宰相（周亚夫）的见解不能采用。"把徐卢等六人，全封侯爵（徐卢封容城侯。赐封垣侯。隆彊封遒侯。仆黥封易侯。范代封范阳侯。邯郸封翕侯）。周亚夫遂称病。

九月三十日，刘启免除周亚夫宰相（丞相）职务，任命最高监察长（御史大夫）桃侯刘舍当宰相（丞相）。

# 纪元前一四六年 乙未

西汉　景帝中元　四年

1 冬季，十月二十日，日蚀。

2 夏季，蝗灾。

# 纪元前一四五年 丙申

西汉　景帝中元　五年

**1** 夏季，西汉王朝（首都长安〔陕西省西安市〕）皇帝（六任景帝）刘启（本年四十四岁），封皇子刘舜当常山王（首府真定〔河北省正定县〕）。

**2** 六月二十九日，赦天下。

**3** 水灾。

**4** 秋季，八月二十一日，未央宫东门火灾。

**5** 九月，刘启下诏："凡是疑难案件，可轻可重；法官却采取重的判决，人心不服的，应重新会审平反。"

**6** 地震。

# 纪元前一四四年 丁酉

西汉　景帝中元　六年

1 冬季，十月，西汉王朝（首都长安〔陕西省西安市〕）皇帝（六任景帝）刘启（本年四十五岁）的老弟梁王（首府睢阳〔河南省商丘市〕）刘武到首都长安朝见，请求延长居留时间，刘启拒绝（西汉王朝规定，封国亲王进京朝见，只能居留二十日，跟皇帝见面四次。第一次初到，单独进宫拜谒，叙家人礼，皇帝在宫中设筵。第二次，元旦〔秦王朝、西汉王朝，以十月作为每年第一个月，元旦则是十月一日〕，跟其他亲王在金銮殿上，呈献贡物，作官式朝见，祝贺新岁。后三天，皇帝为亲王群设筵，赏赐财物。再后两天，亲王群一齐进宫，参加宴会）。刘武知道老哥对他的爱心已减，回国后，若有所失，郁郁寡欢。

2 十一月，改"廷尉""将作"等若干官名（西汉一直沿用秦官名，至此始改。"廷尉"改"大理"〔司法部长〕，"将作少府"改"将作大匠"〔工程总监〕，"奉常"

改“太常”〔祭祀部长〕，“典客”改“大行令”〔外籍官民接待总监〕，“长信詹事”改“长信少府”〔长信宫供应官〕，“将行”改“大长秋”〔皇后宫总管〕，“主爵中尉”改“主爵都尉”〔诸侯接待总监〕)。

**3** 春季，二月一日，刘启前往雍县（陕西省宝鸡市凤翔区），祭祀五色帝庙（五位颜色不同的神仙。参考前一六五年四月）。

**4** 三月，雨雪交加。

**5** 夏季，四月，梁王（孝王）刘武逝世。窦太后接到丧报，哀伤痛哭，不能饮食，说：“皇上（刘启）果然杀了我儿（刘武）！”刘启既悲伤又恐慌，不知道怎么办才好。跟姐姐长公主刘嫖计议，遂把梁国（首府睢阳〔河南省商丘市〕）分为五国，把刘武的五个儿子，全都封王：刘买封梁王（首府睢阳），刘明封济川王（首府济阳〔河南省兰考县东北堌阳镇〕），刘彭离封济东王（首府无盐〔山东省东平县东南〕），刘定封山阳王（首府昌邑〔山东省巨野县东南大谢集镇〕），刘不识封济阴王（首府定陶〔山东省菏泽市定陶区〕）。五个女儿，每人都封一县作为汤沐邑（收受全县赋税）。把这次决定报告窦太后，窦太后才高兴，勉强吃一顿饭。

刘武没有死时，财产庞大，以万为单位计算。逝世时，库存黄金还有四十余万斤，其他财产的价值，跟这个数目相差无几（这都是平民的眼泪）。

**6** 刘启曾经减轻鞭打（笞）的数目（参考前一五六年），可是受鞭刑的人，仍不能免于残废终身，或死在鞭下。于是再减：三百鞭减为二百鞭，二百鞭减为一百鞭。颁布“鞭棍执行法”（棰令）：竹鞭长

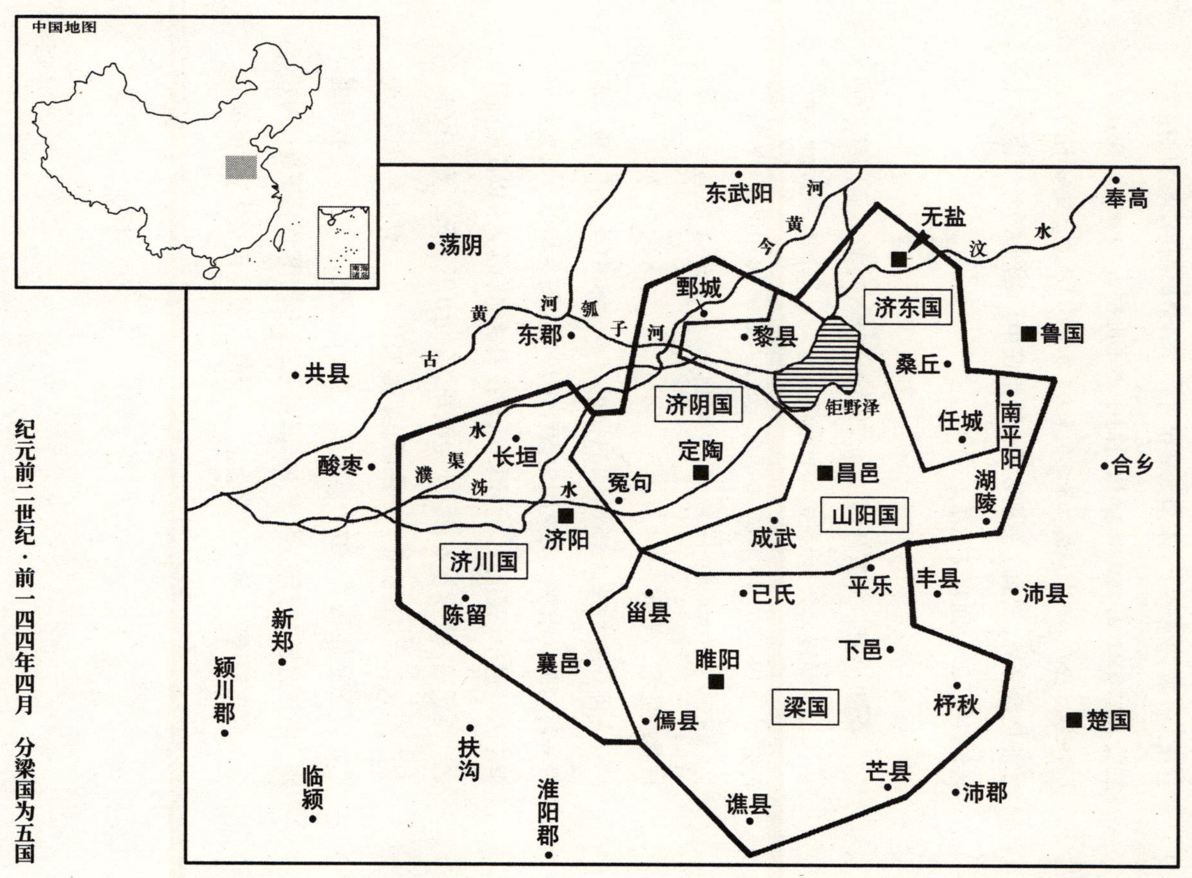


纪元前二世纪·前一四四年四月 分梁国为五国

五尺，一端直径一寸，末梢则薄半寸，竹节全都削平。鞭打时应打屁股（过去是打脊背，伤及内脏），鞭打时中途不准换人（中途换人，精力充沛，打得更重。一个人一口气打到底，力量渐乏，鞭力自会减轻）。从此，受鞭刑的人，才能仍保全身。然而，死刑太重，不常使用；鞭刑太轻，人民不太害怕。所以，反而容易犯法。

**7** 六月，匈奴汗国（王庭设蒙古国哈拉和林市）攻入雁门郡（山西省右玉县），前锋自武泉（内蒙古呼和浩特市东北），攻入上郡（陕西省延安市），掠夺战马（为了对抗匈奴汗国的骑兵，西汉政府在六任景帝刘启时代，开始繁育战马。交通部〔太仆〕设立养马场三十六所，分布北方及西方边陲，人员三万人，马三十万匹），官兵战死的二千人。

上郡（陕西省延安市）郡长（太守）陇西（甘肃省临洮县）人李广，曾经带着一百名骑兵出塞，突然跟匈奴汗国数千名骑兵相遇。匈奴看见李广人数过少，反而大为疑惧，认为在引诱他们深入，以便聚而歼之。越想越对，全军震惊，于是散开到附近山丘布阵，等待攻击。李广随从骑兵，自知难以摆脱恶运，面如死灰，打算狂奔逃命，李广说：“我们距基地有数十里之遥，才一百名骑兵。匈奴看我们逃跑，必定追赶，万箭齐发，会全部死尽。我们如果保持镇静，匈奴会认为故意诱敌，绝不敢发动。”下令说：“保持正常队形，继续前进。”在距匈奴阵地二华里时停止，下令说：“下马解鞍。”部下害怕说：“敌人人数既多，相距又这么近，一旦紧急，如何应付？”李广说：“匈奴认为我们一定会撤退，现在就是告诉他，我们偏不撤退，使他们更加肯定我们是诱敌之计。”匈奴兵团一位骑白马的将军向他们接近，意图窥探侦察。李广上马，率十余骑飞奔而上，用箭把他射杀，然后回来，仍下马解鞍，命士兵教战马卧地休息。

这时，天已黄昏，匈奴兵团迟疑，不敢行动。一直僵持到半夜，匈奴兵团忽然警觉到汉军可能在附近埋伏大军，准备趁夜攻击。于是，立即撤退。天将亮时，李广才回到大军营地。

**8** 秋季，七月二十九日，日蚀。

**9** 自从郅都伏诛（参考前一四八年），首都长安（陕西省西安市）以及附近城市的贵族子弟，越来越多凶暴犯法，社会秩序大乱。刘启征召济南郡（山东省济南市章丘区）民兵司令（都尉）南阳（河南省南阳市）人宁成，担任首都长安警备区司令（中尉）。宁成用法严格残酷，一如郅都，但廉洁操守不如；贵族跟豪门，大为恐慌。

**10** 城阳王（首府莒县〔山东省莒县〕）刘喜逝世。

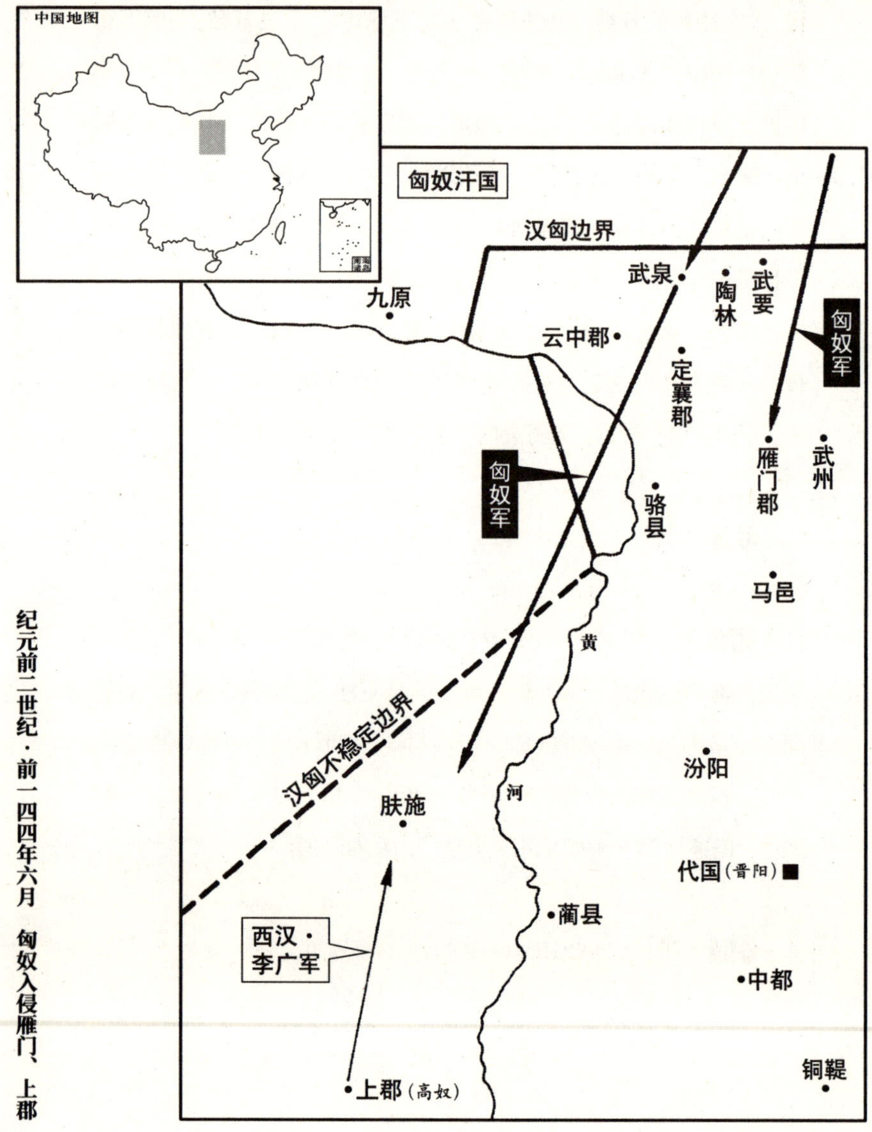


纪元前二世纪·前一四四年六月　匈奴入侵雁门、上郡

# 纪元前一四三年 戊戌

西汉　景帝后元　元年

**1** 春季，正月，西汉王朝（首都长安〔陕西省西安市〕）皇帝（六任景帝）刘启（本年四十六岁）下诏："刑罚（狱），是一件重要的事。人，有的智慧，有的愚笨。官，有的是上司，有的是下属。法官们遇到疑难的案件，应呈报主管官员。主管官员不能决定，应呈报司法部（廷尉）。呈报后，经上级指出原判决不当，原判决法官不算过失。执行法律的人，处理诉讼，务必从宽。"

**2** 三月，赦天下。

**3** 夏季，特准民间大吃大喝（大酺）五天，还可以买酒（前一四七年，政府曾下令禁酒）。

**4** 五月九日，地震。上庸（湖北省竹山县西南上庸镇）地震，长达二十二天，城墙民宅，全都破坏。

秋季，七月二十九日，日蚀。

七月三十日，宰相（丞相）刘舍免职。

**5** 八月壬辰日（八月丁未朔，没有壬辰），擢升最高监察长（御史大夫）卫绾当宰相（丞相）。擢升皇城保安司令（卫尉）南阳（河南省南阳市）人直不疑，当最高监察长（御史大夫）。

最初，直不疑在宫廷当禁卫官（郎），同住在一个宿舍的另一位禁卫官，请假返乡，探望父母，一时粗心，把第三位禁卫官的钱拿去。不久，第三位禁卫官发现失窃，认为一定是直不疑干的勾当，向他质问。直不疑承认有这回事，向他道歉，如数偿还。后来，返乡的那位禁卫官回来，物归原主。失主大为惭愧，于是尊称直不疑是敦厚长者。后来升迁到高级国务官（中大夫），有一次，有人向皇帝检举直不疑跟他嫂嫂通奸，直不疑稍后听到，说："我根本没有哥哥。"却始终不肯向皇帝辩白。

**6** 刘启决定铲除周亚夫，于是在皇宫召见他，跟他共同进餐，故意在他面前放了一大块肉，既没有切开，又不放筷子。周亚夫心里不是滋味，请身旁管理筵席的人给他一双筷子。刘启凝视着他，笑说："阁下还不满意呀？"周亚夫这才知道他已面临杀星，急忙脱下官帽，叩头请罪。刘启冷冷说："起来吧。"周亚夫不敢再坐，用碎步退出。刘启一直看着他退出御殿，才说："瞧他一肚子委屈，可不是幼主（指刘启的儿子刘彻将来登极）的臣属。"

不久之后，周亚夫的儿子为了准备老爹死后陪葬的东西，向营造署（工官）购买作废的盔甲、盾牌五百件，命工人搬运。役使劳苦，却不给工资（这个儿子可是恶棍，大富大贵之家，竟剥削穷苦工人），工人知道这些武器是从县政府暗中搬出偷卖，愤怒之余，径向政府检举周亚夫的儿子。于是，事情爆发，牵连到周亚夫。呈报刘启，刘启下令审判。

法官去周亚夫家，询问口供，周亚夫愤怒已极，拒不回答。刘启得到报告，破口大骂说："什么东西，用不着什么口供！"下令周亚夫去司法部（廷尉）报到。司法部长（廷尉）责问他："你为什么叛变？"周亚夫说："我儿子买的物件，全是坟墓里用的葬器，怎么叫叛变？"法官说："阁下纵然活着不在地上叛变，死后也会在地下叛变！"然后横加侮辱，而且还要苦刑拷打。最初，法警逮捕周亚夫时，周亚夫就要自杀，周夫人劝阻他，认为事情终可大白，才到司法部（廷尉）。既了解陷阱已深，无法摆脱，因绝食五天，大口吐血，死在监狱。

周亚夫是周勃的儿子，如果没有周勃，刘恒就坐不上宝座（参考前一八〇年）；如果没有周亚夫，刘启的下场可以预测——四任帝（后少帝）刘弘，就是榜样，被新登极的刘濞处死。周家父子对刘家父子，有再造之恩，而刘家父子却先后两次用"诬以谋反"回报。

周亚夫虽然跟老爹同命，但是老爹还有薄太后投掷帽巾。周亚夫遇到的窦太后，投出的却是勾魂索。老爹还有"公主作证"，周亚夫遇到的长公主刘嫖，虽然也在作证，却是证明他谋反。周亚夫已把足可以致他于死命的权贵，得罪了净光，包括皇帝的娘、皇帝的妻、皇帝的弟弟、皇帝的大舅子，以及皇帝本人。从刘启下令把一大块肉放到他桌上，以及露出注视着他的奸笑，可看出杀心已动，只等时机。

有人认为周亚夫儿子如果不乱买就好了，那可是儿童之见。当权派已经指出对象，被锁定的对象就一定在劫难逃，最后“有人告发”，结局还是一样。不过在周亚夫冤狱历程中，最有价值的贡献，还是狱吏的两句话：“你活着不在地上叛变，死后也会在地下叛变。”无罪不能无刑，再提供一次重要证据。

刘启之刻薄寡恩，在晁错身上，已经显示；在周亚夫身上，再度显示。然而，也只有在极权政治制度下，“诬以谋反”才其效如神。

**7** 本年（前一四三），济阴王（首府定陶〔山东省菏泽市定陶区〕）刘不识（梁王〔首府睢阳〕刘武儿子）逝世。

# 纪元前一四二年 己亥

西汉　景帝后元　二年

1 春季，正月，一天发生三次地震。

2 三月，匈奴汗国（王庭设蒙古国哈拉和林市）攻入西汉王朝（首都长安〔陕西省西安市〕）雁门郡（山西省右玉县），雁门郡长（太守）冯敬迎战，阵亡。西汉政府派机动部队（车骑）及弓箭部队（材官），向雁门郡增援。

3 春季，因农作物歉收，西汉政府下令内地郡县人民，不准用黍米喂马。违禁的，没收那匹马。



**4** 夏季，四月，西汉帝（六任景帝）刘启（本年四十七岁）下诏：

“男人从事艺术雕塑，则减少农田劳力。女人从事织锦刺绣，则妨碍纺织。农田劳力不足，造成饥饿，纺织没有人做，人们就没有衣服御寒。饥寒交加，而不去为非作歹的，为数太少。我亲自耕田，皇后亲自采摘桑叶，用所收获的产物，作为皇家祖庙（太庙）供品跟祭服，示范天下（皇帝亲种，可不是“汗滴禾下土”，只不过把摆好的犁耙，往前推三下而已。皇后采桑，也只不过在选好的最低枝上采两三叶）。我从不接受进贡，而且减少饮食供应，更减少人民的田赋租税，目的只在盼望天下每一个人都去务农，都能有丰富的积蓄，以防天灾。只盼望强梁的不欺压弱小的，人多的不欺压人少的，衰老的得以终其天年（自然死亡），孤儿们得以长大成人。

“可是，到了今年（前一四二），农作物歉收，人民竟缺少粮食，是什么原因？责任在谁？可能是官员们作奸犯科，接受贿赂，向人民掠夺，谋取利益。诸如县政府主任秘书（县丞）、高级官员（长吏）之类，利用法令漏洞，行为如同强盗，使人痛恨。各位部长、郡长（二者俸禄都是二千石），都应尽忠职守，凡浮滑和昏庸之辈，宰相（丞相）

应立即报告给我，定他们的罪。特此布告全国人民，都能知道我的意思。”

**5** 五月，刘启再下诏：“家产满四万钱，就有资格当官。”（从上古直到二十世纪初叶清王朝结束，中国公务人员，分为“官”跟“吏”两种，“官”即是官员，“吏”则没有一个适当的名词可以解释。大体上说，吏是低层官员。例如，监狱里的看守员、管理员，司法部里的审问员，政府里的助理员、科员、文书、抄写员、法警等等。中央政府直接任命的，是“官”。由地方政府，或由“官”任命的，是“吏”。当“吏”很简单，只要有“官”用你就行。而当“官”则不简单。西汉王朝当“官”的管道有三：一是先当宫廷禁卫官〔郎〕，一是在封国政府或郡政府先当“吏”，然后被推荐到中央；一是在中央政府部长级〔宰相、九卿〕官署先当幕僚或先当“吏”，再受到推荐。其中禁卫官因为直接侍奉皇帝的缘故，最是人们羡慕的捷径。不过家产必须在十万钱之上，才有资格充任。因为当一个禁卫官，需要漂亮的衣服跟车辆马匹，这些都需要自备。非富家子弟，无力负担。商人有的是钱，但法令规定他们不能当公务人员。清寒的知识分子，一肚子学问和忠心，却因家产不够十万之数，无法当官。本年〔前一四二〕，刘启下诏，把家产限额，从十万钱降低到四万钱，扩大吸收新人。）

**6** 秋季，大旱。

# 纪元前一四一年 庚子

西汉　景帝后元　三年

**1** 冬季，十月，日蚀又月蚀，天际一连赤红五天。

**2** 十二月二十九日，响雷，太阳颜色变紫。五星反转运行，侵犯太微星（五星：东方岁星，南方荧惑星，西方太白星，北方辰星，中天镇星。紫微星，在北斗星的东北，古代天文学家认为象征地上皇帝。五星反转运行，不可思议，侵犯太微星，也不可思议。实在不懂，只好照抄），月亮横穿天际。

**3** 春季，正月，西汉王朝（首都长安〔陕西省西安市〕）皇帝（六任景帝）刘启（本年四十八岁），下诏说："农业，是天下的根本。黄金珠玉，饥饿的时候不能当饭吃，寒冷的时候不能当衣穿。可是人们却去购买，不知道为什么会这样本末倒置？这几年，农作物歉收，大概是从事农业的人少，从事工商的人多。从今之后，无论郡县或封国，务必劝勉人民耕田种桑，扩大植树，使人从中取得衣服、食物。官吏如果征召农民服事劳役，或课征农民捐献，雇人去开采黄金珠玉，一律以‘强盗收赃罪’法办。郡长以上高级官员（二千石）不加管束的，同罪惩处。”

**4** 正月十七日，太子刘彻成年，行加冠礼（西汉王朝时，男子十六岁便算成年，戴上成年人的帽子）。

**5** 正月二十七日，刘启在未央宫逝世（年四十八岁）。太子刘彻即位（七任武帝），年十六岁。尊祖母皇太后窦女士当太皇太后，娘亲皇后王娡当皇太后。

王娡女士真是一位传奇尤物，使人难以置信。依古时早婚年龄计算，王娡当皇太后时，不过三十六七岁左右，前夫金王孙先生应该仍在人间，不知道这一对当年恩爱夫妻，是否仍偶尔思及。然而，一个天上，一个地下。尤其女主角在天上，男主角在地下，便永不可能复合。有人认为当初拆散鸳鸯，王娡是被娘亲所迫。当然有被迫的成分，但如果她不怦然心动，娘亲也无法把她绑进太子宫。我们并不是责备她水性杨花，而只是感叹富贵逼人。

现在，世界上最快乐的人莫过于娘亲臧儿女士了，她用她女儿一生幸福作赌注，而今全盘都赢（参考前一五一年）。最荒谬卑劣的行为，却获得最丰富的幸福作为回报，历史上恐怕只此一遭。只有一点难以证实的，皇太后的尊位是不是可以代替中年丧夫？假使换了柏杨先生，我可是宁愿拥有妻子，绝不去当他妈的太上皇。

**6** 二月六日，西汉政府把刘启埋葬在阳陵（陕西省咸阳市东北二十五公里）。

**7** 三月，刘彻（七任武帝）封皇太后王娡同母异父的弟弟田蚡当武安侯、田胜当周阳侯。

**班固曰**

孔丘说："现代人民，跟三代（夏王朝、商王朝、周王朝）人民，没有差别，可是三代人民，却可以纳入正规！"果然不错。周王国末年，跟秦王朝时代（前三世纪中后期），法网周密，苛刻残酷，为非作歹的人，反而越来越多。西汉王朝兴起，扫除这些弊端，使人民得到休养。到了文帝（五任刘恒），更加谦恭俭朴。景帝（六任刘启）遵照执行，不作改动，只五、六十年的时间，风俗焕然一新，民心趋于敦厚。在周王朝，有姬诵（周王朝二任王成王）、姬钊（周王朝三任王康王）。在西汉王朝，有文帝、景帝，都是美好的时代。

**8** 西汉王朝建立，紧接在秦王朝的种种暴政之后，百废待举，而财力缺乏。以皇帝之尊，御用的车辆，都不能找到毛色一样的四匹马。宰相（相）跟高级将领（将），有时候不得不乘坐牛车。人民家徒四壁，没有隔宿之粮。无论家国，都十分贫困。

等到天下平定，一任帝（高祖）刘邦下令，不准商人穿绸缎，不准乘车，再加重他们的赋税，增加他们的负担和羞辱。到了二任帝（惠帝）刘盈、三任帝（前少帝）刘恭、四任帝（后少帝）刘弘，刚刚步入太平，对商人的限制，也逐渐松弛，然而仍不准工商界的子孙当官。计算官吏的薪俸跟政府的开支，用多少，才向人民征收多少赋税，而不多取。山川、园池、工商税款，上自皇帝，下到封爵，各人有各人的汤沐邑（直接收取赋税），都有自己的收入，不靠政府经费。把山东（崤山以东）的粮秣，运到首都长安（陕西省西安市），只不过供给中央政府官员们的消费，每年不过数十万石。

接着五任帝刘恒、六任帝刘启登极，清静节俭，使全国人民获得充分的休养。七十余年间，国家没有大的灾难。如果不遇到水灾、旱灾，人民都可以家家自足，无论城市或乡村，仓库全满。而政府公库，堆积着用不完的财货。首都长安（陕西省西安市）国库的钱，多达万万，用来穿钱的绳子，都寸寸烂断（古时的钱，中有方孔，可以用绳子串起收藏。现代日本的钱，仍保持中孔，不过不是方孔，而是圆孔，串起来更为方便），以致无法计数。粮仓里的黍米，一层一层的往上面堆，堆得太高，满盈之后，甚至堆到露天之下，腐烂得不能再吃。大街小巷，连平民都有马匹。田野中更成群结队，偶尔有骑雌马或幼马的，人们都瞧他不起，不愿跟他来往（因富庶的缘故，大家都骑雄马）。连街头看守里巷的，都每餐吃肉，当低层“小吏”的，因为生活优裕，而又安定，可以一直看到孙儿长大，所以也不图谋升迁。在官位的时间太久，甚至把官名当作他的姓（《汉书·货殖传》，有姓“仓”的，有姓“库”的）。所以人人自爱，而把犯法看成一桩严重的事情，互相勉励善行，不愿受到羞辱。

然而，也正在这个时候，法网太宽，人民太富，浪费奢侈，挥霍无度。于是土地开始兼并，土豪劣绅之辈，仗着财富，在乡间横行霸道，作威作福。皇族有分封的土地，当然富有。部长级（公卿大夫）以下官员，竞争着展示豪华，住的房子、穿的衣服、坐的轿舆，简直跟皇帝一样，超越身份等级，毫无限制。任何事情，盛极必衰，物极必反，不得不变。之后，七任帝（武帝）刘彻对内穷极靡烂，对外攻击夷狄各族。不久，天下一片萧条，财富完全耗尽。

# 纪元前二世纪

# 六〇年代

前一四〇—前一三一年

## 西汉王朝

- 罢黜百家，独尊儒术。
- 攻击闽越王国。
- 马邑之役。
- 灌夫骂座。

---

- 罗马第一次奴隶抗暴战争。
- 罗马护民官提比略·格拉，为暴民所杀，改革全废。
- 安息皇帝夫果兹二世在位。

# 纪元前一四〇年 辛丑

西汉　建元　元年

**1** 冬季，十月，西汉王朝（首都长安〔陕西省西安市〕）皇帝（七任武帝）刘彻（本年十七岁），下诏征求“贤良方正”“直言极谏”人才，由刘彻亲自主持考试，题目是“古今治国之道”。参加考试的有一百余人。

广川（河北省衡水市冀州区）人董仲舒在试卷上回答：

“‘道’的意思是：治理国家的方法。仁爱、道德、礼教、音乐，都是治理国家的工具。古代的圣贤君王，虽然去世，可是子孙长存，使天下太平数百年，这都是礼乐教化的功绩。君王们没有一个不希望国家永安，政权永存。偏偏多的是国家混乱，政权倾危。原因在于所任命的官员不是适当的人选，治理国家的方法不是适当的正道。才使国家和政权，终于覆亡。周王朝的衰弱，从姬胡（十任厉王）、姬宫涅（十二任幽王）开始，并不是国家不能治理，而是姬胡、姬宫涅不懂得治理的方法。到了姬靖（十一任宣王），思念先王们的恩德，竭力奋发，全盘补救，重振姬昌（文王）、姬发（一任武王）的伟大勋业，周王朝才明显的恢复昔日的局面，这都是日夜不休的去做善事的功效（十一任宣王姬靖，如何补救他儿子十二任幽王姬宫涅的过失？董仲舒连他们的先后都没弄清楚，应怪历代帝王只有绰号而没有任数，如有任数，关系位置比鼻子在脸上还要明显，就没有人敢信口开河、打马虎眼）。

“孔丘说：‘是人弘扬真理，不是真理弘扬人。’所以国家的治理和混乱、兴盛和衰亡，掌握在自己之手，跟天命无关，不可以推卸责任。如果认识不清，就失去了正确判断。作为一个君王，应正心诚意，管理政府；管理政府，就是管理文武百官；管理文武百官，就是管理千万人民；管理千万人民，就是管理天下。天下治理，则无论远近，无不治理，就再没有邪恶奸诈，生长其间。于是，阴阳配合，风调雨顺，大自然欣欣向荣，人口繁衍。所有象征幸福的祥瑞，都会出现。王道政治，到此尽善尽美，无以复加。

“孔丘说：‘姚重华（舜）时，凤凰来朝；姬昌（文王）时，凤凰在岐山（陕西省岐山县东北）高鸣，而今凤凰不来。伏羲氏时，黄河中龙马驮着图书出现，而今龙马不至。无可奈何，而我已尽了全力。’（凤凰、龙马，都是祥瑞，象征君王圣明。）盖孔丘自以为可以使这种祥瑞出现，自叹官位卑微，竟无法招致。陛下是尊贵的天子，四海之内，全是你的财富。又居于可以招致凤凰、龙马的高位，掌握可以招致凤凰、龙马的权势，又有可以促使凤凰、龙马出现的天资。行为高尚，恩德厚重，见解明晰，心意善良，爱护人民，喜好人才，应是一位仁义君王。然而，天地神灵并没有反应，祥瑞仍没有动静，什么原因？在于教化还没有推行，国家还没有治理。人之追逐利禄，好像水往下流，不用教化作为堤防，就不能阻止人欲泛滥。古代君王明白这个道理，所以坐在北方尊位，面向南方。治理国家，无不把‘教化’当作第一重要的工作。因之，应在首都设立大学（太学），以教化全国；应在地方设立小学（庠）、中学（序），以教化乡村（古代教育：家族设补习班〔塾〕，乡镇设小学〔庠〕，郡县设中学〔序〕，封国设大学〔太学〕）。用仁爱感化他们，用道义砥砺他们，用礼节约束他们。

“对人民的处罚，虽然非常轻微，人民仍不犯罪，在于教化已经推行，风俗已经美好。圣贤君王继承乱世，把残留下来的邪恶，全部扫除。把教化的工作，重新倡导。教化有明显效果之日，也就是美好风俗习惯养成之时。子孙遵行，五六百年之久，仍然存在。秦王朝摧毁古圣先贤的传统，用法律治理天下，所以，只有十四年就告覆亡（自并吞六国到嬴婴投降，共十六年）。遗留下来的灾难，至今还贻害人间。以致风俗习惯，仍刻薄狡诈，人民顽劣，仍不在乎犯罪，竟糜烂到这种地步！我们用一个譬喻说明，好像琴瑟的声音，如果失常，唯一的办法是，把旧弦解下来，重换新弦，才可以演奏，管理的方法如果行不通，唯一的办法是，把旧的风俗习惯排除，重换新的风俗习惯，才可以着手。西汉王朝统一中国以来，一直要使国家治理，而国家仍不能达到完美，在于应该改变的，没有改变。

“我听说过：圣明君王治理国家，使人民在年轻时就去学校读书，成年后授给他们职位，用官爵俸禄来提高品德，用刑罚来阻吓罪恶。所以人民深切了解礼仪，而以冒犯长官或长辈是最大的羞耻。姬发（周王朝一任王）奉行大义，消灭残贼（指商王朝末任帝子受辛）。姬旦（周公，周王朝元勋）制作礼教、圣乐，提高人民文化品质。所以到了姬诵（周王朝二任王成王）、姬钊（周王朝三任王康王）盛世，监狱空闲四十余年。这正是教育的感化，仁义的浸润，而不是刑法的效果。秦王朝恰恰相反，奉行申不害、公孙鞅、韩非等法家学派的理论，厌恶圣明君王所行的儒家学派的道理，认为贪欲是正常，刻板的坚持法条形式，而不问事情的实质。善良的人未必免于责罚，而作恶多端的人，也未必受到责罚。

“所以，政府官员们都在做表面工作，而不管内容。外貌上对君王必恭必敬，内心却怀着随时都要背叛的意图。一片虚伪，用诈术、欺骗、寡廉鲜耻的手段，夺取利禄。政府严厉惩治，诛杀的人一个连一个，邪恶并不息灭。只因为，风俗习惯，使他们如此。陛下拥有天下，人民无不顺服，但功德并没有加到人民身上，为什么？为的是陛下还没有留意到此。曾参说：‘重视他所听到的，就会成为高明。去做他所知道的，就会发出光辉。高明和光辉，不在别的，只在是不是留意。’希望陛下用你听到的，诚心诚意，去做你所知道的。那么，跟三王（姒文命、子天乙、姬发）有什么分别？

“平常不培养知识分子，却打算遴选到贤能人才，就好像不去雕琢玉石，而要求它呈现美丽的光彩形象一样。培养知识分子最重要的，莫过于设立大学（太学）。大学是贤能人才的制造场所，推行教化的根本基地。而今，一个郡或一个封国的人口，相当众多，教他们遴选知识分子前来参加皇帝的考试，竟一个人都选不出来，圣王治国的方法，眼看面临失传。因之我建议陛下：兴建大学，敦聘有学问的教师，大量培养知识分子。经常考试垂询，向他们提出问题，使他们得以显示才干。这样，就可以在其中物色到英才。

“现在的郡长（郡守）、县长（县令），都是人民的导师和表率，禀承陛下的德意，传播教化。如果导师品质低下，则陛下的德意不能传播，恩惠不能到达民间。现在的情形是，他们既不能教化人民，又不能严格执行国家法令，反而虐待人民。官吏狼狈为奸，上下勾结，人民贫困孤单，受尽欺凌，重重冤苦，没有地方可以申诉。以致失业流离，完全违背陛下爱民的原意。是以暴戾之气，充塞社会，人民生活困难，得不到照顾。都由于地方官员昏庸，弄到这种地步。

“地方官吏的来源，大约的说，一是宫廷禁卫官（郎中）和皇家警卫官（中郎）。一是郡长（太守）等级的高级官员（二千石）们的子弟。一个人想当禁卫官或警卫官，必须有相当的财产（参考前一四二年五月）。问题是，有财产的人，未必贤明。古人所谓‘功劳’，从他能不能胜任他的官职，鉴别高低，不是说只要混日子就够了。从前，能力低的，虽然做了多少年，仍应当他的小官。能力强的，虽然当官没有多久，仍可以高升到做皇上的助手。所有官员都竭力尽智，专心于他的工作，追求成果。现在却恰恰相反，当官都在鬼混日子，日子混得长久，累积起来，成了‘资格’，就可升迁。于是廉耻淡薄，贤能的和庸碌的没有分别，真实遂被淹没。

“我诚然愚昧，但我建议陛下：下令各封国（王国和侯国）、各郡，以及部长级以上官员（二千石），每年都要在基层职员（吏）中或民间，遴选两位贤能人才，送到首都（长安），充当皇家卫士（宿卫），使他们学习大臣们管理国家的方法。所推荐的如果贤能，给予赏赐；所推荐的如果是愚笨邪恶之辈，给予责罚。必须如此，地方政府首长（二千石），才会尽心尽力，寻访贤能人才。天下的知识分子，才可以受到政府差遣。政府也可以集中天下所有贤能人力，则三王（姒文命、子天乙、姬发）的盛世，很容易达到；伊祁放勋（尧）、姚重华（舜）的美名，也很容易享有。主要的是，不要以年资作为升迁标准，而应注意到工作的能力。酌量他的才干而授予官职，考察他的品德而决定他的前途。那么，廉洁的人跟无耻的人，自然离开，贤能的人跟庸碌的人，不致混杂不分。

“我听说过：积少可以成多，累积零星小钱，可以成为巨富。所以圣人无一不是突破黑暗，得到光明，从微小的地方着手，勋业终会照耀寰宇。所以，伊祁放勋（尧）不过一个酋长，姚重华（舜）不过深山一个农夫，并不是一下子就冒出来，而是因为德行不断增加，才能如此。自己亲口说出的话，没有人能吞回去。自己亲身做出的行为，没有人能掩盖得住。‘言’‘行’两件事，是管理国家的关键，正人君子们可以用它改变天地。综合很多小的才智，就能建立伟大的勋业。能够在细微末节的行为上谨慎，他的品德自会显耀于世。一个人不断的累积善心，好像春天后的白昼，每天加长，并没有感觉。一个人不断去做邪恶的事，好像用火去烧油脂（像点燃蜡烛），每天耗损，也同样没有感觉。就是这个原因，使伊祁放勋（唐）跟姚重华（虞）得到美好的名誉，而姒履癸（桀）、子受辛（纣），则陷于使人悲悼戒惧之境。

“快乐而不淫乱，反复做善事而不厌倦，就是所谓的‘道’。只要把握住‘道’，千世万世，都不会败坏。而竟然败坏，是因为丧失了‘道’的缘故。从前圣明君王的‘道’，必定有被忽略的地方，政府才走错了路。改正它也很容易，只要注意到忽略之处，用它来矫正弊端，就可恢复正常。三王（姒文命、子天乙、姬发）的‘道’，不是同一个来源，但并不相反，反而互相补充，因为每人所遇到的困难不同，因应的方法也不同。孔丘说：‘无为而治（用“不做任何事情”的态度管理国家），莫非是姚重华！’姚重华改变正朔（重新厘定历法），改变衣服的颜色，只是顺服上天的旨意，其他一切，都遵循他的前任伊祁放勋所定的制度，为什么还要更张！

“所以，圣明君王在名义上虽然改变制度，实质上却仍保持原来制度。然而，夏王朝提倡忠心，商王朝提倡恭敬，周王朝提倡礼仪，只是为了补救上届王朝的缺失，才提出新的重心。孔丘说：‘商王朝继承夏王朝的制度，增加或减少的部分，一目了然。周王朝继承商王朝的制度，增加或减少的部分，也一目了然。将来继承周王朝的政权，总离不开这个轨道，虽到一百代的后世，也可以预测。’这段话指出：以后百代帝王治理国家的方法，都不会超出三王（姒文命、子天乙、姬发）的范畴。夏王朝继承姚重华（舜）时代的政治制度，而孔丘却没有指出有什么增减，因为他们所用的方法完全一样，提出的政治号召，也完全相同。

“‘道’的最初源头，出于上天。上天不变，‘道’当然也不变。所以姒文命（禹）继承姚重华（舜），而姚重华（舜）继承伊祁放勋（尧）。三位圣明的君王（姒文命、姚重华、伊祁放勋），遵守的是同一的‘道’，没有弊端可以补充，孔丘也没有指出他们的增减。由此可以看出，继承的如果是太平盛世，‘道’相同；继承的如果是乱世，‘道’改变。

“而今，西汉王朝在大乱之后兴起，如果能稍微减少一点周王朝礼仪上的复杂琐碎，而提倡夏王朝的忠心，则古代就是现代。想起来，同是天下，用古代标准衡量现代，为什么相差那么遥远？为什么败坏堕落到这个地步？我想，是不是现代人已失去了古代管理国家的方法？违背了上天的规则？

“上天有它的分际，赐给它锐利牙齿的，就不赐给它尖锐的角。赐给它一双翅膀的，就只准它有两条腿。所以，接受重要的，不能同时要求次要的。古代发给官员俸禄，不许他出卖劳力，不许他从事工商，也是接受重要的，排除次要的，跟上天的旨意相同。而现代官员，却大小通吃，既要重要的，又要次要的，连天堂都无法使他满足，何况人间？平民所以怨声载道，生活贫困，原因在此。这些官员们，身受宠爱，有荣耀，又居高位，家族温饱，又有优厚的俸禄收入，却借着雄厚的财力，从事工商末业，跟平民争夺利润，平民如何能够抵挡？最初不过小小困顿，久了终于陷入贫苦。有钱的越发有钱，贫苦的日益悲愁。悲愁到不愿活下去，宁愿去死，他还怕什么犯罪？这正是刑罚虽然多而且又重，犯法的人反而成正比例增加的缘故。

“皇上跟政府官员，是人民效法的榜样，和远近四方崇拜向往的对象。近处的人看见模仿，远处的人遥遥学习。所以，在高位的人，怎么可以有平民的行为！盖迫不及待的追求财富，唯恐怕物质缺乏，是平民的事。而光明正大的追求仁义，唯恐怕不能教化人民，是政府官员的事。《易经》说：‘负且乘，致寇至。’‘乘’，指正人君子的官位。‘负’者，指平民小人物做的事。也就是警告：居于高位的官员而跟平民一样，去做生意，灾难必然降临。居于高位的官员，就应该有正人君子的操守。就是公仪休不当鲁国宰相（相），他也不会干商人的事（鲁国〔首府曲阜，山东省曲阜市〕宰相公仪休，回家时看见家人在织布，大不高兴，回头就走。他的妻子正在吃自己庭院里种的葵菜，公仪休把它们拔掉，生气说：“我已领有国家的薪俸，岂能再伤害织妇和园丁的生路？”）。

“《春秋》有‘大一统’理论，大一统者（封国都受治于中央政府，不能独断独行），是天地之间的正常轨道，从古到今，通畅无阻的大义（“大一统”是《春秋公羊传》主张，董仲舒专门研究《公羊传》，所以每每引用其中学说）。而今教师的来源不一，每人的议论见解，又迥然不同。一百家学派，就有一百种治理国家的方法，结论各异。以致在上位的，不能坚持一个方向。法令制度，屡屡变迁。在下位的，则苦于不知道如何遵循。我很愚鲁，但我认为应该这样：凡不在六经——《易经》《礼经》《乐经》《诗经》《书经》《春秋》之内的其他各家学派的学说，以及跟孔丘思想相违背的学说，都应根绝，不准他们跟儒家学派的学说，同时并存。那些邪恶荒唐的知识消灭之后，政令和纲纪，才可以统一，法令才可以明白，人民才知道行动规则。"

刘彻认为有理，遂任命董仲舒当江都国（首府广陵〔江苏省扬州市〕）宰相（相）。

会稽（江苏省苏州市）人庄助，也参加这项"贤良对策"考试，擢升高级国务官（中大夫）。

宰相（丞相）卫绾上奏，说："各地所推荐的贤良方正、直言极谏人才，凡是研究申不害、韩非、苏秦、张仪言论，都是乱政之辈，请一律罢黜。"刘彻批准。

董仲舒年轻时，专攻《春秋》，六任帝（景帝）刘启时，担任研究官（博士），一举一动，都循规蹈矩，严守礼教，学者们都像尊敬教师一样尊敬他。后来担任江都国宰相，侍奉江都王（易王）刘非（六任景帝刘启子）。刘非是现任皇帝（七任武帝）刘彻的老哥，一向骄傲凶暴。董仲舒用礼教辅佐，不时规劝，很受刘非敬重。

董仲舒这项"对策"，经刘彻采纳后，就成了神圣的"国策"。一个巨大转变，在不声不响中产生，曾发出万丈光芒的思想学术自由的黄金时代，开始沉没。代之而起的，是漫长单调的儒家思想的黑暗时代。在此之前，中国学术界跟古希腊一样，百花齐放，百家争鸣。在此之后，中国人开始被儒家学派控制，随着岁月的增加，控制也越严密，终于完全丧失想象的空间，奄奄一息。而儒家是祖先崇拜、厚古薄今的，遂造成中国的停滞，并产生一种奇特的现象，凡是促使中国进步的任何改革措施，儒家系统几乎全都反对。使中国人因为被斲丧过度的缘故，对任何改革都畏缩不前，使现代化工作，进展至为迟缓，而儒家学派的始祖孔丘先生，虽然他也崇古，但这位心胸开阔、见解智慧，以及教人不倦、使人敬佩的教育家，在儒家学派造神运动下，被塑造成为一个不可侵犯的圣人，因而也承担阻碍进步的恶名，使人惋惜。

儒家一提起嬴政的"焚书坑儒"（参考前二一二年），便怒发冲冠。可是却抓住机会，借刀杀人，用政治手段，置其他学派学者于死地。不过采取的是慢性谋杀，人们却看不见血染钢刀，不过事实已经说明，儒家学派没有能力单独存在，他必须跟权势结合，并且付出结合的代价，不久就沦为既得利益当权派的打手。

名义上，这项对策考试，由皇帝刘彻亲自主持。但本年（前一四〇）刘彻才十七岁，不过高级中学二三年级学生，还不能做这项重要抉择。所以事实上是宰相卫绾为首的一群儒家系统所搞的政治诈术，利用幼主，达到他们排斥异己的目的。世界上最可怕的事莫过于思想统一，因为思想统一会使智商衰退，思考能力消失。我们不能想象，如果不发生这项浩劫，中国会发展成什么模样。一想起春秋、战国那个百花齐放、百家争鸣的时代，不禁怦然心动，充满向往。

**2** 春季，二月，赦天下。

**3** 西汉政府铸三铢钱。

**4** 夏季，六月，宰相（丞相）卫绾免职。

六月七日，刘彻任命魏其侯窦婴当宰相（丞相）、武安侯田蚡当全国武装部队总司令（太尉）。

刘彻一向喜爱儒家学派的学说，窦婴、田蚡，也有同好，于是共同推荐代郡（河北省蔚县）人赵绾当最高监察长（御史大夫）、兰陵（山东省兰陵县西南兰陵镇）人王臧当宫廷禁卫官司令（郎中令）。赵绾建议兴建皇家大会堂（明堂），用以作为各封国国君朝觐之用（胡三省认为“明堂”是：“王者之堂，所以正四时，出教化。”好像是天文台兼教育部。但未央宫已有金銮宝殿，却特别强调“明堂”作为封国国君朝觐之所，恐怕是一个展示权威的庞大建筑，夸耀天下。跟秦王朝的阿房宫，没有什么区别。只是“明堂”出自儒家学派建议，同样的大兴土木，劳民伤财，反而成了仁政），赵绾并且向刘彻推荐他的教师申公（名不详）。

秋季，刘彻派人携带绸缎宝玉等礼物，并派出车轮用蒲草包裹（防其颠簸）的安车（有座位的马车），驾四匹马（古代安车都驾一马，这次用四马，表示尊崇），前往鲁国（首府鲁县〔山东省曲阜市〕）迎接申公。申公既到首都长安，晋见刘彻，刘彻询问治乱的契机，申公本年八十岁，回答说：“治理国家，不在多说话，而在多做事。”这时，刘彻正喜欢文学辞藻，听到申公的话，觉得有点不太入耳，沉默不语。然而既已请来，也不能太过冷淡。于是任命申公当中级国务官（太中大夫），住在鲁国驻京（首都长安）宾馆，参与研究有关兴建皇家大会堂（明堂）、厘定天子出巡规章、改变历法，及改变服装颜色等大事。

**5** 本年（前一四〇），首都长安特别市长（内史）宁成有罪，被剃光头发（髡），颈戴锁链。

# 纪元前一三九年 壬寅

西汉　建元　二年

**1** 冬季，十月，西汉王朝（首都长安〔陕西省西安市〕）淮南王（首府寿春〔安徽省寿县〕）刘安入朝。西汉帝（七任武帝）刘彻（本年十八岁）因为刘安是叔父辈，而又有才智，所以非常敬重。每次午后相见，总要谈到黄昏才准告辞。刘安非常喜爱田蚡，初到长安时，田蚡到霸上（陕西省西安市东灞河畔）迎接，悄悄告诉刘安，说："皇上（刘彻）还没有儿子，大王（刘安）是高皇帝（一任帝刘邦）的孙儿，又以仁义闻名于世，皇上一旦逝世，除了你，谁还有资格继承？"刘安大喜过望，送给田蚡相当多的金银财宝，作为礼物。

**2** 太皇太后窦女士喜爱黄老学说（黄，黄帝姬轩辕。老，指李耳著的《老子》一书。黄老属道家学派，主张清心寡欲，简单明了，无为而治），讨厌儒家学派繁琐不堪的一套。最高监察长（御史大夫）赵绾，自然讨厌这位老太婆，于是向皇帝刘彻建议，以后政府决定大计方针，不要再向东宫报告（太皇太后住长乐宫，长乐宫在皇帝住的未央宫之东）。太皇太后窦女士咬牙说："这个人可是想当新垣平第二呀！"（新垣平，参考前一六四年。）下令调查赵绾、王臧之间狼狈为奸、勾结不法的行为，责成孙儿刘彻处理。刘彻无言可对，下令撤销皇家大会堂（明堂）设计；其他一切，全部停止。把赵绾、王臧，交付审判。赵绾、王臧自杀。宰相窦婴、全国武装部队总司令（太尉）田蚡免职。宣称申公有病，送回鲁国（首府鲁县〔山东省曲阜市〕）。

**3** 最初，六任帝刘启时，太子师傅（太子太傅）石奋，俸禄二千石，四个儿子，也都居部长级高位。刘启遂称石奋为"万石君"。石奋没有受过什么教育，但做人处世，谦虚恭敬，无与伦比。子孙当低级官员，回家晋见时，石奋一定穿上入朝的官服接见，只称呼子孙的官衔，而不叫他们的名字。子孙犯了过失，也不责备，只坐在一旁，对着饮食，不肯下咽。然后儿子们自己责备自己，长辈们脱去上衣，露出臂膀，向他请罪，承诺改正，这才点头。子孙十四五岁时（胜冠），在他旁边，即令是平常日子，他也服装整齐。遇到丧葬，无不悲哀悼念。子孙们遵守教导，都以孝顺谨慎的行为，闻名所隶属的封国或郡县。

后来，赵绾、王臧，以舞文弄墨，受到处分。太皇太后窦女士发现，儒家学派的学者，说道德、讲仁义，空话太多，而能够身体力行的太少。石奋家教，不多说话，只知道实践，值得钦佩。于是任命石奋的长子石建，当宫廷禁卫官司令（郎中令），幼子石庆，当首都长安特别市长（内史）。石建侍奉六任帝刘启，对事情提出建议时，总是在旁边没有人时，才畅所欲言。百官早朝的场合，却很迟钝，好像不善言词。因为这个缘故，刘启对他十分亲信。石庆曾担任交通部长(太仆)，给刘启驾车出宫，刘启问车用几匹马，石庆用鞭子点数，然后举手，回答说："六匹。"石庆在石奋的儿子中，最言简意赅。

**4** 窦婴、田蚡既被免职，各以侯爵身份，在家闲住。然而，田蚡虽不在政府中当官，但他是皇太后王娡的同母异父弟弟，很受刘彻亲信，提出的建议，也都被刘彻接纳，显示权势仍在。势利鬼、马屁精之徒，遂纷纷离开窦婴，归附田蚡门下。田蚡遂一天比一天骄傲蛮横。

**5** 春季，二月一日，日蚀。

**6** 二月十日(原文误置于三，据《史记 · 汉兴以来将相名臣年表》改)，刘彻擢升祭祀部长(太常)柏至侯许昌当宰相(丞相)。

**7** 最初，堂邑侯陈午，娶刘彻的姑妈馆陶公主刘嫖，刘彻能够当太子，刘嫖曾尽了很大力量(参考前一五一年)，遂把女儿陈娇，嫁给刘彻当太子妃。刘彻即位后，陈娇顺理成章当上皇后。刘嫖(窦太主)仗恃这些功劳，贪求夺取，没有止境，搞得刘彻头都大了。而皇后陈娇，没有儿子(皇后无子，就是灾难)，而又骄傲嫉妒，曾赏赐给医生九千万钱，求医生帮助她生子，而竟不能生子。刘彻对她的宠爱，遂逐渐衰退。娘亲王娡对刘彻说："你刚坐上宝座，高层官员还没有完全顺服。前些时你兴建皇家大会堂(明堂)，祖母已经不高兴。而今又冒犯姑妈，必然会被重罚。女人们，喜欢听好听的话，你可要小心。”刘彻惊悟，对姑妈刘嫖、皇后陈娇，稍稍恢复从前的态度。

**8** 刘彻前往霸上（陕西省西安市东灞河畔），举行除恶消灾祭祀，回宫途中，经过姐姐平阳公主家，看上歌女卫子夫。卫子夫的娘亲卫女士，是平阳公主家的仆妇。平阳公主遂送卫子夫进宫，刘彻宠爱她，对她日益尊重。皇后陈娇知道后，妒火烧得她失去理智，一哭二闹三上吊，几次自杀，幸都被救活。结果是，刘彻并没有屈服，反而怒不可遏。

卫子夫同母弟弟卫青的老爹郑季，本是平阳县（山西省临汾市）县政府的低级职员，被派到侯爷（平阳侯曹寿，平阳公主的丈夫）家当差。跟当时还是年轻婢女的卫女士私通，生下一个儿子，姓娘亲的姓，命名卫青。卫青年龄渐大，在侯爷家当马童。刘嫖为了替皇后女儿陈娇报仇，派人逮捕卫青，企图格杀。卫青的朋友、骑兵禁卫官（骑郎）公孙敖，跟一批好汉，发动奇袭，把卫青抢救出来。刘彻得到报告，立刻召见卫青，任命他担任建章宫管理官（建章宫监），兼宫廷随从（侍中），大加赏赐。几天之内，多达黄金二十四万两。不久，封卫子夫当夫人（小老婆群第一级），擢升卫青当中级国务官（太中大夫）。

**9** 夏季，四月，夜晚，天上忽然出现像太阳一样的巨星。

**10** 设立茂陵县（陕西省兴平市东北，刘彻在此预筑他的坟墓）。

**11** 当时，参与决策的高阶层官员，对晁错的冤死（参考前一五四年），深为愤懑，所以遇事都压制各封国国君及亲王，不断揭发他们的罪恶，挑剔微小的毛病；苦刑拷打封国的官员，使他们证明他们主人犯法。各封国国君和亲王，无不怨恨。

# 纪元前一三八年　癸卯

西汉　建元　三年

**1** 冬季，十月，西汉王朝（首都长安〔陕西省西安市〕）代王（首府晋阳〔山西省太原市〕）刘登、长沙王（首府临湘〔湖南省长沙市〕）刘发、中山王（首府卢奴〔河北省定州市〕）刘胜、济川王（首府济阳〔河南省兰考县东北堌阳镇〕）刘明，到首都长安朝见。西汉帝（七任武帝）刘彻（本年十九岁）设筵款待，刘胜听到奏乐声音，忍不住流泪。刘彻问他为什么，刘胜说："长久的悲哀积压在胸中，甚至听到有人叹息，都会触动感情。我心里忧郁太重，每听到微小的声音，自己都不知道怎么会如此的百感交集。我以疏远的身份，受到宠信，得以在东方作为藩属。在辈分上，陛下称我为兄。可是政府官员，连这一点亲属的关系都没有，我不过像一片鸿毛，丝毫没有分量。可是，他们结党营私，随意抨击，朋友间互相勾结，使皇族亲人，备受排斥。像冰块一样，逐渐溶解消失，我内心十分难过忧伤。”遂把中央官员对亲王们侵夺侮辱的案件，一一报告。刘彻大出意外，于是提高对封国亲王们的礼遇，命主管单位减少对封国亲王们的约束，增加对皇族的恩情。

**2** 黄河在平原郡（山东省平原县）决口。

**3** 全国大饥馑，人与人互相格杀，吞食对方尸体（原文：“人相食”。简单三个字，包藏多少眼泪）。

**4** 秋季，七月，西北天际，出现孛星（一种尾巴比彗星短的流星）。

**5** 济川王（首府济阳）刘明，谋杀亲王辅导宦官（中傅。比太傅地位稍低，但工作跟“太傅”一样），贬逐房陵（湖北省房县）。

**6** 七国之乱末期（参考前一五四年），吴王（首府广陵〔江苏省扬州市〕）刘濞的太子刘驹，逃到闽越王国（首都东冶〔福建省福州市〕），深恨东海王国（首都东瓯〔浙江省温州市〕）诱杀他的老爹，不断鼓励闽越攻击东海。本年（前一三八），闽越王国终于发动攻击，包围东瓯，东海国王骆望派人向中国请求援救。

刘彻问田蚡的意见，田蚡说：

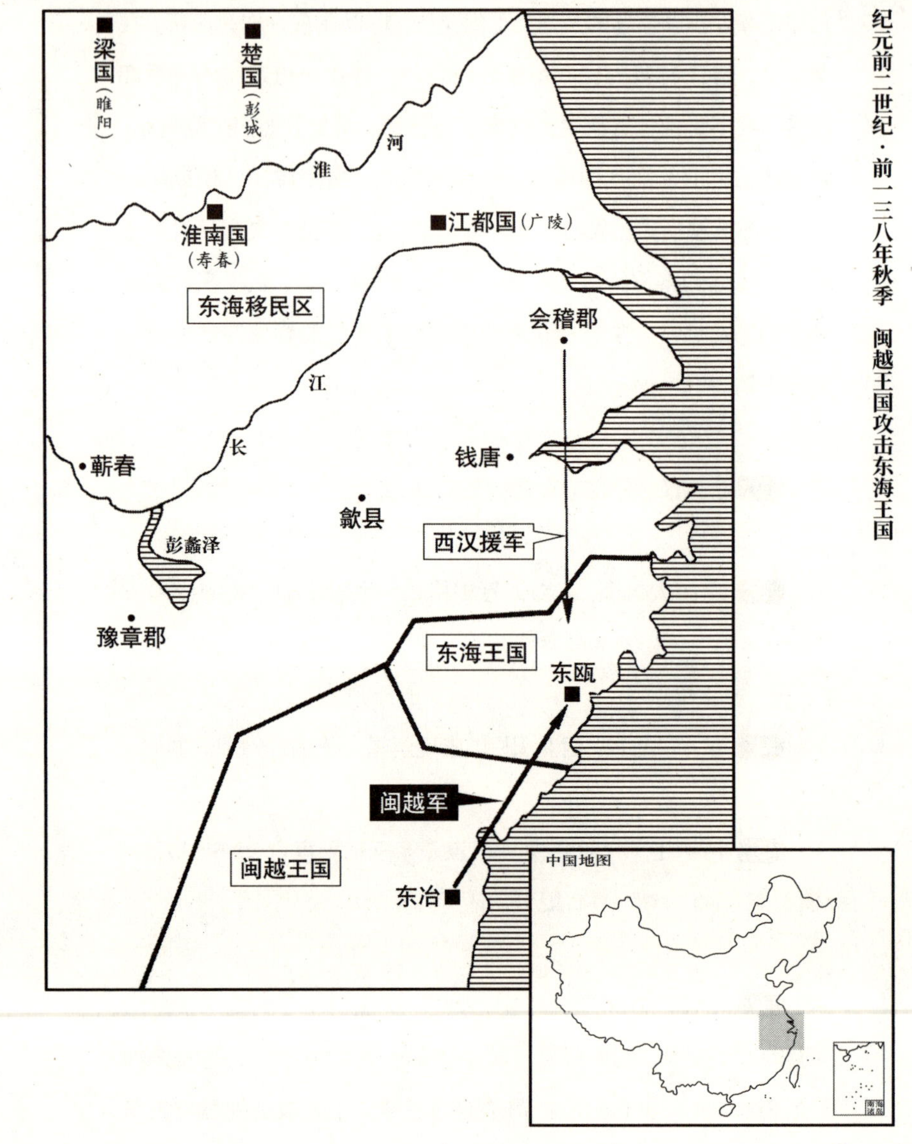


纪元前二世纪·前一三八年秋季 闽越王国攻击东海王国

“越人们互相攻击，反复不止，原是一件常事。那一带在秦王朝时（纪元前三世纪末期），便被抛弃，不隶属中国，不必为他们劳师动众。”庄助说：“问题只在我们有没有力量救援，有没有能力保护？如果能，为什么不管？秦王朝连他的首都咸阳都抛弃了，岂止南方越人？现在小国危急，来向我们求救，我们不救，他们将向谁诉苦？天子（刘彻）又何以臣服万国？”刘彻说：“田蚡的见解不足取。不过，我登极还没有多久，不想动用虎符征调郡国民兵。”（铸铜为板，上写文字或刻一虎像，当中剖开，一半放在皇宫，一半放在地方政府，用作信物。参考前二五八年。）于是，派遣庄助“持节”，前往会稽郡（江苏省苏州市）征调军队。因不合法令规定，会稽郡长拒绝发兵（发兵必须用虎符）。庄助震怒，诛杀一位反对发兵最力的军政官（司马），传达皇帝（刘彻）旨意，解释不用虎符的原因。会稽郡不敢拒抗，遂动员军队，乘舰队南下，援救东海王国（首都东瓯）。

大军还没有到达，闽越王国（首都东治）已经撤退。东海王国（首都东瓯）恐怕闽越王国再来攻击，要求全国人民移居中原。西汉政府批准，东海国王驺望遂率领全国人民内迁（东海王国故土〔浙江省南部〕遂成为真空地带）。西汉政府把他们安置在长江、淮河之间江淮平原地带。

**7** 九月三十日，日蚀。

**8** 刘彻自从即位之始，招揽天下高级知识分子，不拘束正常文官制度，给予擢升。四方人才，上书讨论国事得失，展示自己能力的，多达一千余人。刘彻选拔优秀的，赐给特别荣耀。庄助最先受到任命，后来又有吴郡（即会稽郡，江苏省苏州市）人朱买臣（他的前妻因他贫穷要求离婚，最后出现《马前泼水》一剧，闻名于世）、赵国（首府邯郸〔河北省邯郸市〕）人吾丘寿王（吾丘，复姓）、蜀郡（四川省成都市）人司马相如（文学家，他的传奇性婚姻，是文学史上的佳话）、平原（山东省平原县）人东方朔（中国历史上第一位幽默大师）、吴郡（江苏省苏州市）人枚皋、济南郡（首府东平陵〔山东省济南市章丘区〕）人终军等，刘彻都安置在自己左右，往往使他们跟高官辩论，双方各自发表意见，高官们往往屈服。其中司马相如以善于撰写“辞”“赋”的缘故，尤其受到特别宠幸。东方朔、枚皋，口才敏捷，从不引经据典，但言谈幽默，刘彻不过把他们当作戏剧演员看待，虽不断赏赐，却不使他们担任官职。东方朔同样察言观色，经常进言规劝，对政治也有补益。

**9** 本年（前一三八），刘彻开始改穿平民服装，私自出游（刘彻正是精力充沛的叛逆年龄），北到池阳（陕西省泾阳县），西到黄山（黄山宫，陕西省兴平市西南），南到长杨（长杨宫，陕西省周至县），东到宜春（宜春宫，陕西省西安市东南）。跟左右年轻侍从们，约定在殿门外秘密会合，乘夜出发，自称平阳侯（平阳侯曹寿是刘彻姐夫）。天快亮时，抵达终南山（秦岭山脉）麓，射鹿、逐狐、赶兔，乱马奔腾，践踏农人田地庄稼。农夫们高声呼叫，诟詈咒骂（中国人诟骂，好侮辱对方祖先，活皇帝亲耳听到对自己祖先咒骂，刘彻还是第一人）。鄠县（陕西省西安市鄠邑区）、杜县（陕西省西安市东南）县长动员民兵围捕，杀声震天。侍从们无法逃脱，最后只好亮出皇帝信物，才免去一难。

刘彻又曾半夜闯进柏谷（河南省灵宝市西。柏谷距长安航空距离一百八十公里，这次可是出奇的远），投宿客栈，马嘶人喧，傲慢无礼，大声吆喝客栈老板，教他泡茶。客栈老板愤愤说：“没有茶，只有尿！”怀疑刘彻这群无赖是盗贼匪徒，悄悄集结镇上少年，打算攻击。老板娘看为首的刘彻，长相跟一般人不一样，阻止她丈夫说："客人恐怕不是平凡之辈，而且看情形他们戒备森严，千万不可动手。"客栈老板不肯。老板娘把他灌醉，捆绑起来，已集结的那些少年群龙无首，才一哄而散。老板娘杀鸡宰鸭，向客人们道歉。第二天，刘彻回到长安，召见老板娘，赏赐黄金千斤，任命她的丈夫当羽林军警卫武士（羽林郎）。

由于这次危险，刘彻遂设立秘密旅舍（更衣），从宣曲（宣曲宫）以南，凡十二处，不再住民家客栈。不及投宿旅舍时，则投宿长杨（长杨宫，陕西省周至县）、五柞（五柞宫，长杨宫东北）等宫。

**10** 刘彻对这些措施，仍不满意，盖道路太远，十分辛苦，而又顾虑人民的反感。于是命中级国务官（太中大夫）吾丘寿王（吾丘，复姓），登记阿城（阿房宫，陕西省西安市西）以南，盩厔（陕西省周至县东）以东，宜春（陕西省西安市东南）以西，调查田亩总数，估计价格，准备全部划入御花园（上林苑）范围，使御花园可以直连终南山（秦岭山脉）。再下令首都长安警备区司令（中尉）、北长安市长（左内史）、首都长安特别市长（右内史），呈报辖区内荒田，打算把鄠县（陕西省西安市鄠邑区）、杜县（陕西省西安市东南）的农民，全部迁移。吾丘寿王报告他调查的结果，刘彻大为兴奋。

当时东方朔正在旁边，警告说：

"终南山，是屏障关中（陕西省中部）的天险。西汉王朝兴起，抛开三河（河内、河南、河东——指洛阳），迁居灞水、浐水之西，定都泾水、渭河之南，这里正是所谓的天下'陆海之地'（大海生产万物，而关中虽是陆地，却跟大海一样富饶）。秦王朝就用这里的资本，西吞西戎，东吞六国。终南山出产玉石、金、银、铜、铁、木材，各种工业，靠它生存，人民也仰仗它维持生活。而且陛下划定的地区，出产稻米、黍米，种有梨树、桑树、麻、竹。土地生长生姜、山芋，水塘盛满青蛙及鱼类。穷苦的人可以温饱，不忧虑饥寒。所以酆邑（陕西省西安市长安区西北马王街道）、镐京（周王朝首都，陕西省西安市西镐京社区）之间，世人认为是最肥沃的土壤，每亩田地要卖到黄金一斤。

“而今把它划入陛下的御花园，根绝人民林产渔业的利益，夺取人民最肥沃的土地，减少赋税收入，使国家财政困难。又夺取农田蚕桑，使人民生活穷苦，这是不可以这样做的第一项理由。全力培养充满荆棘杂草的林木，拼命扩张狐狸、野兔的领域，一意开拓狼虎狮豹的巢穴，却摧毁平民祖宗的坟墓，拆除平民的住宅房屋，使年幼的思念他们的故土，年老的悲泣他们被逐的命运，这是不可以这样做的第二项理由。政府辛辛苦苦经营这块土地，在四周筑起高墙，团团围住，猎骑东西驰骋，御车南北奔跑，而地面上遍布深沟山涧，为了一时的快乐，忘了有随时倾覆的危险，这是不可以这样做的第三项理由。

“当初，商王朝兴筑‘九市’之宫（子受辛在他的皇宫，设置九市，做起生意），而封国叛变。芈围（楚王国十任王灵王）兴筑‘章华’之台（芈围在今湖北省潜江市西南二十五公里，建章华台，盖世豪华。参考前五三五年），而楚王国人民离散。秦王朝兴筑阿房宫，天下大乱。我这个像粪土般的臣属，顶撞陛下的高兴，罪该万死。”

刘彻欣然擢升东方朔当中级国务官（太中大夫），兼御前监督官（给事中），赏赐黄金一百斤。然而，却并不接纳东方朔的规劝，仍照原计划行事，把人民逐出乡土，扩大御花园（上林苑）工程，批准吾丘寿王奏报的方案。

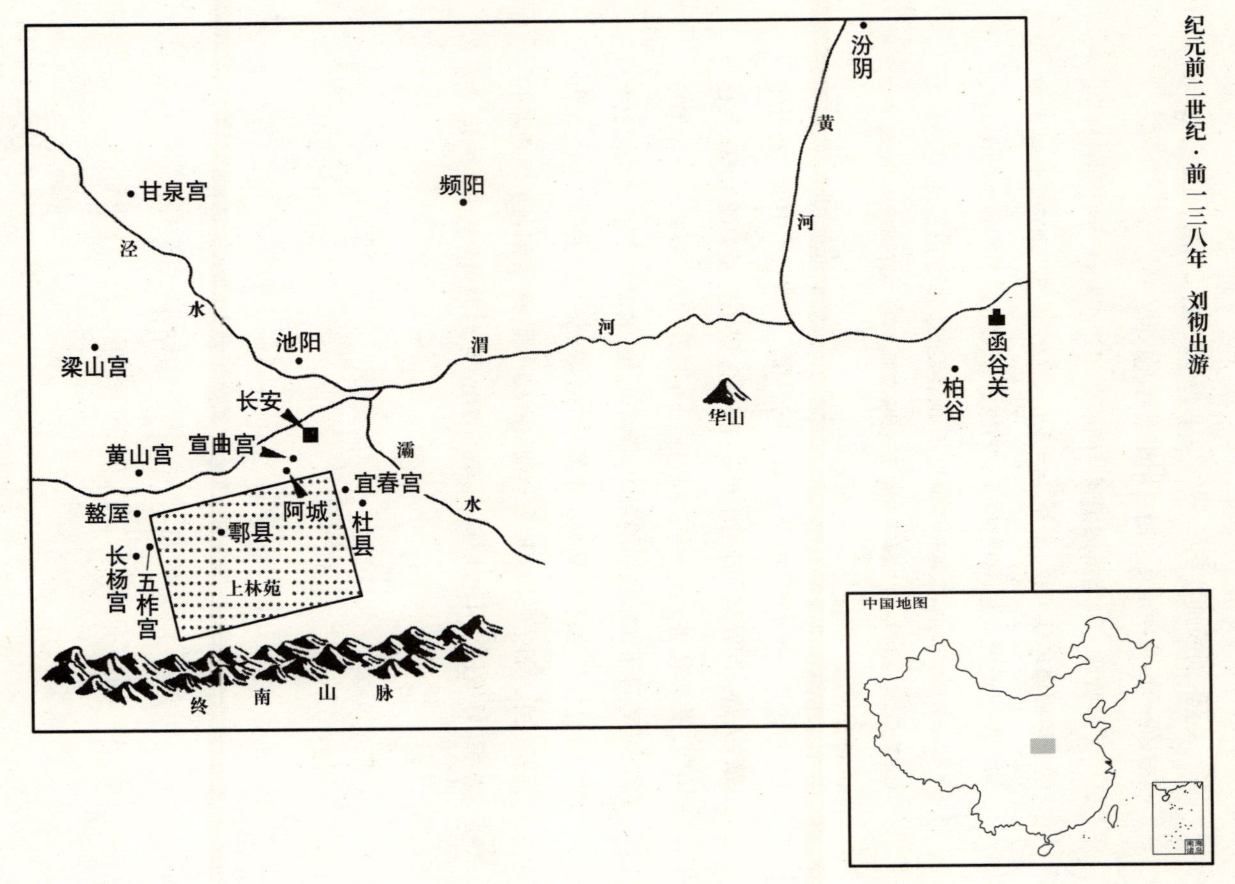
汾阴
黄
河
甘泉宫
频阳
泾
水
池阳
渭
河
函谷关
柏谷
梁山宫
长安
华山
宣曲宫
黄山宫
灞
水
宜春宫
盩厔
阿城
杜县
鄠县
长杨宫
五柞宫
上林苑
终
南
山
脉
中国地图

**11** 刘彻血气方刚，喜爱亲自搏斗狗熊、野猪，追逐禽兽（这些都是随时可能丧生的冒险），司马相如上书规劝说： 118

"我听说，种类虽然相同，而能力却并不相同。所以力量巨大的，都称道乌获（前四世纪秦王国大力士，受到秦二任王嬴荡欣赏）。行动敏捷的，都称道吴庆忌（前六世纪吴王国五任王吴僚的儿子，吴僚被堂弟吴光暗杀后，吴光为了斩草除根，再派人刺杀吴庆忌）。勇敢强梁的，都称道孟贲、夏育（孟贲，就是孟说，跟乌获同时受嬴荡重用，后来跟嬴荡同时举鼎，嬴荡筋断骨折而死，秦政府诛杀孟贲全族。参考前三〇七年。夏育，知名度不如前述三人，事迹也少，只知是周王朝壮士，可以拉着牛的尾巴倒着走）。以我的愚鲁，了解人类中确实有此等特殊人物。问题是，野兽中也同样如此。陛下喜爱跳越山沟，闯荡险隘，追杀猛兽，万一突然间遇到一个特殊的对手，来一个猝不及防，冒犯陛下车队扬起的灰尘，到那时候，车轮来不及转头，卫士来不及反应，虽然有乌获、逄蒙（半信史时代的神射手）的惊人绝技，也无从援手。那个时候，似乎一棵枯木、一根朽枝，都在那里跟陛下为难。好像是：南北胡越，从车下冒出，东西羌夷，从车后跳起（中国对四方蛮族，有概括的名称，北方的称胡，南方的称越，东方的称夷，西方的称狄或羌），岂不危险万状。

虽然，陛下出猎，有精密的保护，万分安全，然而天子根本就不应该做这件事。普通情形下，天子如果外出，都要先行戒严，行人断绝。车队在大道中央奔驰，马匹的缰绳还可能断裂，发生意外。何况飞奔在茂草之中，跳跃在丘陵之上，前进有搏取野兽的刺激，内心又根本不防突发事件，灾害之来，并不困难。看轻皇帝宝座的重要性，认为没有趣味，而去冒这种一万次平安，只一次差错便不得了的危险，认为这才是快乐。我认为陛下不应这样做，盖聪明的人，能看到隐藏的祸苗；智慧的人，能在不动声色中躲开危难。祸患每每埋伏在微小隐秘的地方，而在人们忽略它的时候爆发。所以俗谚说：'家有千两黄金的财产，就不坐在屋檐底下。'（预防瓦掉下来击中头顶。）这固然是民间的一句话，可以比喻大事。"

刘彻认为他的意见好极（刘彻虽然认为司马相如的意见好极，但他照样干他所喜欢的打猎勾当）。

# 纪元前一三七年 甲辰

西汉　建元　四年

**1** 夏季，大风，尘沙卷起，颜色赤红像血。

**2** 六月，旱灾。

**3** 秋季，九月，东北天际，出现孛星（一种尾巴光芒比彗星短的流星）。

**4** 本年（前一三七），南越王国（首都番禺〔广东省广州市〕）国王（一任武王）赵佗逝世，孙赵胡继位（二任），是为文王。

# 纪元前一三六年 乙巳

西汉 建元 五年

1 春季，西汉王朝政府（首都长安〔陕西省西安市〕）撤销三铢钱（行使三铢钱，参考前一四〇年），改铸半两钱（钱上文字“半两”，应为五铢，事实上只重四铢）。

2 设立五经研究官（五经博士——《诗经》博士、《书经》博士、《春秋公羊传》博士、《礼经》博士、《易经》博士。称五经而不称六经，因《乐经》早已失传之故）。

3 夏季，五月，蝗虫成灾。

4 秋季，八月，广川（惠）王（首府信都〔河北省衡水市冀州区〕）刘越、清河（哀）王（首府清阳〔河北省清河县〕）刘乘（二人皆六任景帝刘启子），先后逝世，没有儿子，封国撤除。

# 纪元前一三五年 丙午

西汉　建元　六年

**1** 春季，二月三日，西汉王朝（首都长安〔陕西省西安市〕）辽东郡（辽宁省辽阳市）刘邦（一任高祖）祭庙失火。

**2** 夏季，四月二十一日，刘邦坟墓侧殿（高园。今陕西省咸阳市东北二十公里）失火。西汉帝（七任武帝）刘彻（本年二十二岁）穿素色衣服五天（表示有罪及哀悼）。

**3** 五月二十六日，太皇太后窦女士（五任文帝刘恒妻）逝世。

**4** 六月三日，宰相（丞相）许昌免职，任命武安侯田蚡继任宰相。

田蚡是刘彻的舅父，骄傲奢侈，住宅广大豪华，田园尽是肥沃之地。派往各郡县购买物品的专使，在道路上络绎不断。大量接受四方贿赂，家中金玉、美女、犬马、音乐，各种娱乐，不可胜数，都属天下第一流品质。每入朝奏事，跟刘彻对坐，很久很久才告辞。所提的建议，都被采纳。所推荐的官员，一下子就擢升到部长级位置（二千石），几乎剥夺了皇帝（刘彻）的权力，威震全国。有一次，在他大批的要求任命官员时，压抑已久的刘彻，愤愤的问："你用人用完了没有？我也打算用人！"田蚡为了扩建他的住宅，请求把兵工厂（考工）的土地划给他，刘彻脸色大变，说："你为什么不占领皇家军械库（武库）？"田蚡发现他错估了他的外甥，以后稍稍收敛。

**5** 秋季，八月，东方天际，出现孛星，残光横扫，久不消失。

**6** 闽越王国（首都东冶〔福建省福州市〕）国王骆郢，派大军攻击南越王国（首都番禺〔广东省广州市〕）边界。南越王国国王（二任文王）赵胡，谨遵西汉王朝的约束，不敢发兵抵抗，派人到长安（陕西省西安市）呈递紧急报告。刘彻对南越王国的态度，十分嘉许，下令出动大军，南下赴援。任命外籍官民接待总监（大行）王恢，由豫章郡（江西省南昌市）出兵，农林部长（大农令）韩安国，由会稽郡（江苏省苏州市）出兵，两路攻击闽越王国（首都东冶）。

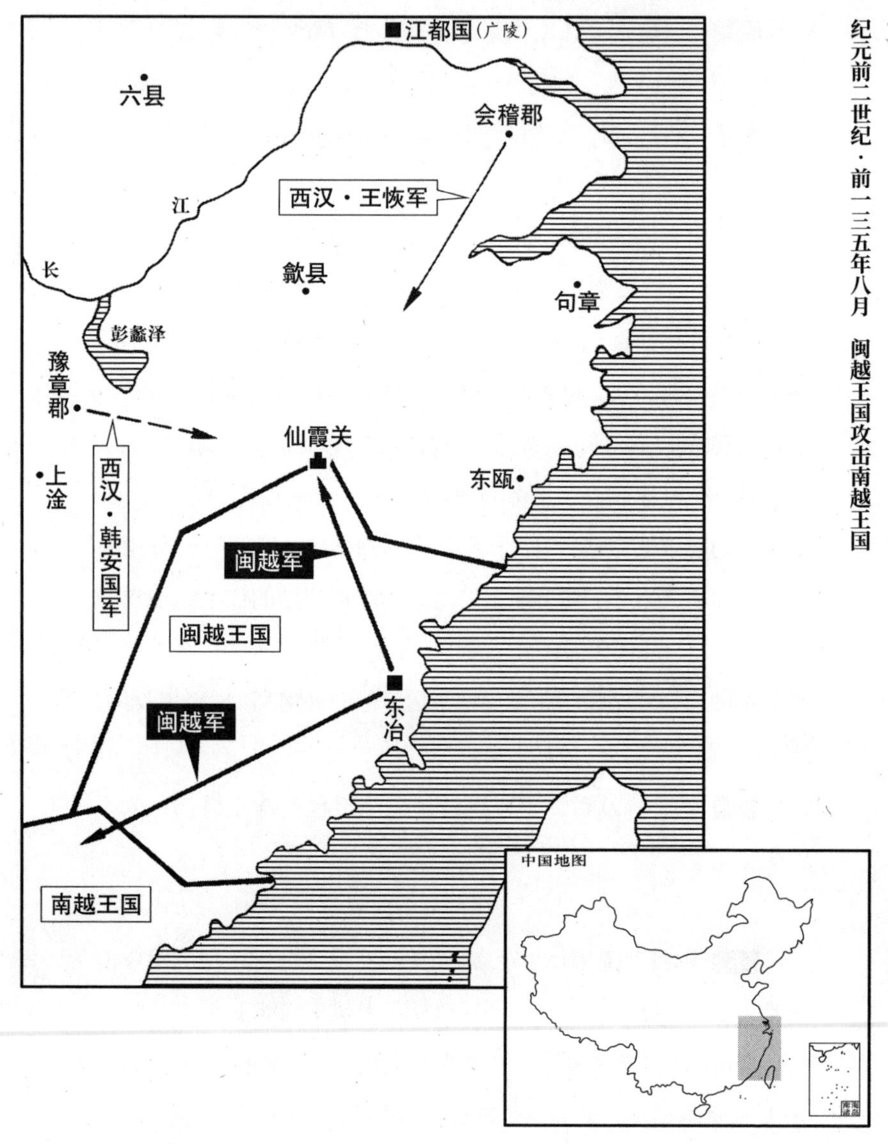


纪元前二世纪·前一三五年八月　闽越王国攻击南越王国

淮南王（首府寿春〔安徽省寿县〕）刘安上书劝阻，说：

“陛下君临天下，推广德行，实施恩惠，国家太平，人民安乐，都以为这一辈子不再有兵荒马乱。而今听说主管单位将集结武装部队，讨伐闽越王国（首都东冶），我以为陛下应慎重考虑。闽越（福建省），本不是西汉领土，乃是化外之民，断发纹身（中原人一直留长发，蛮族则只留短发，而且身刺花纹），完全是野蛮民族，不可以用我们文明国家的尺度衡量。

“即令三代（夏王朝、商王朝、周王朝）盛世，北方的胡人、南方的越人，都不用中国正朔（每月一日称“朔”，“正朔”，指中国历法。自上古直到二十世纪清王朝末年，每年年尾，中央政府都要颁布下年度的日历，宣布每月天数，指出每月一日的正确位置〔古代用太阴历，以月球为标准，每月天数不一，如果用的是太阳历，就用不着这么辛苦了〕。到了后来，年号制度兴起，“正朔”遂包括年号，甚至专指年号。凡是不接受正朔——不接受这个“年号”，或另立“年号”的，就是背叛。《柏杨版资治通鉴》不用年号，如果生在十九世纪以前，柏杨早三族屠灭）。并不是西汉王朝不够强大，不能征服他们，也不是西汉王朝没有权威，不能控制他们。只因为他们居住在不毛之地，又是不堪教化的野人，没有资格麻烦我们。

“自从西汉王朝平定天下，已有七十二年。百越各部落互相攻击的次数，不知凡几，天子都没有派遣大军深入。据我了解，百越之地（包括闽越王国〔福建省〕和南越王国〔南岭以南〕），并没有城镇乡村，人民杂住山谷之间、竹林之中，习惯于水上战斗，善于驾驶舟船。草木茂盛，上遮天日，地面幽暗，而处处水流。我们汉朝本土之人，不知道险恶而深入其地，一百个人抵挡不住一个人。百越的土地，一片蛮荒，攻打它不能立即征服，得到它不能设立郡县。在地面测量它的山川要塞，相距不过几寸，事实上却往往相距数百华里，甚至数千华里。竹林、树林、山水，无不险恶，地图上不能完全显示。

看起来很容易，真正身临其境，才会发现困难。

“感谢祖先在天之灵，保佑国家太平，满头白发的老人，都没有见过兵器。民间夫妇得以长久相守，父子得以长期相保，这都是陛下的恩德。百越人民，名义上虽然是我们的属国，实际上从不向我们汉朝呈献任何贡品，也从不为西汉王朝派遣任何差役。他们自己互相攻击，陛下却发兵救援，反而是为了他们的事，劳动西汉军民。而且，百越的人，愚蠢轻浮，毁弃约定，违背誓言，反复无常，拒绝奉行西汉政府的法令制度，并不是变态，而是经年累月的正常情况。偶尔不接受命令，就动员大军，前往诛杀，恐怕以后会不断发兵，没完没了。

“近几年来，农作物歉收，人民穷苦，有的出卖他的爵位，有的典当他的子女，只为了糊口果腹。幸蒙陛下宽厚恩德，赈济救助，得以不辗转死于沟壑。前年农田没有收成，去年又逢蝗灾，人民的创伤还没有复原。今年却发兵到数千华里之外，自带粮食衣服，深入蛮荒，山路险峻，不能使用车辆，全靠肩挑。北方人不懂水性，只好用双手拉动船舶，仅此就有数百数千华里。再加以竹林深密，浅滩连接，船只跟乱石相撞，竹林中又隐藏毒蛇猛兽。夏季正热，上吐下泻，霍乱等传染病，势将接连不断。还没有作战，我们已死伤狼藉。

“从前，南越王国（首都番禺）叛变（四任后少帝刘弘在位，派隆虑侯周灶攻击南越王国。参考前一八一年），我父亲刘长（淮南〔厉〕王）派将军简忌出征，把所俘虏的军队，安置在上淦（江西省樟树市境）之后，即行撤退。那时正是盛夏，酷热而又大雨不停。中央军的战士，日夜挤在船上，撑篙划桨，没有交战而病死的，在半数以上。父母流泪，孤儿哀哭，人亡家破，产业一空。父老们到千里外找到尸体，肉已腐烂，只好把骸骨包裹，运回故乡安葬。悲凉凄惨的气氛，多少年都不能平息。老一辈的人，至今记忆犹新，还没有深入百越的领土（浙江省南部、福建省及南岭以南），而灾难已如此严重。

“陛下的德行，可配天地。陛下的明察，如同日月。恩德及于禽兽，爱心推广到草木。只要有一个人饿死、冻死，不能终其天年，都会悲怆。而今，国家领土之内，一派升平，连狗叫的震惊都没有，却使皇家武装部队，面对死亡，尸首横在原野之上，鲜血沾满山谷。边界荒城，很早就关闭，很晚才开启，人心忧恐，朝不保夕，我认为陛下会重视这种现象。

“不熟悉百越情形的人，总以为百越人口众多，兵力强大，能够威胁沿边城市。当淮南国尚未被分割为三国之时（五任文帝刘恒，把淮南国〔首府寿春〕分为三国：淮南国、衡山国〔首府邾县〕、庐江国〔首府番阳〕。参考前一六四年），淮南国的人在边境当官吏的很多。我所了解的，跟别人所了解的，完全不同。盖百越境内高山峻岭，互相隔绝，人烟稀少，车辆不能通行。是上天的旨意，使汉族跟越人保持相当距离。倘使他们要攻击汉族，只有一条路，那就是必须顺赣江（赣江，发源于大庾岭，自江西省南部流向北部，于南昌市东北注入鄱阳湖）而下。而赣江两岸，悬崖绝壁，浅滩湍急，能使小船粉碎，而又无法用大船运送粮食。所以，在发动攻击之前，非在馀干（江西省余干县）先行集结，耕田囤粮不可。其次，还得砍伐山林，制造战舰。西汉边城戒备森严，遇到百越人民上山砍柴，一定逮捕，还会焚烧他们的粮食。即令所有的百越部落联合行动，对边城也无可奈何。

“然而，主要的是，百越（闽越王国及南越王国）人民的战斗力如同棉花一样的软弱，又天资浅薄，没有人才。不能在陆上作战，更没有骑兵弓箭。我们之所以不可深入，不是恐惧他们反抗，而是恐惧它们地理环境险恶，汉人无法适应。我听说，闽越王国（首都东冶）的军队，不下数十万，我们如果攻击，必须用五倍的兵力，而后勤补给人员，还不包括在内。南方不但酷热，而且潮湿，夏天气候更如火烧。西汉军队在水畔扎营，露天而居，毒蛇毒虫，使疾病丛生。刀枪还没有染到敌人的血，已死亡十之二三。即令把他们全国人民都俘虏到手，也不能补偿我们的损失。

“我得到的情报说：闽越的王弟骆甲，已杀掉闽越王骆郢，然后骆甲也被击斩（骆甲即骆馀善，刘安上书时风闻王弟杀兄，但不知王弟之名，故称“甲”），人民散乱，没有归属。陛下如果招降，像待东海王国（首都东瓯〔浙江省温州市〕）一样，把他们也迁移到中原，应该派一位重要官员前往安抚。用恩德和奖赏，打动他们心意，他们一定会扶老携幼，归附陛下。如果陛下不需要他们的人，那么，不妨为他们另立君王，使断绝的世代，重新继续，已亡的国家，再度建立。分封王爵、侯爵，使他们作为西汉王朝的藩属。他们必然送人质到中原，永为藩臣，世世代代一心效忠。假若如此，陛下只要刻一个小小的官印，编织一丈二尺长的丝带，就可以镇服化外之民。不使一个战士劳动，不使一根铁戟钝挫（杀人多时，武器受损），恩威同时俱在。

“而今，大军攻击，一旦进入闽越国境（福建省），他们必定震惊恐惧，认为将被屠杀灭种，势将逃到竹林深山之中。如果不理他们，即行班师，他们会再聚集。如果留下来驻防，几年之来，官兵全都疲惫，粮秣缺乏，人民苦于供应，贼盗趁此机会，势将纷纷兴起。据老一辈的人说，秦政府时，曾派民兵司令官（尉）屠睢，攻击百越（浙江省南部、福建省及南岭以南）；又派郡政府监察官（监）禄（姓不详），开山凿路，迫使百越人民入山更深，逃得更远，想攻击却找不到对象。大军扎营旷野，时日一久，官兵疲劳不堪。百越趁势反攻，秦军大败，秦政府不得不大量增援，使内外骚动，民不聊生，官兵们一个接一个逃亡，变成盗匪，遂引起山东（崤山以东）一连串暴动（指六国皇族后裔蜂起，参考前二〇九年）不止。

"军事行动，是一种凶险大事。某方面一旦紧急，四方都竖起耳朵，我害怕从此发生变故，激起奸邪。我听说：天子的军队，有讨伐而没有战争，意思是没有一个对手胆敢较量。如果闽越王国冒险迎战，攻击大军的前队，炊事兵也好，马夫、车夫也好，只要有一个受到伤害，虽然砍下闽越国王的人头，也是中国的羞辱。

"陛下的家庭，用四海作为边界，人民都是你的臣属、姬妾。理应广施恩泽，保护养育，使人民安于现状，喜欢他们的行业。陛下的恩泽将传到万世，子孙相继，幸福无穷。天下太平，如同泰山屹立，永不动摇。蛮族的荒野土地，不够资格花一天时间关心它，更不够资格使我们的战马汗流浃背。《诗经》说：'大王的恩德普及天下／徐方（江苏省泗洪县南十五公里）的蛮夷自然顺服。'说明王道伟大，远方的人，都愿归附。我认为将军们率领十万大军去办的事，一位钦差大臣就可以办到。"

**7** 西汉军队开始向南推进，还没有越过仙霞岭（位于福建省、浙江省、江西省交界），闽越王国（首都东冶〔福建省福州市〕）国王骆郢，已派出劲旅，把守仙霞岭关隘险要。骆郢的弟弟骆馀善，跟宰相（相）以及王族，商议因应之策。骆馀善说："大王擅自出兵攻击南越王国（首都番禺〔广东省广州市〕），事先并没有呈报西汉政府批准，所以西汉政府讨伐。西汉军队多而且强，即令侥幸战胜，他们源源增援，会来得更多，直到我们国家灭亡。我们不如把大王杀掉，向西汉政府道歉。西汉政府愿意接受，双方休战，我们的国土仍然完整。西汉政府如不接受，再跟他们作战，打败时，大家逃到海上。”臣僚们一致赞成。

议决之后，骆馀善执行，用短矛刺杀国王老哥骆郢，派使节把人头送给西汉远征军统帅、外籍官民接待总监（大行）王恢。王恢说：“我们的目的就在诛杀骆郢，骆郢既死，呈献人头，不必作战就先把敌人歼灭，真是国家之福。”遂停止前进，一面通知农林部长（大农令）韩安国那支军队，派人携带骆郢的人头，飞报刘彻。刘彻下诏班师，说：“骆郢是罪魁，但骆无诸（即姒无诸，闽越王国一任王。参考前二〇二年二月）的孙儿骆丑没有参与恶谋。”于是派皇家警卫指挥官（中郎将）到东冶（闽越首都，福建省福州市），封骆丑当越繇王，侍奉祖先祭祀。

骆馀善既格杀国王老哥骆郢，威势震慑全国，很多部落向他归附，他想自己当王，越繇王骆丑无法控制局势。刘彻得到报告，认为不能为了骆馀善一个人再出动大军，说：“骆馀善本跟骆郢一伙背叛，应该受到处罚。但他总算把骆郢杀掉，避免我们军队一场劳苦。”于是封骆馀善当东越王，跟骆丑共同治理国家（一个蜂巢还不能有两个王，一个国家竟然有两个王，怎能保持和平？刘彻的措施匪夷所思）。

刘彻派庄助出使南越王国（首都番禺〔广东省广州市〕），暗示汉朝的盼望。南越王（二任文王）赵胡叩谢说：“皇上竟然为我们发兵讨伐闽越王国，虽死也无法报答。”决定派太子赵婴齐到长安充当刘彻的侍卫官，然后自己也要亲身前往，告诉庄助说：“国家刚受到侵略，一切残破。大使请先回朝，我正在赶做衣服，随后就北上晋见天子。”

庄助回京途中，经过淮南国（首府寿春〔安徽省寿县〕），刘彻教庄助向淮南王刘安，就这次事件经过，作一简报，用以答复他上书的雅意。刘安道歉，承认他的看法并不成熟。

庄助离开南越王国（首都番禺）后，南越高级官员对国王赵胡警告说："西汉兴兵南下，诛杀骆郢，大势所趋，恐怕就要临到我们头上。而且先王（一任武王赵佗）一再嘱咐，事奉西汉王朝，千万不可失礼。但更重要的是，不可以听信使节们的巧言花语，前往朝觐。一进入中原，便不可能回来，接着就是亡国。"赵胡醒悟，打消原意。

**8** 本年（前一三五），擢升韩安国当最高监察长（御史大夫）。

**9** 刘彻命东海郡（山东省郯城县）郡长（太守）、濮阳（河南省濮阳市西南）人汲黯，担任诸侯接待总监（主爵都尉）。

最初，汲黯当皇家礼宾官（谒者），态度严肃，受人敬畏。闽越王国（首都东冶）掀起战争时，刘彻派汲黯前去调查。他只到了吴县（江苏省苏州市），就转回头，报告说："百越（闽越王国及南越王国）人民互相攻打，本来就是那个样子，并不稀奇，没有资格劳动天子的使臣。"河内郡（河南省武陟县）火灾，烧毁一千余家，刘彻派他前去勘察，回来后报告说："平民之家失火，邻居们被火舌波及，没有什么值得忧虑的。可是，我经过河南郡（河南省洛阳市东白马寺东），发现人民贫苦，又逢水灾、旱灾，一万余家陷于悲惨绝地，饥馑使人性丧失，父子们互相格杀，吞吃尸体。我已假传圣旨，命地方政府打开米仓救济灾民，现在缴还符节，愿接受假传圣旨的罪刑。"刘彻认为他有见识，不予追究。

汲黯在东海郡（山东省郯城县），对行政跟讼狱，一切以清静无为为主，遴选有才干的人担任主任秘书（丞）跟各科（曹）主管和基层官吏，授给他们全权。汲黯只掌握重要方向，不去考察细微小节。

他身体不好，经常害病，每天躺在床上，很少升堂问事。年余下来，东海郡井井有条，大为治理，受到中央称赞。刘彻得到报告，擢升他当诸侯接待总监（主爵都尉），地位跟部长级官员（九卿）相等。他处理事情的方法是不求表现，只求安定，顾全大体，不拘限于法令条文。

汲黯性情倨傲而且憨直，不能容忍别人的过失，常当面使对方难堪，对身为皇帝的刘彻也是如此。当时刘彻正多方招聘儒家学派高级知识分子（文学儒者），常说："我想如何如何。"汲黯顶撞说："陛下内心充满了私欲，外表上假装仁义，怎么可能效法伊祁放勋（唐）跟姚重华（虞）？"刘彻老羞成怒，脸色铁青，起身就走，朝会草草结束，高级官员们（公卿）大起恐慌，替汲黯担忧。刘彻回到后宫，对左右侍从人员说："汲黯太过分了，他简直是个呆头鹅。"有些高官们责备汲黯，汲黯说："天子设置三公九卿，要大家当一个正直的辅佐干部，怎么可以专拍马屁、察言观色，陷领袖于不义？而且我身居此位，如果爱我的生命，岂不侮辱政府！"

汲黯身弱多病，请假将满三个月（西汉政府法令：三个月不能恢复，即行免职），刘彻屡次延长他的假期，而病仍不能痊愈。后来，汲黯又病倒，庄助代他请假。刘彻问："汲黯这个人怎么样？"庄助说："教汲黯当一个普通官员，他的成绩不会超过别人。然而，如果命他辅佐幼主，坚持立场，请也请不来，赶也赶不走，纵然自以为有孟贲、夏育（二人都是勇士，参考前一三八年）的勇猛，也不能使他动摇。"刘彻说："是的，古代有一种国家栋梁，汲黯相当接近。"

**10** 匈奴汗国（王庭设蒙古国哈拉和林市）请求和解，刘彻命高级官员会商。外籍官民接待总监（大行）王恢，是燕国（首府蓟县〔北京市〕）人，对北方蛮夷十分熟悉，建议说："西汉政府跟匈奴和解，两国和平，最多维持数年，匈奴就会背叛盟誓，不如拒绝，派出远征军，发动攻击。"韩安国说："匈奴人逐水草而居，迁移不定，很难把他们制服。自从上古以来，从不把他们当作人类看待。西汉军队北上数千华里，沙漠之中，跟他们争锋，人困马乏，匈奴正好利用我们的疲惫，全力反攻。这是件危险的事，不如和解。"高级官员中多数附和韩安国。于是，刘彻决定和解。

# 纪元前一三四年 丁未

西汉　元光　元年

1 冬季，十一月，西汉政府（首都长安〔陕西省西安市〕）根据董仲舒的建议，第一次下令，命各郡、各封国，就“孝顺”“清廉”两项，每项各保荐一人。

2 皇城保安司令（卫尉）李广，被任命当骁骑将军（周王朝末期，设立左、右、前、后将军，秦及西汉仍然保持，位上将。然而各种特定专名将军，则自本年〔前一三四〕开始，称杂号将军。中央出动大军时，用来统率部队。战争结束后，即行撤销)，率军进驻云中郡（内蒙古托克托县）。首都长安警备区司令（中尉）程不识，被任命当车骑将军，率军进驻雁门郡（山西省右玉县）。

六月，李广、程不识班师。

李广跟程不识，都以边郡郡长（太守）的身份，出任武装部队统帅，当时都负盛名。李广行军作战，从不约束队伍，也不构筑阵地，像游牧部落一样，逐水草扎营，战士们轻松愉快，夜间也不击刁斗（刁斗，有柄的一种铜铃，只是不含铃珠，而由人击打发声），也不设立岗哨。文书工作，十分简单；但斥候（察看敌情的侦探）四出，侦骑遥远，从没有受到敌人伤害。程不识恰恰相反，整饬部队，严密行伍，安营扎寨，刁斗声音不断，官吏处理军中文书，直到天亮，得不到休息，同样也从没有受到敌人伤害。程不识说："李广兵团，一切简单明了。然而，敌人如果发动突击，就很难应战。但他的战士却安逸快乐，都愿为李广而死。我带兵虽然烦扰琐碎，敌人也不敢侵犯。"匈奴汗国对李广的谋略，深为惊惧，官兵们也乐意当李广的部属，不堪程不识的烦苦。

《易经》说："军队出动，应有严格的纪律，否则，无论胜败，都是凶险。"统率大军而不使用法则控制，必然发生危机。李广担任统帅，赋给将领战士们最大的自由，以李广的英雄人才，那样做可以，然而不足效法。为什么？因为后人没有能力效法，跟他同时代的其他统帅就更困难。小人物的常情，都追求快乐安逸，看不见近在眼前的灾难。他们既然认为程不识烦苦，而乐于追随李广，势将养成仇视上级，拒绝服从的习惯。所以大而化之指挥方法的害处，不仅使李广兵团无法防止突击而已。"军事，要始终严格"。当统帅的人，只有这样才行。效法程不识，即令没有战功，至少可以不致溃败；效法李广，很少能逃覆灭命运。

**3** 夏季，四月，赦天下。

**4** 五月，西汉帝（七任武帝）刘彻（本年二十三岁）下诏各郡及各封国，遴选贤能的人才跟对儒家学派五经（《诗》《书》《礼》《易》《春秋》）有研究的学者，到京（首都长安）应试，由刘彻亲自主持。

**5** 秋季，七月二十九日，日蚀。

# 纪元前一三三年　戊申

西汉　元光　二年

**1** 冬季，十月，西汉王朝（首都长安〔陕西省西安市〕）皇帝（七任武帝）刘彻（本年二十四岁），出游雍县（陕西省宝鸡市凤翔区），前往五色帝庙，祭祀五色帝（青帝、白帝、黄帝、赤帝、黑帝。参考前一六五年四月）。

**2** 李少君事奉灶君（俗称灶王爷，厨房之神。直到二十世纪，农家都祭灶君。灶君每年阴历十二月二十三日上天奏报一家人的善恶，而于元旦返回人间，在天上共留七日），拥有使人长生不老的法术；晋见刘彻，刘彻对他大为尊敬。

李少君，是故深泽侯赵修的随从（前一五〇年，赵修犯法，侯爵撤销），故意隐瞒自己的年龄跟身世，声称他有“长生不老”秘方，广为结交王侯。他一直没有结婚，人们听说他能驱使鬼神，使人不死，就赠送他金银财宝，请他赐福，所以他拥有足够的财产。一般人对他毫无收入而生活优裕，弄不清费用来源，认为跟鬼神有关。又不知道他的来路，也就越发相信，争着对他事奉。

李少君常说一些巧妙的话，往往出奇的应验。有一次，参加武安侯田蚡的宴会，座中有位九十余岁的老人，李少君声称跟他的祖父，曾一块在某地打猎。老人还是一个顽童时，确实跟祖父在某处打猎过，不禁大惊，在座的其他宾客，也都目瞪口呆。

李少君建议刘彻，说：“祭祀灶君，就可以驱使鬼神；驱使鬼神，就可以把丹沙化成黄金；如果服食，就可以增加年寿；然后才能见到蓬莱（传说中大海上的一个仙岛）山上的神仙；见了之后再去泰山封禅（祭天称“封”，祭地称“禅”），就能长生不死，黄帝姬轩辕就是这样。我在海上遨游，曾见到过安期生（古代神仙，《列仙传》说，安期生是琅邪〔山东省青岛市黄岛区琅琊镇〕人，已有千岁），给我一个巨枣，有西瓜一般大。安期生是有名的神仙，常去蓬莱。有缘分的人，他就接见；没有缘分的人，他就隐形而去。”

刘彻决心追求长生不老，就亲自祭祀灶君。派遣法术师（方士）到东方大海之中，寻找蓬莱山跟安期生等仙踪，研究炼丹术。

很久之后，李少君病死，刘彻仍认为他并没有死，只是“化去”（抛弃肉身，变化成神）。因此，沿海一带燕（河北省北部）、齐（山东省）地区的怪迂法术师（方士），纷纷涌向首都长安，谈论鬼神。

**3** 亳县（山东省曹县南）人谬忌，奏请刘彻祭祀太乙真仙，解释说："天上所有神灵中，最尊贵的是太乙，太乙有五个辅佐，即五色帝。"（太乙，即太一、泰乙，也就是北极星，太乙是北极星神。依道家的看法，太乙等于基督教的耶和华、伊斯兰教的阿拉。很久之后，道家才再创造玉皇大帝代替太乙。五色帝：白帝、黑帝、黄帝、青帝、赤帝，参考前一六五年四月。）刘彻遂在长安东南郊外，兴建太乙庙。

**4** 雁门郡（山西省右玉县）马邑县（山西省朔州市）土豪聂壹，透过外籍官民接待总监（大行）王恢，上书刘彻，说："匈奴汗国（王庭设蒙古国哈拉和林市）刚跟西汉政府和解，正在修睦，我们可以用重大利益诱惑他，使他们深入西汉全境，伏兵攻击，给他们一个决定性的致命创伤。"

刘彻召集御前会议讨论。

王恢说："在代郡（河北省蔚县）从前还是独立王国的时代（战国时代开始后第六年〔前四七五〕，晋国国务官赵无恤，刺杀姐夫代王，代国亡。在此之前，代国是一个独立王国），北方有强大的胡人部落，南方东方又受中国（晋国、燕国）军队的牵制。他们还能够养老育幼，种树耕田，仓库充实，匈奴不敢侵犯。而今以陛下的威望，四海统一，而匈奴不停的南下，侵犯国土，屠杀人民，没有别的原因，只在于对西汉王朝毫无恐惧之感，我以为应该出击。"

韩安国说："当初，高皇帝（一任帝刘邦）曾经被围平城（山西省大同市，参考前二〇〇年），七天不进饮食，等到解围之后，回到首都，并没有愤怒之心，寻求报复。这是圣人的胸襟，以天下为重，不因私人的怨恨，影响到国家的安全。所以才派娄敬前往匈奴，提议和解。到今天已获得五世的和平（五世，指刘邦、刘盈、刘恒、刘启、刘彻。事实上应为七世——在刘盈之后，还有刘恭、刘弘。不过二位是吕雉的影子，没有人敢提），我认为不应该出击。”

王恢说：“不然。高皇帝（一任帝刘邦）亲自临阵，身披坚甲，手执利器，转战疆场将近十年。所以不报复平城的羞辱，不是能力不足，而是要天下人获得休养。而今边境不断传出警报，士兵死伤累累。中国的柩车，在路上前后相望。怀有爱心的仁人，无不悲痛，我认为应该出击。”

韩安国说：“不然。最高军事行动，是我们饱食而等待敌人饥饿，我们治理而等待敌人混乱，我们养精蓄锐而等待敌人筋疲力尽。所以沙场交锋，击败对方主力，伐国攻城，摧毁对方守卫，不如静坐不动，就使敌人疲惫，这才是圣人的作战方法。而今我们轻率的发动突击，长驱直入，势难收到功效。如果纵队前进，一旦接战，无法承受压力。如果数路齐肩并发，可能后继无力。推进太快，粮秣不继；推进太慢，就不能捕捉机会，得不到战果。用不了一千华里，我们就人困马乏。这正是《兵法》上说的：‘派出军队，送给敌人俘虏。’所以我认为，不可以出击。”

王恢说：“不然。我所说发动攻击，并不是发动深入敌人心脏的攻击，只是利用匈奴单于的贪心，把他引到边境。我们遴选精兵良将，在隐蔽处埋伏，严密戒备，在险要隘道地方，构筑阵地，等到单于进入预定陷阱，伏兵四起，或攻击他的左翼，或攻击他的右翼，或攻击他的先锋，或断绝他的退路。我认为，可以生擒单于，万无一失。”

刘彻同意王恢的方案。

**5** 夏季，六月，刘彻命最高监察长（御史大夫）韩安国当护军将军、命中级国务官（太中大夫）李息当材官将军、命皇城保安司令（卫尉）李广当骁骑将军、命交通部长（太仆）公孙贺当轻车将军、命外籍官民接待总监（大行）王恢当将屯将军，率领步兵、骑兵、战车部队三十余万人，在马邑（山西省朔州市）附近山谷中埋伏，只等匈奴单于进入马邑，即行合围。这是一场大规模的歼灭战，军心紧张。

然后，秘密派聂壹当间谍，逃亡匈奴汗国，向单于（四任）挛鞮军臣报告，说："我可以杀掉马邑县长（令）跟主任秘书（丞），举城投降，人民财产，可以全部掳掠！"挛鞮军臣相信，大为兴奋，批准他的建议。聂壹回马邑后，处决两个死囚，把人头悬挂城上，告诉匈奴的使节，说："我已击斩马邑县长和主任秘书，你们要快来。"

挛鞮军臣大喜过望，率领十万铁骑兵团，强行穿过长城，直扑武州塞（山西省左云县。与马邑航空距离七十公里），将到马邑一百余华里，看到遍地牛羊，却看不到人烟，引起挛鞮军臣怀疑，于是攻击附近碉堡，生擒雁门郡（山西省右玉县）民兵司令部一个小官（尉史），就要处斩。那位小官遂据实报告，并指出西汉部队埋伏所在。挛鞮军臣魂飞天外，号叫说："我也觉得有点不对劲，但不知道是这么大的阴谋！"下令迅速撤退。等到出了长城，才喘过气，说："感谢上天，把那位先生赐给我们。"封那位小官当"天王"。

挛鞮军臣出塞后，西汉埋伏大军才得到消息，赶到长城。计算时间，已不可能追及，只好班师。王恢本来的任务是，从代郡（河北省蔚县）拦击匈奴兵团辎重。可是情报说挛鞮军臣大军已经撤回。反客为主的十万铁骑兵团，不容易对付，王恢不敢行动。

刘彻对这样的结局，十分愤怒，责备王恢。王恢说："当初计划是：匈奴单于进入马邑之后，伏兵才出击。我的任务是从代郡抄他的后路，夺取辎重，可获得大利。想不到匈奴单于没有进入马邑，即行撤退。我手下只有三万人，如果仍要攻击，三万人不能取胜，只能取辱。我知道这样回来，会被处死，然而我替陛下保留了这三万人生命。”刘彻下令审判。司法部（廷尉）认定王恢逗留观望，判决死刑。

王恢用黄金二万两贿赂宰相（丞相）田蚡。田蚡不敢直接向刘彻进言，就拜托姐姐皇太后王娡，说：“王恢是马邑事件的主要策划人，匈奴恨他入骨，因事情失败而斩王恢，正是替匈奴报仇。”当刘彻朝见娘亲时，王娡把这话告诉儿子。刘彻说：“正因为王恢是主要策划人，才动员全国兵力数十万，听他安排。而且纵然捉不到单于，能攻击他们的殿后部队，也多少可以慰藉文武官员的盼望。如果不杀王恢，不能向天下人交代。”王恢听到消息，自杀。

自此之后，匈奴汗国拒绝和解，不断攻击交通要道，往往深入边境，次数不可胜计。但是，仍然贪图边关的自由交易市场（关市），喜爱中原财物。而西汉政府也不封闭边关市场，用以满足匈奴汗国的需要。

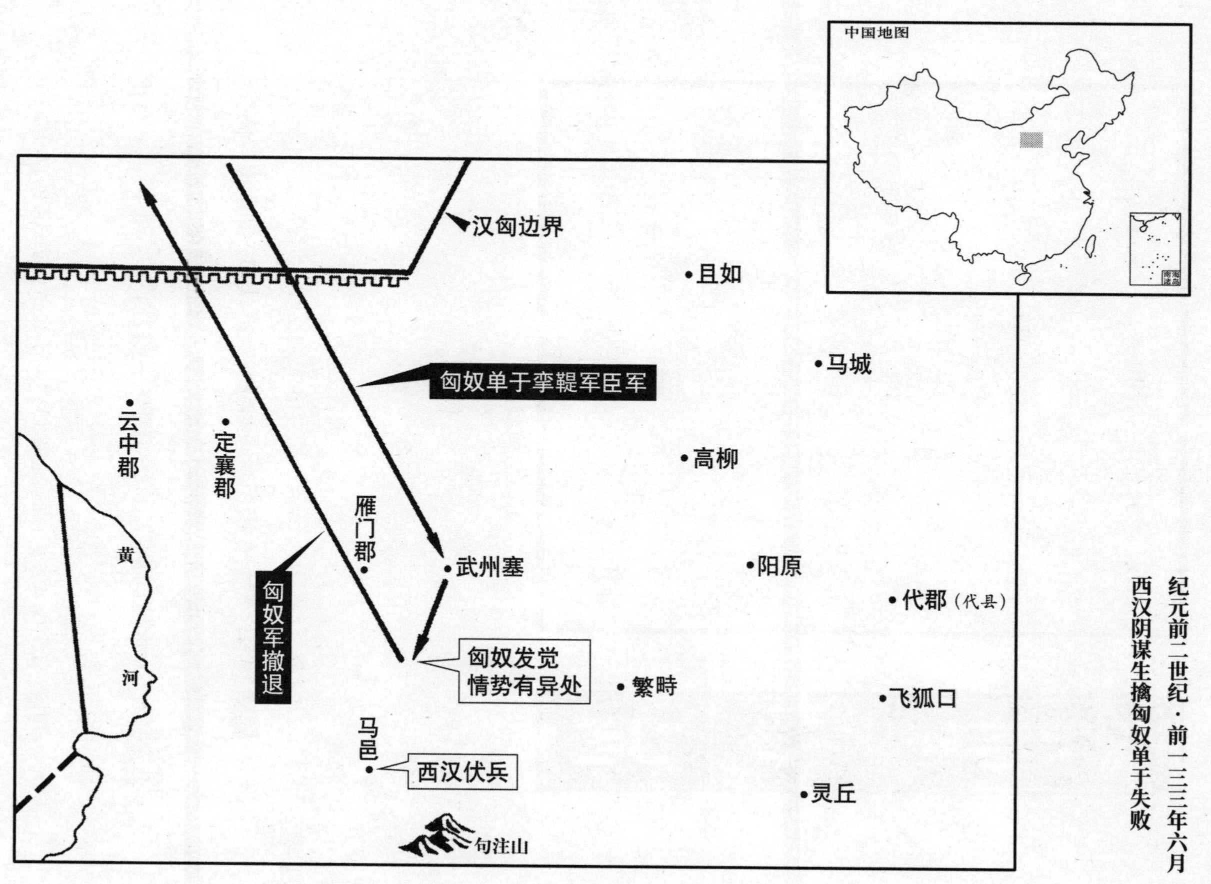


纪元前二世纪·前一三三年六月
西汉阴谋生擒匈奴单于失败

# 纪元前一三二年 己酉

西汉　元光　三年

1 春季，黄河在顿丘（河南省内黄县东南）决口，向东南奔泻。

夏季，五月三日，黄河再在濮阳瓠子（河南省濮阳市西南古黄河边上）决口，大水流向钜野（山东省巨野县），直注泗水、淮河，十六个郡一片汪洋。

西汉王朝（首都长安〔陕西省西安市〕）皇帝（七任武帝）刘彻（本年二十五岁）派汲黯、郑当时，调发军工十万人，填堵缺口。好不容易填堵完毕，水势强劲，又告溃决。那时候，田蚡的采邑鄃县（山东省高唐县东北)，正在黄河以北。黄河既在南岸决口，鄃县恰好避免水灾，农田收获，反而比平日加多。他乐意于维持现状，于是向刘彻报告说："无论是长江或是黄河，决口大事，都是上天的意思，不应该用人力勉强把它塞住。如果塞住，恐怕违反天意。"而一些以观察天象为职业的法术师，也屡次指出，黄河决口出于天意。于是，刘彻拖了很久，不再施工。

**柏杨曰**

黄河两次决口，造成十六个郡的水灾，面积跟台湾岛大小相若。正是中国土地最肥沃、人口最密集的地区。

黄河河床高于地面，全靠堤岸紧夹，一旦溃决，就像是巨坝突然崩裂，十公里外都听到万马奔腾的巨响。洪峰所指，如同一座高楼，排山倒海，城市村落，跟千万人民，从梦中惊醒，除非特别幸运，很少不像被灌穴的蚂蚁一样，被洪水吞没。尼罗河泛滥之后，留下沃土。黄河泛滥之后，留下的却是千里细粒黄沙，寸草不生。

死者已矣，未死的善良人民，他们相信领袖英明，会伸手拯救。却想不到，领袖为了自己的利益，却把他们遗弃脑后，以致洪水为患二十四年之久(参考前一〇九年)。这么深的悲苦怨恨，竟没有一条管道反映。罗马帝国早就设立元老院，人民总算还有一个气孔。东西方文化，在这种管道上分开，元老院发展成为议会和民选代表聚会之地，而中国人却噤若寒蝉，继续把生命财产，和国家前程，交给领袖继续英明。

我们难以理解的是，刘彻也好，田蚡也好，怎么对他们日夜宣称爱如子女的小民，在大水中淹死、饿死、冻死、疾病瘟疫而死，能无动于心？

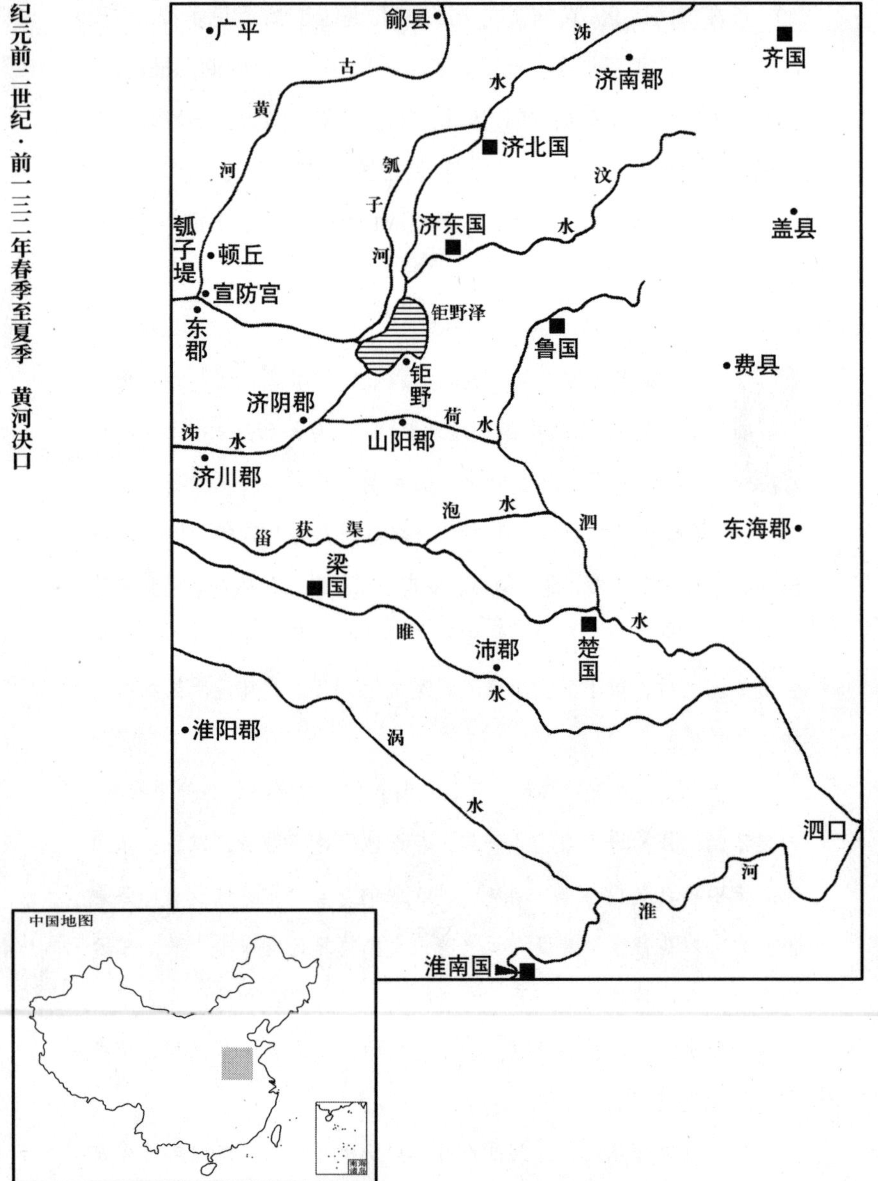


纪元前二世纪·前一三二年春季至夏季　黄河决口

**2** 最初，六任帝（景帝）刘启在位时，魏其侯窦婴当全国最高统帅（大将军。参考前一五四年），田蚡还是一个地位低微的禁卫官（诸曹郎），宴会时在一旁陪酒，双膝下跪，亲切卑微，好像儿子和侄儿。后来，田蚡靠着姐姐王娡的裙带关系，日益高升，终于当了宰相（丞相）。窦婴却逐渐失势，宾客们也逐渐离开，转投田蚡门下。只有曾经担任过燕国（首府蓟县〔北京市〕）宰相（相）的颍阴（河南省许昌市）人灌夫，始终不肯他往。窦婴感慨人情凉薄之余，对灌夫特别厚待，互相推崇，密切如同父子。

灌夫为人刚直，酒醉后更盛气凌人。对于地位比自己高的，总想办法予以羞辱。好几次，都冒犯田蚡。田蚡不能容忍，于是弹劾灌夫家族横行，颍川郡（郡政府设阳翟〔河南省禹州市〕。颍阴县〔河南省许昌市〕属颍川郡）人民悲苦。刘彻下令逮捕灌夫跟他的若干族人，判决街头处斩。窦婴不能坐视，上书刘彻，营救灌夫。刘彻命田蚡跟窦婴晋见皇太后王娡，在王娡面前辩论，双方互相诋毁攻讦，甚至揭发隐私。刘彻征求旁听高官们的意见，只有汲黯认为窦婴有理，韩安国认为两人都有理，郑当时也认为窦婴有理，但眼看所有高级官员都向田蚡一面倒，后来也不敢坚持。刘彻向郑当时变脸说："我连你这种人一齐斩首。"起身就走。

刘彻进宫陪同娘亲皇太后王娡吃饭，王娡正盛怒难当，拒绝说："我今天还活着，有人还欺侮我弟弟，我死了后，难道要当作鱼肉下肚？"刘彻不得已，下令屠杀灌夫全族。命主管官员审判惩罚窦婴，主管官员判决窦婴街头斩首。

# 纪元前一三一年 庚戌

西汉 元光 四年

**1** 冬季，十二月三十日，西汉王朝政府（首都长安〔陕西省西安市〕）在渭城（陕西省咸阳市）诛杀窦婴（西汉王朝法律：冬季才执行死刑。春天之后，可能遇到大赦，也可能缴纳金钱赎罪。田蚡深恨窦婴，唯恐入春之后，发生变化，所以赶在冬季最后一天，执行完毕）。

春季，三月十七日，宰相（丞相）田蚡逝世。后来，淮南王（首府寿春〔安徽省寿县〕）刘安谋反失败（参考前一二二年），刘彻才知道田蚡曾接受刘安贿赂，以及鼓励刘安觊觎宝座（参考前一三九年），说："如果田蚡今天还在，定要杀他全族！”

**2** 夏季，四月，大霜，杀伤花草。

**3** 最高监察长（御史大夫）代理宰相（行丞相事）韩安国，在引导西汉帝（七任武帝）刘彻（本年二十六岁）车队时，不幸从车上坠下，受伤而致跛脚。

五月二十日，刘彻任命平棘侯薛泽当宰相（丞相）。韩安国因病免职。

**4** 地震，赦天下。

**5** 九月，擢升首都长安警备区司令（中尉）张欧，当最高监察长（御史大夫）。韩安国脚病痊愈，复担任首都长安警备区司令（中尉）。

**6** 河间王（首府乐成〔河北省献县〕）刘德，喜爱读书，崇拜古人古事（在儒家系统中，“崇古”是一种美德），做事切实，用重金征求四方绝版书籍，数量之多，几乎跟中央政府拥有的一样。当时，淮南王（首府寿春〔安徽省寿县〕）刘安也喜爱书籍，但所收集的，大抵属于浮滑辩论之类（指也收集非儒家学派的书籍）。而刘德所收集的，都是用古文（钟鼎文或大篆）写的秦王朝之前的旧书（如《周官》《尚书》《礼记》《孟子》《老子》）。刘德采摘“礼”“乐”方面的古事，再自己补充，稍后竟完成五百余篇。举动行止，一律要求合乎儒家的标准。山东（崤山以东）的儒家知识分子，都前往结交。

西汉王朝

- 唐蒙通夜郎。
- 张骞通西域。
- 卫青大破匈奴汗国。
- 匈奴浑邪王投降。

- 罗马选出盖约·格拉斯（提比略之弟）当护民官，再改革内政。不久，再被暴民刺死，改革又停。

# 纪元前一三〇年 辛亥

西汉　元光　五年

**1** 冬季，十月，西汉王朝（首都长安〔陕西省西安市〕）河间王（首府乐成〔河北省献县〕）刘德入朝，呈献雅乐（贵族专用音乐），回答西汉帝（七任武帝）刘彻（本年二十七岁）有关三雍宫（辟雍〔国立大学〕、明堂〔皇家大会堂〕、灵台〔御用天文台〕）的典章制度，以及刘彻下诏询问的三十余件事物。刘德推崇德治，极为中肯，文字简单，而意义明确。刘彻把“雅乐”交给祭祀部的音乐官（太乐官），由音乐官所属乐队，经常演习，在盛典时演奏。然而，事实上并不常用。

春季，正月，刘德逝世。河间国首府乐成警备区司令（中尉）常丽奏报，说："大王（刘德）立身端正，行为规矩，温柔仁爱，恭敬俭约，敬上爱下，智慧聪明，观察深入，恩惠及于鳏夫（无妻）、寡妇（无夫）。"外籍官民接待总监（大行令）呈报："谥法：聪明睿智谓之'献'，应赐给刘德绰号献王。"

从前，鲁国国君（二十八任哀公）姬蒋，曾经说过："我生长在深宫之中，成长于女人之手，不知道什么叫忧愁，不知道什么叫恐惧。"一点都不错。在这种情况下，要想不危亡，绝不可能。所以古人认为没有节制的安逸欢乐，是一种毒药。没有品德，而享受财富或得到高官，是一种灾祸。西汉王朝崛起以来，直到平帝（十四任刘箕子），封国的侯爵跟王爵，有数百位之多，大都骄傲奢侈、荒淫犯法。什么原因？原因在于他们沉没在放荡的环境里，形势使他们如此。一个普通人，都会随着风俗习惯行事，何况姬蒋这样的王孙公子？只有卓越的人品，才能与众不同，刘德接近这个标准。

河间王刘德之死，《资治通鉴》第一次透露皇家绰号（谥）的产生程序。"谥"跟"讳"，是中国传统文化中两大麻烦。一个人，如果不了解"谥"和"讳"，不但无法了解中国历史，更根本看不懂中国古书，至少无法看懂中国史书。"讳"属于另一个范围，我们现在只讨论"谥"。

谥，是政府立案的特别"绰号"，周王朝发明的玩意。帝王贵族和准贵族（高级官员或特殊人物）死了之后，中央政府专案小组评估他生前的言论和行为，给他另外起一个形容词，像《水浒传》中的好汉，宋江慷慨好义，绰号“及时雨”，李逵粗野莽撞，绰号“黑旋风”。不过民间绰号，生前就有；官方绰号，死后才能出笼。但意义一样，比本名更显出形象。刘德被认为聪明睿智，官方绰号称他为“献”，他就成了“河间献王”。民间绰号，大家顺口传播；官方绰号，则煞有介事，有一定的规格：尊贤贵义称“恭”、刚强直理称“武”、温柔贤善称“懿”、渊源流通称“康”、由义而济称“景”（刘启就是景帝）、柔质慈民称“惠”（刘盈就是惠帝）、除残去虐称“汤”（子天乙就是汤帝），悯民惠礼称“文”（刘恒就是文帝）。这些规格，由儒家学派高官制定，恍兮惚兮，罩到谁头上似乎都很合适。宋江绝不会是“黑旋风”，但刘恒是“文帝”也行，是“景帝”也行，是“惠帝”更行。尤其糟的是，遇到明明是一个坏蛋，偏偏他的子孙坐在宝座之上，谁敢口吐真言，说他是“桀”是“纣”？所以，不久以后，官方绰号都变得美不胜收，麻子成了美女，恶棍成了圣贤，跟他生前的行为，不但不符，而且相反。

然而，更难忍受的是，官方绰号越来越长，字数越来越多。古时候只不过一个字两个字，到了后来，像清王朝三任帝爱新觉罗·福临，官方绰号是礼天隆运定经建极英睿钦文显武大德宏功至仁纯孝章皇帝，高达二十三个字之多，可谓千里迢迢，读起来中途如果不喘一口气，能把人憋死。再加上“庙号”——祭庙的庙名。于是，中国史书上，一会“太宗”，一会“高祖”，一会“高皇帝”，一会“景皇帝”，一会“神武”，一会“文宣”，真是中国人的奇耻大辱。

感谢时代，允许我们把帝王们放到清水里泡而洗之，洗净这些附着在他们身上的污垢，撕掉挂到他们脖子上的招牌铃铛，使他们恢复本来面目。刘邦就是刘邦，什么“高祖”？刘彻就是刘彻，什么

"武帝"？刘德就是刘德，什么"献王"？帝王跟小民一样，都是人。 154

**2** 最初，王恢讨伐闽越王国（首都东冶〔福建省福州市〕。参考前一三五年），派番阳（江西省鄱阳县）县长（令）唐蒙，出使南越王国（首都番禺〔广东省广州市〕），南越政府招待他时，有一种蜀郡（四川省成都市）出产的蒟酱（蒟，音jǔ〔矩〕。一种胡椒科的植物），唐蒙问他们怎么弄来的，南越王国官员说："来自西北牂柯江，牂柯江有几华里那么宽，一直流到番禺（广东省广州市）城下。"（牂柯，音zāng kē，〔臧苛〕。牂柯江，自云南省宣威市发源，上游称北盘江，会合南盘江后，称红水河，再下称黔江，再下称浔江，再下称西江，再下会合北江、东江，称粤江，在东莞市西南虎门镇注入南海。）唐蒙留下深刻印象。回长安（陕西省西安市）后，向蜀郡（四川省成都市）商人询问，商人说："世界上只有蜀郡才出产蒟酱，很多人偷运到夜郎国（首都在今贵州省关岭县，辖地包括今贵州省西部及云南省东北部）去卖。夜郎国在牂柯江之旁，牂柯江宽一百多步，可以乘船，南越王国常向夜郎国征收贡品，势力达到桐师国（云南省保山市北），但也没有办法征服他们。"

于是，一个伟大的冒险计划，在唐蒙心中兴起，他上书给刘彻说："南越国王乘皇家专用的黄盖车（黄屋），又在前面竖立皇家大旗（左纛），领土东西广达一万余华里，名义上臣属中国，事实上是一方之主。我们前往南越，必须经过长沙国（首府临湘〔湖南省长沙市〕）或豫章郡（江西省南昌市），水道多而且险，跋涉困难。我听说：夜郎国全国精兵，有十余万之众。我们如果乘坐战舰，顺牂柯江而下，那可是从天而降，出其不意，直捣心脏，这是制服南越王国的一支奇兵。以中国的强大，巴蜀两郡（四川省）的富饶，先开凿出一条通往夜郎国的道路，很容易派出官员，加以控制。"

刘彻批准唐蒙的方案，擢升他当皇家警卫指挥官（中郎将），率军队一千余人，带着一万余人用的粮秣补给品，从西南边塞——巴郡（重庆市）符关（四川省合江县南），深入蛮荒，翻山越岭，终于抵达夜郎（贵州省关岭县），晋见夜郎国王多同。唐蒙带来厚重的礼物，宣传西汉王朝的强盛和宽大，要求多同接受西汉王朝政府派遣的官员，并允许多同的儿子担任县长（令）。夜郎国附近的一些小城小村落，贪图中国的布匹绸缎，而且认为道途艰险，中国又远在天边，终不能征服他们，都承诺接受中国管辖。

唐蒙返回长安，向刘彻报告。刘彻下令设立犍为郡（郡政府设鳖县〔贵州省遵义市。鳖，音bì·必〕），征调巴蜀两郡（四川省）民夫，修建从僰道（四川省宜宾市。僰，音bó〔伯〕）到牂柯江的公路，数万劳工投入丛山，很多人死亡，未死的也大批逃走。郡政府用军法制裁，诛杀其中领导人物。巴蜀两郡（四川省）人民震惊恐惧，人心动荡。

刘彻得到报告，命司马相如前往斥责唐蒙，并安抚人民，宣称并不是皇帝的旨意。司马相如任务完成后，返长安报命。

**3** 当时，西夷（四川省大雪山山脉东麓一带部族）的邛都国（四川省西昌市。邛，音qióng〔穷〕）和筰都国（四川省汉源县。筰，音zuó〔昨〕）的国王（酋长），听到南夷（贵州省中西部及云南省东部部族）跟西汉王朝交通，得到很多赏赐。多数都愿归附西汉王朝，请西汉政府派遣官员。刘彻询问司马相如的意见，司马相如说："邛都国、筰都国、冉国和駹国（二国均在四川省茂县北。駹，音máng〔忙〕），跟蜀郡（四川省成都市）相当接近，道路也比较平坦。秦王朝时，曾在那里设立郡县，西汉王朝初兴时才撤销。今日如果能再收入版图，设立郡县，要胜过南夷（贵州省中西部及云南省东部部落）多多。"刘彻接纳。任命司马相如当皇家警卫指挥官（中郎将），"持节"出使；又派副使节王然于等人，乘坐政府驿马车，一

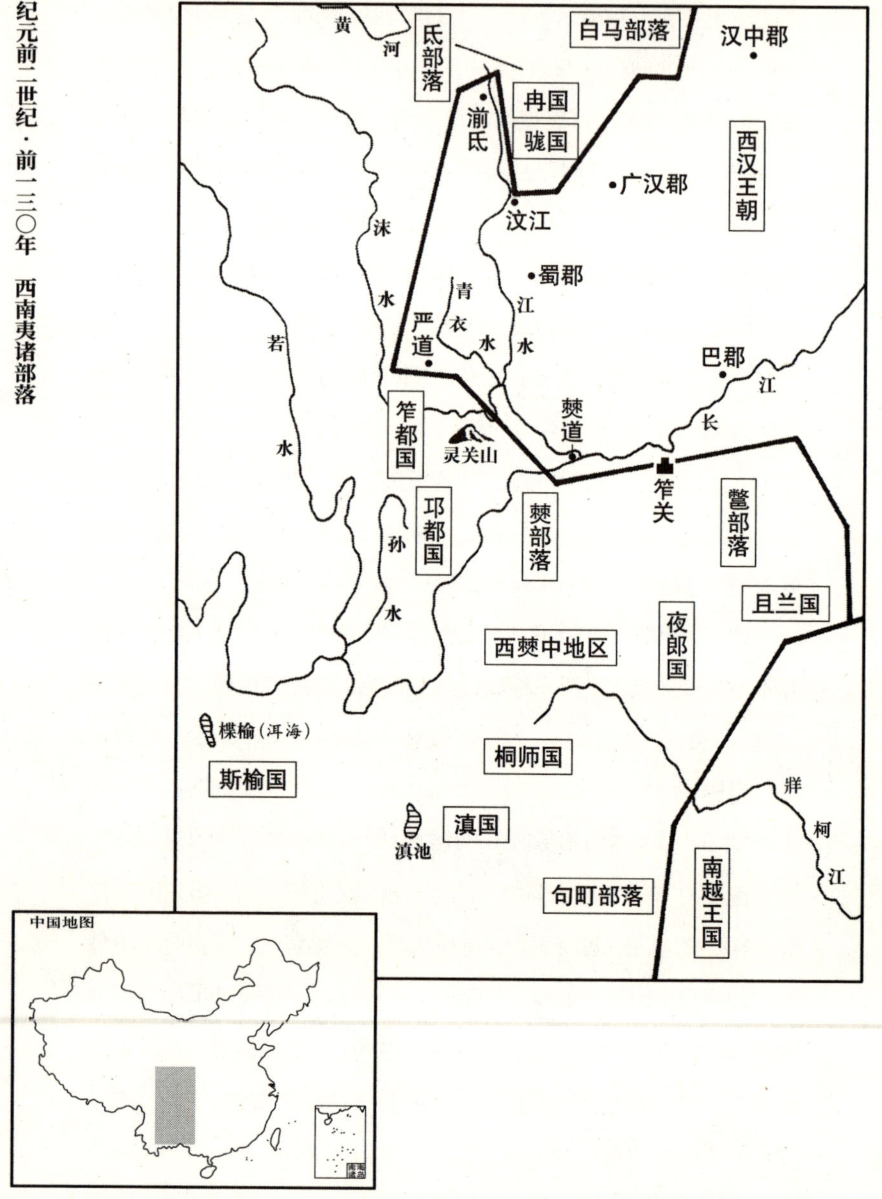


纪元前二世纪·前一三〇年　西南夷诸部落

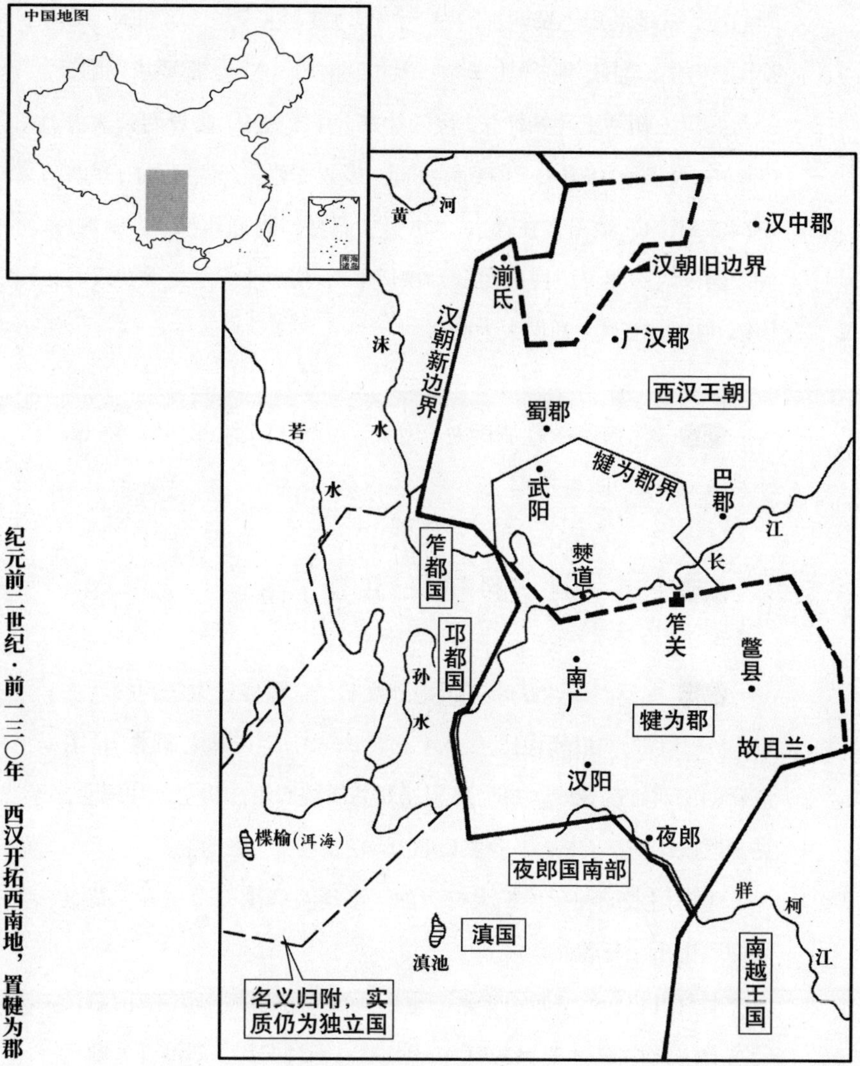

纪元前二世纪·前一三〇年 西汉开拓西南地，置犍为郡

中国地图
黄河
汉中郡
湔氐
汉朝旧边界
汉朝新边界
广汉郡
沫水
西汉王朝
蜀郡
若水
武阳
犍为郡界
巴郡
江
长
僰道
笮关
笮都国
邛都国
孙水
南广
鳖县
犍为郡
故且兰
汉阳
夜郎
楪榆(洱海)
夜郎国南部
牂柯江
滇国
滇池
南越王国
名义归附，实质仍为独立国

同前往；就地动用巴蜀两郡的财产，作为赏赐。于是，邛都国、筰都国、冉国、駹国、斯榆国（云南省大理市）的国王（酋长），都要求归附。

西汉王朝领土开始扩张，废除边塞，开放关卡，疆界西到沫水（大渡河），及若水（雅砻江），南到牂柯江，设立栅栏。开凿灵关山（四川省峨边县南药子山）道路，在孙水（安宁河）上搭桥，直通邛都（四川省西昌市）。西汉政府派一位民兵司令（都尉）镇守，附近十余县之多，隶属蜀郡（四川省成都市）。刘彻大为高兴。

**4** 刘彻下诏：征调民夫一万人，加强雁门郡（郡政府设善无〔山西省右玉县〕）沿边险要工程。

**5** 秋季，七月，大风，连树木拔起。

**6** 女巫楚服（楚，姓），跟她的女弟子，教导已失宠的皇后陈娇，祭祀鬼神，用咒语诅咒仇人（当然是卫子夫），学习女人媚术，企图恢复刘彻对她的宠爱。事情泄漏，刘彻暴跳如雷，决定抓住机会，完全摆脱纠缠。于是，下令监察官（御史）张汤，彻底追究。

张汤用残酷的手段扩大打击面，牵连及诛杀三百余人，楚服被押到街市上斩首。

七月九日，刘彻撤销陈娇的皇后头衔，命她缴出印信，囚禁长门宫（在长安城东南，本是刘嫖的长门园，送给刘彻，改名长门宫）。刘嫖既羞惭又恐惧，向她的侄儿叩头，请求宽恕。刘彻说："陈娇做的事情，违反天地大义，不得不罢黜她。姑妈应该相信我，请你放心。不要听别人的闲话，反而生了嫌隙恐惧。陈娇虽然罢黜，一切侍奉供应，跟皇后一样，长门宫跟正宫，没有分别。"

刘彻小时候，姑妈刘嫖女士把他抱到膝上，问说："把阿娇给你做媳妇，可好？"刘彻兴奋说："如果嫁给我，我盖个金房子请她住。"这就是迄今仍流传的"金屋藏娇"典故。曾几何时，形势倒转，刘嫖跪在侄儿面前，哀哀求告。

陈娇女士的遭遇，再一次证明："妒而无子，一定凶险。"即令是皇后，一旦"妒而无子"，结局也是注定了的。陈娇还是最幸运的一位，在以后的史迹上，我们可以发现更惨的事。除了自己丧生外，还连累家族。

**7** 最初，刘彻曾经在姑妈刘嫖家摆设酒筵，看到刘嫖的情夫——珠宝小贩董偃（刘嫖的丈夫陈午早死），刘彻非常尊重他，特别准许他穿上官服。不叫他的名字，只叫他"主人翁"，命他陪酒。董偃受到的恩宠，天下皆知。曾经陪同刘彻到北宫游乐，在平乐观（未央宫北御花园内）一带，骑马奔驰，斗鸡、踢球、赛狗、赛马，董偃几乎无所不能。刘彻大吼大叫，大为热闹，对董偃喜爱得不得了。

刘彻在未央宫前殿正堂（宣室）摆下酒席，宴请姑妈刘嫖（窦太主——窦太后生的女儿），派皇家礼宾官（谒者）迎接董偃。当时，正好皇家警卫官（中郎）东方朔手执铁戟，在台阶下站岗。立刻放下武器（手执武器进殿，有行刺的可能，所以必须先放下武器），向刘彻报告："董偃犯了三项死罪，怎么能准许他进来？"刘彻说："哪三项？"东方朔说："董偃以微贱的臣属地位，私下陪公主上床，一罪。乱搞男女关系，伤风败俗，破坏婚姻的神圣性，二罪。陛下年纪轻轻，正在专心学习儒家的六部经书（《诗经》《礼经》《乐经》《书经》《易经》《春秋》）。董偃不知道尊敬经书，殷勤学习，反而崇尚豪华，追求奢侈，纵情犬马，只图满足耳朵、眼睛的享受，是国家的蠹贼、君王的吸血鬼，三罪。"

刘彻沉默不说话，呆了一会说："我已经摆下酒席，以后再改。"东方朔说："不可以，正堂（宣室）是先帝（六任景帝刘启）处理国家大事的地方。跟国家大事无关的人，不能进去。要知道，使淫乱继续发展，一定变成篡夺。所以竖刁谄媚，易牙作乱（纪元前七世纪，齐国〔首府临淄〕十六任国君姜小白在位，竖刁自己把生殖器割掉，充当宦官。易牙把自己亲生幼儿放到笼中蒸熟，献给姜小白当菜吃。等到姜小白卧病，三人——另一位是卫开方，断绝供应，使姜小白活活饿死）；姬庆父死掉，鲁国才得平安。"（纪元前八世纪，鲁国〔首府曲阜〕十六任国君姬同逝世，子姬般继位〔十七任〕，姬同的庶兄姬庆父，跟姬同的妻子哀姜通奸，谋杀姬般，立姬般的异母弟姬启继位〔十八任〕，姬庆父再谋杀姬启，激起贵族公愤，发生暴动。姬庆父逃亡莒国，莒国把他交还鲁国，姬庆父自杀。）刘彻说："好吧。"下令停止，把酒席改设在北宫，教董偃从东司马门（未央宫东门内的一个杂工出入的侧门）进来。赏赐东方朔黄金三十斤。董偃的宠爱，逐渐衰退。

自此之后，公主或贵族们的私生活，多半逾越礼教体制，一团糟乱。

**8** 刘彻任命张汤当中级国务官（太中大夫），跟赵禹共同制定若干法律及诏令，严苛精密，使守法的官员限于条文，毫无依照情理伸缩的余地，又制定"知情不报法"，使官员之间互相监督侦查。西汉政府用法残酷，从此开始。

**9** 八月，稻田螟虫成灾（螟虫，幼虫生在稻叶或稻茎里，蛀食稻叶或稻茎骨髓，一年孵化两次，是农人最恐惧的病虫害）。

**10** 本年（前一三〇），西汉政府征召明了当世时务、学习儒家学派圣人（孔丘、孟轲等）学说的知识分子，由地方政府安排与每年到中央作年度报告的“进京奏报官”同行。

菑川国（首府剧县〔山东省寿光市南〕）人公孙弘上书说：

“上古伊祁放勋（尧）、姚重华（舜）之时，不注重官爵和赏赐，人们都互相勉励向善。不注重刑罚，人们都不犯法。因为在上位的人，立身正直，受人们信任。后来官爵尊贵，赏赐厚重，人们反而不肯勤劳。刑罚繁多，惩处严厉，作奸犯科并没有停止。因为在上位的人立身不能正直，人民对他就不会听信。贵重的赏赐和严厉的惩处，不能鼓励善行，也不能阻止为非作歹。关键只在于人们对官员信任不信任。

“所以，因人的才干，分别担任官职，处理公务，不要说没有意义的废话，工作就可落实。削除没有用处的工程，赋税就可减少。不强夺农民们忙碌的时间（像插秧、播种、收割），不消耗浪费农民的劳力（像征调民夫），人们自然富裕。有品德的人进升，没有品德的人罢黜，中央政府自然尊贵威严。有功劳的人进升，没有功劳的人罢黜，官员们自然了解他们的职责。对有罪的人处罚，奸邪才会停止。对贤明的人奖励，臣属们才受到鼓舞。凡此八项，都是治理国家的根基。

“治理人民，使他们各有各的行业，就没有争执。使他们的情理得到申诉重视，就没有怨恨。使他们受到礼教的熏陶，就不会有凶暴的行为。爱人民如同爱自己的儿女，他们一定也爱政府、爱官吏，这是治理天下最紧急的要务。礼教，人民愿意接受，再有赏有罚，人民自然不去触犯禁令。

“我听说，气质相同的人，会集结在一起。言语相同的人，会互相呼应。而今，君王在上有高贵品德，人们在下身体力行。心情祥和则气质祥和，气质祥和则身体健康，身体健康则声音洪亮，声音洪亮则天地万物欣欣向荣。阴阳协调，风雨及时，甘露下降，五谷丰收，六畜繁衍，庄稼茂盛，瑞草出现，满山林木，河川湖泊不再干涸，这是祥和的最高境界。”

当时，参加考试的一百余人，祭祀部长（太常。西汉王朝时，祭祀部主管教育）把公孙弘评置在最末，刘彻把他擢升到第一，任命他当研究官（博士），在金马门外，听候随时传见（原文：“待诏金马门。”金马门是值班宦官休息室。本年〔前一三〇〕还没有金马门，二十八年后的前一〇二年，掠夺大宛王国〔首都贵山城，今中亚纳曼干市西北卡散赛城〕汗血马后，在值班宦官休息室门前，竖立汗血马铜像，才称金马门。事实上不过跟宦官挤在一起，听候召唤）。

齐国（首府淄博〔山东省淄博市东临淄区〕）人辕固，年九十有余，也被遴选为贤良，征召到长安。公孙弘对他心怀敌意，但表面上非常尊敬。辕固忠告他说：“公孙先生：你应该一本正义发言，不要扭曲自己的人格，媚世求荣。”而一些儒家学派的知识分子，嫉妒恐惧，纷纷侮弄辕固。辕固大为失望，遂以年纪太老为理由，辞职回家。

**11** 这时，巴蜀四郡（巴郡〔重庆市〕、蜀郡〔四川省成都市〕、广汉郡〔四川省梓潼县〕、犍为郡〔贵州省遵义市〕），凿山开道，希望通往西南夷；粮秣运送，辗转一千余华里，费时几年，道路仍不能通。士卒民夫，饥饿疲惫，荒山烟瘴，很多人中暑和病死。而西南夷又不断叛变（西夷诸部落和南夷诸部落，欢迎汉朝政府派遣官吏的热情，犹在眼前，不旋踵就武装对抗，最合理的解释是：官吏的凶暴贪污，逼之使然。史书虽然没有交代西南夷叛变原因，但从以后的史事，可以追溯推断），派出军队攻击，费用达到万万巨款，而又不能收效（军队撤退后，民众再反。很显然的，这不是军事问题，而是政治问题；贪污不止，反抗不息）。刘彻束手无策，十分忧虑，派公孙弘前往考察。公孙弘回报说，他认为开拓西南夷疆土，毫无意义。刘彻拒绝采纳。

公孙弘在金銮宝殿朝会提出建议时，只列举事实跟理由，让刘彻自己选择决定，避免面对面争执。刘彻发现他行为谨慎厚重，又有辩才，熟悉法律，具有行政能力，而又善于运用儒家学派的学说，大为欣赏。一年之中，擢升他当北长安市长（左内史）。

公孙弘对任何事情，即令反对，但在刘彻面前，却不坚持。经常跟汲黯要求刘彻特别召见（不在群臣面前发言，以保守秘密），都由汲黯先开口，而由公孙弘补充。刘彻十分高兴，所作的建议，都能听从，刘彻对公孙弘一天比一天亲近和器重。

公孙弘曾经跟部长级以上官员（公卿）共同提出一项方案。可是，见到刘彻后，只要刘彻不赞同，他立刻也不赞同——吞下原来的意见，顺应领袖的意旨。汲黯曾当着刘彻的面，揭穿他的假面具，说："齐国（指山东省）的人差不多都奸诈，没有一句实话。公孙弘最初跟我们商议，主张如此如此，现在忽然反对。这种人，不忠。"刘彻问公孙弘，公孙弘说："了解我的人，认为我忠。不了解我的人，认为我不忠。"刘彻相信公孙弘的解释。左右亲信每每攻击公孙弘，刘彻反而待他更厚。

# 纪元前一二九年 壬子

西汉　元光　六年

**1** 冬季，西汉政府（首都长安〔陕西省西安市〕）开始征收商人货车、货船捐税。

**2** 农林部长（大司农）郑当时建议："如果在渭水跟黄河之间，开凿输水渠道，不但从关东（函谷关〔河南省灵宝市东北〕以东）容易运输粮秣，又可以引水灌溉一万余顷农田。"（一亩，六一四·四方公尺。百亩为一顷，六万一千四百四十方公尺。万顷，六万一千四百四十万方公尺。）

春季，西汉帝（七任武帝）刘彻（本年二十八岁）下诏征调士卒数万人，依照郑当时的设计，修筑输水渠道。三年后竣工，人民获益不浅。

**3** 匈奴汗国（王庭设蒙古国哈拉和林市）军队突入上谷郡（河北省怀

来县)，屠杀及俘虏汉朝官民。

西汉政府对匈奴反攻。

车骑将军卫青，从上谷郡出发。骑将军公孙敖，从代郡(河北省蔚县)出发。轻车将军公孙贺，从云中郡(内蒙古托克托县)出发。骁骑将军李广，从雁门郡(山西省右玉县)出发。每人率一万骑兵，先攻击两个边境贸易站(关市)附近的匈奴驻军。卫青抵达龙城(地望应在内蒙古察哈尔右翼中旗)，斩杀和俘虏七百人。公孙贺没有收获。公孙敖被匈奴击败，丧失七千骑兵(这应是一场大败，损失主力三分之二)。李广也被匈奴击败生擒；当时李广身负重伤，不能站立，匈奴在两马间架上一张网床，把李广放到上面，走了十数华里，李广假装死亡，趁敌人不备，突然间一跃而起，扑上押送的匈奴战士马背，夺得弓箭，在敌人惊愕刹那，拼命抽打马匹，狂驰南奔，终于逃脱。

第一次反击便全盘失败，刘彻大发雷霆，逮捕公孙敖、李广，判处死刑；稍后缴纳赎金免死，贬作平民，唯封卫青准侯爵——关内侯。卫青虽然是奴仆出身(卫青跟姐姐卫子夫，都是平阳公主的家奴)，然而精于骑马射箭，勇敢超过常人，对知识分子跟各级官员，十分谦恭，对战士也很恩遇。官兵都乐于效命，有大将元帅的气度和才能。所以，每次出军，都建立功勋，人们由此佩服刘彻能发掘人才。

**4** 夏季，大旱，蝗虫成灾。

**5** 六月，刘彻前往雍县(陕西省宝鸡市凤翔区)。

**6** 秋季，匈奴汗国(王庭设蒙古国哈拉和林市)屡次攻击边塞，渔阳郡(北京市密云区)受害最重。西汉政府任命皇城保安司令(卫尉)韩安国当材官将军，率军进屯渔阳郡。

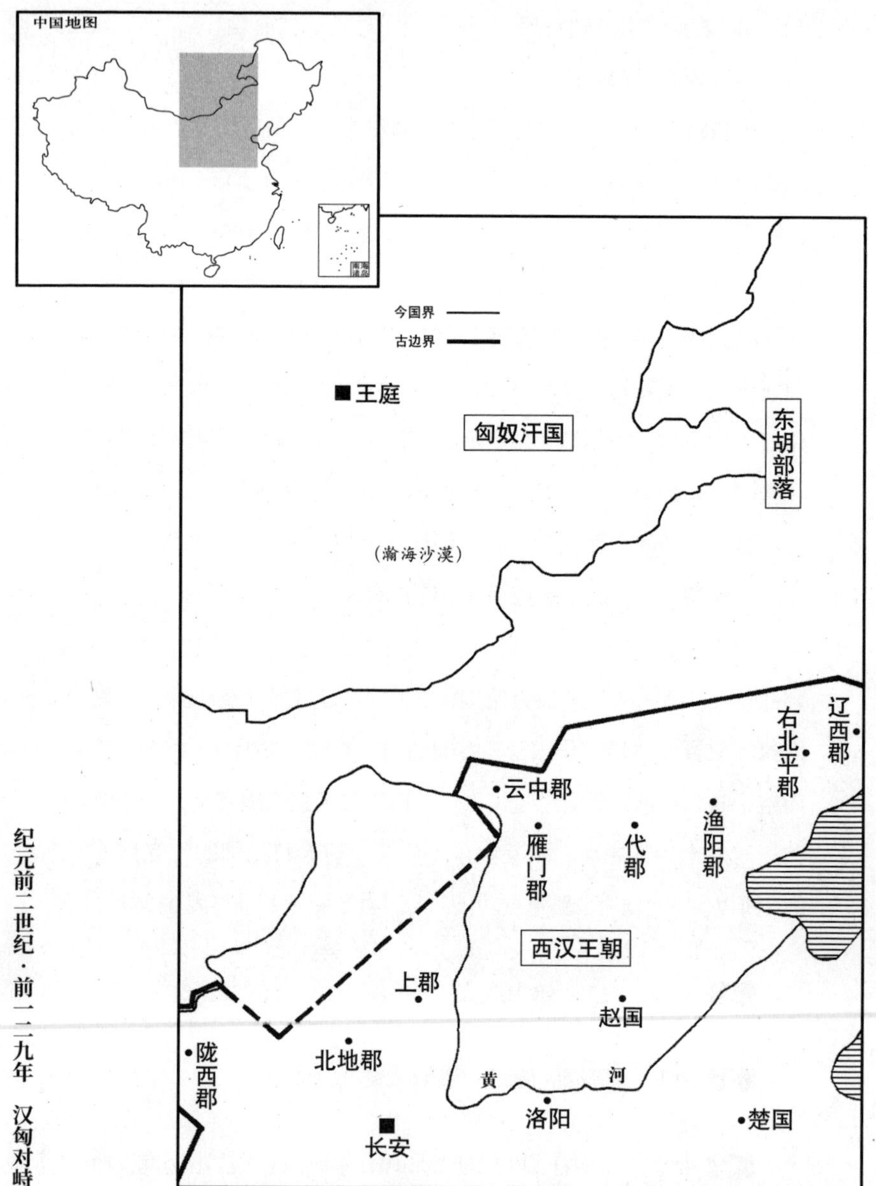


纪元前二世纪·前一二九年 汉匈对峙

# 纪元前一二八年 癸丑

西汉　元朔　元年

1 冬季，十一月，西汉王朝（首都长安〔陕西省西安市〕）皇帝（七任武帝）刘彻（本年二十九岁）下诏说："我屡次颁发命令，征求廉洁、孝顺人士，希望成为风气，使从前圣人们的事业，得以发扬光大。即令是十户人家的村落，一定有忠信君子；三个人的行为，一定有我可学习的地方，可是，直到今天为止，发现一个偌大的郡，竟推荐不出来一个人才。是教化还不能达到民间？或是有品德的人，被强行隔绝，不使他们出头？推荐贤能的，应受上等的奖赏；压制贤能的，应公开诛杀，这是古代的方法。主管单位对拒绝推荐贤能的郡长（二千石），应制定处罚细则。”主管单位奏报说：“不推荐孝顺人士，以拒抗诏书论罪，斩首。不推荐廉洁，表示他没有能力担任他的职务，免职。”刘彻批准。

**2** 十二月，江都王（首府广陵〔江苏省扬州市〕）刘非（六任景帝刘启子）逝世。

**3** 皇子刘据诞生。

三月十三日，封刘据的娘亲卫子夫当皇后，赦免天下罪犯（古时三十得子，已算很晚，因此才有此狂喜，母因子贵，卫子夫遂坐上皇后宝座。说明儿子对皇家的重要性）。

**4** 秋季，匈奴汗国（王庭设蒙古国哈拉和林市）派骑兵二万人，攻击西汉王朝，斩辽西郡（辽宁省义县西）郡长（太守），掳掠两千余人。又攻入渔阳郡（北京市密云区）、雁门郡（山西省右玉县），各掳掠及屠杀一千余人。围攻韩安国营垒，韩安国兵团不能支持，向东撤退，驻扎北平（即右北平郡，郡政府设平刚〔内蒙古宁城县西南〕）。数月后，韩安国逝世（韩安国明年〔前一二七〕逝世，在此合并叙述）。刘彻再征召李广，出任右北平郡郡长。李广善战，匈奴汗国称之为“飞将军”，远远躲避。数年之间，不敢侵犯右北平郡境界。

李广从一个被贬黜的小民，忽然被擢升到郡长高位（二千石），对个人而言，是一个剧变，因西汉王朝时代的郡长，可以直接晋见皇帝，权威极重。在角色转换过程中，有一段插曲。之前的某一天，李广跟一些亲友，在蓝田（陕西省蓝田县)终南山打猎。夜间赴朋友宴会，回来时候，经过霸陵(五任帝刘恒的坟墓所在，今陕西省西安市东北)哨亭，霸陵警察官(尉)喝醉了酒，厉声呵止，李广随从说："前任李将军。"警察官说："现任将军半夜都不准乱走，前任将军又算什么东西？"把他们拘留在哨亭前面。后来，李广接任右北平郡长，邀请警察官同去前方，到前方后，立即把他诛杀。

有人认为法令尊严，警察官执行公务，没有错处。也有人认为就凭警察官那几句话，就可证明他是一个势利眼，对势利眼，应该铲除。然而，不管怎么样，李广都是公报私仇。警察官没有随军出征的义务，李广邀他同行，一定信誓旦旦，使那位警察官相信李广宽宏大量，不念旧嫌，再想不到一代英雄人物如李广者，嘴里虽甜言蜜语，心里却暗藏杀机。史书虽没有明言，我们可以推断的是，警察官定有道歉赔罪之事，李广也定有接受道歉，并表示原谅之事。否则，警察官何至欣然上道。何况势利眼固然可厌，但不犯死罪。即令不谈国法，也不是一个宏伟的胸襟气质。

**5** 西汉政府再度两路出军攻击匈奴汗国：车骑将军卫青率骑兵三万人由雁门郡(山西省右玉县)出发，将军李息由代郡(河北省蔚县)出发。卫青击斩及俘虏数千人。

**6** 东方濊貊(濊貊，音huì mò〔会莫〕)部落(朝鲜半岛东北部)酋长南闾，率全族二十八万人投降西汉王朝。西汉政府接受，设置苍海郡(郡政府设朝鲜半岛中部安边城)。为了安置部落民以及修建跟中原之间的交通道路，物资消耗跟南夷(贵州省中西部及云南省东部部族)的情形一样，燕(河北省北部)、齐(山东省)一带，人民骚动。

**7** 本年（前一二八），鲁（恭）王（首府鲁县〔山东省曲阜市〕）刘馀（六任景帝刘启子）、长沙王（首府临湘〔湖南省长沙市〕）刘发（刘启子），逝世。

**8** 临淄（齐国首府，山东省淄博市东临淄区）人主父偃（主父，复姓）、严安，无终（天津市蓟州区）人徐乐，先后上书刘彻，提供建议。最初，主父偃游历齐国（首府临淄）、燕国（首府蓟县（〔北京市〕）、赵国（首府邯郸〔河北省邯郸市〕），都得不到欣赏，儒家学派知识分子排挤他，不能够相容。而主父偃家庭贫穷，借贷无门。最后，索性西入函谷关（河南省灵宝市东北），到皇宫上书。早晨把奏章递进去，刘彻晚上即行召见。他所建议的九件事，其中八件刘彻立刻颁布实施，成为正式法令。被拒绝的一件事是劝阻不再攻击匈奴汗国，主父偃说：

"《司马穰苴兵法》说：'国家虽然强大，喜好战争，一定灭亡。天下虽然太平，忘掉战争，一定危险。'愤怒使人丧失理智，武器是一种危险工具，战争更是最下等的策略。为了追求胜利，竭尽人力、财力，全部投入，没有不后悔的。从前嬴政（秦一任帝）并吞六国，不断追求胜利，准备攻击匈奴。李斯规劝说：'不可。匈奴居住的地方，没有城堡，没有粮食仓库，搬家迁移，像鸟一样，一振翅膀，便远走高飞，不容易制服。大军深入沙漠追击，粮食必然不继。如果携带粮食，负载太重就无法收到战果。得到匈奴的土地，没有利益。俘虏匈奴的人民，又无法安置跟汉人同住。战胜他们的国家而伤害他们的人民，不是仁慈的本意；榨干中国，只为了在匈奴身上称快一时，不是长久的谋略。'嬴政不听，派蒙恬率军进攻，开辟疆土一千余华里，以黄河（河套）为界，然而得到的全是缺水的碱质土壤，不能种植五谷。又不得不动员全国及龄役男，防守北河（黄河河套北乌加河），大军暴露在蛮荒地带，十余年来，死伤无数，却始终无法越过黄河一步。难道是兵力不足？武器不够？实在是形势不许。那时，征调天下男子，挽船拉车，运输粮秣，东自黄县（山东省龙口市东黄城集村）、腄县（山东省烟台市）、琅邪（山东省青岛市黄岛区）等沿海郡县，辗转运到北河（黄河河套北乌加河），凡三十锺，途中除了人和牛的消耗，好不容易运到目的地，只剩下一石（一种容积计算单位。一石有十斗。锺，六斛四斗。斛，音hú〔湖〕，据说二斗五升是一斛）。男人拼命耕种，不够供应粮饷。女子拼命纺织，不够缝制营帐。人民疲惫逃散，孤寡老弱，没有人能够奉养。道路死尸，一个接连一个，天下才开始背叛。

“等到高皇帝（刘邦）平定全国，在边陲一带夺取土地，正逢匈奴的大军在代谷（河北省蔚县境）之外集结，因而想抓住机会，发动袭击。监察官（御史）成进劝阻说：‘不可，匈奴汗国的特质是，像野兽一样的忽然聚集，又像飞鸟一样的忽然散开，追击时好像跟影子搏斗。而今陛下以高贵的品德，去攻击匈奴，我为陛下感到危险。’高皇帝（刘邦）不接受，遂向北挺进，到达代谷。果然遇到平城（山西省大同市）的围困（参考前二〇〇年）。高皇帝（刘邦）深为后悔，于是派娄敬前往和亲（参考前一九九年），然后天下忘掉武装冲突这件事。匈奴难以制服，并不是新近现象。他们对中国像强盗一样，烧杀掳掠，已经成为习惯，那是他们的天性。上古黄帝王朝、夏王朝、商王朝、周王朝，都无法督责他们改过，而只有把他们当作禽兽，不当作人。不回顾黄帝王朝、夏王朝、商王朝、周王朝的因应之道，而遵循近世（秦王朝）已经失败了的方针，这正是最大忧虑，以及人民所承受的最大痛苦。”

严安上书说：

“现在，人民生活奢侈靡烂，无论是车辆马匹、衣服住宅，都互相竞争豪华。如果把悦耳的音乐演奏起来，把五彩华丽的衣服穿到身上，把香味四溢的食品陈列面前，用以观察它的影响，就可了解它的严重性。盖人类常情，看见美好的事物，都愿到手。美好的音乐、衣服、菜肴，都教导人民走向奢侈。只知道奢侈，而不知道节制，则自己的收入，永远不够开支，遂不得不放弃农耕，从事工商。工商业赚钱也不那么简单，可以手到钱来。所以虽然身为绅士，也不得不去为非作歹。有权柄的人杀人强取，或诈欺掠夺，毫无内疚。犯法的人，遂一天比一天增加。因此，我建议政府，应该制定法令，阻吓这种情势泛滥，使贫富不再互相仇视，人民的心情才能平和。心情平和，盗贼才能消除，刑罚才能减少，阴阳才能调和，万物才能繁衍。

"从前，嬴政（秦一任帝）意志飞扬，心怀自满，打算扬威于四海之外，派蒙恬率陆军北上攻击胡人部落（匈奴汗国），派民兵司令（尉）屠睢，率舰队南下攻击南越（广东及广西）。当时，秦王朝在北方跟匈奴开战，在南方跟百越（浙江省南部、福建省及南岭以南）开战，把军力用到没有必要的地方。只能前进，不能后退。十余年下来，年轻男子身披盔甲，年轻妇女在后方运输辎重，痛苦到无法求生，遂在道旁树上吊死，尸体相互接连。等到嬴政逝世，天下叛变，皇家遂告灭绝，这都是穷兵黩武带来的灾难。

"周王朝的缺点是太弱，秦王朝的缺点是太强，不知道变更改革，终于惹下大祸。而今，陛下发兵夺取西夷，又征服夜郎国（首都在今贵州省关岭县），逼迫羌部落所属的僰国（四川省宜宾市）投降，又占领薉州（指濊貊部落，朝鲜半岛东北部），建立城镇。大军深入匈奴汗国腹地，焚烧龙城（地望在内蒙古察哈尔右翼中旗）。大家议论纷纷，无不赞美。这是臣僚之利，不是国家之利。"

徐乐上书说：

“国家的最大灾难，在于土崩，不在于瓦解。古代和现代，都是一样。什么是土崩？秦王朝末年的现象就是。陈胜没有君王的尊贵，没有一尺一寸的土地，也不像皇亲或贵族后裔那样，早就闻名乡里。没有孔丘、曾参、墨翟三位的贤能（墨翟，墨家学派创始人，著有《墨子》，主张博爱），更没有陶朱、猗顿二位的财富（二位都是春秋时代〔前七二二至前四八一〕闻名国际的富豪。越王国宰相范蠡，恐惧国王姒勾践诬他谋反，潜逃到陶邑〔山东省菏泽市定陶区〕，经商发财，自称陶朱公。猗顿，鲁国〔山东省曲阜市〕人，盐商，富抵王侯）。可是他突然间从既穷又脏的巷子里跑出来，露着臂膀，举起刀枪，大声呐喊，天下像暴风一样，群起跟从。这是什么缘故？由于人民贫困而官员不怜悯、人民怨恨而在上位的不知道，社会已经败坏而政治仍不改革。这三项，正是陈胜叛乱的资本。这就是土崩。所以说，国家最大的灾难是土崩。

“什么是瓦解？吴国（首府广陵）、楚国（首府彭城）、齐国（指菑川、济南、胶东、胶西四国）、赵国（首府邯郸），纷纷起兵就是。七国阴谋推翻中央（参考前一五四年），宣称拥有一万辆战车，和数十万武装部队。威力足以使他境内的人民震恐，财力足以使他境内的人民受到鼓励，然而却不能在西方夺取一尺一寸土地，而于抵达中原（河南省）时，被完全击败。原因何在，并不是权力比平民的小，也不是军队比陈胜的弱。那个时候，先帝（泛指刘邦以下的皇帝）的恩德没有衰退，大多数人民都安土乐业。七国国君，得不到国境之外的帮助，这就是瓦解。所以说，国家最大的灾难，不在瓦解。

“这两项，是平安与危险的契机，贤明的君王应该特别留意，深刻检讨。近来，关东（函谷关以东）农作物，连年歉收，政府又没有减免赋税。人民穷困，而又把边界战争的负担，沉重的加到他们身上。根据往事判断，人民已不能安于被压迫的地位。有这种心理，就容易骚动。骚动的意义，就是土崩。圣贤的君王探讨万物的根源，就可了解安危的契机。然后在政府中先行改变政策，即能把祸患消灭得无影无踪，使土崩的可能性，永不能实现。”

儒家学派基本立场是反战的，而君王总希望开疆拓土。两者在这方面的意见，最难沟通。《资治通鉴》所载儒家的反战言论，特别繁多，洋洋洒洒，占去大量篇幅。

我们同样反战，战争带给人民的痛苦，远超过带给统治阶层的痛苦。尤其反对侵略，像西汉政府对西南夷的军事行动，使千万人丧生。但是，我们赞扬反侵略、反奴役战争，赞扬保卫国家民族生存战争。匈奴汗国的不断南侵，有地理的因素，在北半球上，包括罗马帝国在内，所有位置稍南的国家，都会受到来自北方的威胁。因为北方寒冷，生活艰苦，南方却是“三秋桂子，十里荷花”，流奶与蜜的世界，怎不使人眼红？中国如果没有战争能力，匈奴不仅穿过长城而已，战马铁蹄，势将直到南海。

西汉政府事实上一直居于反应地位，军事行动的目的不是要消灭匈奴，并吞领土（跟对西南夷不一样），而只求摧毁匈奴汗国野战军，使他们没有力量再进入中国烧杀掳掠而已。“大儒”之辈，却认为这种战争也是罪恶。结果至为显然，边界上的中国人丧失保护，他们年年被杀、被奸、被掳，家破人亡、血流成河。“大儒”却稳坐在温暖的椅子上，痛斥战争。等到边民们死光或被全部征服，马蹄声响到高堂之下，“大儒”立刻转身责备政府不知道保国安民了。反战是一种仁慈心肠，但反对自卫，却是懦夫。

汉匈两国之间的战争，注定的非打到一死一活不止。战场上的伤亡，无法避免。而人民受到的灾难，像运送粮秣的惨剧，那不是战争引起的，而是由于西汉政府的内政腐败。左反对，右反对；左检讨，右检讨，只在表象上打转，没有涉及到核心：为什么他们不要求整顿国家的后勤作业品质？

**9** 主父偃、严安、徐乐，把奏章呈上之后，刘彻召见他们，叫说：“你们从前跑到哪里去了，真是相见恨晚！”任命三人当宫廷禁卫官(郎中)。

主父偃尤其宠幸，一年之内，连升四次，最后升到高级国务官(中大夫)。政府高级官员都恐惧他的抨击，纷纷送他礼物，约有黄金二十四万两之巨。有人警告他：“你太蛮横了。”主父偃说：“我如果活着的时候不能享受五鼎的豪华饮食(即“少牢”大餐——用五鼎分盛：羊、猪、鹿、鱼、干肉)，宁愿死的时候，被五鼎烹杀。”

# 纪元前一二七年 甲寅

西汉　元朔　二年

**1** 冬季，西汉王朝（首都长安〔陕西省西安市〕）皇帝（七任武帝）刘彻（本年三十岁）赠送淮南王（首府寿春〔安徽省寿县〕）刘安（刘彻的堂叔）茶几跟手杖，特准不必来首都长安朝见。

**2** 主父偃向刘彻建议：

“从前，封国的面积，方圆不过一百华里，无论强大弱小，都容易控制。现在的封国，有的拥有数十个城市，大到一千华里。管得松，他们就骄傲奢侈，荒淫作乱；管得紧，则逼他们互相联盟，反抗中央。用法令减削他们的领土，则叛逆的念头，油然而生，晁错就碰到这种事情（参考前一五四年）。而今，封国亲王们的子弟众多，以十为单位计算，却只有嫡长子一人继承王座。其他的人，虽然同是骨肉之亲，连一尺一寸的土地都没有，仁慈孝顺的意义，就不完整。我建议陛下可以准许亲王们，得以推广恩德，把土地分封给他们子弟。他们一定非常愿意，看起来是上面厚待他们，实际上却使每一个封国的面积，越来越小。不必用强硬手段，自然削弱。”刘彻采纳。

春季，正月，刘彻下诏："封国亲王们如果愿意推恩，把土地城市封给子弟的，可以呈报，我当制定他们的爵位名称。”从此，封国开始分割，亲王的子弟，都成了侯爵。

**3** 匈奴（王庭设蒙古国哈拉和林市）深入上谷郡（河北省怀来县）、渔阳郡（北京市密云区），屠杀跟掳掠西汉官吏人民一千余人。

西汉政府再作还击。派卫青、李息，东自云中郡（内蒙古托克托县），西到陇西郡（甘肃省临洮县），在漫长的边界线上（约一千公里），分别出动；集中力量攻击位于河南（黄河河套）的楼烦王和白羊王，格杀和俘虏数千人、牛羊百余万只，楼烦王和白羊王向北逃走，河南地（黄河河套）遂并入中国版图。

刘彻下诏封卫青当长平侯。卫青部将苏建、张次公，都有功绩，封苏建当平陵侯，张次公当岸头侯。

主父偃建议说："河南（黄河河套）土地肥沃，北方有黄河作为天堑，蒙恬曾在那里筑城（参考前二一二年），把匈奴驱逐。而且还可以减少粮秣运输的艰难，使西汉王朝领土扩大，作为消灭北方匈奴的根据地。”刘彻交给政府研究，高级官员（公卿）都认为不切实际，但刘彻支持主父偃，遂设立朔方郡（郡政府设朔方城〔内蒙古杭锦旗北黄河南岸〕）。命苏建督促十余万人兴筑朔方城（内蒙古杭锦旗北黄河南岸），并同时整修故秦王国蒙恬所筑的要塞，以黄河作为屏障。士卒民夫所需粮食，跟工程器材，都从远方辗转运到。山东（崤山以东）广大地区居民都受到影响，费用高达千万巨款，国库为之一空。

同时，西汉政府也放弃上谷郡（河北省怀来县）偏僻领土造阳（内蒙古正蓝旗西南）一带土地给匈奴汗国。

**4** 三月三十日，日蚀。

**5** 夏季，招募十万人，移民朔方郡（内蒙古杭锦旗北黄河南岸）。

**6** 主父偃建议刘彻：“茂陵（陕西省兴平市东北）刚刚兴建（刘彻即位后的第三年〔前一三九〕，才十八岁，就在陕西省兴平市东北，为自己预筑坟墓，定名茂陵），我认为，各地方的土豪乡绅、有钱人家、无业游民，都应该迁移到那里，对内充实首都人口，对外把地方上一些恶势力连根拔除；这正是用不着诛杀，就可消灭祸患。”刘彻采纳，下令强制各郡各封国家产在三百万以上的土豪乡绅，全都迁移茂陵。

轵县（河南省济源市南轵城镇。轵，音zhǐ〔只〕）人郭解，是关东（函谷关以东）大侠，也在名单之中。卫青向刘彻报告说：郭解家实际很穷，不到移民标准。刘彻说：“郭解不过一个小民，能使政府的一位将军

纪元前二世纪·前一二七年
西汉反击匈奴，收复河南地

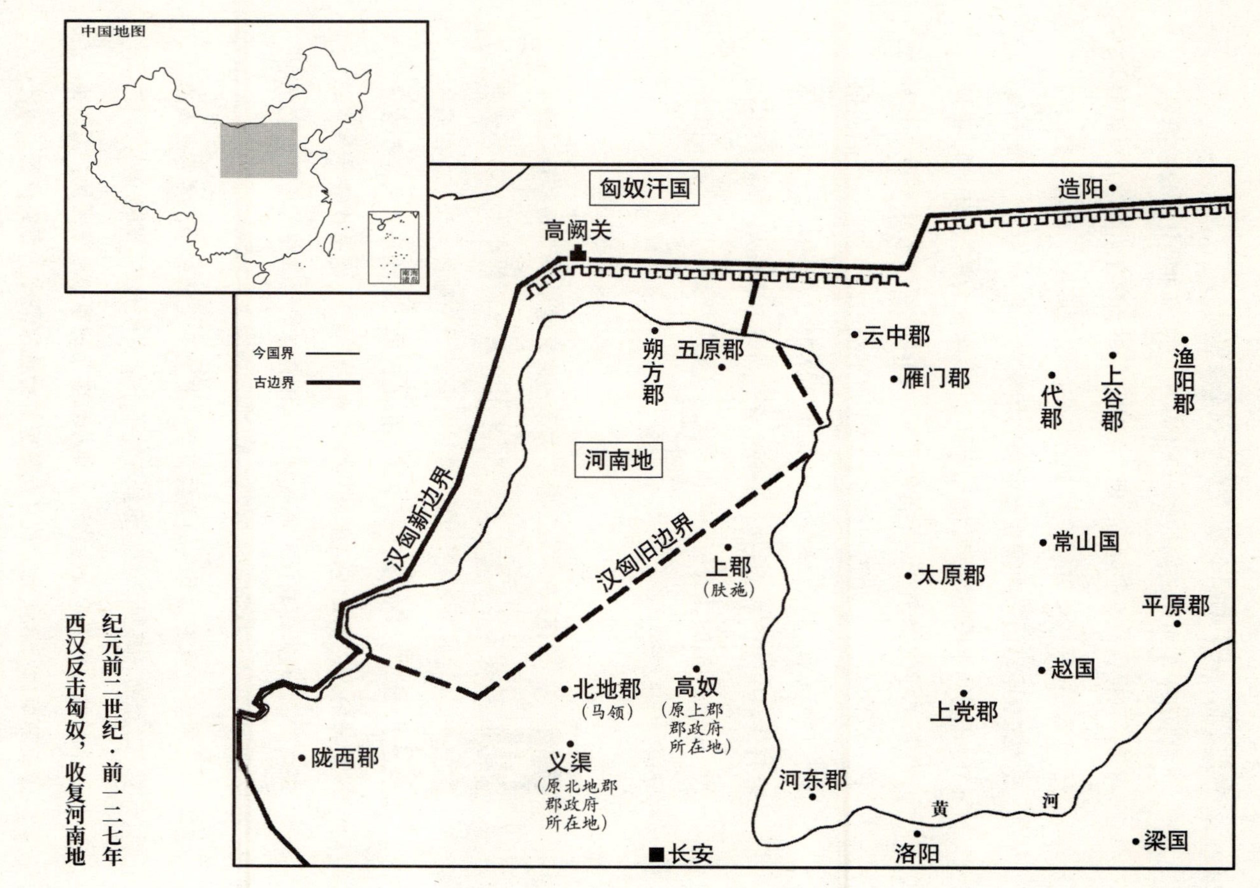

替他求情，证明他家不穷。”郭解遂不能免除。

郭解平常对于敢向他瞪一眼的人，立即流血报复，为数很多。刘彻得到报告，下令逮捕，但经查所犯的罪，都在大赦之前。轵县有一位正在学校研究儒家经书的学生，在筵席上，奉陪中央政府派遣的查案官员。查案官员称誉郭解侠义行为，学生说：“郭解专门用奸邪的手段犯法，哪能称为贤能？”被郭解的门客听到，把那个倒霉的学生格杀，割下他的舌头。县政府官员责成郭解交出凶手，而郭解并不知道谁是凶手，凶手也不肯坦白承认。县政府奏报说：郭解无罪。宰相（丞相）公孙弘向刘彻建议：“郭解一介小民，随意行侠乡里，好像官兵执行职权，竟然为一句话杀人。郭解虽不知道，比他知道的罪更重，应以‘大逆无道’法条处理。”遂把郭解家族，全部诛杀。

“儒”跟“侠”誓不并立，儒家学派跟权柄结合，追求的是安定不变。而“侠”是社会黑暗面的产物，以补救政治法律的不足。“儒”要求忍受，“侠”则挺身反抗。在儒家政治优势压力下，中国人的道德勇气，逐渐消失。凡有侠义精神的人，不是被讽刺为不懂“明哲保身”，就是被嘲弄为“好事之徒”。大家遂成了一堆软柿子，任凭有权大爷想怎么捏，就怎么捏。

郭解没有资格称侠，盖侠义之士都有高贵的胸襟，容忍别人的冒犯，绝对不睚眦必报，郭解不过一个地头蛇而已，即令他有恶行，也不应付出全族被屠的代价。杀那位学生的事，十分可疑。固然可能是郭解的门客所为，也可能是郭解的仇家陷害。郭解应死，也不应死于这桩冤狱。

刘彻宠幸公孙弘，使人想到刘邦宠信陈平。不同的是，刘邦欣赏陈平的谋略。而刘彻只喜欢公孙弘“善体人意”。公孙弘可以毫无内疚的出卖他的朋友同僚，证明这个人不但工于谄媚，也工于毒计。轻淡的几句话，就破坏了法律尊严，使郭解全族化成一团血肉。“虽不知道，比他知道的罪更重”。不知道竟屠全族，知道又该如何处罚？正是“无罪不能无刑”，推演下来，民无噍类。

**班固曰** 古时候，天子为亲属建立封国，封国国君为高级知识分子（士大夫）建立家园，从部长级官员（卿）和国务官（大夫），直到平民，等级分明，所以人民乐于事奉他的长官，在下位的人也不至于兴起夺取上位的念头。周王朝衰竭以来，礼仪的规定和军事行动，中央都不能干预，而由封国自己决定。春秋时代齐国国君姜小白（桓）、晋国国君姬重耳（文）之后，各封国的国务官（大夫），职位世袭，而国务官所属的家臣，也起来当权。到了战国时代，合纵南北抗秦同盟，跟连横东西和解阵线，互相斗争。各国王子：魏王国（首都大梁）信陵君魏无忌、赵王国（首都邯郸）平原君赵胜、齐王国（首都临淄）孟尝君田文、楚王国（首都陈丘）春申君黄歇，都凭借贵族的势力，互相比赛延揽侠义之士，甚至连鸡鸣狗盗之辈，都当作贵宾。而赵王国宰相（相）虞卿，抛弃他的国家和君王，去救助魏齐的危难（参考前二五九年）。魏无忌更偷窃虎符，假传命令，格杀元帅，用国家的军队，解救赵胜的危急（参考前二五八年）。他们都受到封国们的尊重，大名震动天下。紧扼手腕而谈侠义的，都以这四位王子作为榜样。于是，造成背弃公义、结党营私的形势。尽职守法，效忠君王的大义，也被废除。

西汉王朝兴起，法网宽疏，并没有加以改正。是以故赵国（首府邯郸）宰相陈豨，随从车队有千辆之多（参考前一九七年）。而吴王（首府广陵）刘濞、淮南王（首府寿春）刘安，他们的宾客，都以千为单位计算。皇亲国戚窦婴、田蚡等，互相效法，在首都招摇过市。影响所及，平民中的侠义之辈，像剧孟、郭解，在乡里中横冲直撞，权威伸展到政府，势力可以挫败三公王侯。大家羡慕他们的美名，希望向他们看齐。虽然身陷法网，却自认为是一种杀身成名的壮烈牺牲。可以媲美仲由、仇牧（仲由，春秋时代，卫国内乱，国君卫辄被逐，仲由进去保护，被叛军格杀。仇牧，也是春秋时代，宋国内乱，国君子捷被杀，仇牧奔赴营救，当面斥责叛将宋万，被杀），到死都不后悔。所以曾参说："在上位的人没有能力治理国家，人民久已无依无靠。"除非圣明的君王，明白交代什么是善，什么是恶，用礼教熏陶。否则，人民怎么了解什么是正道，而去改正错误。

古代法令，无不堂堂正正，春秋时代的五霸（齐国姜小白、晋国姬重耳、秦国嬴任好、楚王国芈旅、吴王国吴光），是三王（夏王朝一任帝姒文命、商王朝一任帝子天乙、周王朝一任王姬发）的罪人；而战国时代六国（齐、楚、燕、赵、韩、魏），是五霸的罪人；而四位豪杰（魏无忌、田文、赵胜、黄歇），又是六国的罪人。何况郭解者流，以一个小民匹夫，却手握生死大权，罪不容诛。看他平日为人，温和善良，仁孝慈爱，帮助别人困难，救济别人穷苦，谦让恭谨，从不自夸，确实具有绝世的天资。可惜没有走上道德的正途，却去追求左道旁门，自己身死而全族被杀，活该如此，并不是不幸。

**荀悦曰**

世界上有三"游"，都是伤害品德的奸贼，一是"游侠"，一是"游说"，一是"游行"。气壮势雄，作威作福，利用私情，结交党羽，以强梁的姿态立于世上，谓之"游侠"。口才流利，计谋层出不穷，奔驰天下，利用时势，图谋掌握权柄，谓之“游说”。和颜悦色，假冒善良，迎合时尚，暗中建立帮派，用尽方法扩大知名度，以博取权势与利益，谓之“游行”，这三种人，是灾变的根源。

损毁品德，伤害正道，败坏法令，迷惑人民，都是古代圣贤君王特别慎重面对的事。国家有四种人民——知识分子（士大夫）、农夫、工匠、商贾，各有各的行业。不从事这四种行业的人，就是奸民。必须灭绝奸民，王道才能完成。而这三“游”之所以兴起，都在王朝末期，而周王朝末期和秦王朝末期，更为兴盛。上位的人昏聩不明，下位的人行为邪恶，制度不能建立，纪律秩序全部废弛。认为赞扬就是荣耀，斥责就是侮辱，而不管对方批评的对不对；对所爱的人帮助他，对所憎恨的人打击他，而不管对方做的对不对；一高兴就赏，一不高兴就罚，也不管合不合事实。上下互相欺骗，国家大事遂陷于混乱，不可收拾。

谈论事情，先确定报酬多少，才开口说话。遴选推荐“贤良方正”人才，先考察谁亲近和谁疏远，然后动笔。大家异口同声，善恶就混淆不清；功罪难以辨别，法律就没有尊严。不能用仁义作为手段，去追寻利禄；也不能用道德的方法，去躲避灾害。所以，君子违背礼教，小人冒犯法律。奔走忙碌，超越正常制度和官员职责，华而不实，只求世俗之利。对父兄怠慢，对宾客却十分尊崇；对骨肉淡薄，对朋友却生死相许。不去修身养性，却盼望人们的称誉。甚至自己节俭饮食穿着，而招待朋友丰富的宴席。馈赠的礼物，塞满庭院，跟外界来往频繁，以致信差们在道路上常常碰面。私人的函件，比政府的公文书还多。私人的事情，远超过政府的公务。风俗习惯既然崇尚这种行为，治理国家的正常轨道，遂受到破坏。

在上位的圣明领袖，治理国家，安抚人民，一定要建立制度的尊严，一定要根据善恶赏罚，而不在乎名声好坏。听到批评，应该探讨事实；听到称赞，应该考察行为；事实不符合声誉的，就是虚伪；行为跟说话不一样的，就是诈欺；诋毁和赞扬没有事实根据的，就是诬陷；言论距事实太远的，就是欺罔。虚伪诈欺的作风，不允许存在；诬陷欺罔的话，不可以听信。犯罪的人没有侥幸，无罪的人没有忧惧；走后门没有道路，行贿赂没有人接受。消灭华丽的场面，取缔浮滑的名声，禁止虚伪的辩论，杜绝不用到正道上的智慧。把百花齐放的乱糟糟思想，统一于圣人（孔丘）的大道。用仁爱恩惠培养，用礼仪圣乐训勉，则风俗习惯自然确立，而教化完成。

荀悦对游侠下的定义，十分奇特。他认为："诋毁或赞扬没有事实根据的，就是诬陷；言论距事实太远的，就是欺罔。"对于游侠，荀悦可是极尽诬陷欺罔。班固还指出侠义之士使人动容的特质："平日为人，温和善良，仁孝慈爱，帮助别人困难，救济别人穷苦，谦让恭谨，从不自夸，确实具有绝世的天资。"侠义之士之获得人们膜拜者在此，荀悦却一手遮天，诟骂侠义之士："以强梁的姿态立于世上，作威作福。"这不是一个正直的和负责任的态度。荀悦的目的不在使人们了解侠义的真相，而在蒙蔽侠义的真相。

司马迁在他的《史记》中，特列"游侠"一章，表达他对侠义的崇敬。这种崇敬的情操，来自他深刻体念到人生的艰难，对被迫害的辛酸，有痛彻肺腑的洞察。当他被判处"宫刑"时，只要缴纳罚款，便可以救赎。可是，家庭贫穷，告贷无门，只好任凭狱吏把生殖器割掉。中国史学之父，竟受到这种侮辱摧残，诚是全体中国人的羞辱。当时，儒家学派的高官林立，谁肯伸出援手？即令有此意愿，为了“明哲保身”，也不得不划清界线。咦，圣道在哪里？圣人在哪里？圣王在哪里？君子在哪里？父兄之尊在哪里？骨肉之恩在哪里？法律尊严又在哪里？唯一向苦难人伸出援手的，只有侠义之士。全中国知识分子都酱在“天王圣明，臣罪当诛”的奴性呻吟中，只有侠义之士，才敢向这种“礼义圣乐训勉，风俗习惯确立，教化完成”的统治阶级挑战。侠义，是人类灵性不死的火苗。而这火苗，总是针对权势而发，权势自然对它深恶痛绝。

侠义精神就是道德勇气，是一个民族的白血球或防腐剂。抽去了它，这个民族就成为一堆烂泥。

**7** 燕王（首府蓟县〔北京市〕）刘定国，跟他爹刘嘉（康王）的小老婆通奸；又把弟弟的妻子夺归己有；又谋杀肥如（河北省迁安市东北）县长（令）郢人（姓不详）。郢人的兄弟上书中央政府控告，主父偃在中央把这件事扩大，高官会议决定判刘定国死刑，刘彻批准，刘定国得到消息，自杀，燕国撤除（刘定国是吕雉时代琅邪王〔首府琅邪，山东省青岛市黄岛区〕刘泽的孙儿。参考前一八〇年）。

**8** 齐王（首府临淄〔山东省淄博市东临淄区〕）刘次昌，跟他的姐姐纪翁主通奸（皇帝女儿称公主，亲王女儿称翁主。这位翁主嫁给姓纪的，所以称纪翁主）。主父偃想把自己的女儿嫁给刘次昌，可是刘次昌的娘亲纪太后拒绝。主父偃于是向刘彻建议：“齐国临淄有十万户人家，仅租税一项，就有黄金二十四万两之多，人民富饶，超过长安。除非是皇帝的亲弟弟或最心爱的儿子，不应在那里当王。而今齐王的血缘关系，越发疏远（齐国〔首府临淄〕一任王刘肥，是刘邦的儿子，二任王刘将闾，三任王刘寿。现在的四任王刘次昌，是现任皇帝刘彻的远房堂侄），又听说刘次昌跟他姐姐淫乱，请乘机整顿。”刘彻遂任命主父偃当齐国宰相（相），派往处理。

主父偃到临淄（齐国首府，山东省淄博市东临淄区）后，霹雳般逮捕王宫的侍女跟宦官，供词中牵连到刘次昌。刘次昌恐惧，服毒自杀。

主父偃年轻时曾逗留燕国（首府蓟县）、齐国（首府临淄）、赵国（首府邯郸〔河北省邯郸市〕），都受到冷落，等到掌握权柄，一连摧毁燕国、齐国。复仇之手下次可能伸向赵国，赵王刘彭祖大为恐惧，上书刘彻，检举主父偃接受封国贿赂，所以才建议分封亲王的子弟（主父偃用分封手段削弱封国，完全为国家着想，此时却成了罪名）。恰巧齐王刘次昌自杀，刘彻认为一定是主父偃胁迫所致，勃然大怒，召回主父偃，投入监狱。主父偃承认接受封国的贿赂，但并没有胁迫齐王刘次昌自杀。刘彻本要赦免他，可是，公孙弘说：“齐王（刘次昌）自杀，没有儿子，封国撤除，由中央政府收回，改设郡县。主父偃本是罪魁，如果不杀他，无法向天下解释（如果不杀主父偃，天下人会误认为中央政府贪图齐国土地）。”遂屠杀主父偃全族。

**柏杨曰**

公孙弘不久前坚持杀郭解，现在又坚持杀主父偃。此公可是典型的阴险人物。平常日子一团和气，不与人争，却在节骨眼上，施出恶毒一击。

有一件事使人震惊，晁错之死，是全族屠灭。主父偃之死，又是全族屠灭。难道不能仅杀当事者一人，为什么如此残忍？当初，刘启何等欣赏晁错，刘彻又何等欣赏主父偃，欣赏时言听计从，“相见恨晚”；一旦翻脸，心狠手辣。凡是忠心耿耿，意图改革的人，都受到酷刑。而像公孙弘这种八面玲珑，貌似忠厚的长者，却一帆风顺。和稀泥的人有福了，他除了关心自己的官位外，什么都不关心。非关心不可时，只关心陷害忠良。

**9** 最高监察长（御史大夫）张欧免职。刘彻准备任命蓼侯孔臧当最高监察长（御史大夫）。孔臧辞谢说：“我是专门研究儒家五经的，请准许我当祭祀部长（太常），整理我们孔家的事业，跟堂弟孔安国，共同厘订古人教训，使它能够成为永久的法则，帮助后代。”刘彻遂任命孔臧当祭祀部长（太常），赏赐他的礼物，跟赏赐给三公（西汉王朝三公：宰相〔丞相〕、全国武装部队总司令〔太尉〕、最高监察长〔御史大夫〕）的一样贵重。

# 纪元前一二六年 乙卯

西汉　元朔　三年

**1** 冬季，匈奴汗国（王庭设蒙古国哈拉和林市）单于（四任）挛鞮军臣逝世，老弟左谷蠡王（左右谷蠡王，在左右贤王之下）挛鞮伊稚斜，自称单于（五任），击败挛鞮军臣的太子挛鞮於单，挛鞮於单投奔中国。

**2** 西汉王朝（首都长安〔陕西省西安市〕）皇帝（七任武帝）刘彻（本年三十一岁）任命公孙弘当最高监察长（御史大夫）。当时，西汉政府正向西南夷扩张（参考前一三〇年），同时又在东方设苍海郡（朝鲜半岛中部安边城。参考前一二八年），北方设朔方郡（内蒙古杭锦旗北黄河南岸。参考前一二七年）。公孙弘认为把钱财浪费在无用之地，屡次建议撤销。刘彻在御前会议上，命朱买臣等就设置朔方郡一事，跟公孙弘辩论。朱买臣等列出十条利益，公孙弘目瞪口呆，不能驳倒一条，于是道歉说："我是山东（崤山以东）乡下佬，不知道设立朔方郡对国家是这么重要。但，是不是可以撤销苍海郡，停止在西南夷扩张，而全力经营朔方郡。"刘彻允许。

春季，刘彻下令撤销苍海郡（朝鲜半岛中部安边城）。

**3** 公孙弘虽然身为贵官，可是仍盖布棉被，每顿饭只有一个荤菜。汲黯抨击说："公孙弘位居三公（最高监察长是三公〔宰相级〕之一），薪俸够多的了，却如此如此，说明他心怀狡诈。"刘彻转问公孙弘，公孙弘道歉说："是有这种情形。高级官员（公卿）中跟我友情最好的，没有人超过汲黯，今天在御前指责的这些话，正说中我的私心。身为三公而仍盖布棉被，跟一个基层小职员，毫无差别，诚如汲黯所说的，我确实有心沽名钓誉。不过，要不是汲黯这么忠心，陛下又怎么能够知道？"

刘彻认为公孙弘谦让，更加尊重。

公孙弘是官场中第一流的天纵奇才，在可以扳倒对方时，毫不留情。发现扳不倒对方时，则使出低姿势软功，首先声明对方是他最好的朋友，比起横眉怒目，咬定对方是仇人，手段可是高竿。李斯如果用这种手段对待赵高，可能软化赵高和嬴胡亥的立场（参考前二〇八年）。公孙弘继则承认他确实在沽名钓誉，假使他理直气壮，可能使刘彻认为他连君主都想欺骗。

至于赞誉汲黯之忠，也同时暗示刘彻之明，一箭双雕，收获至丰。 

**4** 三月，赦天下。

**5** 夏季，四月七日，刘彻封匈奴汗国流亡太子挛鞮於单当涉安侯，挛鞮於单于数月后逝世。

**6** 最初，匈奴汗国归降的人说：“月氏王国（首都蓝市城〔阿富汗北部瓦齐拉巴德市〕）的故土，在敦煌（甘肃省敦煌市）跟祁连山之间（甘肃省中部），本是一个强大的国家，匈奴单于（二任）挛鞮冒顿把它们击破（参考前二〇一年）。老上单于（三任）挛鞮稽粥，击斩月氏国王，用他的人头当酒壶。月氏人民向西逃亡，跟匈奴有不共戴天的世仇。假如能跟他们取得联系，可以对匈奴发动夹攻。”

刘彻征召愿担任前往月氏王国的使节。

汉中郡（陕西省汉中市）人张骞，此时担任宫廷禁卫官（郎），挺身应征。从陇西郡（甘肃省临洮县）出发，可是一踏进匈奴汗国国土，就被俘虏，拘留十余年，张骞不忘任务，偶尔得到机会，即行逃脱，继续前往月氏王国，西行数十日，进入大宛王国（首都贵山城〔中亚纳曼干市西北卡散赛城〕）。大宛王国早就羡慕中国的富庶，想建立友谊却无法建立，忽然张骞驾到，惊喜交集，派出向导和翻译人员，陪同到康居王国（首都卑阗城〔中亚巴尔喀什湖西南锡尔河北岸突厥斯坦〕），再到月氏王国（月氏西迁后，称大月氏。残留在原地〔甘肃省中部祁连山南麓〕的人民，称小月氏），被匈奴斩首的故王的孙儿，这时继位国王，于西奔时击败大夏王国（希腊人建立的王国，原首都蓝市城〔阿富汗北部瓦齐拉巴德市〕，辖区包括今中亚东部阿姆河中上游流域，以及阿富汗东部北部。后被大月氏击败，沦为附庸，版图萎缩至今阿富汗东北部、兴都库什山脉北麓一隅)，占领大夏王国大部分土地(月氏王国自河西走廊西迁后，最先定都于今阿富汗北部边境外〔阿姆河北畔〕的铁尔梅兹市，不久征服南方的大夏王国。在张骞此次访西域后，更把首都自铁尔梅兹市南移至大夏故都蓝市城)，土壤肥沃，物产丰富，邻国都非常衰弱，没有外患。安居乐业，生活优裕，无论君王和人民早已忘掉过去的耻辱，人民没有报亡国之仇的心，国王也不再有报杀祖父之恨。再教他们面对凶悍的匈奴汗国，简直把他们吓坏。张骞大失所望，在月氏王国住了一年有余，束手无策，只好告辞。

归途中，沿着祁连山南麓，准备穿过羌部落(青海省东部)，想不到仍然被匈奴汗国捕获，又被拘留一年多。恰好遇到匈奴内乱，挛鞮伊稚斜(五任单于)驱逐挛鞮於单，张骞遂跟家奴堂邑(江苏省南京市六合区)人甘父，逃回中国(另一说堂邑是复姓，匈奴籍的仆人)。

刘彻擢升张骞当中级国务官(太中大夫)，封甘父当奉使君。张骞最初出国时，使节团一百余人，十三年后返国复命，只二人生还。

**柏杨曰**

张骞是中国最早的英雄人物之一，他早于哥伦布(一四九二年)一千六百年，而丰功伟业相同。纪元前二世纪，西域(新疆及中亚东部)还是一个远在天边的神秘国度，在儒家学派保守的教育下，家里稍有几个钱，连屋檐底下都不敢坐，唯恐怕有瓦片掉下来砸到头上；要他们冒险犯难，真能吓出屎尿。因为自己懦怯，所以绝不希望别人勇敢，因为别人勇敢，恰恰反衬自己胆小如鼠。所以，张骞事迹，在史书上受到压缩，如果可能，还要一笔抹杀。十五世纪，跟哥伦布同时代的中国海上英雄郑和，关于他“下西洋”(印度洋)的档案，竟被一个“大儒”全部销毁，就是旁证。

张骞跟他的使节团，向他们毫无所知、充满险恶死亡的蛮荒深入。那里流沙千里，白昼鬼哭。然而厄运却先来自匈奴，挛鞮军臣单于发火说：“这是什么话，月氏王国在匈奴之西，中国怎么敢越过匈奴，跟他们来往？如果我派使节去南越王国（首都番禺〔广东省广州市〕），中国可准许通过？”下令禁止离境。但尊敬他们是英雄人物，所以每人分配了一位匈奴小姐作为妻子。张骞不忘使命，十年后，抛弃了温柔窝，跟他的伙伴西奔。第二次被俘后，跟妻儿团聚，可是为了国家，再度逃走。妻儿听到消息，狂奔来随，而追兵已至，张骞只抢到一个儿子。妻子跟另外一个幼子，被追兵隔断，永远诀别。

张骞这次出使，虽然没有达成原来盼望的政治目的，但他为中国人发现了比当时中国还要广大的新的世界。

**7** 匈奴汗国骑兵数万，进入边塞，击斩代郡（河北省蔚县）郡长（太守）恭（姓不详），俘虏一千余人而去。

**8** 六月二日，刘彻的娘亲皇太后王娡逝世。

**9** 秋季，停止对西夷（四川省大雪山山脉东麓一带部族）的经营，而在南夷（云南省及贵州省中西部部族），设两个县：南夷县和夜郎县，跟一位民兵司令（都尉。司马光《资治通鉴》原文：二县一都尉有误，应是：鳖县〔贵州省遵义市。鳖，音bì·必〕、故且兰县〔贵州省福泉市。且，音jū·居〕，夜郎〔贵州省关岭县〕民兵司令）。命犍为郡（贵州省遵义市）巩固已有疆界，暂不向外发展，倾国家全力，兴筑朔方城（内蒙古杭锦旗北黄河南岸）。

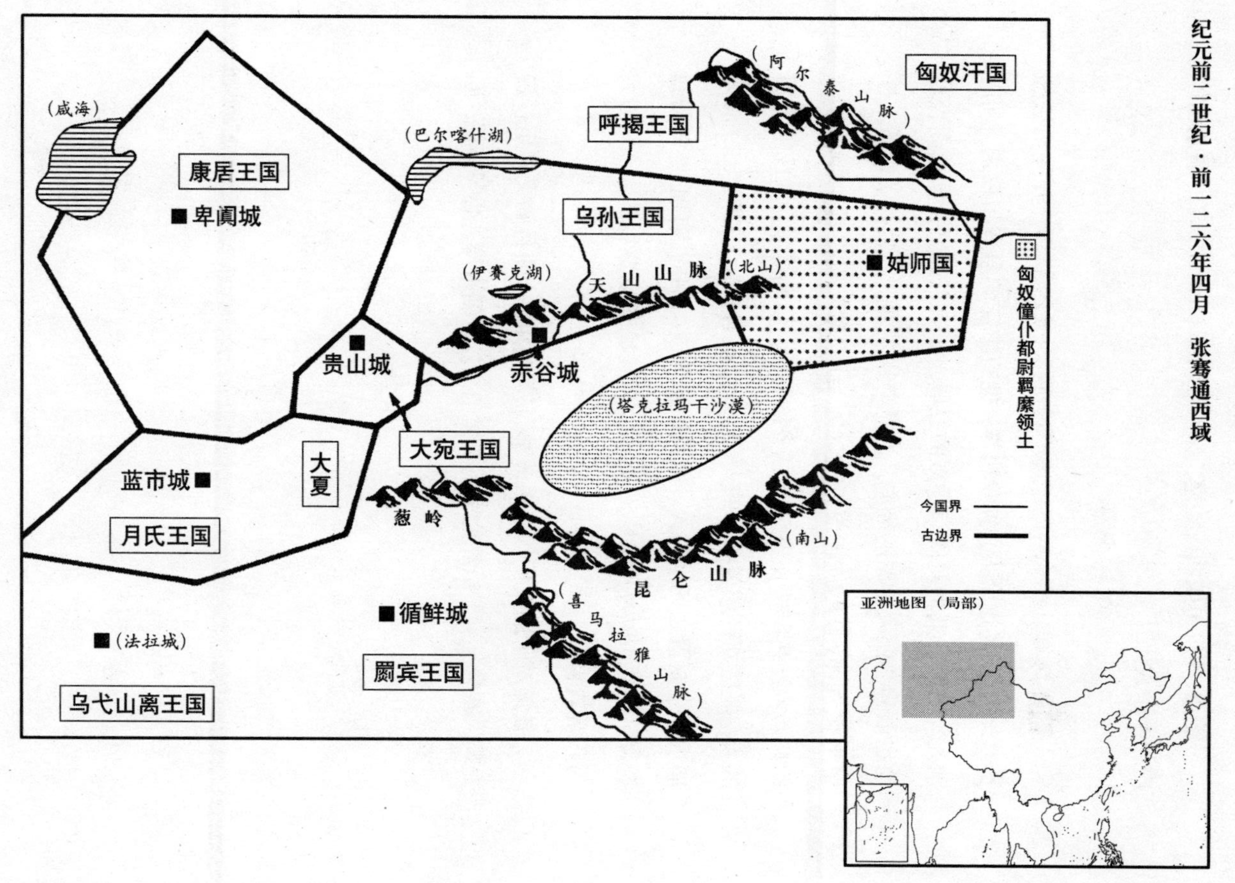


纪元前二世纪·前一二六年四月　张骞通西域

**10** 匈奴再破西汉边塞，深入雁门郡（山西省右玉县），屠杀和俘虏一千余人。

**11** 本年（前一二六），高级国务官（中大夫）张汤，升任司法部长（廷尉）。张汤这个人，狡猾机诈，他有丰富的急智和权术，利用别人。当时，刘彻对儒家学派的经典，正有兴趣。张汤立刻表现他也很醉心儒家学派的经典，曲意尊崇董仲舒、公孙弘之辈。任用千乘（山东省高青县东北）人兒宽（兒，姓）当审判奏报官（奏谳掾。负责把判决的案件，奏报皇帝），用古代法令的解释，裁判疑狱。张汤所定罪的人，都是刘彻想要定罪的人，以及狱政官（监）、总务官（史）深为痛恨，想要置之死地的人。张汤所释放或减刑的人，都是刘彻想要释放的人，以及狱政官（监）、总务官（史）想要宽容的人。刘彻大为欣赏欢喜。

张汤对于朋友们的子弟，都有特别照顾。而且勤于奔走权贵之门，寒暑不变。虽然他引用法律条文，深刻狠毒，心怀猜忌，断狱不公，但因为他人际关系良好，所以仍得到美誉。汲黯曾在刘彻面前斥责他：“你身为国家正式部长（九卿称正卿），对上不能发扬先帝（从前皇帝）的功业，对下不能平息人民的邪恶，又不能安定国家、教育人民，使监狱空虚，却把高皇帝（一任帝刘邦）制定的法令规章，改得纷乱如麻，你可是要断子绝孙。”汲黯经常跟张汤争执，张汤每次都根据法令条文，在小节目上纠缠不休。汲黯刚直严厉，只能在原则上坚持，无法用专门术语驳斥，只好诟骂说：“天下都说：搬弄条文出身的人，绝不可以掌握权柄。果然，张汤就是榜样。使天下人不敢往前走一步，都低着头看他，生活在恐怖之中。”

**柏杨曰**

司法独立当然重要，但法官的素质同样重要，司法审判固然要独立于政治干预之外，而法官的严正和操守，更必须保持高度水准。否则，即令司法独立，势将继续黑暗。像张汤这种司法官，如果再披上“司法独立”的外衣，中国人的苦难就更难结束。

# 纪元前一二五年 丙辰

西汉　元朔　四年

**1** 冬季，西汉王朝（首都长安〔陕西省西安市〕）皇帝（七任武帝）刘彻（本年三十二岁），前往甘泉宫（陕西省淳化县西北）。

**2** 夏季，匈奴汗国（王庭设蒙古国哈拉和林市）骑兵三万人，分别突入代郡（河北省蔚县）、定襄郡（内蒙古和林格尔县）、上郡（陕西省榆林市东南鱼河镇），屠杀跟俘虏数千人。

# 纪元前一二四年 丁巳

西汉 元朔 五年

1 冬季，十一月五日，西汉王朝（首都长安〔陕西省西安市〕）宰相（丞相）薛泽免职。西汉帝（七任武帝）刘彻（本年三十三岁）任命公孙弘当宰相（丞相），封平津侯。宰相加封侯爵，从公孙弘开始。这时候，刘彻正雄心勃勃，开疆拓土，企图建立盖世勋业。公孙弘特别在宰相府东阁，设立贵宾室，延揽贤能人才，经常讨论国家大事，听取意见。每次入朝奏事，常把这些意见提出。刘彻也常命左右研究儒家五经的高级知识分子，跟他辩论。

公孙弘曾经建议："十个贼拉满了弓，一百个警察不敢接近，如果禁止人民携带弓箭，将有利于治安维持。"刘彻交高官会议讨论。吾丘寿王（吾丘，复姓）反对，说："古人制造五种武器（矛、戟、弓、剑、戈），并不是用来互相杀害，而是用来镇压凶暴、制止邪恶。秦王朝并吞天下，把所有武器，全部销毁。到了后来，人民使用犁耙、锄头、马鞭、木棍，互相攻击，犯法的更多，盗贼更难以扑灭，终于天下大乱。所以圣明的君王应主动的推广礼义教化，而从不消极禁止，因为知道消极禁止并没有用处。《仪礼》说：'男孩诞生，用桑木弓、蓬草箭，向天和地，以及东南西北，各射一箭，宣告周知。'而且'大射'的规矩，从天子到平民，三代（夏、商、周）以来，始终如此（《仪礼·大射仪》：规定天子射豹靶，封国国君射熊靶，国务官射大鹿靶，武士射小鹿靶，平民射猪靶）。我听说圣明君王的教化，文武合一，没有听说过禁止弓箭。而且，禁止的原因，是为了强盗匪徒可以用它抢劫。抢劫是死罪，迄今仍无法根绝，盖巨奸大恶，对于法律的重刑，并不在乎。我恐怕邪恶的人携带弓箭，警察无法禁止，而善良的人用弓箭保护自己，反而抵触法令，是鼓励盗贼匪徒行凶，剥夺人民的自卫工具，我以为不应禁止。"奏章呈递上去，刘彻诘问公孙弘，公孙弘无言答对。

公孙弘生性猜忌，外表看起来是一位宽厚长者，但心机很深，凡跟他有过不愉快的人，无论时间多久，虽然现在跟你亲密得如同生死之交，最后仍然乘机报复。董仲舒为人廉洁正直，认为公孙弘专门拍马屁。公孙弘怀恨于心，正好，胶西王（首府高密〔山东省高密市〕）刘端（六任景帝刘启子），骄傲放纵，屡次触犯国法，把封国高级官员（二千石）谋杀了好几个。公孙弘于是推荐董仲舒继任胶西国国相（胶西相）。董仲舒不愿前往送死，以患病的理由辞职。汲黯不断攻击儒家学派，而又屡次当面给公孙弘难堪，公孙弘准备抓住他一个过错，诛杀报复，于是向刘彻说："首都长安特别市辖区里，住着很多高官贵族，和皇亲国戚，非常难以治理。除非拥有重望的高层官员，不能胜任，请任命汲黯当首都长安特别市长（右内史），最为合适。"刘彻批准。

**2** 春季，大旱。

**3** 匈奴汗国（王庭设蒙古国哈拉和林市）右贤王，屡次侵扰新建立的朔方城（内蒙古杭锦旗北黄河南岸）。

刘彻再发动还击。

任命车骑将军卫青率三万骑兵，从高阙（内蒙古乌拉特后旗东南古长城口）出发。皇城保安司令（卫尉）苏建当游击将军、北长安市长（左内史）李沮当强弩将军、交通部长（太仆）公孙贺当骑将军、代国（首府晋阳〔山西省太原市〕）宰相李蔡当轻车将军，全都隶属卫青，从新筑的朔方城（内蒙古杭锦旗北黄河南岸）出发。外籍官民接待总监（大行）李息、岸头侯张次公，都当将军，从右北平郡（内蒙古宁城县西南）出发，共十余万人，进攻匈奴。

匈奴右贤王认为距西汉边境遥远，汉朝军队不可能深入沙漠，所以毫不防备。卫青大军出塞六七百华里，终于捕捉到匈奴大营，趁夜推进，团团围住。右贤王正酩酊大醉，突然惊醒，率领卫士数百人，冲出重围，向北逃走。卫青大军俘虏右贤王以下小王十余人、男女老幼一万五千余人、牲畜将近一百万头（这是西汉王朝建立以来，汉匈战争中，西汉第一次最大胜利）。

卫青大军凯旋，抵达边塞。刘彻派使节带着"大将军"印信，

就在军中，任命卫青当全国最高统帅（大将军），统御所有将领。 200

夏季，四月八日，再增加卫青采邑八千七百户人家，卫青的三个儿子卫伉、卫不疑、卫登，都封侯爵（卫伉封宜春侯，卫不疑封阴安侯，卫登封发干侯）。卫青坚决推辞说：“我幸运的待罪军中（古人在政府当官，自称“待罪”，是一种谦虚之辞，也是一种写实的恐惧之情），仰仗陛下的神威（用现代语文，就是“在陛下的英明领导之下”），得以获得胜利，都是将领们奋战的功劳。陛下已经增加我的采邑，我的儿子还在妈妈的怀里吃奶，毫无功劳，陛下却分割土地，封他们侯爵，不是鼓励战士的本意。”刘彻说：“我没有忘记其他将领的功劳。”于是，大军保护总监（护军都尉）公孙敖封合骑侯、民兵司令（都尉）韩说封龙额侯（额，音é〔额〕）、骑将军公孙贺封南窌侯（窌，音jiào〔窖〕）、代国（首府晋阳）宰相李蔡封乐安侯、将领李朔封涉轵侯、赵不虞封随成侯、公孙戎奴封从平侯。李沮、李息，跟将领豆如意，都封准侯爵关内侯。

**4** 刘彻对卫青的尊崇宠爱，高级官员中无人能跟他相比。包括宰相（丞相）、部长级（公卿）在内的官员，全都巴结奉承，只有汲黯以平等的地位相待，朋友告诉汲黯说：“天子的意思很明显，要所有高官，都向全国最高统帅（卫青）下跪。全国最高统帅地位尊贵，威望隆重，你不可以不向他屈膝。”汲黯说：“难道说全国最高统帅（卫青）有一位平辈握手朋友（古人作揖，今人握手），地位就低贱，威望就不隆重了吗？”卫青听到消息，越发认为汲黯贤明，经常向他请教国家政府疑难大事，待汲黯比平常更加敬重。

卫青虽然贵极人臣，有时候进宫侍候皇帝，刘彻在厕所蹲着拉屎，也就一面拉一面跟他谈话。宰相（丞相）公孙弘谒见，刘彻或戴帽或不戴帽，但是汲黯谒见时，刘彻一定戴帽，没有戴帽，就不接见。有一次，刘彻在武帐中（放置武器的地方），汲黯进来奏事，刘彻正好没有戴帽，看见汲黯远远而来，立刻躲到后帐，派人传话，批准他的请求。汲黯之被尊崇，如此。

**5** 夏季，六月，刘彻下诏："我听说，用礼教引导人民，用圣乐教化人民。而今礼教败坏，圣乐绝迹，我感到怜悯。应该使负责礼教的官员，劝导人民求学，使礼教复兴，为天下榜样。"于是，宰相（丞相）公孙弘建议："在研究官（博士）之下，设置研究生（弟子）五十人，免除他们的赋税跟官差劳役，考查学识高低，使他们递补宫廷禁卫官（郎中）、教育官（文学）、档案官（掌故）。如果发现有异常优秀的知识分子，就随时提名推荐。不专心求学的庸才，一律开除。还有，低级官吏中，有精通儒家学派五经中任何一经的，遴选出来，擢升高级职位。"刘彻同意。从此，政府官员（公、卿、士、大夫、吏）文质彬彬的知识分子，开始增多。

**6** 秋季，匈奴汗国骑兵一万人，反扑代郡（河北省蔚县），格杀民兵司令（都尉）朱英，掳掠一千余人后撤退。

**7** 最初，淮南王（首府寿春〔安徽省寿县〕）刘安，喜爱读书及撰写文章，也喜爱提高自己知名度，延揽四方宾客跟技能之士数千人。这些人和淮南国的官员，很多是长江、淮河间轻浮之辈，常常用刘长（刘姓淮南国一任王）死于非命的事（参考前一七四年），刺激刘安。前一三五年，彗星出现，有人报告刘安，说："当年七国之乱，吴军起兵时（参考前一五四年），彗星也曾出现，长仅数尺，还流血千里。而今彗星贯穿天际，恐怕天下兵马，将有更大的厮杀。"刘安认为有理，加强制造攻击性武器，积蓄粮饷。 

王宫禁卫官（郎中）雷被，精于剑术，跟淮南国太子刘迁游戏比剑时，一不小心，击伤刘迁。刘迁认为他是故意的，老羞成怒。当时，皇帝下诏，凡打算从军攻击匈奴的青年，直接到长安报到，雷被愿从军攻击匈奴。刘迁向老爹刘安打小报告，刘安对雷被大加斥责，把他免职，用以阻止其他人效法。本年（前一二四），雷被潜逃出境，逃到长安，向皇帝刘彻上书，表明志愿以及不能早来的缘故。

刘彻把报告交给司法部（廷尉），追查原因，牵涉到刘安，高阶层官员会议要求逮捕刘安惩治。刘彻派首都长安警备区司令（中尉）段宏，前往寿春（淮南国首府，安徽省寿县）调查。太子刘迁安排一批杀手，穿上卫士的衣服，手执铁戟，站在刘安两旁保护。准备中央派的钦差大臣，态度恶劣时，立即刺死，然后起兵叛变。幸好段宏颜色温和，惨剧遂未发生。然而，高阶层官员会议仍奏报："刘安拒绝壮士投效军旅出击匈奴，犯了格阻圣旨大罪，应在街市斩首。"刘彻下诏，削减淮南国的两个县，略微表示薄惩，而刘安却自怨自艾说："我一向做的都是仁义的事，反而受到削地处罚。"认为是一种耻辱，遂更积极谋反。

**8** 淮南王（首府寿春）刘安跟衡山王（首府邾县〔湖北省黄冈市黄州区〕）刘赐，本是亲兄弟，但互相指责，来往生疏，不能相容。刘赐听说老哥刘安阴谋叛变，恐怕被并吞，也结交宾客，准备武器，雄心勃勃，打算席卷长江、淮河之间广大的平原。王后徐来，跟太子刘爽之间，积怨很深（刘爽怨恨徐来害死他的娘亲），徐来在刘赐面前，不断陷害刘爽，要求罢黜刘爽，立刘孝当太子（刘孝是刘爽的亲弟，也不是徐来之子，但徐来从小抚养他），刘赐果然心动，把刘爽囚禁，而把亲王印信交给刘孝，使他延揽宾客，建立党羽。宾客们隐约的知道刘安、刘赐叛变计划，大家就日夜怂恿早行大事。刘赐于是命刘孝的宾客江都国（首府广陵〔江苏省扬州市〕）人枚赫、陈喜，制造战车、利箭，雕刻天子、将军、军官们的印信。

秋季，刘赐应到长安朝见，路过淮南国（首府寿春〔安徽省寿县〕），淮南王刘安跟他用亲兄弟的言语对话（没有用官场言语，表示亲近），二人间的不愉快，一扫而空，遂缔结秘密盟誓，约定共同举兵。刘赐遂报告中央，说自己有病不能行动。刘彻允许他不必朝见。

# 纪元前一二三年 戊午

西汉 元朔 六年

**1** 春季，二月，西汉王朝（首都长安〔陕西省西安市〕）全国最高统帅（大将军）卫青，从定襄郡（内蒙古和林格尔县）出发，率中将军合骑侯公孙敖、左将军兼交通部长（太仆）公孙贺、前将军翕侯（翕，音xī〔吸〕）赵信、右将军兼皇城保安司令（卫尉）苏建、后将军兼宫廷禁卫官司令（郎中令）李广、强弩将军兼北长安市长（左内史）李沮，向匈奴汗国（王庭设蒙古国哈拉和林市）发动总攻，格杀数千人后，撤退。在定襄郡（内蒙古和林格尔县）、云中郡（内蒙古托克托县）、雁门郡（山西省右玉县）一带，扎营休息，准备再次出击。

**2** 西汉政府赦天下。

**3** 夏季，四月，卫青率领六位将军，从定襄郡（内蒙古和林格尔县）出塞，对匈奴汗国发动第二次总攻，格杀及俘虏一万余人。

右将军苏建、前将军赵信，把二人的部队合并，共有骑兵三千余人，在前进途中，突然和匈奴单于（五任）挛鞮伊稚斜亲统的匈奴主力兵团相遇。血战一昼夜，三千人伤亡将尽。赵信本来是匈奴的小部落酋长（小王），投降西汉，封翕侯。现在兵败，匈奴召唤他重返祖国，赵信遂率领残余的八百人骑兵，回归匈奴汗国。苏建全军覆没，只身逃回，向全国最高统帅卫青报到，请求处罚。

参议官（议郎）周霸说："全国最高统帅（卫青）自从带兵以来，从没有处决过一个将领。而今苏建抛弃他的部队，应该斩首，用以展示统帅的权威。"军法总监（军正）闳（姓不详）、秘书长（长史）安（姓不详）说："不应该这样，《兵法》说：'小部队的战斗力再坚强，也要被大部队吞没。'苏建用三千骑兵，跟数万人的匈奴兵团对抗，血战一日有余，官兵伤亡殆尽，不敢有二心，自投大营。如果处斩，是告诉以后的将领，失败后千万不要回来，所以不应判刑。"卫青说："我幸运的以皇帝的近亲心腹（刘彻是他的姐夫），率领大军，从不担心我没有威权。周霸教我展示威权，使我失望。不过，虽然我有权力可以处决大将，虽然我有当世的尊贵和皇帝的宠爱，但我却不敢在京师之外，擅自诛杀。把苏建送给天子，由天子决定，也可以作一个人臣不敢专权的榜样，岂不更好。"参谋官员们一致赞成，遂把苏建装上囚车，送往皇帝（七任武帝）刘彻（本年三十四岁）所在的地方（行在）。

周霸主张处决苏建，目的不是执行军法，而是要展示统帅的威权，轻轻道来，不过用别人的生命和鲜血，成就他的马屁奇功，使统帅产生一种“他是为我着想”的印象，就可指日高升。幸亏卫青宽厚，否则，苏建必然丧生。

有时候，这就是命运，遇上周霸？或是遇上卫青？

**4** 最初，平阳（山西省临汾市）县政府低级职员（县吏）霍仲孺，被派到平阳侯曹寿家服役，跟卫青的姐姐卫少儿私通，生下儿子霍去病。因姨妈卫子夫、舅父卫青的关系，霍去病十八岁时，在皇宫侍奉刘彻，精于骑马射箭。后来随同舅父出击匈奴，当特种部队票姚营指挥官（票姚校尉），率领轻装备骑兵八百人，远离大军数百华里，寻求战果，格杀及俘虏敌人超过自己的损失数倍。刘彻大为高兴说：“霍去病，格杀俘虏二千余人，生擒匈奴的宰相（相国）、带兵官（当户），击斩匈奴单于（五任）的祖父辈藉若侯挛鞮产，活捉叔父挛鞮罗姑，战功双料冠军。”封霍去病冠军侯。

上谷郡（河北省怀来县）郡长（太守）郝贤，前后四次随从卫青出征，格杀及俘虏二千余人，封众利侯。

本年（前一二三），两位将军阵亡，而翕侯赵信降敌，功勋不多，所以不增卫青的采邑，只赏赐黄金二十四万两。右将军苏建押解到长安，刘彻赦免死刑，由苏建缴纳赎金，贬作平民。

**5** 匈奴汗国既得到翕侯赵信，如获至宝，封他当“自次王”，挛鞮伊稚斜并把姐姐嫁给他，跟他商量对付西汉政府的方略。赵信建议：匈奴应更向北迁徙，迁徙到瀚海沙漠之北，用以引诱西汉军队，等西汉军队疲惫之际，再趁势出击，不必再接近边塞。挛鞮伊稚斜接受这项战略。

**6** 当时，西汉政府连年动员十余万人攻击匈奴汗国，对杀敌或擒敌有功官兵，所发的赏赐，高达黄金四百余万两，人马死亡也有十余万，后勤部队转运粮秣的经费和消耗，还不计算在内。于是农林部（大司农）仓库枯竭，再无法供应军费（古代政府的职责，十分笼统，用现代精密分工观念，就不容易了解。“大司农”固主持山川田泽，也主持财政）。

六月，刘彻下诏：人民可以出钱购买爵位。被判囚禁罪的，可以出钱赎免。其他罪刑，也可以减罪或免罪。特别设立“赏官”，称之为“武功爵位”（最高一级“造士”，次高二级“闲舆卫”，三级“良士”，四级“元戎士”，五级“官首”，六级“秉铎”，七级“千夫”，八级“乐卿”，九级“执戎”，十级“政戾庶长”，十一级“军卫”），每级定价十七万（十七万什么？难解），共收入黄金六百万两。凡买爵买到第七级“千夫”的，就可以出任政府的低级官员（吏）。当官的管道如此之多而又如此复杂，文官制度遂陷于混乱。

# 纪元前一二二年 己未

西汉　元狩　元年

1 冬季，十月，西汉王朝（首都长安〔陕西省西安市〕）皇帝（七任武帝）刘彻（本年三十五岁）前往雍县（陕西省宝鸡市凤翔区），祭祀五色帝（白帝、黑帝、赤帝、黄帝、青帝）。不久，捕获一只奇异的野兽，一只角，却有五只蹄，主管官员报告说：“陛下祭祀恭敬，上帝回报，赏赐下来一只角的野兽，可能是麒麟。”于是把它呈献给五色帝祭坛，再加上一只牛，一齐烤燔。不久，主管官员又报告说：“帝王的年号，应用上天所降的祥瑞定名，不应使用数目字一二三四。初开始的一年称‘建’(建元),其次因为长星出现,称‘光’(元光),今年(前一二二)因打猎得到一角兽,应称‘狩’(元狩)……”(这一套烟雾朦胧的理论,使人目瞪口呆。)于是济北王(首府卢县〔山东省济南市长清区〕)刘胡,认为刘彻要前往泰山封禅(祭祀天地),上书献出泰山跟它旁边县市给中央。刘彻接受,另割其他县市给济北国,作为补偿。

**2** 淮南王(首府寿春〔安徽省寿县〕)刘安,跟他的门客左吴,以及其他一些人,日夜拟定谋反计划,察看地图,决定进攻首都长安(陕西省西安市)的路线。出使中央政府的使节,从长安回来,如果说刘彻还没有儿子,中央政治腐败,刘安就大为欢喜;如果说刘彻已有了儿子,而政治很上轨道,刘安就大发雷霆,认为一派谎言。

**柏杨曰**

上帝真是有太多的幽默感,教嬴胡亥、刘安这类活宝,充斥人间,使人生多彩多姿。可是让他们掌握权柄,却是一种谋杀。他们固然付出代价,千万生灵何辜。

没有能力掌握权柄的人,硬是掌握了权柄,等于不会开车的人忽然握住时速一百公里的方向盘一样,简直是一场大祸。

**3** 刘安召见王宫警卫官(中郎)伍被,磋商起兵的事,伍被惊骇说:“大王从哪里学来这种亡国的言论?我已经看到王宫里生满荆棘、露水沾湿衣服的惨景。”刘安冒火,囚禁伍被的父母。

三月,刘安再召见伍被询问,伍被说:“从前秦王朝无道,奢侈暴虐,十家之中,有六七家希望天下大乱。高皇帝(一任帝刘邦)在行伍之间崛起,成为天子,正是利用对方的缺点,把握机会,趁着秦王朝崩溃之际,挺身发动。而今,大王认为高皇帝(一任帝刘邦)得到天下那么容易，却为什么不看一下七国之乱时的吴国、楚国（参考前一五四年）？吴王（首府广陵〔江苏省扬州市〕）刘濞，拥有四个郡的土地，国库充实，人民众多，计划坚定，谋略细密，然后向西进军，想不到被梁国（首府睢阳〔河南省商丘市〕）一仗打败，向东落荒逃走，身体被杀，祭祀灭绝。为什么？为的是逆天行事，昧于形势。现在，大王的军队，不及吴楚联军十分之一，而天下安定，又万倍于吴楚的那个时代。大王如果不听我的规劝，势将抛弃你的宝座，写下绝命之书，比群臣先死在王宫。”刘安毛骨悚然，不禁流下眼泪，从座位上站起来，打消叛意。 210

刘安最不喜爱他的庶长子刘不害，王后跟封国太子刘迁，也对刘不害十分轻视，没有把他当作家人看待。可是刘不害的儿子刘建，才能高强，英武不凡，对刘迁自然怨恨，暗中派人到长安检举刘迁准备诛杀首都长安警备区司令（中尉）段宏的阴谋（参考前一二四年），刘彻下令司法部（廷尉）查办。

刘安十分忧虑，旧议重提，再度打算叛变，又向伍被说：“你以为七国之乱时，吴国（首府广陵）起兵，是对？或不对？”伍被说：“当然不对。我听说，后来吴王刘濞后悔不已，大王可千万莫像刘濞一样，也后悔不已。”刘安说：“刘濞根本是个白痴，他懂得什么是叛变？竟然不知道堵塞成皋（河南省荥阳市西北汜水镇），使中央政府的将领，一天通过四十余人。现在我断绝成皋要道，把守三川（河南省洛阳市一带）险要，征召山东（崤山以东）各封国军队，一开始就取得主动。左吴、赵贤、朱骄如，都认为有九成把握。只有你认为有祸无福，为什么？难道说一定像你推断的，不能侥幸成功？”伍被说：“大王一定要干的话，我倒有一个计策。而今，封国国君们没有二心，人民也没有怨气。大王不妨伪造宰相（丞相）、最高监察长（御史大夫）的奏章：请求皇上征发各郡国的乡绅，和富有的地主，移民朔方郡（内蒙古杭锦旗北黄河南岸），动员武装部队，定期出发。再伪造逮捕封国国君、太子，跟他们宠臣的诏书。这样的话，民心必然怨恨，封国国君必然恐惧，再派能言善道的人士前往说服，或许可侥幸万一。”刘安说：“这可以办到。不过，我以为根本用不着这么麻烦。”

于是，刘安遂伪造皇帝玉玺，宰相（丞相）、最高监察长（御史大夫）、将军、军官、部长级（中二千石）及附近郡郡长（太守）、民兵司令（都尉）等印信，又伪造皇帝符节，又准备派人伪装在淮南国（首府寿春）犯罪，逃亡到长安，投奔全国最高统帅（大将军）卫青手下做事，等淮南国一旦发兵，即刺杀卫青。刘安说：“中央政府的高级官员，只有汲黯有胆识，严守气节，能为正义而死，难以收买。其他像宰相公孙弘之类，跟树上的枯叶，或蒙在东西上的纸一样，一摇就掉。”

刘安打算动员淮南国的军队，恐怕封国宰相（国相）不肯，跟伍被设计先行诛杀封国宰相（国相），又打算教人穿上警察制服（求盗衣），拿着告急文书，从东方狂奔而来，高呼：“南越王国（首都番禺〔广东省广州市〕）大军攻入边界！”则封国宰相（国相）就不能不发兵。

然而，就在这时候，中央政府司法部（廷尉）专使抵达淮南国（首府寿春），指名逮捕太子刘迁。刘安跟刘迁秘密商量，打算召集高级官员（二千石），把他们全部格杀，然后起兵。可是，在接到召集命令后，只封国宰相（国相）一个人来，秘书长（内史）、首府寿春警备区司令（中尉）却不肯来。刘安想，仅只把封国宰相（国相）除掉，于事无补，就放封国宰相（国相）回去。刘安仍然犹豫，不能下定决心。刘迁发现情形不对，自刎，却被救活。

伍被看出大势已去，即到中央使节那里，告发刘安叛变阴谋——如此如此。使节遂逮捕王后、太子（刘迁），发兵包围王宫，地毯式搜捕淮南国内所有参与谋反人士，取得叛变证据，呈报刘彻。刘彻命高级官员（公卿）惩治刘安的党羽；再派皇族事务部长（宗正）"持节"，前往淮南国（首府寿春〔安徽省寿县〕）处理刘安。还没有到，刘安自刎身死，于是斩王后荼（姓不详）、太子刘迁，所有参与谋反的人，一律灭族。

刘彻认为伍被曾多方赞美中央，应予赦免。司法部长（廷尉）张汤说："伍被首先替淮南王作谋反设计，罪大恶极，不容赦免。"遂斩伍被。宫廷随从（侍中）庄助，平常跟刘安结交，曾在私下有过接触谈论，刘安赠送严助的礼物，十分贵重。刘彻认为这是小事，打算赦免。张汤力争，认为庄助出入皇宫，是皇帝的心腹亲信，而竟结交外藩，如果不严厉惩处，不能作为对以后的警告，遂斩庄助。

**4** 衡山王（首府邾县〔湖北省黄冈市黄州区〕）刘赐上书中央政府，要求罢黜太子刘爽，改封刘爽的弟弟刘孝当太子。刘爽在国内得到消息，立即派他的亲信白嬴，到首都长安（陕西省西安市）上书，揭发说："刘孝制造战车利器，又跟父亲的姬妾通奸。"目的在破坏刘孝形象，使不能立为太子。正逢主管机关搜捕淮南王（首府寿春）刘安的党羽，在刘孝住宅中逮捕到陈喜，遂弹劾刘孝窝藏叛徒。

刘孝恐惧慌张，听说法律规定，先行自首的，可以免罪。马上举发同谋的枚赫、陈喜之辈。中央高阶层官员（公卿）会议请求逮捕刘赐，刘赐自刎身死。王后徐来、封国太子刘爽，跟刘孝，都绑到街头斩首，凡参加谋反的人，一律灭族。

淮南（首府寿春）、衡山（首府邾县）两次大狱，牵连到侯爵、部长级官员（二千石），以及郡县豪杰、士民，共处决了数万人。

这不是两场大冤狱，而是无数小冤狱和两场大屠杀。数万人都秘密参与谋反，根本不可能，但却杀了数万人。全族屠灭的惨刑，一再在中国历史上出现。老翁幼儿、年轻妇女，像猪羊一样，在士兵鞭打下，驱向法场，他们谋的是什么反？

**5** 夏季，四月，赦天下（杀了个血流成河后再赦，为什么不在杀之前慎刑？用诈术表示仁慈，仁慈便是邪恶）。

**6** 四月九日，刘彻封皇子刘据当太子，本年七岁。

**7** 五月三十日，日蚀。

**8** 匈奴汗国（王庭设蒙古国哈拉和林市）军队一万余人，攻入上谷郡（河北省怀来县），杀数百人。

**9** 最初，张骞从月氏王国（首都蓝市城〔阿富汗北部瓦齐拉巴德市〕）回到中国，向刘彻详细报告西域（新疆及中亚东部）各国的风土人情，说：

“大宛王国（首都贵山城〔中亚纳曼干市西北卡散赛城〕）在中国西方，距长安大约一万华里，人民都以耕田为生，不像匈奴汗国那样逐水草而居。所产的马匹，极为优秀，出汗如血。城郭市镇，街道房舍，跟中国相同。它的东北有乌孙王国（首都赤谷城〔中亚伊赛克湖东南〕），正东有于阗王国（首都西城〔新疆和田市〕）。而于阗王国之西，所有河川，都向西流（这跟当时中国版图内河川都向东流，恰恰相反），注入西海（泛指西方湖泊），于阗王国之东，河川都向东流，注入盐泽（又名蒲昌海，新疆罗布泊）。盐泽附近河川，埋藏在地下，成为暗流，再往南行，就是黄河的源头。盐泽距长安，大约有五千华里（盐泽跟长安航空距离一千八百公里）。

"匈奴汗国的西方边界，到达盐泽（新疆罗布泊）之东，西接中国陇西郡（甘肃省临洮县）的长城，南方跟羌部落（青海省东部）相邻，恰好把中国跟西域（新疆及中亚东部）隔开。乌孙王国（首都赤谷城〔中亚伊赛克湖东南〕）、康居王国（首都卑阗城〔中亚巴尔喀什湖西南锡尔河北岸突厥斯坦〕）、奄蔡王国（里海北岸至咸海北岸一带），以及月氏王国（首都蓝市城〔阿富汗北部瓦齐拉巴德市〕），都是逐水草而居的游牧民族，风俗习惯，跟匈奴相同。而大夏国（阿富汗东北部），又在大宛王国西南，风俗习惯，跟大宛相同。

"我在大夏国时，曾见到邛都山（四川省西南境）出产的竹子做的手杖，以及蜀郡（四川省成都市）出产的细布，问他们：'怎么能运到这里？'大夏人回答说：'我们商人从身毒国（印度）买回来。'而身毒国（印度）又在大夏国东南大概数千华里，人民风俗习惯，跟大夏相同。

"以我的推断，大夏国距中国一万二千华里（阿富汗东北部到陕西省西安市，航空距离四千公里），在中国之西。身毒国（印度）在大夏东南数千华里，有中国蜀郡（四川省成都市）的东西，说明距蜀郡并不太远。我们前往大夏，如果走南道，经过羌中（羌族诸部落集中祁连山南麓，即青海省东部），沿途凶险，羌人又要拦阻。如果走北道（祁连山北麓，河西走廊，甘肃省中西部），那里是匈奴的领土，又非被逮捕不可。看起来从蜀郡出发距离还近，而又没有匪徒。”

刘彻听到大宛王国、大夏国、安息王国（伊朗），都是庞然大国，盛产奇异的东西，有城市、农田，跟中国一样。而他们的武力却很脆弱，又喜爱中国的货物。北方的月氏王国、康居王国，武力虽然较为强大，但可以用金银贿赂，使他们归附中国。假如真能够不经过战争而使他们臣服，中国版图可要大幅扩张，将要有一万华里。人民言语不同，要经过九次翻译，才能通晓，风俗习惯更互相差异。可是四海之内，都接受西汉政府的恩德照顾，和政治管辖。

刘彻被张骞的建议激起雄心壮志，命张骞主持这件事，教蜀郡（四川省成都市）、犍为郡（贵州省遵义市）选派王然于等一批使节，四路并出：或由駹国（四川省茂县北），或由冉国（四川省茂县北），或由徙国（四川省天全县），或由邛国（即邛都国。四川省西昌市），或由僰国（四川省宜宾市），寻觅通往身毒国（印度）的道路。他们出发后，都前进了一两千华里。

但北方的氐部落（甘肃省陇南市武都区西南一带）、筰国（即筰都国。四川省汉源县）；南方的巂国（云南省保山市北），以及昆明地区（云南省中部），纷纷封闭边界关卡，拒绝汉朝使节通过。昆明地区一带，部落林立，没有统一的领袖，到处是强盗匪徒，杀人劫货，汉朝使节无法深入。后来，为了寻找通往身毒国（印度）的道路，才总算到滇国（首都滇池城〔云南省昆明市晋宁区东晋城街道〕）。滇王当羌问使节说：“中国有没有滇国大？”——派到夜郎国（首都在今贵州省关岭县）的使节，也被夜郎王这样问过。因为交通阻塞，各霸一方当王，不知道中国是什么模样。

使节回报，强调滇国是个大国，应该使它归附。刘彻怦然心动，重新开始西南夷的经略。

纪元前二世纪·前一二二年　西域与西南夷形势

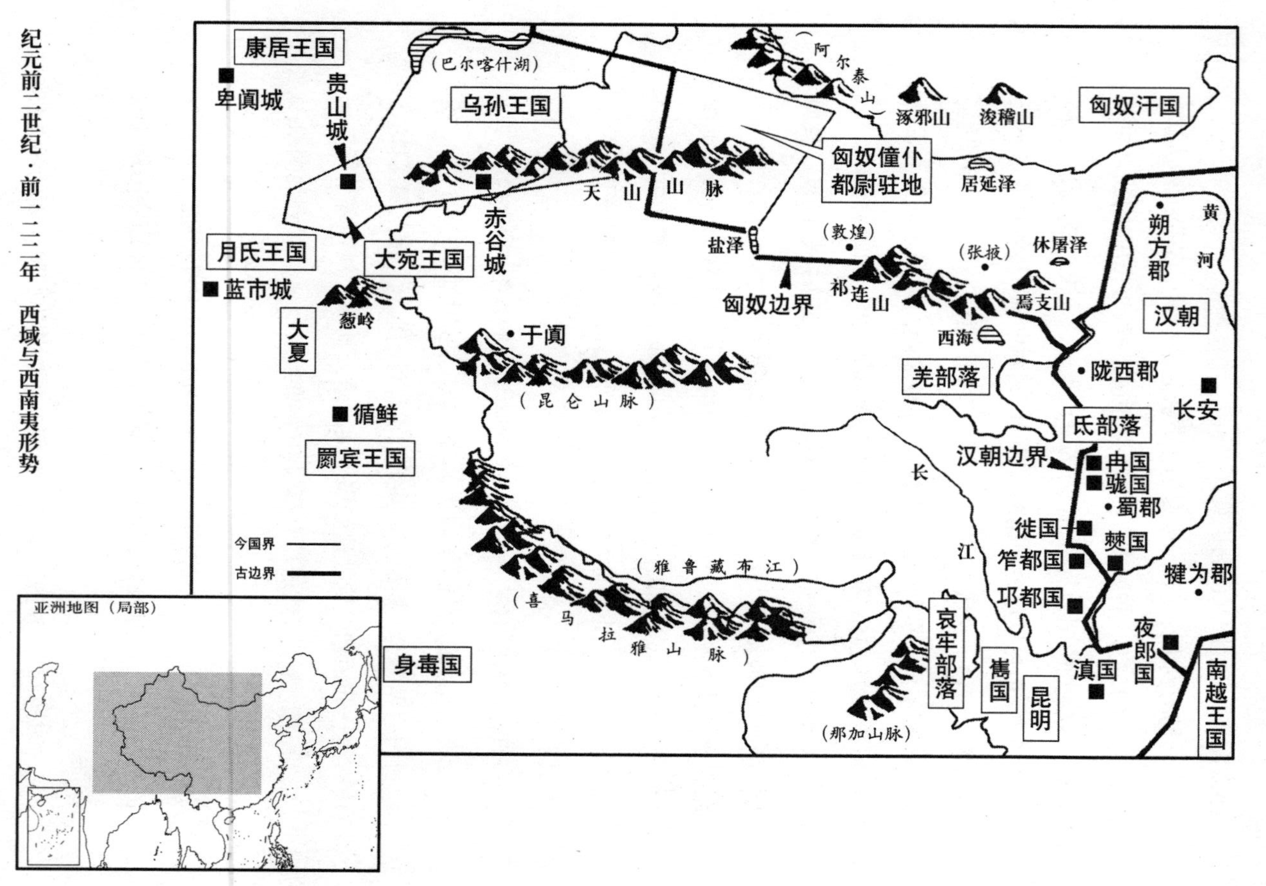

# 纪元前一二一年 庚申

西汉　元狩　二年

**1** 冬季，十月，西汉王朝（首都长安〔陕西省西安市〕）皇帝（七任武帝）刘彻（本年三十六岁）前往雍县（陕西省宝鸡市凤翔区），祭祀五色帝庙。

**2** 三月三日，宰相（丞相）平津侯（献侯）公孙弘逝世。

三月二十二日，擢升最高监察长（御史大夫）乐安侯李蔡当宰相（丞相），司法部长（廷尉）张汤当最高监察长（御史大夫）。

**3** 本年（前一二一），霍去病已被擢升为票骑将军，率骑兵一万人，从陇西郡（甘肃省临洮县）出塞，攻击匈奴汗国（王庭设蒙古国哈拉和林市），穿过匈奴臣属的五个小王国，转战六天，越过焉支山（祁连山一峰，在甘肃省山丹县东南）一千余华里，格杀折兰王、卢侯王（都是匈奴汗国的大酋长），俘虏浑邪王的王子、宰相（相国）、军区司令（都尉），共捕获及格杀八千九百余人，夺取休屠王用来祭祀上天的金人神像。刘彻下诏增加霍去病采邑两千户人家。

夏季，西汉王朝对匈奴汗国再发动攻击：

霍去病跟合骑侯公孙敖，率骑兵数万人，从北地郡（甘肃省庆阳市西峰区）出塞，分道挺进。皇城保安司令（卫尉）张骞、宫廷禁卫官司令（郎中令）李广，从右北平郡（内蒙古宁城县西南）出塞，分道挺进。

李广率骑兵四千人，脱离大军，向北搜索；张骞率大军一万人在后，相距数百华里。匈奴汗国左贤王出动骑兵四万人迎战，把李广兵团团团围住。李广军心震恐，对十倍于己的敌人兵力，束手无策。李广命他的儿子李敢，率数十名骑兵，直闯匈奴阵地，左右驰骋，迅速返防，报告李广说："他们一盘散沙，容易对付。"军心稍安。李广命部队环绕一个圆圈，构筑临时工事。而匈奴已发动攻击，万箭齐下，密如倾盆大雨，李广兵团还击，死伤过半（二千人以上），而箭将射尽，情势紧急。李广下令持箭上弦，全力拉满，而不发射，然后用他特制的称为"大黄"的巨弓，瞄准匈奴将领，射杀数人，匈奴攻势，遂稍稍受挫。这时天渐黄昏，官兵恐惧，面无人色，只李广镇静如恒，神情谈笑，跟平日一样，并巡视阵地，调整部署，部下佩服他的英勇。一夜度过。第二天，匈奴再发动攻击，李广军苦战支持，死亡又过半（只剩下不到一千人了），而杀伤敌人的数目，远超过自己的损失。正好，张骞大军赶到，匈奴解围撤退。西汉军队已丧尽元气，不能追击，班师。

西汉政府军法审判：张骞行军延误，应该处斩，交出赎金后，贬作平民。李广功过相等（自己伤亡过甚），没有赏赐。

票骑将军霍去病，深入匈奴汗国二千余华里，跟公孙敖兵团失去联络，取不到联系，无法会合。霍去病孤军挺进，越过居延海（内蒙古额济纳旗嘎顺诺尔湖），穿过小月氏部落（甘肃省祁连山南麓），抵达祁连山，生擒匈奴的单桓王、酋涂王，跟宰相（相国）、军区司令（都尉）。匈奴投降的达二千五百人，格杀和俘虏共三万二百人，捕获副王、小王七十余人。刘彻增加霍去病采邑五千户人家，封他的有功将领、鹰击参谋官（鹰击司马）赵破奴当从票侯，指挥官（校尉）高不识当宜冠侯、仆多（匈奴人）当辉渠侯。合骑侯公孙敖行军延误，不能会师，应该处斩，缴纳赎金，贬作平民。

当时，一些老前辈将领率领的部队，都不如霍去病。霍去病挑选的都是精锐，但他有胆量深入匈奴腹地，经常率骑士远离大军前进。似乎上天特别恩待他，从没有使他遇到危险。老前辈将领却常常不是延误迷路，就是搜索不到匈奴主力。于是，霍去病越来越被刘彻亲信，地位也越来越尊贵，几乎比得上全国最高统帅（大将军）舅父卫青。

**4** 匈奴侵入代郡（河北省蔚县）、雁门郡（山西省右玉县），屠杀俘虏数百人。

**5** 江都王（首府广陵〔江苏省扬州市〕）刘建（六任景帝刘启孙），跟他父亲刘非（易王）所宠爱的淖姬等，以及自己的妹妹刘徵臣通奸。刘建不但荒淫，性情更是凶恶。有一次游逛雷陂（扬州市北），忽起大风，刘建命他的二位禁卫官（郎）乘小船到湖上，小船翻覆，两人攀着沉船呼救，随着风浪，忽然浮出，又忽然下沉。刘建看到眼里，高兴得捧腹大笑，下令不准援救，二人竟活活淹死。像这样情形，共冤杀了三十五人。刘建一心一意荒淫暴虐，自己也知道作恶多端，恐怕被中央诛杀，跟他的王后妻子成光，求南越（首都番禺〔广东省广州市〕）女巫请神下凡，诅咒刘彻早死。听到淮南国（首府寿春〔安徽省寿县〕）、衡山国（首府邾县〔湖北省黄冈市黄州区〕）叛变阴谋（参考去年〔前一二二〕），刘建也起而效法，制造武器，雕刻皇帝玉玺，准备谋反。

本年（前一二一），事情败露，刘彻下令逮捕处决。刘建自杀，成光等均绑到街头斩首，封国撤除。

**6** 胶东王（首府即墨〔山东省平度市〕）刘寄（六任景帝刘启子）逝世。

**7** 秋季，匈奴汗国浑邪王，向西汉政府投降。

当时，匈奴单于（五任）挛鞮伊稚斜，对浑邪王、休屠王在西方被汉朝杀掳数万人之多，怒不可遏，打算召他们前来王庭，乘机诛杀。浑邪王、休屠王的牧地，位于匈奴汗国西部（河西走廊，甘肃省中西部），大起恐慌，决定归附汉朝。派人在边境上拦截汉人，请他们转告汉朝皇帝。外籍官民接待总监（大行）李息，正在黄河岸上筑城，见到浑邪王稍后派来的使节，立刻用政府驿马车，把使节送到首都长安（陕西省西安市）。

刘彻接到报告，恐怕匈奴诈降，而借机突击边塞。于是下令票骑将军霍去病，率领大军，前往迎接。而休屠王果然后悔，浑邪王把休屠王杀掉，合并他的部落，向东移动。霍去病既渡黄河，跟浑邪王遥遥相望。浑邪王部下将领，面对汉朝军队，很多人不愿投降，拔腿逃亡。霍去病纵马奔入匈奴大营，跟浑邪王相见，然后挥军捕斩逃亡官兵八千余人，先行遣送浑邪王乘政府驿马车到汉朝大营休息安顿，然后把全部匈奴部落，护送渡过黄河，共计四万余人，对外宣称十万人。

浑邪王既到首都长安，刘彻赏赐数十百万，封浑邪王当漯阴侯，采邑一万户人家。小王呼毒尼等四人，也都封侯爵（呼毒尼封下摩侯，雁疕封煇渠侯，禽黎封河綦侯，稠离封常乐侯——本年〔前一二一〕，仆多也封煇渠侯，不知何故重复），增加霍去病采邑一千七百户人家。

**8** 浑邪王归附时，西汉政府动员民间车辆二万辆，前往迎接。长安县政府没有钱买马，只好向人民租马，人民不信任政府，都把马藏匿起来，马匹遂不够用。刘彻发火，要诛杀长安县长（长安令）。首都长安特别市长（右内史）汲黯说："长安县长没有罪，只有把我杀掉，人民才肯出马。浑邪王背叛他的主人，投降汉朝，汉朝只要吩咐各县用驿马车，一站一站送来，也就是了，何至于搞得天下大乱？使汉朝穷困，而去奉承蛮夷？"刘彻不作回答。

西汉政府法律：汉人不准在边界把武器卖给外国人，或带钱出关；等到浑邪王到长安，商人和小市民跟浑邪王的随从做生意，政府逮捕五百余人，判处死刑。汲黯请求召见，刘彻命汲黯到未央宫高门殿。汲黯说："匈奴攻击沿边要塞，拒绝跟西汉政府和解。西汉政府兴兵讨伐，死伤累累，不可数计，而费用高达十百千万。我非常愚蠢，认为陛下得到匈奴人，一定会把他们当作奴婢，发配给阵亡将士的家属。所虏获的辎重，也一并给予，用以安抚天下痛苦，安慰人民破碎心灵。而今，纵然不能这样，浑邪王率数万人来降，却耗空我们的国库赏赐，又征调汉朝人民侍候，好像供奉天之骄子。无知的商人和小市民，在首都长安做小生意，怎知道官吏会把京师也解释为边界？陛下既不能用匈奴的财产，回报天下，却用法律上一项不重要的条文，杀戮无知小民五百余人，正是庇护枝叶，而伤害根本，我不认为陛下这样做是对的。”

刘彻不采纳，只说：“我很久没有听见汲黯的声音了，今天又在这里胡说八道。”

五百人如此的被“法律”制裁，这“法律”使人悲愤。汲黯耿直敢言，两千年后，仍受钦敬。然而抨击西汉政府优厚招待浑邪王一节，说明他只是一个好行政官，而不是一个好政治家。因为只有厚待降人，才可使敌国瓦解。如果汲黯的见解付诸实施，可成了第二个骑劫（参考前二七九年）。刘彻之所以不作回答，沉默不语，大概觉得说给他听，他也听不懂，不愿浪费唇舌。

**9** 很久之后，西汉政府把浑邪王的部下，分别安置在西北沿边五郡（陇西郡〔甘肃省临洮县〕、北地郡〔甘肃省庆阳县西北马岭镇〕、上郡〔陕西省榆林市东南鱼河镇〕、朔方郡〔内蒙古杭锦旗北黄河南岸〕、五原郡〔内蒙古包头市〕）、秦王朝时代所筑的要塞之外，都在河南（黄河河套），仍旧保持匈奴的风俗习惯，跟生活方式，称为移民区（属国），共五个移民区（属国）。

从此，金城（甘肃省兰州市）、河西（河西走廊，甘肃省中西部），西靠祁连山，直到盐泽（新疆罗布泊），成为真空地带，没有匈奴人的踪迹，偶尔有匈奴的侦探（斥候），但已很稀少。

**10** 休屠王的太子日磾（音mì dī〔密滴〕）跟他母亲（王后〔阏氏〕）、弟弟伦，全被送到官府当奴婢（休屠王本要投降汉朝，忽而后悔，被浑邪王所杀，妻子儿女受到惩罚），日磾被派到宫廷供应部（少府），给皇帝养马。有一天，刘彻欢宴之余，要查看马匹。这时，漂亮美艳的宫女姬妾，站满了一堂，日磾等数十人，牵马走过殿下，大家被美色吸引，都偷偷瞄上一眼。只日磾不敢，目不斜视。日磾身长八尺二寸，容貌庄严，所养的马又肥又壮。刘彻大为惊异，召见他询问，日磾把身世作一报告，刘彻十分欣赏，当天赏赐给他休假，和官服官帽，任命当马匹管理官（马监）。不久，擢升为宫廷随从（侍中），再擢升为御马总监（驸马都尉）、特级国务官（光禄大夫）。

日磾虽然受到宠爱，却从没有过失，刘彻更加信任，赏赐他前后有二十四万两黄金之多，出宫时由他陪同坐车（骖乘），回宫后由他侍奉左右，皇亲国戚都抱怨说："皇上不知道从哪里找了一个洋鬼子，竟当成活宝。"刘彻听到，对日磾更加厚待。因为休屠王曾用金人来祭祀天上神仙，于是就教日磾姓"金"。

霍去病先生在本年（前一二一）的两次出击，是汉匈两国间最重要的两场决定性战役。匈奴单于挛鞮伊稚斜在大怒之余，要向浑邪王追究失败责任，逼使局势急转直下。浑邪王投降汉朝，对匈奴汗国是致命打击，他们为之发出哀歌："亡我祁连山／使我牲畜不繁息／失我焉支山／使我妇女无颜色。"焉支山所产的红色染料，是当时匈奴妇女所用的高级化妆品，中文"胭脂"一词，即由此而来。从这首哀歌可看出匈奴的战斗力已受到致命创伤，不能再振。

从此之后，中国西疆向西北推进航空距离九百公里之遥，直抵西域（新疆及中亚东部）。浑邪王呈献的这块十五万平方公里的巨大狭长地带，后世称河西走廊，永成中国领土，并作为向西域扩张的前进基地。

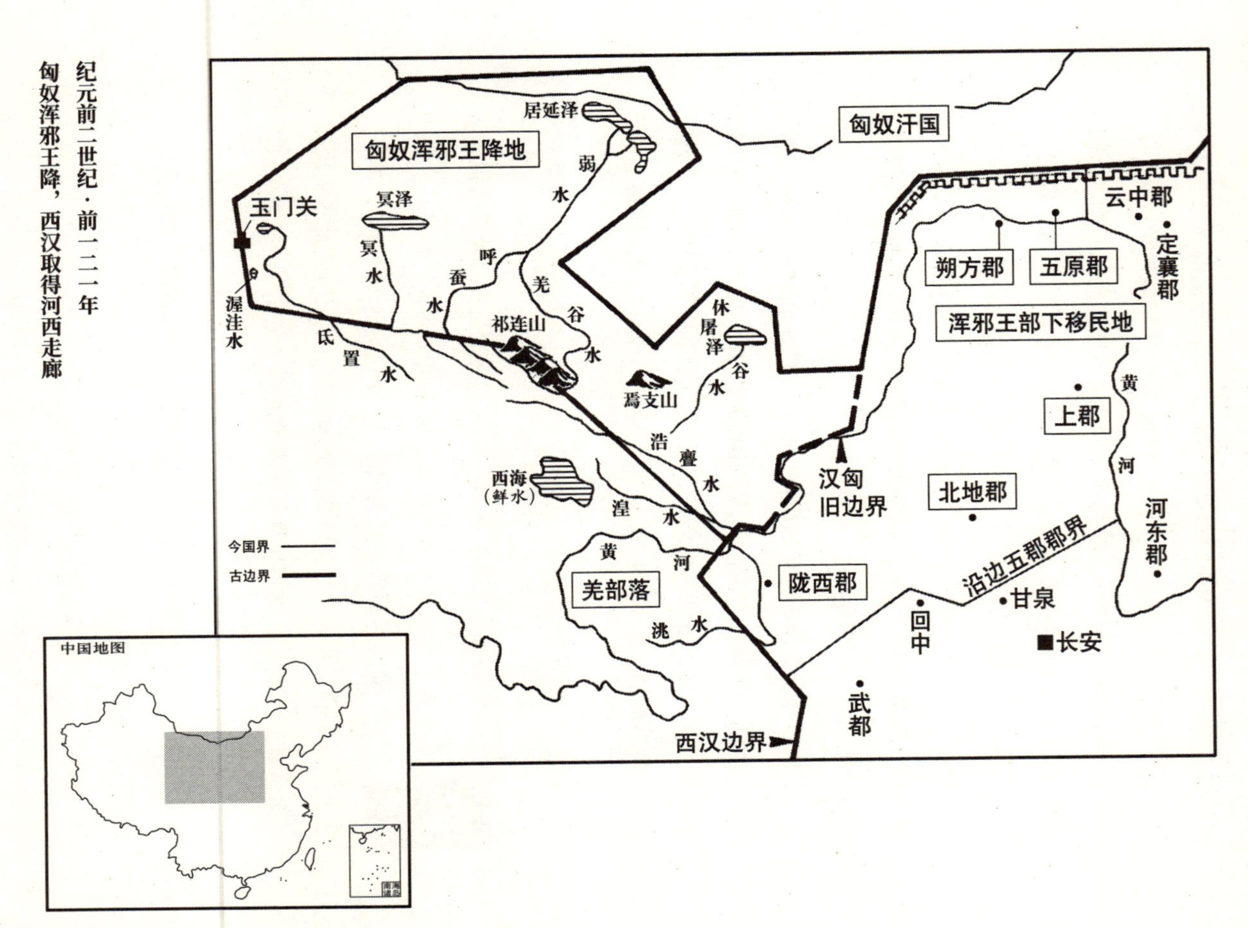


纪元前二世纪·前一二一年
匈奴浑邪王降，西汉取得河西走廊

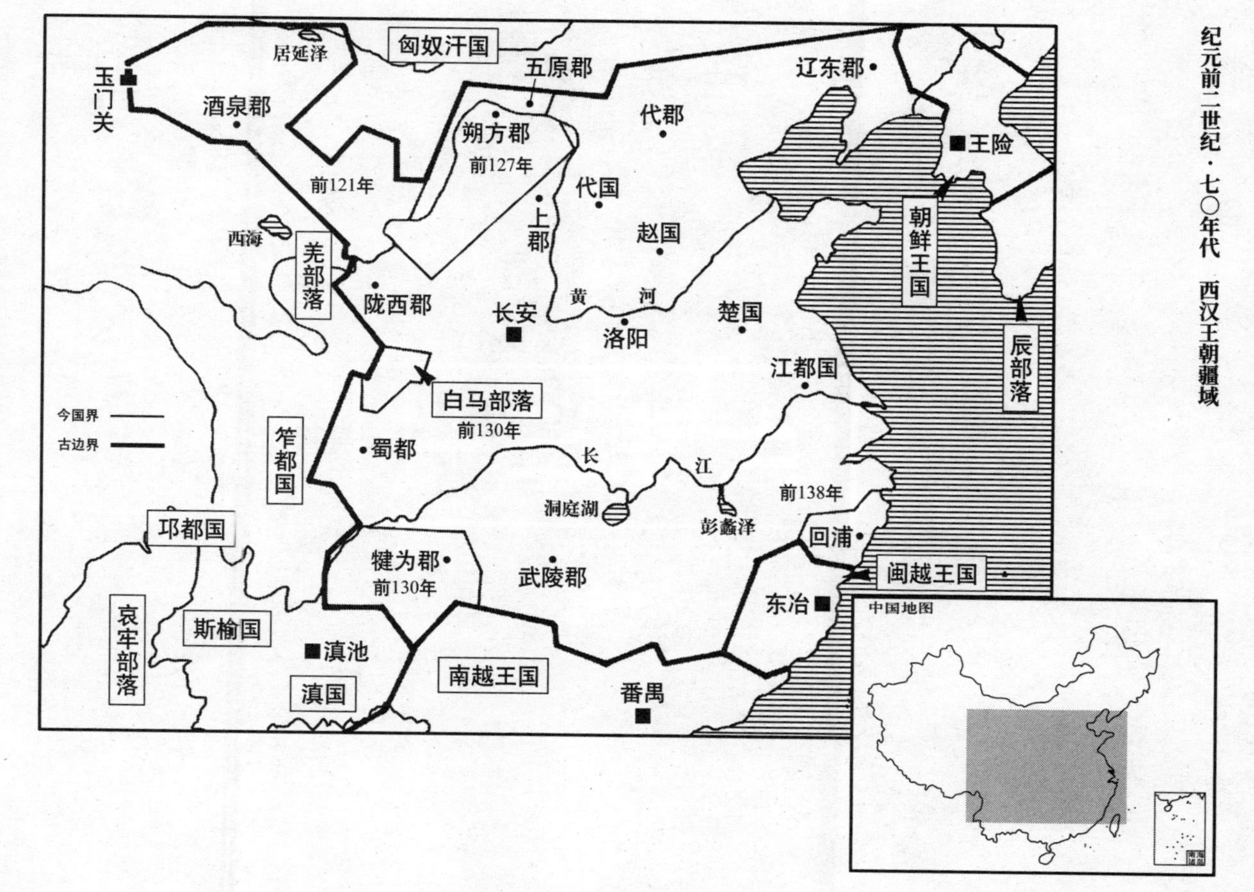


纪元前二世纪·七〇年代　西汉王朝疆域

# 开疆拓土

# 导读

本册定名《开疆拓土》，盖中国版图，在夏商周三个王朝，始终局限于三河流域——黄河、汾水、渭水。秦王朝并吞六国后，兵锋所及，领土才大幅扩张。虽然统治的时间很短，但是“大一统”的形象，开始创立。西汉王朝初建，又恢复到战国时代面积，西自临洮，东到东海，北到长城，南到南岭以北，恰是秦、楚、燕、赵、韩、魏、齐的总和。直到纪元前二世纪的六〇年代至九〇年代，四十年间，西汉王朝第七任皇帝刘彻在位，用武力开疆拓土，不但使版图增加两倍，跟秦王朝时代相符，而且更取得最重要的战略地带——河西走廊（甘肃省中西部）。这个庞大的广达五百万平方公里的陆上大帝国，在当时的已知世界上，唯我独尊。使其他所有的邻邦，惊恐慑服。跟西方的罗马帝国，遥遥相对（假使两大帝国那时发生武装冲突，将更壮观）。而这个庞大的版图，从此之后，两千年间，除了越南北部及朝鲜半岛北部脱幅而去外，其他地区，没有特别变动，在以后领土更猛烈扩张时，西汉王朝所拥有的疆域，被世人称为“中国本部”。

因为西汉政府的强大，所以也就在纪元前二世纪时，中国人开始被称为“汉民族”“汉人”（到了七世纪，又被称为“唐人”。不过事实上，从四世纪开始，中国人便自称和被称为“华人”或“中华人”）。

战争是残酷的，对敌人如此，对本国也是如此。在《资治通鉴》上，可看出中国人为开疆拓土付出的代价，同时也可看出中国跟罗马帝国许多不同之点，其中之一是，中国人的凝固力，比较坚强。所以罗马帝国瓦解后，不能复全，而中国虽经过“大分裂时代”和“小分裂时代”，却始终完整如初。

柏杨　一九八四·一·一五

## 目录

# 纪元前二世纪 八〇年代 前一二〇—前一一一年

- 封狼居胥山，禅姑衍。
- 发行“白鹿币”。
- 李广自杀。
- “腹诽”法。
- 设酒泉郡、武威郡。
- 中国并吞南越国。

- 希腊阿波罗神殿建立。
- 北非洲努米底亚国王继承人之一，侄儿朱古达继位，凶暴，引起罗马干预，称“朱古达战争”。

# 纪元前一二〇年 辛酉

西汉　元狩　三年

1 春季，东方天际，出现孛星。

2 夏季，五月，西汉王朝（首都长安〔陕西省西安市〕）赦天下。

3 最初，淮南王（首府寿春〔安徽省寿县〕）刘安阴谋叛离中央时，胶东（康）王（首府即墨〔山东省平度市〕）刘寄，多少听到一点消息，立即暗中整顿军事装备。后来司法部（廷尉）官吏在审讯过程中，有些嫌犯口供中牵连到刘寄。刘寄忧惧成病，竟然逝世，不敢指定继承人。刘寄的娘亲是皇太后王娡的妹妹，所以刘寄跟当今皇帝（七任武帝）刘彻（本年三十七岁）的关系，最为亲密。刘彻得到报告后，怜悯之心，油然而生。于是，封刘寄的长子刘贤继任胶东王，改故衡山国（首府邾县〔湖北省黄冈市黄州区〕）为六安国，封刘寄最喜欢的幼子刘庆当六安王（首府六县〔安徽省六安市〕）。

**4** 秋季，匈奴汗国（王庭设蒙古国哈拉和林市）几万骑兵，分两路攻击右北平郡（内蒙古宁城县西南）、定襄郡（内蒙古和林格尔县），屠杀及掳掠汉朝一千余人。

**5** 山东（崤山以东）大水成灾，人民饥馑。西汉帝（七任武帝）刘彻派出使节，命各封国、各郡，把仓库存粮全部拿出赈济，不准存留一粒，但仍不够供应。又鼓励地主富豪或官员人民，只要能借钱给贫民的，地方政府就把他的姓名专案呈报中央政府，由中央政府破格奖赏，但仍无法拯救（每天仍大批人饿死、疫死、淹死，灾情之惨，使人落泪）。于是，中央政府命贫民向关西（函谷关以西，就是广义的关中）迁移，一部分贫民更迁移到新成立的朔方郡（内蒙古杭锦旗北黄河南岸）跟新秦中（黄河河套）地区，共七十余万人，饮食衣着，都由地方政府供应，配给产业，凡数年之久。中央政府一个接连一个派出使节，分别照顾。费用以“亿”为单位，多到无法计算。

**6** 西汉政府既得到匈奴汗国浑邪王的领地——河西走廊（甘肃省中西部）。陇西郡（甘肃省临洮县）、北地郡（甘肃省庆城县西北马岭镇）、上郡（陕西省榆林市东南鱼河镇），越来越没有敌人入侵。刘彻下诏：“三郡的边防部队，裁减一半。”用以减轻人民征调的负担。 

**7** 刘彻决心攻击昆明地区（云南省中部）部落（因他们不断格杀汉朝派往身毒国〔印度〕的使节，并劫掠财宝）。那里有一个一望无际、广约三百华里的滇池湖（昆明湖），将来可能在水上作战。于是，命在首都长安西南，开凿人工湖，名昆明池，训练海军。

此时，法令更为严酷，低阶层官吏很多被判罪或被免职，而大军又不断出征，稍微有点家产的人，都向政府缴钱购买免除赋税的特权，或缴钱购买“五大夫”官阶（西汉王朝仍承袭秦王朝的官阶制度，由十二级“五大夫”起，就可以免除征调充当差役），这种情形下，政府能征调差役的人，越来越少。西汉政府于是提高免役官阶，“五大夫”（文官十二级）、“千夫”（武官七级。参考前一二三年六月），都应充当低级小吏，不愿当小吏的，再缴纳马匹。官吏们不尽忠职守，或玩弄法令的，都发配到首都长安（陕西省西安市）御花园（上林苑）里砍伐荆棘，挖凿昆明池。

**8** 本年（前一二〇），在遥远的西方蛮荒渥洼水（渥洼，音wò wā〔握蛙〕。渥洼水，是阳关〔甘肃省敦煌市西南五十八公里〕东南一绿洲），得到神马（南阳郡新野县人暴利长，因犯法被发配到敦煌〔甘肃省敦煌市〕屯田垦荒，常在渥洼水野马群中，看到一匹非常奇异，不同于其他野马的马。暴利长常跟当地土著捕捉野马，于是也把那匹奇异的马捕获，呈献皇帝，为了夸张这匹马不同凡品，故意说是从水里冒出来的，称为神马），刘彻正设立音乐署（乐府。这是“乐府”在史书中第一次出现，以后演变成乐章名），由司马相如等撰写“诗”“赋”，任命宦官李延年当音乐总监（协律都尉），佩二千石印信（二千石，部长级薪俸）。把新诗新赋，谱成歌曲，使吻合八音曲调（八音：金、石、丝、竹、匏、土、革、木），诗赋的辞藻深奥，仅只读通一经的知识分子（五经〔《诗》《书》《礼》《易》《春秋》〕中的任何一经），根本都看不懂，必须集合各经专家，在一起共同研究，才能了解它的意义（一首歌曲深奥到这种程度，不知道唱给谁听）。后来，得到“神马”，遂作为题材，由司马相如等写成诗赋，由李延年谱成歌曲。汲黯抗议说：“圣明君王制作乐章，对上要尊敬祖先，对下要教化人民。而今，陛下得了一匹马，就大肆作诗作歌，在皇家祖庙（太庙）中演奏，先帝（刘彻历代祖先）跟人民，能知道唱的是什么？”刘彻不说话，但大不高兴。

**9** 刘彻饥渴般的延揽高级知识分子，唯恐怕延揽不到。然而，他的性格严厉刻薄，不念旧情。重要官员之中，对有些人平常一向受到信任爱护，可是，偶尔犯点小错，或偶尔被发现欺瞒，立刻斩首，一点也不宽恕。汲黯规劝说：“陛下征求贤才，不遗余力。可是还没有等到他施展才干，就把他诛杀。天下高级知识分子的数量有限，供应你无限的诛杀，我恐怕高级知识分子就要绝种，还有谁帮助你共同治理国家？”汲黯越说越沉痛，怒形于色。刘彻看他的紧张神态，不禁大笑，解释说：“怎么说高级知识分子会绝种？告诉你，这种人多的是，只怕不肯发掘。只要细心发掘，还怕没有人才？人才，就是有用的工具。有才干而不肯完全施展，跟没有才干完全相同，不杀他杀谁？”汲黯说：“我虽然不能在言辞上说服陛下，但心里却认为陛下不对。愿陛下从今后，检讨修正，不要认为我愚笨而不明白道理。”刘彻对在座的高级官员们说：“汲黯自称投人所好，当然不是。自称愚笨，可一点不假。”

# 纪元前一一九年 壬戌

西汉　元狩　四年

**1** 冬季，西汉政府（首都长安〔陕西省西安市〕）主管官员报告：“政府经费，非常困难。而富商大贾（音gǔ〔古〕），开矿炼铁铸造钱币，又煮海水制造食盐，财富累积，黄金都在几十万两以上，却从不拿出来帮助国家的急需。请陛下重新铸造新的钱币，打击那些轻浮奸邪，以及并吞别人财产的人。”

这时，禁宫花园养有白鹿，而宫廷供应部（少府）多的是银和锡。于是，用一平方尺的白鹿皮，四边绣上五彩花纹，称为“皮币”。一张皮币，定价四十万钱。西汉帝（七任武帝）刘彻（本年三十八岁）下令：王爵、侯爵、皇族，凡是到首都长安朝觐，或互相聘问，或参加祭祀大典，呈献礼物或贡物时，都要放在白鹿皮币之上（致送礼物或呈献贡物时，要放到一个华贵的盘子上，这个盘子，称为“荐璧”。现在，规定把白鹿皮币先放到华贵的盘子上，当作“荐璧”。也就是要先用四十万钱购买一张白鹿皮币，才能呈献贡物或致送礼物。国家元首公开勒索敲诈，也是一奇）。

西汉政府又用银锡制造三种“白金币”（合金硬币）：大的圆形，图案是龙，价值三千钱。中的方形，图案是马，价值五百钱。小的椭圆形，图案是乌龟，价值三百钱。

西汉政府下令全国销毁半两钱（废除三铢钱，改铸半两钱事，参考前一三六年），恢复三铢钱。法令严苛：凡盗铸、伪制任何种类钱币的，一律处死。可是低级小官跟人民盗铸“白金币”的，不可胜数。

**2** 西汉政府任命东郭咸阳（东郭，复姓）、孔仅二人，同时担任农林部主任秘书（大农丞），负责矿产及制盐。桑弘羊以经济学的精密知识，也受到重用。东郭咸阳原是齐国（首府临淄〔山东省淄博市东临淄区〕）的著名盐商；孔仅原是南阳郡（河南省南阳市）的著名矿主，家产都累积数万两黄金。桑弘羊，是洛阳（河南郡郡政府所在县，河南省洛阳市东白马寺东）商人的儿子，精于心算，十三岁时，便当宫廷随从（侍中）。这三个人聚在一起讨论开辟国家财源的方法，分析到细微末节。

**3** 刘彻下诏：“凡私自铸造铁器，私自用海水制盐的，左脚穿铁鞋（钛刑。钛，音dì〔第〕。“钛刑”，是代替“刖刑”〔断脚〕的一种重刑，用四公斤的铁钳，钳住脚趾），器材没收。”

部长级官员又向刘彻建议：从事工商之类末技的人民，都要自己评估自己的财产，写成账簿，呈报政府。凡二千串钱（古代钱币，中心有一个方洞〔传到日本，则改作圆洞〕，用绳穿起来，一千钱称“一缗〔音mín·民〕”，或“一贯”，民间口语称“一串”），缴纳一百二十钱（一算）税捐。人民有小型马车（轺车），或有长度五丈以上船只的，都须缴纳税捐。隐藏财产不估价，或虽估价而不确实的，放逐边疆一年，财产充公。有人密告检举的，就用没收财产的一半，作为赏赐。

上述这些法令跟实施细则，大多出自最高监察长（御史大夫）张汤手笔，张汤每天朝会奏报，讨论国家财务，甚至讨论得很晚，刘彻连吃饭的时间都会忘掉。宰相（丞相）李蔡，不过呆在座位上充数，天下事都由张汤决定。

因为法令严苛，人民骚动，无法生活，全都怨恨张汤。

**4** 最初，河南郡（河南省洛阳市东白马寺东）人卜式，屡次捐赠家产给地方政府，作为边防军粮。刘彻派使节询问卜式说：“是不是想当官？”卜式说：“我从小种田牧羊，不懂做官规矩，不愿当官。”使节又问：“是不是家有沉冤，要向皇上申诉？”卜式说：“我生来跟人和平相处，没有纠纷。贫苦人家，借钱给他们；为非作歹的人，耐心教育他们。乡里人民，都尊重我的意思；谁来冤枉我！没有什么话禀告皇上。”使节说：“那么，你捐赠这么多财产，目的何在？”卜式说：“国家跟匈奴作战，是一种抵抗侵略的义战。我认为贤能的人应战死边疆，有钱的人应捐助国家。如此，匈奴才能消灭。”

刘彻认为卜式贤能，打算尊崇他以激励全国人民。于是，征召卜式当皇家警卫官（中郎），官阶左庶长（文官十一级），赏赐农田十顷；昭告天下，使全国都知道这件事。不久，又擢升卜式当齐国（首府临淄）亲王师傅（太傅。齐王刘次昌于前一二六年逝世，此时王位虚悬。要到两年后〔前一一七〕，刘彻才封皇子刘闳继任齐王）。



**5** 春季，东北天际，出现孛星。

夏季，西北天际，出现长星。

**6** 刘彻在军事会议上，宣布将再一次向匈奴汗国（王庭设蒙古国哈拉和林市）发动攻击。他说："匈奴采纳赵信的建议（参考前一二三年），远走瀚海沙漠以北，认为汉朝军队不能穿过沙漠，即令穿过，也不敢作较久的停留。这次我们大举进攻，一定要得到我们想得到的。"挑选用黍米（即粟米，北方人称"小米"）饲养的战马十万匹（马的普通饲料是草，今用人类食用的黍米饲养，体格强壮），由全国最高统帅（大将军）卫青、票骑将军霍去病，各率精锐骑兵五万人，官兵们自己另带的私马，也有四万匹，步兵数十万人运送粮秣辎重，紧跟在骑兵大军团之后开拔。

骁勇善战，敢深入搏斗的壮士，都交给霍去病。

刘彻本来命霍去病从定襄郡（内蒙古和林格尔县）出塞，直接攻击匈奴单于（五任）挛鞮伊稚斜。稍后，从俘虏口中得知，挛鞮伊稚斜远在东方。于是，战斗序列重新调整。刘彻命霍去病从东方代郡（河北省蔚县）出塞，改命卫青从定襄郡（内蒙古和林格尔县）出塞。

宫廷禁卫官司令（郎中令）李广，屡次请求出征。刘彻认为他年纪已老，不准。很久之后才勉强允许，任命李广当前将军，命交通部长（太仆）公孙贺当左将军，命诸侯接待总监（主爵都尉）赵食其当右将军，命平阳侯曹襄当后将军，都隶属全国最高统帅（大将军）卫青。

匈奴翕侯赵信向单于（五任）挛鞮伊稚斜建议说："汉朝军队不知道厉害，竟打算穿过瀚海沙漠。到时候，人困马乏，匈奴坐在板凳上，就可以俘虏他们。"于是，下令所有部落跟辎重，向北再行撤退，把精锐部队留在瀚海沙漠北部边缘地带埋伏。

卫青大军既出定襄郡（内蒙古和林格尔县），得到挛鞮伊稚斜所在的情报，亲自率领精锐骑兵挺进。命前将军李广所部，跟右将军赵食其合并，在右翼护卫——右翼必须向东方绕一个大圈，路远，而水草又少。李广请求说："我的任务本是先锋，元帅却改变部署，调我到东方充当右翼。我自从十六岁少年时，便跟匈奴作战，直到今天，才有机会和单于面对，我愿仍担任先锋，拼死都要生擒单于。"卫青所以如此变更部署，因刘彻暗中吩咐过，说李广年纪已老，命运乖错，不要让他面对单于，怕劳而无功，使单于逃遁，达不到捕获目的。而公孙敖最近失去侯爵，卫青打算让公孙敖当先锋，跟自己同时对付单于，所以才调开李广（公孙敖失去侯爵事，参考前年〔前一二一〕。公孙敖是卫青好友，曾救过卫青，参考前一三九年。卫青借此使他立功，恢复爵位）。李广知道内情，越发坚决的一再向卫青要求准许他仍担任先锋，卫青拒绝。李广知道无望，也不行礼，转身就走，毫不掩饰他的失态和忿怒。

卫青出塞（定襄郡），向北挺进一千余华里，才穿过瀚海沙漠，发现匈奴单于（五任）挛鞮伊稚斜亲统的匈奴兵团，正严阵以待。卫青命铁甲车（武刚车）迅速环绕成一个坚固阵地，派出五千骑兵发动攻击，匈奴出动约一万余骑兵迎战。战斗惨烈，厮杀到黄昏，忽然刮起暴风，沙砾卷入半空，撞击人脸，尘土滚滚，一片黑暗，双方军队互相不能分辨。卫青下令留守铁甲车阵地的大军，分别向左右两翼展开，用大迂回攻击匈奴兵团后卫。挛鞮伊稚斜发现汉朝军队数量竟如此之多，而人壮马肥，大为震惊，知道无法取胜，于是，跨上六匹健骡（骡，父驴母马，交配而生，快不如马，但坚忍之性，远超过马），在精锐骑兵数百人保护下突围，向西北飞奔而去。

这时，夜幕已垂，战场上双方战士，仍喋血搏斗，喊声震天，双方死伤都差不多。汉朝左翼指挥官（左校）在俘虏口中得到消息：挛鞮伊稚斜已在天黑前逃走。立即派出轻骑兵连夜追击，卫青率大军随后急进。沙场上正在血战的匈奴官兵，发现被单于遗弃，军心大乱，霎时瓦解，四散逃命。卫青大军乘夜挺进。天亮时，已行军二百余华里，四顾苍茫，看不见匈奴兵团踪影，但斩杀及俘虏匈奴平民一万九千人，遂进抵寘颜山（即卢山，今地不详。寘，音tián〔田〕）赵信城（地望在今蒙古国哈拉和林市东南。赵信投降匈奴，参考前一二三年），夺取匈奴汗国积存的粮秣，供应自己军队，停留一天，放火烧城，房舍和残存的粮秣，完全化成焦土，然后班师。

**7** 前将军李广跟右将军赵食其率军前进，没有向导，在瀚海沙漠中迷失道路，一直追不上卫青，因此也没有赶上与匈奴单于（五任）挛鞮伊稚斜的大会战。卫青班师途中，到了瀚海沙漠南部，才跟二人取得联络。卫青派秘书长（长史）诘问二人失期的原因，命李广的幕僚马上到统帅部听候审讯。李广说：“我部下指挥官（校尉）没有罪，是我自己迷失道路，我要亲自到统帅部报到。”然后对他的部下说：“我从十六岁开始，跟匈奴大小七十余战，而今，有幸追随最高统帅（大将军卫青）出兵，直挑单于，而最高统帅把我调到右卫，距离遥远，而又迷失道路，岂不是上天要我如此。我今年已六十有余，不能面对那些舞文弄墨的军法官之类小吏。”说罢，拔刀自刎。

李广，为人廉洁慷慨，得到的赏赐，都分给部下，饮食宿住，跟士卒一样，同甘共苦。身为上将（二千石）四十余年，身死之后，家中没有多余的财产。他臂如猿猴，长而有力，精于骑射，没有把握射中目标，绝不发箭。部队行军遇到困境，发现水源，士卒没有全体喝够，李广一滴也不下口；士卒没有吃饱，李广也绝不进食。官兵爱戴，乐于接受他的驱使。死讯传出，全军痛哭。民间听到消息，无论认识或不认识，无论老年人或壮年人，都垂泪流涕。右将军赵食其单独交付审判，缴纳赎金，免死，贬作平民。

古书（《论语》）有言："身体力行，作为表率，虽没有命令，部属也会遵照去做；不能身体力行，不能作为表率，就是喊破喉咙，部属也不会听从。"正是李广将军的写照。我曾亲眼看见过李广将军，温和平易，跟小人物一样，不善言辞。逝世之后，知道他的或不知道他的，都为他悲哀，他的忠诚和信誉，活在人民心中。谚语说："桃树李树，不会说话，树下却被踏出路径。"虽是指小事，却可以用来观察大事。

李广是一代英雄，中国历史上最伟大的将领之一。指挥作战，来去如风，匈奴汗国称赞他是"飞将军"，九百年后的唐王朝诗人王昌龄有诗："但使龙城飞将在，不教胡马度阴山。"充分显出人民对他怀念的深远。

然而，李广却不得其死，使人痛惜，这是一桩千古疑案。李广从军四十年，大小七十余战，即令在本国之内大平原上平时行军，还有向导，此次身负重要任务，不但深入敌国，更深入沙漠，如果没有向导，根本寸步难行，即令是白痴，也知道非有向导不可，何以竟没有向导？向导误道有可能，无向导则绝不可能，其中定有蹊跷。卫青宣称是接受刘彻的秘密指令，才把李广调为右卫。如果刘彻这么肯定自己的判断，他一开始就应该任命李广当右卫，甚至任命李广当后卫，难道李广敢不接受，就在金銮宝殿上顶撞？当时刘彻却是任命李广当先锋的，又何必多一番折腾？

对这些，我们无法解释。一定要解释的话，我们认为，这是一项官场上互斗的阴谋。向导如果不是被杀，便是被仓猝调走，使李广没有时间去寻人接替。司马迁满腔悲愤，迫于政治压力，不敢明言，而只强调"无导"，供后人深思。至于秘书长态度之严峻，不过是周霸之流（参考前一二三年），但也可能就是卫青授意。

史料不多，我们不敢自信这种判断没有错误，但这位名将之死，确实带给我们一片疑云。

**8** 匈奴汗国单于（五任）挛鞮伊稚斜突围后，战场上有组织的战斗瓦解，士卒四散逃奔，往往跟汉朝的进攻部队，混杂在一起前进，希望找到他们的领袖。而挛鞮伊稚斜却一直下落不明，群龙无首，各部落震撼。右谷蠡王误以为挛鞮伊稚斜已经死亡，遂自称单于。直到十余天之后，挛鞮伊稚斜在惊魂初定后出现，集结他的部落，右谷蠡王才去掉单于称号。

**9** 票骑将军霍去病率领的骑兵部队和辎重，跟舅父、全国最高统帅（大将军）卫青率领的部队和辎重相等，但没有副将，于是把一些中级军官李敢（李广的儿子）等，命他们代理指挥官。从代郡（河北省蔚县）、右北平郡（内蒙古宁城县西南）出塞，向北挺进二千余华里，渡过瀚海沙漠，跟匈奴汗国东部兵团遭遇（匈奴汗国强大时所领土地，东起西辽河，西到新疆北部，面积庞大，管辖不易，于是分为三个军区，中部军区由单于直接主持，东部军区由左贤王主持，西部军区由右贤王主持，霍去病遭遇的是左贤王的部队）。霍去病发动猛烈攻击，左贤王的东部兵团大败溃散。霍去病尾追，俘虏屯头王、韩王等三位亲王，以及将军、宰相、带兵官（当户）、军区司令（都尉）等八十三人。于是在狼居胥山（蒙古国乌兰巴托市东肯特山）祭祀天神，在姑衍山（乌兰巴托市东南三十公里）祭祀地神（这就是名垂史册的“封狼居胥山，禅姑衍”），回顾瀚海沙漠，豪气上干霄汉，共格杀及俘虏匈奴官兵七万零四百四十三人。

**10** 刘彻加封霍去病五千八百户人家，又封他的部将：右北平郡（内蒙古宁城县西南）郡长（太守）路博德等四人侯爵（路博德封邳离侯、卫山封义阳侯、复陆支封杜侯、伊即轩封众利侯）。从票侯（爵名）赵破奴等二人，增加封户（赵破奴跟昌武侯赵安稽，各增加三百户人家）。指挥官（校尉）李敢，封关内侯，特准有采邑（李敢封二百户人家。关内侯本无采邑）。军中小吏、士卒们纷纷升官，得到赏赐的人很多。而全国最高统帅（大将军）卫青，不再封赏，部将中也没有人晋封侯爵。

这次出击，西汉王朝大获全胜，但损失也十分惨重。两路大军出发时，军马及私马共十四万匹，班师入塞时，只剩下不到三万匹（十一万匹马丧生塞外，人员虽无报导，可推知伤亡之重）。

于是，增设全国武装部队最高指挥官（大司马）一职，由全国最高统帅（大将军）卫青、票骑将军霍去病，舅甥二人，分别担任。刘彻下令，擢升票骑将军及全国最高统帅（大将军）的官位和俸禄，完全相等。

自此之后，卫青的权势日渐衰退，霍去病的权势日渐尊贵。卫青的摇尾系统——一些老友、门客，纷纷见风转舵，前往投

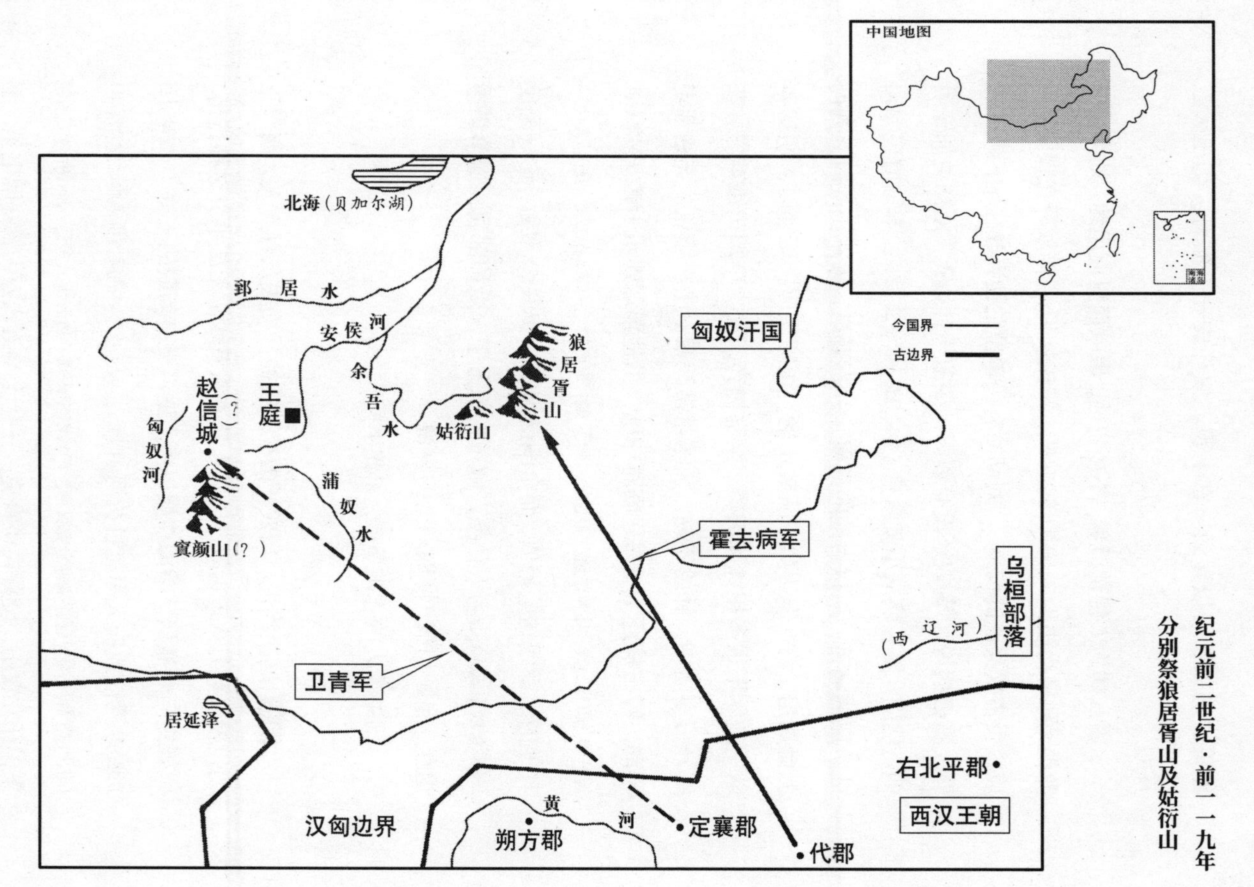


纪元前二世纪·前一一九年
分别祭狼居胥山及姑衍山

靠霍去病，都可以弄到一官半职。只任安一身傲骨，仍出入卫青门下。

霍去病为人稳重沉着，不多说话，果敢而反应迅速。刘彻曾想教他《孙吴兵法》（孙，孙武；吴，吴起），霍去病说："作战只在谋略，不应该受古代兵法的拘束。"刘彻命有关单位给他兴建住宅，教他去看，霍去病说："匈奴还没有消灭，要家干什么？"刘彻更加宠爱他。然而，霍去病从小就富贵（舅父卫青，姨妈卫子夫），不知道民间和低阶层的痛苦，所以对他的部属，并不爱惜。大军出战时，刘彻派御厨房（太官）率厨房车队数十辆，跟随供应。班师时，厨房车队中还剩下很多粮秣和肉类，全部抛弃，而士卒却饥饿难忍。在塞外行军途中，补给不易，大军常常缺粮，士卒疲惫，连路都走不动，霍去病还下令兴建临时球场，供他踢球娱乐（西汉王朝之后数百年间，踢球游戏，甚为普遍。原文："蹋鞠"，鞠，里面塞毛的球；游戏规则已经失传）。其他的事都跟这些相似。而全国最高统帅（大将军）卫青，恰好相反（他从贫贱中成长），为人仁慈，敬重知识分子，爱护部属，遇事谦虚退让，温顺和气，博取刘彻的喜悦。

甥舅二人的志趣节操，如此不同。

**11** 这次战役，匈奴汗国被杀被掳，损失八九万人，西汉王朝也损失数万人。匈奴汗国的人口本来就少，无法承受这种打击，只好更向北撤退，瀚海沙漠以南，遂再没有匈奴的王庭（匈奴单于所在地）。西汉政府大军渡过黄河（河套），从朔方（内蒙古杭锦旗北黄河南岸）向西直到令居（甘肃省永登县西。两地航空距离六百五十公里），不断挖掘沟渠，开发农田，设置农耕官吏，驻扎士卒五六万人，就地屯垦，逐渐蚕食匈奴汗国领土。然而，因为战马死亡过重，西汉政府也没有力量再度大举进攻。

匈奴汗国采纳赵信的建议，派遣使节到西汉王朝，善言温语，请求和解。刘彻命高官会议研究，有人主张答应和解，有人主张强迫匈奴汗国作为西汉王朝的臣属。宰相府秘书长（丞相长史）任敞说："匈奴新近破败，应该乘机使它屈服，作为臣属，教他们的单于，就在边界上朝拜。"刘彻认为那可是奇妙的美境，派任敞前往，说服匈奴归顺。然而匈奴汗国不是南越王国（参考前一七九年），单于（五任）挛鞮伊稚斜发现任敞前来的任务不是和解，而是招降，火冒三丈，下令扣留任敞。

**12** 当时，研究官（博士）狄山，坚持和解对国家有利。刘彻询问最高监察长（御史大夫）张汤，张汤说："他只是个愚蠢的书呆子，无知无识。"狄山说："我固然愚蠢，但我愚忠。像张汤，可是诈忠。"刘彻把脸拉下来，问："我派你当郡长，你可有办法使匈奴不进犯？"狄山说："不能。"刘彻问："派你当县长？"狄山说："不能。"刘彻问："派你守一个亭障碉堡？"狄山发现刘彻要逼死他，如果再说"不能"，势必交付军法审判，祸不可测，只好硬着头皮说："能。"刘彻遂派狄山前往边塞一座亭障碉堡。一个月后，匈奴攻击，砍下狄山人头而去。

自此，政府官员全体震恐，没有人敢惹张汤。

**13** 本年（前一一九），汲黯犯法免职（不知道犯什么法）。刘彻任命定襄郡（内蒙古和林格尔县）郡长（太守）义纵，继任首都长安特别市长（右内史）；河内郡（河南省武陟县）郡长王温舒，继任首都长安警备区司令（中尉）。

最初，宁成当函谷关（河南省灵宝市东北）驻军司令（都尉），严厉苛刻，横暴不可一世。平民和低级官吏出关入关，都受到可怕虐待，一致哀号说：“宁愿碰到正在喂崽子的母老虎，也别碰到宁成发怒。”稍后，政府任命义纵当南阳郡（河南省南阳市）郡长，走马上任，途经函谷关。宁成是南阳人，对义纵异常恭敬，远远的到关外迎接，隆重而盛大招待，再远远送出关外，侧着身子走在路旁，不敢平起平坐。

义纵到南阳郡就任之后，调查宁成家族罪状，大肆逮捕，宁成家族霎时屠灭。南阳郡的官吏跟人民，无不震恐，颤抖得连一只脚都不能移动。后来，义纵调定襄郡（内蒙古和林格尔县）郡长，一到任，就对监狱作突击检查，把狱中囚犯，无论重罪轻罪，或正在讼诉中的被告，约二百余人；连同当天前往探望囚犯的亲友，也有二百余人，一起逮捕，说：“我为你们这些该死的人，解脱痛苦！”当天，四百余人，全部诛杀。郡民一谈起义纵，毛发都往上竖。当时，赵禹、张汤，以执法残酷，位居部长（九卿）高位，但他们还多少依照法令行事。义纵不然，把法律完全放到脑后，像苍鹰搏击野兔一样，随时发出致命一击。

王温舒当初在广平郡（河北省曲周县东北）当民兵司令（都尉），遴选郡中土豪恶霸十余人，做他的部属。王温舒掌握他们犯法的阴私，用来要挟他们捕捉盗贼。凡听从命令，使王温舒大快心意的，不管他从前犯过什么重罪，完全不问。如果不尽力捕捉盗贼，王温舒就翻旧案，屠杀他的全族。因此，齐（山东省）、赵（河北省中部南部）一带的盗贼，不敢接近广平郡。当时广平郡治安良好，有“路不拾遗”的美好名誉。后来，王温舒调任河内郡（河南省武陟县）郡长，九月间到差，命郡政府特别供应他专用的五十匹驿马，然后搜捕郡中豪杰或恶名昭彰的土豪劣绅，互相牵连一千余家。奏报中央：罪大的诛杀全族，罪小的诛杀一身，家产全部没收，以偿还所收受的赃物。奏章发出不过两三天，就得到中央批准公文，以至血流十余华里，郡中都惊骇中央批示神速。直到十二月过完，郡中一片寂静，没有人敢大声说话，也没有人敢夜间出门；虽荒村僻壤，也听不到狗叫。凡逃亡的罪犯，王温舒派人到附近郡县追缉。转眼之间，正月来临，王温舒跺脚说："糟透了，冬季如果能延长一个月，就足够我发挥。"（古时传统，冬尽之后，不再刑杀；要到立秋才恢复。）

**柏杨曰**

武陟与西安，航空距离四百余公里，中间还隔着一条黄河和万重崤山。王温舒发出奏章后，两三天便得到中央批准公文，即令驿马如飞，也不可能。何况中央政府收文之后，还要呈阅、拟办、会办，以及批示，熟悉官场作业程序的人都会了解，即令以最速件处理，也要十天半月。我们怀疑王温舒手中握有空白批文，驿马奔驰，不过向外人表演。即令批文是实，那种速度，同样使人懔然发现：任何酷吏，他自己不能单独作恶，中央都有支持他作恶的当权黑手，上下配合，才能行凶，酷吏看起来手握生死，事实上不过该当权黑手的一个可怜工具！

刘彻听到他们（义纵、宁成、王温舒）的政绩，认为贤能，所以特别擢升到部长级（中二千石）官位。

**14** 齐国（首府临淄）人少翁（姓不详），会召唤鬼神，刘彻大为宠信。正好刘彻最心爱的王夫人（皇子刘闳的娘）逝世，由少翁施展法术，夜半时分，先请刘彻坐在帷帐之中，然后王夫人鬼魂出现，正是生前相貌（《汉书》把这件事写到《李夫人传》里，古今相承，都以为招的是李夫人的魂。但李夫人逝世时，少翁早已死亡。《资治通鉴》采《史记·封禅书》记载，认为是王夫人的事）。刘彻大喜，封少翁当文成将军，发给很多赏赐，当作客人看待（不把他当作臣僚，表示尊敬）。

少翁建议刘彻兴建甘泉宫，在宫中筑高台（陕西省淳化县西北，本有甘泉宫，此时可能专指筑高台之事）。台上筑屋，供奉天神、地神、北极星神，设置各种祭祀用的法器，准备招请天神。

一年有余，少翁的法术越来越不管用，神仙不再降临，少翁不得不再弄玄虚，于是自己把字写到绸缎上，拌到饲料中，让牛吞下，假装着不知道，对刘彻说："这只牛肚子里有奇怪的东西。"把牛杀掉后，取出绸缎，上面的文字非常古怪。然而刘彻却看出是少翁的笔迹，严厉诘问，少翁只好承认伪造，于是斩少翁。为了不愿天下人知道自己被人愚弄，刘彻下令保密。

# 纪元前一一八年 癸亥

西汉　元狩　五年

**1** 春季，三月十一日，西汉王朝（首都长安〔陕西省西安市〕）宰相（丞相）李蔡，被指控侵占六任帝（景帝）刘启墓园墙外空隙地（堧地。即空地、间隙地、余地），在其中安葬家人。刘彻命交付审判，李蔡自杀（祭庙外空隙地也好，坟墓外空隙地也好，害人不浅，连皇帝〔刘启〕之子〔刘荣〕，都得杀头，参考前一五〇年，何况宰相？但晁错虽然在上面大动土木，却平安无事，参考前一五五年，这是传统文化里的“说不准学”）。

**2** 西汉政府下令取消三铢钱（去年〔前一一九〕，取消半两钱，改铸三铢钱），另铸五铢钱。民间盗铸更多，故楚王国地区（长江、淮河流域）尤其严重。

西汉帝（七任武帝）刘彻（本年三十九岁）认为：淮阳郡（河南省周口市淮阳区）处于故楚王国的边缘，又是交通要冲，于是，征召被免职在家的汲黯，出任淮阳郡长（太守）。汲黯伏在地上坚辞，不肯接受印信。刘彻一再强迫，才不敢拒绝。汲黯流泪说："我自以为老死无用，身躯将填沟渠，不能再拜见陛下，想不到陛下还会用我。我身染狗马之疾（可怜的摇尾乞怜症，臣之于君，好像狗马之于主人），体力无法处理郡政府的繁重工作。我愿意当一名皇家警卫官（中郎。郡长属部长级官员，二千石。皇家警卫官属中低级官员，不过六百石。但郡长在外，皇家警卫官常在皇帝身旁，接近权力魔杖），出入宫廷，希望能进言补救陛下的过失，或提醒陛下偶尔忘记的事。"刘彻说："你瞧不起淮阳郡呀，没有关系，我马上就调你回来。只因淮阳郡官吏人民都不能称职，才借重你的威望，不一定要办公，躺到床上就行。"

汲黯既告辞，拜访外籍官民接待总监（大行）李息，说："我被抛弃到郡长的位置上，只不过是一个地方官，再不能参与中央高阶层会议。最高监察长（御史大夫）张汤，智谋足以拒绝规劝，狡诈足以颠倒是非（这两句话是周王朝加到商王朝末任帝子受辛头上的评语），用巧妙的马屁，跟复杂的言词，专门迎合领袖的心意，不肯为天下正义说一句话。领袖不喜欢的人，他乘机摧毁；领袖喜欢的人，他乘机赞扬。喜爱扩大事件，卖弄法律知识。内怀奸诈，以左右领袖的心意。外则依靠老奸巨滑的官吏，建立自己的威望。你位居九位部长（九卿）之一，如果不早一天揭发，恐怕会跟他同时受到灾祸。"然而，李息畏惧张汤，不敢张口。后来，张汤事情败露（参考前一一五年），李息牵连在内，受到处分。

刘彻下令提升汲黯的待遇跟封国宰相（诸侯相）相等（郡长年俸"二千石"，实发一千四百四十石〔每月一百二十石〕。封国宰相年俸"真二千石"，实发一千八百石〔每月一百五十石〕)。汲黯在淮阳郡(河南省周口市淮阳区)十年，逝世。

**3** 刘彻下诏：凡地痞流氓、土豪劣绅，一律强制放逐到边塞。

**4** 夏季，四月二日，刘彻任命太子教师(太子少傅)武强侯庄青翟当宰相(丞相)。

**5** 刘彻在鼎湖宫病重(宫在湖县，传说黄帝姬轩辕开采首阳山铜矿，在湖畔铸鼎。今河南省灵宝市西)，巫师医师，全都请遍，而仍无起色。之前，游水发根(游水，复姓)介绍上郡(陕西省榆林市东南鱼河镇)一位巫师——本来不是巫师，只因生一场大病，神灵附体，才成为巫师。刘彻请他前来，安置在甘泉宫(陕西省淳化县西北)。现在，派人问附体的神灵。经过一番仪式后，神灵回答说："天子不必担心害病，等病稍好一点，勉强来甘泉宫跟我相会。"不久，刘彻的病果然痊愈，于是前往甘泉宫。等到完全复原，在长安(陕西省西安市)寿宫(特别为神灵兴建)中，供奉感恩酒筵。人们并看不到神灵，但听见他说话，跟人的声音一样。时去时来，降临时略有微风，单独住在帷帐之中。神灵吩咐的话，刘彻派人在帷帐外记录，称"画法"(用刀笔画下法术之意)。所吩咐的话，平淡无奇，世间人人皆知，毫无特别之处，只刘彻一个人心中暗喜。事属宫廷高度机密，外人不知道内情。

当时，刘彻病势刚刚好转，立刻启程从鼎湖宫前往甘泉宫，经过首都长安(右内史)辖境，看见道路败坏，刘彻大怒若狂，说："义纵(首都长安特别市长)可是认定我再也不走这条路了。"怀恨在心，只等机会报复。

# 纪元前一一七年 甲子

西汉　元狩　六年

1 冬季，十月，降雨，水不结冰（阴历冬季十月，北中国很少降雨，多数降雪，而且定会结冰。此记气候反常）。

2 西汉王朝（首都长安〔陕西省西安市〕）皇帝（七任武帝）刘彻（本年四十岁）既颁布“缗钱令”（前年〔前一一九〕，刘彻下诏：要商人自己评估财产，拒绝评估或评估不实的，放逐边疆一年，并没收财产；告密者可得到没收财产一半的赏赐），而又尊崇卜式，希望作为榜样，可是得不到回应，没有人肯老老实实的把财产报告给地方政府。刘彻命杨可负责纠察，并主持告密案件，杨可派出人员，四处调查。义纵认为这些人都是乱民，把他们逮捕。

刘彻报复的时机已到，指责义纵拒抗圣旨，逮捕义纵，绑赴街头斩首。

**3** 宫廷禁卫官司令（郎中令）李敢，怨恨全国最高统帅（大将军）卫青逼死他老爹李广（参考前一一九年），向卫青发动突击，卫青受伤。但卫青为人敦厚，大度包容，不告诉别人。然而，他的外甥票骑将军霍去病却为舅父报仇。不久，李敢随从刘彻前往雍县（陕西省宝鸡市凤翔区），到甘泉宫（陕西省淳化县西北）打猎，霍去病把李敢射杀。

这时霍去病正受宠爱，刘彻特别掩饰这件凶闻，宣称李敢被鹿撞死。

**4** 夏季，四月二十九日，刘彻在皇家祖庙（太庙）中，封皇子刘闳当齐王（首府临淄〔山东省淄博市东临淄区〕）、刘旦当燕王（首府蓟县〔北京市〕）、刘胥当广陵王（首府广陵〔江苏省扬州市〕），开始使用一种“诰策”（用艰涩的文言文书写的任命状），表示隆重。

**5** 自从发行“白金币”（参考前一一九年）、“五铢钱”（参考前一一八年）以来，低级官员和平民们，纷起盗铸，被捕处死的多达数十万人，没有发觉的，更无法计算。可是天下人差不多都在盗铸，几乎人人犯法，政府不能全部诛杀。

**6** 六月，刘彻派研究官（博士）褚大、徐偃等六人，分别到各郡、各封国视察，纠举并吞贫民耕地的大地主，跟违法失职的郡长和封国宰相，以及其他犯罪官员。

**7** 秋季，九月，冠军侯（景桓侯）霍去病逝世。刘彻十分哀伤，特地给他盖一座大墓（墓在陕西省兴平市东北茂陵东侧），形状好像祁连山。

最初，霍仲孺辞职回家（霍仲孺本平阳县〔山西省临汾市〕小官，调到平阳侯曹家当差，跟婢女卫少儿〔卫青的姐姐〕私通，生霍去病。参考前一二三年）；后来霍仲孺另娶妻子，生子霍光。霍去病一直由娘亲卫少儿抚养，等到长大成人，才知道老爹是谁。后来擢升票骑将军，率军北上攻击匈奴汗国（王庭设蒙古国哈拉和林市），经过河东郡（山西省夏县），派人把老爹请来相见，给他大肆购买田宅奴婢。班师回来，顺道把异母弟霍光带回长安，担任宫廷禁卫官（郎），逐渐升迁到御车总监（奉车都尉，比二千石，部长级官员）、特级国务官（光禄大夫）。

**8** 本年（前一一七），农林部长（大农令）颜异处死。

最初，颜异以廉洁正直，深受上级欣赏，升到部长地位。刘彻跟张汤既商定制造"白鹿皮币"（参考前一一九年），询问颜异意见，颜异说："亲王、侯爵，朝见祝贺的礼物，都是白色璧玉，价值不过数千钱，而用来作为衬垫的白鹿皮，反而价值四十万，主客本末，全不相称。"刘彻大不高兴。张汤对颜异一向不满，现在正是报复良机。于是，遂有人检举颜异某一件事犯法（又一场"有人型"冤狱，这位"有人"，如果不是刘彻，定是张汤），案件交张汤审理。原来有一次，颜异跟朋友聚会，一位客人批评某一项法令不很恰当，颜异没有作声，只微微的把下唇往外翻了一下。张汤认为已足以证明罪大恶极，奏称："颜异身为部长（九卿），见到法令有不恰当之处，不坦诚向皇上陈述，却邪恶的在肚子里诽谤，应处死刑。"

自这件事后，西汉王朝政府遂有"腹诽"判例。政府高级官员，人人恐惧，只好谄媚阿谀，以求保身。

**柏杨曰**

秦王朝是一个野蛮部落建立的政权，所创立的屠灭三族酷刑，一直保持到纪元后十九世纪才算结束。这种惨无人道的法律，虽然不断宣布被废除，但帝王一念之间，立刻就又恢复，没有人敢提出异议。以"仁义"自许的高级知识分子，二千年来，噤若寒蝉。使中国的政治斗争比世界任何国家（包括被瞧不起的夷狄之邦），都更残忍，也使中国人缺少培养独立自主人格的土壤。每一个人的行为后果，全族都要分担。明哲不但可以保身，还可以保家保族。明哲意义，就是畏缩圆滑、权势崇拜、丧尽礼义廉耻。

西汉王朝除了继承秦王朝的诛杀三族酷刑外，更发扬光大。在周亚夫案件中，发明了"地下谋反学"。在颜异案件中，发明了"腹诽学"——心理叛变。"诬以谋反"的法宝，遂有七十二种变化，中国人的苦难，不是到了后来才有，古代便已如此，法律尊严被侮辱到如此程度，古圣先贤，从没有人敢兴起改革之念，后果由我们这些子孙，全部承当。

# 纪元前一一六年 乙丑

西汉　元鼎　元年

1 夏季，五月，赦天下。

2 西汉王朝（首都长安〔陕西省西安市〕）济东王（首府无盐〔山东省东平县东南〕）刘彭离（五任文帝刘恒孙，梁王刘武子。参考前一四四年），骄傲、凶悍；黄昏之后，常率领奴仆跟一批玩命少年数十人，突击行旅，杀人抢劫财物，成为一种娱乐嗜好，仅只被发觉的被害者，就有一百余人之多。于是撤除王爵跟封国，刘彭离贬逐上庸（湖北省竹山县西南上庸镇）。

# 纪元前一一五年—丙寅

西汉　元鼎　二年

1 冬季，十一月，西汉王朝（首都长安〔陕西省西安市〕）最高监察长（御史大夫）张汤有罪，自杀。

最初，总监察官（御史中丞）李文，跟张汤怀有宿怨。张汤最宠信的小职员鲁谒居，为了替主人铲除政敌，暗中派人上书皇帝，检举李文。案件交给张汤审理，张汤引用法律条文，诛杀李文。张汤知道是鲁谒居干的勾当，心存感激。

西汉帝（七任武帝）刘彻（本年四十二岁）偶尔问起案发原因，张汤假装毫不知情，而且还作大吃一惊状：“可能是李文的仇家干的。”后来，鲁谒居卧病，张汤前往探视，亲自给他按摩双脚。消息传到赵王（首府邯郸〔河北省邯郸市〕）刘彭祖（刘彻的老哥）耳朵里，刘彭祖素来怨恨张汤，于是向刘彻告发说：“张汤身为国家重要高官，竟然给一个卑贱的小职员按摩双脚，必有隐情，可能有不可告人的阴谋。”刘彻交付司法部（廷尉）调查。

而鲁谒居正好病死，牵连到鲁谒居的弟弟，囚禁在宫廷供应部（少府）的看守所（导官），恰巧张汤到看守所审理其他案件，看见鲁谒居的弟弟。张汤打算暗中营救，所以表面上假装并不相识，大模大样，不打招呼。鲁谒居的弟弟不知道张汤的心意，既害怕又愤怒，一不做，二不休，索性教他的家人上书皇帝，揭发张汤跟他哥哥鲁谒居共同陷害李文经过。

刘彻交付减宣（减，姓）审理，而减宣跟张汤之间，素有宿怨，也到了报复的时候。就穷追猛查，决心把张汤置于死地，但还没有结案奏报。

就在这时候，有人盗取刘恒（五任文帝）坟墓陪葬的钱币。宰相（丞相）庄青翟，跟张汤约定晋见刘彻，一同自请处分。想不到见了刘彻之后，庄青翟自请处分，张汤却在旁边一语不发。刘彻下令张汤审理庄青翟在盗取陪葬钱币案件里，应负的责任。在审理过程中，张汤企图把庄青翟罗织到“知情不报”法网，庄青翟惊恐忧虑。

宰相府秘书长（长史）朱买臣、王朝、边通，从前都做过部长、次部长级（二千石）高级官员（朱买臣当过诸侯接待总监〔主爵都尉〕，王朝当过首都长安特别市长〔右内史〕，边通当过济南国〔首府东平陵，山东省济南市章丘区〕宰相），他们已是高官的时候，张汤还不过是一位低级职员。张汤当了最高监察长（御史大夫）后，曾经数次代理宰相（行丞相事），知道这三位秘书长一向尊贵，故意把他们当作小职员看待，三位秘书长深为怨恨，想置张汤于死地。于是，乘机跟宰相庄青翟密商，派人逮捕商人田信等，散布消息说："张汤向皇帝奏报任何事情，田信都事先知道，所以囤积居奇，成了富豪，然后再把油水分给张汤。"

如所预料的，消息终于传到刘彻耳朵。刘彻问张汤说："我做什么事，商人们都先知道，事先囤积居奇，好像有人把我的话告诉他。"张汤知道明是指他，但他并不马上认罪，反而假装吓了一跳，回答说："可能有这回事。"而就在这当口，减宣把鲁谒居弟弟的口供呈报上来。刘彻认为张汤心怀狡诈，当面欺骗。派总监察官（御史中丞）赵禹向张汤严厉诘责。张汤无法解释，遂写下遗书，向刘彻自请处分，并且说："陷害我的，是宰相府的三位秘书长（朱买臣、王朝、边通）。"自杀身亡。

张汤死后，家产并不富裕，总共不过价值黄金一万两。家属兄弟子侄们都主张厚葬，张汤的娘亲说："张汤是天子的大臣，受到恶言伤害，为什么要厚葬？"遂把尸体放到牛车上，拉到墓地，只有一具棺木，没有外椁（古代埋葬，至为隆重，棺材外还有一个棺材，外棺称"椁"）。刘彻得到报告，把宰相府三位秘书长（朱买臣、王朝、边通），全体处死。

十二月二十五日，再逮捕宰相（丞相）庄青翟，投入监狱，庄青翟自杀。

张汤案件是《资治通鉴》第一次就官场上的权力斗争，作细致的报导。人，一旦进入权力漩涡，就跟车辆进入交通混乱的十字街头一样，你不碰人，别人可能会碰你。一句话或一举手，几乎都是陷阱。仁义、道德、人格，在这个领域里，没有重要地位，有的只是阴谋倾轧。一面跟对方歃血结盟，一面把对方出卖；一面向对方誓言铁肩担道义，一面在背后举起钢刀。官场遂成为世界上最黑暗的一个角落，鬼影幢幢，群魔乱舞。

张汤是一位最骠悍的官场斗士，他不断在斗，用最残酷卑鄙的手段打击他的政敌。目的只在夺取更高权力，所以虽然鲁谒居案件爆发，他正需要助力的时候，仍忍不住使用诈术陷害庄青翟。

这场权力斗争，像一群争夺骨头的疯狗，在主人的巨棒之下，逐一倒毙。显示一种现象：有些当主人的，也乐意于他属下的狗互相龇牙，只偶尔发出大声吆喝，用来提醒互斗中的官崽，谁是老大！而另一个节目——摇尾帖耳的谄媚功夫，也更突出层面。官场的无耻和不确定性，更使人眼花缭乱，叹为观止。

**2** 春季，刘彻兴筑柏梁台（用香柏树作建材），台上用铜铸出“承露盘”，高二十丈，直径要七个人才抱得住，盘上铸一个神仙的手掌，掌心向上，承接露水，搅拌璧玉的粉末喝下去，据说可以长生不死。

宫廷建设，从此扩大。

**3** 二月，刘彻任命太子师傅（太子太傅）赵周当宰相（丞相）。

**4** 三月十日，任命太子师傅（大概是赵周擢升后的继任人）石庆，当最高监察长（御史大夫）。

**5** 大雨，大雪。

**6** 夏季，水灾，关东（函谷关以东）饿死数千人。

**7** 本年（前一一五），孔仅当农林部长（大农令），桑弘羊当农林部主任秘书（大农中丞）。开始选择性的在郡跟封国中，设立“物资调节官”（均输），调节各地物资，使各地物资互相交流（物资调节〔均输〕是国家经济上一项重要措施。一个重农的政府，终于承认商业的功能，而兼干商人的勾当。由郡政府或封国政府，收购农民多余的产物，贵的时候卖出，使巨商大贾无法操纵市场图利）。

**8** 白金价值下降，“白金币”（参考前一一九年）没有人乐意接受，终于完全废除。西汉中央政府严厉禁止郡政府和封国政府铸钱，而由中央水利总监（水衡都尉）所属的“三官”：钱币铸造厂管理官（钟官）、矿业官（辨铜）、物资调节官（均输），负责统一铸钱。下令天下，非“三官”铸的钱不准使用，于是民间盗铸行为，遂逐渐消失，因成本太高，无利可图，只有手艺高强的大奸巨猾，才去盗铸。

**9** 匈奴汗国（王庭设蒙古国哈拉和林市）浑邪王既投降西汉政府（参考前一二一年），西汉朝武装部队把匈奴驱逐到瀚海沙漠以北，从盐泽（新疆罗布泊）以东，直到西汉边塞，成为真空，不见匈奴踪迹，前往西域的道路，畅通无阻。

于是，张骞向刘彻提出建议：

“乌孙王国（首都赤谷城〔中亚伊赛克湖东南〕）的国王昆莫（乌孙王国原来立国河西走廊〔甘肃省中西部〕，后来被月氏王国驱逐，向西流浪，在中亚伊赛克湖东南定居，领土扩张到今伊犁河流域及楚河下游），本来是匈奴汗国的藩属，逐渐强盛后，不肯再接受匈奴支配。匈奴屡次进攻，都不能取胜，因而舍它远去。而今，匈奴正受到西汉王朝重创，而故浑邪王居住的地区（河西走廊，甘肃省中西部），已成真空。蛮族习俗，依恋旧居，又贪图中国赏赐的财物，如果乘着这个机会，用厚重的礼物诱惑他们，请他们迁居浑邪王故土，跟中国结盟，成为兄弟之邦，势将听从中国，那将切断匈奴汗国的右臂。既然能得到乌孙王国，它的西方大夏国（阿富汗东北部）等，都可能成为中国的藩属。” 

刘彻认为有理，任命张骞当皇家警卫指挥官（中郎将），率领三百人，每人马两匹，以及数以万计的牛羊，另携带黄金、钱币、绸缎，价值数千万，再指定多人当副使，都“持节”（皇家符信），以便他们出使其他国家。

这个庞大的使节团平安到达乌孙王国（首都赤谷城），乌孙王昆莫，对张骞一行，态度冷漠，而且傲慢。张骞转达西汉皇帝的话：“乌孙王国如果愿意重返东方故土，中国愿意把公主许配给国王，两国结为兄弟，共同抵抗匈奴汗国，匈奴汗国不能不破败。”然而，乌孙距汉朝太远（乌孙王国首都赤谷城到汉朝首都长安，航空距离二千六百公里），对汉朝并不了解；又一向做匈奴汗国的藩属，匈奴汗国又近在咫尺（赤谷城与匈奴王庭航空距离虽然也有一千八百公里，但乌匈两国接壤），高级官员们对于匈奴，心里仍深怀畏惧。而且乐于在他们已熟悉而又肥沃、平安的新国土上安居，不准备重返故土。

张骞发现他又遇到了第二个月氏王国（十一年前，张骞出使月氏王国，月氏王国也拒绝重返故土。参考前一二六年），张骞在乌孙呆了很久，得不到满意答复，于是派出副使分别前往大宛（首都贵山城〔中亚纳曼干市西北卡散赛城〕）、康居（首都卑阗城〔中亚巴尔喀什湖西南锡尔河北岸突厥斯坦〕）、大月氏（首都蓝市城〔阿富汗北部瓦齐拉巴德市〕）、大夏（阿富汗东北部）、安息（伊朗）、身毒（印度）、于阗（新疆和田市），以及附近其他诸国。最后，乌孙王国派遣翻译人员跟向导、使节等数十人，马数十匹，随同张骞来汉朝报聘——张骞希望借他们的眼睛，观察中国的大小强弱。

本年（前一一五），张骞回到首都长安，刘彻任命他担任外籍官民接待总监（大行）。一年以后，张骞所派到大夏等国的副使，先后也回到长安，有些同样的带着各国的报聘使节。于是，西域（新疆及中亚东部）门户洞开，跟西汉开始交通。

西域凡三十六国（中国最初闯入西域时，西域有三十六国，后来增加到五十六国，大多数是希腊式的城邦国度，一个城就是一个国。少数不过闻名，事实上不属西域范围，五十六国国名如下：婼羌国〔新疆若羌县东南阿尔金山南麓〕、鄯善国〔即楼兰国，新疆若羌县〕、且末国〔新疆且末县〕、小宛国〔新疆且末县南八十公里〕、精绝国〔新疆民丰县北一百四十公里〕、戎卢国〔新疆民丰县南五十公里〕、扜弥国〔新疆于田县〕、渠勒国〔新疆于田县南八十公里〕、皮山国〔新疆皮山县〕、乌秅国〔新疆塔什库尔干县西南一百五十公里叶尔羌河上游〕、西夜国〔新疆叶城县南七十公里〕、蒲犁国〔新疆莎车县西南艾赛勒巴格〕、子合国〔新疆叶城县西南七十公里〕、依耐国〔新疆塔什库尔干县东南布伦木沙乡〕、无雷国〔葱岭，帕米尔高原上〕、难兜国〔克什米尔北部吉尔吉特城东南〕、罽宾国〔巴基斯坦伊斯兰堡市西北塔克西拉〕、乌弋山离国〔阿富汗兴都库什山山脉西南〕、犁靬国〔即黎轩国，托勒密王朝埃及王国〕、条支国〔塞琉古王朝叙利亚王国〕、安息国〔伊朗〕、于阗国〔新疆和田市〕、月氏国〔首都蓝市城，阿富汗北部瓦齐拉巴德市〕、大夏国〔阿富汗东北部〕、康居国〔首都卑阗城，中亚巴尔喀什湖西南锡尔河北岸突厥斯坦〕、奄蔡国〔里海北岸与咸海北岸之间〕、大宛国〔首都贵山城·中亚纳曼干市西北卡散赛城〕、桃槐国〔中亚安集延市东南〕、休循国〔中亚吉尔吉斯萨雷塔什城〕、捐笃国〔新疆乌恰县西一百公里吉根城〕、莎车国〔新疆莎车县〕、疏勒国〔新疆喀什市〕、尉头国〔新疆阿合奇县西南哈拉奇乡〕、乌孙国〔首都赤谷城，中亚伊赛克湖东南〕、姑墨国〔新疆阿克苏市〕、温宿国〔新疆乌什县〕、龟兹国〔新疆库车

纪元前二世纪·前一一五年 西域城邦诸国

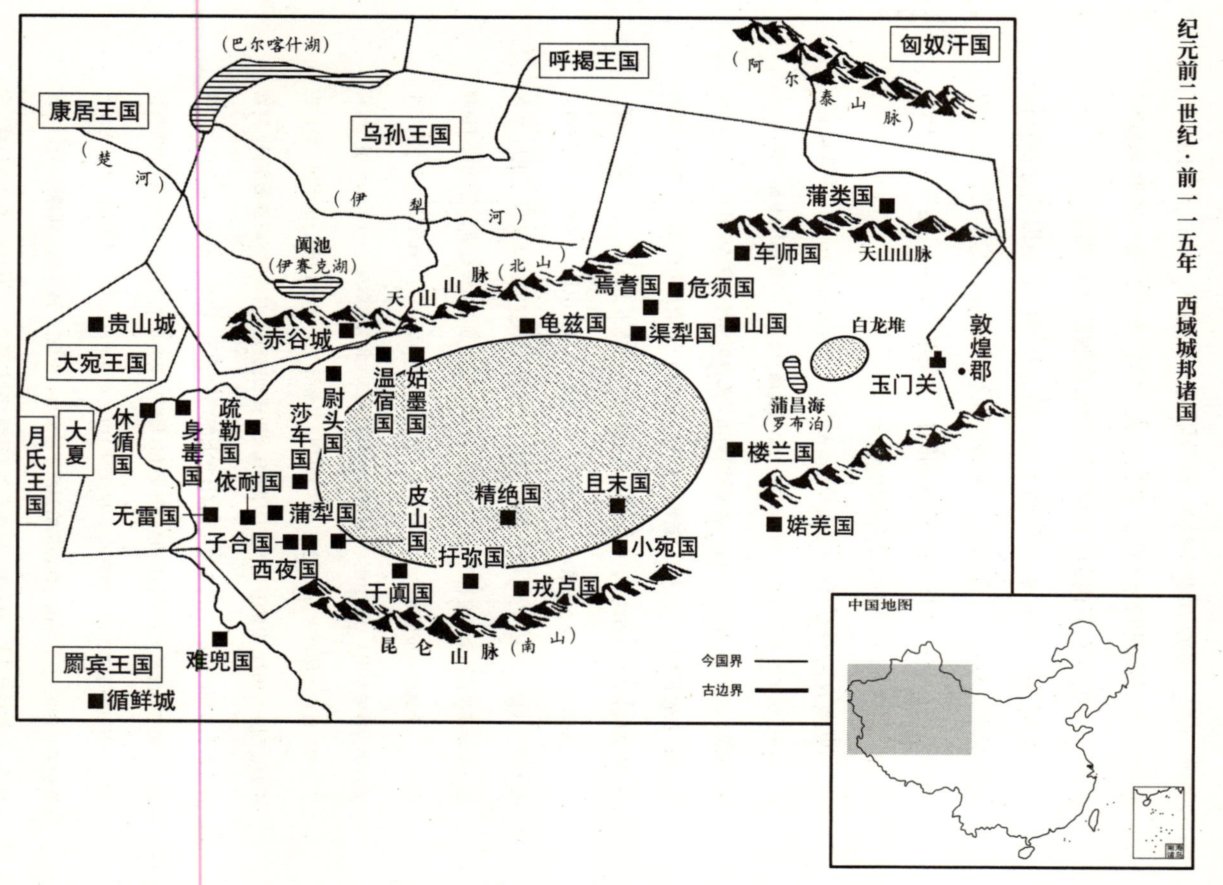

市〕、渠犁国〔新疆库尔勒市西南〕、乌垒国〔新疆轮台县东北六十公里〕、尉犁国〔新疆博湖县〕、危须国〔新疆和硕县〕、焉耆国〔新疆焉耆县〕、乌贪訾离国〔新疆呼图壁县〕、卑陆国〔新疆阜康市〕、卑陆后国〔新疆阜康市西〕、郁立师国〔新疆吉木萨尔县西〕、单桓国〔新疆昌吉市〕、蒲类国〔新疆巴里坤县〕、蒲类后国〔新疆巴里坤县西一百三十公里〕、西且弥国〔新疆呼图壁县西南〕、东且弥国〔新疆昌吉市西南〕、劫国〔新疆阜康市西〕、山国〔新疆托克逊县南破城子〕、狐胡国〔新疆吐鲁番市西北〕、车师前国〔新疆吐鲁番市〕、车师后国〔新疆吉木萨尔县南〕。有些国仅只在史书上出现一次，便永远消失），南有昆仑山，北有天山，中间有塔里木河，东西六千余华里，南北一千余华里。东方跟玉门关（甘肃省敦煌市西北）、阳关（敦煌市西南）相接，西边到达葱岭（帕米尔高原），塔里木河有两个源头，一在葱岭（叶尔羌河），一在于阗（和田河），合流之后，向东注入盐泽（新疆罗布泊），盐泽西方距玉门关、阳关约三百余华里。

从玉门关、阳关前往西域，有两条路：自鄯善（本名楼兰。新疆若羌县），沿着昆仑山北麓，顺着河（不知道什么河，应为顺着塔克拉玛干沙漠边缘），向西直到莎车（新疆莎车县），称“南道”。从“南道”再西，越过葱岭，就到大月氏（首都蓝市城〔阿富汗北部瓦齐拉巴德市〕）、安息（伊朗）。自车师前国（新疆吐鲁番市），顺着天山南麓，沿着河（应是塔里木河），向西直到疏勒（新疆喀什市），称“北道”。从“北道”向西，越过葱岭，就到大宛（首都贵山城〔中亚纳曼干市西北卡散赛城〕）、康居（首都卑阗城〔中亚巴尔喀什湖西南锡尔河北岸突厥斯坦〕）、奄蔡（里海北岸与咸海北岸之间）。

这些国家，一向臣服匈奴。匈奴汗国西部日逐王，设有西域总督（僮仆都尉），把西域完全置于控制之下，常驻焉耆（新疆焉耆县）、危须（新疆和硕县）、尉黎（新疆博湖县）等地，向各国征收赋税，抽取财富。

乌孙王国（首都赤古城〔中亚伊赛克湖东南〕）既不愿重返故土，西汉政府遂在浑邪王遗留下来的真空地带，设置酒泉郡（甘肃省酒泉市），发

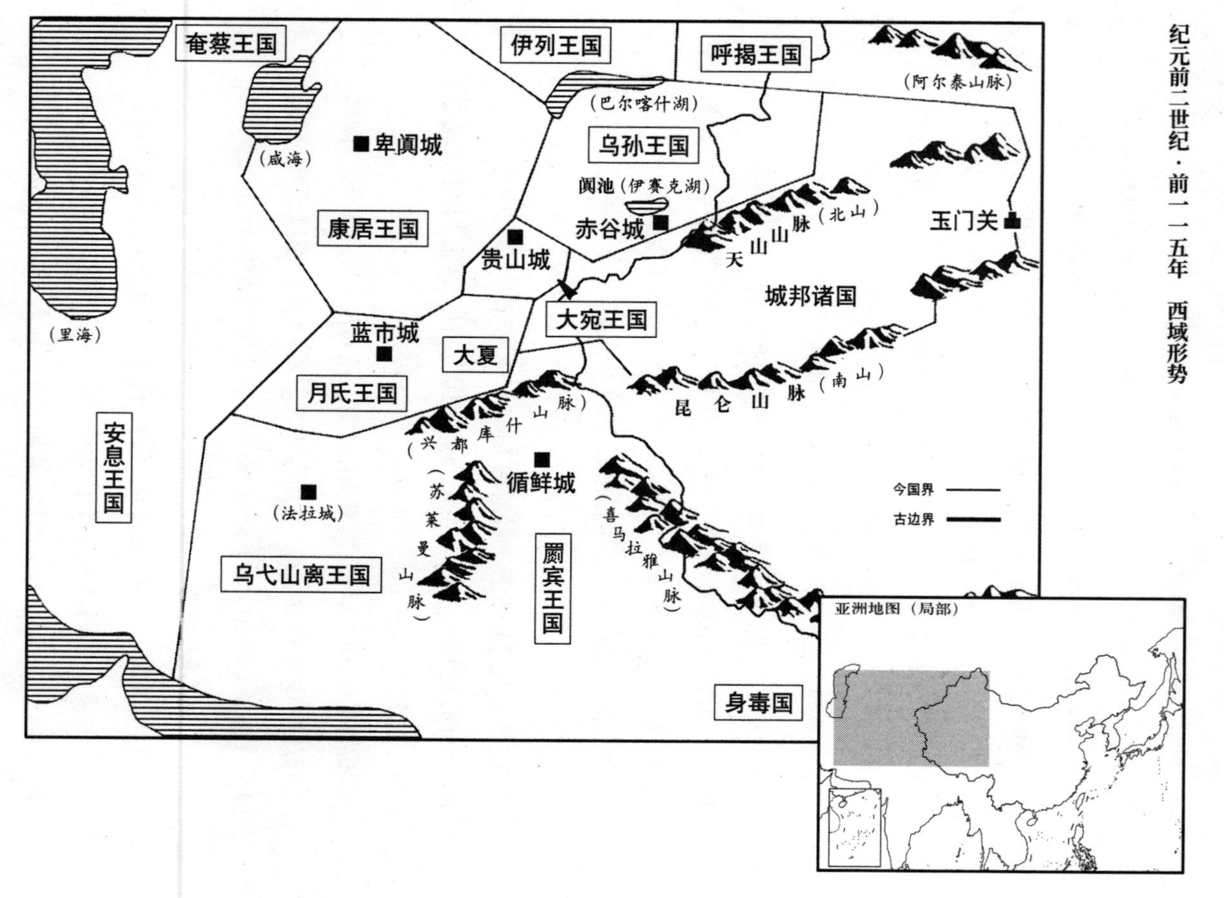


纪元前二世纪·前一一五年 西域形势

动移民，充实人口；后来再设置武威郡（甘肃省武威市。《汉书·武帝纪》，二郡设立时间是前一二一年匈奴浑邪王归降之后。这是一件大事，不流一滴血，不发一支箭，开拓疆土约十八万平方公里——比台湾岛大五倍，免除西方的外患，边民不再死于入侵的匈奴的铁蹄。《资治通鉴》却无记载，而于六年后的本年，顺笔一提，可谓失态），用以断绝匈奴汗国跟祁连山以南羌部落（青海省东部）的联络。

刘彻听说大宛王国（首都贵山城〔中亚纳曼干市西北卡散赛城〕）有汗血马，贪心顿起，命名“天马”（参考前一〇四年）。使节前后相接，前往寻求。

西汉政府派往外国的使节团，多的有数百人，少的也有一百余人。所带的礼物，大致仿效张骞昔时。后来，对西域的情形越来越熟悉，使节团才开始减少。大概一年之内，出发的使节多时十余次，少时五六次。远道的人八九年才能回来，近道的也需要几年才可返国。

# 纪元前一一四年 丁卯

西汉　元鼎　三年

**1** 冬季，西汉政府（首都长安〔陕西省西安市〕）把函谷关（河南省灵宝市东北）向东迁到新安（河南省新安县。故关改称弘农〔河南省灵宝市东北〕，新旧两关航空距离一百公里。震撼战国时代的名关，已丧失重要性）。

**2** 春季，正月二十八日，西汉六任帝（景帝）刘启坟墓园地（阳陵园，陕西省咸阳市东北）失火。

**3** 夏季，四月，天降冰雹。

**4** 关东（函谷关〔河南省新安县〕以东）十余个郡跟封国严重饥馑，人民饥饿难忍，互相格杀，吞吃对方尸体（人间惨事）。

**5** 常山（宪）王（首府真定〔河北省正定县〕）刘舜（刘彻的老哥）逝世，嫡子刘勃继位，被控老爹卧病时不侍奉汤药，守丧时又淫乱无礼，放逐到房陵（湖北省房县）。月余之后，西汉帝（七任武帝）刘彻（本年四十三岁）封刘舜的另一个儿子刘平当真定王（真定国辖四县：真定〔河北省正定县〕、藁城〔河北省石家庄市藁城区西南〕、肥累〔石家庄市藁城区〕、绵曼〔河北省平山县〕），而把常山国（首府迁到元氏〔河北省元氏县〕）改为一郡。于是，五岳（东岳泰山、西岳华山、南岳衡山〔安徽省霍山县西南霍山〕、北岳常山〔河北省唐县西北大茂山〕、中岳嵩山）全都归中央政府直接管辖。

**6** 改封代王（首府晋阳〔山西省太原市〕）刘义（五任文帝刘恒的曾孙）当清河王（首府清阳〔河北省清河县〕）。

**7** 本年（前一一四），匈奴汗国（王庭设蒙古国哈拉和林市）单于（五任）挛鞮伊稚斜逝世，子挛鞮乌维继位（六任）。

# 纪元前一一三年 戊辰

西汉　元鼎　四年

**1** 冬季，十月，西汉王朝（首都长安〔陕西省西安市〕）皇帝（七任武帝）刘彻（本年四十四岁）前往雍县（陕西省宝鸡市凤翔区）祭祀五色帝（青、赤、白、黑、黄五帝，参考前一六五年），下诏说："对于天上神仙，我亲自到郊外敬奉，对于地下神仙（后土），我却不理会，神仙会不高兴，主管单位应研究办理。"主管单位建议：应寻找一个位于草泽中的圆形丘陵，在上面建庙祭祀，最为适宜。

刘彻立即出发东下，经过夏阳（陕西省韩城市），前往汾阴（山西省万荣县西南荣河镇)。这是刘彻第一次出巡郡县封国，而且是突然决定，立即动身。河东郡(山西省夏县，汾阴是河东郡属县)郡长(姓名不详)万万想不到皇帝会像霹雳般的驾临，一切供应，都来不及，惶恐自杀(皇帝出门，都带大队人马，一以保护自己，一以展示权威。少则数千人，多则数万人)。

十一月八日，刘彻在汾阴丘陵上建后土祠，亲自叩拜祭奠，跟叩拜祭奠天上神仙一样。典礼完毕后，再东到荥阳(河南省荥阳市)。回洛阳(河南省洛阳市东白马寺东)后，封周王朝皇家后裔姬嘉当周子南君(“周”是封国之名，“子”是最低级的爵位，“南”意义不明，“君”是低爵位的尊称。采邑长社县，今河南省长葛市)。

**2** 春季，二月，中山(靖)王(首府卢奴〔河北省定州市〕)刘胜(六任景帝刘启子)逝世(坟墓在今河北省保定市满城区，“金缕玉衣”也同时安葬，而于两千年后的二十世纪，连同尸体，一并掘出。刘胜之流生前对国家无益，死后能为考古学家提供珍贵宝藏，也应算是一种贡献)。

**3** 乐成侯丁义，向刘彻推荐法术师栾大，声称跟少翁(参考前一一九年)同一个师傅。刘彻对杀掉少翁，多少有点悔意，见到栾大后，大为高兴。

栾大原先事奉胶东(康)王(首府即墨〔山东省平度市〕)刘寄(刘彻的老弟)，健谈，善于言辞，富于谋略，胆大包天，敢于信口开河，而对自己的信口开河，又深信不疑，他告诉刘彻说：“我曾经在大海之上，看见安期、羡门(古神仙)之辈，只因为我的地位微贱，对我不肯信任。又认为胶东王(刘寄)不过一个封国国君，没有资格得到长生的药方。我的老师说：‘黄金可以炼成，黄河决口可以堵塞，长生不死之药可以拿到，神仙之体可以修得。’然而，我恐怕步少翁的后尘，天下法术师都将把嘴掩住，谁还敢再谈长生秘方？”刘彻扯谎说：“少翁是吃马肝中毒死的，谁不知道（古代传说马肝犹如河豚，味美而有剧毒），只要你能得到长生不死的秘方，我什么都不吝惜！”栾大说：“我老师从来不求人，只有人求他。陛下一定要请到他的话，应该尊敬他的使节，使他的使节成为陛下家庭的一分子，而且待他像宾客一样，才可以使他把陛下的心情，转告神仙。”刘彻教栾大表演法术，栾大在庭院中树立若干旗帜，旗帜竟会自行互相攻击。

这时，刘彻正在忧虑黄河决口无法堵塞（黄河于前一三二年决口，为害已二十年，迄今仍在泛滥），跟炼金无法成功。评鉴过栾大的法力后，认为果然是仙才。于是，任命栾大当五利将军，又尊称他为“天士将军”“地士将军”“大通将军”。

夏季，四月二十二日，加封栾大乐通侯，采邑二千户人家，兴建豪华住宅，赏赐仆役一千人。将皇帝御用的车辆、马匹、帷帐，以及其他家庭用具，一并赠送。最后，刘彻又把亲生女儿——卫长公主嫁给他（皇后卫子夫生三女一男，一男即太子刘据，三女即卫长公主、阳石公主、诸邑公主），嫁妆黄金十万斤。刘彻亲到栾大家做客。问候的使节，在路上络绎不绝，上自皇帝的姑妈（窦太主）刘嫖，下到宰相、将军，都在栾大家摆设酒席，作为献礼。刘彻又刻玉印“天道将军”，教使节身披羽毛衣裳，夜半时分，站在白茅草之上。栾大也身披羽毛衣裳，站在白茅草之上，接受玉印，表示他并不是刘彻的臣属，而是平等地位的宾客。

栾大自从晋见刘彻，到身佩六印，只不过几个月时间，富贵震动天下，于是沿海齐（山东半岛）、燕（河北省北部）一带人民，怦然心动，纷纷宣称他们也有神秘法术，可以请到神仙。



**4** 六月，汾阴（山西省万荣县西南荣河镇）巫师锦（姓不详）在魏脽（即脽丘，山西省万荣县西南荣河镇北。脽，音shuí〔谁〕）后土祠旁，发现一个大鼎，河东（山西省夏县）郡长报告中央政府。刘彻派人调查，证实确有其事，遂用礼车把大鼎隆重迎接到甘泉宫（陕西省淳化县西北），呈献给皇家祖庙跟天上神仙，大鼎就保存在甘泉宫；高级官员们一致向刘彻祝贺。

**5** 秋季，封故常山（宪）王（首府真定〔河北省正定县〕）刘舜的另一个儿子刘商，当泗水王（首府凌县〔江苏省泗阳县〕）。

**6** 最初，条侯周亚夫当宰相（前一五〇年至前一四七年）时，赵禹当宰相府秘书长（丞相史），宰相府上下官员们，全都称赞他廉洁公平，只周亚夫不信任他，说："我知道赵禹不是一个坏人，但总觉得，一个习惯于找法令条文套牢别人的人，不应该手握大权。"后来，赵禹当宫廷供应部长（少府），用法比当时其他部长，都严苛峻急。然而，到了后来，其他部长（九卿）和大官小吏们用法日益残酷，赵禹反而显得宽厚平和。

首都长安警备区司令（中尉）尹齐，当监察官（御史）时，以敢于杀人，闻名当世。升任警备区司令（中尉）后，人民越发离散。本年（前一一三），刘彻认为尹齐不能胜任他的工作，判刑。任命王温舒当首都长安警备区司令（中尉），赵禹当司法部长（廷尉）。四年后，赵禹因年纪太老，贬到燕国（首府蓟县〔北京市〕）当封国宰相。

这时，无论大官或小吏，用法残忍，成为风气，只北长安市长（左内史）兒宽，劝告人民耕田种桑，刑罚宽大，审理诉讼，公平正直，深得人心，他物色性情忠厚的人，推心置腹，不追求使人震惊的知名度，深受官民的信任和爱戴。收租税时，绝不强迫，使人得到宽限，因此仓库存粮不足。后来，大军出动，粮秣一时筹措不及，兒宽应该免职。农民听到消息，唯恐怕失去这位好官，继任的可能横征暴敛。于是，富家使用牛车，贫家则挑担，像一根绳子串着一样，霎时间把仓库填满，课税的考绩上，列具第一。

刘彻对兒宽留下深刻印象。

**7** 最初，南越王国（首都番禺〔广东省广州市〕）故国王（二任文王）赵胡，派他的儿子赵婴齐，到长安充当汉朝皇帝的禁卫官（参考前一三五年）。赵婴齐在长安时，跟邯郸（河北省邯郸市）女郎樛女士（名不详）结婚（樛，音jiū〔纠〕），生了一个儿子赵兴。老爹赵胡逝世后，赵婴齐返国，继承王位（三任），仍珍藏曾祖父一任王赵佗的“南越武帝”的印信。上书西汉政府，要求封樛女士当皇后，并批准赵兴当王位的合法继承人（太子）。西汉政府派了数次使节，建议赵婴齐到长安朝见，赵婴齐乐于当一个独立王国的国王，生杀予夺，想干什么就干什么。如果前往长安，恐怕被西汉政府羁留，把南越王国降成西汉政府的封国，所以坚持说有病在身，不肯入朝。

赵婴齐不久逝世，绰号明王，太子赵兴继位（四任），尊娘亲樛女士皇太后。

樛太后在没有跟赵婴齐结婚时，曾跟霸陵（陕西省西安市东北）人安国少季（安国，复姓）有段恋情。本年（前一一三），刘彻派安国少季前往说服赵兴跟樛太后入朝，归附西汉政府，作为封国之一，另外派口才敏捷的议论官（谏大夫，八百石）终军（终，姓）等，帮助解释，再派勇士魏臣等，在必要时采取断然措施。下令皇城保安司令（卫尉）路博德率大军推进到桂阳（广东省连州市），加强压力，等待使节报告。

南越王国国内情势混乱，国王赵兴年纪还幼，太后又是汉人。安国少季到达后，二人旧情复燃，南越官员们很多知道，人心不服。樛太后发现她已不能控制局势，恐怕政变，打算仗恃西汉王朝的威望，巩固自己地位，屡次劝告赵兴跟大臣们归附西汉政府，遂即乘着使节返回之便，上书西汉政府，取消独立，要求比照封国，每隔三年，到长安朝见一次。两国间的边界取消，关卡废除。

刘彻大喜过望的接受这项请求，于是，颁发给宰相（丞相）吕嘉银质印信，任命他当南越国（不再是南越王国）宰相（相），另颁发南越国秘书长（内史）、首府番禺（广东省广州市）警备区司令（中尉）、亲王师傅（太傅）印信，其他官员则由国王赵兴自己任命。废除原有的黥刑（脸上刺字）、劓刑（割鼻），改用汉朝法律，一切比照封国。所派去的使节，就留在那里，作为一种镇压安抚力量。

**8** 刘彻前往雍县（陕西省宝鸡市凤翔区）郊外，祭祀五色帝，有人说：“五色帝，是天神太乙的助手，应该建立太乙庙，由天子亲到郊外祭祀。”刘彻疑惑，不敢决定。齐国（首府临淄〔山东省淄博市东临淄区〕）人公孙卿说：“今年（前一一三），天子得到宝鼎，冬季十一月一日干支是‘辛巳’（古代用干支记日），而第二天‘冬至’，跟黄帝姬轩辕在位时（前二十七世纪）的情形一样。”公孙卿有一片薄木板刻的记录，上面说：“黄帝姬轩辕得到宝鼎的那年，冬季十一月一日的干支是‘己酉’，天亮时正逢‘冬至’，活了三百八十年，姬轩辕成仙升天。”通过刘彻宠信的人，奏报刘彻。刘彻大为兴奋，召见公孙卿，公孙卿说：“这片木刻记录，是一位申公（名不详）给我的，申公说：‘西汉王朝兴起的时间，跟黄帝王朝兴起的时间吻合，所以西汉王朝的圣人，一定是高祖（一任帝刘邦）的孙子和高祖的曾孙。宝鼎出现，显示跟天上的神灵已经接通了管道，黄帝姬轩辕住在天上的“明庭”，迎接万神，而“明庭”就是地下的甘泉宫（陕西省淳化县西北）。姬轩辕开凿首阳山（山西省永济市东南）的铜矿，在荆山（陕西省大荔县东南）之下，铸制宝鼎，宝鼎完工之时，天上有条龙忽然把他的长须像梯子一样垂下来，姬轩辕就攀登上去，骑到龙背上，同时上去的还有他的大臣们跟宫女七十余人，一齐升天。’”刘彻听得如痴如醉，叹气说：“天啊，假如能跟姬轩辕那样，我抛弃妻子儿女，跟抛弃破鞋一样。”任命公孙卿当禁卫官（郎），派到中岳嵩山（河南省登封市东北）太室峰（嵩山有三峰：中称峻极峰，东称太室峰，西称少室峰，每峰都有庙院），等候天神降临。

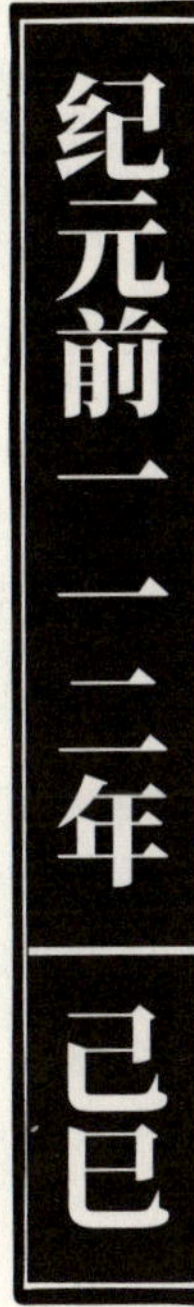

# 纪元前一一二年 己巳

西汉 元鼎 五年

**1** 冬季，十月，西汉王朝（首都长安〔陕西省西安市〕）皇帝（七任武帝）刘彻（本年四十五岁）前往雍县（陕西省宝鸡市凤翔区），祭祀五色帝。祭祀礼成之后，顺便西游，越过陇山（陕西省陇县西），再向西行，登崆峒山（甘肃省平凉市西）。陇西（甘肃省临洮县）郡长（姓名不详）无法供应这突然涌来的大队人马，以致随从官员有些竟得不到饮食，惶恐自杀。

**柏杨曰**

皇帝不比平民，平民出游，顶多拖家带眷。皇帝之类大人物出游，不叫出游，而叫巡狩而叫视察，那是一种官式任务，就非同小可。除了小老婆群外，还有侍奉小老婆群的宫女、宦官，以及侍奉皇帝的大小官员，跟政府中主要首长，和警卫部队，少者数千，多者数万、数十万。活像一窝蝗虫，逢州吃州，逢县吃县，抢劫、纵火、杀人、奸淫，无恶不作，人民却无处申诉，因主持审判的人，正是凶手。刘彻两次出游，就吓死两位郡长，其中残酷暴行，史书虽未载明，我们可由推想而知。

高级知识分子总是劝阻帝王不要出游，理由千千万万，真正的只有一个：小民以及政府，都无法承受蝗虫集团的蹂躏。《资治通鉴》在七世纪时，对隋王朝二任帝杨广的出游，有比较详尽的报导。十六世纪的明王朝十一任帝朱厚照的出游，比刘彻更为凶狠，十七世纪清王朝六任帝弘历“六次下江南”，几乎使江南社会崩溃。这其中有太多官员的欢乐，和太多平民的血泪。

刘彻北出萧关（宁夏固原市东南），率领数万骑兵部队，前进到新秦中（黄河河套）打猎，再到边界耀武扬威，始行返回。在新秦中（黄河河套）地区，发现千里之遥，竟没有设立一个亭障碉堡，刘彻大为愤怒，诛杀北地郡（甘肃省庆城县西北马岭镇）郡长，跟他属下官员。

刘彻再往甘泉（陕西省淳化县西北）建立太乙坛，供奉祭祀，所用祠具跟雍县（陕西省宝鸡市凤翔区）五色帝坛一样，而更有增添。环绕着太乙坛的下方，再分别筑五个五色帝坛。再外面在东南西北四方，另筑小坛，保持香烟不断，祭祀神仙们的随从和北斗星。

十一月一日，冬至，凌晨，刘彻开始祭祀叩拜太乙真神。早上

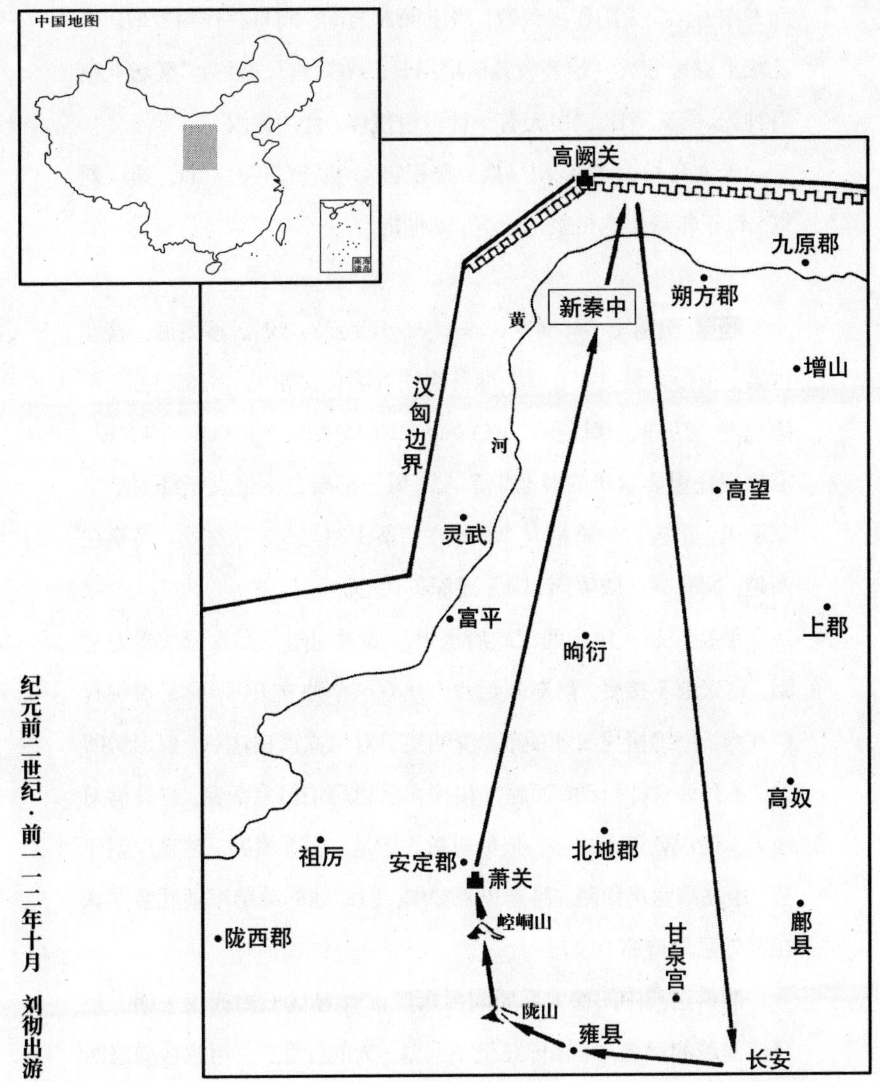


纪元前二世纪·前一一二年十月　刘彻出游

面对东方，向太阳作揖致敬，晚上面对西南，向月亮作揖致敬。太乙坛上满堆烈火，坛旁放置厨房用具，主管官员坚称：“祭坛上空有神光。”又坚称：“白天有一种黄色气体，直冲霄汉。”

天文台长（太史令）司马谈、祭祀官（祠官）宽舒（姓不详），建议刘彻：每三年亲自主持祭祀一次。刘彻批准。

**2** 南越王（首府番禺〔广东省广州市〕）赵兴（四任）、樛太后，整理行装，携带大量贵重礼物，准备前往首都长安朝见。宰相吕嘉，年纪已老，历任三代国王（二任王赵胡，三任王赵婴齐，四任王赵兴）的宰相，家族担任重要官员的有七十余人，男子都娶公主，女子都嫁给皇家子弟；跟被封到苍梧（广西梧州市）的秦王赵光，关系密切。吕嘉在南越，拥有高度威望，比国王还深得民心。

最初，赵兴屡向西汉政府上书，要求归附，吕嘉每次极力劝阻，赵兴都不接受。吕嘉开始考虑拯救这个独立王国，总是声称有病在身，拒绝接见汉朝使节。汉朝使节对吕嘉严密注意，但形势所迫，不允许立即行动。而赵兴和樛太后也恐怕吕嘉叛变，打算借刀杀人，借汉朝使节之手，把他斩首。于是，摆下酒席，邀宴汉朝使节，由高级官员作陪。吕嘉也来参加，但命他的弟弟率领武装部队在宫外紧急待命。

酒席进行中，樛太后质问吕嘉说：“南越国归附西汉王朝，是我们南越的幸运，宰相你总是不同意，为的什么？”用意在激怒西汉使节，就在当场，把吕嘉格杀。可是那些使节畏惧狐疑，互相观望，竟不敢发动。吕嘉发现在座人士脸色有异平常，气氛不对，立即起身退出。樛太后气愤汉朝使节脓包，抓起卫士手中铁矛，打算投刺吕嘉，赵兴连忙拦住娘亲。吕嘉逃出王宫，就在老弟军营中安歇，不敢回家。第二天，声称有病，不再朝见赵兴以及西汉使节，而秘密跟亲信大臣联络，准备对抗。可是，国王赵兴根本没有杀吕嘉的意思，吕嘉也了解他仍然安全，所以双方和平维持几个月，没有行动。

刘彻得到报告，认为南越国已无问题，只不过宰相吕嘉一个人从中阻挠，国王（赵兴）和太后（樛太后）孤立势弱，失去控制，西汉使节又都胆怯，不能当机立断，必须施加压力。但因为国王和太后已经同意的缘故，仅只吕嘉作乱，实不必动用大军，只打算派庄参率两千人前往。庄参说："任务如果是和平的，几个人就够了；任务如果是战争，两千人根本无能为力。"坚决推辞，刘彻把他免职。郏县（河南省郏县）人、曾担任过济北国（首府卢县〔山东省济南市长清区〕）宰相的勇士韩千秋，自告奋勇说："小小的南越，又有国王、太后作为内应，仅只宰相（吕嘉）一个人捣乱，请给我三百壮汉，等我诛杀吕嘉回报。"刘彻遂派韩千秋，跟太后的弟弟樛乐，率二千人，进入南越国土。

吕嘉等迅速反应，号令全国说："国王年轻，而太后是汉人，又跟西汉使节通奸淫乱，一心归附西汉。阿谀谄媚，把先王（一任王赵佗以下国王）的宝物，呈献给西汉皇帝，而且带领大批侍从，一旦到了长安，都将被卖给汉人当奴隶。只顾得眼前一星点小利，不顾念赵家建国的艰苦。我们采取军事行动，只为了万世幸福。"跟他的弟弟率军攻破王宫，国王（四任）赵兴、樛太后，以及所有的汉朝使节，全被格杀。派人去苍梧（广西梧州市）禀告秦王赵光，并通知全国各县，然后拥立赵婴齐（三任）跟南越籍妻子生的长子赵建德，继承王位（五任）。

韩千秋率军急进，一连攻破几个小城。南越国布置口袋阵地，让开大道，引诱西汉军队深入，将到首府番禺（广东省广州市）四十华里，南越伏兵尽起，韩千秋军两千余人，全被屠杀。吕嘉派人把西汉使节所拿的代表皇帝的“符节”，包裹妥当，放到边界之上，附一封措辞卑微、请求宽恕罪行的奏章，一面动员大军，扼守重要关卡。

春季，三月四日，刘彻得到南越国政变，及韩千秋全军覆没消息，说：“韩千秋虽没有成功，但他已尽了力。”封他的儿子韩延年当成安侯。樛乐的姐姐樛太后，首先倡议归附西汉王朝，封他的儿子樛广德当龙亢侯。

**3** 夏季，四月，赦天下。

**4** 四月三十日，日蚀。

**5** 秋季，西汉政府对南越国发动灭国性的大规模攻击。伏波将军路博德，从桂阳（广东省连州市）沿着湟水（即连江，在广东省英德市西南注入北江）进发；楼船将军杨仆，从豫章（江西省南昌市）沿着浈水（即滃江，在英德市东注入北江）进发；归义侯（越侯）戈船将军严（姓不详，本南越将领，降西汉政府后封侯），从零陵（广西全州县西南）沿着离水（跟湘水同源。湘水北流，注入洞庭湖。离水南流，注入西江）进发；下濑将军甲（姓不详，也是南越降将），直接进攻苍梧（广西梧州市）；各路大军都由囚犯组成，征调淮河、长江以南的民众有十万人之多，乘楼船南下。驰义侯遗（姓不详，也是南越降将封侯），另率领巴蜀二郡（四川省）囚犯，征调夜郎国（贵州省关岭县）民兵，沿牂柯江南下。

刘彻下令五路大军，在南越国首府番禺（广东省广州市）城下会师。

**6** 齐国（首府临淄〔山东省淄博市东临淄区〕）宰相卜式，上书刘彻，要求跟他的儿子，率领齐国熟悉水性的青年，战死在南越战场。刘彻下诏褒扬卜式，封关内侯，赏赐黄金六十斤，农田十顷（一千亩。每亩六一四·四平方公尺），布告天下周知。然而，没有得到其他人的响应。

这时，全国王侯的人数，以百为单位计算，没有一个人请求从军，刘彻由失望而愤懑，决定用严厉手段惩戒，而时机来临。

九月，刘彻呈献祭酒给皇家祖庙。侯爵奉到命令，要呈献黄金若干，补助典礼。宫廷供应部（少府）仔细审查侯国所呈献的黄金的成分，发现有些品质不纯，有些数量不足，有些色泽灰暗。刘彻吩咐，一律以“不敬”的罪名，提出弹劾，撤除一百零六人的侯爵爵位。

九月六日，宰相（丞相）赵周，被指控“知情不报”，逮捕下狱，自杀。

**7** 九月二十六日，擢升最高监察长（御史大夫）石庆当宰相（丞相），封石庆当牧丘侯。这时，因对南越（首府番禺）用兵的缘故，政府事务繁忙，桑弘羊等极力开辟财源，王温舒之流严刑峻法，兒宽等一心推广他的儒家经典，同时都当部长（九卿）。各人勇于负责，独断独行，凡事不向宰相请示。石庆敦厚谨慎，不发一言，闲坐而已。

**8** 五利将军乐通侯栾大，整装东行，宣称要到东海海上寻找他的神仙老师。然而他不敢深入海，到泰山（山东省泰安市北）之上祭祀。刘彻派出密探跟踪调查，栾大没有察觉，反而向刘彻报告，他在海上已经会见神仙。这时，他的法术已经用完，无法再有表现。刘彻下令审讯，认定栾大诈骗欺罔，腰斩。推荐栾大给刘彻的乐成侯丁义，也绑赴街市砍头。

栾大用尽心机，博取富贵。他一开始就考虑到后路，所以首先要刘彻亲口保证不再发生少翁事件，接着更要求成为皇亲国戚，而且全部如愿以偿，不但得到刘彻亲口保证，还娶了皇帝亲生之女。他可能认为已经万无一失，将来无论如何，即令刘彻撤回保证，但岳父大人总不能不看女儿情分，杀掉女婿吧。他不了解，普通平民，这种亲情可能有它的作用，但对财势双全的巨头，意义却不相同。皇帝还怕他的女儿嫁不出去？

栾大毁在他过度自信上。小民在西洋镜被拆穿之后，顶多挨一顿臭揍，帝王的反应可是钢刀。从腰斩毒刑，可看出刘彻衔恨之深。然而富贵所在，万人入迷，栾大先生又何足惋惜。

**9** 羌部落（青海省东部）武装部队十万人，叛离西汉政府，跟匈奴汗国（王庭设蒙古国哈拉和林市）结盟，攻击安故（甘肃省临洮县南），包围枹罕（甘肃省临夏市。枹，音fú〔符〕）。

匈奴兵团攻陷五原（内蒙古包头市），斩五原郡长（姓名不详）。

纪元前二世纪·前一一二年

匈奴、羌部落入侵

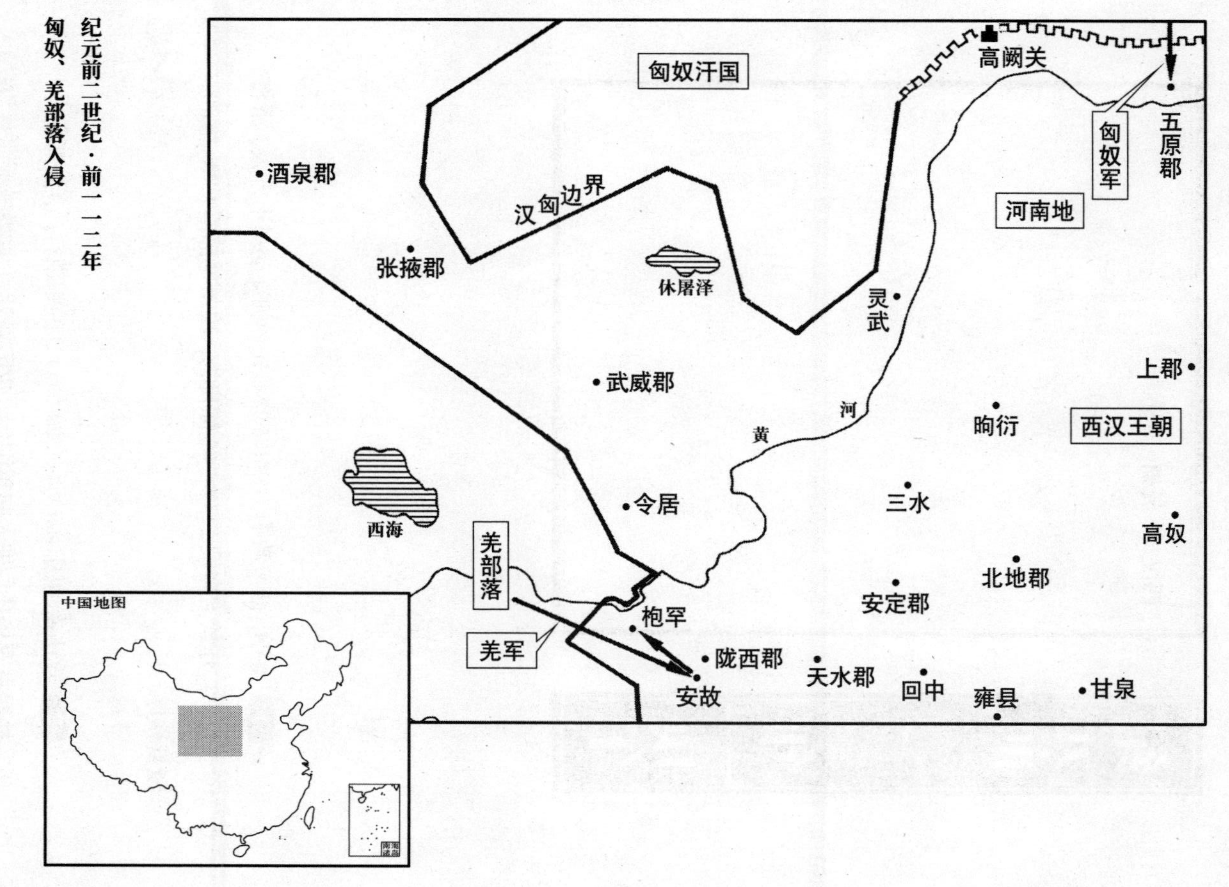

# 纪元前一一一年 庚午

西汉　元鼎　六年

**1** 冬季，西汉政府（首都长安〔陕西省西安市〕）动员十万人，派将军李息、宫廷禁卫官司令（郎中令）徐自为，攻击羌部落（青海省东部），恢复秩序。

**2** 攻击南越国（首府番禺〔广东省广州市〕）的军事行动，激烈展开。

楼船将军杨仆，进入南越国境，攻陷寻陿（广东省清远市东。陿，音xiá〔霞〕），挥军南下，再攻陷距首府番禺（广东省广州市）仅二十华里的石门要塞，击败南越军的反扑。杨仆率数万人，等待与伏波将军路博德会师，再一同进击。杨仆军最先挺进，先到番禺城下，南越王（五任）赵建德、宰相吕嘉，固守城垣。杨仆在东南，路博德在西北，此时天色黄昏，楼船兵团（杨仆）发动猛烈攻击，纵火烧城。伏波兵团（路博德）不动声色，设立营帐，收容投降官兵，发给他们印信，派他们回城招降其他官兵。楼船兵团攻陷城垣后，再纵大火，兵锋火势，把南越军民逼向西北逃命，被伏波兵团阻截俘虏。等到天亮，城中人全部投降。

赵建德、吕嘉，于夜半逃亡，乘船深入南海。路博德派海军舰队追捕，指挥部军政官（校尉司马）苏弘，生擒赵建德。南越禁卫官（郎）都稽，生擒吕嘉。戈船兵团（严）、下濑兵团（甲），跟巴蜀夜郎兵团（遗），还没有赶到，南越国已亡。

西汉政府在南越故地，设立九个郡：南海郡（广东省广州市）、苍梧郡（广西梧州市）、郁林郡（广西桂平市）、合浦郡（广西合浦县东北）、交阯郡（越南河内市）、九真郡（越南清化市）、日南郡（越南东河市）、珠厓郡（海南省海口市琼山区）、儋耳郡（海南省儋州市）。

大军随即班师，西汉帝（七任武帝）刘彻（本年四十六岁）增加路博德采邑户数，封杨仆当将梁侯、苏弘当海常侯、都稽当临蔡侯。另封故南越国投降的将领苍梧王赵光等四人侯爵（赵光封随桃侯、揭阳〔广东省揭阳市〕县长史定封安道侯、将军毕取封膫侯、桂林〔广西凌云县〕督察官居翁封湘城侯。广东省、广西及海南省，自此成为中国版图。而越南北部，则数失数得，尚有数次改变）。

**3** 法术师公孙卿在嵩山太乙庙等候天神，报告刘彻说："缑氏（缑，音gōu〔钩〕。河南省洛阳市偃师区东南）城墙上，出现神仙脚迹。"

## 纪元前二世纪·前一一一年 西汉置岭南十郡

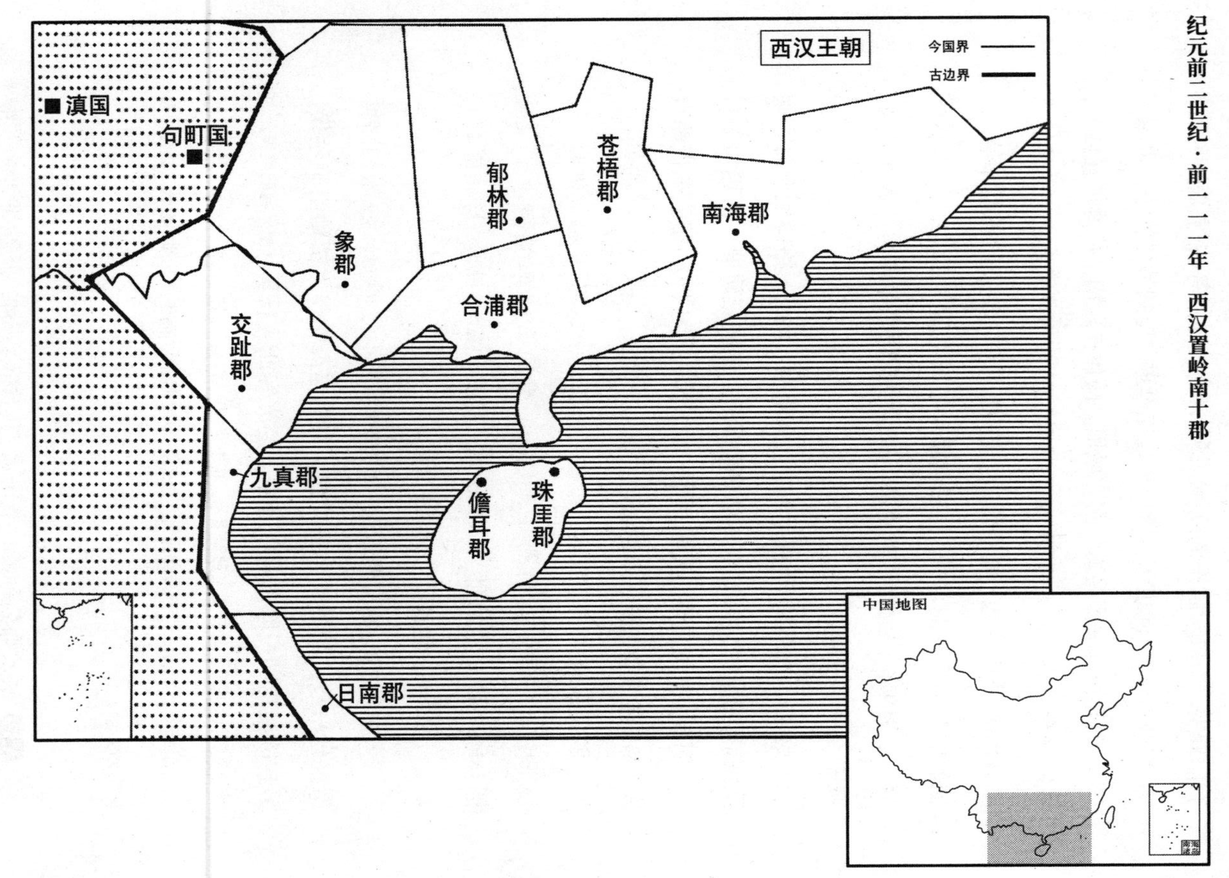

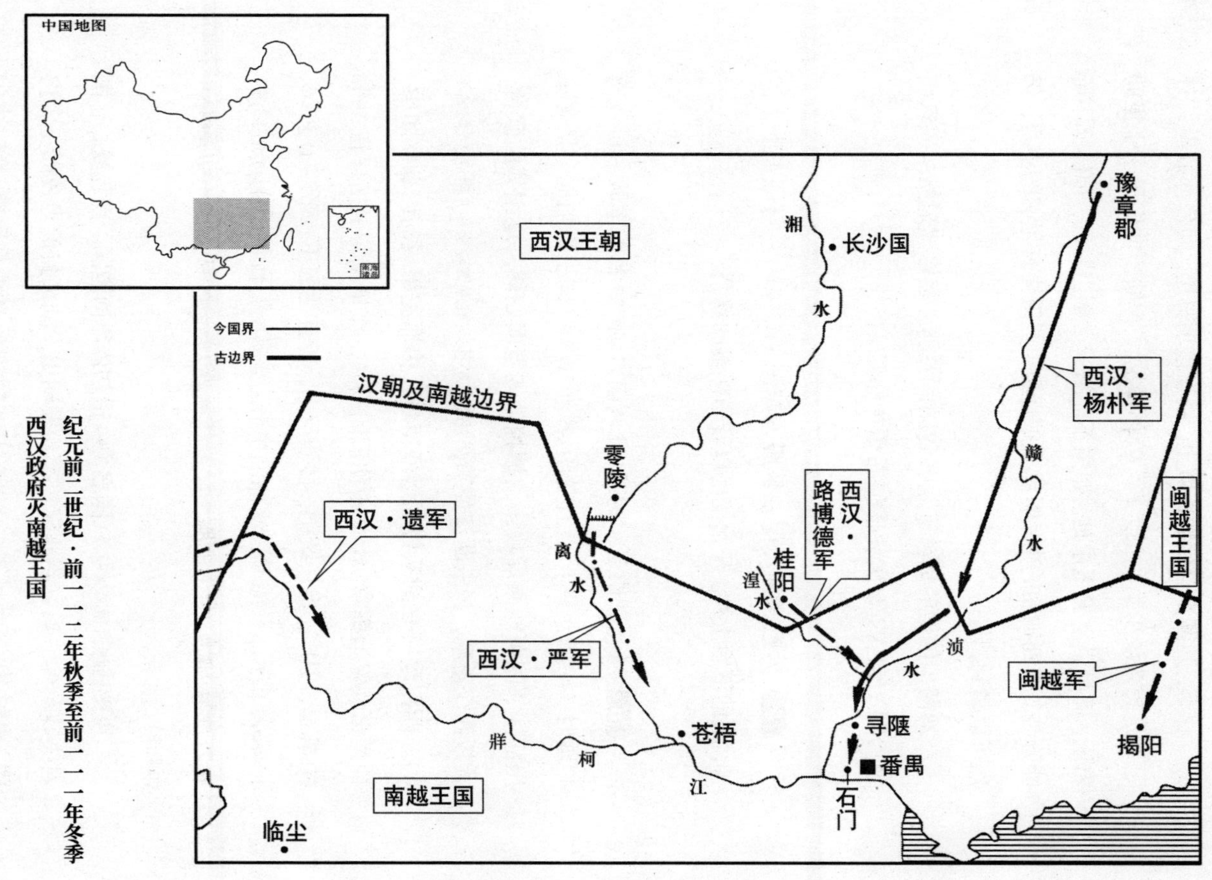


纪元前二世纪·前一一二年秋季至前一一一年冬季

西汉政府灭南越王国

春季，刘彻亲自到缑氏城上，视察该项脚迹，问公孙卿说："你是不是想效法少翁、栾大？"公孙卿说："神仙，他们无求于世间君王，而是世上君王求他。如果不能给一个相当时间，神仙就不可能降临。谈到神仙的事，看起来很怪诞，但只要有足够的岁月，仍然可以请到。"

刘彻相信他的话。于是各封国、各郡，都修建道路，兴筑庙宇，清扫有名的高山、祠院，希望神仙驾临。

**4** 为感谢神灵保佑征服南越国（首府番禺），祭祀天上太乙神，跟地下后土神。开始使用以音乐伴奏的舞蹈。

**5** 当驰义侯遗（姓不详）征调南方（南夷）各国军队，讨伐南越国时（参考前一一二年），且兰国（贵州省福泉市）国王恐怕他一旦率军出征，邻国可能乘虚攻击，掳掠他的老弱妇孺，遂跟邻国联合，背叛西汉王朝，袭杀西汉使节，和犍为郡（贵州省遵义市）郡长（姓名不详）。西汉政府立刻从曾经远征南越，由罪犯组成的巴蜀兵团中，抽调出八位指挥官（校尉）跟他们的部队，派皇家警卫指挥官（中郎将）郭昌、卫广，担任统帅，猛烈反击，斩且兰国王、邛都国王（邛，音qióng〔穷〕。四川省西昌市）、筰都国王（筰，音zuó〔昨〕。四川省汉源县）。于是，南方部族（南夷）全部征服，设置牂柯郡（贵州省福泉市。贵州省从此纳入中国版图）。

夜郎国（贵州省关岭县）国君（侯）最初依靠南越国。南越既亡，国君失魂落魄，只好到西汉首都长安朝见，刘彻封他当夜郎王。冉国、駹国（駹，音máng〔茫〕。二国均在四川省松潘县北）等西部部族（西夷）大为震恐，一齐归附，请求西汉政府派遣官员治理。于是，设置三郡：

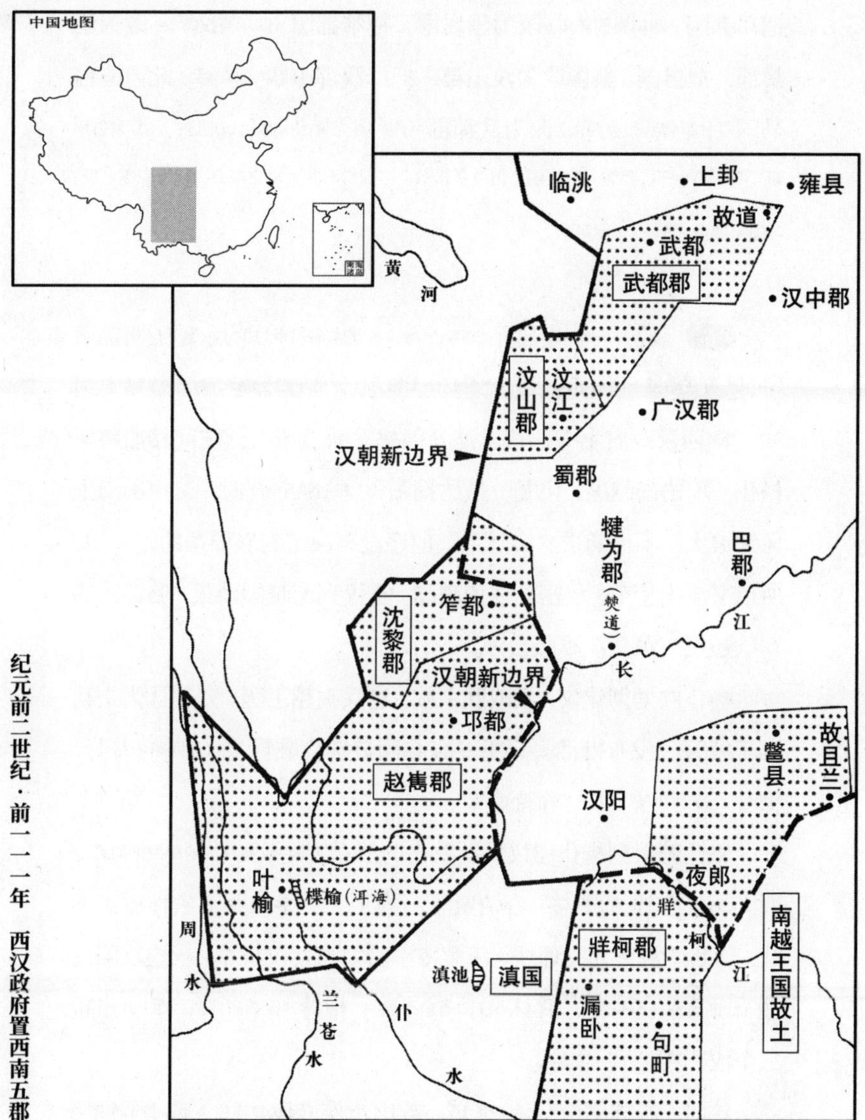


纪元前二世纪·前一一一年 西汉政府置西南五郡

把邛都国（四川省西昌市）改为越嶲郡，把筰都国（四川省汉源县）改为沈黎郡，把冉国、駹国改为汶山郡，把广汉郡（四川省梓潼县）北方的白马国（甘肃省西和县西南）改为武都郡（四川省大雪山山脉以东地区，及甘肃省南部，原于前一三〇年曾归附中国，但关系松散，中国当时并未设立郡县。如今四郡之设，各国土地正式纳入中国版图）。

**6** 最初，闽越王国（首都东冶〔福建省福州市〕）的东越王骆馀善（西汉政府在闽越王国封了两个王，一是越繇王骆丑，一是东越王骆馀善，参考前一三五年），向西汉政府上书，请求准允他率军队八千人，随同楼船将军杨仆，攻击南越国。可是，抵达揭阳（广东省揭阳市）时，又声称海上风紧浪大，不再前进。实际上，他还没有决定到底要帮助哪一边，所以又派出使节，秘密前往南越国。直等到南越国消灭，骆馀善的军队还没有跟西汉军队会师。

杨仆向刘彻建议，乘战胜余威，进兵闽越王国。刘彻认为士兵过于疲劳，没有批准，只下令各兵团分别屯驻豫章（江西省南昌市）、梅岭（江西省广昌县西），等待命令。

骆馀善得到杨仆建议发动攻击的消息（显然没有得到刘彻拒绝消息），而大军又在边界驻屯，心情紧张，为了先下手为强，索性派出部队，切断西汉南北交通线。任命将军驺力当吞汉将军，一连攻陷白沙（江西省南昌市东北）、武林（江西省余干县）、梅岭（江西省广昌县西），击斩三个汉军指挥官（校尉）。

这时，农林部长（大农）张成、故山州侯（因献金成色不足，去年才撤销侯爵）刘齿，正是驻屯军统帅，不敢迎战，反而撤退躲避。被控胆小懦弱、畏惧敌人，刘彻下令把二人斩首。

骆馀善在一连串胜利后，认为大势已定，把王国改成帝国，自称武帝。

刘彻下令楼船将军杨仆攻击，怕杨仆恃功而骄，就先施用威胁，下诏说："你的功劳，不过最先攻陷石门（广东省广州市西北郊）、寻陿（广东省清远市东）而已，并没有斩将夺旗，有什么值得夸耀的？去年（前一一二年）攻破番禺（广东省广州市），你把投降的人逮捕，当作俘虏。把死人从坟墓里挖掘出来，当作战场斩杀，这是第一件过失。没有完全切断交通线，竟然使赵建德、吕嘉，得以取得闽越帝国的外援，这是第二件过失。官兵连年暴露在蛮荒地带，你不念及他们的辛苦，竟然假借乘坐驿马车视查要塞之便，顺便回家（杨仆是宜阳〔河南省宜阳县西〕人），带着金印银印，露出三颗印信的绣带（杨仆本职是诸侯接待总监〔主爵都尉〕，军职是楼船将军，封将梁侯，各有印信），夸耀乡里，这是第三件过失。中央限定你回营日期，你眷恋家族，以至逾期，却借口道路险恶，阻塞难行，这是第四件过失。我问蜀郡（四川省成都市）刀价，你竟然假装不知道，用诈欺手段，冒犯君王，这是第五件过失。当初大军出发时，你不到兰池宫接受诏书，次日又没有解释。假如你的部下，问他他不理，命令他他又不服从，他应该有什么罪？把此心公诸世界，谁会相信你？而今，闽越帝国的武帝（骆馀善），深入中国国土，你能不能率领你的部队迎战，用来补救你的过失？"杨仆魂不附体，惶恐说："我愿杀身赎罪！"

刘彻派横海将军韩说，从句章（浙江省余姚市东南）乘舰艇，沿东海南下；杨仆从武林（江西省余干县）出发；首都长安警备区司令（中尉）王温舒，从梅岭（江西省广昌县西）出发；故南越国降将戈船将军严、下濑将军甲（姓都不详），分别从若邪（浙江省绍兴市南若邪山）、白沙（江西省南昌市东北）出发；共五路大军，向闽越帝国（首都东冶〔福建省福州市〕）推进。

**7** 博望侯张骞，因发掘西域（新疆及中亚东部）新世界，扶摇直上，地位尊贵。各地小职员或勇敢的壮士，竞争着向中央上书，陈述外国种种奇事，跟对中国的利害关系，要求担任国家使节。刘彻认为，西域远在天边，道路绝远，普通人都不愿意前往。所以，只要有人敢去，就立即给他皇帝的符节，教他们“持节”招募他们的使节团，不管他们的出身（即令最卑微的奴仆，也不限制），然后，给他们准备行装，遣送出发，希望激起人民的冒险精神。出使回来后，那些人不可能不把国家的礼物财货，暗下腰包，或者他们的成绩不能使政府满意。刘彻有一套办法对付，那就是立即严厉处分，迫使他们不得不缴出重金，要求再立功赎罪。于是，再度出使。

使节的品格素质，虽有不同，但喜爱犯法违纪，却是相同；他们的随从人员起而效尤，对外国的东西，百般称赞。刘彻对付他们也有一套办法：夸大其辞的人发给他们符节，教他们“持节”担任正使，稍着边际的就派他们当副使。结果，浮夸之徒或亡命无赖，争先恐后的投入。事实上，这些代表西汉政府的官方使节，家庭都很贫穷（在“家有千金的孩子，不坐在屋檐下，唯怕瓦掉下来打中脑袋”的明哲保身教育下，中国历史上从没有出现过富贵家子弟，冒险犯难的壮举），携带政府交给他们、使他们赏赐外国的财物，往往偷入私囊，或把它卖掉图利。因而前往西域（新疆及中亚东部）的目的，只不过为了做一趟单帮生意。

西域（新疆及中亚东部）各国，对西汉使节所说的话，前后不一致，互相也不一致，而又乱七八糟、行为乖张，逐渐感到厌恶；又明白西汉距离太远，军队不可能压境，于是采取抵制行动，拒绝供给西汉使节饮食。那些使节在缺乏粮秣供应之后，抱怨、愤怒，甚至跟各国互相攻击。其中尤其是楼兰（新疆若羌县）、车师（新疆吐鲁番市）两国，正当交通要道（中国入西域，南道必经楼兰，北道必经车师，这两个国家是西

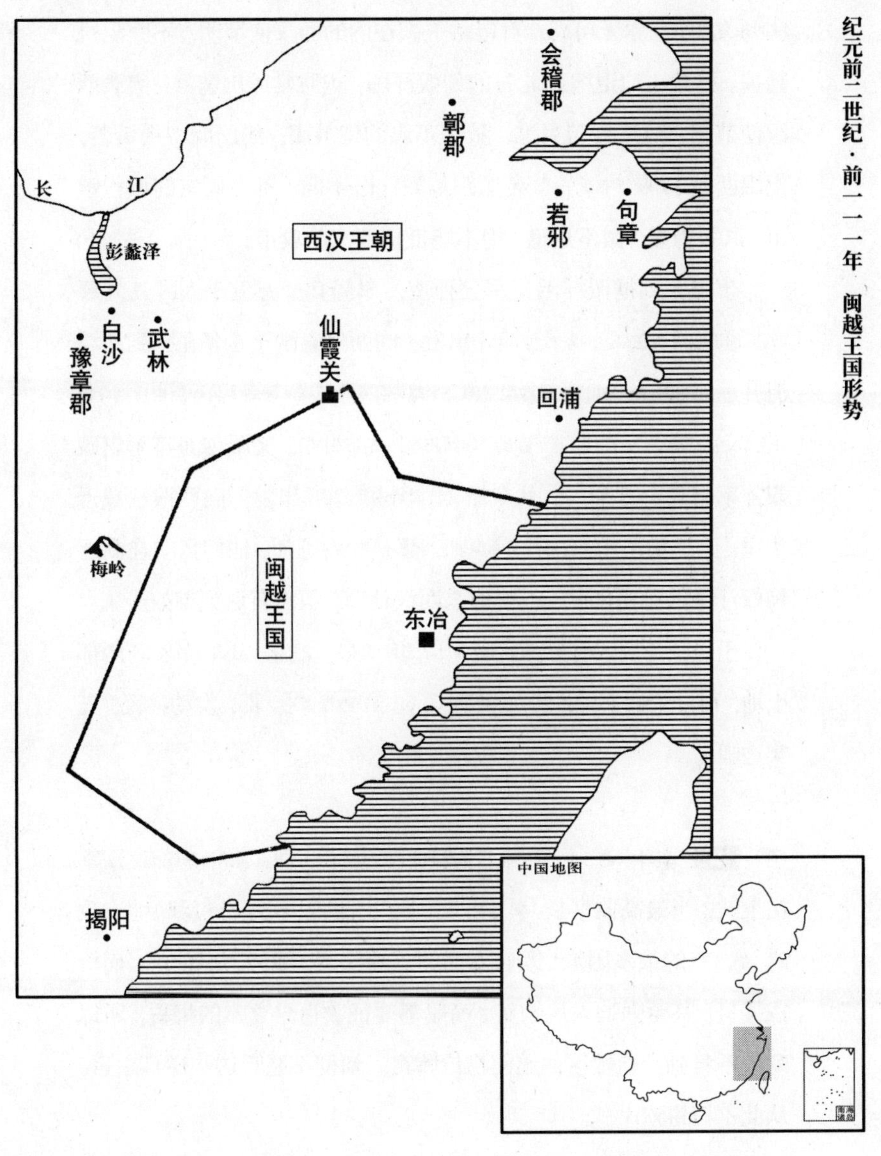


纪元前二世纪·前一一一年 闽越王国形势

域的东方门户），忍无可忍，对包括王恢在内的西汉使节团，不断阻挠劫掠。已被压迫退缩到北方的匈奴汗国，也时常派出骑兵，突袭西汉使节团。这些受苦受难、狼狈不堪的使节团，纷纷向中央诉苦，指出西域（新疆及中亚东部）各国跟匈奴汗国不同，都有固定的城堡镇市，武装力量，微不足道，绝不能抵抗西汉的攻击。

于是，刘彻派浮沮将军公孙贺，率骑兵一万五千人，从九原（五原郡郡政府所在县，内蒙古包头市）出发，向西搜索两千余华里，到达浮沮井后班师（浮沮井，当是沙漠中的一个绿洲，今地不详。因命令公孙贺推进到浮沮井之故，所以名“浮沮将军”。下面的“匈河将军”，情形相同）。又派匈河将军赵破奴，率骑兵一万余人，从令居（甘肃省永登县西）出发，向西搜索数千华里，到达匈河水（也是沙漠中绿洲，今地不详）后班师。他们目的在驱逐匈奴汗国的游击部队，不再追杀西汉使节，但没有遇到匈奴一人。

于是，西汉政府分割武威（甘肃省武威市）、酒泉（甘肃省酒泉市）两郡土地，再设张掖（甘肃省张掖市）、敦煌（甘肃省敦煌市）二郡，发动移民，充实边疆。

**8** 本年（前一一一），擢升齐国（首府临淄〔山东省淄博市东临淄区〕）宰相卜式，当最高监察长（御史大夫）。卜式既供职中央，遂反映地方政府（郡、国）的很多困难：政府专卖的煮盐铁器，脆薄不堪使用，而价钱又贵，甚至强迫人民购买。商船都要征收百分之六的捐税，所以商人不肯到产盐地区，遂使物价腾贵。刘彻不愿听这些逆耳之言，从此不再喜欢卜式。

**9** 最初，司马相如病重，在逝世前夕，写下遗书，歌颂刘彻功德，谈论祥瑞，建议刘彻到泰山（山东省泰安市北）封禅（祭天称“封”，

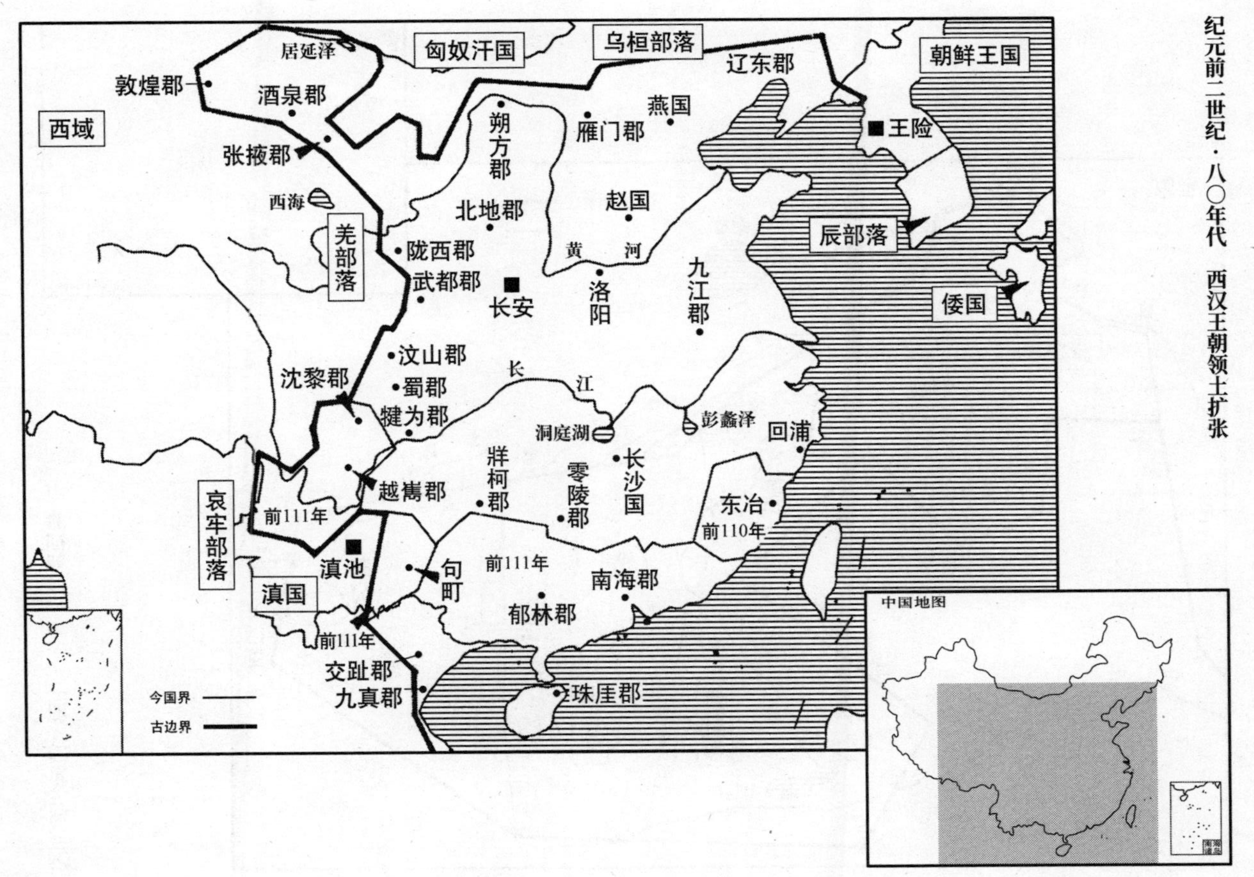


纪元前二世纪·八〇年代 西汉王朝领土扩张

纪元前二世纪·前一一一年 河西四郡

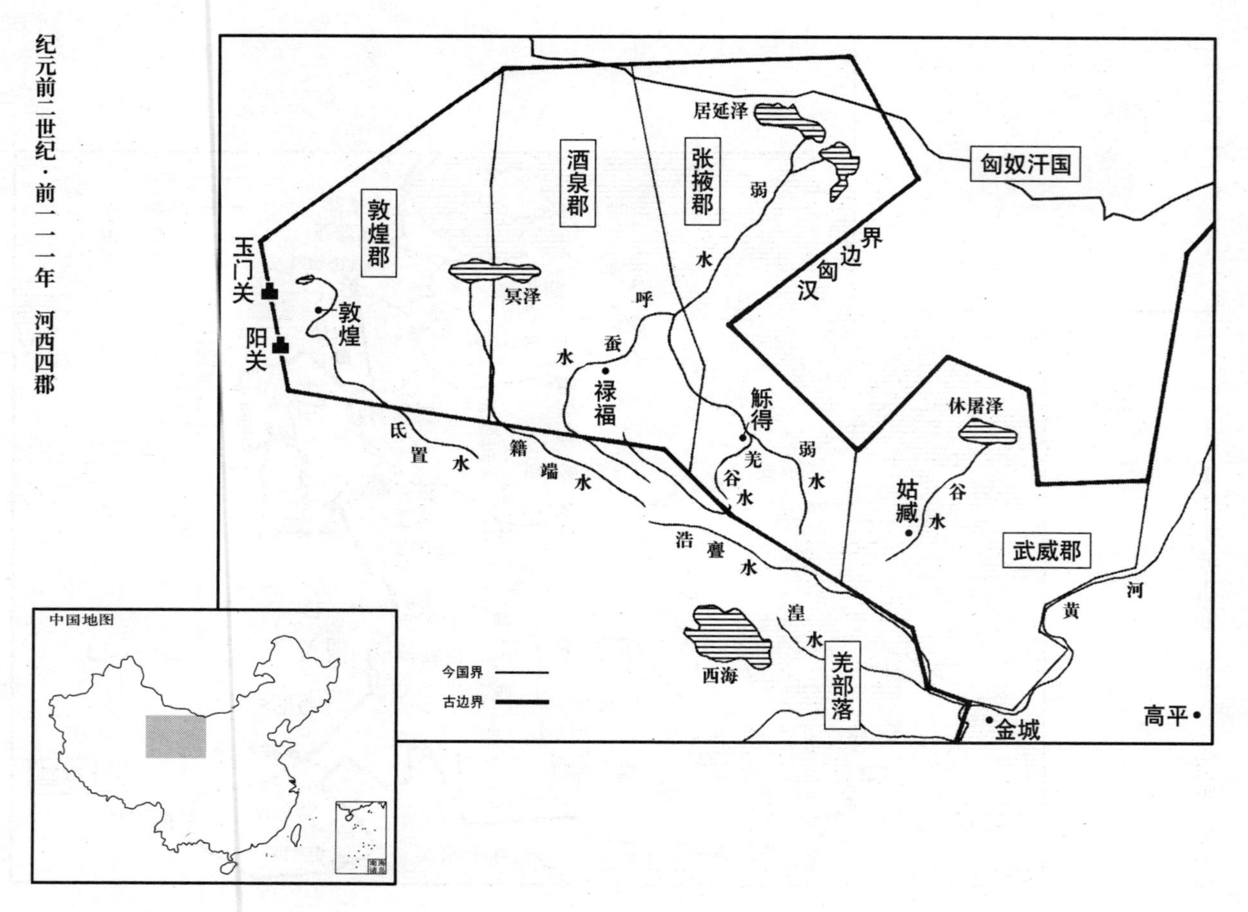

祭地称“禅”。泰山最高，距天最近，而地又最厚，是祭祀天神地神的最好处所）。刘彻深为感动。正巧，刘彻得到宝鼎（参考前一一三年六月），遂命高级官员、儒家学派知识分子（儒生），商议“封禅”（登泰山祭祀天地）仪式。然而，“封禅”是一件旷世奇典，没有人知道应该如何进行（一百年前，嬴政曾经闹过封禅，大概文件全失。参考前二一九年），法术师（方士）说：“封禅，意义就是不死。黄帝姬轩辕以前的君王，凡是封禅（登泰山祭祀天地）过的，都会招来怪物，跟神灵相通。秦王朝始皇帝嬴政曾上去过，可是不能祭祀。陛下如果决心登泰山的话，不妨缓缓前进，如果没有风雨，那是神灵悦纳的表示，才可以行礼。”

刘彻命儒家学派知识分子（儒生），参考《尚书》《周官》《王制》的规定，草拟封禅（登泰山祭祀天地）仪式。可是人言纷纷，数年之久，仍然不能定案。刘彻询问北长安市长（左内史）兒宽的意见，兒宽说：“在泰山祭天（封），在梁父山祭地（禅），昭告人民，祈求祥瑞，是帝王们特有的盛典，所以献礼的仪式，经书里没有记载。我认为，封禅（登泰山祭祀天地）是件大事，关系着天地神灵，只有圣明的君王，才能制定它的实施细则，不应由做臣下的参加意见。这样的一件隆重大典，经过几年时间，做臣下的已经尽了他们所有的力量，仍不能有具体结论。天子掌握‘中和’的极限，综合千头万绪，应发出黄金般贵重的声音，传出璧玉般纯洁的旨意，来促成普天之下的最大庆祝，作为万世遵奉的法则。”

刘彻采纳兒宽的建议，自己制定仪式，很多地方采用儒家学派的学说，搞得十分繁琐。又制造封禅（登泰山祭祀天地）时所使用的器具，拿给儒家学派的知识分子（儒生）看，有的说，跟古代的不同，不应使用。刘彻大不耐烦，把他们一律免职。而根据古书，制定节目：先检阅三军，犒劳官兵，然后封禅（登泰山祭祀天地）。

西汉王朝

- 灭闽越帝国。
- 刘彻封禅，开始使用年号。
- 灭卫氏朝鲜、灭滇国。
- 开始设“州”，置刺史。
- 攻大宛取汗血马。

---

- 日尔曼人，越过阿尔卑斯山，侵入罗马。
- “朱古达战争”结束，朱古达被擒，押解到罗马游街示众，在监狱中饿死。
- 罗马执政官马略击败日尔曼人，杀二十余万人，被尊为“罗马第三建设者”。

# 纪元前一一〇年 辛未

西汉　元封　元年

**1** 冬季，十月，西汉王朝（首都长安〔陕西省西安市〕）皇帝（七任武帝）刘彻（本年四十七岁）下诏："南越国（首府番禺〔广东省广州市〕）、东海王国（首都东瓯〔浙江省温州市〕），都因冒犯西汉，得到应有的惩罚（东海王国并没有冒犯西汉王朝，西汉政府还发兵代他驱逐外患，此时却被顺手一滑，列成罪犯。参考前一三八年），但西蛮（指滇国等）、北夷（指匈奴汗国等），还没有跟我们和睦相处的迹象，我将亲率大军，巡察边疆。现在，任命十二个兵团司令，由我直接指挥。"于是自云阳（陕西省淳化县）出发北上，经上郡（陕西省榆林市东南鱼河镇）、西河（内蒙古准格尔旗西南）、五原（内蒙古包头市），出长城，登单于台（内蒙古呼和浩特市北），再到朔方（内蒙古杭锦旗北黄河南岸），抵达黄河，动员骑兵十八万人，旌旗千余华里，用以显示军威，对匈奴施展压力。

然后派使节郭吉到匈奴，通知单于（六任）挛鞮乌维："南越国王的人头，已悬挂首都长安的北门（南越国王赵建德被俘后，封术阳侯，并没有处决），如果单于能战，天子亲自在边境等候；如果不能战，就应该归顺中国。只一味逃避到沙漠（瀚海沙漠）以北，那里气候苦寒，而又缺乏水草，实在不是办法。"话刚说完，挛鞮乌维便暴跳如雷，下令把引导郭吉晋见的礼宾官（主见客者）立即斩首，扣押郭吉，囚禁北海（西伯利亚贝加尔湖）。然而，挛鞮乌维心里仍然恐惧，不再作更进一步的反应。

刘彻班师，在桥山（陕西省子长市西北）祭祀黄帝姬轩辕坟墓。再南行，抵达须如（今地不详），下令复员（释兵）。刘彻问："我听说姬轩辕并没有死亡，可是却有他的坟墓，这是怎么回事？"公孙卿说："姬轩辕肉身升天，只是群臣思慕故主，把他生前的衣服冠帽埋葬。"刘彻叹息说："我以后升天，群臣恐怕要把我的衣冠埋葬在东陵了。"（东陵，即茂陵〔陕西省兴平市东北〕）遂回甘泉宫（陕西省淳化县西北），祭祀太乙神坛。

**2** 刘彻嫌卜式不善文辞，贬作太子师傅（太子太傅），任命兒宽代理最高监察长（御史大夫）。

**3** 汉朝军队进入闽越帝国（首都东冶〔福建省福州市〕）国土。闽越帝国战斗部队早已分别据守险要，并派徇北将军（姓名不详）据守武林（江西省余干县）。西汉楼船兵团一位士兵、钱塘（浙江省杭州市）人辕终古，在一次战役中，斩徇北将军。而闽越收容的故南越国所封的衍侯吴阳，率领他部下的民兵七百人叛变，反攻驻守汉阳（今地不详）的闽越军队。闽越帝国所封的建成侯敖（姓不详），跟越繇王驺居股（一任越繇王驺丑的儿子，参考前一三五年），倒戈诛杀闽越帝（武帝）驺馀善，举国投降。

刘彻封辕终古当御兒侯、吴阳当卯石侯、驺居股当东成侯、敖（姓不详）当开陵侯，封横海将军韩说当按道侯、横海兵团将领福（姓不详）当缭嫈侯，封闽越帝国降将多军（姓不详）当无锡侯。

刘彻认为闽中（闽越帝国故地，福建省）地势凶恶，道路险阻，居民又不断的反复，跟西汉王朝为敌，将来如何，难以预料，可能终成西汉的大患。于是下令把当地居民，全部迁移到长江、淮河之间的江淮大平原上，闽中（福建省）遂成为真空。

**4** 春季，正月，刘彻出游缑氏（河南省洛阳市偃师区东南），到中岳嵩山（河南省登封市东北）太室祭祀。随从人员在山下恭候，隐约听到有声音呼喊“万岁”三次。刘彻下诏祭祀官扩建太室庙，禁止砍伐附近草木，把山下三百户人家，划归太室庙，作为采邑，然后向东到大海（可能是东海，可能是黄海，也可能是渤海，古时统统称“海”），向八位神灵致祭（八神：天神、地神、兵神、阴神、阳神，月神、日神、四季神。参考前二一九年）。齐国（首府临淄〔山东省淄博市东临淄区〕）上书陈述神仙妖怪跟秘方灵药的，有数万件之多。刘彻大为兴奋，更加派船只，使声称在海上看见仙山的数千人，再到海上招请蓬莱（仙山所在）真神。

再派公孙卿“持节”，经常到名山上等候仙踪。公孙卿到东莱（山东省莱州市），声称夜间看见有巨人高数丈，可是前往接近他，却忽然不见踪影，留下庞大脚迹，好像是只怪兽。官员说，他们看见一位老翁牵着一只狗，声称要见"巨公"（隐指皇帝），然而也霎时不见踪影。刘彻亲自察看巨人脚迹，并不深信，稍后随从官员喧腾老翁的事，认为可能就是神仙，刘彻遂在海边留宿，等待奇迹，下令法术师（方士）可以使用政府驿马车。一时寻求仙踪之辈，有数千人之多。

夏季，四月，刘彻西返，抵达奉高（泰山郡郡政府所在县，山东省泰安市东），先到梁父（泰安市东南）祭祀八神之一的地神。

四月十五日，刘彻命宫廷随从（侍中）跟儒家学者（儒者），改穿打猎时的装束，戴鹿皮帽，用丝带把笏板系在腰间，参加射牛仪式（古时皇帝在大典之前，必自己射牛，表示亲杀）。先到泰山（山东省泰安市北）下东方，祭祀天神（封），仿效祭祀太乙坛礼仪，兴筑祭坛，广十二尺，高九尺。祭坛下埋藏刘彻上奏给神仙的"玉牒"（刻在璧玉上的奏章），内容极为秘密，无人得知。

典礼既毕，刘彻单独率宫廷随从（侍中）、御车总监（奉车都尉）霍子侯（霍去病的儿子），登上泰山，再行大典，事属最高秘密。第二天，从泰山北道而下。

四月十六日，刘彻在泰山山麓东北肃然山（山东省济南市莱芜区东北），祭祀地神（禅），仿效祭祀后土坛礼仪。刘彻亲自叩拜，衣服都用黄色，而由圣乐伴奏（西汉王朝一向以红色作象征，今改黄色。数十年来"火德""土德"，以及"改服色"，闹成一团，如今在无声无息中改变）。用江淮平原（长江淮河间）出产的三节以上粗大茅草，作为献礼；用五种颜色的泥土（东方青土，南方红土，西方白土，北方黑土，中间使用黄土），建立神坛——封禅庙。夜晚，好像有一道光芒；白昼，好像有一缕白云，从坛中隐约发出。

刘彻封禅（登泰山祭祀天地）后，高坐皇家大会堂（泰山郡政府所在奉高

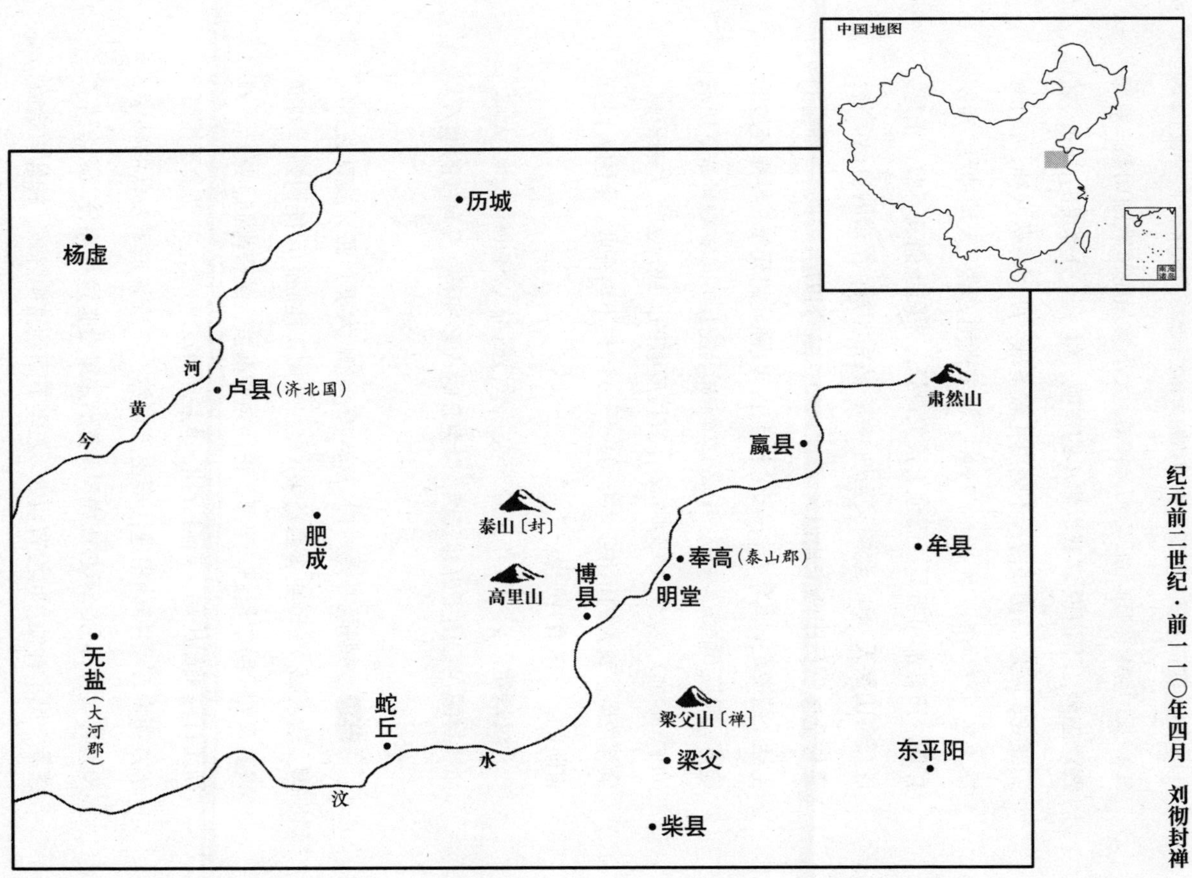


纪元前二世纪·前一一〇年四月　刘彻封禅

〔山东省泰安市东〕西南二公里，有秦王朝皇家大会堂〔明堂〕，即刘彻所坐。西汉王朝的皇家大会堂〔明堂〕，明年〔前一〇九〕才兴筑），大小官员轮流歌颂功德。刘彻踌躇志满，下诏说："我以渺小的身躯，继承十分尊贵的高位，兢兢业业，唯恐品德浅薄，不明白礼教圣乐，所以尊敬八神（天神、地神、兵神、阴神、阳神、月神、日神、四季神），祈求指道。蒙受天地神灵，赏赐祥瑞，声音都可听见。震惊于景象奇异，想阻止而又不敢。于是，遂登泰山祭天（封），登梁父祭地（禅），然后叩拜，严肃的自己反省；愿与全体官员跟儒家知识分子（士大夫），从今以后，开始一种新的生活。兹规定：本年（前一一〇）十月起，改称元封元年。封禅经过的地方；博县（山东省泰安市）、奉高（泰安市东）、蛇丘（山东省肥城市东）、历城（山东省济南市）、梁父（泰安市东南），农民应缴的，或过去所欠的田赋，全部免除。商人的捐税，本年（前一一〇）内也不再征收。全国人民有官阶的，一律擢升一级。" 306

又规定：天子五年亲临一次，举行封禅（登泰山祭祀天地）大典，命各封国在泰山下兴建宾馆，以免临时人多拥挤，没有住的地方。

**5** 刘彻既办完封禅（登泰山祭祀天地）大事，而又没有遇到风雨，法术师（方士）更誓言蓬莱（大海中的仙山）神仙们可能请到，刘彻兴高采烈，盼望相遇。于是，再往东方海滨，眺望徘徊。最后，刘彻还打算乘船出海，亲自寻找，大臣们竭力劝阻，刘彻全不接受。东方朔说："跟神仙相遇，要出于自然，不应该迫不及待的强求。如果有这种福分，不必忧虑见不到；如果没有这种福分，纵然到了蓬莱，见了神仙，也没有益处。愿陛下回到宫中静候，神仙自会降临。"刘彻觉得他的话有理，才打消原意。恰巧，御车总监（奉车都尉）霍子侯突然发病，一日之间，即行逝世。霍子侯是霍去病的儿子，

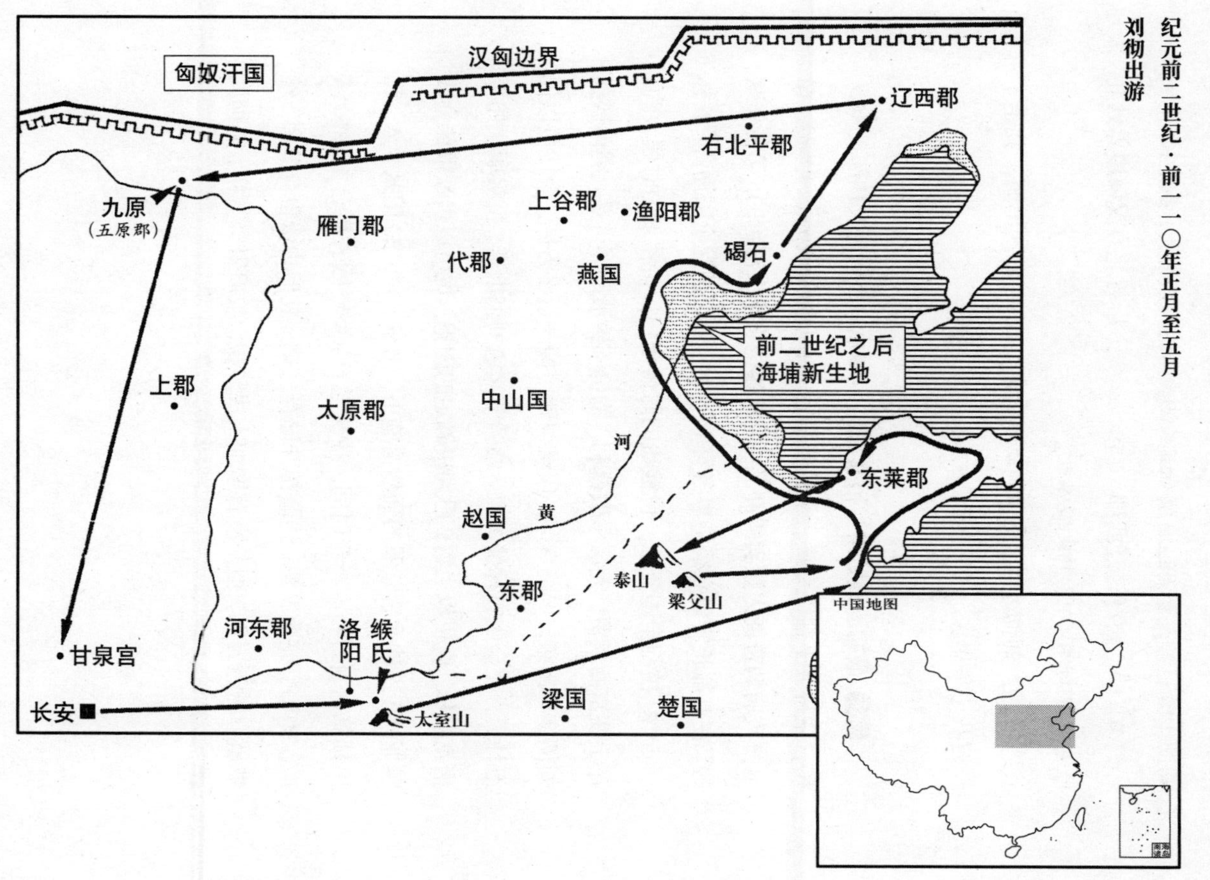


纪元前二世纪·前一一〇年正月至五月

刘彻出游

刘彻十分哀悼，遂决心返京（首都长安）。沿着海岸北行，到达碣石（河北省昌黎县北），再经过辽西郡（辽宁省义县西），沿着北方汉匈边界到九原（五原郡郡政府所在县，内蒙古包头市）。

五月，刘彻才回到甘泉（陕西省淳化县西北），此次出游，共走了一万八千华里。

**6** 最初，桑弘羊当粮食总监（治粟都尉），代理农林部长（领大农），主持天下盐铁专卖。桑弘羊制定“平抑物价条例”（平准法），命地方政府调查商人贩卖的商品中，有哪些将来会涨价的，可抵作赋税。在首都长安设立经济事务官（平准令），负责调配全国物资。农林部（大农）控制全国资源，价钱贵的时候出售，价钱低的时候收购，在于使富商大贾，无法牟取暴利，物价不致波动。可是，突然遇到刘彻连年出游，一路赏赐，仅丝绸就用掉一百多万匹，金钱更以亿万计算，完全由农林部供应。桑弘羊又请刘彻批准：低级职员如果捐献粮秣，就可以当官；已判决确定的囚犯，也可以捐献粮秣金钱赎罪。在这种卖官赎罪的强烈措施下，山东（崤山以东）田赋收入，超出预算六百万石。一年时间，中央总仓（太仓）跟甘泉仓（仓在陕西省淳化县西北），完全满盈。边疆粮秣储存过剩，其他物资也有多余，丝绸就有五百万匹。但并没有增加人民赋税，政府财务宽裕。刘彻大喜，赐给桑弘羊“左庶长”官阶（文官第十一级），赏黄金二百斤。

这时，正逢小规模旱灾，刘彻命各级官员向上天祈雨。卜式上书说：“政府官员应该负责田赋和捐税，而今桑弘羊却使他们像一个商人一样，坐在店铺里，做起生意求利来了。如果烹杀桑弘羊，天就会降雨。”

**柏杨曰**

传统的儒家思想，是大刀一砍的两分法，“仁义”和“利益”如同水火之不相容。“仁义”是孤立的，凌驾各种行为之上。于是，讲“仁义”的人遂陷于不切实际的迂腐困境。没有卜式，中国仍是中国，没有桑弘羊的盐铁专卖制度，和物资调节办法，天下可能混乱，西汉政府可能倒闭。

**7** 秋季，东井星旁，出现孛星。十余日后，孛星再出现三台星旁。法术师望气专家王朔说：“一会工夫，就会再看到填星（土星）出现，形状似瓜，不久，再退回原处。”有关单位主管一致说：“陛下开创西汉王朝天子封禅记录，上天用德星（土星）回报。”

**8** 齐（怀）王（首府临淄〔山东省淄博市东临淄区〕）刘闳逝世，没有儿子，封国撤除。

# 纪元前一〇九年 壬申

西汉　元封　二年

1 冬季，十月，西汉王朝（首都长安〔陕西省西安市〕）皇帝（七任武帝）刘彻（本年四十八岁）前往雍县（陕西省宝鸡市凤翔区），祭祀五色帝。回长安后，祭祀太乙神庙，并叩拜德星（土星）。

2 春季，正月，公孙卿报告刘彻说："在东莱山（山东省龙口市东南莱山）上遇见神仙，好像是说他要会晤天子。"刘彻遂到缑氏城（河南省洛阳市偃师区东南）等候这项会晤。封公孙卿当高级国务官（中大夫），再到东莱，留宿数天，仍然看不到什么，但看到了巨人的脚迹。刘彻仍兴致勃勃，派出法术师到深山大海，寻访神仙怪物，仅采摘灵芝的，就有千人以上（灵芝是一种传说中的神药，吃下去可以长生不老，灌到死人肚子里，能够使死人复活）。是时，正逢旱灾，皇帝出游，没有冠冕堂皇的名义，于是，只好借口祭祀万里沙神庙（山东省莱州市东北有一小块沙漠，称万里沙，有庙祭祀沙神）。

夏季，四月，刘彻返回长安，中途，祭祀泰山（山东省泰安市北）。

**3** 最初，黄河在瓠子（河南省濮阳市西南古黄河堤）决口（参考前一三二年），二十余年没有堵塞（迄今整整二十四年），梁国（首府睢阳〔河南省商丘市〕）、楚国（首府彭城〔江苏省徐州市〕）一带，受害尤其惨重。本年（前一〇九），刘彻命汲仁、郭昌二位高级官员，征调士卒民伕数万人，堵塞瓠子堤决口。刘彻从泰山回京途中，亲自到决口处视察，把白马、玉璧，投入洪流，用以祭祀河神。下令随从的将军以下官员，亲自运土，终于把决口塞住。然后，在堤上兴筑皇宫，名宣防宫。黄河遂改道，进入北方两条故渠，恢复夏王朝一任帝姒文命（禹）治水时的旧河道。从此，梁国、楚国地区得到拯救，不再有水灾。

**4** 刘彻回到长安。

**5** 刘彻开始任命南越（南越国故土，南岭以南）巫法师参与祭祀上帝、鬼魂，并用鸡骨卜卦（鸡卜法，用一鸡一狗，祀祷祈福，然后杀掉，煮熟之后，再祭。取出鸡的两个眼骨，如果裂成人像，吉利；如果不成人像，则凶。古中国传统，只用龟壳占卦）。

**6** 公孙卿上疏说："神仙喜欢住在楼上。"刘彻就在长安兴筑蜚廉观、桂观，在甘泉（陕西省淳化县西北）兴筑益寿观、延寿观（观，从上观下，就是"楼"的意思。"庙"多是平房，"观"必是高楼。《三辅黄图》："蜚廉观，高四十丈，延寿观也差不多"。四十丈约八十公尺）。派公孙卿携带皇帝符节，布置全副设备，恭候神仙降临。又在甘泉宫兴筑通天台（《汉武故事》："通天台距地面百余丈，望云雨俱在其下，上有承露盘，有神仙雕像，手举玉杯，接受云中露珠。"高约二百二十公尺），在通天台上盖庙祭祀，更兴筑甘泉宫前殿，并扩建其他各宫殿。

**7** 最初，战国时代燕王国（首都蓟城〔北京市〕）全盛之时，势力向东伸展，疆土包括真番（朝鲜半岛信川郡）、朝鲜（朝鲜半岛平壤市），设立地方政府，派遣官吏，兴筑城堡要塞。后来，秦王朝并吞燕王国，势力不及，真番、朝鲜，脱幅而去。西汉王朝兴起，鉴于距离太远，无法保持，也就不图收复，只修筑故秦王朝时的原有边疆要塞，以浿水（浿，音pèi〔沛〕。朝鲜半岛清川江）作为中国最远边界，由封国之一的燕国（首府蓟县）管辖。稍后，燕王卢绾叛变（参考前一九五年），投降匈奴汗国。燕国人卫满率众逃亡，集结党羽一千余人，把头发结辫，向东出塞，渡过浿水（朝鲜半岛清川江），在秦王朝放弃的空地上定居，逐渐控制真番（朝鲜半岛信川郡）、朝鲜（朝鲜半岛平壤市）两地土著，以及燕国的流亡人士，自己称王，建都王险城（朝鲜半岛平壤市。称朝鲜王国，也称卫氏朝鲜）。

当二任帝（惠帝）刘盈、三任帝（前少帝）刘恭、四任帝（后少帝）刘弘时代（前二世纪一〇及二〇年代），西汉政府刚刚成立，辽东郡（辽宁省辽阳市）郡长（太守），跟卫满约定，使卫满作为西汉王朝藩属，负责守卫中国边塞，但其他部落酋长要到中国晋见中国皇帝的，则不可以限制。西汉政府回报他的协助，给他不少礼物。卫满即利用这些武器财产，侵略邻国，征服真番（朝鲜半岛信川郡）、临屯（朝鲜半岛江陵市），国土扩张数千华里。

后来，卫满传位给孙儿卫右渠的时候，招诱来的流亡汉人更多，而他又从没有到过西汉首都长安朝见。辰国国王（位朝鲜半岛南部。辰国并不是"三韩"之一的"辰韩"，下世纪〔前一〕五〇年代，才有"三韩"，此时只有"辰国"一国，是一个组织松懈的部落联盟，共同拥戴辰王）上书西汉政府，要求晋见皇帝。卫右渠考虑到辰国可能借着西汉王朝力量，变得强大，所以拒绝辰国的使节通过他的国土。由于这些原因，西汉政府遂于本年（前一〇九）派遣涉何前往王险城（平壤市）谈判。卫右渠态度强硬，不接受西汉政府命令。涉何只好告辞，但在到达边界时，却把护送他的朝鲜将领刺杀，然后渡过浿水（清川江），奔入中国要塞，向刘彻报告说："朝鲜不愿归附，我击斩他们的名将。"刘彻觉得涉何干得很好，不再追查事情发生经过，就任命他当辽东郡（辽宁省辽阳市）东部兵团司令（东部都尉。驻地在武次〔辽宁省凤城市东北〕）。朝鲜王国当然不会放过这个凶手，派兵奇袭辽东，格杀涉何。

**8** 六月，甘泉宫（陕西省淳化县西北）出现灵芝草，有九支茎，为了庆祝此项祥瑞，刘彻下令赦天下。

**9** 刘彻深为旱灾烦恼，公孙卿说："黄帝姬轩辕时封禅（登泰山祭祀天地），天下大旱，'乾封'三年。"（"乾"是一个破音字，一音qián〔钱〕，天庭之意。一音gān〔干〕，缺水之意。无论读哪一音，天庭关闭也好，水源关闭也好，都表示三年无雨。）刘彻下诏："天下大旱，莫非是天庭关闭？"

**10** 秋季，在汶水（流经山东省泰安市东）河畔，兴建皇家大会堂（明堂。三十年前，刘彻就要兴建明堂，引起流血事件，今天总算如愿以偿。参考前一三九年）。

**11** 对朝鲜王国（卫氏朝鲜）击斩涉何，以及拒抗中国的态度，刘彻决定反击。招募已判决死刑的囚犯从军，命楼船将军杨仆，率领海军舰队从山东半岛出发，横渡渤海；左将军荀彘（彘，音zhì〔智〕）从辽东郡（辽宁省辽阳市）出发，跨越马訾水（鸭绿江）；海陆两路夹攻。

**12** 最初，刘彻派王然于出使滇国（首都滇池城〔云南省昆明市晋宁区东晋城街道〕），强调南越国跟南方部落（冉国、駹国、邛都国等，参考前一一一年）败降，以及汉朝军力强大，劝告滇王归附入朝。滇国是一个大国，武装部队数万人，邻国东北有劳深国、靡莫国（都在云南省曲靖市一带），统治者都跟滇王同属一个家族，对西汉政府的要求，一致拒绝。劳深国和靡莫国，还不断袭击西汉使节跟边界的西汉士卒。

本年（前一〇九），刘彻决定用武力征服，派将军郭昌、皇家警卫指挥官（中郎将）卫广，征调巴蜀（四川省）民兵，击破劳深、靡莫，进逼滇国。滇王献出国土投降，接受西汉政府派遣的官员，并承诺亲身到长安朝见。西汉政府遂在滇国设益州郡（郡政府设滇池城），颁发滇王印信，仍做他的酋长。

此时，西汉政府一连消灭南越国（首府番禺〔广东省广州市〕）跟闽越帝国（首都东冶〔福建省福州市〕），削平西方跟南方诸部落（西南夷），领土大幅扩张，新设立共十七个郡（前一三〇年，占领夜郎以北土地，置犍为郡。前一一一年，灭南越，设南海、郁林、苍梧、合浦、九真、日南、象郡、交趾、珠厓、儋耳十郡。灭西南夷，设武都、牂柯、越嶲、沈黎、汶山五郡。本年〔前一〇九〕，灭滇国，置益州郡），仍保持居民固有的风俗习惯，而且不征收赋税。南阳郡（河南省南阳市），跟汉中郡（陕西省汉中市）以南各郡，依距离首都长安远近，成正比例增加郡政府官员待遇，包括粮秣、钱币、车辆、马匹跟装备等。

开始时，这些新成立的郡，不断发生叛乱，杀戮官吏。中央政府也经常调发附近民兵部队前往讨伐，每年都要动员一万余人，所需经费，都由农林部（大农）供应。农林部（大农）靠着各地物资调

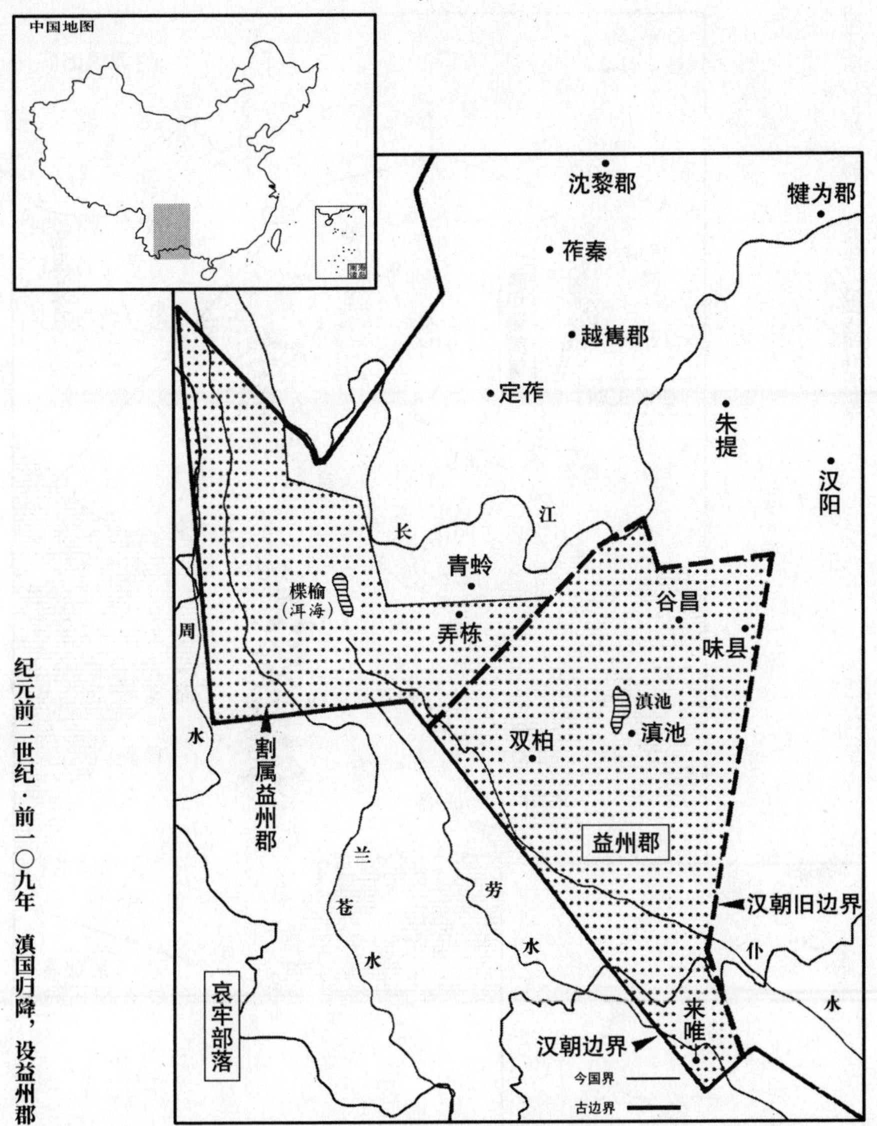


纪元前二世纪·前一〇九年　滇国归降，设益州郡

纪元前二世纪·前一〇九年 卫氏朝鲜形势

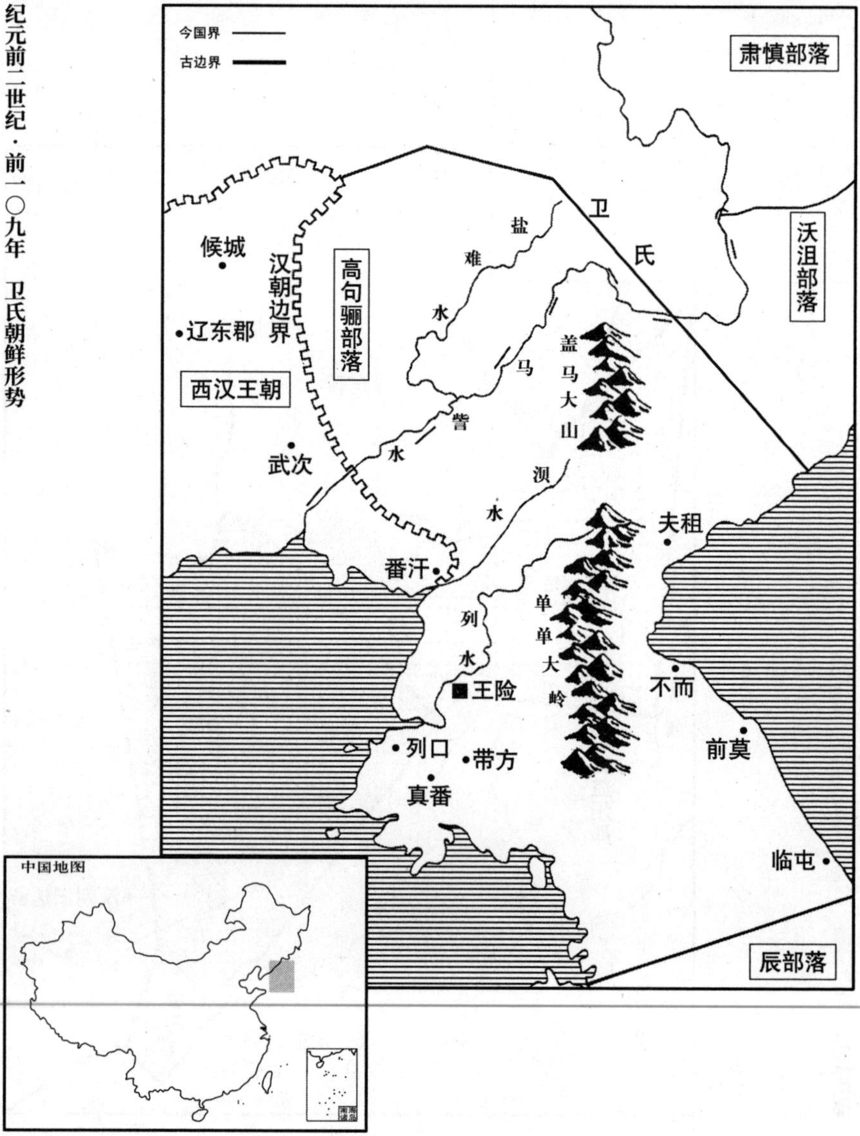

今国界
古边界
肃慎部落
卫
氏
沃沮部落
盐
难
水
候城
汉朝边界
高句骊部落
辽东郡
西汉王朝
马
訾
水
盖马大山
武次
浿
水
夫租
番汗
列
水
单单大岭
王险
不而
前莫
列口
带方
真番
临屯
辰部落
中国地图
南海诸岛

节功能（贱买贵卖），跟盐铁专利所得，补助正常田赋税收的不足，所以能够胜任。大军经过的地方，县政府的补给，也没有缺乏，不再征收“附加税”。

**13** 本年（前一〇九），刘彻任命总监察官（御史中丞）、南阳（河南省南阳市）人杜周，当司法部长（廷尉）。杜周外貌忠厚宽大，但内心苛刻，害人深入骨髓，大抵仿效张汤的办法（参考前一二六年）。此时，诏狱特别多，部长郡长级高级官员（二千石）被逮捕囚禁，旧的去，新的来，始终维持一百人以上。司法部受理的案件，每年达一千余件。大案牵连逮捕的有数百人，小案牵连逮捕的也有数十人。远者从数千华里外，近者也有数百华里路程，把当事人押解到长安审讯。司法部所属监狱，跟首都其他官府所属监狱，全都装满，囚犯高达六七万人之多，而法官法吏利用口供牵引，更增加十万余囚犯。

**柏杨曰**

“诏狱”一词，再次在《资治通鉴》出现。“诏”是皇帝命令，由于皇帝的命令而逮捕，而囚禁，而处决的行为，称为“诏狱”。这种案件中，法官的任务只是代不合法的行为穿上合法的外衣。韩信、彭越、晁错、主父偃、周勃、周亚夫，都是诏狱下的牺牲品。所以可以直截了当的说：诏狱就是冤狱。当最高统治者——不管他的名称叫什么，要惩处某一个人时，法官自会找出稀奇的法律条款，诸如“地下谋反”“心理叛变”“反党”“反人民”“打击领导中心”之类，使他们龙心大悦。

十六七万囚犯，是一个庞大数目，西汉王朝初期，长安人口不过五十万。十个人之中，就有三个人坐牢，其中埋藏着多少悲剧。太平盛世，尚且如此，战乱之时，人更不被当人。

# 纪元前一〇八年 癸酉

西汉　元封　三年

**1** 冬季，十二月，天际有雷，降冰雹，冰雹大的犹如马头（如此大的冰雹，房屋必将洞穿，人间又是一大灾难）。

**2** 西汉王朝（首都长安〔陕西省西安市〕）皇帝（七任武帝）刘彻（本年四十九岁），派将军赵破奴，深入西域（新疆及中亚东部），攻击车师国（新疆吐鲁番市）。赵破奴率七百余轻骑兵，先突袭楼兰国（新疆若羌县），生擒楼兰王。继续北上，大破车师王国。率大军西进，威胁乌孙王国

（首都赤谷城〔中亚伊赛克湖东南〕）、大宛王国（首都贵山城〔中亚纳曼干市西北卡散赛城〕）等地。

春季，正月二十七日，刘彻封赵破奴当浞野侯（前一一二年，赵破奴因献金成色不足，撤销侯爵）。将领王恢（跟前一三三年马邑战役自杀的王恢，不是一人）在击破楼兰国之役中建功，封浩侯。西汉境内碉堡亭障，遂从酒泉郡（甘肃省酒泉市）一直延伸到玉门关（甘肃、新疆两地交界处，甘肃省敦煌市西北）。

**3** 刘彻开始提倡"角抵戏""鱼龙""曼延"等游戏（"角抵戏"，可能跟现代日本摔跤角力相同；也或许从中国传到日本，中国已失传，而日本仍然保留。"鱼龙"，颜师古注："最先装扮成一双百舌鸟，在庭院舞蹈。然后到水池里戏水，变化成比目鱼，可以喷出云雾，遮蔽太阳。然后变成长约八丈的黄龙，跳出水池，再在庭院舞蹈。《西京赋》：'海鳞变而成龙'，就是指此。"读了等于不读。"曼延"是什么，我们同样不知道，颜师古注："即《西京赋》所说：'巨兽百寻，是为曼延。'"读了仍等于不读）。

**4** 中国军队攻入朝鲜王国（卫氏朝鲜。首都王险城〔朝鲜半岛平壤市〕），朝鲜王卫右渠出动大军，坚守险要。楼船将军杨仆率山东半岛军七千人，先行到达王险城（平壤市）。卫右渠在情报中得知中国军队人数不多，即发动攻击，楼船兵团溃败，逃窜到山区躲避。杨仆费了十几天时间，才把他们集结。左将军荀彘率陆军抵达浿水（清川江），遭到朝鲜军抵抗，不能前进。

刘彻对两位将领的狼狈情形，十分惊异。指派卫山出使朝鲜王国，借军事压力，再作说服。卫右渠接见卫山，行礼道歉说："我愿意投降，但恐怕两位将军用诈术把我杀掉。而今既然看到皇帝的'符节'，愿意一本初意。"派太子随卫山前往长安朝见，并呈献战马五千匹，供给中国军队粮秣，由一万余人护送，全副武装，就要北渡浿水（清川江）。面对朝鲜庞大的护送部队，卫山跟左将军荀彘，如芒刺在背，精神紧张，担心可能发生变化，遂对太子说："朝鲜王国既已顺服，太子到长安朝覲，应由中国护卫，不需要朝鲜武装部队保驾！"太子疑心卫山跟荀彘想遣散他的卫士，把他杀掉，于是，拒绝过河（清川江），下令班师。卫山回报刘彻，刘彻责备卫山败事，斩首。

中国军队开始攻击。荀彘大破朝鲜守军，强渡浿水（清川江），径抵王险城（平壤市）下，包围西北两面，王恢则进驻南城。卫右渠坚守，僵持数月，不能攻破。荀彘陆军都是北中国健儿，慓悍善战。杨仆海军陆战队则都是山东半岛的囚犯，曾被朝鲜军击败过，心里仍有余悸，士气畏缩。所以在围攻王险城之役中，杨仆常派出使节，要求朝鲜停止抵抗，而荀彘却猛烈攻击，必欲灭国。

朝鲜王国（王氏朝鲜）官员们遂利用中国两位将领间的矛盾，派出密使，晋见楼船将军杨仆，谈判投降条件，来往磋商，一直不做决定。左将军荀彘屡次要求杨仆指定日期，发动总攻。杨仆每次都表示同意，但届时却不采取行动。荀彘也曾派人向朝鲜政府游说，卫右渠拒绝，表示希望向杨仆投降。两位将领开始互相猜忌。荀彘认为，杨仆曾被朝鲜军击败，兵团溃散。而朝鲜王又对他态度友善，却并不投降，因而怀疑杨仆可能叛变，只差没有行动。

两位将领奇异的围城行动，使战争胶着，很久不能决定胜负，刘彻派济南郡（山东省济南市章丘区）郡长公孙遂前往调查纠正，授予公孙遂全权：遇到紧急情况，可以专断独行。公孙遂到达前防，左将军荀彘说："王险城（平壤市）早就可以攻陷，所以迄今没有攻陷，

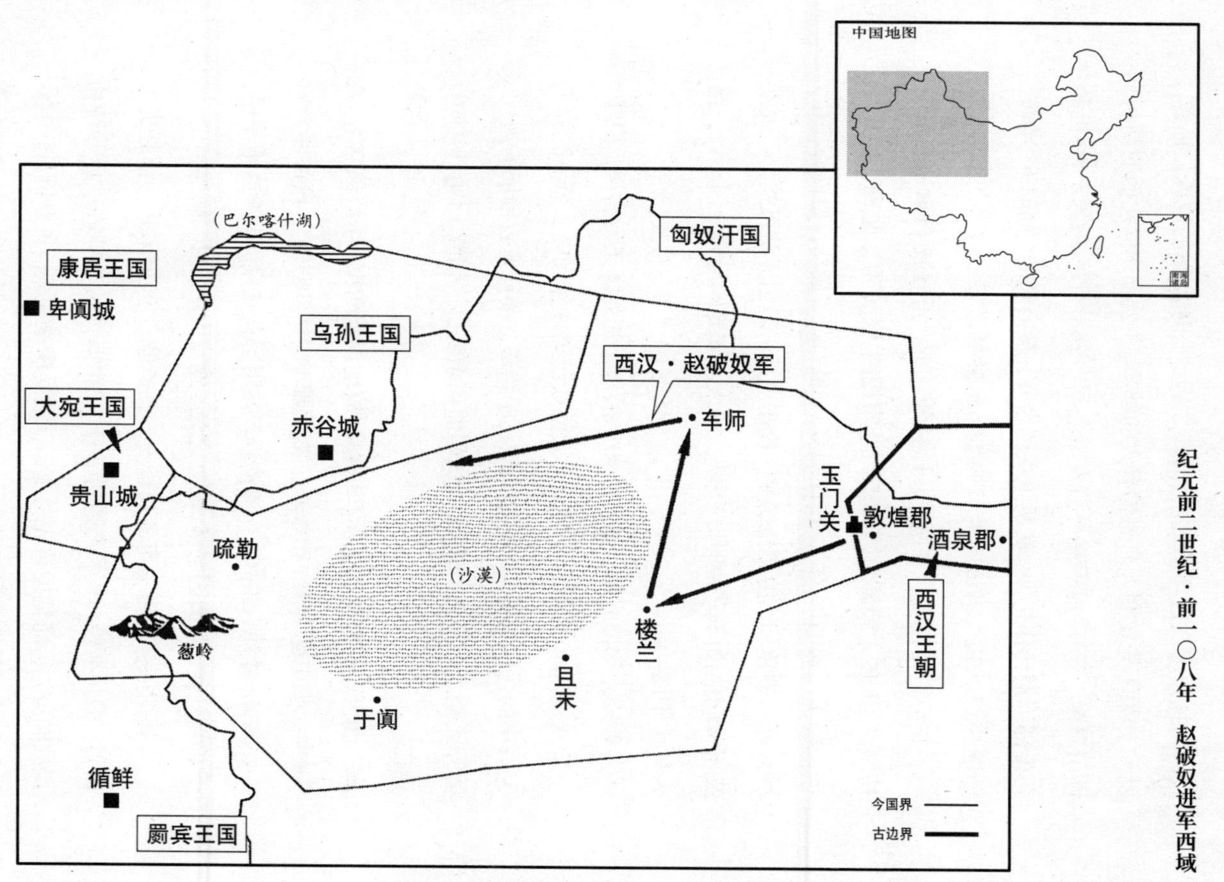


纪元前二世纪·前一〇八年　赵破奴进军西域

只因为杨仆屡次破坏总攻击计划。”因此把所疑惧的告诉公孙遂，说：“如果不先发制人，恐怕有大的祸事。”公孙遂同意他的判断，遂用皇帝“符节”征召杨仆到左兵团司令部举行军事会议，乘机命荀彘部下把杨仆扣押，使两个兵团合并，奏报刘彻；刘彻下令斩公孙遂（《汉书》的记载恰恰相反，说“刘彻批准公孙遂的决定”）。

左将军荀彘既合并两军，即猛烈攻击。王险城（平壤市）不能支持，破在旦夕。朝鲜王国（卫氏朝鲜）宰相路人、韩阴、尼谿、参（姓不详），将军王唊（音jiá〔颊〕），密谋叛变，商议说：“最初，要投降杨仆，杨仆而今被逮捕。由荀彘统军，攻击更急，恐怕无法抵挡，而大王又不肯向他投降。”韩阴、王唊、路人，遂弃职投奔中国军营，路人死于中途。

夏季，宰相尼谿、参（姓不详），派杀手刺死国王卫右渠，投降。王险城（平壤市）在混乱一阵后，大臣成己再恢复固守。荀彘派故王卫右渠的儿子卫长、宰相路人的儿子路最，前往宣告他们的人民，固守无益。王险城（平壤市）人民起而攻杀成己，朝鲜王国（卫氏朝鲜）遂亡。

西汉政府在朝鲜王国（卫氏朝鲜）故地设置四郡：乐浪郡（朝鲜半岛平壤市）、临屯郡（朝鲜半岛江陵市）、玄菟郡（朝鲜半岛咸兴市）、真番郡（朝鲜半岛汉城市）。封参（姓不详）当澅清侯、韩阴当萩苴侯、王唊当平州侯、卫长当几侯，路最因老爹（路人）之死，建有大功，封涅阳侯。

刘彻征召左将军荀彘到长安，责备他“争功相嫉”，绑赴街市斩首。杨仆被控：率军先到列口（列水入海处。列水，今大同江），应等待荀彘共同推进，而竟擅自先行攻击，遭受惨重损失，也应斩首；但准缴纳赎金，贬作平民。

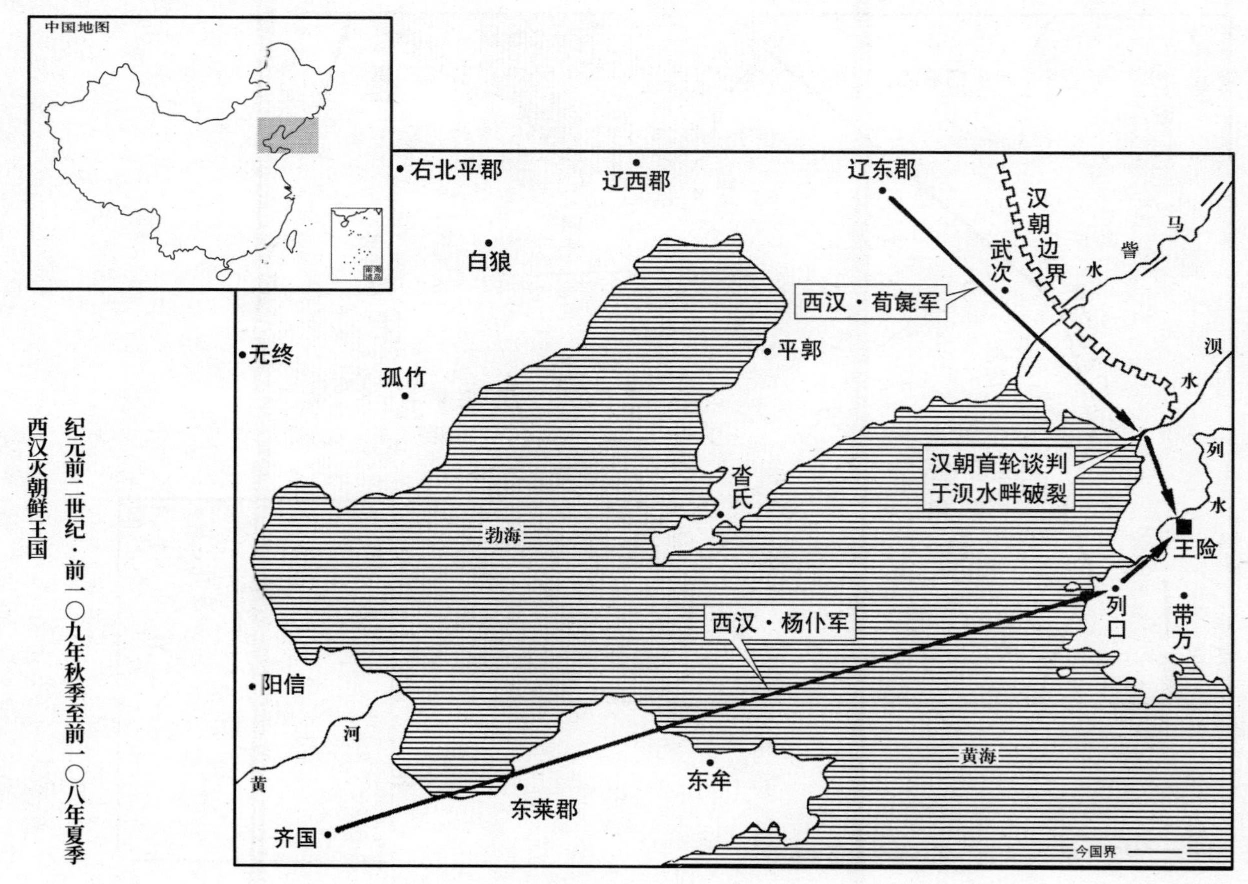


西汉灭朝鲜王国

纪元前二世纪·前一〇九年秋季至前一〇八年夏季

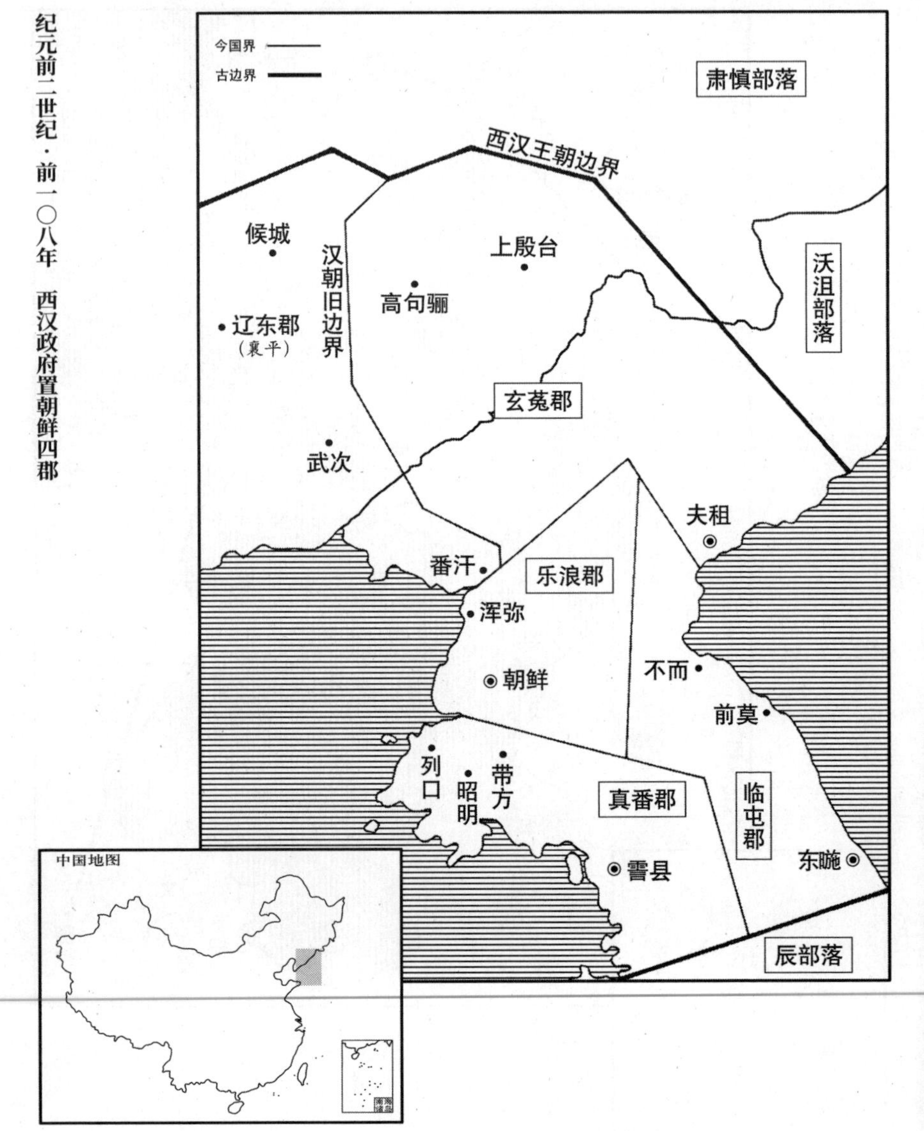


纪元前二世纪·前一〇八年 西汉政府置朝鲜四郡

西汉政府攻击朝鲜王国（卫氏朝鲜），用现代眼光评估，乃是一种赤裸的侵略，但在纪元前二世纪的当时，朝鲜王国跟南越王国、闽越王国，没有分别。每个国家都在扩张领土（朝鲜王国也并吞了临屯、真番），扩张的目的不在经济利益，而只求传播首领的威名。

刘彻处理这场战事的方式，显出一个统治者长期掌权后的乖张性格。远征军在万里外作灭国之战，竟然不设统帅，当然导致争端。刘彻应该自责，不应该责备两位将领意见不合。而杨仆所犯的错误最多，单独挑战，先吃了一个败仗，在吓破了胆之后，又企图用和平手段包揽全局。最严重的是，约定攻击日期，友军发动，而他却隔山观虎斗，幸亏朝鲜王国军力不强，否则荀彘岂不全军覆没？朝鲜于取胜后，曾是手下败将的杨仆海军，往何处逃生？

就已知的史料，看不出荀彘有什么不对。他的怀疑是正常的，任何人置身于屡屡失约的友军之旁，都会警觉到定有什么阴谋。即以逮捕杨仆而言，那是“持节”的使节所发号令，他虽然建议，但无权决定。决定的是使节，与他何干？即令有干，万里外灭国而还，血汗功劳俱在，何至绑赴街市斩首？李广利攻击大宛王国，罪恶满身，刘彻还念他万里征伐，不录其过（参考前一〇一年），为什么独录荀彘的“过”？

荀彘的冤狱，是一个分水岭。刘彻的智力开始走向下坡，以后越来越昏庸凶暴，只凭一高兴或一不高兴，完全受自己情绪控制，被左右亲信的小人物拨弄于手心之上。容忍汲黯的美德，已不再现。所以接着是杀宰相、杀妻子、杀亲生儿女、夺取汗血马，一团黑暗血腥，除非他死，黑暗血腥不止。

玄菟（朝鲜半岛咸兴市）、乐浪（朝鲜半岛平壤市），本是子胥馀（箕子，商王朝末任帝子受辛的叔父）的封国（箕子朝鲜）。子胥馀在他的朝鲜封国，教导人民学习礼义、耕种、养蚕、纺织。制定的法律，只有八条，主要的是：杀人，现行犯当场偿命；伤人，罚缴粮食；偷窃强夺，男人罚到失主家当奴隶，女人罚到失主家当婢女，想自己赎回的，缴钱五十万，仍可以保持平民身份，但会被人看不起，结婚都找不到对象，所以他们的人民终身不偷不盗，夜不闭户，妇女都很贞节，没有淫乱行为，乡下饮食时，都用竹器盛装食物，城市人民有时仿效官员们的行径，常常使用杯盘碗筷。

郡政府的中国官员，都来自辽东郡（辽宁省辽阳市），那些中国小吏，以及前来做生意的中国商人，看见家家开着大门，就乘着夜晚，前往偷窃抢夺，于是风俗败坏。现在（班固于纪元后九二年死于冤狱。所以"现在"应是一世纪八〇年代），法律已多达六十余条，证明仁义圣贤的礼教，是多么可贵。然而，东方蛮族，天性柔顺，跟北方西方南方的蛮族，迥然不同。所以孔丘曾兴起：他的道理如果不能实践，将乘木筏出海，前往九夷（箕子朝鲜）的叹息，有他的根据。

**柏杨曰**

朝鲜半岛上风俗之美，史不绝书，应无可置疑。但是仅凭六十条法律跟八条法律的悬殊，便证明“仁义圣贤的礼教，是多么可贵”，恐怕无法证明，而只能证明班固的思考力僵化。人口增加，生产工具进步，自会使社会层面加多，有些固然跟所谓的“心术”有关，有些却不然。地广人稀时，可以胡乱开垦，一旦人口增多，就得有法令禁止在山坡上种田，以免泥土流失。只有一种情形才可以使法律条文减少，那就是人口减少，等到一个城市只剩下一个人时，就可以不要一条法律了。

眼睛生在背后的崇古狂热，充满中国古书的字里行间。

**5** 秋季，七月，胶西（于）王（首府高密〔山东省高密市〕）刘端（六任景帝刘启子）逝世（没有儿子，封国撤销）。

**6** 武都郡（甘肃省西和县西南蒿林乡）氐民族部落叛变，西汉政府强行把他们迁移到酒泉郡（甘肃省酒泉市）。

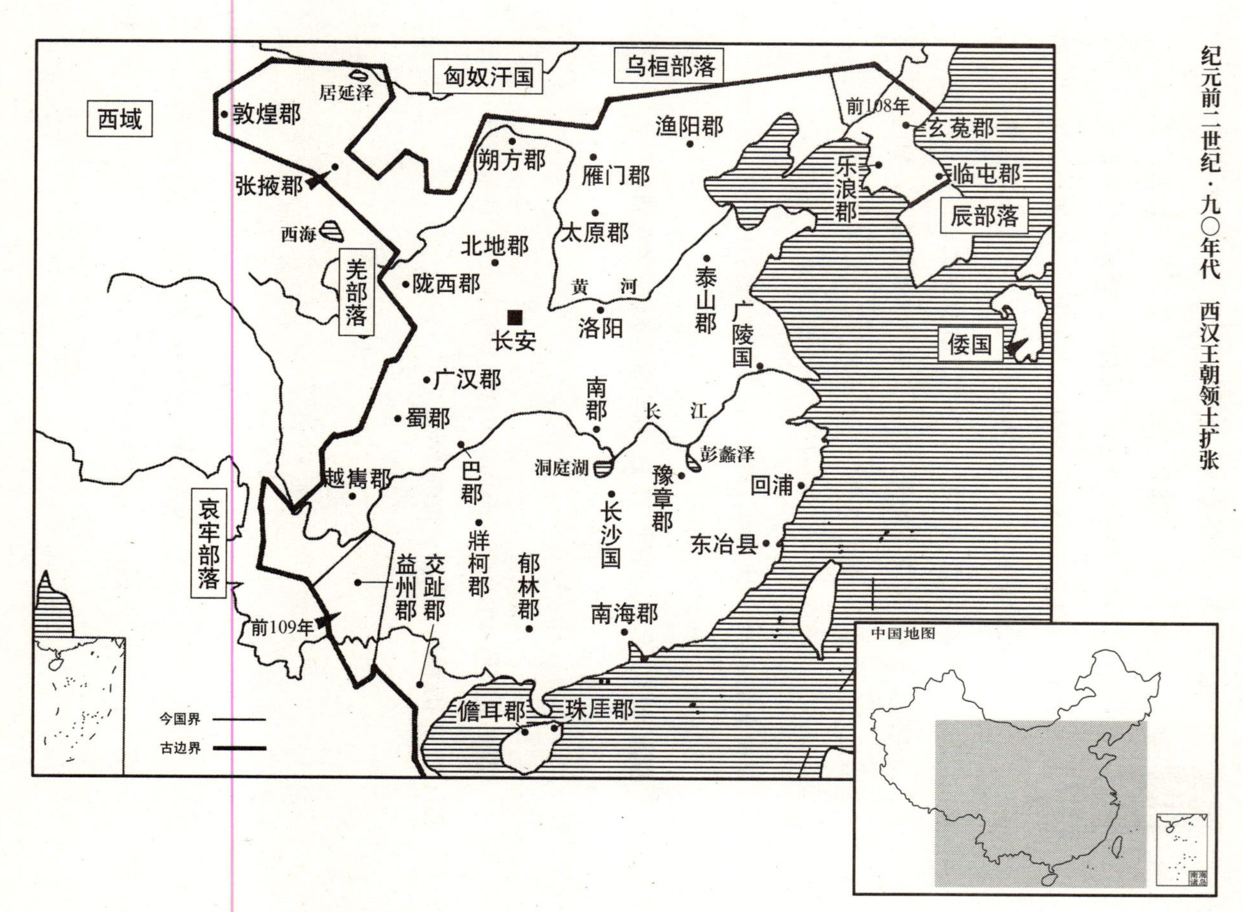


纪元前二世纪·九〇年代 西汉王朝领土扩张

# 纪元前一〇七年 甲戌

西汉　元封　四年

1 冬季，十月，西汉王朝（首都长安〔陕西省西安市〕）皇帝（七任武帝）刘彻（本年五十岁），前往雍县（陕西省宝鸡市凤翔区），祭祀五色帝（青、赤、白、黑、黄，参考前一六五年）。开凿及修复道路，通往回中（陕西省陇县西北。秦一任帝嬴政曾在此建回中宫），遂出萧关（宁夏固原市东南），北上，抵达独鹿山、鸣泽湖（“山”“湖”都在河北省涞水县北），到达代郡（河北省蔚县），

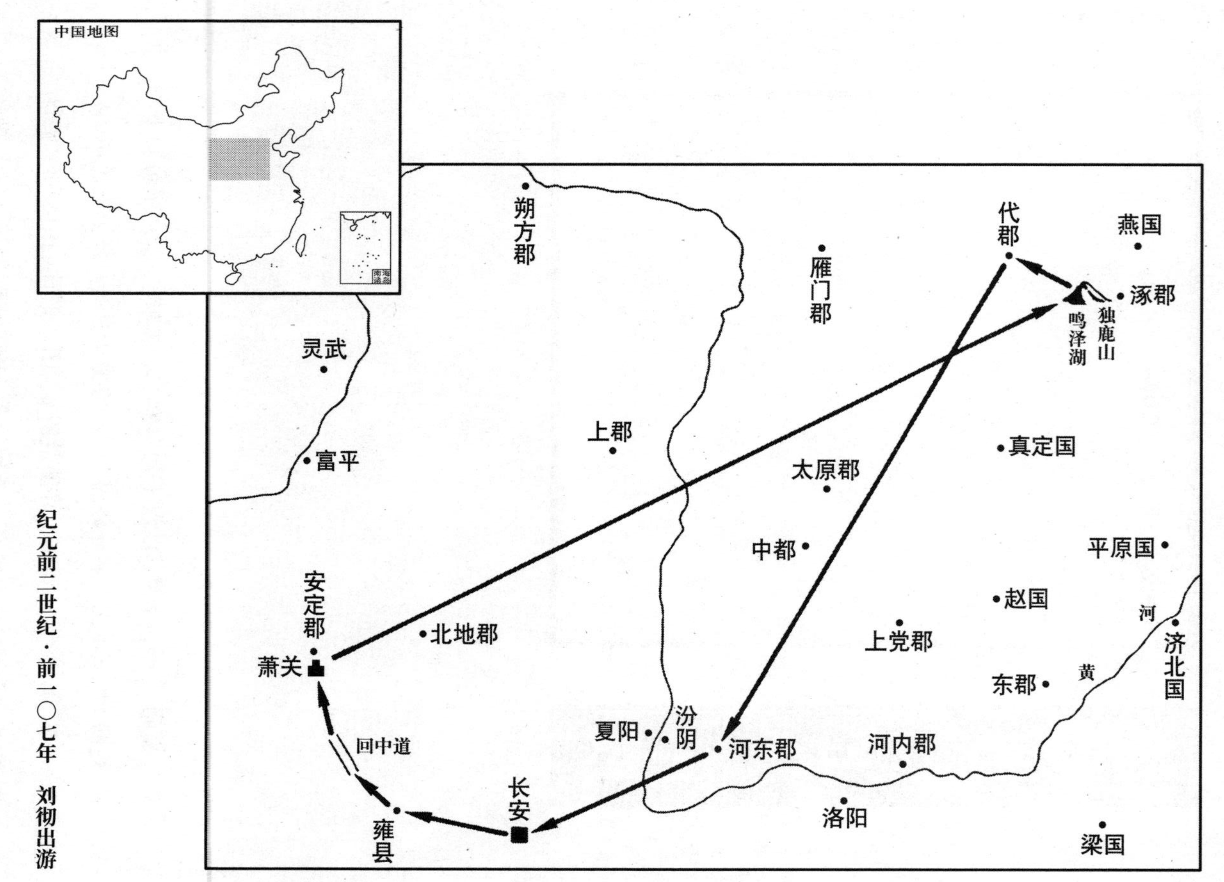


纪元前二世纪·前一〇七年 刘彻出游

才回长安，归途经过河东郡（山西省夏县）。

春季，三月，刘彻祭祀后土神，赦免汾阴（山西省万荣县西南荣河镇）、夏阳（陕西省韩城市）、中都（山西省平遥县）等地死刑以下囚犯。

**2** 夏季，大旱。

**3** 匈奴汗国（王庭设蒙古国哈拉和林市）自从卫青、霍去病，北渡瀚海沙漠攻击（参考前一一九年）后，很少再南下侵略，而远走到更北地区，休养士马，加强骑射狩猎训练。屡次派出使节到汉朝，甜言蜜语，请求和解。西汉政府派北地（甘肃省庆城县西北马岭镇）人王乌等，前往探听虚实。王乌接受匈奴风俗，改穿匈奴服装，把西汉皇帝的符节放到一旁，自己进入毡帐，促膝相谈。单于（六任）挛鞮乌维喜欢他，向他说了很多悦耳的话，宣称将派太子到中国充当人质。王乌回报，西汉政府再派杨信前往，杨信不肯接受匈奴风俗，挛鞮乌维说："依照从前的传统，中国曾经把翁主（亲王之女）嫁给匈奴，陪嫁各式各样绸缎食物，用来和解，匈奴也不再骚扰中国边境，而今却恰恰颠倒过来，教我们送太子到西汉当人质，匈奴手里还剩下什么？"

杨信回报，西汉政府再派王乌前往，挛鞮乌维为了获得西汉更多的礼物，更信口开河，对王乌宣称："我还打算亲自去见见中国皇帝，当面约定兄弟之邦。"王乌回报，西汉政府兴高采烈的在长安兴筑豪华的单于官邸。挛鞮乌维当然不肯南下，他说："除非面对中国最尊贵的官员，我不给他说老实话。"

匈奴汗国派他们最尊贵的官员到西汉聘问。可是，一件不幸的事故，在这时候发生，使两国关系中断。这位匈奴最尊贵的官员到了长安之后，即行病倒，西汉政府请尽名医，仍然无法挽回他的性命。无可奈何，派遣路充国以部长级身份（佩二千石印信），护送棺柩回国，并附带致送葬礼黄金七八十万两，介绍路充国说：“他就是西汉最尊贵的官员。”挛鞮乌维认为西汉政府有意谋杀匈奴尊贵使节，就把路充国扣留。

这时，西汉政府检讨这次交涉，认为匈奴只是在那里空言欺骗王乌，单于既无意前来访问，也无意派太子作为人质。从此，匈奴屡屡派出游击部队，侵犯西汉边塞。

西汉政府任命郭昌当拔胡将军，跟浞野侯赵破奴，率军进屯朔方（内蒙古杭锦旗北黄河南岸）之东，加强警戒。

# 纪元前一〇六年 乙亥

西汉　元封　五年

1 冬季，西汉王朝（首都长安〔陕西省西安市〕）皇帝（七任武帝）刘彻（本年五十一岁）南游，抵达盛唐（安徽省六安市），前往九嶷山（苍梧山，在湖南省宁远县南），遥祭虞舜帝姚重华（半信史时代纪元前二二〇八年，据说姚重华死在苍梧，葬在九嶷山下）；又到灊县（灊，音qián〔钱〕。安徽省霍山县），登天柱山（霍山县西南霍山）；再到寻阳（湖北省武穴市东北），在长江上亲自射蛟（蛟，传说中的水怪，常跟"龙"连称。像一条巨蛇，四只脚，可以吃人），并且生擒活捉（生擒活捉一条只有传说中才有的水怪，匪夷所思）。然后，皇家船团跟保护船团的皇家舰队，密集东下，长江上黑压压一片，连续一千华里（这是皇帝出游时的可怕场面，人民在这种气势下，家破人亡），在枞阳（安徽省枞阳县）登岸，北上又到琅邪（山东省青岛市黄岛区），沿海而行，沿途祭祀所经过的名川大山。

春季，三月，刘彻返回长安；经过泰山（山东省泰安市北），增添祭坛高度。

三月二十一日，第一次使用皇家大会堂（明堂）祭祀上帝，把西汉王朝一任帝刘邦作为上帝的陪伴。刘彻在皇家大会堂（明堂）接受各封国王侯的朝见，审查各郡各封国的年终考绩。

夏季，四月，刘彻下令赦天下，并免除这次出游所经过郡县的田赋租税。返抵甘泉宫（陕西省淳化县西北），祭祀太乙神。

**2** 全国最高统帅（大将军）长平侯（烈侯）卫青逝世，给他兴建一个像卢山（即寘颜山。匈奴汗国境内名山，今地不详）一样的坟墓（卫青墓在霍去病墓东；而霍去病墓则在刘彻墓〔茂陵，陕西省兴平市东北〕东，三墓相连）。

**3** 刘彻武功烜赫，北方攻击匈奴汗国，把他们逐出瀚海沙漠，南方消灭南越国（广东省、广西、海南省，及越南北部）、和闽越帝国（福建省）。中国领土大幅扩张，郡的数目也大量增加，为了加强督导考察，在“郡”之上，再设置虚级的“州”：交趾州（广东省、广西、海南省，及越南北部）、朔方州（黄河河套地区）、冀州（河北省中部南部）、幽州（河北省北部及辽宁省）、并州（山西省）、兖州（山东省西部。兖，音yǎn〔衍〕）、徐州（江苏省北部）、青州（山东省东部）、扬州（安徽省中部及江南地区）、荆州（湖北省及湖南省）、豫州（河南省）、益州（四川省、云南省）、凉州（甘肃省），共十三州（部）。每州设立一位督导官（刺史。秦政府时，中央就设有各郡督导官〔监郡御史〕，不定

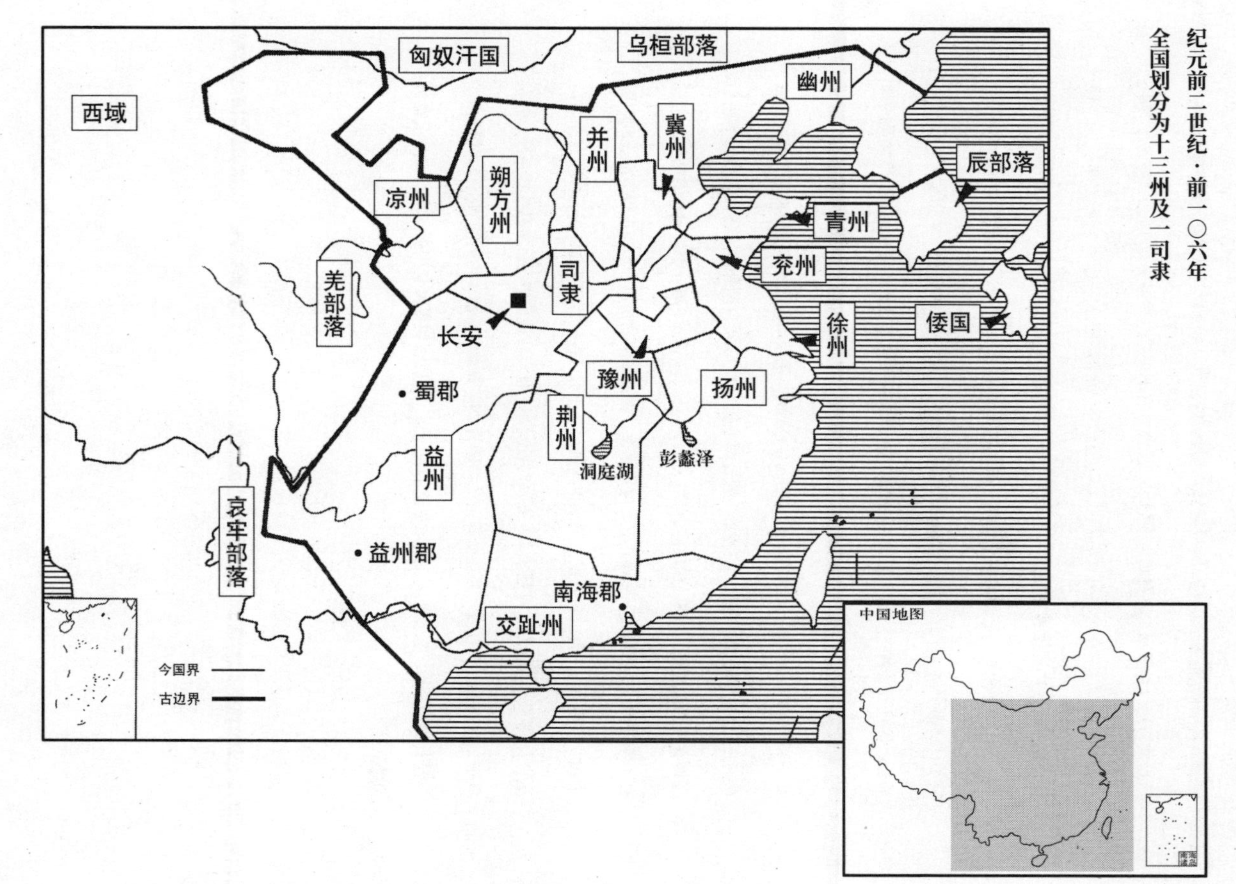


纪元前二世纪·前一〇六年
全国划分为十三州及一司隶

时的到各郡视察。秦亡之后，官位撤销。西汉政府成立，并没有立即恢复。刘彻此项措施，乃是参考秦政府旧制，只有两点不同：一、督导官不称“监郡御史”，而称“刺史”，“刺”是调查之意，“史”在古时当官员解。二、把监察区域固定划分，共“十三刺史部”。为方便计，称“州”。中国遂被划分为“十三州”。州虽是州，并没有“州长”，而只是一个督导区域，“刺史”不过中央政府的低级官员〔六百石〕，每年春天〔《续汉书》说：每年八月〕，出发前往各督导区〔州〕。督导区内的封国和郡政府，各派一位代表，到督导区边界〔州界〕迎接。督导官〔刺史〕的任务，共有六条：①调查纠举强大的家族或地头蛇土豪之类的住宅，有没有违犯法令〔国民住的房子，有一定规格，什么阶级的人，住什么样的房屋，只准有三间房子的，有四间就犯法。砖瓦只准用土制的，用琉璃的就犯法。只准盖平房的，盖楼房便犯法。罪名是“逾制”，“逾制”的处罚是斩首〕，以及有没有欺压贫苦弱小的平民？②调查纠举郡长或封国宰相等高级官员〔二千石〕，有没有不遵守中央命令的情事，有没有不遵守传统典章制度、图谋私利、凌虐平民、贪赃枉法的情事。③调查纠举郡长或封国宰相等高级官员，有没有不重视司法审判跟断案不公〔古代行政司法不分，行政官都兼司法官〕、轻视人命、发怒时便杀人、高兴时便赏赐，有没有扰民害民、随意杀戮平民、被人痛恨，有没有山崩石裂、天灾变异、传播妖言。④调查纠举郡长和封国宰相等高级官员，有没有偏袒亲信、宠爱恶人，阻塞贤能的人上进。⑤调查纠举郡长和封国宰相等高级官员的家人子弟，有没有仗势欺人，干涉法律审判，或监狱的执行。⑥调查纠举郡长和封国宰相等高级官员，有没有跟他们的部下串通，勾结土豪劣绅，接受贿赂，伤害政府威信或法令。督导官〔刺史〕的职权只限于此项列举的“六条”，“六条”之外的任何询问，封国和郡政府都不准答复。督道官〔刺史〕地位，不过六百石，可比之为军中的中尉、上尉。而郡长和封国宰相，却是二千石，应是上将阶级。但他可对上将提出致命的弹劾。巡察过后，便回京报告，不能停留。这是督导官〔刺史〕跟“州”之间的关系，直到西汉王朝末期，督导官〔刺史〕才留在州内成为常设官，官阶也逐渐提升为二千石，真正成为一州之长。再之后，觉得“刺史”的权还不够大，增加掌握军权，更改称“州牧”，遂成了独立王国）。

**4** 刘彻发现知名的文武将相，都已凋零罄尽，下诏征求贤才，说：“非常的功业，等待非常的人才完成。良马往往凶暴不驯，但能一口气奔跑千里。贤能之士，往往身受世俗的诟骂，却可立功成名。不遵守礼教，不受传统约束的人，并不是不可造就，只看如何驾御。我命令各州郡负责人，考察民间，有没有优秀的和异于常人，有能力担任宰相、将军，或出使绝远国家的人才，保荐给中央政府。”

# 纪元前一〇五年 丙子

西汉　元封　六年

1 冬季，西汉王朝（首都长安〔陕西省西安市〕）皇帝（七任武帝）刘彻（本年五十二岁）出游回中（陕西省陇县西北）。

2 春季，兴建首山宫（山西省永济市南）。

3 三月，刘彻出游河东（山西省夏县），祭祀后土神，赦免汾阴（山西省万荣县西南荣河镇）死罪以下囚犯。

**4** 西汉政府既征服西南部落（西南夷），设立五郡（牂柯郡、越嶲郡、沈黎郡、汶山郡，参考前一一一年。以及益州郡，参考前一〇九年），企图找出一条道路，通往大夏国（阿富汗东北部）。每年都要派出十数个使节团，经过这些新郡，前往探测。各郡不堪骚扰负荷，益州郡（云南省昆明市晋宁区东晋城街道。益州郡跟益州不同。后来“刺史”成为常设官的州长之后，益州州政府设于四川省成都市，就是古代的蜀国首都所在），反应尤其激烈，滇国（首都滇池城。与益州郡郡政府同处一城）国王下令封锁昆明（云南省中部），屠杀那些使节，夺取他们携带的财物。

刘彻下令赦免首都长安的罪犯和亡命之徒，组织远征军，派拔胡将军郭昌率领，南下征讨，屠杀滇国数十万人。可是，叛乱此起彼伏，使节团始终无法通过。

**5** 秋季，旱灾、蝗虫灾。

**6** 乌孙王国（首都赤谷城〔中亚伊赛克湖东南〕）的使节团，发现中国是一个庞然大物（乌孙使节随张骞到汉朝政府报聘，参考前一一五年），回国后禀报国王，乌孙王国遂对中国大加敬重，而对匈奴汗国（王庭设蒙古国哈拉和林市）疏远。匈奴汗国得到汉乌两国亲善的消息，而相邻的大宛王国（首都贵山城〔中亚纳曼干市西北卡散赛城〕）、月氏王国（首都蓝市城〔阿富汗北部瓦齐拉巴德市〕），正向汉朝政府靠拢，既惊恐又怒不可遏，宣称要发动大规模攻击。乌孙王国举国震骇，派使节到长安，表示愿娶中国公主，使两国永结亲密的兄弟之邦。

刘彻召集高级官员御前会议，决定应许。于是乌孙王国呈献良马一千匹，作为娶中国皇家女儿的聘礼。西汉政府封江都王（首府广陵〔江苏省扬州市〕）刘建（六任景帝刘启孙）的女儿刘细君当公主，嫁给乌孙国王。嫁妆的丰富，使西域（新疆及中亚东部）各国侧目。乌孙王昆莫，封刘细君当“右夫人”。匈奴汗国立即反应，也送一位匈奴美女给昆莫，昆莫封她当“左夫人”。

刘细君自己兴建中国式宫殿，每年不过跟昆莫相会几次，留他饮筵。昆莫年老气衰，无法应付房帷之事，而且言语不通，风俗习惯又不相同。刘细君自伤命苦，思念故乡。刘彻接到报告（刘彻是刘细君的堂叔祖父），也觉凄然。所以每隔一年，总要派遣使节，送去罗帐、绸缎、锦等供应。而昆莫面对金枝玉叶的美女，也自觉形惭，老实说：“我已老了。”要求刘细君嫁给他的孙儿岑娶。这在中国看来，简直是一项骇人的乱伦丑闻，刘细君拒绝，并向刘彻报告。刘彻回答说：“你既到乌孙，就应遵从乌孙的风俗。为了要和乌孙结盟，共同对抗匈奴，只有委屈。”刘细君遂再嫁给岑娶。

昆莫不久逝世，岑娶继任乌孙王，汉乌两国，十分和睦。这时，西汉使节向西越过葱岭（帕米尔高原），到达安息王国（伊朗）。安息王国派人带着鸵鸟蛋，以及黎轩王国（托勒密王朝埃及王国）的魔术大师，呈献中国。其他诸小国，如驩潜国（中亚阿姆河下游东岸）、大益国（今地不详）、车师国（新疆吐鲁番市）、扜弥国（新疆于田县）、苏𧶼国（康居王国所属小国）等国，都派人随同西汉使节，到长安朝见中国皇帝。刘彻亲自看到国家威力在他手中无远不届，万邦来朝，不禁大为兴奋。

西方各国使节不断的来来去去，刘彻每到东方沿海出游，总把他们全部带往，遇到大都市或人口稠密的地方，一定从中穿过。用金钱绸缎重重赏赐，发给他们的用具，也十分充足，用以显示中国的富饶和宽厚。经常举办大规模的摔跤比赛，演出新颖舞蹈，展示各种奇禽异兽，引起很多人聚集参观。每逢赏赐，筵席丰富，豪华奢侈，简直是酒池肉林。又教外国宾客们到处参观当地的仓库跟宝物，炫耀中国的广大强盛，使他们震惊。

大宛王国（首都贵山城〔中亚纳曼干市西北卡散赛城〕）生产葡萄，可以酿酒，又盛产苜蓿（俗称“金花菜”），大宛又特产一种马——天马，最喜欢吃苜蓿菜。西汉使节把果实带回，刘彻种在行宫附近，生长极为茂盛（葡萄、苜蓿引进中国，明文记载）。

然而，西域各国距匈奴汗国毕竟太近，心中仍存畏惧，对待匈奴使节，更恭顺隆重，中国无法相比。

**7** 本年（前一〇五），匈奴汗国单于（六任）挛鞮乌维逝世。子挛鞮乌师庐继位（七任）。挛鞮乌师庐年幼，人称儿单于。匈奴汗国更向西北迁徙，东方兵力只到云中郡（内蒙古托克托县），西方兵力也只抵达酒泉（甘肃省酒泉市）、敦煌（甘肃省敦煌市）两郡。

# 纪元前一〇四年 丁丑

西汉 太初 元年

**1** 冬季，十月，西汉王朝（首都长安〔陕西省西安市〕）皇帝（七任武帝）刘彻（本年五十三岁）出游泰山（山东省泰安市北）。

十一月一日，凌晨，冬至，刘彻在皇家大会堂（明堂）祭祀上帝。然后东到海滨，考查法术师（方士）到海上寻求神仙的结果，发现没有一个人的话应验，但仍派出更多的法术师前往，希望有人遇到。

**2** 十一月二十二日，柏梁台失火。

**3** 十二月一日，刘彻亲自到高里山（泰山下西南部一小山）祭祀后土神，前往渤海，遥祭海上的蓬莱仙山（刘彻所筑的望海台在今河北省黄骅市东），希望能到神仙聚会的天庭。

春季，刘彻返回长安，因柏梁台火灾之故，改在甘泉宫（陕西省淳化县西北）接受封国国君朝见，审查年度报告。在甘泉兴筑封国宾馆。南越（南越王国故土，南岭以南）人勇之（姓不详）说："我们那里的风俗，火灾之后再兴建房屋，一定要比原有的更大，用来压过它。"刘彻同意，下令兴筑建章宫（在长安城西，周围二十华里），开辟千门万户，东有凤阙，高二十余丈（台上的阁楼称"阙"，城上的守望楼，也称"阙"，不过以后专指帝王的居处。建章宫东门阁楼，上面有铜凤凰，故称凤阙），西有唐中台（在建章宫太液池之南），有方圆数十华里的"虎圈"（豢养老虎），北面有人工挖凿的巨湖，命名太液池，湖中有渐台（四周被水环绕。纪元后二三年，新王朝一任帝王莽，就死在那里），高二十余丈，又有蓬莱、方丈、瀛洲、壶梁等台（都是海上仙山名），依照海上的仙山，和海中的鱼龟形状兴建（《三辅旧事》："池北岸有石鱼，长二丈，高五尺。西岸有石鳖三只，长六尺。"），南方有玉堂、璧门（《汉武故事》："玉堂地基跟未央宫前殿一样高，距地面十二丈。"《三辅黄图》："玉堂内殿十门，台阶全是玉石。铸铜凤凰，高五尺，用黄金贴身，放到屋上，下边有枢纽，一直面对风向，好像要飞起来。椽柱头端，都贴薄片璧玉，因称璧门。"），以及大鸟（鸵鸟）雕像。再兴建神明台、井干楼（《汉宫阁疏》："神明台高五十丈，上面有九个巨大房间，住九天道士一百人。井干楼全是木质，像井上围的木栏，或四角、或八角”。张衡《西京赋》：“井干叠而百层”，就是指此楼），都高五十丈。刘彻专用的辇道（辇车，人力推挽的小车），互相接连。

**4** 中级国务官（太中大夫）公孙卿、壶遂，跟天文台长（太史令）司马迁等，向刘彻报告说：“历法十分混乱，最好改变正朔（正朔，就是元旦）。”刘彻命最高监察长（御史大夫）兒宽跟研究官（博士）共同研究。建议说：“请采用夏王朝正朔（夏王朝历法，以正月作为每年的第一个月——岁首）。”

夏季，五月，刘彻下诏，命公孙卿、壶遂、司马迁，共同拟订西汉王朝《太初历》，用正月一日作为元旦，正月作为一年第一个月——岁首（夏王朝以正月一日为元旦。商王朝以十二月一日为元旦。周王朝以十一月一日为元旦。秦王朝以十月一日为元旦，西汉王朝一直沿用。《太初历》应称《邓平历》，邓平是天文专家，《大初历》是他一手制定），以黄色作为西汉王朝象征（一任帝刘邦时代，以红色作为西汉王朝象征。韩信背水之战，就是拔掉赵国国旗，换上西汉王朝的红旗，使赵军瓦解，参考前二〇四年），以“五”作为祥瑞数字（例如：宰相印信的印文是“丞相之印章”，不足五字的，也要凑足五字）。重新改定官名，厘订政府或皇家用的音乐，再制定政府跟皇家祖庙（宗庙）的仪式，定为典章，永垂后世。

**5** 匈奴汗国（王庭设蒙古国哈拉和林市）儿单于（七任）挛鞮乌师庐，性情凶暴，动辄诛杀，全国震恐，又发生天灾，牲畜很多死亡。东部军区司令（左大都尉）派出密使到西汉说：“我打算杀掉儿单于（七任）投降，然而西汉太远，请派大军在边界迎接，一旦有此外援，我就发动。”刘彻派因杅将军（因杅，匈奴地名）公孙敖，在塞外兴筑受降城（内蒙古乌拉特中旗东五十公里新忽热），进驻大军接应。

**6** 秋季，八月，刘彻出游安定（宁夏固原市）。

**7** 西汉政府派往西域各国的使节回来之后，声称大宛王国（首都贵山城〔中亚纳曼干市西北卡散赛城〕），有一种特别优秀的马（传说中，这种马出汗如血，称“汗血马”，每天能跑五百公里），藏在贰师城（首都贵山城南四十公里马尔哈马特城郊），不肯教中国人看见。

刘彻怦然心动，派出以车令（车，姓）为首的使节团，带着黄金二十万两，跟一个用黄金铸成的马匹塑像，请求交换。大宛王毋寡跟他的高级官员会商，认为：“西汉远在天边，中途还隔着盐泽（新疆罗布泊），以及无数流沙，草木不生，水又咸苦，不能饮食，连国家使节，都屡屡死亡。如果走沙漠之北，有匈奴汗国的军队；如果走沙漠之南，既无水、又无草，千里没有人烟、没有城堡，粮秣全缺。西汉使节团每次不过数百人，都死亡累累，有的还超过半数，大兵团怎么能平安通过？反正，对我们毫无办法。而且贰师城的马，是我们的国宝，国宝岂能平白送人？”于是拒绝。

车令碰了钉子之后，老羞成怒，毫无理性的破口大骂，把带去的金马，用铁锤击碎，扬长而去。大宛王国不能忍受这种侮辱，说：“汉人把我们瞧扁了。”下令位于东境郁成城（中亚安集延市东一百公里乌兹根城）的镇守大将郁成王，把他们拦住，全部诛杀，所带的黄金二十万两跟价值相同的礼物，也全部夺取。

西汉使节团全被诛杀，一人不留，历史上还是第一次。刘彻暴怒，决心报复。从前出使过大宛王国的使节姚定汉等一些人，报告说：“据我们了解，大宛王国兵力微弱，西汉军队只要三千人，用强弓压制，就可以把他们俘虏。”刘彻想到赵破奴曾用轻骑兵七百人轻而易举的生擒楼兰王（参考前一〇八年）场面，觉得姚定汉等的说法，并不夸张。而这时候，刘彻正宠爱小老婆李夫人，想封她娘家人侯爵，没有适当的借口。于是，任命李夫人的哥哥李广利当贰师将军，征调匈奴屯垦区匈奴士卒六千人（参考前一二一年），跟各郡各封国的地痞流氓，共数万人，远征大宛王国。希望李广利到贰师城夺取汗血马，故称他贰师将军。另任命赵始成当军法总监（军正），前浩侯王恢当向导，李哆（音duō〔多〕）当指挥官（校尉），负实际责任。

**司马光曰** 刘彻为了荣耀他所宠爱的姬妾李女士，而任命她老哥李广利当大军司令官，攻击大宛王国。他的意思是，除非对国家有贡献，不能进封侯爵，他不愿违背刘邦的约定。不过，军事行动，关系国家安危和人民生死。假定不管他聪明愚蠢、贤能奸恶，就把军权交给他，打算用夺取尺寸土地的功劳，作为封侯的借口，而实质上只是满足私欲，那么，还不如无功封侯来得好。刘彻只注意建立封国，却没有注意选择将才。如果因此赞美他能遵守祖先的遗教，我以为未免过分。

**8** 首都长安警备区司令（中尉）王温舒，被控奸诈图利，查证属实，诛杀全族，王温舒自杀。当时，他的两个弟弟，跟两个“亲家”（儿女成婚，家长互称“亲家”），以其他罪行，早已全族屠灭。宫廷禁卫官司令（光禄勋）徐自为叹息说：“可悲！古代有诛杀三族的酷刑，而王温舒却被诛杀五族。”

残忍的法官，乃残忍的合法凶手，是时代的和社会制度的产物。一个祥和的时代，跟一个尊重人权的文明社会，没有酷吏容身之地。有些人的性格虽然比较凶险，但在严格的规范下，可使凶险的程度降低。拥有无限权力的统治者，是酷吏之母，也是最大的酷吏。法国大革命时的“革命裁判所”、欧洲中世纪的“异教徒法庭”，背后都拥有无限权力的统治者，他们必须被推翻或被克制，酷吏才会消灭。司法是政治的延伸，有什么样的政治，就有什么样的司法。有什么样的司法，就有什么样的法官。

所有酷吏，都没有好下场，主要的由于酷吏权力膨胀得太久之后，会忘了他自己是谁。终有一天，碰上特务手段扳不倒的对手。其次，等到民怨沸腾，可能逼出对酷吏之母反击时，酷吏之母就会借酷吏的人头，平息群愤。任何一项原因成熟之日，就是酷吏丧生之时。

人性有堕落的一面，卑劣的人格加上恰好手执风箱，火焰就会更炽。舆论的谴责，家属的哭诉，流血的杀戮，灭身灭家灭族的恐怖，酷吏都不会在乎。所以中国历史上的酷吏，永不绝迹。要想绝迹，只有铲除它的源头——拥有无限权力的统治者，和允许暴行存在的社会制度。

**9** 关东（函谷关以东）蝗虫大起，西飞，飞到敦煌郡（甘肃省敦煌市）。

# 纪元前一〇三年 戊寅

西汉　太初　二年

**1** 春季，正月二十二日（原文“戊申”，据《汉书·百官公卿表》改），西汉王朝（首都长安〔陕西省西安市〕）牧丘侯（恬侯）宰相石庆逝世。

**柏杨曰**

本年（前一〇三），西汉政府开始采用夏王朝历法，把元旦定为正月一日。这个重大突破，已二千余年，直到今天（二十世纪八〇年代），仍是一件大事。《资治通鉴》竟没有交代明白。翻阅去年（前一〇四）关于制定历法的记载，只说刘彻下令公孙卿、壶遂、司马迁共同拟订西汉王朝《太初历》，却没有报导这项建议是不是批准，更没有报导实施日期。

这正是古史书的最大特征之一——说不清楚。有人抨击中国方块字只是一种诗的文字，因为它的精确细致度不高，无法作精密的陈述和说理，甚之不能描绘较深刻细致的感情。我承认如此，但我反对因此就认为中国方块字绝对无法使条理分明。因这是思考方式问题，运用文字功力问题，和表达能力问题。把史书弄成一盆糨糊似的，不限于文言文和方块字，如果头脑没有条理，白话文和拼音字，也是一样。

**2** 闰正月丁丑日（陈垣著《二十史朔闰表》，及董作宾著《中国年历总谱》，本年都没有闰月），任命交通部长（太仆）公孙贺当宰相（丞相），封葛绎侯。

那时，国家正在多事之秋，西汉帝（七任武帝）刘彻（本年五十四岁）对于高层官员，事前既不授权，事后却要他们负责，而且严厉无情。自公孙弘之后，宰相（丞相）一连串被指控犯罪，都受到诛杀（前一一八年，宰相李蔡自杀。前一一五年，宰相庄青翟自杀。前一一二年，宰相赵周下狱自杀）。石庆虽然千般谨慎、万样小心，也不断受到谴责。公孙贺在金銮宝殿上蓦然听到任命他当宰相，拒绝接受印信，把头叩到地上（古人席地而坐，把头叩到地上，是一种卑微姿势），泪流满面，不肯抬头。刘彻不予理会（他当然更不会检讨原因），起身退朝。公孙贺不得已，只好把印信拿起，出朝之后，叹息说："我已经完了。"

**3** 三月，刘彻出游河东郡（山西省夏县），祭祀后土神。

**4** 夏季，五月，西汉政府下令没收小官跟平民的马匹，补充军马。

**5** 秋季，蝗虫为灾。

**6** 贰师将军李广利的西征兵团，出击大宛王国（首都贵山城〔中亚纳曼干市西北卡散赛城〕），既渡过盐水（新疆罗布泊），沿途各小国都紧闭城门，武装守卫，拒绝供应饮食粮秣，李广利发动攻击。如果攻克，当然得到补给；如果攻不克，几天后只好绕城而去，沿途战死、饿死、渴死、病死；等到了郁成城（中亚安集延市东一百公里乌兹根城），数万战士，只剩下数千，而且饥饿疲惫。进攻郁成城，郁成王纵兵迎战，西征兵团大败，死伤狼藉。

李广利跟指挥官（校尉）李哆、军法总监（军正）赵始成计议，连郁成城都不能应付，何况他们的首都（贵山城）？遂即撤退。好不容易回到中国境内敦煌郡（甘肃省敦煌市），只剩下数百名残兵败将（只因刘彻一个人的贪欲，数万人丧生）。派人向刘彻报告，一面陈述道路太远，缺少粮秣，一面陈述士兵并不怕战斗，只怕饥饿。而人数太少，也不足以压制大宛王国，因请求班师回京，容以后再举。

刘彻由失望而震怒，派使节驰驻玉门，下令："敢进来一步的，斩！"（玉门关在敦煌之西航空距离八十公里。李广利从敦煌回长安，不须经过玉门关。可能指玉门县，在敦煌之东航空距离二百五十公里，但此时尚未有县）。

李广利大起恐慌，遂驻扎敦煌郡。



**7** 刘彻认为受降城（内蒙古乌拉特中旗东五十公里新忽热）距匈奴汗国王庭（设蒙古国哈拉和林市）仍相当遥远（两地航空距离六百五十公里），更派浚稽将军赵破奴，率骑兵二万余人，出朔方（内蒙古杭锦旗北黄河南岸）西北二千余华里，准备挺进到浚稽山（蒙古国戈壁阿尔泰山），跟匈奴东部军区司令（左大都尉）会合后班师。赵破奴准时到达，匈奴东部军区司令（左大都尉）正要发动兵变，而事情泄漏，被杀，儿单于（七任）挛鞮乌师庐征调东部兵团攻击赵破奴。赵破奴反击，俘虏数千人，向南撤退，距受降城（内蒙古乌拉特中旗东五十公里新忽热）约四百华里，匈奴大军八万人骑兵，把西汉受降兵团包围。

而适逢夜晚，赵破奴亲自出营寻觅水源。无巧不成书，跟匈奴斥候（侦探）部队猝然相遇，竟被生擒。匈奴乘势攻击，受降兵团的官兵面对丧失统帅的军法审判，非被处死不可，没有人愿意突围逃回。于是，全军投降。

儿单于（七任）挛鞮乌师庐大喜过望，派出奇兵突袭受降城（内蒙古乌拉特中旗东五十公里新忽热），不能攻下，就在边塞一带大掠而还。

**8** 冬季，十二月，最高监察长（御史大夫）兒宽逝世。

# 纪元前一〇二年 己卯

西汉　太初　三年

**1** 春季，正月，西汉王朝（首都长安〔陕西省西安市〕）皇帝（七任武帝）刘彻（本年五十五岁），任命胶东（山东省平度市）郡长延广（延，姓），当最高监察长（御史大夫。此时胶东仍是封国，胶东王刘通，还没有设郡。荀悦《汉纪》说延广是胶东国宰相）。

**2** 刘彻出巡沿海，查考年来访问神仙情形，发现毫无结果，命祭祀官祭祀东泰山（山东省临朐县南沂山）。

夏季，四月，刘彻返回长安，途中在泰山（山东省泰安市北）祭天，在石闾（泰山南麓，法术师认为是神仙居住之所）祭地。

**3** 匈奴汗国（王庭设蒙古国哈拉和林市）儿单于（七任）挛鞮乌师庐逝世。儿子还小，贵族们改立他的叔父右贤王挛鞮呴犁湖继位（八任）。

**4** 为了围堵匈奴汗国，刘彻派宫廷禁卫官司令（光禄勋）徐自为，北出五原塞（内蒙古包头市）数百华里，甚至千余华里，兴建一连串碉堡，西北直到庐朐（颜师古认为是山名，即今蒙古国乌兰巴托市东肯特山。《大清一统志》认为是河名，即今肯特山下的克鲁伦河），命游击将军韩说、长平侯卫伉，驻军在附近戒备。又命强弓兵团司令（强弩都尉）路博德在居延海（内蒙古额济纳旗嘎顺诺尔湖）滨筑城。

秋季，匈奴猛烈攻击定襄郡（内蒙古和林格尔县）、云中郡（内蒙古托克托县），屠杀及俘虏西汉数千人，击破好几位郡长级（二千石）的军队才撤退，一面撤退一面破坏徐自为所兴筑的碉堡。又派右贤王攻击酒泉郡（甘肃省酒泉市）、张掖郡（甘肃省张掖市），屠杀及俘虏数千人。正好西汉军法总监（军正）任文率援军赶到，右贤王不能抵挡，遂放弃所掳掠的人口牲畜财产，向北撤退。

**5** 本年（前一〇二），睢阳侯张昌，被控担任祭祀部长（太常）时，祭祀工作不力，撤除爵位。

**6** 最初（前二世纪〇〇年代），一任帝（高祖）刘邦大封功臣，侯爵有一百四十三人。当时大乱之后，巨城名都（战国时代各王国首都），居民死的死、逃的逃，人口不过大乱前十分之二三。最大的侯爵，采邑不过一万户，最小的侯爵，采邑只五六百户。封爵时，刘邦对每位功臣，都立下誓言：“即令有一天，黄河堙塞，狭窄得如同衣带；即令有一天，泰山毁坏，剥蚀成一块小小石头；封国仍然存在，永远传给子孙。”用朱砂写下来，颁发给功臣，作为证明，并杀掉白马，祭告上苍，遵守誓约。

到了吕雉时代（前二世纪一〇年代），对封爵等级，重加厘订，把文件收藏在皇家祖庙（太庙）里，副本分送给有关机关。到了五任帝（文帝）刘恒、六任帝（景帝）刘启（前二世纪二〇年代至五〇年代），四五十年间，流亡的人民差不多都从外地回乡，新生代也大量增加。侯爷们的采邑，大的多到三四万户人家，小的也比原来的加倍，财富成正比例上升。子孙们一生下来就既贵且富。骄傲奢侈，为非作歹，结果犯了国法，闯下大祸，己身受到刑罚，封国也被撤除，到现在而仍存在的原始封国，只剩下四个（酂侯萧寿成〔萧何后代〕、缪侯郦世宗〔郦商后代〕、汾阳侯靳石封〔靳彊后代〕、睢阳侯张昌〔张敖后代〕。按：张昌的封爵既被撤除，老封国只剩下三个了），而法网也越发严密。

**7** 浞野侯赵破奴的受降兵团，全体投降匈奴汗国消息传来，全国震动。高级官员（公卿）因向刘彻建议，暂时中止对大宛王国（首都贵山城〔中亚纳曼干市西北卡散赛城〕）的军事行动，用全部力量对付匈奴。

然而，刘彻却不这么想，他认为既然已出动大军，触发战火，连大宛王国那么小的国家，都不能制服，则大夏国（阿富汗东北部），对中国一定看不到眼里，不但得不到大宛王国的汗血马，而且，乌孙王国（首都赤谷城〔中亚伊赛克湖东南〕）、轮台国（新疆轮台县），可能虐待西汉使节团，中国将成为万邦的笑柄。

于是，对主张中止大宛战役的邓光等官员，一律当成罪犯，交付审判定罪。下令赦免监狱中的囚犯，征召地痞流氓，募集歹徒恶少，以及边塞骑兵部队，西上增援贰师将军李广利。只一年有余，前往敦煌郡（甘肃省敦煌市）报到的，有六万余人，都自带粮食，而志愿从军的，还不包括在内。共计：牛十万头，马三万匹，驴、骆驼数万匹，粮秣、武器、补给品，十分充实。西征兵团共设五十余位指挥官，全国陷于大战爆发前风暴，骚动不安。

情报显示，大宛王国首都贵山城（中亚纳曼干市西北卡散赛城），城里没有水井，水源靠城外河川。于是加派水利工程师随军行动，准备把城外河川改道，使贵山城成为墓穴。

刘彻仍觉得人数不能占绝对优势，为求万无一失，下诏再征调国家的正规边防军十八万人，进驻酒泉郡（甘肃省酒泉市）、张掖郡（甘肃省张掖市）以北。另在居延（内蒙古额济纳旗）、休屠（甘肃省民勤县东北），筑城屯兵，防备匈奴汗国突袭。然后，更征集全国犯罪的小吏、逃亡的罪犯、赘婿（从妻姓的男子）、商人，或者曾经当过赘婿、商人，或者父母、祖父母曾经当过赘婿、商人的。合于这七项规定（七科）的男子，一律强迫入营，并自己携带粮食，全部押解到敦煌郡，编入李广利的西征兵团。车辆人马，络绎于途。

另任命马术专家二人，分别担任捕马指挥官（执马校尉）、护马指挥官（驱马校尉），准备攻破大宛王国后，接收最优良的汗血马。

**8** 贰师将军李广利得到庞大的增援后，向西推进。人数既多，西域（新疆及中亚东部）各小国大起恐慌，不敢再行抵制，全部大开城门欢迎，供应大军饮食。到轮台国（新疆轮台县）时，只轮台国闭城抗拒，前锋部队攻击，好几天不能攻克。李广利下令急攻，攻陷后，屠城，男女老少，一人不留。

血洗轮台的消息，使各国震慑。西征兵团一路平安，到达大宛王国边界，先遣部队三万人先行攻击，大宛军迎战，先遣部队箭如雨下，大宛军败退，坚守边城。

李广利准备先行攻击郁成城（中亚安集延市东一百公里乌兹根城），又考虑顿兵坚城之下，如果一时不能攻陷，大宛王国可能有其他谋略因应。于是用跳蛙战术，越过郁成城，直指首都贵山城（中亚纳曼干市西北卡散赛城），四面包围，由水利工程师破坏水源，改变河道。贵山城内储水日渐减少，西征兵团开始攻击，四十余日下来，贵山城不能支持。皇族们商议，说："都是大王把汗血马藏起来，又杀掉中国使节，弄到今天面对灭国灾难。唯一的办法是献出大王的人头，交出汗血马，中国的愤怒，当可化解。仍不能化解的话，再继续抗战不晚。"于是，发动政变，击斩他们平日誓死效忠的国王毋寡。

而这时，贵山城外城陷落，大宛贵族出身的勇将煎靡，被西征兵团俘虏。大宛皇族骇恐，奔入内城，派人把毋寡的人头呈献给李广利，请求，说："中国不再进攻，我们就献出所有汗血马，任凭选择，并且负担中国军队一切费用。如果拒绝，我们就把所有汗血马杀光，继续死战。康居王国（首都卑阗城〔中亚巴尔喀什湖西南锡尔河北岸突厥斯坦〕）的救兵不久就到。届时，你们将陷于内外夹攻的窘境，请考虑抉择。"

事实上，康居王国知道中国西征兵团强大，并不敢派出援军。但李广利也得到消息：贵山城里一些被俘的汉人，有些人有凿井技术，开始为他们凿井，用水渐不缺乏；储存的粮秣，仍然很多。因而考虑：这次军事行动的目的，只在诛杀大宛国王毋寡，而毋寡人头已经送来，如果拒绝和解，对方必然坚守，一旦西征兵团疲惫，康居王国的援军，可能出动，西征兵团势不能两面作战。

于是，接受大宛王国的休战条件。大宛王国供应丰富，献出所有的汗血马，请西征兵团挑选。西征兵团挑选最优良的数十匹，次优良的以及母马三千余匹。指定一位当初对西汉使节较为亲善，名叫昧蔡的贵族，继任大宛王国国王。中宛两国，共同签订和平盟约。西征兵团即行撤退。

**9** 最初，李广利的西征兵团从敦煌郡（甘肃省敦煌市）出发，分为数个梯次，由南道北道，同时推进。指挥官（校尉）王申生率一千余人监视郁成城（中亚安集延市东一百公里乌兹根城）。郁成王攻击，王申生全军覆没，只有几个人逃回，投奔大营。李广利命粮食总监（搜粟都尉）上官桀，攻击郁成城，郁成王大败，逃往康居王国（首都卑阗城〔中亚巴尔喀什湖西南锡尔河北岸突厥斯坦〕）。上官桀尾追到康居，康居王国知道大宛王国的命运，不愿跟中国作对，遂把郁成王逮捕，送给上官桀（康居王国跟大宛王国，本是同盟，郁成王正庆幸得救，却被盟友出卖。国家之间，没有永久的友谊，也没有永久的仇恨）。上官桀派四位骑兵军官，押解郁成王前往西征兵团统帅部。骑兵军官之一的上邽（甘肃省天水市）人赵弟，恐怕中途有人劫囚，挥剑砍下郁成王的人头，追上大军。

**柏杨曰**

西征大宛，是一场不名誉的战争，中国先后伤亡十余万人，目的只不过为了几十匹汗血马。汗血马来到中国后，就像被地球吞没了似的，再没有消息，以后也再没有听说过西域或其他地方有这种宝马。可能这种马被过度的夸张，刘彻到手之后，发现跟中国原有的马，并没有太大分别，但又死要面子、不肯承认自己是个冤大头，只好闭口不提，使人们忘掉。也可能大宛王国鉴于汗血马是灾祸之源，为了避免无穷的后患，早就把它杀光，像传说中的大象在危急时，自动把长牙折断一样。交给中国的，本来就是中等货色。

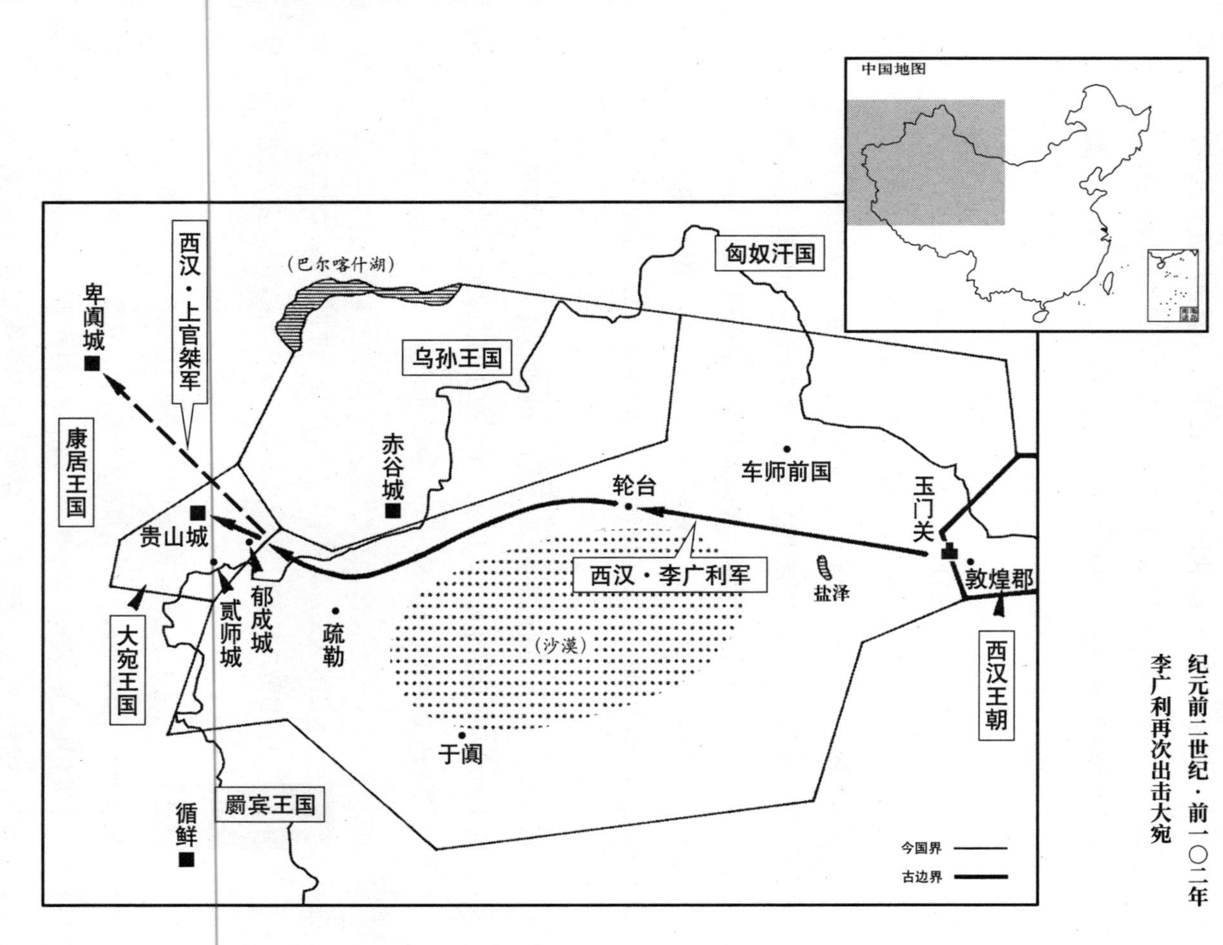


纪元前二世纪・前一〇二年
李广利再次出击大宛

# 纪元前一〇一年 庚辰

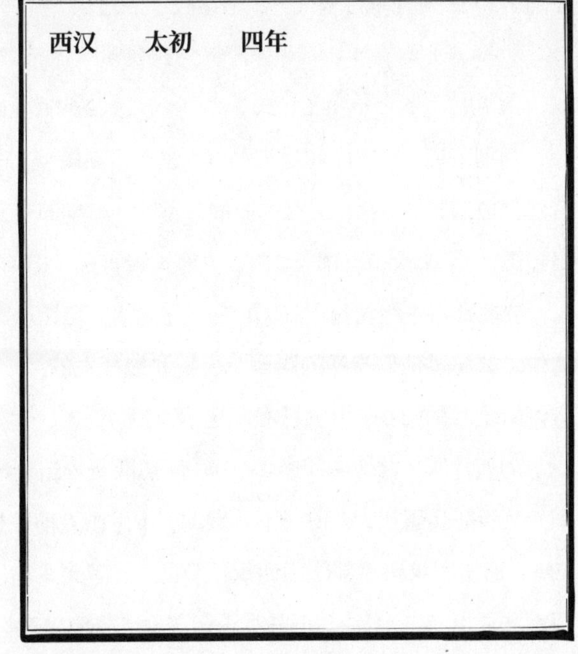

西汉 太初 四年

**1** 春季，西汉政府（首都长安〔陕西省西安市〕）西征兵团统帅贰师将军李广利，返回首都长安。

中国军队所经过的国家，听到比他们强大的大宛王国（首都贵山城〔中亚纳曼干市西北卡散赛城〕）被击败投降，大为震惊，国王们纷纷派遣子弟随军到中国进贡，晋谒中国皇帝，并自动留下来充当人质。西征兵团进玉门关（甘肃省敦煌市西北）时，战士只剩下一万余人，战马只剩下一千余匹。第二次西征时，军粮并不缺乏，也没有大规模战斗，死亡不多。可是，将领们对士兵毫不体恤，像待牲畜一样，侵夺暴虐，死亡反而累累（世间最悲惨的事，不是死于敌人之手，而是死于自己所效忠的长官之手。再凶暴的猎人，不杀猎犬。凶暴的领袖和凶暴的头目，却杀愿为他献出生命的干部和僚属。这是恋尸狂患者最邪恶的一面）。西汉帝（七任武帝）刘彻（本年五十六岁）认为行军万里之外，不计较小的过失（剥夺生命，摧残人权，即令对一个人，都不是“小过”，何况千万冤魂？如果这可原谅，朝鲜之役〔参考前一〇八年〕，荀彘为什么该杀？“大小由之”的官场“说不准学”，是专制独裁制度下的产物）。

刘彻下诏：封李广利当海西侯、赵弟当新畤侯，任命上官桀当宫廷供应部长（少府）。军官中被擢升部长（九卿）的有三人，被擢升当封国宰相（诸侯相）、郡长（郡守）、部长级官员（二千石）的有一百余人，被擢升当中级官员（千石）的有一千余人。自愿从军的所授予的官位，都超过他们当初的盼望。因犯罪被征发的，一律赦免原罪。赏赐给士兵的财物，价值总额高达四万钱。

匈奴汗国（王庭设蒙古国哈拉和林市）最初准备攻击李广利的西征兵团，但西征兵团壮大，匈奴不敢发动，于是派人前往楼兰国（新疆若羌县），追击西汉殿后部队跟西汉使节团，打算封锁中国。时西征兵团军法总监（军正）任文，正驻兵玉门关（甘肃省敦煌市西北），得到情报，报告中央政府。刘彻命任文率军巡察时，顺便逮捕楼兰王，押送长安审讯。楼兰王说：“我们是一个小国，处在两个强大的邻国之间，不两边听命，就没有一天平安，请准许我国全国人民迁移到中国居住。”刘彻了解他说的是实情，仍送他回国，请他协助侦察匈奴动静。匈奴汗国自此对楼兰国不再十分信任。

**2** 自从大宛王国（首都贵山城〔中亚纳曼干市西北卡散赛城〕）被击败后，西域（新疆及中亚东部）各国对中国产生一种由衷的恐惧。西汉使节团到那里，越发运用自如。为了便利和保护使节，以及应时而生的商旅，从敦煌郡（甘肃省敦煌市）到盐泽（新疆罗布泊），开始设立驿站。而北方的轮台（新疆轮台县）、渠犁（新疆库尔勒市西南），都有武装屯垦部队数百人，各设屯垦官（使者）及指挥官（校尉）保护，作为外国使节的驻足之所。

**3** 一年多之后，大宛王国皇族们因为国王昧蔡，从前对汉朝使节唯命是从，过度谄媚，才招致西汉的攻击。于是，击斩昧蔡，另立前王毋寡的老弟蝉封，继任国王。蝉封立即派他的儿子到西汉充当人质（这是最高竿的政治艺术，派人质便可一切化解，不派人质则两国立刻对抗）。西汉政府也颁发赏赐，用以安抚。蝉封承诺每年进贡汗血马二匹。

**4** 秋季，兴建明光宫（明光宫在长乐宫北，南跟长乐宫相连）。

**5** 冬季，刘彻出游回中（陕西省陇县西北）。

**6** 匈奴汗国单于（八任）挛鞮呴犁湖逝世，老弟东部总督（左大都督）挛鞮且鞮侯继位（九任）。

刘彻乘战胜大宛王国的余威，向匈奴汗国发动心战，下诏说："高皇帝（一任帝刘邦）把他在平城（山西省大同市）所受的委屈，遗留给我（指白登之围，参考前二〇〇年）。高太后（吕雉）时，匈奴汗国单于来信，内容荒谬狂悖（参考前一九二年）。从前，齐国国君（十四任襄公）姜诸儿，报复九世祖先的怨仇（前九一三年，周王朝七任王懿王姬坚，听信纪国〔山东省寿光市南纪台镇〕国君的诬陷，烹杀齐国五任国君哀公姜不辰。前六九〇年，齐国十四任国君襄公姜诸儿，消灭纪国。《春秋公羊传》称："事隔九代，是不是可以复仇？回答说：即令事隔一百代，照样应该复仇。"），这是《春秋》昭示的大义。"

挛鞮且鞮侯刚坐宝座，政局还不稳定，恐怕西汉骤然攻击，回报说："我是儿子辈，怎么敢冒犯天子。中国皇帝是我的家长啊！"把过去囚禁的一些西汉使节，包括路充国（参考前一〇七年，已羁留七年之久）在内，全部释放，并派使节到西汉王朝致送礼物。

西汉王朝中央政府内部的夺权斗争，日益激烈，倾轧、陷害、屠杀，一片混乱。但对外的战斗力，仍保持强大，跟匈奴继续作殊死斗，而匈奴终于先汉朝而衰弱，分裂为二：南匈奴汗国向中国投降，北匈奴汗国逃向中亚，汉朝远征军追击，指挥官陈汤宣称：“胆敢冒犯中国的，逃得再远，也必诛杀。”

西汉王朝

纪元前一世纪

〇〇年代

前一〇〇—前九一年

- 苏武被软禁北海。
- 李陵兵败。
- 司马迁惨受腐刑。
- 颁布“沉命法”。
- 西汉王朝暴政，达于顶点，人民悲苦。
- 巫蛊狱起，江充当权。
- 皇太子刘据被逼反。

---

- 罗马共和派与专制派内斗，马略当选第六任执政官。
- 日本崇神天皇即位，奉神器于大和，遂自称“大和民族”。
- 罗马护民官德鲁苏，遇刺身死，意大利半岛纷叛，争取罗马公民权（社会战争）。

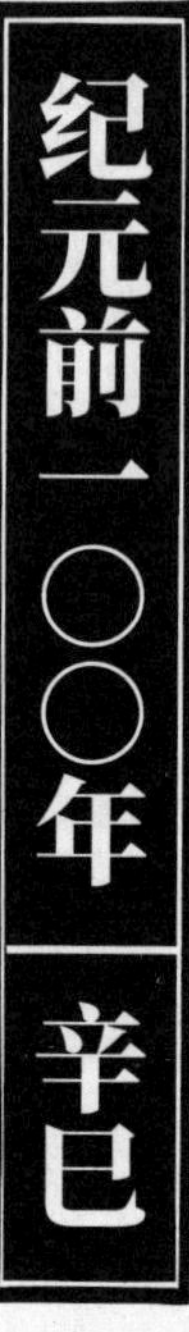


西汉　天汉　元年

**1** 春季，正月，西汉王朝（首都长安〔陕西省西安市〕）皇帝（七任武帝）刘彻（本年五十七岁）出游甘泉（陕西省淳化县西北），祭祀五色帝（参考前一六五年）。

三月，刘彻出游河东（山西省夏县），祭祀后土神。

**2** 刘彻被匈奴汗国（王庭设蒙古国哈拉和林市）的诚意感动，也下令释放囚禁在西汉的匈奴使节，并派皇家警卫指挥官（中郎将）苏武当正使节，护送他们回国；携带贵重礼物，答谢匈奴汗国的善意。另派皇家警卫副指挥官（副中郎将）张胜，担任副使节，常惠担任秘书（兼吏）。

然而，到达匈奴汗国后，情形有异。匈奴单于（九任）挛鞮且鞮侯态度傲慢，好像西汉使节前来进贡似的，跟他去年（前一〇一）信函上的表现，以及跟西汉政府所盼望的，大不一样。

就在这时候，缑王（姓名不详。缑，音gōu〔勾〕）跟长水人虞常等（长水，今浐水。霸水支流，流经陕西省蓝田县西北，是西汉王朝外籍〔胡、匈奴〕兵团驻扎地。缑王跟虞常，都是前一二一年跟随浑邪王投降西汉的匈奴将领。前一〇三年，随赵破奴军，再归匈奴），以及卫律当年所率领的降将，阴谋发动叛变，打算劫持挛鞮且鞮侯的娘亲皇太后（阏氏），复归中国。

卫律的老爹是定居长水（浐水）的匈奴人。卫律跟音乐总监（协律都尉）李延年，是至好朋友，李延年推荐卫律出使匈奴。可是卫律回国后，正逢李延年被杀，卫律逃亡匈奴。

**柏杨曰**

李延年的妹妹李夫人，是一位传奇美女，临危不乱。她正被刘彻爱到沸点时，一病不起。刘彻亲自探望她（在皇宫中，皇帝四周美女如云，而竟往探望一个患病的姬妾，证明李女士有非凡之处），希望见最后一面。但李夫人用被子把头蒙住，坚决拒绝，只拜托看顾她的哥哥李延年。刘彻满口答应，但仍要求一见，李夫人被逼不过，就哭泣不止，刘彻大不高兴，怏怏而去。其他小老婆埋怨她惹老家伙生气，李夫人说："用漂亮的容貌博取宠爱，一旦容貌衰老，宠爱也自然消失。皇上爱我，是爱我漂亮的容貌。我久病之后，已非昔日，一旦发现我原来是个黄脸婆，便万事都休。现在他虽然一时不高兴，可是在他印象中，我仍如花似玉，他会念念不忘，照顾我的家人。”



李夫人虽年纪轻轻，阅历不多，可是这几句话，却击中天下男人的要害。果然，刘彻擢升李延年当部长级的音乐总监（二千石）。然而，当花容月貌在印象中也消失的时候，前情同样捐弃。李延年显然不了解宫廷之中，只有权势，没有道义，只有肉欲，没有爱情，仍然放肆如初。最后跟他的弟兄，仍被刘彻处死。使我们扼腕徘徊，不能自已。

卫律既逃到匈奴，匈奴单于对他非常宠信，甚至同他商讨国家大事，封他丁灵王（封地在今西伯利亚贝加尔湖畔）。虞常在中国时，跟张胜原是朋友，于是，秘密拜访张胜，说："听说中国皇帝非常怨恨卫律，我能用伏兵把他射杀。我的母亲跟弟弟，仍在中国，希望中国能给他们赏赐。"张胜承诺，立即送给虞常很多礼物。

一个月之后，单于（九任）挛鞮且鞮侯外出打猎，娘亲皇太后（阏氏）跟一些贵族留守。虞常等七十余人，打算发动突袭，想不到其中一人逃走告密。挛鞮且鞮侯的子弟，急调军队攻击，缑王等全被格杀，而生擒虞常。挛鞮且鞮侯命卫律主持审判。

张胜得到消息，恐怕虞常供出跟他之间的对话，赶忙报告苏武，苏武说："事既如此，必然追溯到我身上。等到逮捕我再死，那就更辜负国家的重托。"准备自杀，张胜、常惠全力阻止。而虞常果然供出张胜，挛鞮且鞮侯怒火冲天，召集高官会议，要诛杀全体中国使节。左伊秩訾王说："他们的对象不过是卫律，如果是单于，我们将如何加重处罚？应该教他们投降。"

挛鞮且鞮侯命卫律传话给苏武，苏武对常惠等说："使皇帝的符节受到屈辱，使我们的使命不能完成，即令活下去，还有什么面目回到中国？"拔出佩刀自杀，卫律吃了一惊，把他抱住，快马召请医生，在地下挖一个土坑，燃起煴火（煴，音yūn〔晕〕。煴火，将要熄灭时的微弱炭火），把苏武放到土坎上面（塞外天寒，帐中如果无火，解衣便会冻死），推拿苏武的背部，使瘀血流出。苏武因痛苦和失血过多，昏厥气绝，半天的工夫，才悠悠苏醒。常惠等痛哭，用轿子把苏武抬回营地。

挛鞮且鞮侯钦佩苏武的壮烈，早晚都派人问候，同时逮捕张胜等。稍后，苏武痊愈，挛鞮且鞮侯派人劝说，打算要苏武归降。正好处决虞常，用剑砍下人头。乘此机会，卫律说："中国使节张胜，谋杀单于的近臣（指自己），应立即诛杀。只有投降，单于才可特别赦免。"拔出佩剑，直取张胜咽喉，张胜恐惧，情愿投降。卫律又对苏武说："副使节（张胜）有罪，你这个正使节应受连坐惩罚。"苏武说："我既不是张胜的同谋，又不是张胜的亲属，连什么坐？"卫律再拔剑直前，苏武面不改色。卫律说："苏先生，我以前背弃中国，投奔匈奴，侥幸的蒙受大恩，封我王爵，拥有数万人口，牛马满山遍野，享受如此富贵。苏先生今天只要点一下头，明天也是如此。否则的话，白白的横尸旷野，谁又知道？"苏武闭口不语。卫律说："为了我的缘故，你归顺匈奴，我们就是至好的兄弟般友情。不接受我的建议，过了此刻，即令再想见我一面，岂能如愿？"苏武说："你当人家的臣属，不顾及待你的恩义，背叛领袖，背叛父母，投降蛮族，甘心当一个夷狄，我为什么还想见你一面？而且，单于信任你，使你裁决人的生死，你不公平处理，反而要刺激两国君王搏斗，让你在一旁冷眼观看成败！你应该知道，南越（首府番禺〔广东省广州市〕）国王杀西汉使节，全国被屠，改作汉朝的九个郡（参考前一一一年）；大宛（首都贵山城〔中亚纳曼干市西北卡散赛城〕）国王杀西汉使节，人头悬挂长安北门（参考前一〇二年）；朝鲜国王（卫氏朝鲜，首都平壤〔朝鲜半岛平壤市〕）杀西汉使节，立即亡国（参考前一〇九年）。只有匈奴还没有动过手，你很明白我不会投降，却非教我投降不可。不过希望汉匈两国发生战争，而匈奴汗国的灾难，将从我开始。”

卫律发现他无法说服苏武，禀报挛鞮且鞮侯。挛鞮且鞮侯更起敬意，越发要争取他的归附。决心施用压力，把苏武囚禁在一个大地窖之中，断绝饮食。而天正降大雪，千里冰封，苏武吞吃皮衣上的羊毛，和吞吃冰雪。几天下来，竟没有饿死。匈奴人大为惊异，认为定有神灵帮助。于是，把苏武放逐到绝无人烟的北海（西伯利亚贝加尔湖），使他放牧一群公羊，告诉他：“等到公羊有奶水的那天，你就可以回去。”

其他也拒绝投降的使节常惠等，安置在别的地方。

**3** 天上降下白毛。

**4** 夏季，大旱。

**5** 五月，赦天下。

**6** 西汉政府强迫罪犯移民五原郡（内蒙古包头市）边塞屯垦。

**7** 浞野侯赵破奴，从匈奴汗国逃回西汉（赵破奴被俘及大军投降，参考前一〇三年。赵破奴跟儿子赵安用逃回西汉后，在不久〔前九一年〕就发生的巫蛊血案中，全族被屠，可悲）。

**8** 本年（前一〇〇），任命济南郡（山东省济南市章丘区）郡长（太守）王卿，当最高监察长（御史大夫）。

# 纪元前九九年 壬午

西汉　天汉　二年

**1** 春季，西汉王朝（首都长安〔陕西省西安市〕）皇帝（七任武帝）刘彻（本年五十八岁），出游东海（东海一带），返回首都长安后，再出游回中（陕西省陇县西北）。

**2** 西汉政府对匈奴汗国（王庭设蒙古国哈拉和林市）采取军事反应。

夏季，五月，刘彻派贰师将军李广利，率骑兵三万人从酒泉郡（甘肃省酒泉市）出塞，进击匈奴右贤王的根据地天山（新疆东北部），格杀及俘虏一万余人，班师。匈奴援军追击，贰师兵团在中途被围，粮秣缺乏，达数日之久，死亡和受伤的战士增多。正苦于无计可施，副军政官（假司马）、陇西（甘肃省临洮县）人赵充国，率敢死队一百余人，发动攻击，匈奴阵地动摇，贰师兵团涌向敢死队冲陷的缺口，突破重围，脱险而归。

这次战役，贰师兵团死亡十分之六七（二万余人），赵充国身负二十余伤。李广利奏报战果，刘彻召见赵充国到行宫，亲自察看伤势，嗟叹不已，擢升他当皇家警卫官（中郎）。

刘彻再派因杅将军公孙敖，从西河郡（内蒙古准格尔旗西南）出塞，跟强弓兵团司令（强弩都尉）路博德，在涿涂山（即涿邪山，蒙古国巴彦温都尔山）会师，毫无所获。

**3** 最初，李广的孙儿李陵，当宫廷随从（侍中），骑马射箭，无不精通，尤其厚爱自己的部属。刘彻认为有祖父的风范，命他当骑兵总监（骑都尉），统御丹阳郡（安徽省宣城市宣州区）和楚国（首府彭城〔江苏省徐州市〕）战士五千人，在酒泉郡（甘肃省酒泉市）、张掖郡（甘肃省张掖市）驻防，加强射击训练，戒备北方的匈奴。正逢贰师将军李广利出击匈奴，刘彻把李陵召到长安，命他保护贰师兵团的后勤补给路线。李陵叩头请求出战，说：“我所率领的官兵，都是楚国一带的勇士、奇才、剑客，力量可以扼死猛虎，射箭百发百中。愿意投入战场，独当一面，向兰于山（今地不详）南方挺进，分散匈奴的注意，不让匈奴集中力量专对贰师兵团。”刘彻说：“你是不是不愿当别人的部下？这次动员的军队太多，可没有马配给你。”李陵说：“用不着马，我愿以少击众，用五千步兵，踏平单于的王庭（蒙古国哈拉和林市）。”刘彻为他的凌云壮志感动，答应他的请求。

于是下诏给强弓兵团司令路博德，命他在李陵撤退到边境时，出塞接应，予以掩护。路博德羞于当李陵的助手（路博德当过伏波将军，对李陵这位新生代的后起之秀，自不愿屈就），上奏章说：“现在秋季将临，匈奴汗国草长马肥，正是兵力最强之时，不宜攻击，请命李陵稍停，等到明年（前九八）春天，同时出发。”刘彻怀疑李陵忽然胆怯后悔，教唆路博德帮他说话，不禁震怒。一面下令路博德与从西河郡（内蒙古准格尔旗西南）出塞的公孙敖兵团会师，一面下令李陵于九月出发，由遮虏障（内蒙古额济纳旗古居延海南，路博德所筑的城堡），直到东浚稽山（蒙古国戈壁阿尔泰山）南麓龙勒水（今已堙没），作威力搜索，如果不见敌踪，即撤退到受降城（内蒙古乌拉特中旗东五十公里新忽热）休息。

李陵率领他的五千人步兵，依时出发。从居延（内蒙古额济纳旗）出塞，向北挺进。三十日后，到达东浚稽山（蒙古国戈壁阿尔泰山）扎营，把沿途所见的山川形势，绘制成军用地图，派骑兵陈步乐，先行向长安奏报。刘彻召见，陈步乐简报行军情形，表示李陵能得到士兵的效死。刘彻大为高兴，任命陈步乐当宫廷禁卫官（郎）。

然而，就在此时，情势急变。匈奴单于（九任）挛鞮且鞮侯亲自统率的三万人强大兵团，已把李陵团团包围。李陵军在两山之间（另一山应是西浚稽山，在东浚稽山之西），用运粮车四周布防。李陵自率精锐，在车阵外扎营，筑构工事。前排战士手执盾牌跟长戟，后排则埋伏弓箭手。匈奴兵团发现西汉军队人数很少，毫不在意，直逼阵地，李陵命前排战士迎战肉搏，然后返回战壕。匈奴追击，李陵后排军突然万箭俱发，匈奴士卒应声倒地，死伤狼藉，急收兵还屯山上。李陵军队尾击，斩杀数千人。

挛鞮且鞮侯大为震惊，集结西部兵团及东部兵团增援，共八万余人，再发动攻击。李陵无法抵抗，只好撤退，且战且走，南下。但再强悍的步兵，摆不脱骑兵的追击，匈奴兵团分为两翼，左右展开，把李陵兵团夹在当中。数日之后，抵达一个不知名的山谷，李陵反扑再战，死伤惨重。李陵下令：“士兵受伤三次以上的，可以坐车。受伤两次以上的，充当驾驶。受伤一次的，继续战斗。”再作反攻，斩匈奴士卒三千余人。然后改向东南，沿着前往龙城（此龙城指故南单于庭，今内蒙古察哈尔右翼中旗）的旧道，再走四五日，到达一片苇草茂盛的畜牧地带。匈奴兵团顺风纵火，李陵却先纵火自救。再南下，到达丘陵地带，匈奴单于（九任）挛鞮且鞮侯在南山上眺望，命太子率骑兵攻击，李陵军退入树林，在树林中厮杀苦战，击杀匈奴数千人。李陵遥遥望见挛鞮且鞮侯在山上指挥，下令用“连弩”遥射（连弩，犹如多弹头飞弹，一弦发射数箭，箭如雨下，无法躲避），挛鞮且鞮侯急奔山下。

当天，被生擒的匈奴俘虏，告诉李陵，说：“单于曾有疑虑：‘这是中国的精兵，竟如此顽强，日夜引诱我们向南接近边塞，莫非前面有埋伏？’礼宾官（当户君长）一齐叫喊说：‘单于御驾亲征，率领几万人的兵团，攻击只不过几千人的西汉步卒，如果不能把他们消灭，以后还怎么号令属国，而且使西汉更轻视匈奴。在山谷树林中既不能取胜，前面四五十华里，就进入平地，如果再不能取胜，班师不晚。’”

这时李陵军处境越发险恶，匈奴兵团人多，每天都要接战数十回合，但仍杀伤匈奴两千余人。匈奴沮丧，决定放弃。然而，就在这时候，李陵的一位斥候（军候）管敢，受到指挥官（校尉）的欺辱，逃出来投奔匈奴，透露实际情况：“李陵并没有后援，前面也没有埋伏，箭且用尽。只有李将军的警卫部队，跟指挥官成安侯韩延年的部下，各约八百人，武装还全，担任先锋。他们分别使用黄旗、白旗，如果用精锐骑兵，集中射击，就可击破。”挛鞮且鞮侯兴奋得从马背上跳起来，下令他的部下，继续攻击。

匈奴兵团决心俘虏敌将，在攻击时高喊：“李陵、韩延年，赶快投降！”大军越过李陵兵团，在李陵撤退的道路上阻截急攻。李陵被困在山谷之中，匈奴兵团布满四周山顶，集中发箭，蔽天而下。李陵军突围，再向南挺进，将到鞮汗山（蒙古国西南部诺颜博格多山），李陵率残军血战，一天之中，发射五十万箭，箭终于用尽，遂抛弃辎重车辆。这时战士还剩三千人，刀枪已折，于是砍下车轴当武器，文职人员拿着刻字的笔刀（那时还没有纸张，用刀把字刻到竹简上），一齐退入峡谷。而匈奴兵团的包围圈越来越小，挛鞮且鞮侯亲自遮住谷口，从山上滚下巨石，声震天地。战士死伤增多，大军无法再行。

黄昏降临，李陵换穿便衣，独自出营，不准左右保护，说：“大丈夫到此地步，唯有生擒单于。”然而，在观察形势后，黯然折回，叹息说：“我们已经失败，死在此处。”下令砍倒所有旗帜，把值钱的珠宝埋藏地下，再长声叹息说：“苍天！苍天！再赐给我们数十支箭，就可以突围。而今，我们没有武器、没有箭。天明之后，敌人攻击，我们只有坐受捆绑，不如解散，各人分别逃生，希望有人脱险，回到中国，奏报天子。”下令士兵各带粮食二升，和一块坚冰（用作饮水），互相约定，先到遮虏障（内蒙古额济纳旗古居延海南）的，等待后到的战友。

夜半，李陵命击战鼓，战鼓已破，不能发声。李陵跟韩延年，同时上马，率领十余位壮士，向南突围。匈奴骑兵数千人追击，尘沙蔽天，韩延年战死。李陵说：“没有面目报答皇上。”投降。他的

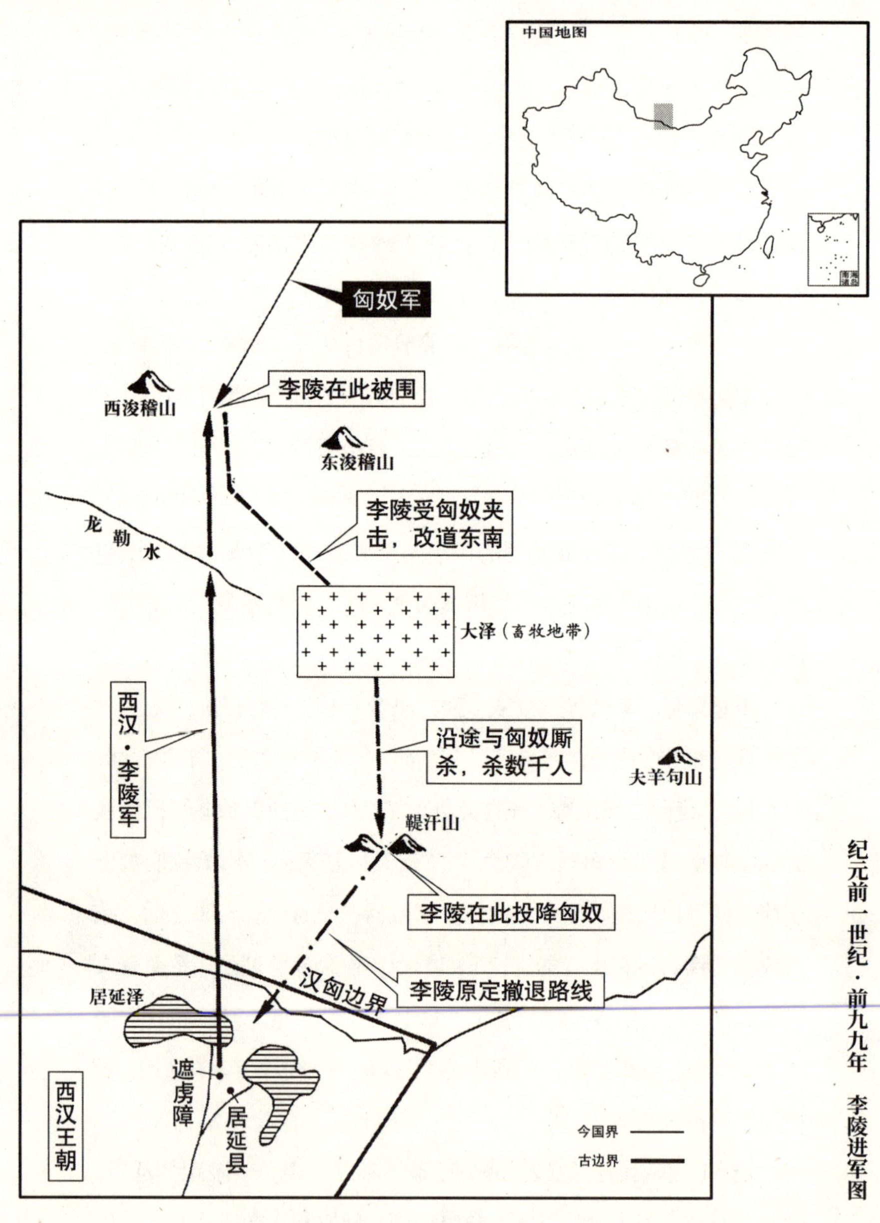


纪元前一世纪·前九九年　李陵进军图

部下分散逃命，逃到边塞的约有四百余人。李陵军溃败的地方，距边塞仅一百余华里。

边塞将领上奏皇帝，刘彻本期望李陵战死。稍后听到李陵投降的消息，大发雷霆，责问陈步乐，陈步乐恐惧，自杀。

**4** 刘彻既然怒不可遏，政府官员遂异口同声，责备李陵。刘彻询问天文台长（太史令）司马迁的意见，司马迁说：

“李陵对父母孝顺，待士兵有恩信。常奋不顾身，赴国家急难，平日的思想作为，有国士的风范。如今不幸在一次战役中失败，那些住在安全地方，拥妻抱子的官员，不思量战场艰苦，反而落井下石，捏造构陷，使人痛心。李陵率领不满五千人的步兵，深入匈奴汗国心脏，对抗数万强敌。匈奴救死扶伤都来不及，动员全国武装部队，大举围攻。李陵部队转战千里，箭尽路绝，战士们赤手空拳，冒着刀锋，仍苦苦搏斗。得到部下如此效忠，即令古代名将，不能超过。现在，身虽陷敌，然而他给予敌人的创伤，仍足以激励天下。我的看法是，李陵所以不死，并不是真的投降，而是等待适当时机，报效国家。”

这项意料之外的回答，使刘彻大怒若狂，认为司马迁诈欺诬罔，企图阻挠贰师兵团，而给李陵作游说工作。于是，逮捕司马迁，判处腐刑（即宫刑，割掉生殖器）。

很久之后，刘彻才后悔李陵兵团是一支孤军，没有救援，说：“应该在李陵出发后，再下令路博德接应。我却预先颁下诏书，使老家伙（路博德）羞与为伍，使用诈术。”这才派人赏赐逃回来的李陵残军。

司马迁《报任安书》：

我跟李陵，同在宫廷供职，不过泛泛之交，平常各自忙碌，既没有在一起喝过一杯酒，也没有把臂言欢的友情。只是看他的做事为人，是一位很能坚守立场的知识分子。对父母孝顺，对朋友信守，对金钱清廉。无论付出和接受，都不违背正义。即令有争执，总肯自己退让，恭敬俭朴，待人和睦，时常想到奋不顾身，去赴国家的急难。他的志节如此，我认为有国士的风骨。

以一个现任的政府官员，竟然肯冒生命危险，不顾身家性命，分担国家的艰难，已经使人惊异。想不到，只因为一件事情反应不当，而那些稳坐高堂，万无一失，拥妻抱子，享受荣华富贵之辈，竟群起栽赃构陷，我内心深感沉痛。

李陵率领的步兵部队，人数不满五千，深入匈奴心脏，践踏王庭，等于把肥肉送到猛虎之口。冒犯强大的敌人，抵抗数以亿万计的匈奴大军，跟匈奴单于连续战斗，长达十余日之久，斩杀敌人的数目，远超过自己的损失。匈奴拯救死亡，抢医伤患，疲于奔命。匈奴君王以下，陷于震恐，于是征召他们左右贤王的部队，动员所有能够拿得动武器的人，倾全国之力，发动围攻。在这种可怕的压力下，李陵转战千里，箭射尽，路断绝，而救兵不到。战士死伤，布满荒野。然而李陵振臂一呼，战士立即跳起，眼中流泪，衣上染血，强忍哭声，奋举空弓，冒着雪白刀刃，跟敌人血肉相搏。

李陵兵团还没有覆没之时，使节前来呈报战果，中央政府王爷侯爷，以及部长级等高级官员，都狂欢庆祝，向皇帝歌颂。几天之后，传来败报，皇上连吃东西都不能分辨滋味；出席朝会，也不能安宁。高级官员们忧虑恐惧，不知道如何才好。我自己不以为地位卑贱，看到皇上凄惨悲哀，很想呈献区区的一片愚忠。

我认为李陵平常跟他的朋友和同僚，同甘共苦，宁愿自己牺牲，也要对人帮助，能得到部下效死的忠心，虽然古代名将，都不能超过。一时身被俘虏，但以他平日的思想行为推断，相信他是在等待对国家回报的机会。即令不是如此，他对匈奴汗国的打击，功劳俱在，也可以无愧于天地之间。

正当我盼望把这项意见报告皇上，而没有管道的时候，恰巧皇上召见我，向我垂问，我就据此推崇李陵的功劳，希望宽慰皇上的焦虑，阻塞陷害李陵的谗言。想不到我还没有把话说完，皇上还没有把话听清楚，就认为我企图阻挠贰师兵团，替李陵脱罪，遂把我交付监狱。一片忠心，百般陈诉，都不被相信。终于批准法官的判决，认定我犯的是“诬蔑领袖”大罪，判处腐刑（割掉生殖器）。

依照法令规定，只要缴出一笔赎金，就可以免罪。然而，不幸家庭贫穷，拿不出那么多钱。朋友中没有人来看一眼，也没有人肯一伸援手。左右最亲近的长官、同事、亲戚，更没有人替我说一句话，只剩下我这个血肉之躯，被遗弃监狱，单独的面对法官狱吏。囹圄幽暗，向谁申诉？这都是你亲眼看到的，我的犯罪事实，就是如此。

李陵既然投降，使他的家庭声誉败坏；而我又被囚禁在蚕室之中（割生殖器的刑房，密密封闭，有炉火保持空气温度。盖行刑之后，不可受凉吹风。农家养蚕，也要保持温度。故把腐刑的刑房称为蚕室），受尽天下讥笑。苍天！苍天！提笔至此，悲怆无已。有些事不足向俗人提及，但向你一述：我的祖先，并不是西汉王朝的开国元勋，握有铁券丹书。我所担任的工作——天文、历史、历法、星象，跟算卦巫师之流，非常近似。

本来就是皇上所戏弄的玩偶，把我们当作娼妓戏子一样的豢养，一向是社会上所轻视的行业。 

所以，我如果被法律诛杀，等于九头牛掉下一根毫毛一样，跟蚂蚁之死，有什么区别？世俗的观点，又不会认为我是死节，只会肯定我智力已穷，罪大恶极，不能够脱罪，不得不死。为什么有这种想法？只因我出生卑微，平日并没有使人有深刻印象。人，谁能不死？但是，有的死重要性可比泰山，有的死不过轻如鸿毛，只看死的意义。

最高贵的品格是不侮辱祖先，其次是不屈辱自己，其次是不伤害自尊，其次是不讲出卑躬屈膝的话，其次是下跪受辱，其次是穿上囚服受辱，其次是身戴刑具，被拷打受辱，其次是剃光头发，脚戴镣、手戴铐受辱，其次是毁坏肌肤（如刺面黥刑）、砍断肢体（如断脚刖刑）受辱，而最可耻的，则是腐刑。人生到此，羞辱已极。

古书（《礼记》）上说："刑罚不加到高级知识分子身上。"主要的意思是保护高级知识分子的尊严。猛虎在深山之中，百兽震恐，一旦落入牢笼，不得不摇尾乞怜，向人求食。为什么？为的是受到强制的压力之后，威严逐渐消失。所以，地上画个圆圈，当作监狱，有品德的人都不愿进去。削一块木头，当作审问官，有品德的人也不肯面对。宁愿在没有受到酷刑之前，自杀一死。

而我，却手脚被绑，戴着刑具，赤露着身体，受他们拷掠，囚禁在四周全是高墙的监狱。在这时候，看见狱吏（看守员），唯恐怕他殴打，就不由自主的下跪，用头碰地。看见法官（隶卒），唯恐怕他不高兴，也不由自主的惊恐过度，不敢呼吸。为什么？为的是受到强制的压力，尊严逐渐消失。人生到了这种地步，要说不屈服于羞辱，或没有受到羞辱，不过是所谓的厚脸皮而已。

而且，姬昌是一位伯爵，被囚禁羑里（河南省汤阴县，羑，音yǒu〔友〕。前一一四四年，商王朝三十一任帝子受辛暴虐，逮捕周部落酋长姬昌。后来姬昌的儿子姬发建立周王朝，尊称老爹文王）；李斯位居宰相，受到五种酷刑（面上刺字、割鼻、砍脚、鞭打、斩首）；韩信是一位王爵，在陈县（河南省周口市淮阳区）被戴上刑具；彭越、张敖，也都是面向南方，称孤道寡之辈（国王自称“孤”或“寡”），都被逮捕，投到监狱审判；周勃诛杀吕姓家族，安定国家，权势可以动摇五霸，仍被当作罪犯；窦婴，是国家的大将，也穿上处斩时的红色囚衣，身戴三木——颈上戴枷、足上戴镣、手上戴铐；季布脖子拴上铁链，在朱家当奴；灌夫在看守所中，受尽欺凌。这些人身居王侯将相，声誉传播外国，一旦被法网套牢，都不能立即自杀，仍宁愿偷生在尘埃之中。古今人性，全是如此，谁能逃脱？

所以，勇敢和卑怯，只是形势造成。坚强和脆弱，更是环境的产物。明白了这些，还有什么惊讶？尤其是，一个人不能够早日躲开法律的网罗，已经不够聪明。到了苦刑拷掠之时，却教他绝不屈服，傲然自持，那个标准，就更难做到。古人之所以慎重的不把刑罚加到高级知识分子身上，就是如此。

人之常情，无不贪生怕死，思念亲戚，眷恋妻子儿女。可是一旦为了正义公理，情形就不相同，他们有不得不那样做的苦衷。我不幸，自幼丧失父母，又没有兄弟，孑然一身。在社会上，孤单清寒。你看我对于妻子儿女，该是如何感受？勇敢的人不一定非死节不可，懦夫只要心怀正义，到处也可发光发热。我是一个懦夫，只求苟且偷生，但我也知道取舍的分际，怎能忍受苦刑羞辱？奴隶婢女，到必要时，还会自杀，何况我所受的苦刑羞辱，更甚过奴隶婢女？然而，我所以含诟忍辱，苟且偷生，宁愿辗转粪土之中，为的是，我的一点私愿还没有完成。平白死去，我的文章才能，不能显扬于后世。

古时候，生前富贵，死后声名消失的，无法细记。只有非常卓越的人物，才能得到称道。姬昌被囚禁之后，才把《易经》八卦，推演出六十四卦。孔丘在陈国、蔡国受到围困之后，才回到鲁国，修订《春秋》。屈原被放逐，创作《离骚》。左丘明目盲，撰写《国语》。孙膑被砍断双脚，留下《孙膑兵法》。吕不韦被贬到蜀郡，《吕氏春秋》才传播世间。韩非被秦王国逮捕，写出《说难》《孤愤》。而《诗经》三百篇，也大都是圣贤心里有所不满的作品。

人心忧郁悲愤，没有申诉的管道，才追述过去故事，前瞻未来远景。左丘明失去双眼，孙膑失去双足，本成了无用的废人，但他们后退一步，著书立说，使他们的愤怒得到平衡。借着文字，展示他的大志宏愿。原谅我不知道谦逊，我把我投入毫无作用的词章之中（指《史记》），收集天下的遗闻旧事，综合分析，考察事件本末，发掘兴衰成败的轨道，上自姬轩辕，下到今日（纪元前一世纪〇〇年代），作十“表”、十二“本纪”、八“书”、三十“世家”、七十“列传”，共一百三十篇。用以研究天道人事、互相因应的关系，了解古今时代不同的变局，表达我自己特有的分析和见解。

然而，就在这个时候，受到惨祸。怜惜这番心血，会白白浪费。这才使我面对酷刑，而并不恼怒。一旦此书完成，我希望藏到名山之中，传给适当的人，使它能流传到交通方便、人口众多的都市。为了补偿我以前所受的羞辱，虽然被诛杀万次，也不后悔。然而，这番心意，只能对智慧的人说，难以向世俗的人讲。

曾受刑罚的人，不容易受到尊重。地位微贱，反而容易受到抨击。我因为多话而陷入这种悲惨的灾难，引起乡里亲友们的嘲笑。

我的行为侮辱了祖先，还有什么面目，到父母坟上祭扫？即令百世之后，污垢还是不能洗清。是以愁肠一日九转，虽居住在家，恍恍惚惚，却好像失去什么。出门则不知道去哪里才好。每次想到这种耻辱，就大汗淋漓，湿透衣裳。总而言之一句话，要到身死之日，是非才能确定。

司马迁据《左氏春秋》《国语》，采取《世本》《战国策》，接续以后的事，叙述西楚王国跟汉王国战争，直到西汉王朝。他对秦王朝、西汉王朝的历史，撰写很是详尽。但是他的史料，有的来自《经》，有的来自《传》，把事情分散，而有很多疏忽省略，甚至还互相抵触矛盾。看起来他涉猎广泛，学问渊博，把散开的《经》《传》贯穿起来，驰骋古今，上下数千年，也可以说十分用心。不过，他所定的是非标准，非常荒谬，跟圣人并不一样。

评论天下大事，司马迁先赞扬黄老（道家学派），然后才赞扬儒家学派的六种经书。推崇游侠，而忽略了隐居不当官的儒家学者，使奸雄得到鼓励。重视社会经济（《史记》有《货殖传》），去讲求利禄，使人认为贫贱是一种羞辱。这是他的缺点。

然而，刘向、扬雄学问渊博，一致赞扬司马迁是良史之才，佩服他条理分明，朴实而不虚华，文雅而不鄙俚。文章率真，史迹坚实，不作虚伪的歌颂，不隐藏罪恶。所以，可以称之为实录。

可是，以司马迁的闻博见广，却不知道保全自己。既然已经陷于极刑，发愤著作，《报任安书》上的话，也可以相信。可看出他之所以自怨自艾，不过《诗经·小雅》宦官之流的哀怨（《诗经》在性质上有“大雅”“小雅”之分，但并没有明确的界限，也没有明确的定义。大概是：“大雅”涉及到天地、宇宙、国家、战争。“小雅”多是个人的感伤、述怀），而只有《大雅》，十分明哲，才能保身，可是司马迁却办不到。

司马迁挟着私心，完成《史记》。班固讥刺他不忠，十分恰当。李陵之降敌，罪状昭著，无法掩饰。如果说他孤军抵抗匈奴，而他率步兵五千人出塞，是李陵自己炫耀他的勇敢，并不是刘彻命令，使他不能推辞。李陵全族被诛杀，却嫁祸给李绪（参考前九七年）。等到后来李广利远征匈奴，李陵率三万余骑兵追击，转战九日，难道也是李绪干的？如果说李陵被单于控制，不得不被驱使，难道匈奴除了李陵，便没有可以任用的大将？如果李陵有模棱两可之心，匈奴如何能交给他重兵？使他深入中国疆土，而跟中国军队对抗？

司马迁替李陵遮盖过失，唯恐怕遮盖不住，并对李陵祖父李广赞不绝口，褒扬他们世代勋业。司马迁那种背弃公义，图利于死党的话，怎么可以相信？

刘彻本来希望用李陵的性命，作为他皇冠上的荣耀，所以一听说李陵被俘，便大失所望，老羞成怒。既已肯定李陵有罪，又何必再询问司马迁的意见？司马迁的回答，如果不对，可以不听，可以斥责，可以逐出政府。何至诛杀？更何至刁钻恶毒，指定割掉生殖器？西汉政府法律三百五十九种，死罪四百零九项，判例一万三千四百七十二条，不知道用什么理由，选择腐刑？有人说刘彻爱司马迁的才华，才减死一等。司马迁的罪不至死，而减死一等，还有鞭打，又为什么非腐刑不可。唯一的解释是，刘彻喜欢这个调调，称之为“屌帝”或

"割屌皇帝"，应是最恰当的绰号，尤其他用违背诚信的残酷手段，对待一个手无寸铁的文化人，而罪状又不过是一句话没有称他的心、如他的意。

班固之论司马迁，首先是抨击他提倡游侠，注意社会经济，远离圣人之道。而所谓圣人，都是儒家学派的高级知识分子，可看出儒家思想定于一尊后的遗毒——完全剥夺人们的独立思考能力和想象能力，只要超过"圣人"的圈圈，就有文化打手，愤然出拳。其次是讥刺司马迁智慧不高，不足以明哲保身，并由司马迁之不能明哲保身，证明他的《史记》不过是宦官们的自悲自怜的作品。这种逻辑，不但不知所云，还包含一种轻佻。班固写这篇文章之时，正是他依靠财势双全的皇亲国戚窦宪先生，大红大紫之际，显然认为他的明哲，已使他觅得了安全保证，万无一失。想不到窦宪霎时间被捕，冰山倒塌（参考九二年），班固在监狱里被执行死刑。依照他自已的推理，他的"明哲"可是更差，他的《汉书》又算什么东西？

王夫之的见识，较之班固，更等而下之。王夫之指出班固讥司马迁不忠，但班固在上述的评论中，并没有此项讥讽。王夫之指控李陵嫁祸于李绪，这种说法，可谓恶毒。李陵已全族被屠，有何祸可嫁？至于李陵追击李广利兵团，那是在全族被屠之后，和西汉王朝已恩断义绝。儒家学派祖师爷孔丘的《春秋》大义，九世复仇都可以（参考前一〇一年），为什么李陵被认为例外？司马迁跟李陵不过相识而已，只因说了几句皇帝听了大怒的话，一千八百年后的王夫之，立刻发明司马迁跟李陵竟是"死党"。在王夫之看来，左拉跟屈里弗斯，孙观汉跟柏杨，更是"死党"无疑。一个以正直自命的人，心灵却如此龌龊。

古人云："不知其人观其友。"事实上不知其人也可以观其敌。班固先生不过窦家班的马屁虫，才说《史记》有悖圣人。王夫之不过一位传统腐儒，目光短小，冥顽不灵。然而，最妙的还有一位王允先生，这位脑筋像一盆糨糊，激起兵变，一发而使东汉王朝不可收拾的酱缸蛆，却称《史记》是一部谤书（参考一九二年四月），更使我们喷饭。

然而，无论赞扬司马迁也好，攻击司马迁也好，却没有人检讨屌帝刘彻的兽行。这不仅涉及到基本人权，性心理学专家尤其应该研究研究刘彻变态程度，使这个老流氓，无所遁形。

**5** 刘彻用严厉的法令，控制全国，特别喜爱酷吏。各郡郡长、各封国宰相，以及各封国首府警备区司令（二千石为治者），大多数都残暴无情，而小吏和人民犯法的却越来越多。东方（函谷关以东）各地，盗贼蜂起，大的成群结队，多达数千人，攻打城市，夺取军械库的兵器，救出监牢里的死囚，逮捕郡长、民兵司令（都尉），杀戮高级官员；小的也集结数百人，劫掠乡村行旅，以致路断人绝。刘彻采取更严厉的手段镇压，命总监察官（御史中丞）、宰相府秘书长（长史），负责监督，但无法禁止。于是派遣特级国务官（光禄大夫）范昆、曾任部长（九卿）的张德等，当"绣衣戒严官"（刘彻设"绣衣直指"，穿特制的绣花官服，临时任命指派，负责捕治盗贼，主持大的讼狱，事毕即行撤销。"直指"，表示直指事件，毫不阿私。穿绣花官服，表示特别尊荣，具有特别权力），"持节"，并携带虎符，到各郡各封国，调发正规军征剿。面积大一点的郡，能一次诛杀一万余人；加上供给匪徒饮食的跟连坐的普通人民，纵是面积小一点的郡，也诛杀数千人。

几年之后，有时也逮捕到变民的领袖。然而，正规军逃亡的散兵游勇，跟残余的或新起的变民结合，重又占山为盗，聚集在一起，政府也无可奈何。刘彻仍认为法令不够严苛，于是，颁布“沉命法”：“有了盗贼，官员没有发觉，或虽然发觉，逮捕的盗贼人数不成比例的，上自郡长、民兵司令、封国首府警备区司令（都是二千石）；下到最低最小的小吏，以及跟治安有关的官员，一律处死。”

结果是，小吏们恐惧处死，地方上虽然有盗贼，也不敢承认，唯恐怕呈报了上级之后，不能捕获，连累郡政府高级官员，郡政府官员也盼望小吏们不提出报告。于是，盗贼一天比一天增多，上下互相掩饰，靠着虚伪的公文来往，逃避法网。

全国到此，已陷混乱，原因只有一个：“官逼民反”，由于官吏的贪污残暴和无情的冤狱，使人哭天无泪，面临抗暴或死亡的选择。压力只能使表面平静，暴政不除，混乱不止。纯靠压力已是愚不可及，再发明“沉命法”，统治者的头脑有时候真是狗屎做的，又多一例证。狗屎头脑的思考方式是单线的一厢情愿，用杀戮来督促官吏肃清盗贼，却没有想到反使盗贼更多，而且更为公开。

消灭变民的唯一方法是政治清廉和司法公平，不能纯靠杀戮。

**6** 这时候，暴胜之（暴，姓）当绣衣戒严官（绣衣直指使者），很多郡长（二千石）以下的官吏，都死在他手，威名震动各郡。暴胜之到勃海郡（河北省沧州市东南）时，听说居民隽不疑贤明（隽，音juàn〔倦〕），请来相见。隽不疑容貌严肃，衣冠华丽整齐。暴胜之没有穿好木屐便出来迎接，登堂入室，分宾主坐定，隽不疑俯身，双手按地（席地而坐，用俯身表示敬意），说：“我生在海边，久已听到暴先生的大名，而今蒙你赐给荣耀接见我，十分感谢。凡是一个官员，太刚强时，一定折断；太软弱时，则万事都废。威力既然展示，再施恩德，然后才能树立功勋，扬名天下，保持到永远。”暴胜之深记他的告诫。等到回京（首都长安），上奏章推荐隽不疑。刘彻召见，任命隽不疑当青州（山东省东部）督导官（刺史）。

济南郡（山东省济南市章丘区）人王贺，也当绣衣戒严官（绣衣御史），搜捕魏郡（河北省临漳县西南邺城镇）盗贼，执法宽厚，救活了很多人，却被认为工作不力，免职。他叹息说：“我听说，救一千人活命，子孙必有封爵，我救活的有一万余人，后代必有人兴起。”

**7** 本年（前九九），西汉政府封匈奴降王（介和王）成娩当开陵侯，命率领楼兰国（新疆若羌县）军队，攻击车师国（新疆吐鲁番市）。匈奴汗国派右贤王率数万骑兵赴救。成娩兵团失利，撤退。

# 纪元前九八年

## 癸未

西汉　天汉　三年

1 春季，二月，西汉王朝（首都长安〔陕西省西安市〕）最高监察长（御史大夫）王卿，有罪自杀。西汉帝（七任武帝）刘彻（本年五十九岁）擢升首都长安警备区司令（执金吾）杜周继任（前一〇四年，西汉政府改“中尉”为“执金吾”。金吾，一种鸟名，据说此鸟避凶趋吉，象征祥瑞。皇帝出游，先导官高举此鸟雕像，作为庞大卫队前导）。

2 西汉政府开始实施酒类专卖。

**3** 三月，刘彻前往泰山（山东省泰安市北），添土加封，在皇家大会堂（明堂）祭祀，就在那里审查全国官员考绩。回程中，到恒山（位河北省唐县西北）祭祀，把墨玉埋在祭坛之下。

派往各地庙宇神坛等候神仙，以及到海上寻求蓬莱仙境的道家法术师（方士），都没有结果。只公孙卿仍以巨大脚迹神迹，作为根据（参考前一一〇年），坚持确有神仙。但刘彻已兴趣索然，对法术师那一套，开始厌倦。不过，对他们仍旧照顾，希望遇到真有本领的人。也正因为这个原因，更多法术师传播神迹，而效果在意料之中。

**4** 夏季，四月，大旱，赦天下。

**5** 秋季，匈奴汗国（王庭设蒙古国哈拉和林市）攻入雁门郡（山西省右玉县），雁门郡郡长（姓名不详）被控畏缩胆怯，绑到街市斩首。

# 纪元前九七年

## 甲申

西汉　天汉　四年

**1** 春季，正月，西汉王朝（首都长安〔陕西省西安市〕）皇帝（七任武帝）刘彻（本年六十岁）在甘泉宫（陕西省淳化县西北）接受各封国国君（王爵、侯爵）朝觐。

**2** 西汉政府征发七种贱民（一、犯罪小吏。二、逃亡囚犯。三、赘婿。

四、商人。五、曾经犯过罪登记有案。六、父母曾经犯过罪登记有案。七、祖父母曾经犯过罪登记有案），及志愿从军的勇士。命贰师将军李广利率骑兵六万、步兵七万，从朔方郡（内蒙古杭锦旗北黄河南岸）出塞；强弓兵团司令（强弩都尉）路博德率一万余人跟贰师兵团会合。游击将军韩说，率步兵三万人，从五原郡（内蒙古包头市）出塞。因杅将军公孙敖率骑兵一万人、步兵三万人，由雁门郡（山西省右玉县）出塞。

匈奴汗国（王庭设蒙古国哈拉和林市）得到情报，把军民辎重，全部迁移到余吾水（土拉河。发源于肯特山，流经乌兰巴托市南，向西转北，注入鄂尔浑河）以北。单于（九任）挛鞮且鞮侯亲率十万大军，在余吾水南岸迎战，缠斗十数日，李广利撤退，其他部队也没有斩获。公孙敖跟匈奴左贤王接触，失利，也撤退。

刘彻命公孙敖深入匈奴心脏后，想办法迎接李陵。而竟战败，遂向刘彻报告："在俘虏口中，原来是李陵教导匈奴如何因应，所以我们没有战果。"刘彻火冒三丈，下令屠杀李陵全家。不久，接到情报，原来教导匈奴的不是李陵，而是另一位降将李绪。

李陵悲痛之余，派人刺杀李绪（按：李陵杀错了人，凶手是刘彻）。匈奴皇太后（挛鞮且鞮侯的娘亲，大阏氏）为李绪报仇，要杀李陵。挛鞮且鞮侯把李陵藏到北方，一直等到皇太后（大阏氏）逝世，李陵才回王庭。单于把女儿嫁给李陵，封他右校王。跟卫律同时受到尊重，并掌握权柄。不过卫律常在王庭，而李陵常在外地，遇到军国大事，才到王庭会商。

**3** 夏季，四月，刘彻封皇子刘髆（音bó〔博〕）当昌邑王（首府昌邑〔山东省巨野县东南大谢集镇〕）。

# 纪元前九六年 乙酉

西汉　太始　元年

1 春季，正月，西汉王朝（首都长安〔陕西省西安市〕）因杅将军公孙敖的妻子，被控“巫蛊”，西汉帝（七任武帝）刘彻（本年六十一岁）下令腰斩公孙敖，屠杀全族（“巫”是一种能用祭祀或咒语驱使鬼神降祸福于人的法师，女性则称女巫。“蛊”，音gǔ〔鼓〕。一种神秘的毒虫，看不见，摸不着，听不到声音，闻不到气味。一旦进入人体，百药罔效，痛苦而死）。

**柏杨曰**

这是“巫蛊”在《资治通鉴》第一次出观，紧接着是一连串屠杀。用现代眼光来看，“巫蛊”使人失笑，但我们不能笑，因为它充满血腥。我们也不应笑，只要是专制独裁制度，只要所谓的“英明领袖”拥有无限权力，一定会有“巫蛊”——每个时代有每个时代特有的“巫蛊”，作为暴行的借口。

**2** 刘彻强迫各郡、各封国富豪士绅，移民到茂陵（陕西省兴平市东北，刘彻坟墓所在）。

**3** 夏季，六月，赦天下。

**4** 本年（前九六），匈奴汗国（王庭设蒙古国哈拉和林市）单于（九任）挛鞮且鞮侯逝世。挛鞮且鞮侯有两个儿子，长子挛鞮狐鹿姑当左贤王（一等爵），次子（名不详）当东部兵团司令（左大将军，五等爵）。挛鞮狐鹿姑在外，来不及赶回来。皇族会议认为他有病，改立东部兵团司令（左大将军）当单于。挛鞮狐鹿姑将近王庭，听到消息，不敢前进。东部兵团司令（左大将军）愿意让位，派人去请老哥，老哥疑虑，推辞说确实有病。东部兵团司令（左大将军）坚持，说：“你现在一定要来，真有病的话，等你死了，再把宝座传给我。”

挛鞮狐鹿姑答应，即位（十任），封东部兵团司令（左大将军）当左贤王。几年之后，左贤王先死，他的儿子挛鞮先贤掸不能继承左贤王（左贤王必须是王储），于是，封挛鞮先贤掸当日逐王，封太子当左贤王。

# 纪元前九五年 丙戌

西汉 太始 二年

**1** 春季，正月，西汉王朝（首都长安〔陕西省西安市〕）皇帝（七任武帝）刘彻（本年六十二岁）出游回中（陕西省陇县西北）。

**2** 最高监察长（御史大夫）杜周逝世，刘彻擢升特级国务官（光禄大夫）暴胜之继任。

**3** 秋季，旱灾。

**4** 赵国（首府邯郸〔河北省邯郸市〕）高级国务官（中大夫）白公（名不详），向中央政府建议，兴筑以灌溉为目标的渠圳（圳，音zhèn〔阵〕，水沟），在谷口（陕西省礼泉县东北）引道泾水（渭水支流）的水，从栎阳（陕西省西安市临潼区）注入渭水。南北二百华里，可灌溉四千五百余顷，命名白渠。农民受到益处，收获更丰。

# 纪元前九四年 丁亥

西汉　太始　三年

1 春季，正月，西汉王朝（首都长安〔陕西省西安市〕）皇帝（七任武帝）刘彻（本年六十三岁），前往甘泉宫（陕西省淳化县西北）。

二月，刘彻前往东海郡（山东省郯城县），捕获赤色鸿雁。再前往琅邪郡（山东省青岛市黄岛区），再到成山（山东省荣成市东北成山角）祭拜日神，登之罘（山东省烟台市北芝罘山），在大海上遨游，然后返回长安。

**2** 本年（前九四），皇子刘弗陵生。刘弗陵的娘亲，是河间国（首府乐成〔河北省献县〕）人，姓赵，封“倢伃”（倢伃，音jié yú〔结予〕。西汉王朝宫廷小老婆群的位号，到七任武帝刘彻末年，有所变动，“夫人”取消。一级“倢伃”，位比宰相，爵比亲王。二级“娙娥”，位比上卿，爵比封侯。三级“容华”，位比中二千石，爵比关内侯。四级“充衣”，位比真二千石，爵比大上造。五级“美人”，位比二千石，爵比少上造。六级“良人”，位比千石，爵比中更。七级“八子”，位比千石，爵比左更。八级“七人”，位比八百石，爵比右庶长。九级“长使”，位比八百石，爵比左庶长。十级“少使”，位比六百石，爵比五大夫），住钩弋宫，怀孕十四月生刘弗陵。刘彻说：“听说伊祁放勋（黄帝王朝六任帝尧帝）也是十四个月才生。赵倢伃生这个孩子，也正好如此。”遂把钩弋宫的宫门，命名尧母门。

当人民的领袖，一个举动，或一项措施，都不可以不谨慎。既从内心发动，必然对外显露，天下就统统得知。那个时候，皇后卫子夫、太子刘据，都安然健在，而竟然把赵倢伃所住钩弋宫的门命名尧母，不是正常现象。奸邪的人揣摩主上的意向，知道他心爱幼子，打算作为合法继承人。陷害皇后、太子的阴谋，遂告产生。而终于爆发巫蛊灾难（参考前九一年），至堪悲痛。

**3** 赵国（首府邯郸〔河北省邯郸市〕）人江充，本来当水利总监（水衡都尉。部长级官员，二千石）。最初，江充在赵（敬肃）王刘彭祖（六任景帝刘启子）的王府当门客，冒犯了王太子刘丹，逃亡到首都长安，向皇帝告发刘丹的隐私，刘丹因此受到罢黜。刘彻召见，江充一表人才，容貌伟壮，穿着轻暖华丽。刘彻暗中称奇，谈论国家大事，大为高兴，从此对江充十分宠爱，任命他当绣衣戒严官（绣衣直指使者），派他督察皇亲国戚跟亲近臣僚们的不法行为。江充检举弹劾，毫无顾忌，刘彻认为他忠心耿耿。而江充所作的建议，都正是刘彻所想作的。

有一次，江充曾经跟随刘彻去甘泉宫（陕西省淳化县西北），正碰到太子刘据派往皇宫的信差，在御用大道（驰道）上奔驰，江充把他逮捕，交付审判。刘据得到消息，派人向江充道歉说："我并不是爱惜我的部下，只是不想使皇上知道，认为我平时没有对部下好好教导，敬请江先生从宽处理。"江充拒绝，径自上奏。刘彻说："当臣僚的，应该如此。"对江充更为信任，江充的声威，震动首都长安。

# 纪元前九三年 戊子

西汉　太始　四年

1 春季，三月，西汉王朝（首都长安〔陕西省西安市〕）皇一帝（七任武帝）刘彻（本年，六十四岁）前往泰山（山东省泰安市北）。

三月二十五日，刘彻在皇家大会堂（明堂）祭祀刘邦（西汉王朝一任帝），使刘邦陪同上帝。遂在皇家大会堂（明堂）审查全国公务人员考绩。

三月二十六日，刘彻在皇家大会堂（明堂）祭祀老爹刘启（六任景帝）。

三月二十七日，增添泰山封土。

三月二十九日，在石闾（泰山南麓，山东省泰安市南）祭祀地神。

夏季，四月，刘彻前往不其山（山东省青岛市北）。

五月，刘彻返回首都长安，前往建章宫。赦天下。

**2** 冬季，十月二十九日，日蚀。

**3** 十二月，刘彻前往雍县（陕西省宝鸡市凤翔区）祭祀五色帝（参考前一六五年）。再西行，到安定郡（宁夏固原市）、北地郡（甘肃省庆城县西北马岭镇）。

# 纪元前九二年 己丑

西汉　征和　元年

1 春季，正月，西汉王朝（首都长安〔陕西省西安市〕）皇帝（七任武帝）刘彻（本年六十五岁）返首都长安，前往建章宫（陕西省西安市西北）。

2 三月，赵（敬肃）王（首府邯郸〔河北省邯郸市〕）刘彭祖逝世。

刘彭祖娶江都（易）王（首府广陵〔江苏省扬州市〕）刘非（刘彭祖的老哥）的宠姬淖姬（淖姬跟刘非的儿子刘建通奸事，参考前一二一年），生子，名刘淖子。时淖姬的哥哥在皇宫当宦官，刘彻召见他，问："淖子这个人如何？"老舅说："欲望太多。"刘彻说："欲望太多的人，不适合当国君。"又问刘彭祖的另一位儿子、武始侯刘昌如何？淖姬的哥哥说:“他既没有恶名，也没有美名。”刘彻说:“这就够了。”命刘昌继承王位。

**3** 夏季，大旱。

**4** 刘彻在建章宫，忽然看见一个男子，带着佩剑，直入中龙华门。刘彻警觉到来意不善，急下令捕捉，那男子抛下佩剑，仓猝逃走。皇宫立即展开严密搜索，竟不见踪影。刘彻对宫廷防卫如此松懈，痛心疾首，下令斩宫门守卫官(门候，六百石)。

冬季，十一月，征发三辅骑兵(前一〇四年，“左内史”改“左冯翊”〔北长安市〕，“右内史”改“京兆”〔首都长安特别市〕，另分割西部土地，设立“右扶风”〔西长安市〕，共称“三辅”，即“大长安京畿”)，到御花园(上林苑)，作地毯式搜查。关闭长安所有城门，再挨家逐户搜查，共十一天才解严。

从此，发生一连串“巫蛊”巨案。

**5** 宰相公孙贺的妻子卫君孺，是皇后卫子夫的姐姐。因为这个缘故，公孙贺官运一帆风顺。公孙贺的儿子公孙敬声，接任老爹交通部长(太仆)的位置，骄傲蛮横，目无法纪，曾擅自动用北军(野战军)公款一千九百万，事情败露，被收押监狱。

当时，政府正在紧急通缉阳陵(陕西省咸阳市东北二十五公里)大侠朱安世，苦无所获。公孙贺请求用朱安世交换儿子性命，刘彻批准。公孙贺果然抓到朱安世。朱安世笑说:“宰相抓到了我，大祸也抓到了宰相。”从狱中上书刘彻，告发:“公孙敬声跟阳石公主(刘彻的女儿)私通，知道皇上常去甘泉宫(陕西省淳化县西北)，曾经教人在御用大道(驰道)中间，埋藏木偶，诅咒皇上，口发恶言。”

# 纪元前九一年

## 庚寅

西汉　征和　二年

**1** 春季，正月，西汉王朝（首都长安〔陕西省西安市〕）皇帝（七任武帝）刘彻（本年六十六岁），下令逮捕宰相公孙贺，下狱，调查属实，父子在狱中处决，家族全部诛杀。

刘彻任命涿郡（河北省涿州市。涿，音zhuō〔捉〕）郡长刘屈氂（音máo〔毛〕）当宰相，封澎侯。刘屈氂，是中山（靖）王（首府卢奴〔河北省定州市〕）刘胜的儿子（刘彻的堂侄）。

**2** 夏季，四月，狂风，摧毁房屋，折断树木。

**3** 闰五月，诸邑公主、阳石公主（刘彻的女儿，都是皇后卫子夫所生）跟皇后卫子夫的侄儿卫伉（卫青子），都因牵连到“巫蛊”案件，全被诛杀（刘彻是中国历史上第一个杀亲生女儿的皇帝）。

**4** 刘彻前往甘泉（陕西省淳化县西北）。

**5** 最初，刘彻二十九岁那年（前一二八），才生刘据，十分宠爱，封为太子。刘据年纪渐长，性情仁慈敦厚，温柔谨慎。刘彻认为他不够凌厉，缺少才干，不像老爹。而宠妾王夫人生子刘闳，李夫人生子刘旦、刘胥，另一位李夫人生子刘髆。卫子夫、刘据的宠爱，逐渐衰退，母子们的不安全感，与日俱增。

刘彻也察觉到母子的惊恐，对全国最高统帅（大将军）卫青说："西汉王朝建立政府，一切都是草创。加上四面蛮夷侵略不已，我如果不改变传统制度，后世便没有准则；如果不发动战争，中国就不能得到平安。为了这些原因，不得不使天下人民受劳受苦。假定后世也像我这么做，那可是走上秦王朝亡国的老路。太子（刘据）稳重安详，必然能使天下平安，不教我忧虑。如果要找一个守成的国家领袖，有谁能比太子（刘据）更贤明？听说他们母子心情不安，认为我不再爱他们了，其实哪有这回事？顺便的话，把我的意思转告。"卫青叩头感谢。卫子夫听到老弟转告的话，为自己的不当疑惧，向刘彻请求宽恕。

刘据每向老爹劝阻征讨四方蛮夷，刘彻就笑说："由我来承当艰苦，由你来享福，难道不好呀！"

刘彻每次出游，总把身后的事，交给太子（刘据）；把宫廷的事，交给皇后（卫子夫）。刘据所作的裁决，等刘彻回京后，把最重要的，向他禀报，刘彻都没有意见。有时候，刘彻连看也不看。刘彻用法严苛，任用的多是刻薄寡情的官员。而刘据心情宽厚，对很多诉讼的判决，都从中发掘冤狱，减免罪刑。虽然得到人民的爱戴，但当权派官员却不高兴。娘亲卫子夫深恐这样对抗下去，可能被他们陷害，常告诫刘据，应顺应老爹的意见，不应该自作主张。刘彻听到后，认为刘据对而卫子夫不对。政府之中，宽厚仁慈的官员，都依附刘据。残忍的酷吏，则对刘据百般诋毁。宽厚仁慈的官员畏惧权势，怕生事端，不敢出面，而残忍的酷吏却结成一党。于是，刘据在舆论上毁多誉少。后来，舅父卫青逝世，刘据失去重要凭借，那般人不再顾虑皇亲的报复，遂竞争着对付刘据。

**6** 刘彻每天和新鲜的美女们混在一起，跟儿子们非常疏远。贵为皇后的卫子夫，也见不到他的面。有一天，太子刘据进宫看望娘亲，很久才出来。禁宫侍从（黄门）苏文打小报告说："太子（刘据）跟宫女们乱搞。"刘彻立刻把太子宫的宫女，增加到二百人。刘据事后知道缘故，对苏文衔恨在心。苏文跟禁宫贴身侍从（小黄门）常融、王弼等，一直侦察刘据的过失，动不动就向刘彻告密，卫子夫恨他们入骨，要刘据报告老爹，把三个人处死。刘据说："只要我不犯错误，何必怕苏文的小报告，老爹聪明，不会听信邪恶谗言，不必害怕。"刘彻曾经害过一次小病，命常融召唤刘据，常融回来后说："太子听到你害病，面有喜色。"刘彻默然不说话。一会，刘据来到，刘彻看他的面貌上带有泪痕，却假装有说有笑，深为奇怪。详细盘查，探知真情，立即诛杀常融。卫子夫也小心翼翼，远避嫌疑。所以，虽然久已没有宠爱，仍然受到礼遇。

**7** 这时候，全国法术师（方士）以及女巫之类，聚集在首都长安，都是邪门歪道，神秘诡异，妖言惑众，变幻多端，无所不为。而女巫们时常出入宫廷，教小老婆群和宫女们如何避灾求福，几乎每个房间里，都埋藏木偶祭拜。一旦忌妒或吵架诟骂，就互相告发，指控对方诅咒刘彻，大逆不道。这是一项有效的恶毒手段，能使刘彻霎时疯狂，大肆屠杀。小老婆群和宫女，以及牵连进去的政府高级官员，处死的有数百人。

然而，刘彻仍过分紧张，心理不能平衡。曾经在白昼小睡，梦见数千个木偶，手拿武器，向他攻击。霍然惊醒，觉得身体有些不舒适，精神恍惚，很多事过目就忘。

江充了解他跟太子刘据和卫家，已结下怨恨。而刘彻年老，怕一旦逝世，受到诛杀。决心利用"巫蛊"，完成庞大阴谋，于是报告刘彻说："陛下的病，恐怕仍是巫蛊作祟（祟，音suì〔遂〕，作怪之意）。"刘彻遂派江充当钦差大臣（使者），负责处理巫蛊事件。江充率领蛮族女巫，到处挖掘土地，搜取木偶，逮捕涉嫌"放蛊"跟夜间祭祀的人（把神秘毒虫用神秘方法，如咒语之类，施放到别人身上，谓之"放蛊"）。江充预先把木偶埋在某处，上面洒上家畜的血。到时候由自称能见鬼的女巫，察看血迹，把木偶掘出。对被捕的人苦刑拷打，用烧红的铁钳，或钳肉、或烤灼皮肤，哀声哭号中，全都坦白承认罪行，并且供出"同党"，遂即奏称他们"大逆不道"。于是，从首都长安、三辅（大长安京畿），直到各郡各封国，前后诛杀数万人（全国性大恐怖）。

**8** 这时，刘彻年纪已老，总是疑心他左右亲信用"巫蛊"诅咒害他。被杀的人是不是冤枉，没有人敢向刘彻陈述。江充看准了这一点，于是教蛮夷女巫檀何声称："皇宫之中，有'蛊'的妖气，如果不加铲除，皇上身体不可能平安。"刘彻批准江充入宫执行任务。

江充率领捕蛊部队，进入皇宫，拆墙掘地，甚至捣毁刘彻坐的御座。刘彻又派按道侯韩说、监察官（御史）章赣、禁宫侍从（黄门）苏文等，协助江充。江充先从小老婆群中很少能见到皇帝的美女房屋着手，然后再到皇后（卫子夫）宫，然后再到太子（刘据）宫。每寸土地都翻掘起来，遍地泥土，皇后（卫子夫）、太子（刘据），连放张床的地方都没有。江充宣称："在太子（刘据）宫掘到木偶一堆，还有用绸缎写的文字，阴谋叛乱，当奏明皇上。"

刘据大为惊慌，问太子教师（太子少傅）石德。石德恐怕一旦兴起大狱，当教师的一定同时诛杀，遂回答说："前任宰相（公孙贺）、两位公主（诸邑公主、阳石公主），以及卫伉，都因'巫蛊'而被处死。而今女巫跟钦差大臣（江充），却从太子宫地下掘出木偶，证据确凿。是他们栽赃？还是真有其事？你无法解释清楚。我建议：可以假传圣旨，逮捕江充囚禁，追究奸谋。而今，皇上远在甘泉（陕西省淳化县西北），皇后（卫子夫）跟太子宫派去的人，都见不到。皇上是死是活，我们也不知道。奸臣嚣张狂妄到这种地步，你难道没有想到嬴扶苏的往事？"（嬴扶苏在老爹嬴政死后被杀，参考前二一〇年。）刘据吃惊说："我这个当儿子的怎么敢擅自诛杀？我想前往甘泉晋见老爹，希望侥幸脱难。"刘据想动身出发，但江充已派人快马奏报。刘据手足失措，遂采纳石德的建议。

**9** 秋季，七月七日，刘据派人伪装皇帝的使节，逮捕江充等人。按道侯韩说怀疑使节是假的，不肯服从，假使节立即格杀韩说。刘据亲自刀斩江充，怒骂说："你这个赵国流氓，害赵王父子（参考前九四年），难道还不够？又来害我父子！"诛杀江充后，把所有蛮夷女巫，拖到御花园（上林苑）里，活活烧死。刘据派太子宫禁卫官（舍人）无且（姓不详），"持节"乘夜到未央宫长秋殿殿门，请女侍卫长（长御）倚华（姓不详），报告皇后。遂即征调皇家马房（中厩）骑士，及长乐宫警备部队，打开军械库，分发武器。京师（长安）霎时陷于混乱，传言“太子谋反”。

苏文在江充被捕时，乘乱逃走，奔向甘泉（陕西省淳化县西北），控告太子叛变，刘彻说：“太子因为害怕，又对江充愤怒，才被激变。”派人召唤刘据，使节到长安后，不敢前进，回来报告说：“太子已开始行动，要杀掉我，我逃回来。”刘彻勃然大怒。在长安的宰相刘屈氂，听到事变消息，拔腿就逃，连宰相印信都丢掉了，立即派秘书长（长史）乘驿站快马，驰赴甘泉报告。刘彻问：“宰相干什么？”秘书长说：“宰相封锁消息，不敢行动。”刘彻吼叫说：“事情已经摆了出来，还有什么好封锁的？宰相根本没有姬旦（周公）的风范，岂不知道姬旦诛杀姬鲜、姬度？”（前一一一五年，周王朝二任王姬诵时，叔父姬旦摄政。姬旦的弟弟，管国国君姬鲜、蔡国国君姬度等叛变。姬旦出兵，斩姬鲜，贬姬度。刘屈氂跟刘据，也正是兄弟辈关系，同一个祖父——六任景帝刘启。）于是用正式诏书，训令刘屈氂：“格杀叛逆，自有重赏。用牛车堵塞街道，不要肉搏，免得杀人太多。关闭所有城门，不准一个叛徒漏网。”

刘据号令文武官员：“皇上卧病甘泉宫，病情可能变化，奸臣将乘机作乱。”老爹刘彻马上由甘泉返回长安，进住城西建章宫，下诏征发三辅（大长安京畿）邻县的武装部队，辖区内部长级（二千石）以下官员将领，统交由宰相刘屈氂统御。刘据派人假传圣旨，赦免首都各官府所有囚徒，命教师石德跟门客张光，分别率领，又派长安囚徒如侯（姓不详）“持节”，征调长水（今浐水，灞水支流，流经陕西省蓝田县西北）、宣曲（陕西省西安市西南）两地的外籍兵团，全副武装，前往会师。正好刘彻派宫廷警卫官（侍郎）马通到长安，马通追捕如侯，告诉两地外籍兵团说：“如侯的符节是假的，不可听从。”诛杀如侯，率领两地外籍兵团，前往长安。又征发水上船夫，交给藩属事务部长（大鸿胪）商丘成。

最初，皇帝的符节，都是红色。现在，太子刘据用的就是红色符节。为了区别，老爹刘彻所发的符节，一律加上黄缨。

刘据乘车亲自到北军（野战军）营外，召唤北军指挥官（护北军使者）任安（司马迁《报任安书》，就是这位任安），发给他符节，命他发兵。任安接受符节后，回营，立即下令紧闭营门。刘据无可奈何，退回长安，裹挟市民，集结数万人，到长乐宫西门，跟宰相刘屈氂的军队遭遇，展开血战，历时五天，死亡数万人，鲜血流入水沟。而局势逐渐澄清，民间都说："太子谋反。"群众纷纷离开刘据军队，宰相刘屈氂兵力更强。

七月十七日，刘据军队瓦解，从南方覆盎门（长安南城东面第一门）逃走，宰相府执行官（司直。前一一八年设）田仁正在把守，认为刘据到底是皇帝的亲生之子，不忍心阻挠，开门让他逃走。刘屈氂赶到，就要处决田仁。最高监察长（御史大夫）暴胜之说："宰相府执行官（司直）是二千石的高级官员，应该先向皇上请示才对，怎么可以随意诛杀？"刘屈氂遂把田仁释放。刘彻听到消息，怒不可遏，派法官责问暴胜之："宰相府执行官（司直）放走叛徒，宰相杀他，这是法律，你为什么擅自阻止？"暴胜之惊恐，自杀。

刘彻派皇族事务部长（宗正）刘长、首都长安警备区司令（执金吾）刘敢，前往皇宫收缴皇后印信。卫子夫自杀。刘彻认为，任安是个老奸巨猾的官场人物，紧闭营门，不过是首鼠两端，坐观成败，看到谁胜，就归附谁，是怀有二心，与田仁同时腰斩。

马通捕获如侯（姓不详）；长安男子景健，追随马通，捕获石德；商丘成奋战，捕获张光。刘彻封马通当重合侯，景健当德侯，商丘成当秺（秺，音dù〔妒〕）侯。凡是太子刘据的门客出入过宫门的，一律诛杀。凡是随从太子刘据作战的，都用"惩治叛乱法"，屠杀全族；官兵被太子裹挟的，都放逐到敦煌郡（甘肃省敦煌市）。因太子逃亡在外，为了防备反击，长安各门，开始驻屯重兵。 

**10** 这时，刘彻怒火冲天，已几近疯狂，政府官员恐惧忧愁，不知道如何是好。

壶关（山西省长治市北）乡村教育官（三老）令狐茂（令狐，复姓），上书说：

“我曾经听说，父亲就像青天，母亲犹如大地，儿子好比天地之间的万物。青天平安，大地平安，万物才茂盛。父亲仁慈，母亲爱护，儿子才孝顺。太子是国家的合法继承人，将承受万世基业，顾念祖宗托付的重任，在亲情上，皇太子又是陛下的嫡长子。江充，不过一介平民，街头巷尾的流氓无赖，陛下使他显贵，担当重任，奉至尊的命令，竟迫害太子（刘据），栽赃诈欺，一群恶棍，缠结一团。亲情的渠道，被完全阻塞。太子（刘据）进不能看到老父，退则陷于乱臣贼子之手。含冤凄苦，哀哀无告。无法克制他的悲愤，一怒之下，诛杀江充。既杀江充，当然心怀恐惧，不得不逃。

“儿子偷盗老爹的军队，只是为了自救，我认为根本没有邪心。《诗经》说：‘嗡嗡叫着的苍蝇／终于停到篱笆／慈祥的忠厚长者／不听信挑拨的话／挑拨一旦发生作用／颠覆了四个国家。’（四国：管国、蔡国、霍国、殷国。前一一一五年，四国认为姬旦将篡夺周王朝政权，起兵叛变。）从前，江充陷害赵国太子刘丹（参考前九四年），天下皆知。陛下偶尔疏忽，过度的责备太子（刘据），以致震怒，调发大军追捕，由三公（宰相是“三公”之一）亲自指挥作战。智慧的人不敢进言，有辩才的人不敢张口，我感到无限痛惜。”

“盼望陛下放宽心怀，意气平舒。对亲近的人不去苛求，不必烦恼太子（刘据）的错误。迅速解严，莫使太子（刘据）久在外面流亡。一片忠心，献出我的性命，在建章宫门外听候处分。”

刘彻看到奏章，霍然醒悟，但仍没有颁发赦令。

**11** 刘据逃亡，向东逃到湖县（河南省灵宝市西），躲藏在泉鸠里。主人贫穷，靠织卖草鞋供养刘据。刘据有一位旧部属，也住在湖县，听说他很富有，派人向他借贷。于是，消息走漏。

八月八日，地方官员包围刘据居处。刘据了解不能逃生，就回到房间，紧闭房门，自缢而死。山阳（河南省焦作市）男子张富昌，当时正是法警，用力踹开房门。新安（河南省渑池县东）小吏（令史）李寿，抢先把刘据抱住解下。主人在保护刘据的格斗中被杀。皇孙二人，同时遇害。

刘彻伤感，封李寿当邗侯（邗，音yú〔于〕）、张富昌当题侯。

最初，刘彻给刘据建立博望苑，教他招揽宾客，顺从他的喜爱。而宾客中，很多都不是正统的儒家学派出身。

古代圣明的君王，教养太子，一定遴选方正、善良、敦厚的人士，做他的师傅、朋友，使他们生活在一起。这样的话，前后左右，都是正人君子，出入起居，都是正道。而仍然有可能走入左道旁门，身陷灾难，终于失败。而今，竟然让太子自己物色宾客朋友，顺从他的喜爱。盖正直的人，关系难以亲密；谄媚的人，感情容易融洽。这是人之常情，无怪乎刘据没有好结果。

巫蛊引起的灾难，十分可哀。但这并不是江充一个人的罪恶，而是天意，不是人力造成。前一三五年，蚩尤星（孛星）出现，尾巴特长，横扫天际（参考前一三五年），以后遂出兵征讨四方蛮夷，兴筑朔方城（内蒙古杭锦旗北黄河南岸）。当年

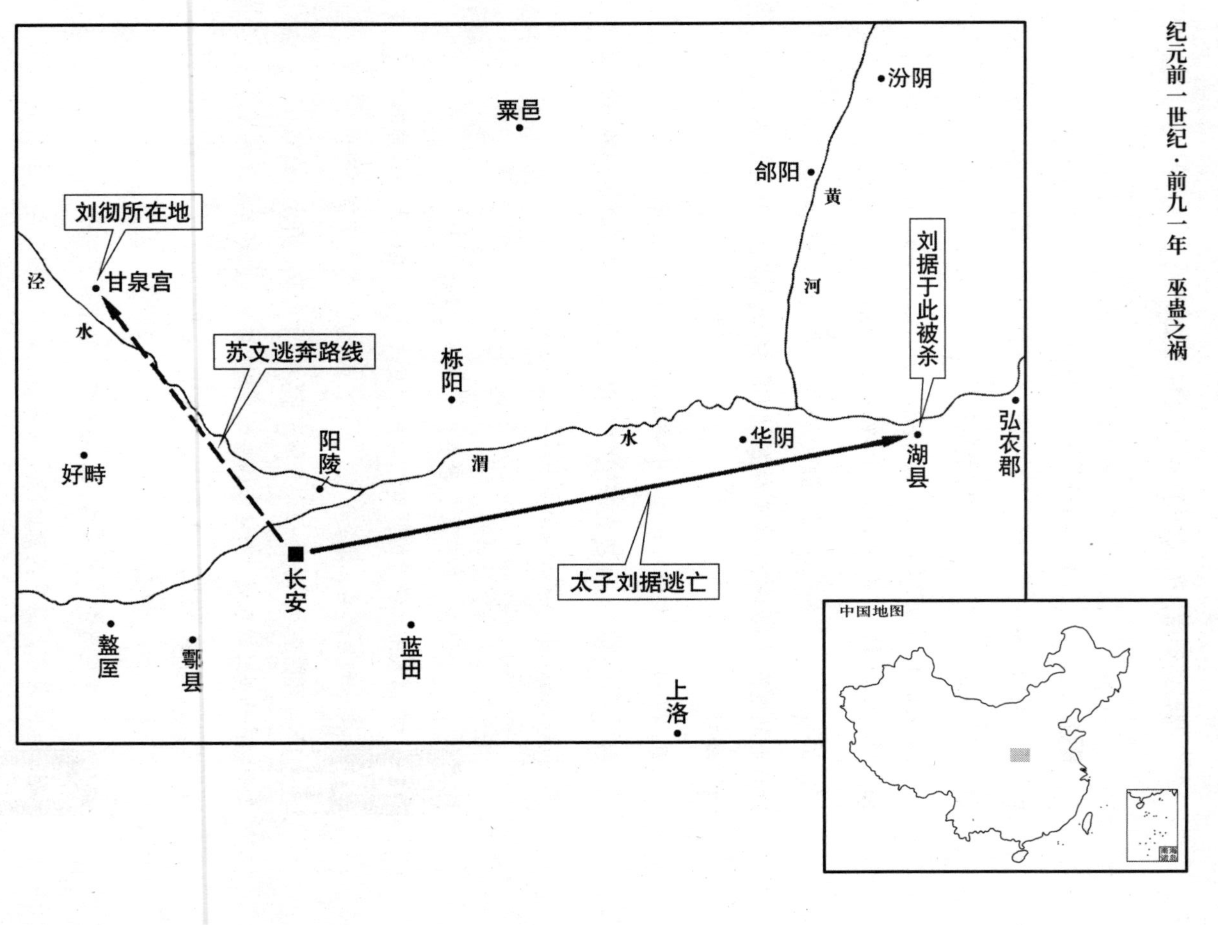
汾阴
粟邑
郃阳
黄
河
刘据于此被杀
刘彻所在地
甘泉宫
泾
水
苏文逃奔路线
栎阳
阳陵
好畤
渭
水
华阴
湖县
弘农郡
长安
太子刘据逃亡
盩厔
鄠县
蓝田
上洛
中国地图

春天，刘据诞生（刘据生于前一二八年，班固有误）。从此，战争三十年，大军所到之处，诛戮屠杀，灭族身死的，不可数计。等到巫蛊事件爆发，京师喋血，僵尸数万。刘据跟他的儿子，全都败坏。明显的是，刘据生于大军初起，死于战争稍息，同始同终。一个奸佞的江充，岂有这种力量？

嬴政在位三十九年（应为三十八年），对内削平六国，对外攻击四邻蛮夷部落，死亡的人，其多如麻。尸首暴露在长城之下，骷髅相连在道路之中，简直没有一天没有战争。因为这个原因，山东（崤山之东）发生暴动，国家崩溃，共同指向秦王朝政权。外部，秦王朝将领们纷纷叛变；内部，奸臣贼子扰乱根本。灾祸起于萧墙之下，二世皇帝嬴胡亥，终于断送政权。

所以说："战争如同大火，如果不把它扑灭，必然把自己烧死。"确实如此。仓颉制造方块字，"止""戈"合成"武"字，就是圣人明示，应该用"武"来镇压暴力，平定祸乱，阻止战争，并不是用"武"来做残暴的事，为所欲为。《易经》说："得到天的帮助，一定顺利。得到人的帮助，一定荣耀。正人君子享荣耀而事业顺利，是上帝保佑。大吉大利，通行无阻。"后来，田千秋指出巫蛊内幕，揭示刘据冤枉。田千秋的智慧，未必超过常人。只因他消除邪恶的命运。遏阻混乱的根源，因灾难刺激，而兴起新的盼望，引导为善，所以得到天人同时的帮助（田千秋事，参考前九〇年）。

父逼子反，是人生一大悲剧，也是做父亲的一大恶行。传统上有句话："天下无不是的父母！"对这句话，必须予以严正批判，因天下绝对有禽兽型的父母。虽然这种父母为数不多，但有一个就已经够了。而迄今（前九一年）为止，西汉王朝就出现了两个，一个是刘启逼死亲生之子刘荣（参考前一四八年），一个就是刘彻逼死亲生之子刘据。 

根据已知的资料，刘彻并没有更换太子之意，尧母门也者，不过是老年生子，一时高兴，不能认为有“易储”含意。摇尾分子崇拜权势，掌权人物偶尔一屁，都能在其中找出哲学意义，遇到尧母门，自然会去发掘微言。江充不过一个自以为聪明绝顶的亡命之徒，为了升官发财，急吼吼而迫不及待，不惜攻击坚壁。我们可以想到，当时也会有人（包括宰相刘屈氂在内）为别的皇子抬轿，教唆江充行动。刘据杀了江充，而老爹仍可容忍，并代为解释，可看出根本无“易储”的计划。搜索皇宫，也没有借以陷害老妻和长子的企图。

问题症结在于失去沟通管道，当初刘邦也犯过这种毛病，然而樊哙却可硬闯宫禁（参考前一九六年），因刘邦盘踞高位的时间不久，老伙伴的友情仍在。如今刘彻像一条冬眠的毒蛇，自闭在戒备森严的洞穴之中，连妻子儿女都不能见，能见的只有他的新欢，如赵钩弋，以及最亲信的宦官如苏文。而一个掌握权力的人，事实上不能自我封闭，他必须发号施令，如果他非自我封闭不可的话——不管什么原因，他就一定变成左右一些地位卑微的人的工具。看起来他仍然虎虎生风，实际上却被玩弄于手掌之上。试看刘彻，这位威不可当的世界上最高的帝王，苏文教他跳脚他就得跳脚，另一位派去召唤太子的“使者”，教他冒火他就得冒火。好像一个本来不要斗的斗鸡，在拨弄之下，张翅引颈，奋不顾身。我们敢推测，那位“使者”如果能见到刘据，把老爹的反应见告，事情可能不再恶化。刘据虽是太子，但基本的求生意念，跟小民一样，一旦投诉无门，不是屈服，便是背叛。

司马光把所有责任，都扣到刘据头上，好像《资治通鉴》不是司马光写的，而他又没有看过似的。史料上明白显示出刘据的美德，那正是儒家学派所歌颂的最高美德。刘据结交宾客朋友的结果，竟然培养出来他这么高境界的美德，难道还不够？不知道司马光还要求刘据更神化到什么程度？如果说起兵反抗是不对的话，提出建议的人可是儒家学派的教师，不是门客宾朋。即令刘据每天自囚在家里，难道就可阻挡“巫蛊”？就可阻挡老爹不梦见木偶？就可阻挡江充搜官？就可阻挡奸细不事先把木偶埋到地下？为什么检讨的结论总是“被迫害的该死，因为他引起有权大爷的迫害”！为什么不能提高质疑层次：有权大爷为什么迫害？原因何在？病源何在？

然而，在儒家系统中，司马光仍是第一流人才，《汉书》作者班固，就更神秘莫测，一个“此乃天意，非人力也”酱缸公式，突然冒出。既是上天注定的，凶手就有福了，暴君暴官更有福了。他们没有责任，责任在于上帝。文中拉扯到嬴政，甚至拉扯到中国方块字的构造，最后又拉扯到田千秋。虽然田千秋上奏章给皇帝，是一种“人力”，但那也是上天的旨意。我们就好像进了精神病院，只听到一片呓语。

**12** 七月二十日，地震。

**13** 九月，刘彻擢升商丘成当最高监察长（御史大夫）。

**14** 封赵（敬肃）王（首府邯郸〔河北省邯郸市〕）刘彭祖的幼子刘偃当平干王（首府广平〔河北省曲周县东北〕）。

**15** 匈奴汗国（王庭设蒙古国哈拉和林市）侵入上谷郡（河北省怀来县）、五原郡（内蒙古包头市），杀伤掳掠居民。

# 宫廷斗争

# 导读

古今中外，有宫廷就有宫廷斗争。中国宫廷斗争不外两项标的，一是“夺床”，一是“夺嫡”。有时候合而为一，有时候分而为二，像赵飞燕女士，是纯属“夺床”；而戚姬女士，则纯属“夺嫡”。不管哪一类，最后都是血腥收场。胜利一方的美女，站在失败一方美女的尸体上，用纤手举起玉杯，高唱凯歌。

发生在纪元前一世纪初期的西汉王朝的宫廷剧变，属于另一类型，是宫廷跟政府之间的“夺权斗争”，一个皇帝（刘贺）被罢黜，一个政府首领（霍光）家族全部被屠杀。

宫廷斗争只限于宫廷，西汉王朝政治仍正常运转，所以纪元前一世纪的前五十年，也是西汉王朝的高峰，被称为“中兴”。

《宫廷斗争》，不过取其醒目。

柏杨　一九八四·二·一五

目录

- 西汉王朝陷于巫蛊恐怖。
- 屠李广利全族，及屠江充三族。
- 马何罗刺刘彻，失败。
- 刘彻逝世。
- 苏武回国。

---

- 罗马赋予意大利境内人民公民权。
- 萨拉进军小亚细亚。
- 罗马执政官美立阿斯，取消穷人四分之三债款。屠杀萨拉同僚。
- 萨拉回军攻陷罗马，屠杀五千余人。

# 纪元前九〇年 辛卯

西汉　征和　三年

1 春季，正月，西汉王朝（首都长安〔陕西省西安市〕）皇帝（七任武帝）刘彻（本年六十七岁）前往雍县（陕西省宝鸡市凤翔区）、安定郡（宁夏固原市）、北地郡（甘肃省庆城县西北马岭镇）。

2 匈奴汗国（王庭设蒙古国哈拉和林市）袭击五原郡（内蒙古包头市）、酒泉郡（甘肃省酒泉市），斩两民兵司令（都尉）。

三月，刘彻命贰师将军李广利，率七万人从五原郡（内蒙古包头市）出塞；秺侯（秺，音dù〔妒〕）商丘成，率二万人从西河郡（内蒙古准格尔旗西南）出塞；重合侯马通，率骑兵四万人从酒泉郡（甘肃省酒泉市）出塞，进攻匈奴。

**3** 夏季，五月，赦天下。

**4** 匈奴汗国得到汉朝军队大举进攻情报，坚壁清野，把所有粮秣辎重，全部北迁到郅居水之北（郅居水，今色楞格河，流经蒙古国恰克图市以西，注入贝加尔湖。郅，音zhì〔致〕）。左贤王把东方各部落，全部带到余吾水（土拉河，发源于肯特山〔狼居胥山〕，流经蒙古国乌兰巴托市南，注入鄂尔浑河）以北六七百华里的兜衔山（今地不详）。单于（十任）挛鞮狐鹿姑亲统精锐兵团渡过姑且水（图音河。流向蒙古国车车尔勒格城南）。商丘成兵团挺进到岔路口，不见敌军，班师。匈奴汗国派遣大将，跟李陵配合，率三万余骑兵，尾随追击，转战九日，到蒲奴水（翁金河。流向蒙古国车车尔勒格城东南），不能得手，才行撤退。

马通兵团到达天山（新疆东北部），匈奴大将偃渠，率二万余骑兵拦击，但是发现汉朝军队强大，不敢发动，撤退；马通兵团没有损失。

当时，西汉政府恐怕车师国（新疆吐鲁番市）袭击马通兵团，命开陵侯成娩，率楼兰（新疆若羌县）、尉犁（新疆博湖县）、危须（新疆和硕县）等六国联军，先行包围车师，俘虏车师王跟全国居民而回。

贰师兵团出五原郡（内蒙古包头市），匈奴命西部军区司令（右大都尉）会同卫律，率五千余骑兵，在夫羊句山（蒙古国南部达兰扎达嘎德市西南尚德山）险要迎击，贰师兵团把它击破，乘胜追击到范夫人城（在夫羊句山。范夫人的丈夫是中国将领，在那里筑城，工程进行中逝世。范夫人率领军工，继续不辍，终于完成。这项悲壮的中国女性事迹，文学家没有行诸诗文，因而不传。纪元前一世纪时，只剩残迹。今又两千年矣，恐残迹也不再存）。匈奴更向北撤退，不敢抵抗。

**5** 最初，李广利率军出发，宰相（丞相）刘屈氂（音máo〔毛〕）饯行，送到渭桥（长安城北渭水大桥）。李广利说："希望你早一点请求封昌邑王（首府昌邑〔山东省巨野县东南大谢集镇〕）刘髆（音bó〔博〕）当太子，如果刘髆能继任皇帝，你以后就没有忧愁的了！"刘屈氂应许。刘髆是李广利妹妹李夫人的儿子，而李广利的女儿，又是刘屈氂的儿媳，所以二人同时都有这项愿望。

**6** 巫蛊恐怖仍在巅峰，告密者都有收获。就在这时，宫廷供应部（少府）所属的内务官（内者令）郭穰，告密说："宰相夫人诅咒皇上，又跟李广利共同祈祷神灵，打算拥护刘髆坐上宝座。"刘彻下令追查，果有其事，定罪"大逆不道"（大逆不道是可怕的罪名，轻者全家，重者全族，都要处斩）。

六月，逮捕刘屈氂，绑到运送猪羊的厨车上，在长安城游街示众，拉到东城街头，拖下腰斩。宰相夫人被载到繁华的华阳街（华阳街是长安八街之一）斩首。接着逮捕李广利的妻子跟家人。

李广利在千里外的战场上接到报告，忧愁惊恐，手足失措。一位为了逃罪而从军的秘书（掾）胡亚夫，向他建议："你的夫人和全家老幼，都被羁押监狱，形势很明显，如果你回去，稍微不称领袖的心，可是自己投进牢笼。那时候，郅居水以北，岂能再见？"（暗示回去后必被诛杀，再想回到郅居水投降匈奴，已不可得。）

李广利虽然有点动心，但他仍希望更深入匈奴汗国心脏地带，取得一项辉煌胜利，建立功勋，则刘彻或许有可能饶他不死。于是前进到郅居水（蒙古国色楞格河）畔，而匈奴辎重跟大军，早已渡过郅居水，向北继续撤退。李广利命大军保护官（护军）率二万人骑兵渡郅居水，跟匈奴汗国左贤王、东部兵团司令（左大将）的二万骑兵遭遇，血战一日，斩东部兵团司令，匈奴死伤甚重。

这是一个有利的形势，然而秘书长（姓名不详），跟决眭民兵司令（决眭都尉。眭，音suī〔虽〕）辉渠侯雷电（匈奴裔）商量说："李将军已怀二心，却想把我们置于危险之地，以求建立自己的战绩，恐怕一定失败。"企图逮捕李广利，押回长安。李广利得到消息，知道军心已经动摇，无法再向北挺进，遂即诛杀秘书长（长史），率军班师。

大军撤退到燕然山（蒙古国杭爱山），匈奴单于（十任）挛鞮狐鹿姑发现汉朝军队疲惫混乱，形色有异，于是亲统五万人骑兵拦击，双方军队死伤都很惨重。入夜，匈奴绕过汉朝军队，在退路上挖掘壕沟，深达数尺，然后从背后发动猛烈攻击，汉朝军队大败，溃散。李广利绝望，向匈奴投降。

挛鞮狐鹿姑素来听说李广利的威名，不禁大喜，把女儿嫁给他，尊崇他的地位，在卫律之上。

刘彻下令诛杀李广利全族。

刘彻晚年，"巫蛊"成为一颗极为敏感的政治毒牙，碰到它立刻丧生，而且是全族丧生。厄运既已抓住李广利，他便不能脱逃。

唯一的生机是在战场上建立奇功，可是消息已经走漏，一个立刻就会被处决的统帅，已不再有威信，无法作有效攻击；

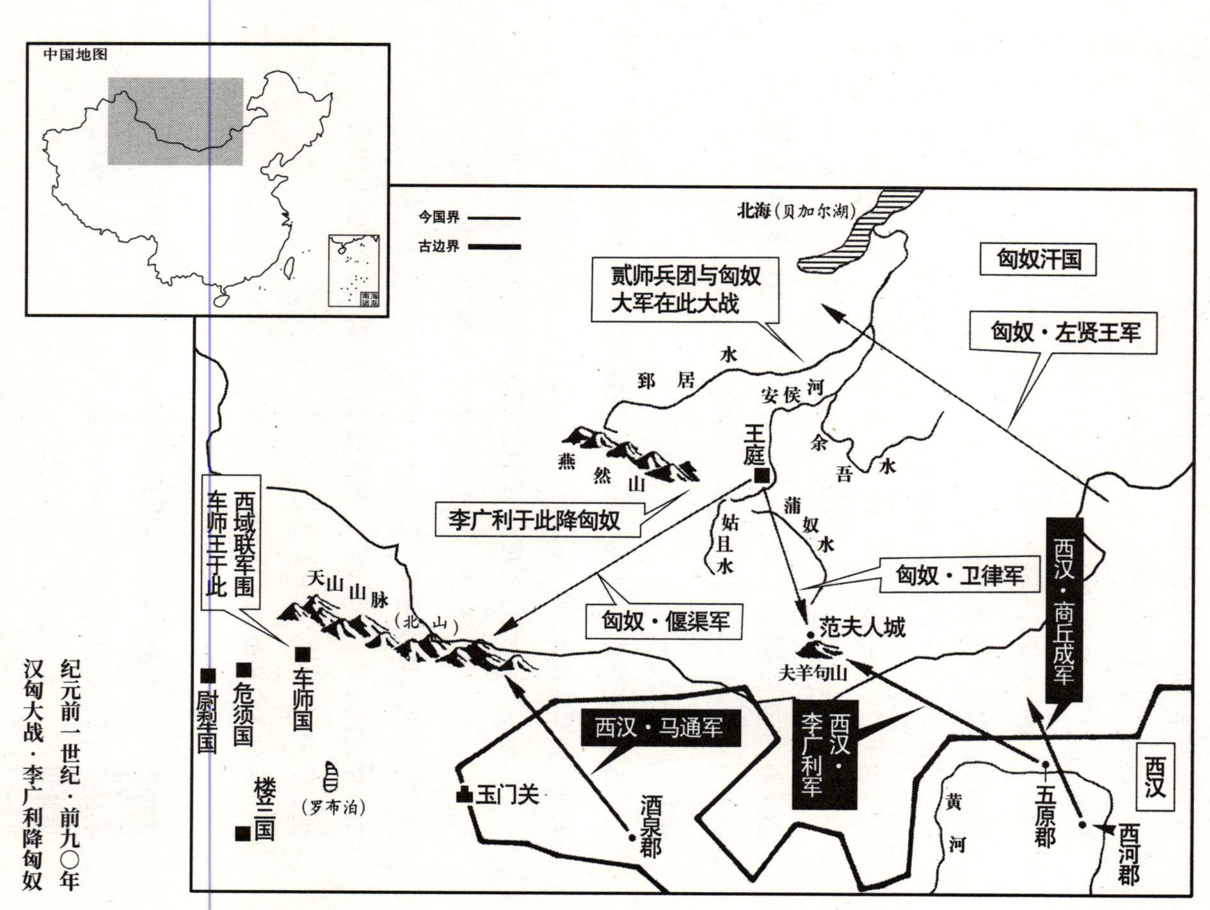


纪元前一世纪·前九〇年
汉匈大战·李广利降匈奴

秘书长的反应，在情理之中。李广利应该把消息封锁，然后军心才可不乱，才有进击的能力。可是他靠着裙带关系掌握权柄，正常情形下，耀武扬威有余，一旦变生肘腋，就束手无策。这需要独断独行，一经跟人商量，便难保不泄。而且显然的，他没有结交到死士，而只靠普通的军令系统。这也是刘彻在他身率大军，而仍敢对他下手的原因。

然而，即令他身建奇功，甚至生擒单于，我们也不认为刘彻会饶他一死。破敌国，擒敌酋，只是对国家的贡献。在“巫蛊”中，却是皇帝生命受到威胁。相较之下，自己生命重要，国家算什么？悲剧已经注定，无可挽回。

**7** 秋季，蝗灾。

**8** 九月，故城父（安徽省亳州市东南城父镇）县长（令）公孙勇，跟门客胡倩等谋反。胡倩宣称他是特级国务官（光禄大夫），奉命缉拿盗贼。淮阳郡（河南省周口市淮阳区）郡长（太守）田广明发觉有诈，逮捕胡倩，斩首。公孙勇穿着戒严官特有的绣衣，乘四匹马拉的高盖大车，前往圉县（河南省杞县西南于镇镇），圉县警察官（守尉）魏不害等把他逮捕，斩首。

刘彻封魏不害等四人侯爵（魏不害封当涂侯、江德封辕阳侯、苏昌封蒲侯，另一位圉县小职员封关内侯）。

**9** 民间巫蛊事件不断发生，互相控告，调查结果，差不多都是诬陷。而刘彻也逐渐了解太子刘据的心情：因过度恐惧而作出过度反应，并没有反抗老爹之意。

正在这时候，刘邦祭庙禁卫员（高寝郎）田千秋，呈递紧急奏章，替刘据伸冤，说：“儿子擅自调动父亲的军队，不过应受一顿鞭打。天子的儿子误杀了人，该当何罪？难道抵命？我在梦中，梦见一位白发老翁，教我作这项报告。”刘彻完全醒悟，十分感动，召见田千秋，告诉他：“父子之间，外人难以插口，先生却单独的阐明其中道理。这是我祖先高皇帝（刘邦）托梦给先生，让先生指教我，先生应担任我的辅佐大臣。”立即任命田千秋当藩属事务部长（大鸿胪）。下令诛杀江充满门。逮捕苏文，绑到横桥之上（长安北城西端第一门，称横门，横门外的桥，称横桥），活活烧死。并逮捕在湖县（河南省灵宝市西）泉鸠里用兵器伤害刘据的人——稍后当过北地郡（甘肃省庆城县西北马岭镇）郡长的，诛杀全族（此人姓名不详，有人推测是李寿，但李寿并未当过北地郡长。反正不管是谁，他之全族屠灭，是因为他执行皇帝命令，可看出事奉一个拥有无限权力，而又反复无常的头目，真是灾难）。

刘彻怜念太子刘据冤枉无辜，遂在湖县（河南省灵宝市西）兴筑思子宫，建归来望思台。天下人同感悲哀。

**柏杨曰**

刘彻悲思刘据，是父子常情，证明他的天良，还没有完全泯灭。但既已后悔，怜念儿子，为什么不怜念曾孙？曾孙也是骨肉，却仍囚禁在暗无天日的诏狱之中（参考前七四年六月），为什么不释放出来，留在身边？不但不如此，反而下令把监狱中凡牵涉到“巫蛊”案件的囚犯，无论有罪无罪，无论定罪与否，全部诛杀。如果不是一位不知道明哲保身的侠义之士丙吉先生，从中阻挠，小小婴儿，早被一刀两断。刘彻之筑思子宫，建归来台，只不过一场戏台秀，显示他并不是一个恶父，用以混淆天下人的耳目。

# 纪元前八九年 — 壬辰

西汉　征和　四年

**1** 春季，正月，西汉王朝（首都长安〔陕西省西安市〕）皇帝（七任武帝）刘彻（本年六十八岁）前往东莱郡（山东省莱州市）海滨，想要亲自乘船到大海上寻觅神仙。跟随的官员们竭力劝阻，刘彻拒不接受，下令准备。然而，天气陡然变坏，风势猛烈，天空晦暗，海水像沸腾般咆哮汹涌。刘彻等待十几日，专用的巨舟无法出航，只好折回。

**2** 二月三日，雍县（陕西省宝鸡市凤翔区）晴天无云，突然发出三次雷声，落下两块陨石，陨石黝黑如漆。

**3** 三月，刘彻在钜定（山东省广饶县北）田间，亲自推犁三次，表示重视农耕。归途经过泰山，添土祭坛，祭祀天神（封）。

三月二十六日，刘彻又在皇家大会堂（明堂）祭祀祖先。

三月二十九日，刘彻又在石闾山（泰山南麓，山东省泰安市南）祭祀地神（禅），接见中央及地方高级官员。刘彻说："我自从即位以来，所作所为，很多事都很荒谬疯狂，使全国同胞陷于愁苦，后悔已来不及。从今天起，凡是伤害人民的法令，浪费国库的工程，一律停止。"藩属事务部长（大鸿胪）田千秋说："法术师（方士）谈论神仙的很多，却没有明显的事迹，请一齐罢黜。"刘彻说："田部长的话太对了。"于是把所有法术师跟散布在各名山古寺等候神仙的使节，全部遣散。之后，刘彻每每对臣僚叹息："从前我像个傻瓜一样，被法术师欺骗。天下哪有神仙？都是胡说八道！节制饮食、服用药品，顶多病痛少一点而已。"

**4** 夏季，六月，刘彻回京（首都长安），前往甘泉（陕西省淳化县西北）。

**5** 六月二十五日，擢升藩属事务部长（大鸿胪）田千秋当宰相（丞相），封富民侯。

田千秋并没有特殊的才能，也没有烜赫的家世和功劳，只因一句话使刘彻醒悟，遂从卑微的地位，只几个月（十个月），便取得宰相高位，晋封侯爵，前世从来没有过。不过，田千秋为人敦厚，又有智慧，所以在宰相的职位上，胜任愉快，比他之前和他之后的一些宰相，要超过很多。

**6** 在此之前，粮食总监（搜粟都尉）桑弘羊，跟宰相（应是刘屈氂）、最高监察长（可能是商丘成），联名奏报："轮台（新疆轮台县）之东，可以灌溉的农田，在五千顷以上，应派军队前往屯田开垦，设立三个指挥官（校尉），分别负责，大量种植五谷（小麦、稻米、黍米、豆类、胡麻)。由酒泉(甘肃省酒泉市)、张掖(甘肃省张掖市)两郡,派出骑兵代理军政官(骑假司马)负责主持侦察工作(参考前一〇一年)。招募民间有胆量、不在乎危险的壮士,前往耕种,积极拓荒。同时建筑城堡亭障,一直向西发展,加强对其他国家的压力,帮助乌孙王国(首都赤谷城〔中亚伊赛克湖东南〕)。”

现在,刘彻批驳不准。下诏表示他的悔意,说:

“前些时,有关单位奏报,要求增加赋税,每人多缴三十钱,用来加强边防,这是一项加重老弱孤独的沉重负担。而今又要求派遣军队,到轮台(新疆轮台县)屯垦,我认为不应实行。轮台在车师国(新疆吐鲁番市)西一千余华里(航空距离四百公里)。记得开陵侯成娩(匈奴裔)攻击车师(新疆吐鲁番市)时(参考去年〔前九〇〕),虽然大获全胜,迫使他们的国王投降。然而,因为道路遥远,军中粮草不继,死在道路上的,竟有几千人之多,何况轮台(新疆轮台县),更在车师国之西?

“是我一时糊涂,听信边塞侦察官(军候)弘(姓不详)的报告,报告上说:‘匈奴(王庭设蒙古国哈拉和林市)把缚住四脚的马匹,丢在城外,离开之前,留下大话:“汉人,我给你们马!”’又扣留汉朝使节,一直不肯送回(指苏武等,参考前一〇〇年)。所以才派出贰师兵团,目的在于维持汉朝使节的威信。

“古时候,召集高阶层官员会议,如果对重要的事情不能决定,就请求鬼神指示——卜卦。卜卦呈现的如果是凶险之象,行动即行中止。所以,把缚在马上的匈奴书简,交给宰相(丞相)、监察官(御史)、部长级官员(二千石)、各级国务官(诸大夫)、宫廷禁卫官(郎)、研究儒家经典的学者专家(为文学者);又交给各郡、各移民区驻军司令(属国都尉。前一二一年,西汉政府在边塞外设立五个“属国”,安置归降的匈奴人,仍维持他们固有生活方式跟政治组织。而只由西汉政府派遣一位驻军司令治理,地位低于

“总督”，高于“联络官”)，命大家传阅和表示意见。大家一致认为：‘匈奴捆绑自己的战马，是最大的不祥。’也有人认为：‘匈奴夸大他们的马多兵多，事实上，他们并不充足，而是故意表示他们有余。’一些在宫门待命的法术师（公车方士）、天文家（太史）、星象家（治星）、望气家，以及卜卦官（太卜，属祭祀部〔太常〕）的卜卦，都认为：‘大吉大利，匈奴必然破败，机会不可能再得。’又认为：‘大军向北推进，就在鬴山（今地不详。鬴，音fǔ〔辅〕），必定大胜。卦辞显示，将领中李广利是最恰当人选。’

“于是，我亲自指定李广利一直向鬴山出发，并命他到鬴山就停止，不要贪功深入。而今又如何？事情跟鬼神卜卦告诉我们的，恰恰相反。重合侯马通擒获的匈奴斥候说：‘缚住马的四脚，是匈奴对西汉军队的一种诅咒。匈奴常说：西汉土地虽然广大，但西汉战士不能忍受饥饿干渴，为了捕获一只狼，却走失了千只羊。’

“贰师兵团瓦解，将士们死的死，散的散，我心里常怀悲痛。而今又要到遥远的轮台（新疆轮台县）屯田垦荒，并且还要开山凿道、建筑城堡，势将使天下骚动，不是利国爱民的措施，我不忍心听这些话。藩属事务部长（可能指戴仁）等又建议招募死囚，护送被羁留在西汉的匈奴使节返国，用侯爵作为奖赏，教他们刺杀匈奴单于，这种事连五霸都不肯做（五霸：齐国姜小白、晋国姬重耳、秦国嬴任好、楚王国芈侣、吴王国吴光）。而且匈奴对于投降过去的汉人，无不严密搜查，岂能挟带凶器？再经过严厉盘问，又岂能得逞？

“当今的急务，在于严格禁止官员们暴虐，不准擅自征收赋税，全民都要把力量投入农业，恢复‘养马代替差役’的法令（鼓励民间养马），用以填补战马损失的缺额，不使边塞缺乏战备能力，如此而已。各郡各封国高级官员（二千石以上），现在开始研究如何培养战马，补充边塞的急需。在呈报年终工作报告时，一并提出方案。”

从此，西汉政府不再有军事行动。刘彻封田千秋当富民侯，是明白宣示：全民要在太平日子中休养，含有“思富”“养民”意义。又任命赵过当粮食总监（搜粟都尉）；赵过是农业专家，推行轮耕（在同一块土地上，轮流栽种不同的农作物，如这次种小麦，下次种大豆），并改良犁耙锄头，使用更为轻巧方便，用来推广，农民费的力气少而收获多，一片欢欣。

**司马光曰**

世界上果然不是没有人才，刘彻喜爱向四境蛮夷发动军事攻击，政府中充满冒险敢死人物，开疆拓土，没有一件事不如意。等到后来，休养生息，注意农业生产。赵过等人出现，教导农家耕耘，人民得到很大利益。前后都是一个君王，因为兴趣的转移，人才也跟着转移。假如刘彻兼具三王（夏一任帝姒文命、商一任帝子天乙、周一任王姬发）的度量，复兴夏王朝、商王朝、周王朝的太平盛世，难道说就没有三个王朝时代的辅佐官员？

**柏杨曰**

儒家崇古若狂，总是不断的提出“三王”“三代”，使人心惊肉跳。就在夏王朝，中国发生空前的旱灾、水灾，篡弑频仍，人民水深火热。而在商王朝，被不断泛滥的洪水，把政府赶得不停逃跑（六迁其都），人民流离失所。最后的周王朝，有一半时间（东周），陷于孟轲所形容的：“争城之战，杀人盈城；争野之战，杀人盈野。”

“三王”“三代”并不是中国最坏的王朝（中国最坏的王朝是明王朝），但也不是中国最好的王朝；中国最好的王朝有三个，用时间的顺序排列是：西汉王朝、唐王朝、清王朝。然而，狂热能使人两眼发黑、双耳变聋，满口梦话，却勇不可当。刘彻有他可以谴责之处，但绝不是赶不上“三王”“三代”。反而，人民应该感激上苍，刘彻幸而没有赶上“三王”“三代”，否则，痛苦和灾难，可来得更惨。

**7** 秋季，八月三十日，日蚀。

**8** 匈奴汗国（王庭设蒙古国哈拉和林市）卫律，对李广利的荣华富贵，妒火中烧。恰好单于（十任）挛鞮狐鹿姑的娘亲、皇太后患病。机会已到，卫律教巫师装神弄鬼，自称是挛鞮狐鹿姑的老爹、前任单于（九任）挛鞮且鞮侯，向挛鞮狐鹿姑大发脾气说：“我们每次发兵时，都在神前许愿，如果捉住李广利，就要杀他祭天，为什么违背誓言？”挛鞮狐鹿姑恐惧，下令逮捕李广利。李广利诟骂说：“我死了之后，鬼魂也要消灭匈奴！”匈奴把李广利当作猪羊一样，在神坛上宰杀。

# 纪元前八八年 癸巳

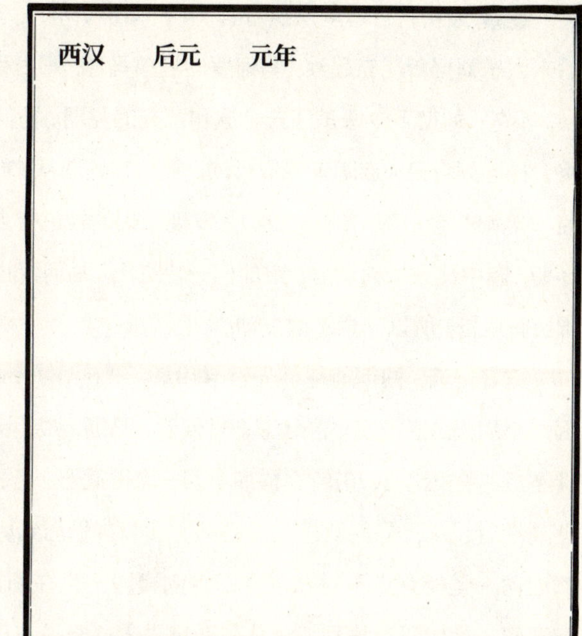

西汉　后元　元年

**1** 春季，正月，西汉王朝（首都长安〔陕西省西安市〕）皇帝（七任武帝）刘彻（本年六十九岁）前往甘泉（陕西省淳化县西北），祭祀五色帝。再前往安定郡（宁夏固原市）。

**2** 昌邑王（首府昌邑〔山东省巨野县东南大谢集镇〕）刘髆（音bó〔博〕）逝世。

**3** 二月，赦天下。

**4** 夏季，六月，秺侯商丘成被检举诅咒，自杀。

**5** 最初，宫廷随从执行官（侍中仆射）马何罗，跟江充友善。后来太子刘据斩江充起兵，马何罗的老弟马通，竭力死战，封重合侯。不久，刘彻下令诛杀江充全族和江充的党羽。马何罗兄弟恐惧终会株连到自己，遂阴谋采取行动。担任宫廷随从（侍中）的御马总监（驸马都尉）金日磾（音mì dī〔密滴〕），发现二人的神色有点异样，心里怀疑，暗中注意二人动静，跟他们一块进出。马何罗也警觉到金日磾已有戒备，所以一直不敢发动。

正好一天，刘彻前往林光宫（即甘泉宫，陕西省淳化县西北）。金日磾因患小病，在值班室小卧休息。马何罗、马通，跟小弟马安成，假传圣旨，趁夜出宫，击斩军械库官员，取得武器。第二天一早，刘彻还没有起床，马何罗已闯进寝殿。金日磾恰巧到厕所，心中怦然而动，觉得有点不对劲，立即转向寝殿，坐在刘彻卧室门口。刹那间，马何罗身藏利刃，从东厢房进入，看见金日磾，吃了一惊，但仍直奔卧室，就要进门。大概过度紧张，身子撞到门旁放的乐器宝瑟上，卡在那里。金日磾跳上去拦腰抱住，大声呼叫："马何罗行刺！"

刘彻被呼叫声惊醒，急忙跳起来。左右侍卫拔刀，就要格杀马何罗。刘彻怕伤到金日磾，吩咐不要动手。金日磾把马何罗摔倒到殿下，侍卫上前把他生擒，用绳索绑住。

经过严厉追究，全体伏诛。

马何罗之谋刺刘彻，是一桩疑案。如果仅因为恐惧家族被屠，才去行凶，应该了解，即令谋刺成功，家族也会被屠。一帝死，一帝立，他们阴谋中并没有另立一帝的计划，又没有全族逃亡的可能，结果可以预卜。马氏兄弟，不是白痴，为什么如此？我们不知道隐情，但推断必有隐情，而且是使政府不敢公开的隐情。

**6** 秋季，七月，地震。

**7** 燕王（首府蓟县〔北京市〕）刘旦（刘彻子），自以为依长幼顺序，应被封太子，因而上书要求回长安宫廷充当侍卫。刘彻大怒，把呈递报告的燕国使臣，在未央宫北门下斩首。这时候，刘旦又被有关单位指控藏匿政府通缉的逃犯。刘彻下令削去良乡（北京市西南良乡镇）、安次（河北省廊坊市）、文安（河北省文安县）等三县。

刘彻因此对刘旦很是厌恶。但刘旦十分聪明，口才又好，学问也很渊博，他弟弟广陵王（首府广陵〔江苏省扬州市〕）刘胥，性情勇敢、体格强壮，但二人的行为都不善良，不断的违反国家法纪。所以，刘彻全不考虑让他们当继承人。

**8** 这时，钩弋夫人赵女士生的儿子刘弗陵，年才数岁（本年七岁），小身体长得很壮，聪明非常。刘彻年老，对这位幼儿，十分疼爱，有意封他当太子。但考虑他年纪太小，而娘亲又年纪太轻，一直犹豫不决。希望物色一位有威望、有能力的大臣，作为辅佐。在所有高级官员中，认为只有御车总监（奉车都尉）、特级国务官（光禄大夫）霍光（霍去病的异母弟），忠实厚重，可以担任大事。于是教禁宫侍从（黄门）画一张《姬旦怀抱姬诵接受各封国国君朝见图》，赏赐给霍光。

在解决辅佐问题之后，刘彻决定铲除他心爱的年轻美丽的小妻子。时间迅速来临，几天之后，刘彻找了一个理由，忽然对钩弋夫人大发雷霆，钩弋夫人再也想不到一向百般恩爱的老丈夫，会如此凶悍，急忙脱下头上首饰，叩头，请求宽恕。但她绝没有想到他会杀她，直到刘彻吩咐他的左右，说：“拉出去，关进宫廷监狱！”她才发现事态严重，在拉到门口时，她回头向刘彻乞求。刘彻说：“快走，你不能活！”钩弋夫人遂在狱中受到处决。

刘彻也知道他的这项暴行，会引起震动，必须化解。不久，闲坐的时候，问他的左右随从：“外界有什么批评？”左右随从说：“人们奇怪的是，就要封她的儿子（刘弗陵）当太子，为什么要杀他的娘亲？”刘彻说：“我所做的，你们这些晚辈笨蛋，不可能懂得其中道理。自古以来，国家所以混乱，都由于君王年纪太小，而娘亲却青春正盛。这位年轻的女主人一旦大权在握，会骄傲不驯，做出淫乱的事，没有人可以克制。你们没有看到吕后（吕雉）的榜样？所以不得不先下手把她除掉。”

# 纪元前八七年

## 甲午

西汉　后元　二年

**1** 春季，正月，西汉王朝（首都长安〔陕西省西安市〕）皇帝（七任武帝）刘彻（本年七十岁）在甘泉宫（陕西省淳化县西北）接受各亲王、各侯爵的朝贺。

二月，刘彻前往盩厔（陕西省周至县东）五柞宫（柞，音zuò〔坐〕）。

**2** 刘彻病重，霍光流泪问道："陛下如果成仙而去，谁应该继位？"刘彻说："你难道没有看出那幅画的用意？立我最小的儿子（刘弗陵），而由你担任姬旦（周公）角色。”霍光叩头谦让说：“我不如金日磾。”金日磾在旁说：“我是一个外国人（匈奴休屠王之子），先天的不如霍光，而且如果由我辅政，将使匈奴轻视中国。”

二月十二日，刘彻下诏封刘弗陵当太子，年仅八岁（他还不知道娘亲已被惨杀，而凶手就是老爹，长大后连复仇都找不到对象）。

二月十三日，刘彻任命霍光当全国最高指挥官（大司马）兼全国最高统帅（大将军），金日磾当车骑将军，交通部长（太仆）上官桀当左将军。三人接受遗诏，共同辅佐幼主。又任命粮食总监（搜粟都尉）桑弘羊当最高监察长（御史大夫），都在病床前宣誓就职。

**3** 霍光出入皇宫二十余年，出宫陪同刘彻乘车，入宫侍奉刘彻左右，小心谨慎，从没有过失。为人沉静安详，无论出宫入宫，上下殿门，脚步距离，都有一定。宫廷禁卫官（郎）、执行官（仆射），曾从旁偷看，发现他每天上下台阶，都在同一个地方，不差尺寸。

金日磾在刘彻左右，也有几十年之久，目不斜视。刘彻赏赐给他的宫女，金日磾为了表示尊敬皇家，从不敢接近。刘彻想把他的女儿接到皇宫当小老婆，金日磾坚决拒绝。诚恳笃实谨慎，所做的事，都跟这些一样，使刘彻至感奇异。金日磾最大的儿子，小时候是刘彻最喜爱的玩伴。后来玩伴长大，行为不如老爹那么拘谨，曾在殿台下跟宫女们胡闹，金日磾恰好碰见，厌恶他的淫乱，竟把儿子诛杀。刘彻得到报告，大为愤怒，把金日磾叫来质问。金日磾叩头请罪，把杀子的缘故奏报。刘彻十分悲哀，流下眼泪，但对金日磾却由衷崇敬。

上官桀由于勇力得到宠爱（上官桀年轻时，当羽林禁卫官〔建章宫守卫部队，称“羽林”〕，护卫刘彻前往甘泉宫，大风忽起，车队不能前进。刘彻命把皇帝专用的黄绫伞盖交给上官桀。上官桀臂力强壮，虽在大风之中，高举黄绫伞盖，不离御车。刘彻对他的勇力，留下深刻印象），被任命当未央宫马棚管理官（未央厩令）。有一次，刘彻患病，等到痊愈，前往马棚视察，看见马匹清瘦，刘彻暴怒说："管理官，你以为我再也见不到马了，是吧？"打算把他下狱。上官桀叩头说："我听说皇上身体欠安，日夜忧心，根本没有想到马！"话还没有说完，已经泪流满面。刘彻听了，十分感动，认为上官桀真是爱自己，遂当作亲信，命他当宫廷随从（侍中），稍后，擢升到交通部长（太仆）。

三人都是刘彻平日最宠爱信任的干部，所以特别指定照顾后事。

**4** 二月十四日，刘彻在五柞宫（陕西省周至县境）逝世（七十岁），尸体运到未央宫前殿入殓。

刘彻非常聪明，而又能作果决的判断，知人善用。执行法令，铁面无情。妹妹隆虑公主的儿子昭平君（姓名不详），娶刘彻的女儿夷安公主。隆虑公主临终时，呈献黄金一千斤、钱千万串，预先赎儿子一次死罪，刘彻承诺。隆虑公主不久逝世，她儿子昭平君越发骄傲，乘着酒醉，击杀公主的师傅（西汉王朝官制，长公主〔皇帝的姑妈或姐妹〕设女性师傅〔长公主傅〕一人，年俸一千石），被捕，收押监狱。司法部长（廷尉）提醒刘彻：他是隆虑公主的儿子，左右随从也提醒刘彻："长公主（隆虑公主）已经预缴过赎金，而且陛下又亲口承诺。"刘彻说："我妹妹年老时才生下这个儿子，临死时拜托我照顾！"禁不住痛哭流涕，不停叹息。最后，他说："国家的法律，是先帝（泛指祖先）制定的，如果为了袒护妹妹（隆虑公主），而侮蔑先帝制定的法律，我还有什么面目进入高庙（一任帝刘邦祭庙）？而且，又辜负人民的信任！”于是批准斩首，悲哀不能自止，左右随从，都跟着难过。金马门候见官（待诏）东方朔，上前祝贺说：“我了解，圣明君王主持国家大政，应奖励时就奖励，不管他是不是仇人；应惩罚时就惩罚，不管他是不是亲属骨肉。《书经》上说：‘不偏向一边，不树立党羽，圣王的大道，坦荡正直。’这两项原则，五帝所最重视（五帝：黄帝王朝一任帝姬轩辕、三任帝姬颛顼、四任帝姬夋、六任帝伊祁放勋、七任帝姚重华），三王都难做到（三王：夏姒文命、商子天乙、周姬发）。可是，陛下却做到了，这是国家之福！我，东方朔，冒着诛杀的危险，也要向陛下祝贺！”

刘彻最初很不高兴东方朔，后来才善待他，任命他当皇家警卫官（中郎）。

西汉王朝继承历代君王留传下来的积弊，高祖（一任帝刘邦）讨平叛乱，使社会恢复正常秩序。孝文（五任帝刘恒）、孝景（六任帝刘启）专心提倡农业，使人民获得休养，对于古代礼乐教化的事，仍有很多缺失。孝武（七任帝刘彻）最初即位之时，断然罢黜其他学派，只表彰儒家的六经（《诗经》《乐经》《礼经》《易经》《书经》《春秋》），征召四海之内的优秀人才，共同建立功业。设立大学（太学），主持郊外祭祀，改变正朔（前一〇四年，以正月作为一年的第一个月），厘定历法，重谱音律，制作圣诗、圣乐，到泰山上祭祀天地（封禅），礼敬神灵，封周王朝的后裔（参考前一一三年），注意文学（辞赋），光彩四射，都有可以称道的成果。他的后嗣，遵照遗留下来的规范，遂有三代（夏、商、周）的风格。像孝武（刘彻）这样的雄才大略，都没有改变孝文（刘恒）、孝景（刘启）时代的恭敬俭朴，爱护人民。纵是《诗经》《书经》上所称道的圣王，也不能超过。

司马光曰

刘彻有可怕的奢侈跟无尽无穷的欲望，刑法严酷，加到人民身上的赋税，成了狂征暴敛。对内，大肆兴建宫殿，生活糜烂；对外，用武力攻击四方蛮夷，相信神仙鬼怪，不停的游逛名胜山川，使人民无以为生，群起去当盗贼。这种情形，跟嬴政（秦王朝一任帝）相差无几。然而，秦政府终于灭亡，而西汉政府却反而兴盛，原因何在？在于刘彻能遵守先王的圣道，知道克制。而且常常接受忠告，厌恶被人欺骗蒙蔽。喜好贤能的人才，赏罚严明。到了晚年，发现过去的错误，毅然改过，而又托孤得人。这可能就是虽有嬴政暴政，而没有嬴政灾祸的缘故。

赵翼曰

《汉书》班固对刘彻的评论，只称道他文化方面的贡献，对于他开疆拓土的武功，一字不提。而刘彻雄才大略的表现，正在于他的武功。为了对抗匈奴汗国的屡屡入侵，先后派卫青七次出塞攻击，收复河南地（黄河河套），设置朔方郡（内蒙古杭锦旗北黄河南岸）。公孙敖筑受降城（内蒙古乌拉特中旗东五十公里新忽热），徐自为更沿着五原（内蒙古包头市）兴建城堡亭障一千余华里，直到卢朐（今地不详），把中国贫民迁移到那里屯垦。又派霍去病六次出塞攻击，取得匈奴汗国西部疆土（河西走廊），匈奴浑邪王投降，在令居（甘肃省永登县西）以西，设立酒泉、武威、张掖、敦煌四郡。又命李广利攻击大宛王国（首都贵山城〔中亚纳曼干市西北卡散赛城〕），斩国王毋寡。自敦煌起，西到盐泽（新疆罗布泊），兴筑城堡亭障，在轮台（新疆轮台县）、渠犁（新疆库尔勒市西南）实施武装屯田。这是西北疆土的开拓。

刘彻又命伏波将军路博德、楼船将军杨仆等，征服南越王国（首都番禺〔广东省广州市〕），设置儋耳（海南省儋州市）、珠厓（海南省海口市琼山区）、南海（广东省广州市）、苍梧（广西梧州市）、郁林（广西桂平市西）、合浦（广西合浦县东北)、交趾(越南河内市)、九真(越南清化市)、日南(越南东河市)九郡。这是南方疆土的开拓。

刘彻又命杨仆跟横海将军韩说等，攻击闽越王国(首都东冶〔福建省福州市〕)，闽越人杀掉国王骆馀善投降，刘彻把闽越王国人民迁徙到长江、淮河之间，而使闽越(福建省)真空。这是东方疆土的开拓。

刘彻又命唐蒙、司马相如，诱导西南夷各部落归附。接着派遣皇家警卫官(中郎)郭昌、卫平等人，在西南夷故地设置牂柯郡(贵州省福泉市)，在邛都(四川省西昌市)设置越巂郡，在笮都(四川省汉源县)设置沈黎郡，在冉駹设置汶山郡(四川省茂县)，在白马(甘肃省西和县西南蒿林乡)设置武都郡。于是夜郎国(贵州省关岭县)、滇国(云南省昆明市晋宁区东晋城街道)的国王，先后到首都长安朝拜，因而在滇国设置益州郡。这是西南疆土的开拓。

刘彻又命杨仆跟左将军荀彘，击灭朝鲜王国(卫氏朝鲜，首都王险城〔朝鲜半岛平壤市〕)，设置真番(韩国半岛汉城市)、临屯(韩国半岛江陵市)、乐浪(朝鲜半岛平壤市)、玄菟(朝鲜半岛咸兴市)四郡。这是东北疆土的开拓。

然后，刘彻又命张骞等出使西域(新疆及中亚东部)，遂使三十六国的国君，都仰慕中国文化，到中国朝贡。这是西方疆土的开拓。

上述的这些开拓的疆土，其中有些是秦王朝本来已有，后来脱幅而去，而被刘彻收复的，如：朔方、朝鲜、南越、闽越。不过秦王朝虽已列为国土，却联系松懈，虚有其名。直到刘彻，才真正的设立郡县，纳入中国正规的行政系统。其中有些并不是秦王朝已有，而是刘彻新开辟的，如：西北的酒泉、敦煌等郡，南方的九真、日南等郡，西南的益州等郡。至于西域三十六国，更是秦王朝所没有听说过的地方。统计刘彻所开辟的领土，比起刘邦、刘盈、刘恒、刘启时代，几乎增加两倍。西域那些地方，对中国而言，并不重要(这是赵翼于十八世纪八〇年代写《二十二史札记》时的看法)，而其他地区，却永远成为中国(本部)版图的四方边界，千万年都蒙受益处，班固却全部抹杀。

评估一个简单的历史人物容易，评估一个错综复杂，而又活得够久的历史人物困难。对刘彻，就是如此。他在历史舞台上，演出七十年，扮演的角色太多，而所做决定的后果，又影响太大。其中至少有下列两项，直到两千年后的今天，仍跟每一个中国人骨肉相连。历史上只有少数首领，能深远到如此程度。

第一是儒家学派定于一尊，用政治力量排斥其他学派和学说。任何一种思想，即令是最可敬的思想，只要定于一尊，就会变得可厌。儒家学派定于一尊之日，也就是中国灿烂辉煌的时代，开始沉淀为酱缸之时。随着封建极权的发展，和因科举制度而又出现官场文化，更使酱缸深不可测。罗马帝国要到四世纪八〇年代，基督教才开始定于一尊。中国比西方早六百年实施思想控制，所以当西方已从基督教枷锁中挣脱之后，中国还在酱缸中欲振乏力。决定这项政策时，刘彻虽然才十七岁，而且刚刚即位，但是，这件事却在他在位期间发生。

第二是领土扩张，使中国的疆域倍增。在安土重迁的农业社会，跟崇古畏战的儒家系统当权两种条件之下，疆域不丧失已算幸运的了，根本不可能扩张。而中国疆域在纪元前一世纪竟然扩张到两倍以上，使中国原始的国土广达五百万方公里，原因在于那时中国有一位雄才大略、意志坚决的领袖刘彻，完成一项千古英雄功业。罗马帝国的扩张，历时数百年，正是所谓“罗马不是一天造成的”，而中华帝国这个庞然大物的本土部分，却几乎由刘彻一手完成。他所扩张的疆域，以后很少变动(直到十八世纪清王朝，中国领土才作两倍以上的扩张，构成二十世纪中国的疆域)。在这方面，刘彻不只是一个普通帝王，还是一个英雄人物。

不过，如果就人权立场，刘彻却是一个不折不扣的暴君。把中国所有帝王集中在一起审判，刘彻只能算是丙级罪犯，比嬴政的罪恶固然要重，但比他更凶恶的君王，却举目皆是；那些更凶恶的君王，将在《资治通鉴》上逐渐登场。我们当然不会因为刘彻凶恶的程度较低而原谅他，但检讨他的很多乖张措施，应归咎于他在位的时间太长。权力不但使人骄傲腐败，也使人冥顽痴呆，时间越久，越记不得自己是谁。一个小人物，尚且如此，何况拥有无限权力的大头目？历史上在位太久的君王不多，诸如孙权、萧衍、拓跋珪、杨坚、李治、李隆基、朱元璋等，不论当初多么聪明，最后总是虎头蛇尾，作恶多端，给人民带来无限的痛苦。刘彻十六岁坐上宝座，七十岁死亡，掌握权力五十五年之久，他如果早死二十年或三十年，就不会暴露他专割人屌的畸形心理，不会发生司马迁事件，不会有什么杀人千万的“巫蛊”。只有民主制度不断改换当权派，才能拯救这种灾难。而在那个时代，刘彻的表现，还算中国历史上最好的，他固想到自己的荣耀，也想到国家的荣耀，还能掌握主动，拒绝轮台继续屯田，在刹车还不太迟的时候，总算有智慧也有能力刹车，使他对国家做出的贡献，得以永垂万世。

**5** 二月十五日，八岁的太子刘弗陵登上皇帝宝座（八任昭帝）。他的姐姐鄂邑公主搬回皇宫跟幼弟同住，负责抚养。霍光、金日磾、上官桀，共同辅政，一起主管宫廷机要（领尚书事。“领尚书事”这个官称，在《资治通鉴》首次出现，以后五百年间，地位重要，“尚书”是侍奉在皇帝左右的秘书官员，负责处理文件，传达皇帝的指示和决定。因为居于枢纽，遂掌握大权。刘彻时，尚书〔宫廷秘书〕共有五位，任何重要的奏章报告，都得通过这一关，才能到达皇帝面前。霍光等人虽然是一人之下，万人之上的辅政大臣，可是，如果不主管宫廷机要〔领尚书事〕，他跟皇帝之间，就仍隔万里，随时都可能发生变化。自此之后，遂形成一种制度，宰相也好、三公也好，必须主管宫廷机要，才能掌握真正的实权）。

霍光辅佐年幼君王，他的命令就等于皇帝的命令，大计方针，都由他决定，天下人都想见到他的风采。一天晚上，皇宫忽然有怪物出现，引起一场混乱，官员们慌成一团。霍光恐怕有人乘机生事，紧急召唤掌玺禁卫官（尚符玺郎），索取御玺。掌玺禁卫官拒绝，霍光下令强夺，掌玺禁卫官手按佩剑（是一种随时出击的姿势），正色说："你可以得到我的人头，但得不到御玺。"

霍光对他的态度十分嘉许。第二天，下诏擢升掌玺禁卫官晋级二等；天下人由此对霍光更为尊敬。

**6** 三月二十二日，西汉政府把刘彻埋葬茂陵（陕西省兴平市东北）。

**7** 夏季，六月，赦天下。

**8** 秋季，七月，东方天际，出现孛星。

**9** 济北王（首府卢县〔山东省济南市长清区〕）刘宽（一任帝刘邦四世孙），被指控有禽兽行为（刘宽跟他爹刘胡〔式王〕的王后光〔姓不详〕、姬妾孝儿〔姓不详〕奸淫，又祈祷鬼神，诅咒皇帝），刘宽自杀。

**10** 冬季，匈奴汗国（王庭设蒙古国哈拉和林市）侵入朔方郡（内蒙古杭锦旗北黄河南岸），屠杀及俘虏汉朝官员及人民。西汉政府增派援军，进驻西河郡（内蒙古准格尔旗西南），左将军上官桀巡视北方沿边要塞。

# 纪元前八六年 乙未

西汉　始元　元年

**1** 夏季，西汉王朝（首都长安〔陕西省西安市〕）益州郡（云南省昆明市晋宁区东晋城街道）所属二十四个县城，三万余人，同时叛变。西汉政府派水利总监（水衡都尉）吕辟胡，招募兵马；并征调犍为郡（四川省宜宾市）、蜀郡（四川省成都市）的机动部队（奔命），发动攻击，大破反抗军。

**2** 秋季，七月，赦天下。

**3** 七月降雨，直降到十月，渭水桥梁冲断。

**4** 最初，前任帝（七任武帝）刘彻逝世不久，现任帝（八任昭帝）刘弗陵（本年九岁），向各封国发布告哀诏书。燕王（首府蓟县〔北京市〕）

纪元前一世纪·前八六年 西汉益州郡二十四县齐叛

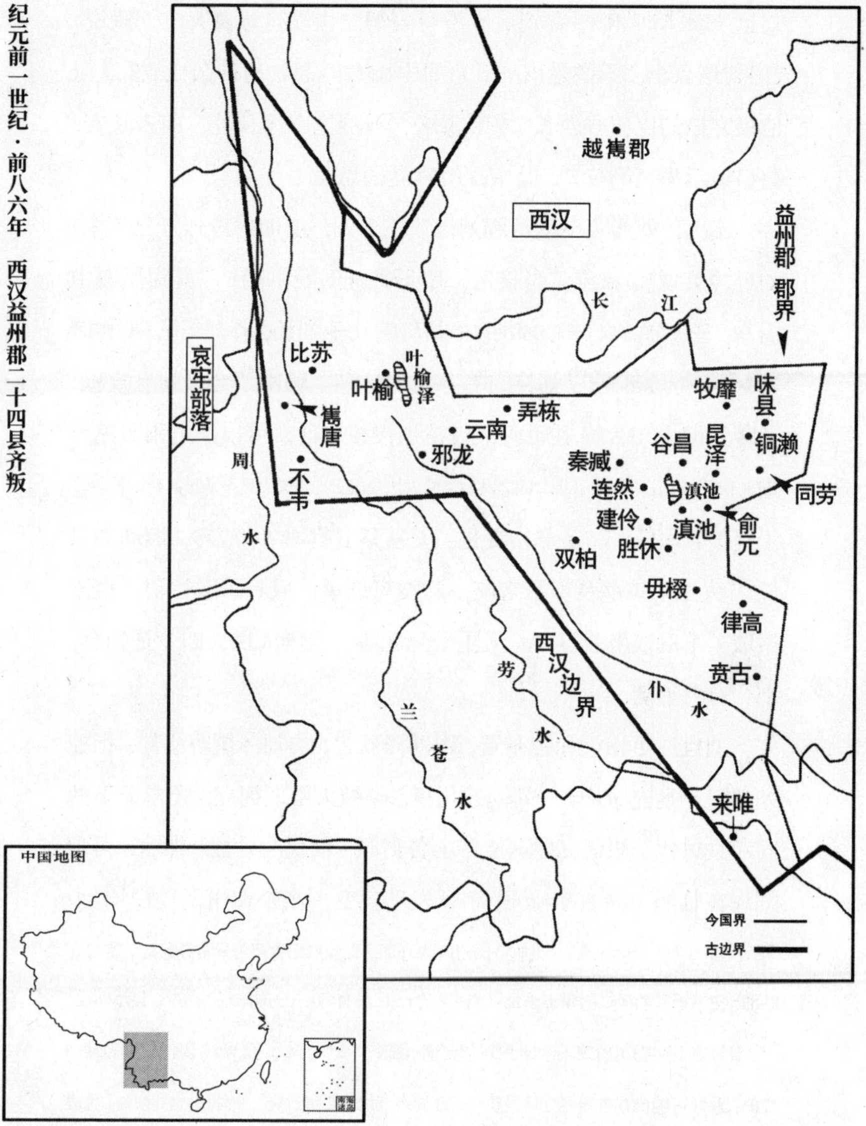

越嶲郡
西汉
益州郡郡界
长江
哀牢部落
比苏
叶榆
叶榆泽
嶲唐
弄栋
云南
邪龙
不韦
周水
牧靡
味县
昆泽
谷昌
铜濑
秦臧
连然
滇池
同劳
建伶
滇池
俞元
胜休
双柏
毋棳
律高
贲古
西汉边界
劳水
兰苍水
仆水
来唯
中国地图
南海诸岛
今国界
古边界

刘旦（七任武帝刘彻子）看到后，没有表情，也没有悲哀哭泣，只说："信封这么小，不像是诏书，京师（首都长安）恐怕有什么变故？"派他最宠信的臣僚寿西长（寿西，复姓）、孙纵之、王孺等，前去长安，藉口请示举哀的仪式，暗中探听宫廷消息。

不久，刘弗陵下诏赏赐刘旦钱三十万，增加封户一万三千家。刘旦冷笑说："我应该当皇帝，用不着谁对我赏赐！"就跟皇族中山（哀）王（首府卢奴〔河北省定州市〕）刘昌的儿子刘长、齐（孝）王（首府临淄〔山东省淄博市东临淄区〕）刘将闾的孙儿刘泽等，秘密结合。刘旦宣称：老爹刘彻（七任武帝）在世时，曾特别授权给他，可以任用和撤免封国（燕国）内的官员（自七国之乱后，中央法令规定：封国国君不准过问封国行政）。于是整顿军队，防备非常变化。王宫禁卫官（郎中）成轸，煽动刘旦说："大王应该继承皇帝宝座，却没有继承，只有采取行动，直接索取，不应该坐着等待。大王一旦起事，全国人民，即令是妇女，都会奋臂追随。"

刘旦遂更积极加强布置，跟刘泽商定：由刘泽撰写文件，指控刘弗陵不是先帝（七任）刘彻的儿子，硬被大臣们拥立，要求天下共同起兵讨伐。把这文件遍传各郡各封国，使民心动摇。然后，再由刘泽在临淄（山东省淄博市东临淄区）发动兵变，击杀青州督导官（刺史）隽不疑（隽，音juàn〔倦〕。当时齐国已改为齐郡，郡政府跟青州督导官办公处，都设在临淄。史书记载刘泽只阴谋击杀督导官〔刺史〕，而没有考虑击杀郡长〔太守〕，显示两点：一、督导官〔刺史〕地位跟权柄此时可能已高过郡长〔太守〕。二、督导官〔刺史〕本是活动性的，此时可能已在各州建立常设机构，逐渐蜕变成为"州政府"，而督导官〔刺史〕也逐渐成为一州之长）。

刘旦在燕国（首府蓟县〔北京市〕）扩大招募各郡各封国作奸犯科的地痞流氓，发给他们铜铁，使他们制造武器。刘旦不断举行阅兵大典，整训他属下的骑兵跟步兵部队。发动民众打猎，用以训练部队作战技能，等待那一天来临。王宫禁卫官（郎中）韩义等，发现情形不对劲，好几次直言规劝，刘旦大感扫兴，一连诛杀韩义等十五人。

就在这个时候，瓶侯（封地在今山东省临朐县东南）刘成（菑川王〔首府剧县，山东省寿光市南〕刘建的儿子）得到刘泽等谋反的消息，通知隽不疑。

八月，隽不疑逮捕刘泽等，报告中央。中央派藩属事务部主任秘书（大鸿胪丞）到齐郡处理，把刘旦牵连出来。刘弗陵下诏说：刘旦是至亲（刘弗陵的异母老哥），不必追究，仅只诛杀刘泽等。擢升隽不疑当首都长安特别市长（京兆尹）。

隽不疑当首都长安特别市长，官员平民，一致敬畏他的威信。每次到所属各县审理刑事案件回来（二十世纪之前，中国行政跟司法不分，行政官就是司法官），娘亲总是问他："有没有平反冤狱？救活了多少人？"如果平反的冤狱多，娘亲就比平常要高兴；如果没有发现冤狱，或发现而没有平反，娘亲就发脾气，拒绝吃饭。所以隽不疑担任法官，虽然严厉，却不残暴。

**5** 九月二日，秺（敬）侯金日磾逝世。

最初，刘彻（七任武帝）病重，写下遗诏，封金日磾当秺侯、上官桀当安阳侯、霍光当博陆侯，都由于捕获叛徒马何罗有功封爵。

金日磾因现任帝（八任昭帝）刘弗陵年纪太幼，不肯接受，霍光、上官桀也不敢接受。等到金日磾病危，霍光向刘弗陵报告，决定金日磾可以躺在病床上接受侯爵的印信。接受印信后只一天，金日磾便与世长辞。金日磾的两个儿子金赏、金建，都是宫廷随从（侍中），跟刘弗陵的年龄差不多，约十岁左右，三人交谊很深，在一起玩耍，也在一块睡觉。当时金赏的官职是御车总监（奉车都尉），金建的官职是御马总监（驸马都尉）。金赏以长子的身份继承老爹秺侯的爵位，身上挂着两个印信。刘弗陵问霍光："金家兄弟两人，难道不能都佩两条绣带呀？"霍光说："金赏是继承他爹的侯爵，才多了一条绣带的。"刘弗陵笑说："侯爵不侯爵，还不是凭我跟您一句话！"霍光说："先帝（指一任帝刘邦）有规定，对国家有功劳的才能封侯爵。"刘弗陵才打消初意。

**6** 闰十月，中央政府派曾经担任过司法部长（廷尉）的王平等五人，"持节"，前往各郡各封国视察，遴选"贤良"人才，调查民间疾苦、冤枉，以及失职的官员。

**7** 冬季，天暖，不结冰（俗谚说："该热不热，五谷不结；该冷不冷，五谷不登。"冬天温暖，将有荒年）。

# 纪元前八五年　丙申

西汉　始元　二年

**1** 春季，正月，西汉王朝（首都长安〔陕西省西安市〕）皇帝（八任昭帝）刘弗陵（本年十岁）封全国最高统帅（大将军）霍光当博陆侯，封左将军上官桀当安阳侯。

**2** 霍光的朋友中有人提醒霍光："你是不是注意到吕家班的下场？一个人处于伊尹、姬旦的地位（在半信史时代的商王朝，儒家学派的说法是："一任帝子天乙逝世，孙儿子太甲荒乱无道，宰相伊尹把他罢黜，放逐到桐邑

〔山西省万荣县〕。三年之后，子太甲悔过，伊尹再把他迎接回来继任帝位。”不过另一种说法，却不是这样，一任帝子天乙之后，二任帝是子外丙，三任帝是子仲壬，伊尹扮演的是四任帝角色，而被五任帝子太甲夺回政权。两种说法相差很大，这又是一项聚讼纷纭的专题。我们不参与考据讨论)，掌握中央大权，发号施令，却疏远皇族，不跟他们分享，因此得不到天下的信任，终于覆亡。而今，你身居高位，皇上的年龄逐渐增加，最好的办法是敞开政府大门，欢迎皇族参与。遇到事情，再多跟高级官员们磋商。作风跟吕家班相反，这样才可以免除以后的祸患。”

霍光认为正确，遂在皇族中遴选可以担任官职的人才，任命楚（元）王（首府彭城〔江苏省徐州市〕）刘交的孙儿刘辟彊，跟皇族刘长乐，分别当特级国务官（光禄大夫）。刘辟彊则代理长乐宫保安官（守长乐卫尉）。

**3** 三月，中央政府派使节到各郡各封国，拨款救济给播种没有种子，和粮食不继的农家。

**4** 秋季，八月，刘弗陵下诏：“数年以来，农民的灾害特多，今年的养蚕和春麦收割，也都受到伤害。中央发放给农民的种子和贷款，都不要偿还，并且不要征收今年农民的田赋。”

**5** 最初，刘彻（七任武帝）攻击匈奴汗国（王庭设蒙古国哈拉和林市），深入心脏，穷追猛打，历时二十余年。匈奴马匹牛羊家畜等，不能正常受孕繁殖，受到严重消耗，人民贫苦疲惫，达到极点。回想往日跟西汉王朝和平相处的好日子，盼望恢复和解。但战败之国，已没有和解条件，所以总是碰壁。

单于（十任）挛鞮狐鹿姑有异母老弟（名不详），当东部军区司令（左大都尉），为人贤明，民心归附。皇太后恐怕挛鞮狐鹿姑不传位给儿子，而传位给弟弟，于是派人把东部军区司令（左大都尉）刺死。东部军区司令（左大都尉）同母的哥哥，悲愤交集，从此不再前往王庭。

本年（前八五），挛鞮狐鹿姑病重不起，吩咐皇族父老："我的儿子，年纪太小，还不能治理国家。单于宝座，应传给我弟弟右谷蠡王。"挛鞮狐鹿姑逝世后，卫律等跟正宫皇后（颛渠阏氏），密不发丧，假传圣旨，指定儿子左谷蠡王挛鞮壶衍鞮继任单于（十一任）。

这个宫廷阴谋不久泄漏，左贤王、右谷蠡王，大为怨恨，率领部众打算投奔西汉，又恐怕道路太远，中途受到新立单于（十一任）的袭击，不能到达。于是胁迫卢屠王共同投奔乌孙王国（首都赤谷城〔中亚伊赛克湖东南〕）。卢屠王忠心耿耿，拒抗胁迫，径向新单于（十一任）挛鞮壶衍鞮告发。挛鞮壶衍鞮派人前去审讯，右谷蠡王全盘否认，反而一口咬定是卢屠王企图叛变。于是，斩卢屠王；全国悲愤这场冤狱。然而，右谷蠡王跟左贤王却瓜分了该"叛逆"的部属跟他的土地，而且也不再参与龙城（蒙古国哈拉和林市）的朝会（匈奴汗国传统，各部酋长，无论年长年幼，每年正月都要到王庭朝见单于。每年五月，再到龙城集会，祭祀祖先跟天地鬼神）。

匈奴汗国遂开始衰落。

# 纪元前八四年 丁酉

西汉　始元　三年

**1** 春季，二月，西北天际，出现孛星。

**2** 冬季，十一月一日，日蚀。

**3** 最初，西汉王朝（首都长安〔陕西省西安市〕）博陆侯霍光跟安阳侯上官桀，感情亲密。霍光每逢休假（休沐），上官桀就代理他裁决国家大事。霍光的女儿又嫁给上官桀的儿子上官安，生了一个女儿，年才五岁。上官安希望由霍光做主，把女儿嫁给西汉帝（八任昭帝）刘弗陵（本年十一岁），霍光认为外孙女还小，加以拒绝。

鄂邑公主跟她儿子的宾客、河间国（首府乐成〔河北省献县〕）人丁外人私通（鄂邑公主嫁盖侯王充，故也称盖长公主）。上官安一向跟丁外人友善，决定改走这条路线，向丁外人说：“我的女儿，容貌端正。假如能得到长公主的帮助，当上皇后。我们父子在政府做官，成了皇亲，而又有皇后作为内援，权力将更稳固。这件事成与不成，全看你一句话。西汉王朝惯例，公主总是嫁给侯爷，你还怕不封侯呀！”

丁外人乐不可支，转告鄂邑公主，鄂邑公主认为合理。于是，颁下诏书，封上官安的五岁女儿当十一岁的小皇帝刘弗陵的倢伃（小老婆群第一级），擢升上官安当骑兵总监（骑都尉）。

# 纪元前八三年 戊戌

西汉　始元　四年

**1** 春季，三月二十五日，西汉王朝（首都长安〔陕西省西安市〕）皇帝（八任昭帝）刘弗陵（本年十二岁）封上官倢伃当皇后（上官倢伃才六岁，不过幼稚园大班，恐怕是世界上最小的皇后），赦天下。

**2** 西南（西南夷）姑缯部落（云南省楚雄市）、叶榆部落（即斯榆国〔云南省大理市〕），再度起兵反抗西汉（上次反抗，参考前八六年）。西汉政府派水利总监（水衡都尉）吕辟胡，率益州（四川省及云南省）各郡正规军出击。吕辟胡顿兵不进，两个部落遂攻陷益州郡郡城（云南省昆明市晋宁区东晋城街道），杀益州郡郡长（太守），乘胜进扑吕辟胡，吕辟胡大败，官兵被杀及坠水溺死的有四千余人。

冬季，西汉政府再派藩属事务部长（大鸿胪）田广明出征。

**3** 司法部长（廷尉）李种，被控故意开脱犯人的死罪，绑赴街市斩首。

**4** 本午（前八三），刘弗陵擢升岳父、上官安当车骑将军。

# 纪元前八二年 己亥

西汉　始元　五年

**1** 春季，正月，西汉王朝（首都长安〔陕西省西安市〕）皇帝（八任昭帝）刘弗陵（本年十三岁），追尊外祖父赵父（钩弋夫人赵倢伃的老爹，已去世）当顺成侯。赵父有位姐姐赵君姁，仍在世间，赏钱二百万，以及奴隶、婢女、住宅，立刻成为富婆。兄弟们也都按照血缘亲疏，各给赏赐，但没有人任官封爵。

**2** 有一位男子，乘坐黄毛小牛犊驾的车子，到未央宫北门（未央宫正门向南，但呈递奏章，或官员们请求面见皇帝时，都在北门），声称他是前任太子刘据。宫门接待官（公车）大吃一惊，急忙奏报刘弗陵（事实上是报告霍光等三摄政）。刘弗陵下诏，命三公、将军，跟部长级（中二千石）官员，共同辨识。首都长安人民得到消息，蜂拥而至，聚集好几万人。右将军率军在宫门外武装戒备，防备突发事件。

宰相、最高监察长、部长级官员，面对自称是刘据的男子，谁都不敢发言。首都长安特别市长（京兆尹）隽不疑最后赶到，立刻下令逮捕。有人警告他："是不是真的前任太子，还不敢确定，应该弄明白再说。"隽不疑说："你们为什么担心他是前任太子？从前卫蒯聩违背老爹，私自出走，他的儿子卫辄就拒绝他回国。这种立场，连《春秋》都赞扬（前五世纪〇〇年代，卫国太子卫蒯聩，打算谋杀老爹卫元的妻子南子，失败，出奔宋国。后来，卫元逝世，由卫蒯聩的儿子卫辄继位，当老爹卫蒯聩准备返国时，卫辄发兵拒绝）。前任太子刘据，得罪先帝（刘彻），逃亡在外，即令还没有死，今天不过前来自首，只是一个罪犯而已。"遂押送诏狱。

刘弗陵以及全国最高统帅（大将军）霍光，听到报告后，嘉许隽不疑说："高级官员应该任用深通儒家五经、明白大道理的人。"由于这件事，隽不疑的名声，在政府中极受尊重。其他身居高位的人，都自以为不如。

司法部（廷尉）查证该男子的来龙去脉，真相大白。原来他是夏阳（陕西省韩城市）人，姓成，名方遂，在湖县（河南省灵宝市西）当一名算卦先生。前任太子刘据的一位禁卫官（舍人），曾请他算过卦，对他说："你的相貌很像太子刘据！"成方遂相信这句话，希望取得富贵。于是被控"诬罔不道"，腰斩。

**柏杨曰**

我们相信司法部（廷尉）这项调查，刘据自杀时，已三十八岁，而且有了孙儿，他的亲属以及朋友臣僚关系，再加上对宫廷环境的熟悉，都不是一个外人可蒙混过去的，一下子就可盘问出马脚。虽然，利令智昏，天下也可能有的是这种妄人。不过，问题是，如果他真是刘据，结局会不会如此？有人认为他将被接回宫廷，恢复供养。我们却认为，结局恐怕也会跟史书上显示得一模一样。因他出现而造成的利益集团的困局，必须把他铲除，才能解决。对刘据而言，只有一死，这就是政治。

**3** 夏季，六月，刘弗陵封岳父上官安当桑乐侯。上官安更加骄傲淫乱，在皇宫参加宴会，出来后常对他的宾客炫耀说："今天跟俺女婿在一块喝酒，乐得要死！"看见刘弗陵穿的衣裳盖世华贵，自顾形惭，派人回家，要把自己的东西，投到火里烧掉。儿子病卒，上官安勃然大怒，仰天大骂，诟詈上帝瞎眼。他的顽劣狂悖行为，都跟此一样。

**4** 撤销儋耳郡（海南省儋州市）、真番郡（韩国半岛汉城市）。

**5** 秋季，藩属事务部长（大鸿胪）田广明、军法总监（军正）王平，攻击益州郡（云南省昆明市晋宁区东晋城街道）境内西南姑缯部落（云南省楚雄市）跟叶榆部落（云南省大理市），斩杀及俘虏三万余人，掳获牲畜五万余头。

**6** 议论官（谏大夫）杜延年，看到刘彻（七任武帝）时代的奢侈跟不断发动战争所留下的后遗症，屡次向全国最高统帅（大将军）霍光建议："连年来粮食收成不好，离乡背井的人民，还没有回归本土。应该恢复文帝（五任帝刘恒）、景帝（六任帝刘启）时代的无为政治，提倡俭约，待人宽厚，上悦天心，下顺民意，年景自然会跟着好转。"

霍光接受。杜延年，是故最高监察长（御史大夫）杜周的儿子。

# 纪元前八一年 庚子

西汉　始元　六年

**1** 春季，二月，西汉王朝（首都长安〔陕西省西安市〕）皇帝（八任昭帝）刘弗陵（本年十四岁）下诏给有关单位，要他们向各郡各封国推荐的“贤良”和儒家高级知识分子，询问民间疾苦，调查政府推行礼教的成绩。大家一致建议：中央撤销“盐”“铁”“酒”专卖制度，撤销物资调节官（均输官），希望政府不要跟人民争利；政府必须履行节约，然后礼教才可以推行。

最高监察长（御史大夫）桑弘羊，反对这项建议。认为，这都是政府重要的财源，开疆拓土、保护国家，庞大的军事开支，都要靠此，不可以废除。于是，开始一项空前未有的经济政策大辩论。

**2** 最初，苏武被匈奴汗国（王庭设蒙古国哈拉和林市）放逐到北海（贝加尔湖。参考前一〇〇年），匈奴所承诺供应的粮食，时有时无。在冰天雪地中，苏武挖掘草根，捕捉野鼠，用来充饥。但一直保存那个代表皇帝的符节，随身不离，坐卧都带着它，而且就用它来牧养羊群。以致符节上的毛缨，全都脱落。苏武在中国时，跟李陵都是可以出入皇宫的宫廷随从（侍中）。李陵既投降匈奴，内心惭愧，不好意思求见苏武。

很久之后，匈奴单于（不知道几任）命李陵到北海（贝加尔湖）拜会苏武。李陵特别为苏武摆下酒席，用乐队助兴。对苏武说："单于听说我跟你是多年老友，情谊深厚，所以派我前来劝告，诚心诚意相待。你返回中国，已不可能。在这荒无人烟的地方，受尽苦难，信义节操，谁又知道？你的两个弟兄，被西汉政府指控有罪，全都自杀（哥哥苏嘉当御车总监〔奉车都尉〕，随刘彻〔七任武帝〕到雍县〔陕西省宝鸡市凤翔区〕棫阳宫，一不小心跌倒，撞到车盖支柱上，把支柱撞断，砸坏了驾马的车辕，犯"大不敬"罪，苏嘉拔剑自刎。小弟苏贤当骑兵总监〔骑都尉〕，随刘彻到河东郡〔山西省夏县〕祭祀后土神祠，一位骑马的宦官跟禁宫侍从管马官〔黄门驸马〕争夺船只，骑马的宦官把禁宫侍从管马官推到黄河里溺死，骑马的宦官逃亡。刘彻下令苏贤追捕，得不到凶手。苏贤恐惧，服毒身死）。我离开长安时，你的母亲也不幸去世，你的妻子，年纪还轻，听说已经再嫁。苏家只剩下妹妹二人，跟两个女儿、一个男孩。而今匆匆又十余年，是存是亡，不得而知。人生短促，好像早上的露珠，何必把自己苦成这个样子？我最初被俘时，精神恍惚，一会痴呆、一会发狂，内心痛苦，自己责备自己辜负祖国，再加上娘亲被收押监狱，更五衷俱碎。你不愿归降的心意，不见得会超过我。现在西汉王朝皇帝（刘彻）年龄已老，反覆无常。身为高官的大臣们，没有罪而被诛杀的，已有数十家之多，平安跟危险，只在一念之间，不能不作选择。子卿（苏武别名），你这个样子，为的是谁？”

苏武回答说：“我家父子，既没有功劳，又没有品德，幸蒙皇上（刘彻）栽培，提升到高位，跟将军、侯爵并列，兄弟们也有幸伺候皇上左右。我常想肝脑涂地，去报答皇上的恩情。而今有幸获得效命的机会，纵然用刀斧把我斩杀，用巨锅把我煮死，我也乐意如此。臣僚之侍奉君王，犹如子女之侍奉父亲，子为父死，毫无遗憾，请不必再说！”

李陵在北海（贝加尔湖）跟苏武盘桓欢饮，几天之后，李陵再下说词：“子卿，再听我一言。”苏武说：“我自己知道一定死在这里，大王（匈奴封李陵“右校王”）一定要我投降，今天的欢聚到此为止，我就死在你的面前。”李陵被他一片忠诚感动，长长叹口气，说：“苍天！义士！我跟卫律的罪过，上通云端！”不禁流泪，沾满衣襟。留下牛羊数十头，黯然诀别。

后来，李陵再到北海（贝加尔湖），告诉苏武关于刘彻逝世消息，苏武面向南方，大声号哭，直到吐血。早晨和晚上，都要如此举哀，历时数月。

不久，匈奴新单于（十一任）挛鞮壶衍鞮即位，由于娘亲皇太后（大阏氏）行为乖张，国内分崩离析，时常恐惧西汉再发动攻击。采纳卫律的建议，再向西汉政府要求和解。西汉使节到匈奴后，查询苏武的下落。匈奴声称，苏武早已死亡。

后来，西汉政府再派使节到匈奴。常惠（参考前一〇〇年）秘密告诉内情，并教导下列一番话，让使节告诉单于（十一任）挛鞮壶衍鞮说："中国皇帝在御花园（上林苑）打猎，射下一只飞雁，雁脚上绑着一份苏武在绸缎上写的求救书信。明明的，他在北海（贝加尔湖）蛮荒！"西汉政府使节大喜，遂用这番话询问挛鞮壶衍鞮，挛鞮壶衍鞮大惊，跟左右呆了一会，道歉说："苏武等确实还活在人间！"于是下令遣送苏武跟马宏等回国。

马宏，是西汉政府派驻西域（新疆及中亚东部）使节团正使、特级国务官（光禄大夫）王忠的副使。被匈奴汗国的游骑部队截获，王忠战死，马宏被俘，拒绝投降。匈奴释放两人，用以表示和解的诚意。

于是，李陵再设酒席，给苏武饯行，祝贺说："而今，你独自回国，名声传遍匈奴，功劳震动中国。纵是古代竹简丝帛所有的记载，丹青妙笔所有的图画，又怎能形容你？我虽然拙笨懦弱，假如刘彻（七任武帝）能放宽对我的处罚，保全我娘亲的性命，允许我忍辱负重，曹沫的劫盟壮举，正是我念念不忘的志向（前七世纪春秋时代，鲁国跟齐国作战，三战三败。前六八一年，鲁齐二国在柯邑〔山东省阳谷县东阿城镇〕会盟，鲁国大将曹沫劫持齐国国君姜小白，索还被侵的土地）。然而刘彻竟屠杀我的全家全族，这是世界上最大的暴行，我还有什么退路？过去的，都已经过去，告诉你只是使你知道我内心的悲痛。"泣不成声，遂互道珍重，从此永别。

挛鞮壶衍鞮召集苏武及当年随从的官员，除了归降的，跟病故的之外，随苏武返国的共有九人。

苏武既到京师长安，刘弗陵下诏，命苏武用太牢（牛、羊、猪各一只），前往刘彻坟墓上致祭。擢升苏武当移民区总监（典属国），支领部长级最高薪俸（中二千石），赏钱二百万、公田二顷（二百亩）、住宅一栋。苏武羁留匈奴汗国十九年，当初出使时，正青春鼎盛，等到回国，头发全白，已一老翁。

霍光、上官桀，从前跟李陵友情甚深，特派李陵的老友陇西(甘肃省临洮县)人任立政等三人，前往匈奴汗国，邀请李陵回国，李陵说:“回国很容易，但我已受过一次羞辱，不能再受第二次羞辱。”竟老死匈奴。

李陵《答苏武书》:

子卿:

听说你的美德，已被传播，在清平世界中，建立声誉荣耀，使我欣慰。蒙你万里赐书，谆谆相问，更使我感动。异国流亡，自古以来，就是悲剧。望着吹动的南风，怀念故土，思恋家园，心情依依，不能自制。承你不抛弃我，遥远的赐我书信，安慰教诲，情胜骨肉。我虽然迟钝，也不能不百感交集。

回忆归降匈奴最初那段时日，直到今天，身心都陷困顿，默默独坐，自己吞下愁苦。举目所及，什么都看不到，看到的全是异族。穿皮衣、住毡幕，用最原始的材料抵御风雨。吃腥膻的羊肉，喝牲畜的奶水，用最简单的工具，解除饥渴。偶尔想找一个人谈一句、笑一声，又有谁能共享此情？蛮夷所居，景象凄惨，冰冻三尺，地崩土裂，所听到的只有北风哀号。秋季九月，天已转凉，塞外荒漠，牧草全枯，晚上难以安枕。侧耳谛听，胡笳互相呼应，牧马远近悲鸣，各种野生动物，成群结队奔驰，声音此落彼起。凌晨起坐，仍在耳际，思及置身此地，不禁泪下。子卿，子卿！我纵铁石心肠，能不兴悲！

跟你诀别之后，心情更无寄托。思念高堂娘亲，垂死之年，被绑赴刑场，利斧斩首。妻子儿女，有什么罪？同时遭受屠杀。我辜负国家的重恩，落得如此下场，世人与我同哀。你回到长安，接受荣耀；我留在匈奴，继续屈辱。命运如此，又可奈何？我出身礼仪之邦，而今活在没有知识的荒凉世界，背弃父母跟君王的恩德，长期沦居在蛮夷领域，何等痛苦！一想到我们李家祖先的苗裔，将变成蛮夷一支，不禁心如刀割。我自以为对国家贡献很大，而罪状微小，只因不能受到君王的明察，辜负我区区的一片苦心，每一思念及此，痛不欲生。我并不是不能自刺心房，表明我的清白，也不是不能自刎颈项，表明我的志向。然而，西汉政府对我，已情断义绝，自杀有什么意义？徒增人们耻笑！所以，虽然情不自已，经常挥臂长号，而仍含垢忍辱，苟且的活在世间。左右的人，看见我这种情形，用一种我不愿听的音乐和言词，前来安慰劝勉。他们不会了解，异域的欢乐，更使我痛彻肺腑。子卿，子卿，人之互相了解，最可贵的是了解心的深处。上次回信，因时间仓猝，不能尽言，现在略微重述。

当初，刘彻交付我步兵五千人，向绝域出发。同时受命的其他五位将领，都迷失道路（参考前九九年），只有我跟匈奴主力遭遇。率领一支徒步的孤军，携带行程万里的粮秣，离开国境，深入敌腹。以五千人的单薄兵力，抵抗敌人十万人的庞大兵团。驱使疲惫的士卒，面对敌人初入疆场的战马。而我们并不气馁，仍然击斩敌人将领，夺取敌人大旗，发动追击，踏着敌人留下的蹄痕，诛杀大将。三军将士，视死如归。我不自已度德量力，盼望担当重任，自以为已立下无比功勋。

匈奴兵团受到挫败，动员全国部队，集结精锐，超过十万之多，单于亲临指挥，而终于完成包围。敌我形势，我们已不能相比，骑兵跟步兵战斗力的差距，更无法抵挡。疲惫的士兵，奋起再战，不仅以一当百，更以一当千。扶伤忍痛，舍命争先，死伤遍布荒野，生存的不满一百人，不是负伤，就是患病，无法再拿武器。然而，我振臂高呼，负伤的官兵，无不跳起，刀锋直指强虏，匈奴骑兵，向后败退。可是，武器已失，箭矢已尽，士卒手无寸铁，仍奔走呐喊，前仆后继。在那时候，杀声上干霄汉，天地为我的遭遇震怒，战士为我的悲愁饮血。单于已认定不可能把我们消灭，准备放弃。料不到奸贼出卖，于是，大战再起，遂不能幸免。

从前，刘邦以三十万人的庞大兵力，被困平城（山西省大同市），当彼之时，猛将如云，谋臣如雨，仍不得不七日之久，绝粮断炊，找不到饮食，最后仅仅逃生而已。我所遇到的，岂是我的力量所能承当？而西汉政府掌握权柄的人，议论纷纷，只知道痛恨我为什么不死，而不问不死的原因。我之所以不死，是为了有更大的贡献，正如你信上所说，是为了报恩君王！我认为无声无息的死，不如建立更大的功勋；默默无闻的死，不如回报更重的恩德。会稽陷落之时，范蠡没有自杀；鲁国三战三败，曹沫也没有死难。范蠡终于为越王国报仇，曹沫也终于收复失土。一点心意，只是羡慕先贤。想不到此志没有表达，而怨恨已经完成；计谋还未实现，骨肉已受到酷刑。使我仰天捶胸，泪尽泣血。

你来信说："西汉政府待功臣不薄。"你身在西汉政府供职，怎能不如此认定？当年，萧何、樊哙，被囚禁监狱；韩信、彭越，被剁成肉酱；晁错受到诛杀；周勃、窦婴，难逃网罗。其他一些一同创业的功臣豪杰，像贾谊、周亚夫之辈，都是盖世奇才，有宰相大将的能力，只不过被鲨鱼群陷害，同时受难。使身怀才能的人，不能为国家效力。像贾谊、周亚夫的遭遇，谁不为他们痛心？我的祖父（李广），功勋顶天立地，义勇超越三军，只以不能得到权贵（指卫青）的欢心，在沙漠绝域，自刎而亡。这都使忠臣义士，手执干戈，而长长叹息！怎能说西汉政府待功臣不薄？

即以你而言，乘一辆单薄的车子，出使拥有一万辆战车的强大敌国，命运乖错，变生肘腋。然而，你并不理会加到脖子上的刀剑，忍受悲苦的放逐，几次都要死在朔北荒野。青春鼎盛之年出国，白发苍苍之时遣回，娘亲已死，妻子已嫁，这是天下从没有听说过、古今从没有发生过的悲壮事迹。野蛮民族还敬佩你的气节，何况天下之主的君王！我以为你定会封侯分土，受到千辆车马的赏赐。可是，听说你回去之后，赏钱不过二百万，升官不过移民区总监（典属国），没有尺寸土地的封赐，嘉慰你的忠心劳苦。而那些当权的鲨鱼群，却都成了拥有万户人家的侯爵。皇亲国戚贪赃枉法，吸血分子也都擢升到中央政府，担任高官要职。你的遭遇尚且如此，我还盼望什么？

西汉政府因为我没有死节，把我全族诛杀。你可是守节之人，却奖励得如此轻微。用这种方法使远方人士，顺服的奔走效忠，恐怕很难。所以每次回顾往事，虽然内心沉重，却不后悔。我固辜负国家的栽培，但西汉政府也同样毫无恩义。从前有人说："即令并不忠烈，也能视死如归。"纵然我自已心安理得，又岂能再获得君王的敬重？大丈夫有生之年，既不能名扬于世，死后便只好埋葬蛮荒。谁还去屈身叩头，面对未央宫北门，使那些伏在案头的小官小吏，用他的笔墨去挑选法律条文？愿你不必再寄望我会回国。子卿，子卿！事已至此，还有什么可言。你我两地，相隔万里，人事断绝，道路相殊，生是另一个世界的人，死是另一个世界的鬼，生死都不能再见，从此永诀。祝福老友，尽力侍奉圣明君王。你在匈奴生的儿女，都十分安好，不要挂念，唯请你自己多多保重。如果可能，有使节北来，顺便再赐我信息。 

3 夏季，旱灾。

4 秋季，七月，西汉政府决定采纳“贤良”“文学”之士的建议，下令废除全国酒类专卖，撤销关内（函谷关以西）的铁器专卖。

刘彻（七任武帝）末年，国家财力人力，都有沉重消耗，全国户口，减少一半。霍光了解政治上的困境，所以减少差役和赋税，使人民能够喘息休养。霍光还主张跟匈奴和解，使和平再现，人民生活得以充实。逐渐恢复刘恒（五任文帝）、刘启（六任景帝）时代的社会景观。

**柏杨曰**

中国有史以来第一次关于财经政策的大辩论，就发生在本年（前八一），《资治通鉴》却只字不提，只贸贸然提到撤销全国酒专卖及关内铁器专卖，好像根本没有其他什么重要事件，使人遗憾。大辩论的会场上，由宰相田千秋、最高监察长（御史大夫）桑弘羊，跟他们的助手，坐在上座。由来自首都长安跟附近地区，以及全国各郡国推荐的八位“贤良”人士，与同样由全国各郡国推荐的儒家高级知识分子（文学）五十余人，坐在下面两边（这种坐法，跟现代一般会议情形相似，成一个U字形）。而在角落里，则坐着政府官员，担任记录。会议共举行了两次。之后，官做到庐江郡（安徽省庐江县）郡政府主任秘书（丞）的桓宽先生，把全部记录，正反两方面的意见，整理集合在一起，定名《盐铁论》，成为中国有史以来第一部专门探讨政治经济的巨著，较之亚当斯密斯的《国富论》，要早一千八百年。桓宽本人属于儒家，他当然偏袒属于儒家的一方，但仍可看出当时桑弘羊所以坚持，有他充分理由。

桑弘羊站在政府立场，要求开辟财源，要求击溃匈奴，要求严刑峻法。而“贤良”和儒家学派高级知识分子，因为来自民间，深刻了解人民的痛苦，所以要求自由经济，要求不要再发动战争，要求制止刑罚的残酷跟泛滥。针锋相对的结果，政府只作稍稍的、不关痛痒的让步，那就是废除酒的专卖，和关内（函谷关以西）一个小地区的铁器专卖。而整个国家的经济政策，并没有改变。就在桑弘羊死后，也没有改变。但我们却可从《盐铁论》，看出当时人民的悲惨。在辩论结束时，一位没有记载姓名的“贤良”，有一段控诉的话，使人感受最深，他说：

“每天舒舒服服到床上呼呼大睡的有钱人，不会了解每天筹不到钱还债，付不出官吏要收缴赋税的人的忧愁；穿着高贵丝料和高贵鞋袜，吃白米吃鱼肉的人，不能了解粗布单衣的寒冷，和糠皮粗饭的难以下咽。耳朵听着美妙音乐，眼睛看着小丑表演娱乐的人，不会了解冒着像雨一样的箭矢，在战场上跟敌人厮杀的危险。坐在窗明几净的桌旁，挥动笔杆，玩弄法律，判决诉讼胜负的人，不会了解手铐脚镣的痛苦，和苦刑拷打的残忍。”

这两场大辩论，为我们留下很多启示，那就是解除人民的痛苦，不能指望掌握权柄的人仁慈“纳谏”，只能指望对权力的制衡。在没有制衡力量之下，任何舆论——包括卑微的下跪哭诉，都没有作用。即令有作用，也微不足道。

**5** 刘弗陵下诏，因钩町侯（封地在今云南省广南县）毋波，率领他的部落攻击叛徒有功（去年〔前八二〕协助藩属事务部长〔大鸿胪〕田广明），晋封钩町王。另封田广明当关内侯（只有封爵，没有采邑）。

# 西汉王朝

- 上官桀阴谋弑刘弗陵，自立称帝。
- 傅介子斩楼兰王。
- 刘贺即位二十七日被废。
- 西汉十任帝刘病已登极。
- 皇后许平君被霍家毒死。

---

- 维苏威火山爆发，庞贝城埋没。
- 罗马“奴隶战争”爆发及平息。
- 斯巴达克六千余人钉死十字架，悬尸数十里。

# 纪元前八〇年

## 辛丑

西汉　始元　七年
　　　元凤　元年

1 春季，西汉王朝（首都长安〔陕西省西安市〕）武都郡（甘肃省西和县西南蒿林乡）氐民族部落（故白马国）起兵反抗西汉政府，西汉帝（八任昭帝）刘弗陵（本年十五岁）派首都长安警备区司令（执金吾）马适建（马适，复姓）、龙额侯韩增（额，音é〔额〕）、藩属事务部长（大鸿胪）田广明，集结三辅（大长安地区）监狱，以及祭祀部（太常）监狱里的囚犯，免除他们的罪刑，出发讨伐。

**2** 夏季，六月，赦天下。

**3** 秋季，七月三十日，日全蚀。

**4** 八月，改年号为元凤（之前是始元七年，之后是元凤元年）。

**5** 左将军上官桀父子被擢升到极为尊贵的地位，十分感激鄂邑公主，竭力想办法封她的情夫丁外人一个侯爵。可是，霍光拒绝。上官桀父子退而求其次，希望丁外人当特级国务官（光禄大夫），这样就有受到皇帝召见的资格，霍光也不同意。于是鄂邑公主对霍光开始怨恨，而上官父子为了丁外人连连碰壁，也感到脸上无光。正巧，上官桀的岳父所宠信的一个叫充国（姓不详）的人，当御医总监（太医监）。有一天，不知道什么缘故，冒然闯到他不能进去的寝殿之中，被捕下狱，判处死刑，而冬季就要过完（西汉王朝法令，冬季之后，便停止行刑，这句话暗示可能立即执行死刑）。鄂邑公主替充国缴纳马二十匹赎罪，才获得免死。于是上官父子更感激鄂邑公主，而深恨霍光。

在刘彻（七任武帝）时代，上官桀已经是部长（九卿），地位比霍光要高（上官桀当交通部长〔太仆〕，年俸中二千石。而霍光只是御车总监〔奉车都尉〕兼特级国务官〔光禄大夫〕，年俸比二千石）。而现在，上官父子同时都当将军（上官桀当左将军、上官安当车骑将军），皇后又是上官安的亲女儿——不过是霍光的外孙女而已，又隔一层。霍光反而大权在握，凡事非他批准不行，上官父子心里愤愤不平，决心夺权。于是，开始一场惨烈的宫廷斗争。

燕王（首府蓟县〔北京市〕）刘旦，是刘弗陵的老哥，反而不能继承帝位，满腹委屈。而这时最高监察长（御史大夫）桑弘羊，因建立盐铁酒等专卖制度，给政府开辟财源，认为自己有很大功劳，想使他的小弟取得官位，却得不到，对霍光也十分怨恨。鄂邑公主、上官桀、上官安、桑弘羊，以及刘旦，秘密结成一个反霍光阵线。刘旦的行动更为积极，派遣孙纵之等前后十几次密使，携带大量贵重的金银财宝，用最快速度，前往首都长安，赠送鄂邑公主、上官父子、桑弘羊等。

上官桀等使人用燕王刘旦的名义，向刘弗陵上书，告发霍光到京师（首都长安）郊外检阅宫廷禁卫官（郎）、羽林警卫武士（羽林）时，沿途戒严，像皇帝出巡一样，禁止行人走路，教御厨房（太官）先到前站准备饮食住处，完全是天子仪式。又指控说：苏武出使匈奴汗国二十年（实是十九年，加上一年，是个整数，使印象深刻），誓不投降，不过只酬庸一个移民区总监（典属国），而最高统帅部秘书长（大将军长史）杨敞，毫无功勋，却升任粮食总监（搜粟都尉）。而且，擅自把各军指挥官（校尉）调到最高统帅部，增加参谋本部人数。刘旦在奏章上表示："霍光独揽大权，为所欲为，恐怕有非常行动。我，刘旦，愿意缴还亲王印信，到宫廷侍奉陛下左右，保护圣躬，督察奸臣。"

等到霍光休假时，上官桀抓住自己值班的机会，把这封奏章呈送给刘弗陵。他预期的是，只等刘弗陵把奏章交下查办，他跟桑弘羊就立即逮捕霍光，把他处决。可是，万万想不到，呈送给刘弗陵后，刘弗陵留在案头，并不交下查办。第二天一早，霍光入朝，得到消息，停在画室（雕刻绘画精致的等候召见的处所），不敢进入金銮宝殿。却是刘弗陵查问："最高统帅（大将军）在什么地方？"上官桀回答说："因为燕王（刘旦）控告他，不敢进殿。"刘弗陵下令召见，霍光进殿之后，脱下官帽，叩头请求定罪。刘弗陵说："将军，请把官帽戴起来，这奏章明明是假的，你有什么罪？”霍光松了一口气，问说：“陛下怎么知道是假的？”刘弗陵说：“你去广明（长安东门外一村落）检阅禁卫官，是近几天的事。征调各军指挥官（校尉），还没有超过十天。燕王（刘旦）怎么能够知道（燕国首府蓟县〔北京市〕，与首都长安，航空距离九百公里，当中隔着千山万水，包括太行山与黄河）？而且，将军如果企图发动非常事变，根本不需要什么指挥官。”

本年（前八〇），刘弗陵才十四岁（应是十五岁），这种迅速的反应和英明的判断，宫廷秘书（尚书）跟左右高官，无不震惊。而呈递文书的人，果然逃亡，刘弗陵下令紧急追捕。上官桀等心虚恐惧，劝解说，这是一件小事，用不着劳动圣心。刘弗陵不接受，不过终于无法捕获。但是，以后上官桀党羽有打霍光小报告的，刘弗陵都凌厉的答复说：“霍光是一位忠臣，先帝（刘彻）嘱托他辅佐我治理国家，再有人说他坏话的，我就教他反坐。”

从此，上官桀等不敢再行诬陷。

君王最高贵的品质，莫过于能够明察真相。明察可以洞悉奸诈，使任何邪恶都无法蒙蔽，刘弗陵就是一个榜样。看起来周王朝二任王姬诵，应该羞愧；连刘邦（西汉一任帝）、刘恒（五任帝）、刘启（六任帝），都相差很远。姬诵听信管国、蔡国散播出来的流言，致使姬旦进退两难，不得不率军东征。刘邦（西汉一任帝）听信陈平背叛魏国又背叛西楚，几乎舍弃了这位智囊。刘恒（五任帝）听信季布好发酒疯，竟不敢任用他当最高监察长（御史大夫），仍教他回任郡长；怀疑贾谊擅权作威，可能制造混乱，遂疏远这个贤能人才。刘启（六任帝）认为只要诛杀晁错，就可化解六国的反抗，因而屠戮三公。正是：“先有怀疑的心，才有奸人之口。”假使刘弗陵能得到伊尹、姜子牙的辅佐，则姬诵（周二任王）、姬钊（周三任王）的时代，都不足以相比。

李德裕一篇磅礴有力的论文，最后忽然冒出伊尹、姜子牙、姬诵、姬钊几位奇异人物，使气势全部破坏。我们真不明白，儒家系统为什么总是咬住一些漏洞百出的史迹不放？

**6** 上官桀等跟鄂邑公主，既不能用合法形式扳倒霍光，决心采取激烈手段。于是，他们秘密决定："由鄂邑公主摆下酒席，请霍光赴宴，就在帐下伏兵，把霍光格杀，然后罢黜刘弗陵，迎立刘旦即位。"刘旦完全同意这种安排，双方通信频繁。刘旦承诺即位之后，封上官桀王爵；联络各郡各封国英雄豪杰，有千余人之多，武装待命。刘旦把他的计划告诉封国国相平（姓不详），平劝阻说："大王从前跟刘泽合谋，事情还没有成功，消息已经走漏，就是因为刘泽性情浮夸，不切实际。据我了解，上官桀做事，一向粗枝大叶；而上官安因为从小就富贵之故，骄傲狂乱；都不是成大事的人，恐怕又像刘泽那样，归于失败。而且，即令成功，恐怕到时候他们又会对你背叛。"

刘旦不相信，说："前些时，有一个男子到皇宫之前，自称是故太子刘据，长安城人民一时归心，欢跃不止（参考前八二年）。霍光害怕的不得了，出动军队镇压，防备非常。我是先帝（刘彻）的长子，天下共知，还在乎有人反对？"稍后，对他的臣僚说："鄂邑公主通知我，唯一的绊脚石是霍光，跟右将军王莽（这位王莽，别名稚叔，天水〔甘肃省通渭县〕人，不是八十年后取代西汉王朝的那位王莽），而今王莽逝世，宰相（田千秋）又害病；大事必然成功，不久就会有好消息。”下令文武官员准备行装，以便随时出发。

然而，阴谋中再起阴谋，上官安秘密设计，等到刘旦进京之后，再把刘旦除掉，才罢黜刘弗陵，拥护老爹上官桀即位。亲信们说：“那么，皇后怎么办？”上官安说：“追逐鹿的猎狗，还能顾到兔呀（意思是：追求大的目的物，不得不作小的牺牲）！刘旦当上皇帝之后，一旦改变主意，我们想当一个普通平民，恐怕都办不到，这真是千载难逢的好机会！”

不料事情急转直下，鄂邑公主家随从（舍人）的老爹、收租员（稻田使者）燕仓，得知这项阴谋，立即报告农林部长（大司农）杨敞。杨敞小心谨慎，素来怕事，不敢转达，声称有病，搬家到别的地方调养。燕仓再报告议论官（谏大夫）杜延年，杜延年迅速转告霍光。

九月一日，刘弗陵下诏，命宰相田千秋逮捕孙纵之、上官桀、上官安、桑弘羊、丁外人，连同他们的家族，全部诛杀。鄂邑公主自尽。

燕王刘旦得到消息，召唤国相平（姓不详）说：“事情已经失败，我要不要动员军队？”平说：“上官桀已经处死，人民已经知道，发兵无益。”刘旦既愤怒又懊丧，摆下酒筵，跟臣僚部属和王妃姬妾，一一诀别。不久，刘弗陵用正式诏书斥责刘旦，刘旦用丝带自己绞死，王后跟姬妾追随刘旦自杀的有二十余人。刘弗陵特别开恩，赦王太子刘建不死，贬作平民。给刘旦一个绰号：剌王（剌，音là〔辣〕）。上官皇后以年纪还幼（本年，这位小皇后才九岁），又没有参与政变阴谋，而且又是霍光的外孙女，所以也没有被罢黜。

**7** 九月二日，擢升西长安市长（右扶风）王䜣（音xīn〔欣〕）当最高监察长（御史大夫）。

**8** 冬季，十月，封杜延年当建平侯，燕仓当宜城侯。宰相府故顾问官（丞相征事，年俸比六百石）任宫，生擒上官桀，封弋阳侯，宰相府科员（丞相少史，年俸四百石）王山寿，引诱上官安进入宰相府，封商利侯。

很久以后，儒家高级知识分子（文学）、济阴（山东省菏泽市定陶区）人魏相，参加刘弗陵亲自主持的考试（对策），上言说："当初，燕王刘旦狂乱无道，韩义挺身规劝，被刘旦诛杀。韩义没有子干（比干）那种亲属关系，却有子干那种节义（商王朝末任帝子受辛暴虐，他的叔父比国国君子干规劝，子受辛把子干剖腹处死），最好奖励他的儿子，向天下显示臣僚应守的大义。"西汉政府遂擢升韩义的儿子韩延寿当议论官（谏大夫）。

**9** 全国最高统帅（大将军）霍光，因为政府中的元老旧臣，全都凋零，宫廷禁卫官司令（光禄勋）张安世，在前任帝刘彻时代，就担任宫廷秘书长（尚书令），行为纯朴，于是推荐他当右将军兼宫廷禁卫官司令（兼光禄勋），做霍光的助手。张安世，是故最高监察长（御史大夫）张汤的儿子。

霍光认为杜延年忠心耿耿，擢升他当交通部长（太仆），兼宫廷秘书署右厢主管（尚书右曹），再兼御前监督官（给事中。"侍中"和"给事中"，都不是独立官位，而是一种"加官"。"中"指宫中，表示可以入宫。好像清王朝的"行走"，"行走"不是官位，部长不能擅自前去的地方，一个小职员如果加上"行走"，就可以前去。勉强的分，"侍中"是随从皇帝，在皇帝身旁服役、端茶、点灯、拿痰盂、提尿壶。"给事中"则不能亲近皇帝，而只能到皇宫内指定的地方处理公务。二者既是加官，大多数都有一个本职。杜延年的本职是交通部长〔太仆〕，加上"侍中"，就可到皇帝身旁。加上"给事中"，就可以到设于宫中的秘书署。如果没有这些加官，他就不能进宫，更无缘参与机要事务）。

霍光主张严刑峻法，杜延年总是建议宽厚，小官或平民有时上奏章给刘弗陵，都会交给杜延年查覆。遇到可以担任官员的人才，就加以试用。或外放到地方政府当县长，或留在中央，当宰相府或最高监察署的秘书或职员。一年之后，加以考察，把考绩奏报刘弗陵。遇到不称职或犯法有罪的，则加以惩罚。

**10** 本年（前八〇年），匈奴汗国（王庭设蒙古国哈拉和林市）动员东西两大军区骑兵二万余人，分为四路纵队，向西汉边塞，同时发动总攻。西汉边防部队反击，斩杀及俘虏九千人，生擒瓯脱王（瓯，音ōu〔欧〕。瓯脱，匈奴语，指边界上的前哨站或瞭望台），而西汉却没有什么伤亡。匈奴恐惧瓯脱王作西汉向导反攻，急向西北撤退，不敢南下寻觅水草（匈奴汗国的战斗力，明显衰退）。

西汉政府大量移民，屯垦汉匈两国交界处的真空地带（瓯脱）。

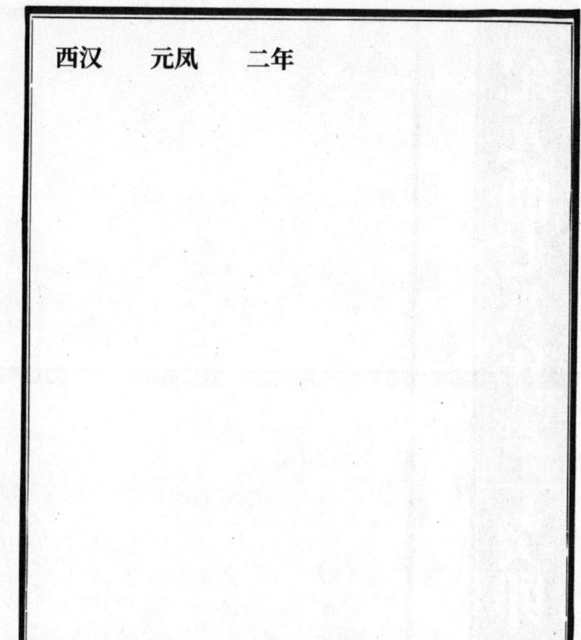


**1** 夏季，四月，西汉王朝（首都长安〔陕西省西安市〕）皇帝（八任昭帝）刘弗陵（本年十六岁）从建章宫移住未央宫。

**2** 六月，赦天下。

**3** 本年（前七九），匈奴汗国（王庭设蒙古国哈拉和林市）再派骑兵南下，进驻受降城（内蒙古乌拉特中旗东五十公里新忽热，参考前一〇四年），用以防备西汉突击。但在北方余吾水（蒙古国土拉河）上，搭建桥梁，准备随时撤退。匈奴单于（十一任）挛鞮壶衍鞮，希望跟西汉和解，又怕西汉拒绝，所以不肯先提出请求，但常教他的左右，向西汉派往匈奴的使节暗示。不过骚扰边塞的事件越来越少，对西汉使节的招待，也越发隆重，目的仍在走和解之途。西汉政府也虚应故事，保持友善。

# 纪元前七八年
## 癸卯

西汉　元凤　三年

1 春季，正月，西汉王朝（首都长安〔陕西省西安市〕）泰山上有块大石头，忽然自己站起来。而御花园（上林苑）有棵已经枯死倒地的柳树，忽然复生，树干直立；有虫在啃柳叶的时候，啃出“公孙病已立”五个字。

宫廷符节保管官（符节令）鲁国（首府鲁县〔山东省曲阜市〕）人眭弘（眭，音suī〔虽〕）上书说：“大石头自己起立，倒地的柳树自己复活，显示将有一个平民当天子。树枯而复活，莫非是已经罢黜的皇家子弟中公孙一支，注定复兴？西汉王朝刘姓皇族是尧帝伊祁放勋的后裔（参考前一九五年），先天注定有让位的命运。所以，最恰当的因应是，物色贤能的人，请陛下把宝座禅让给他。自己退位，封一个有百里大小采邑的侯爵，顺应天命。”

眭弘被控“妖言惑众”，斩首。

**2** 匈奴汗国（王庭设蒙古国哈拉和林市）单于（十一任）挛鞮壶衍鞮，命犁汙王（汙，音wū〔污〕）侦察西汉边塞。犁汙王回报说，酒泉郡（甘肃省酒泉市）、张掖郡（甘肃省张掖市）一带，汉朝兵力微弱，如果发动攻击，可能恢复故土（前一二一年，浑邪王归降，始属中国）。当时，西汉政府已从归降的匈奴人口中，得到消息。西汉帝（八任昭帝）刘弗陵（本年十七岁）下诏沿边严密戒备。

不久，匈奴右贤王、犁汙王率四千骑兵，分三路侵入日勒（甘肃省山丹县东南）、屋兰（甘肃省张掖市东南）、番和（甘肃省永昌县）。张掖郡长、移民区驻军司令（属国都尉。总部设今甘肃省金塔县东），征调边防军反击，匈奴大败，能逃脱的不过数百人。移民区义渠王（义渠部落酋长）在作战中射杀犁汙王。西汉政府赏赐义渠王黄金二百斤、马二百匹，改封犁汙王（对匈奴汗国的一种心战）。从此，匈奴汗国不敢再攻击张掖郡（收复河西走廊的希望，完全破灭）。

**3** 燕盖之乱（燕，指燕王刘旦。盖，鄂邑公主嫁盖侯王充，也称盖长公主；王充，是王娡老哥王信的儿子），桑弘羊的儿子桑迁逃亡，投靠老爹从前的部属侯史吴（侯史，复姓）。稍后，桑迁被捕，诛杀。再稍后，政府颁布赦令（参考去年〔前七九〕六月），侯史吴出面自首。司法部长（廷尉）王平、宫廷供应部长（少府）徐仁，会同审判，认为桑迁只是受他

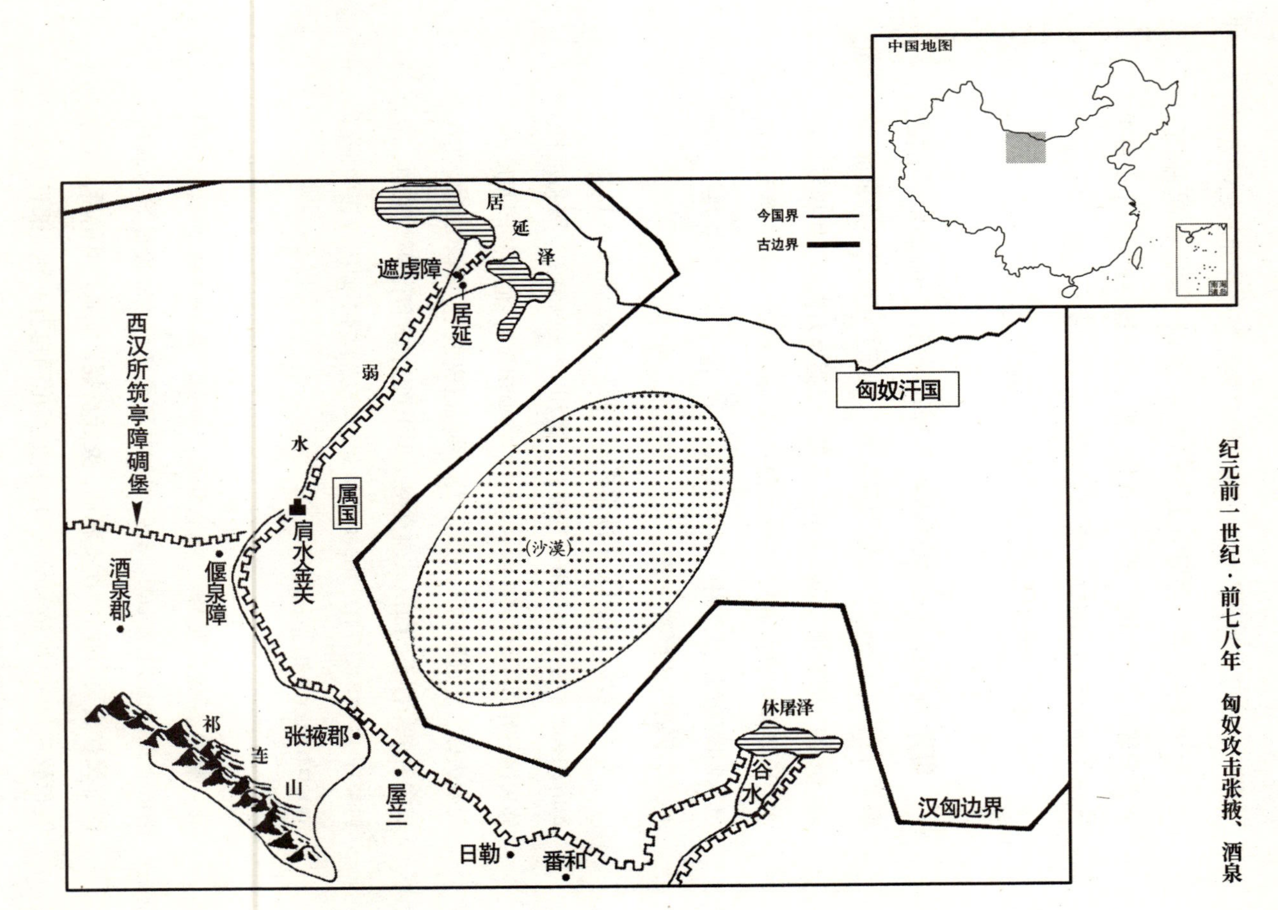


纪元前一世纪·前七八年　匈奴攻击张掖、酒泉

爹谋反的牵连，并不是他自己谋反；侯史吴藏匿的不过是一个普通逃犯，并不是藏匿叛徒。于是依照去年颁布的“赦天下”诏令，宣判侯史吴无罪（“赦天下”，不是“大赦天下”，仍有许多罪，诸如叛乱犯，仍不赦免）。

后来，执法监察官（侍御史）重新调查，认为：“桑迁深通儒家学派的五经（《诗》《书》《礼》《易》《春秋》），知道老爹桑弘羊谋反，而不规劝阻止，跟他自己谋反，没有两样。侯史吴也曾当过低级官员（三百石），却藏匿谋反正犯，跟平民藏匿普通逃犯不同。所以，侯史吴不可以赦免。”奏请再派人审理。接着弹劾司法部长（廷尉）王平、宫廷供应部长（少府）徐仁，包庇叛徒。

侯史吴的案件，再为政治性冤狱，提供一个最常见的模式。法律条文虽是死的，解释却有一定轨道。一位法院书记官说：“一场官司下来，到了最后，案情已十分明显，书记官在旁，也一目了然。内容再复杂，法官只要两三个小时，就可写妥判决书。可是，如果是法官受了贿，或承受某种压力，他可是要写上两三天，判决书才能脱稿。”因他必须费尽心机，去扭曲法律和事实。

霍光这时大权在握，他除了要对桑家斩草除根外，还要彻底整肃“燕盖帮”次要的残余党羽。侯史吴的人头，正好提供他锋利武器，用以扩大打击面。所谓执法监察官（侍御史）的指控，不过又是“有人检举”而已。仅只不劝阻老爹谋反，便是自己谋反，这是什么推理？然而，不把桑迁戴上铁帽，就无法扳倒侯史吴；不把侯史吴戴上铁帽，就无法扳倒两位部长。法律典籍放在神坛，是神圣的，一旦用来从事政治斗争，便成了屠刀。

**4** 宫廷供应部长（少府）徐仁，是宰相田千秋的女婿。田千秋已经敏锐的感觉到侯史吴事件隐伏杀机，所以竭力为侯史吴辩护。但又恐怕全国最高统帅（大将军）霍光不接受，于是田千秋在未央宫北门（公车门），召集政府部长级以上高官（中二千石）跟研究官（博士），举行一次高阶层会议，讨论侯史吴是不是犯法。参加会议的人都知道霍光的意思何在，当然一致指控侯史吴罪大恶极。田千秋了解他已无法挽救危局，第二天，就把讨论的结论，专案奏报。

霍光的反应极为激烈，他认为田千秋擅自召开高官会议，是故意造成政府文官跟国防武官对抗的紧张形势。立即逮捕司法部长（廷尉）王平，跟宫廷供应部长（少府）徐仁。这次行动，引起政坛震恐，人们相信下一步就轮到宰相，田千秋难逃此劫。交通部长（太仆）杜延年适时的上一份签呈给霍光，说："官吏释放有罪的人，有正常的处罚办法。而今更诋毁侯史吴大逆不道，引用的法律条文，实属勉强。宰相田千秋，并不是故意提出相反的见解，而只是一向喜爱为在下位的人说情，以博取好感而已。至于不跟你事先磋商，就自行召集高官会议，当然无礼。我十分愚昧，但我认为，田千秋在位已久，又是先帝（刘彻）所任用的人，除非有重大事故，不应该排除。最近，民间传言，都说侯史吴是一桩冤狱，引用的法条，过于苛刻。而田千秋在高官会议上所讨论的，却正是这件官司。如果大狱再牵连到宰相（田千秋），恐怕跟民心相违。不可避免的，将引起群众的喧哗，和小民的议论。然后，流言四方传播。我恐怕将军可能为此一案，使英名受损。"

但霍光认为宫廷供应部长（少府）及司法部长（廷尉），故意玩弄法律，最后，仍逮捕二人入狱。

夏季，四月，宫廷供应部长（少府）徐仁，在狱中自杀。司法部长（廷尉）王平、北长安市长（左冯翊）贾胜胡，腰斩。但案情不再升高，霍光跟田千秋仍继续和平相处。杜延年不走极端，对事公平，协调各方意见，使政府中充满祥和，所做的事，都类似这样。

**5** 冬季，辽东郡（辽宁省辽阳市）乌桓部落（内蒙古西辽河上游），起兵叛变。

最初，匈奴二任单于挛鞮冒顿，击破东胡部落（内蒙古东部。参考前二〇一年），东胡残众向东逃亡，分别窜入乌桓山（内蒙古阿鲁科尔沁旗西北乌辽山）、鲜卑山（大兴安岭），遂分成两大部落（乌桓部落及鲜卑部落），世代被匈奴汗国奴役。等到刘彻攻破匈奴汗国东部军区，匈奴势力向西退缩，西汉政府遂把乌桓人移民到上谷郡（河北省怀来县）、渔阳郡（北京市密云区）、右北平郡（内蒙古宁城县西南）、辽东郡（辽宁省辽阳市）等郡的边塞之外，作为西汉跟匈奴的缓冲，同时也使乌桓替西汉侦察匈奴的动静。西汉政府特别设立乌桓保安司令（护乌桓校尉），驻扎在移民区内，做他们主管官员，监视他们不能跟匈奴来往。

以后，乌桓部落逐渐强大。本年（前七八），竟行攻击西汉。

原来，匈奴汗国骑兵三千余人，攻入五原郡（内蒙古包头市），杀戮俘虏几千人。接着几万人的匈奴兵团，沿着西汉北方边塞移动，同时攻击边塞外西汉建立的碉堡亭障，裹挟官吏跟人民。当时，西汉沿边各郡的烽火台，一个接连一个，戒备森严。匈奴每次入侵，难有什么收获，所以若干年以来，很少有过军事行动。而归降西汉的匈奴人，告诉西汉官员说，乌桓部落常常挖掘匈奴汗国单于祖先们的坟墓，匈奴把乌桓恨到透顶，正准备出动两万余骑兵，要给乌桓部落一个教训。

霍光打算用大军突击匈奴，询问大军保护总监（护军都尉）赵充

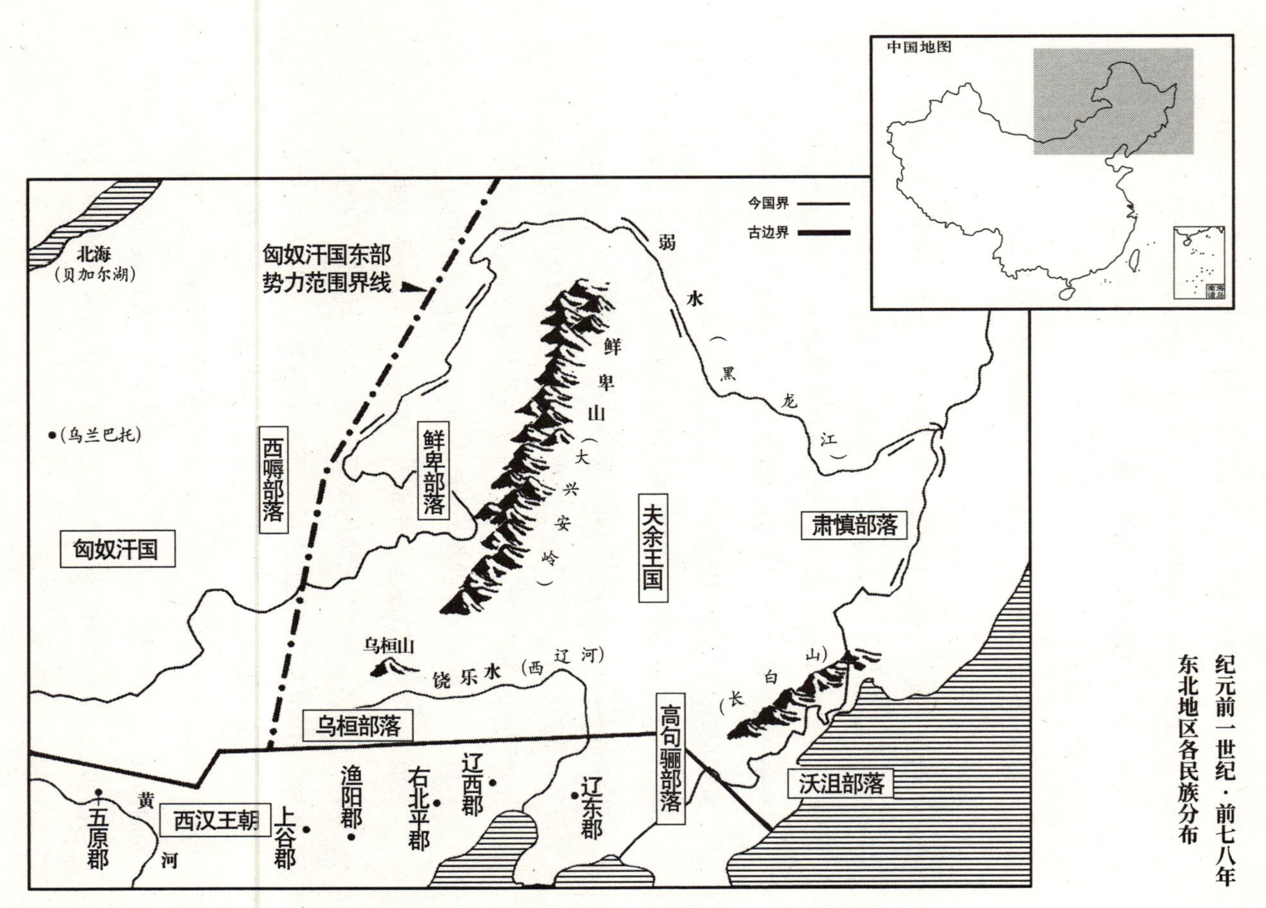


纪元前一世纪·前七八年
东北地区各民族分布

国。赵充国认为：乌桓经常侵略边塞，而今匈奴要攻击它，对西汉有利。而且匈奴很少南侵，两国一直处于和平状态，蛮夷之间互相攻击，而西汉忽然插手，岂不是招惹是非？不是上等谋略。霍光再问皇家警卫指挥官（中郎将）范明友，范明友认为西汉应该有所反应。

于是，任命范明友当度辽将军（此时仍是杂号将军，军事行动之后，即行撤销。直到下世纪〔一〕六五年，东汉王朝时，才改成常设官），率二万人，从辽东郡（辽宁省辽阳市）出塞。匈奴得到西汉出兵消息，即行撤退。

当范明友出发时，霍光警告他：大军不可以空手而还，如果不能攻击匈奴，那么，就攻击乌桓。倒霉的乌桓部落，刚刚受到匈奴创伤，正在收拾残局，西汉兵团忽然又发动攻击，狼狈不堪。范明友斩杀六千余人，取得三个大王（酋长）的人头。

匈奴大为震恐，然而，已不能再出动大军。

# 纪元前七七年 甲辰

西汉　元凤　四年

**1** 春季，正月二日，西汉王朝（首都长安〔陕西省西安市〕）皇帝（八任昭帝）刘弗陵（本年十八岁）行加冠礼。

**2** 正月甲戌日（正月丙戌朔，没有甲戌。《汉书·百官公卿表》记载，王䜣于二月十一日继任宰相〔丞相〕，则田千秋之死必在之前，疑是在“甲午”〔二月九日〕），宰相富民侯（定侯）田千秋逝世。当时中央政府在全国最高统帅（大将军）霍光控制之下，田千秋虽然居于宰相（丞相）高位，不敢多问政事，谨慎小心，自保平安而已。

**3** 夏季，五月丁丑日（五月甲申朔，没有丁丑），五任帝刘恒祭庙（孝文庙）正殿失火。刘弗陵跟高级官员一律换穿素色衣服；工程总监（将作大匠，二千石）亲率五个劳工营（五校）所属的判服苦役的囚犯（五校：右校、左校、前校、后校、中校），抢修重建，六天即行完工。祭祀部长（太常）、祭庙管理官（庙令）、秘书（丞）、管理员（郎）、雇员（吏），全体被弹劾犯“大不敬”（诛杀全族）之罪。

幸而不久，政府有赦，祭祀部长（太常）轑阳侯江德，免官夺爵，贬作平民。

**4** 六月，赦天下（救了上述那些人的性命）。

**5** 最初，扜弥国（扜，音wū〔乌〕，新疆于田县）送太子赖丹，到龟兹国（新疆库车市）充当人质。贰师兵团攻击大宛王国（首都贵山城〔中亚纳曼干市西北卡散赛城〕）班师时（参考前一〇二年），顺道把赖丹带回西汉。霍光接受桑弘羊从前的建议（参考前八九年六月），任命赖丹当指挥官（校尉），率领西汉军队，前去轮台（新疆轮台县）武装开荒屯垦。龟兹国贵族姑翼对国王说：“赖丹本来是我国的臣属，而今，身佩西汉发给的绣带金印，紧逼我国疆土，开荒屯垦，将来一定会对我们造成伤害。”（龟兹跟轮台航空距离一百二十公里。）龟兹王于是派出突击队，击斩赖丹，然后上书西汉政府，请求定罪。

楼兰国（新疆若羌县）国王逝世，匈奴汗国先得到消息，马上把当人质的楼兰王的儿子安归送回，安归遂继承王位。西汉政府派使节到楼兰，宣读皇帝刘弗陵诏书，命新王安归到长安朝见，安归拒绝。楼兰国位于西域（新疆及中亚东部）的最东边界，距西汉最近（楼兰跟敦煌航空距离五百五十公里），当中横亘着面积大约八万平方华里的白龙堆沙漠（新疆罗布泊东），缺乏水草，楼兰国常被分派担任向导工作，既运淡水，又运粮草，不停的迎送西汉使节。而西汉使节又凶暴得跟匪徒一样，使他们受到难以承受的痛苦，不愿再跟西汉来往。现在，再加上匈奴汗国的挑拨，遂跟西汉断绝邦交，不断拦杀西汉官员。安归的弟弟尉屠耆在西汉当人质，因得到老王逝世的消息较晚，无法回国继承王位，就投降西汉，把内情报告西汉政府。

这时候，交通部（太仆）骏马管理官（骏马监）、北地（甘肃省庆城县西北马岭镇）人傅介子，奉派出使大宛王国，西汉政府命他顺道责问楼兰国跟龟兹国改变立场的原因。傅介子到楼兰、龟兹后，两国国王都承认错误。傅介子从大宛王国回来，再经龟兹国。正好遇到从乌孙王国（首都赤谷城〔中亚伊赛克湖东南〕）回国，路过龟兹的匈奴使节。傅介子率领他的随从人员，发动突袭，把匈奴使节诛杀。

傅介子回到首都长安报命，西汉政府擢升他当皇家警卫官（中郎）兼平乐观马厩管理官（平乐监。平房称“庙”，楼房称“观”，平乐观在御花园〔上林苑〕中，刘彻所建）。傅介子对全国最高统帅（大将军）霍光说：“楼兰、龟兹，反反复复，如果不给他们一个严厉的惩罚，就不能镇压各国。我经过龟兹时候，国王平易近人，毫不设防，很容易得手。我愿去把他刺杀，用以展示中国声威。”霍光说：“龟兹太远，且到楼兰试试。”于是派他前往。

傅介子率领卫士，带着金银财宝，宣称要赏赐外国君王。当这项好消息传到楼兰后不久，傅介子抵达楼兰。然而楼兰王安归不信任西汉使节，不肯接见。傅介子假装毫不介意的模样，向西继续进发，走到西部边界时，教翻译官告诉安归，说：“西汉使节所带的黄金绸缎，都是宝贝，用来赏赐西域各国，大王如果不来领取，西汉使节就到别的国家去了。”把金银财宝展示给翻译官看，翻译官回去向安归报告。

安归听到真的可以得到金银财宝礼物，大为欢喜，遂亲到西界，会晤傅介子。傅介子用盛大的筵席招待，摆出那些使人眼花缭乱的礼物，杯盘交错，亲如兄弟。最后都喝醉了，傅介子悄悄耳语说：“皇上有句重要的话，教我秘密报告大王。”安归遂起身，跟着傅介子到后帐，屏退左右侍从，当他正要侧耳倾听时，一声暗号，两位壮士的两把利刃，从安归背后猛烈刺入，穿胸而过，刀锋在胸前铿然相交，安归立即死亡。侍从人员跟贵族们一时惊起，四散逃走。傅介子出来安抚大众，指出安归背叛西汉政府，说：“皇上派我来对安归执行死刑，并由当弟弟的尉屠耆继承王位。西汉大军正向这里挺进，如果轻举妄动，下一步就是亡国！”楼兰全国震恐屈服。

傅介子砍下安归人头，乘政府驿马车奔回长安（楼兰与长安航空距离一千九百公里），悬挂到未央宫北门之下。西汉政府封尉屠耆当楼兰王，把国名改作鄯善，颁发印章，物色一位宫女，当尉屠耆的妻子（此时称“夫人”，即位之后，就成“王后”了），为他准备车马辎重，携带大量礼物。

尉屠耆动身之日，宰相率领文武百官，亲自送到长安城横门（北城西端第一门）之外，设下饯行酒筵。尉屠耆向西汉皇帝刘弗陵请求：“我在中国的时间太久，而今回到祖国，势力单薄。安归还有儿子在国内，恐怕被他们报复杀害。我国首都（扜泥城〔新疆若羌县〕）附近，有一座伊循城（新疆若羌县东北七十公里），土地肥沃，盼望中国政府派遣一位将领，在那里开荒垦田，积存粮秣，我也可以依靠中国

纪元前一世纪·前七七年 傅介子斩楼兰王

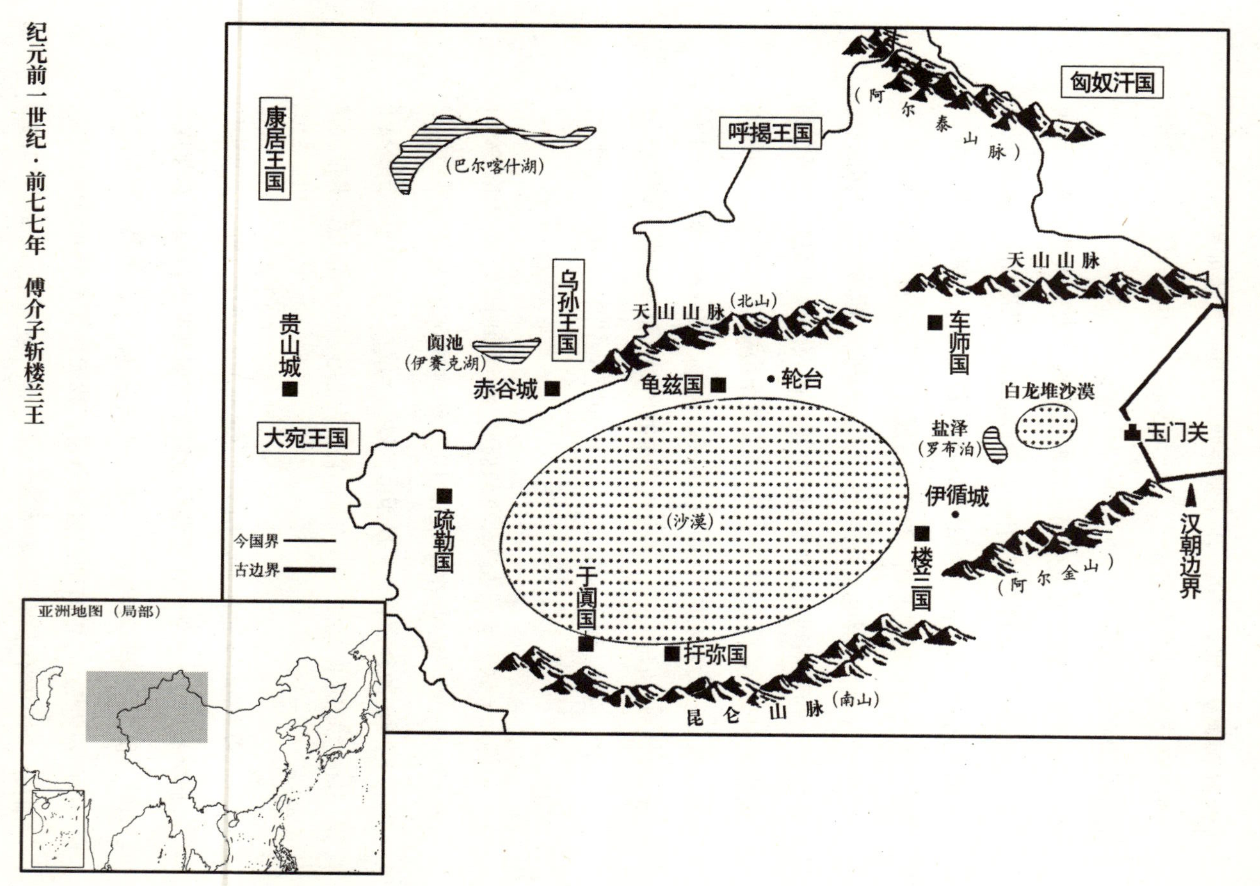

的威望，保持平安。”西汉政府答应他的请求，派出一位军政官（司马），带领武装士兵四十人，前往伊循城，稳定王位。

秋季，七月二十三日，封范明友当平陵侯，傅介子当义阳侯。

**司马光曰**

圣明的君王，对待蛮夷，如果叛乱，则发兵征讨；如果臣服，则不再追究。而今，楼兰王已经承认他的错误，却再加诛杀，以后再有叛徒，中国便不能取得他们的信任。如果认为楼兰王的罪行太重，仅只道歉，还不能原谅，定要处决，也应该出动堂堂之师，宣布他的罪状。想不到，却派出正式使节，用金银财宝当饵，引诱他入彀。以后，外国对汉朝使节，谁还敢相信？以中国的强大，竟用这种匪徒盗贼勾当，去欺凌外邦，实在是一种羞辱。很多人竟然赞美傅介子，认为他建立奇功，未免过分。

人跟人之间，相处之道，唯有信誉仁义而已。而履行信誉仁义，也只有人与人相处，才用得着。从没有听说有人对虎狼蜂蛇也讲信誉仁义的。楚王国固是祝融的后裔（祝融，据说是黄帝王朝三任帝姬颛顼的儿子，被后世称为火神），而且由周王朝初叶君王分封爵位（子爵）。宋国国君（襄公）子滋甫尊奉信誉仁义，跟他们结盟，更严守信誉仁义，跟楚王国作战，结果军事失败，身受重伤，为中国带来羞辱。对楚王国这种人，还不能跟他们讲信守义，何况其他那些跟野蛮民族混在一起，而又螫人咬人之徒。

楼兰王表面归顺中国，暗地里却充当匈奴的间谍，傅介子执行皇帝诏书，加以诘责，楼兰王也承认他的罪行。问题是，野蛮民族根本不知道什么是羞耻，所以他们也不在乎来一个当面屈膝。不久，匈奴汗国的使节，就又到了楼兰。西汉如果信任他的归顺，而推诚相待，必然受他的诈欺。如果因怀疑他的归顺是假的，而出动大军讨伐，既劳师动众于千里绝域，使西汉疲惫；而楼兰势将要求匈奴援助，合力抵抗，中国军队受到挫折，不得不顿兵在坚城之下。这就是宋国国君子滋甫泓水之战的覆辙。

傅介子计诱楼兰王，斩下人头，威力所及，夺取他们的魂魄，使匈奴胆寒，是何等的伟大勋业！因之，我认为，对于野蛮民族，诛杀他们的生命，不能称之为不仁；夺取他们的财物，不能称之为不义；用阴谋诡计引诱他们，不能称之为不信。为什么？只因为信义这种高贵的行为，是人跟人相处之道，不是跟“非人”的野蛮人相处之道。

霍光跟傅介子共同策划的这项对外国君王的谋杀行动，是中国外交史上最卑鄙、最无耻的下流行为之一。司马光已从道德、法理、政治三方面，发出严正的抨击。然而，王夫之在他的《读通鉴论》中，却狠狠掴了司马光一个耳光，认为司马光的主张，不切实际。

王夫之对人类用的是二分法，一类是“人”，一类是“非人”。中国人——而且是狭义的中原人，连楚王国都排斥在外，是“人”；而其他芸芸众生，全是“非人”。仁义道德是中国人的专利，只可以专门对内使用，对外就要发挥兽性，肆意诈欺残忍，无所不用其极。听起来好像是希特勒在那里发表讲演，使人发抖。王夫之不过一个平庸的知识分子，如果他掌握大权，制造出来的灾难，恐怕超过纳粹。纳粹也是二分法，雅利安人是“人”，犹太人是“非人”。用最僵硬的公式强加到万物之上的人，头脑一定简单，性情一定残暴。

文化人为了加强论据，而故意扭曲历史，跟政客们为了达到政治目的，而故意扭曲历史，同样使人浩叹。宋国国君（襄公）子滋甫之不断的栽到楚王国之手，跟信义无关。子滋甫用诈术跟楚王国结盟，想利用楚王国的威望使自己成为霸主，被识破诡计，丢人砸锅。不是失败于他有信义，而是失败于他智商太低，竟企图狐假虎威。

一口咬定看着不顺眼人是“非人”，这是为强梁世界制造屠杀的理论根据。西域本是和平的国土，匈奴跟中国先后闯入，带给他们厄运。王夫之活像一个地痞流氓，认为只要有一把枪在手，你就应该乖乖听话。楼兰的国格跟中国相等，为了谋求国家的生存，不能不委曲求全。为什么非效忠中国不可？春秋时代，郑国位居中原，不得不同时对晋楚两面讨好，谁强大，就服谁。楼兰王曾向中国哀告，说明他们受不了两大强国的压迫，要求取消独立，举国内迁，是西汉政府不许。中国还打不过匈奴，有什么理由和颜面，要小国寡民的楼兰，跟匈奴对抗？儒家系统以“恕道”自吹自擂，一旦遇到弱小，“恕道”可就没有了。“恕道”遂成了专门乞求强梁手下留情时用的符咒，对弱小连一星点也不肯施舍。然而，最可怕的还是王夫之的断语，对于“非人”，“诛杀他们的性命不为不仁，夺取他们的财产不为不义，欺骗他们跳入圈套不为不信”。这种褊狭的胸襟，孕育不出崇高的人道精神。

谈到胸襟——健康的心灵，和健康的包容，可以在司马迁身上找到。中国文化像一条澎湃壮观的大河，自从罢黜百家、独尊儒术以来，这条大河开始一渣一汁的沉淀，千百年下来，由于沉淀太多，而停滞、而腐朽、而缺氧，而终于成为一个庞大的酱缸。中国人的视界、担当、气魄，以及高贵的情操，逐渐萎缩，像渡过淮河的橘子变成的枳子一样，司马光已被酱得不能望司马迁的项背，王夫之更像一条虫蛆，不能望司马光的项背。

# 纪元前七六年 乙巳

西汉　元凤　五年

1 夏季，大旱。

2 秋季，西汉王朝（首都长安〔陕西省西安市〕）撤销象郡（广西崇左市），所属各县分别划入郁林郡（广西桂平市）、牂柯郡（贵州省福泉市）。

3 冬季，十一月，天际响雷。

4 十二月六日，宰相、宜春侯（敬侯）王䜣逝世。

# 纪元前七五年 丙午

西汉　元凤　六年

1 春季，正月，西汉政府（首都长安〔陕西省西安市〕）招募各郡、各封国青年，前往辽东郡（辽宁省辽阳市）筑玄菟郡城（辽宁省新宾县）。

2 夏季，赦天下。

3 乌桓部落（内蒙古西辽河上游）再攻击北方沿边要塞，西汉政府命度辽将军范明友出兵迎战。

4 冬季，十一月二十七日，任命杨敞当宰相（丞相）；擢升宫廷供应部长（少府）、河内（河南省武陟县）人蔡义，当最高监察长（御史大夫）。

# 纪元前七四年 丁未

西汉　元平　元年

**1** 春季，二月，西汉王朝（首都长安〔陕西省西安市〕）皇帝（八任昭帝）刘弗陵（本年二十一岁）下诏：人头税减收百分之三十（西汉王朝初年，国民七岁到十四岁，每人每年向皇帝缴纳人头税二十钱。刘彻时，增加三钱，作为宫廷费用特别捐。本年减收百分之三十，人头税减为每年十六钱）。

**2** 夏季，四月十七日，刘弗陵在未央宫逝世，没有儿子。当时，前任帝刘彻（七任武帝）现存的儿子中，广陵王（首府广陵〔江苏省扬州市〕）刘胥，年龄最长。全国最高统帅（大将军）霍光，跟高官会议，磋商物色新皇帝人选时，都主张刘胥应该继承。可是，刘胥乖张荒唐，刘彻最不喜欢他（到目前为止，刘胥还没有大恶，《汉书》仅说他喜爱淫荡闲逛，力大如牛，可以举鼎；有一次，空手斗熊，被熊爪击伤胸部，几乎死掉），霍光一时不敢确定。

一位宫廷禁卫官（郎）上书说："周王朝始祖姬亶父（太王），贬逐他的长子姬太伯（吴王国始祖），而指定姬太伯的弟弟姬季历（王季）当继承人。周王朝创业酋长姬昌（文王），舍弃长子姬邑考，而立姬邑考的弟弟姬发（一任武王）当继承人（事实上，不是姬昌舍弃姬邑考，而是姬邑考早死）。只要适合当君王，即令废长立幼，照样可以。刘胥不可以继位。"

这份奏章深合霍光的意思，霍光把它拿给宰相杨敞等传阅，而且擢升该禁卫官当九江郡（安徽省寿县）郡长（太守）。立即由上官皇后颁发诏书，派遣兼代藩属事务部长（行大鸿胪事）的宫廷供应部长（少府）史乐成、皇族事务部长（宗正）刘德、特级国务官（光禄大夫）丙吉、皇家警卫指挥官（中郎将）利汉，迎接昌邑王（首府昌邑〔山东省巨野县东南大谢集镇〕）刘贺，乘坐七辆政府驿马车（驿马车，古文称"传"。分为三等，高等四匹健马称"置传"，中等四匹中马称"驰传"，末等四匹普通马称"乘传"），先到设在首都长安的昌邑国宾馆（五任帝刘恒从代国入京继位，也是先到代国宾馆。参考前一八〇年）。霍光把经过情形，报告他的外孙女、十五岁的上官皇后。调派右将军张安世当车骑将军。

**3** 刘贺，是昌邑（哀）王（首府昌邑〔山东省巨野县东南大谢集镇〕）刘髆（音bó〔博〕，参考前九七年）的儿子（刘髆的娘亲就是著名的李夫人），七任帝刘彻的孙儿。在他的封国里，狂暴放荡，行动没有节制。祖父刘彻逝世后，依规定应该守丧志哀，可是他却照常打猎。曾经出游方与（山东省鱼台县），不到半天时间，就骑马奔驰二百华里。首府昌邑警备区司令（中尉）、琅邪（山东省诸城市）人王吉，上书规劝说："大王不喜爱读书，却喜爱安逸游乐。一手抓住车前横木，一手紧提衔勒马口的缰绳，奔腾驰骋，大声吆喝。既要驾车，又要拿鞭。而车辆颠簸，连休息也不能安静，反而更增劳苦。早上冒着严霜寒露，白昼冒着风沙尘土。夏天受到暴烈太阳的烤晒，冬天又被刺骨酷寒侵袭。大王以金枝玉叶软弱的玉体，去寻求这些痛苦疲劳的熬煎，绝对不是保全寿命的方法，更不能用以促进高尚的品德。

"我愿提醒大王，在广大的殿堂之下，细软的毛毯之上，接受博学多才的教师指导，或背诵、或研习、或讨论。上自伊祁放勋、姚重华的盛世，下到商王朝、周王朝的兴隆。考察圣明君王的风范，学习治国理家的道理。内心充满愉悦，发愤忘食，自己的品德每天都在提升，这种快乐，岂是马背上奔驰所能得到的?

"平常日子，大王可以做一种温和的伸屈运动，保持身体健康。用普通速度的散步或慢跑，使双腿的筋肉结实。常做深长的呼吸，锻炼内脏。专心诚意，不胡思乱想，使精神得以集中。用这种方法养生，岂不是长远之计！

"大王如果能留意这些事情，心里有伊祁放勋、姚重华的志向，而又有王子乔（姬晋）、赤松子（二人都是传说中的神仙）的寿命。美好的声誉，传播远近，自会上达天庭，更大的幸福和更大的前程，将同时降临，国家也跟着安如泰山。

"现任皇上（刘弗陵）至仁至圣，对于圣明君王先圣先贤，毫不懈怠的思慕追求。对于宫殿、花园、池塘的兴建，犬马的娱乐，都不喜爱。大王更应夜以继日，思念不忘，对自己严加督责，不要使圣明的君王失望。在所有的亲王之中，大王跟皇上（刘弗陵）的血缘最近（刘贺是刘弗陵的侄儿），大王虽不是皇上（刘弗陵）的儿子，但辈分上却跟儿子一样（兄弟的儿子称“犹子”，意思是：“也就是儿子”）。在政府系统，你的身份是臣僚，一身而兼两项角色，可知责任的重大。你的爱心和义行，只要有一点细微的瑕疵，被人报告中央政府，都不是国家之福。”

刘贺阅读报告之后，下令说：“我的行为，不能说没有过失，首府昌邑警备区司令（中尉）一片忠心，屡屡的辅导我走上正轨，特派皇家礼宾官（谒者）千秋（姓不详），赏赐首府昌邑警备区司令（中尉）牛肉五百斤、酒五石、干肉五包。”

然而，刘贺的行为依然如故。

**4** 昌邑国（首府昌邑〔山东省巨野县东南大谢集镇〕）王宫禁卫官司令（郎中令）、山阳（山阳郡郡政府亦设昌邑）人龚遂，忠厚刚毅，做人做事，一向坚持基本原则，对内不断规劝刘贺，对外不断要求封国宰相跟国王师傅加强辅导。常常引用儒家经典里的话，向刘贺分析祸福，有时甚至流泪泣涕。忠贞正直，总是当面指出刘贺的过失，以致刘贺大不耐烦，每次都掩住耳朵逃掉，说：“这家伙专门揭人疮疤！”刘贺喜爱跟他的侍从或奴仆，以及厨房厨师之流，挤在一起大吃大喝，做各种游戏，赏赐没有限度。龚遂晋见刘贺，屈身下跪，用双膝走到刘贺面前，流泪哭泣，感动得左右也都下泪。刘贺说：“你哭什么？”龚遂说：“我悲痛封国就要覆亡，请赐给我单独向你报告的机会。”刘贺命他的左右侍从，全部退出。龚遂说：“大王，你可知道胶西王（首府高密〔山东省高密市〕）刘卬（音ánɡ〔昂〕）所以身死国灭的原因？”（刘卬因参加七国之乱自杀，参考前一五四年。）刘贺说：“不知道。”龚遂说：“据我了解，刘印的重要大臣侯得，是一位马屁精，刘印做出来明明是姒履癸（桀）、子受辛（纣）的暴行，侯得却有方法证明刘印简直就是伊祁放勋（尧）跟姚重华（舜）。刘印对他的谄媚阿谀，浑身都感到舒服，所以经常邀他同一个寝室，高谈阔论，言听计从，终于不可收拾。而今，大王亲近的全是摇尾分子，已经开始引导你走上邪恶，这正是成败存亡的关键，不可不特别慎重。我准备在王宫禁卫官（郎）中，遴选通晓儒家经典，而行为端正的人士，做大王左右，伴陪你日常起居生活。坐的时候，阅读书籍；站的时候，举止合乎礼节，对大王定有裨益。”刘贺满口答应。龚遂就遴选王宫禁卫官（郎中）张安等十人，侍奉刘贺。可是，几天之后，刘贺不能忍受，把张安等全都赶走，仍换用原班人马。龚遂无可奈何。

有一天，刘贺忽然看见一只白颜色的巨犬，脖子以下却是人身，戴着“方山冠”（方山冠，一种舞台上演员戴的帽子，前高七寸，后高三寸，长八寸。使人想到中世纪拿破仑时代将领们的那种船形的军帽），却没有尾巴，着实吓了一跳，就问龚遂，龚遂说：“这是上天的警告，显示你的左右亲信，都是戴着人帽的狗。赶走他们就能保全自己，不赶走他们，一定灭亡。”刘贺一笑置之，可是不久他又忽然听到一个声音，叫道：“熊！”果然看见一只大熊，又刹那间无影无踪，但左右侍从却没有一人看见。刘贺再问龚遂，龚遂说：“熊，是一种山林里的野兽，竟然突入王宫，而又只有大王独自瞧见，这是上天第二次警告，恐怕王宫将要变成空屋，危亡在即。”刘贺仰天长叹，说：“这些不祥的兆头，为什么来个没完？”龚遂叩头说：“我的忠心使我不敢隐瞒真相，明知道提及这些不祥的征兆，大王会不高兴。然而，存亡成败，岂在于我说不说？敬愿大王诚心检讨。《诗经》

三百篇，说得明白，人事恰当，圣明君王的道路，自然呈现。大王所作所为，符合哪一首诗篇？大王身为亲王，行为比一个普通平民还不如。用来保持平安，恐怕很难。而用来招灾惹祸，却绰绰有余，请深切思量。”后来，又发生怪事，刘贺的王座上，忽然有一摊污血。刘贺再问龚遂，龚遂大声号叫说：“王宫的毁灭，就在眼前，妖异不断来临。血，象征黑暗中的凶险，我们要畏惧，要从内心觉悟，痛改前非。”然而，刘贺毫不在意。

**5** 而就在这时候，刘弗陵逝世。上官皇后征召刘贺入继大统的诏书颁到。当诏书抵达时，正值初夜，王宫燃起火烛，就在火烛下拆封。这是天大的喜事，全宫欢腾。

第二天中午，刘贺出发。傍晚，抵达定陶（济阴郡郡政府所在县〔山东省菏泽市定陶区〕），已奔驰一百三十五华里（每小时奔驰二十二华里），侍从人员的马匹，相继累死，沿途全是马匹尸体。王吉写了一份备忘录给刘贺，说：

“我听说：‘子武丁（商王朝二十三任帝高宗）守丧期间，三年不说话。’而今，大王因叔父（刘弗陵）逝世，接受征召，应该日夜哭泣，深表悲哀，千万不可发号施令。全国最高统帅（霍光）待人仁爱，而又智勇双全，忠实诚信，天下无人不知，事奉孝武皇帝（刘彻）二十余年，没有任何过失。后来先帝（刘彻）抛弃群臣，离开人间，把国家和政府，以及幼弱孤儿（刘弗陵），全部托付给他。最高统帅（霍光）保护尚在襁褓之中的幼君，推动政令，四海平安。纵然姬旦、伊尹，都不能超过。现在，皇上（刘弗陵）逝世，没有儿子，最高统帅霍光（霍光）考虑到帝位的继承人，才决定迎接大王，他的仁爱之心和宽厚的胸襟，岂有限量？我愿大王依靠他、尊敬他，把政府交给他。大王只面向南方高坐，垂听他的禀告就够了。请赐予留意，考虑这项建议。”

刘贺再一笑置之。到了济阳（河南省兰考县东北堌阳镇），下令地方政府呈献长鸣鸡（范成大考证：长鸣鸡产自南诏〔云南省〕，终日啼鸣，跟普通鸡不同，十分宝贵，一鸡值银一两），又下令购买“积竹杖”（很多竹子合做的手杖）。到了弘农郡（河南省灵宝市东北），命奴隶总管（大奴）善（姓不详），把不知道哪里弄来的美女，藏在行李车上。到了湖县（河南省灵宝市西），被中央政府迎驾的使节（史乐成等）发觉，责备昌邑国（首府昌邑）宰相安乐。安乐不敢做主，转告龚遂。龚遂质问刘贺，刘贺发誓说：“没有这回事。”龚遂说：“既然没有这回事，为什么要包庇一个奴隶总管，破坏礼教？请准予给他处分，维持大王的形象。”立即把善捽下（捽，音zuó〔昨〕），由侍卫长格杀。

最后，刘贺抵达霸上（陕西省西安市东灞河畔），藩属事务部长（大鸿胪）亲自到郊外迎接。换乘皇帝御用车队，刘贺命昌邑国交通官（太仆）驾车，王宫禁卫官司令（郎中令）龚遂陪同。将到广明亭、东都门（长安城东城北面第一门，称宣平门，其外郭〔副城门〕称东都门；广明亭在东都门外），龚遂说：“按着规矩，奔丧而来，看见首都，便要哭泣。现在，我们已到了长安外郭。”（正式城门外，还有一个副城门，称“郭门”，是一种军事上的防御措施，敌人将受到两层城门的阻挠。）刘贺说：“我的喉咙痛，哭不出来。”到了城门，龚遂再提醒他，刘贺说：“城门跟郭门还不是一样，且等到未央宫东门。”龚遂说：“昌邑国的丧帐，设在宫门外御用大道（驰道）之北，丧帐前有一条南北小路，马不过再走几步。大王最好下车步行，面向西方，伏拜在地，痛哭悲哀，然后止哭。”刘贺说：“这个我办得到。”走到灵堂之前，哭拜尽礼。

六月一日，刘贺接受皇帝玉玺，登极继位（九任帝），尊上官皇后为皇太后（上官女士本年十五岁，初级中学女孩年龄，应是世界上最年轻的皇太后之一〔另一位年轻的皇太后是二任帝刘盈的妻子张嫣，但不确知她的年龄〕）。

**6** 六月七日，把刘弗陵（八任昭帝）安葬平陵（陕西省咸阳市秦都区西北。刘弗陵自死到葬，凡五十日）。

**7** 刘贺当皇帝，比当亲王时，更淫乱荒唐。昌邑国的官吏和雇员，都被诏书征调到首都长安，有的还立即擢升高官。原任封国宰相的安乐，被任命当长乐宫保安官（长乐卫尉。长乐宫是皇太后住的地方）。龚遂已看到危机，遇见安乐时，流泪劝告，说："大王被拥戴登上宝座，他的骄傲和蛮横，每天都在升级。我的建议，他已完全不能听从。现在仍在守丧期间，大王却每天跟他的左右亲信，喝酒作乐，到御花园斗虎斗豹，欢天喜地。又出动'皮轩车''九旒'（旒，音liú〔流〕。皇帝出门时，庞大的侍卫仪仗，称"大驾"，范围略小的称"法驾"，参考前一八〇年。这些"驾"〔车队〕的最前端，有一辆"皮轩车"，用虎皮作为顶盖。而在这辆蒙着虎皮的前导车之前，又有被称为"九旒"——九个附加彩带的大旗作前导旗），东奔西跑，所作所为，违背正道。古代政治制度宽厚，准许臣属辞职，而今想辞职也辞不掉。曾经想到假装疯狂，又怕被人识破，死后也受唾骂，如何是好？你是陛下当亲王时的封国宰相，应该竭力规劝。"

刘贺梦见宫门西阶的东侧，堆着大堆青蝇的粪便（青蝇，苍蝇的一种，俗称"金苍蝇"，身体呈金绿颜色，复眼大而且红），有五六石之多，上面覆盖着大号的屋瓦。询问龚遂，龚遂说："陛下读《诗经》，难道忘记：'嗡嗡叫的青蝇／停到篱笆顶端／坦荡的君子／不要听信谗言！'陛下左右，说谗言的太多，就跟青蝇一样的可恶。我建议陛下：遴选先帝（刘弗陵）大臣的子孙，跟他们亲近，作为你的侍从。如果念及昌邑国的故旧，不忍抛弃他们，而一直听信他们的拨弄，将有凶险的事情发生。请求你化祸为福，把他们逐出皇宫，我愿作为榜样，第一个先走。”刘贺不理。

交通部主任秘书（太仆丞）、河东（山西省夏县）人张敞上奏章规劝说：

“孝昭皇帝（刘弗陵）早死，没有皇嗣。大臣忧虑惶恐，特别遴选贤能，继承祖宗祭庙的香火。到东方迎接圣驾的时候，唯恐怕御驾行程迟缓。陛下以壮年而登帝位，天下人都擦亮眼睛，竖起耳朵，盼望实行善政。却想不到，对辅国的重臣，没有一句话褒扬，而昌邑国推挽辇车的小奴，却先获得升迁，这是一项很大的错误。”

刘贺仍一概不理。

**8** 刘贺一连串荒唐的行径，使霍光大失所望，痛心忧虑，秘密询问亲信的从前部属、现任农林部长（大司农）的田延年，应该如何因应。田延年说：“将军是国家的梁柱磐石，如果认为他不可以，为什么不奏报太后（上官），更立贤能？”霍光说：“假定这样做的话，不知道古代有没有发生过这种事？”（儒家学派的崇古狂，已开始在政治上发作，凡“古”所没有的，今人绝不敢突破。）田延年说：“商王朝时，伊尹当宰相，曾罢黜子太甲（五任帝太宗），保护国家的安全；后世歌颂伊尹的忠心。将军如果愿意效法，正是西汉王朝的伊尹。”霍光遂命田延年兼御前监督官（给事中），并秘密跟车骑将军张安世磋商。

刘贺又出宫游逛，特级国务官（光禄大夫）、鲁国（首府鲁县〔山东省曲阜市〕）人夏侯胜（夏侯，复姓）拦阻仪仗车队，上前报告说：“天气久阴而不下雨，显示臣下对上位的人，有不利的阴谋。陛下出宫，要到哪里去？”刘贺大怒，认为妖言惑众，把夏侯胜逮捕，送交主管机关法办。主管机关报告霍光，霍光命暂缓处理。认为定是张安世有所泄漏，诘问张安世，而张安世并没有泄漏，于是召问夏侯胜，夏侯胜回答说："我的话有根据，《洪范传》说：'君王在上位而有很多过失，上招天罚，就会使气候阴霾，显示在下位的人要动手谋杀。'我不敢明言，只好说：'有不利的阴谋。'"霍光、张安世大为震惊，从此越发尊重儒家知识分子。这时，宫廷随从（侍中）傅嘉，也屡次规劝刘贺，刘贺把傅嘉逮捕，投入牢狱。

霍光、张安世既决定行动，由田延年报告宰相杨敞。杨敞听到要罢黜皇帝，刹那间呆在那里，瞪着眼睛，张大嘴巴，大汗像暴雨一样淌下，浑身淋漓，连衣服都湿透，支支吾吾，只能说出“啊啊”声音，不敢表示任何意见，面色苍白，六神无主。正巧，田延年起身去洗手间，杨敞夫人在东厢听见他们的谈话，出来警告杨敞说："这是国家大事，最高统帅（霍光）已经决定，派部长级（九卿）高官来通知你，你如果不能坚决表示跟最高统帅（霍光）同心同力，却犹豫不定，不作承诺。还没有动手，我们全族可要先被屠灭！”杨敞惊悟。田延年从洗手间回座，杨夫人参与谈话，誓言支持，一切听从霍光吩咐，霍光等迅速布置妥当。

**9** 六月二十八日，霍光在未央宫召集宰相、监察官（御史）、将军、侯爵、部长级高级官员（二千石），以及国务官（大夫）、研究官（博士）；举行中央扩大会议。由霍光宣布会议主旨："皇上昏聩淫乱，势将危害国家，我们应该如何？”像一个晴天霹雳击中头顶，全体官员刹那间成了一堆木偶，面无人色，没有一个人敢表示意见，而只敢哼哼唧唧。田延年首先发动，离开席位，手按剑柄（这是一种随时出击的姿态），大声说：“先帝（刘彻）把孤儿（刘弗陵）托付给将军（霍光），国家安全，全由将军做主，认为将军忠心不渝，能力坚强，可以保护刘姓皇家平安。而今一小撮干部（指昌邑国来的随从）像沸水一样翻腾胡闹，使国家处于险境。西汉王朝历代皇帝的绰号（谥号）上，都特别加一‘孝’字，就是强调政权永久，使祭庙可以长远的享受到后代祭祀。如果刘姓皇族的祭祀一旦断绝，将军即令一死，又有什么面目见先帝于地下？今天会议，必须立刻获得结论。如果有人最后响应的，我请求准许当场格杀。”霍光道歉说：“部长（九卿）责备我的话是对的，天下骚动，我应该接受处罚。”于是全体官员一齐叩头，说：“人民的命脉，在将军之手，请发布命令。”

霍光遂即率领文武百官，朝见上官太后，报告刘贺种种无道事实，说明他没有资格继承帝位。上官太后乘车前往未央宫承明殿，下令宫廷各门，拒绝原昌邑国官员入宫。刘贺朝见上官太后后，乘坐辇车，正准备回温室殿，禁宫侍从宦官（中黄门宦者）已分别掌握宫门，等到刘贺一进去，立即关闭，昌邑国臣属被隔绝在外，刘贺问：“这是怎么回事？”霍光跪下报告说：“皇太后下令，不准昌邑国臣属进宫。”刘贺说：“慢慢吩咐就是了，何至于搞得吓死人？”霍光下令把留在宫内的昌邑国臣属，全部驱逐到金马门之外。车骑将军张安世率领羽林军就在宫门外一网打尽，逮捕二百余人，送到司法部（廷尉）诏狱羁押。霍光命刘弗陵（八任昭帝）时代的宫廷随从（侍中）宦官（中臣），看守刘贺，下令左右：“严密保护他，万一他因别的原因死亡，或者自杀，我会辜负天下人的委托，背上弑君的恶名。”

刘贺仍被蒙在鼓里，不知道就要被罢黜，对左右侍从说：“我那些昌邑官员有什么罪？难道最高统帅要把他们全部抓起来？”

一会工夫，上官太后下诏召见，刘贺这才觉得不对劲，惊恐说："我犯了什么错？怎么太后要我去？"上官太后身披珠宝编织的外衣，盛装打扮，坐在金銮殿特设的武帐之中，左右数百名卫士，手执武器，宫廷禁卫官司令（光禄勋）所属的期门禁卫武士（"期门"，刘彻私行出游时〔参考前一三八年〕，跟一些心腹武士，约期在殿门会合。以后遂称皇帝的贴身侍卫为"期门武士"），沿着台阶布岗，手执铁戟，直到殿下。文武百官依照尊卑次序，上殿就坐（坐在榻榻米上）。然后召唤刘贺到面前，俯伏听候宣读诏书。

霍光跟群臣联名弹劾刘贺。由宫廷秘书长（尚书令）宣读弹劾书："宰相杨敞等，不知道死活，上奏皇太后陛下：孝昭皇帝（刘弗陵）早早的抛弃天下，我们派出使节，迎接昌邑王刘贺，前来主持丧礼，守三年之丧。可是刘贺心中没有一点悲哀，以致礼仪全废。在来长安途中，拒绝素食，却命他的随从官员，抢夺民间美女，藏在放置服装的车子里，送到驿站陪宿。初到长安时，晋谒皇太后，立他当太子，他仍私自购买鸡肉、猪肉进餐（古礼，守丧期间，不吃荤，不接近女色）。在先帝（刘弗陵）棺柩前接受皇帝玉玺，拆封之后，不再封存（玉玺是国家最高符信，用毕之后，一定包封典藏。刘贺毫不在意，显示他不敬业、不谨慎）。随从官员更'持节'引导昌邑国的从官、马夫、厨师、奴仆，二百余人，进入皇宫之内，态度蛮横，游戏无度。刘贺曾经写信说：'皇帝（刘贺）问候王宫随从（侍中）君卿（昌邑国侍中，姓不详），我已下令给宫廷财务官（中藏府令）高昌，送给你黄金一千斤，你可以娶十个妻子。'先帝（刘弗陵）的灵柩还停在前殿，刘贺却命搬出乐器，教昌邑国的乐队，锣鼓喧天，引声高歌，演戏取乐。又征调太乙庙乐队，遍奏各种乐曲。出动'法驾'仪仗（法驾，参考前一八〇年），奔驰北宫、桂宫（两宫都在未央宫之北。桂宫是七任帝刘彻兴建，周围十余华里，有双层大道直通未央宫)。调弄野猪，搏斗猛虎。又擅自使用皇太后御用的小马车（皇太后在皇宫中专用的一种辇车，由“果下马”驾驶。“果下马”高仅三尺，现代罗马竞技场废墟前就有这种小马，高度只到腰际，看起来好像一只大狗，供游客骑乘摄影留念），让因罪而被判决到宫廷从事苦工的奴仆乘坐，在宫中奔驰游戏。又跟先帝（刘弗陵）的宫女蒙（姓不详）等奸淫；下令宫廷事务总管（掖庭令），敢泄漏消息的，腰斩。”

听到这里，上官太后气得发抖，说：“停一下，做一个臣子，怎么能这般狂悖荒乱？”刘贺离开他的席垫，俯伏地面。

宫廷秘书长（尚书令）继续宣读：“刘贺又取出亲王、侯爵、部长级官员（二千石）印信上的红色绣带，以及黑色绣带、黄色绣带（古时印信，都系有绣带，像现代的钥匙链一样，把印信佩在身旁，用以显示官位。西汉王朝亲王印信系红色绣带〔赤绶〕、侯爵印信系紫色绣带〔紫绶〕、部长级高官印信系青色绣带〔青绶〕、中级官员〔千石、六百石〕印信系黑色绣带〔墨绶〕、低阶层官员〔四百石、三百石、二百石〕印信系黄色绣带〔黄绶〕。绶，音shòu〔受〕），教昌邑国的王宫禁卫官（郎官）跟刚从劳工营被释放出来的仆役们佩戴。又打开宫库（御府），把金钱、刀剑、玉器、绸缎，赏赐给陪他游戏的同伴。又跟随从官员以及没入官府做苦工的囚犯，连夜狂饮，沉醉昏迷。又在温室殿，设立隆重的‘九宾’之礼，晚上单独接见他的姐夫昌邑关内侯（姓名不详。“九宾”之礼，没有一定的说法。其中之一的说法是：大典时设立九位傧相陪伴）。正在守丧期间，还不能祭祀祖先祭庙，却用正式诏书，派人‘持节’，用三份太牢（牛羊猪各一，称“太牢”，没有牛称“少牢”），去祭祀他老爹昌邑王（哀王）刘髆的坟墓庙园，而且自称：‘嗣子皇帝。’（儒家学派的继承法则，至为严密，“大宗”“小宗”，分别很大。主要的是：“为人后者为人子。”侄儿继承叔父的财产香火，便是叔父的儿子。自己的亲爹，反而成了伯父。刘贺既然继承了刘弗陵的宝座，就不能再承认亲爹刘髆是父亲，不能再承认自己是刘髆的儿子。仅这一点，刘贺就违背礼教。好在儒家的拘束力，前一世纪时不过刚刚开始。一千年后的宋王朝，闹出“濮议”案件，造成可怕的风波。再过五百年，到了明王朝，酱缸更深，“大礼议”案件爆发，金銮宝殿上一片哭号）。刘贺自从登极以来，只二十七天，派出的使节一连一个，仅‘持节’向官府征求调发，就有一千一百二十七件。

“刘贺荒淫迷乱到如此程度，不适合让他担任皇帝，继续破坏西汉王朝制度。臣杨敞等好几次上言规劝，都不能改正他的错误，而且日甚一日。深恐危害到国家安全，天下骚动。臣杨敞等跟研究官（博士）商议，一致认为，今上陛下（刘贺），继承孝昭皇帝（刘弗陵）的帝位，行为淫邪，操守不轨，《孝经》说：‘五种刑罚（古代五刑：墨刑〔脸上刺字〕、劓刑〔割掉鼻子〕、刖刑〔砍去双脚〕、宫刑〔割掉生殖器〕、大辟〔处死〕），应使用最厉害的一种，对付不孝。’周王朝襄王（二十任王）姬郑，不能讨他母亲的欢心，《春秋》遂说：‘天王出居郑国。’由于他不孝，才用‘出’字（《公羊传》说：“君王不出外，这里为什么说他‘出’？显示他不能孝顺母亲。”《公羊传》是一部奇异的书，它分析《春秋》，把每一个字都加上奇异的解释。一个普通平凡的“出”字，竟成了显示“不孝”，异想天开，使人咋舌。姬郑的逃亡，是一项宫廷政变，他弟弟姬带跟姬郑美丽年轻的妻子翟叔隗通奸，阴谋篡夺，他恐怕丧生在奸夫淫妇之手，才连夜溜掉，跟“孝”“不孝”无关），这是自绝于天下。国家比君王重要，今上陛下（刘贺）已不能承受天命、不能侍奉祖宗祭庙、不能把人民当作子女，应该罢黜。臣等请主管官员用一份太牢，具体祭告高庙（一任帝刘邦祭庙）。”

上官太后批准，说：“可以。”

霍光命刘贺起身，拜谢上官太后的诏书。刘贺说：“我听说：天子有耿直谏诤的大臣七个人，即令不守法度，国家也不会危亡。”（《孝经》上孔丘的话。）霍光说：“皇太后已经把你废掉，怎么还敢自称天子？”拉着他的手，解下他系带玉玺的四色佩戴，呈缴给上官太后。然后扶着刘贺下殿，直出金马门，文武百官在后相送。刘贺向西拜辞说：“我太愚蠢，不能担当中央大事。”起身，坐上仪仗卫队的备用马车。霍光直送他回到昌邑宾馆，道歉说：“大王自绝于天，我宁愿辜负大王，不敢辜负国家。愿大王自爱，我不能长在你的左右。”十分感伤，流泪告辞。

**10** 群臣上奏章给上官太后说：“古时候，被罢黜的君王，都要放逐到偏远地方，使他远离政坛。我们建议：请把刘贺放逐到汉中郡房陵县（湖北省房县）。”上官太后下令，仍命刘贺返回昌邑（山东省巨野县东南大谢集镇），赏赐给他二千户，作为汤沐邑（这二千户人家的田赋税收，全部缴给刘贺），他当昌邑王时的全部财产，仍发还给他。姐妹四人，每人都赏赐一千户，作为汤沐邑。撤除昌邑国，改设山阳郡（郡政府仍设昌邑县）。

故昌邑国文武群臣，被指控在封国时没有随时把刘贺的过失，反映给中央，一直使中央被蒙在鼓里，做出错误的选择，而又不能辅佐刘贺走上正道，使他陷入罪恶深渊。于是全部逮捕入狱，诛杀二百余人。只有首府昌邑警备区司令（中尉）王吉、王宫禁卫官司令（郎中令）龚遂，忠心耿直，不断规劝，免除死刑，但仍剃光头发，罚做苦工。亲王师傅（太傅）王式，也被捕入狱，在处决之列。负责审问的法官，责备他说：“为什么没有你规劝的文件？”王式说：“我每天给大王讲授《诗经》，遇到忠臣孝子篇幅，总要反复讲解。每到丧身亡国的篇幅，没有一次不痛切流涕，向大王详细陈述。我用《诗经》三百零五篇规劝，所以没有特别再上谏书。”法官把这话呈报上去，王式也得以免去一死。

中国是世界上最古老的文明古国之一，却始终没有产生民主思想，这种现象，因儒家定于一尊的缘故，而更恶化。儒家主张“君尊臣卑”，对最高领袖的无限权力，束手无策，唯盼望他们有高贵的品德，自我克制。于是努力造神，把伊祁放勋和姚重华两位阴谋家，铸成一个高贵品德的榜样，要求别人效法，用心十分辛苦，可是毫无效果。儒家学派只好再乞灵于两项办法，一是搬出上帝，用“天”来阻吓他们不要为非作歹。日蚀固然是一种警告，地震同样也是一种警告。老爹老祖宗祭庙塌了屋、失了火，则表示祖先愤怒。另一是依靠做臣属的“极言直谏”，向帝王分析利害，希望获得采纳。

问题是，最高领袖一旦既不在乎老天老爹，又拒绝部属规劝时，他就像一条滑出洞口的毒蛇。文明一点说，他就像一匹脱缰之马，在人民血肉之躯上，欢跃奔腾，左吞右噬，无人可以制止。凡企图制止他的任何言语，即令态度再恭顺，心态再卑屈，都不可能避免的惨死在毒蛇之口，或马蹄之下。

刘贺的罪恶，根据所宣布的资料判断，就一个帝王而言，算不了什么。跟刘彻初登位时所作所为，有什么分别？不过是一个荷花大少而已。其他的所谓一千一百二十七事，应该更属小节。刘贺所以成了这个样子，不能推诿到“生于深宫之中，长于妇人之手”。因为这一类“生于深宫之中，长于妇人之手”的人，并不一定非为害苍生，危及国家不可。而是无限权力害了他，一个人如果不能像狄更斯小说里的男主角，任何情形下，他都保持善良。一旦手握无限权力，谁都不能说谁不变成一条出洞毒蛇或一匹脱缰之马。自从盘古开天辟地，就从没有“天纵英明”这回事，“英明”都是训练出来、磨炼出来的。只有制衡的力量，才能使人英明，才能免除毒蛇出洞

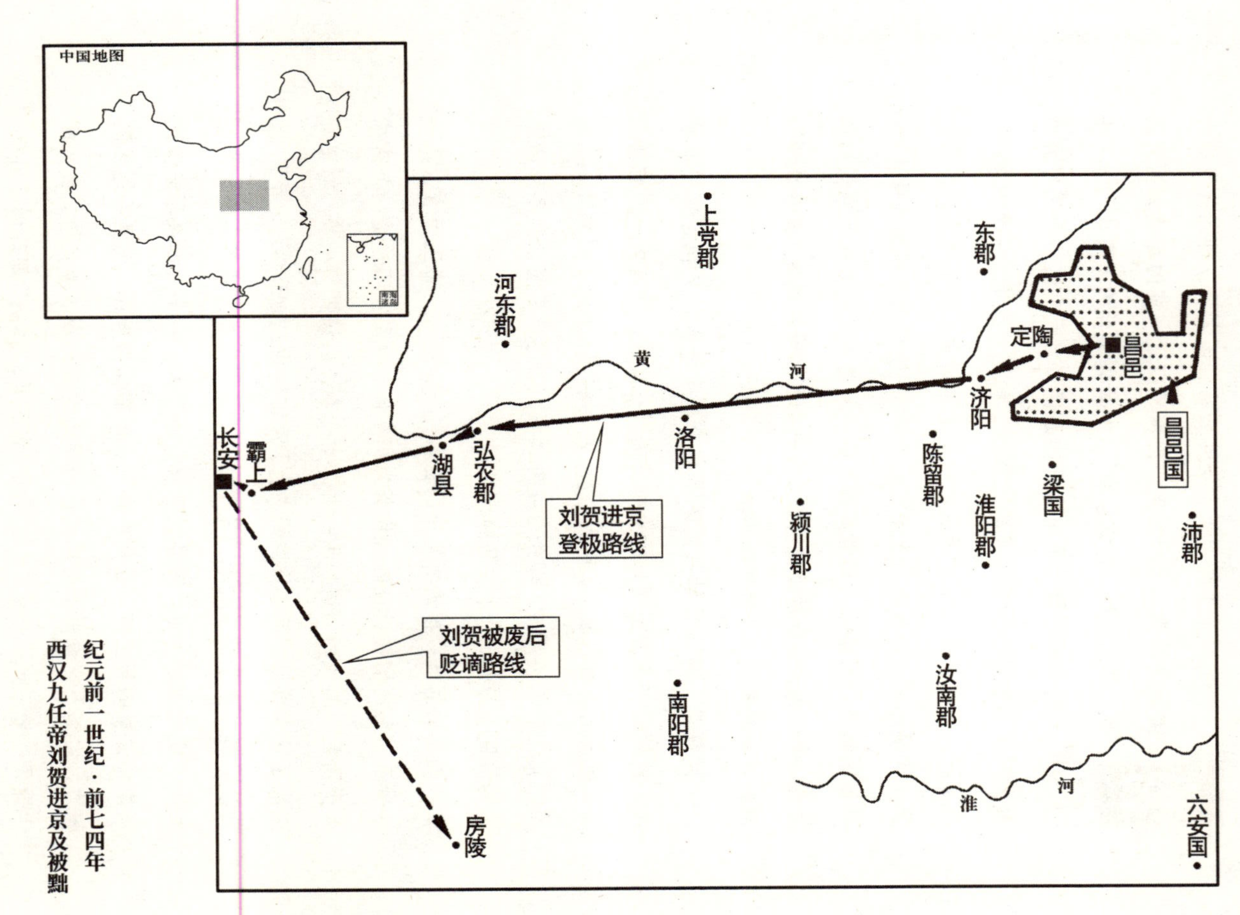


纪元前一世纪·前七四年
西汉九任帝刘贺进京及被黜

或奔马脱缰。

霍光之罢黜刘贺，是一个变数，五千年漫长历史上，也只此一次罢黜，是站在国家利益立场，而不是为了篡夺。有人说，刘贺的昌邑帮，有谋杀霍光的阴谋，霍光防患未然，不是大公。咦，什么叫大公？这才恰恰是大公，刘贺即位才二十七天，便想发动绝不可能成功的政变，证明他的智商不足以治理国家。然而，霍光此举，在“畏天”和“进谏”无效之后，却是第三种制衡权力的方法，也是一项可怕的方法，永远成为禁忌。从此之后，任何人，只要被怀疑有这种“霍光情结”倾向，就会有杀身灭族之祸。于是，中国政坛上的制衡，仍一直兜着“畏天”“进谏”两个疲软无力的圈子打转。无限权力反而更扩张，使人民更受涂炭。

**11** 霍光率领群臣，在未央宫向上官太后奏报国家大事，建议上官太后既然主持政务，必须通晓儒家学派五经。于是推荐夏侯胜向上官太后讲解《尚书》。擢升夏侯胜当长信宫供应官（长信少府），封关内侯。

**12** 最初，七任帝刘彻在位时期，太子刘据姬妾群中，有位鲁国（首府鲁县〔山东省曲阜市〕）美女史女士，封良娣（太子正妻称“太子妃”，姬妾分二级，一级“良娣”、二级“孺子”），生子刘进，当时称史皇孙（刘据当时称“卫太子”，因娘亲是卫子夫之故。刘进称史皇孙，因娘亲是史良娣之故。在小老婆成群结队的情形下，儿女都用母姓作为区别）。刘进娶涿郡（河北省涿州市）美女王翁须，生子刘病已，称“皇曾孙”。刘病已生下才几个月，巫蛊案爆发（参考前九一年）。太子刘据跟他的三个儿子、一个女儿，以及所有姬妾，全被诛杀。只剩下几个月的小娃皇曾孙刘病已，被收押在藩属事务部（大鸿胪）监狱（郡邸狱）。当时担任司法部狱政官（廷尉监）的鲁国（首府鲁县）人丙吉，奉到诏书，主办巫蛊案件。丙吉知道太子刘据冤枉，而又哀怜刘病已身世悲惨，特别选择性情谨慎忠厚的女囚犯渭城（陕西省咸阳市）人胡组、淮阳（河南省周口市淮阳区）人郭徵卿，命她们哺育喂奶，移住到地势较高、气候较干燥的囚房。丙吉每隔一天，都要前往探视一次。

巫蛊案一拖数年，不能结束。后来，刘彻患病，来往长杨、五柞两宫（两宫都在陕西省周至县）。法术师望气专家声称："长安监狱里冒出天子气。"刘彻大为震恐，下令：长安所有监狱里的所有囚犯，无论定案与否，无论轻罪重罪，一律诛杀。宫廷内务官（内谒者令）郭穰，于深夜抵达藩属事务部监狱（郡邸狱），执行命令。丙吉拒绝开门，说："皇曾孙在这里！任何一个没有死罪的人，都不应处死，何况还有陛下的亲曾孙？"僵持到天亮，丙吉不肯让步，郭穰愤怒回宫，奏报刘彻，控告丙吉阻格诏书（这是唯一死刑）。此时刘彻已蓦然觉悟，说："这是天意。"遂大赦天下。长安所有监狱，一片伏尸，只藩属事务部监狱（郡邸狱），由于丙吉的缘故，得庆更生。

不久，丙吉吩咐监狱主管（守丞）谁如（姓不详）：皇曾孙刘病已不应留在监狱。命谁如（姓不详）把刘病已跟胡组，移交给首都长安特别市政府（京兆尹）。首都长安特别市政府不肯接受，胡组只好仍把刘病已抱回监狱。后来，胡组刑期届满，应该释放。可是刘病已小娃思慕奶娘，日夜啼哭。丙吉就私自出钱，雇用胡组，让她留下来跟郭征卿继续育养。几个月之后，才教胡组回家。稍后，宫廷事务署财务管理员（少内啬夫）报告丙吉："皇曾孙刘病已的伙食费用，没有命令发给，无法继续供应。"丙吉就把自己俸禄里应得的食米和肉，每月供给刘病已。后来，刘病已患病很重，几次都要死掉，丙吉督责育养的乳母，小心照顾医药，恩情深厚。丙吉听说刘病已的祖母史良娣的娘亲贞君（姓不详），跟哥哥史恭，还在人间，就雇了一辆小车，把刘病已小娃，送到史家收留。外曾祖母贞君，年纪已老，见到女儿（史良娣）的一枝幼苗孤苦无依，悲痛不已，就亲自抚养。

过了一段日子，皇帝（应是刘弗陵）下诏，命宫廷事务总管（掖庭令）接替养育，才把姓名呈报到皇族事务部（宗正）。这时，宫廷事务总管（掖庭令）张贺，曾经在太子宫做过刘据的宾客，很受倚重（巫蛊案刘据失败后，太子宫的所有官员、宾客，全都诛杀。张贺的弟弟张安世上书为老哥求情，刘彻特准免死，改处宫刑——割掉生殖器。后来遂以宦官身份，当宫廷事务总管〔掖庭令〕），哀伤皇侄孙刘病已的身世，对他照顾十分周到，用自己的私钱，供给刘病已零用跟读书。

刘病已长大成人，张贺很想把孙女嫁给他。当时八任帝刘弗陵十八岁，刚行加冠礼（参考前七七年），身高八尺二寸。张贺的弟弟张安世当右将军，辅佐刘弗陵，听说老哥不断称赞刘病已，又打算把孙女嫁给刘病已，咆哮说："刘病已是卫太子（刘据）的后人，运气好的话，政府给他一口饭吃，就到了头，不要再提嫁孙女的事。"张贺只好中止。但仍不死心，这时，宫廷事务署纺织室附设监狱管理员（暴室啬夫）许广汉，有一位女儿（许广汉也是受到宫刑成了宦官的，刘彻以"割屌皇帝"闻名于世，不算过誉），张贺遂摆下酒席，请许广汉赴宴。酒过三巡，菜过五味，张贺说："刘病已跟皇上的血缘相当亲近（刘弗陵是刘病已的叔祖父），再糟糕也会封关内侯（准侯爵，有爵位，无采邑），我想做这个媒人。"许广汉一口答应。

第二天，当许广汉夫人听到要把女儿嫁给一个永无出头之日的孤苦皇侄孙，葬送女儿前程时，像一只丢了崽子的母熊，号叫发怒，誓死拒绝。可是，许广汉因这门亲事是顶头长官的介绍，不敢反悔，终于把女儿许平君嫁给刘病已。刘病已贫困，一切由张贺代办，包括付出聘礼。

刘病已这个漂泊的年轻人，从此依靠岳父许广汉兄弟，跟曾祖母史家。拜东海（山东省郯城县）人澓中翁当老师（澓，音fù〔腹〕），学习《诗经》。刘病已天资极高，好学不倦；又富于侠义精神，跟年轻朋友厮混，斗鸡走狗，接触社会各阶层人士，因而也洞察社会的黑暗面，和官吏的得失好坏。常常攀登祖先皇帝坟墓所在地附近的山陵，脚迹走遍“三辅”（三辅：首都长安特别市〔京兆〕、北长安市〔左冯翊〕、西长安市〔右扶风〕，即京畿地区）。有一次，曾经在莲勺（陕西省渭南市东北）盐池那里，受到侮辱。但他仍乐于经常去杜县（陕西省西安市西南杜城村）、鄠县（陕西省西安市鄠邑区）一带游逛，尤其喜爱下杜（西安市南）。有时候也被通知参加朝会，拜谒皇帝。朝会时，就住在长安尚冠里，生活既平凡而又闲散。

**13** 后来，九任帝刘贺被罢黜。霍光、张安世，跟大臣们磋商皇帝的继任人选，一时不能决定。于是，丙吉上书霍光说：“将军事奉孝武皇帝（刘彻），接受的是辅佐怀抱中婴儿的重责大任。而孝昭皇帝（刘弗陵）不幸早夭，没有儿子，全国忧虑恐惧，渴望早日听到继任人选。发丧之日，将军秉承大义，确定嗣君。不幸嗣君不适合担任他的职务，将军再秉承大义，把他罢黜，天下人无不由衷敬服。而今，国家跟皇家祖庙的安全，以及人民的生命，全在将军举手投足之间。我曾经听到民间的议论，了解他们对现在所有的亲王，以及位居高官的所有皇族人物，没有一个有良好印象。

“但是，遗诏由宫廷收养的孝武皇帝（刘彻）的曾孙刘病已，曾被宫廷，以及曾被他外曾祖母家收养。我从前在藩属事务部监狱，那时候他还小，曾见过他，而今恐怕已有十八九岁。精通儒家学派经典，有很高的才干，行为善良，性情温和。深愿将军考虑大义，再请巫师占卜，看是不是合适。如果合适，就给他一个荣耀的官衔，推荐他先进宫充当侍从，下诏公布天下周知。然后再决定大计，应是国家之福。”

杜延年也知道刘病已有美好的品德，竭力劝说霍光跟张安世，采纳丙吉的建议。

**14** 秋季，七月，霍光坐在大厅之中，召集宰相以下高级官员，共同商讨皇位继承人选，结果在意料之中。于是跟宰相杨敞等，联名上奏上官太后，说：“孝武皇帝（刘彻）的曾孙刘病已，年十八岁，曾经学习《诗经》《论语》《孝经》，节俭朴实，慈祥仁爱，待人宽厚，似可作为孝昭皇帝（刘弗陵）的继承人，侍奉皇家祖庙，相信他会像对待儿女一样的爱护人民。我们冒着死罪，呈上报告。”上官太后下诏：“可以。”

霍光命皇族事务部长（宗正）刘德，到刘病已所住的尚冠里，教刘病已沐浴（古人洗澡是一件大事），颁发赏赐给他的衣服。然后交通部长（太仆）派出轻便车辆（軨猎车），把刘病已迎接到皇族事务部（宗正府）。

七月二十五日，刘病已到未央宫，朝见上官太后（叔祖母），上官太后封刘病已当阳武侯。接着，文武百官齐集金銮宝殿，奉上皇帝玉玺，刘病已遂登上皇帝宝座，晋谒一任帝（高祖）刘邦祭庙（六月二十八日罢黜刘贺，七月二十五日拥立刘病已，西汉王朝皇帝空位二十七日，而全国安定，说明霍光的威望和能力）。尊上官太后为太皇太后。

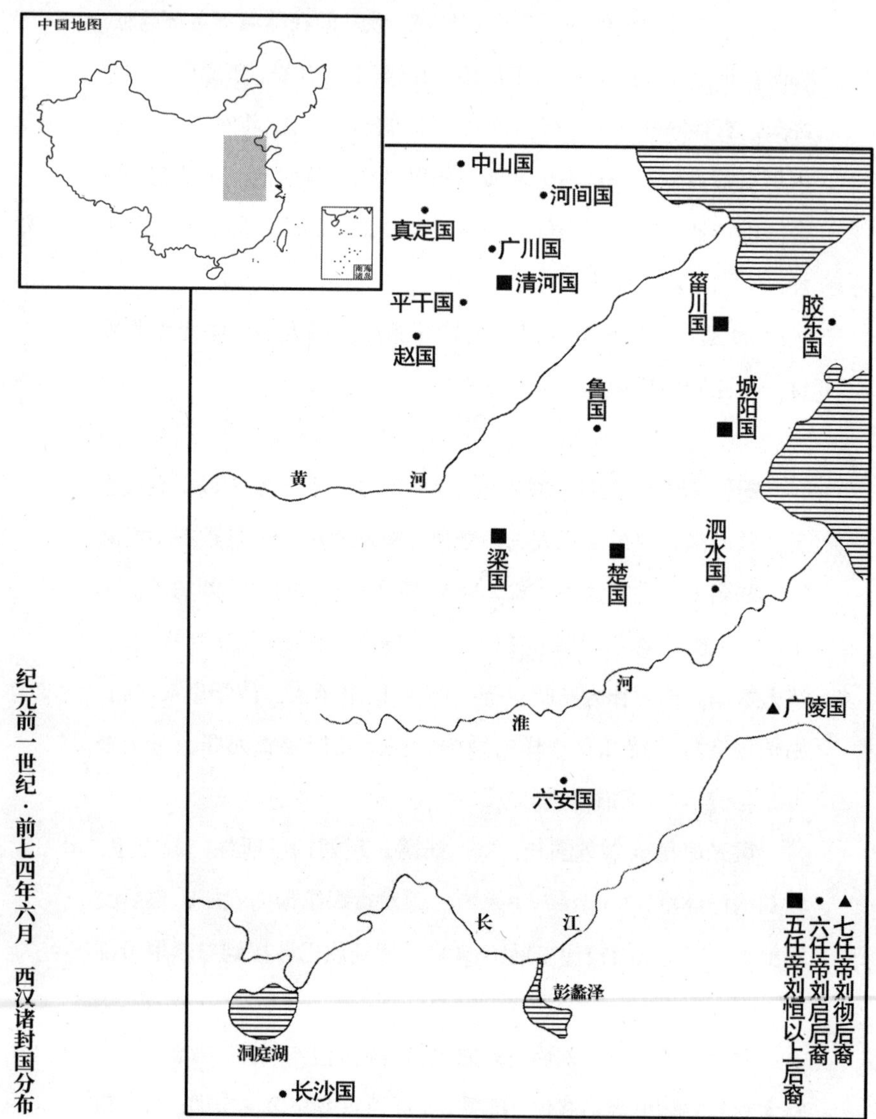


纪元前一世纪·前七四年六月　西汉诸封国分布

执法监察官(侍御史)严延年弹劾霍光:“擅自废立皇帝,没有人臣的礼义,大逆不道。”奏章虽然没有下文,但文武百官对他的勇气,钦敬忌惮。

**柏杨曰**

刘病已这项传奇性的际遇,从一个绝望,而又卑微的一介平民,忽然间旱地拔葱,窜升到人间最高尊位,在苦难的人生中,留下一幕喜剧场景。

霍光绝不会因为丙吉的一纸签呈,就下定决心。而应是下定决心之后,才会有此一签呈。此事可能由丙吉发动,他的提议最初会把霍光吓上一跳,不但离奇,而且古代从没有先例,但丙吉终于把他说服,最大原因在于当时所有在位的亲王,没有一个成材。一日经蛇咬,三年怕麻绳。可以肯定的是,在官邸秘室之中,他们对每一位亲王,或有可能担任皇帝的人选,都一一评估。而这些金枝玉叶,富贵得太久,每人都不可避免的有使人震骇的暴行,总不能再作第二次罢黜。

于是丙吉深具想象力的新颖构想,成为最切实际的建议。第一,刘病已赤裸一身,没有类似昌邑帮的楔入,也没有旧关系的瓜葛。第二,以常情推想,刘病已对霍光会充满感激。第三,刘病已即令背叛,也没有对抗霍光的力量,因为他没有班底。一句话说完,霍光自信可以把新皇帝完全置于控制之下。

废一君和立一君,好像猛烈敲打一颗炸弹,危险万状。严延年这个老奸巨猾的人物,事前不开口,事后却放马后炮,提出弹劾霍光,可谓深谋远虑。霍光成功,他落得个忠贞之名;霍光失败,他的奏章不但可以保护他的身家性命,还可大升其官。只霍光心怀大忠,不顾利害,用铁肩承担。看看把宰相杨敞吓得屁尿直流的模样,更证明霍光是一位卓越的政治人才。



**15** 八月五日，宰相、安平侯（敬侯）杨敞逝世。

我想杨敞是吓死的。一个多月的猛敲炸弹，每一记都会使这个老官崽紧张得心胆俱裂，这种人没有想到国家，而只想到明哲保身。

**16** 九月，大赦天下（“大赦天下”跟“赦天下”有所不同，“大赦”包括全体囚犯，“赦”则只赦某一个范围）。

**17** 九月四日（原文“戊寅”，据《汉书·百官公卿表》改），刘病已任命蔡义当宰相（丞相）。

**18** 最初，许广汉女儿许平君嫁给刘病已，一年，生子刘奭

（音shì〔是〕）。几个月后，刘病已就当了皇帝，封许平君当倢伃（小老婆群第一级）。而这时，霍光正好有个小女儿（霍成君），跟上官太皇太后是亲属（上官太皇太后的娘是霍成君的姐姐，上官太皇太后叫霍成君“姨妈”）。部长级以上官员（公卿）商议请刘病已早日决定皇后，心目中一致属意霍光的女儿，只差没有正式提出。刘病已得到消息，下诏寻找他卑贱时遗失的宝剑。这是一个不忘旧情的暗示。高官们了解刘病已的意思，见风转舵，请求晋封许平君当皇后。

十一月十九日，刘病已正式封许平君当皇后。霍光认为许平君的老爹许广汉，是受过宫刑的人，不可以当封国的国君（侯爵）。直到一年之后，才封许广汉为昌成君（战国时代“君”比“侯”高一等。之后，“君”专封女士，有采邑而无爵位）。

**19** 上官太皇太后，返回长乐宫（自从刘贺罢黜，上官女士就移住未央宫，成为全国名义领袖。刘病已既然即位，上官女士才回到皇太后所住的长乐宫），长乐宫开始有武装部队保护。

西汉王朝中期帝系

赵钩弋
刘彻
七任武帝
卫子夫
（刘彻）
李夫人
上官皇后
刘弗陵
八任昭帝
刘据
戾太子
史良娣
刘髆
昌邑哀王
（姓名不详）
昌邑王后
刘进
史皇孙
王翁须
刘贺
九任帝
刘病已
十任宣帝
许平君

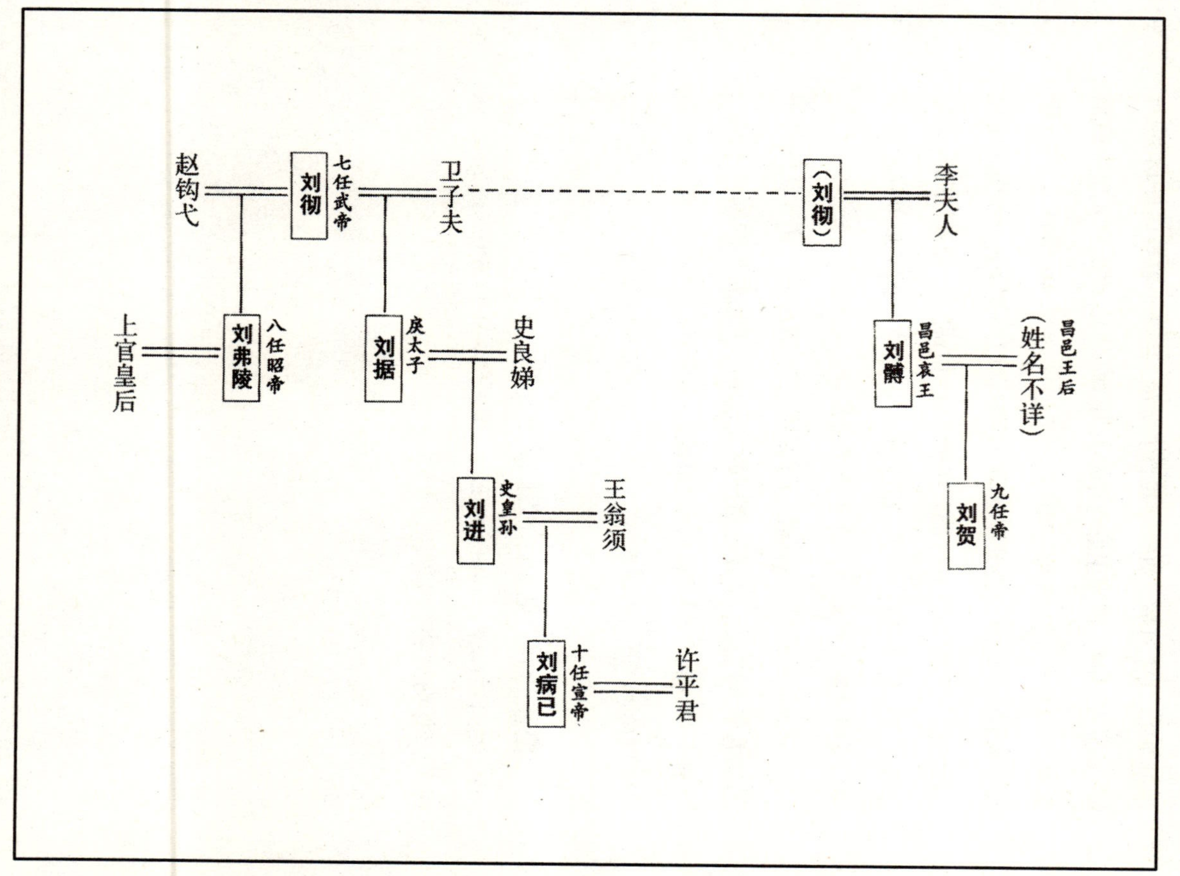

# 纪元前七三年 戊申

西汉 本始 元年

1 春季，西汉王朝（首都长安〔陕西省西安市〕）皇帝（十任宣帝）刘病已（本年十九岁）下诏主管机关：呈报安定皇家祖庙的功臣。于是，全国最高统帅（大将军）霍光的采邑，增加一万七千户，跟原来的合并，共二万户。车骑将军富平侯张安世以下，增加采邑户数的十人，封侯的五人（田广明封昌水侯、赵充国封营平侯、田延年封阳城侯、史乐成封爰氏侯、王迁封平丘侯），封关内侯的八人（周德、苏武、李光、刘德、韦贤、宋畸、丙吉、赵广汉）。

**2** 全国最高统帅（大将军）霍光，在金銮宝殿上，用最隆重的礼节，以头碰地（稽首），缴回主持政府的大权。刘病已谦让，不肯接受。下令：以后国家大事，都要先经过霍光裁决，再转报皇帝。

从刘弗陵（八任昭帝）时起，霍光的儿子霍禹，跟侄孙（霍光老哥的孙儿）霍云，都担任皇家警卫指挥官（中郎将），另一侄孙霍山，担任御车总监（奉车都尉）、宫廷随从（侍中），兼主管外籍雇佣兵匈奴兵团跟南越兵团（领胡越兵）。霍光的两位女婿，范明友担任未央宫保安官（未央卫尉），邓广汉担任长乐宫保安官（长乐卫尉）。兄弟、女婿、外孙，都参加早朝，晋见皇帝（奉朝请），分别担任宫廷秘书署各单位主管（诸曹）、国务官（大夫）、骑兵总监（骑都尉）、御前监督官（给事中）。亲戚骨肉，结成一体，在政府中盘根错节（霍光经过“盖燕之乱”〔参考前八〇年〕，对外人不敢信任）。等到刘贺（九任帝）被罢黜，霍光的权威更高。每次朝见，刘病已都特别谦恭，容貌温顺，礼仪卑微，低过皇帝应有的身份（刘病已在微贱时，看霍光好像天神。今日虽居高位，而这高位又是霍光赐给的，很难没有自卑感）。

**3** 夏季，四月十日，地震。

**4** 五月，胶东国（首府即墨〔山东省平度市〕）、千乘郡（山东省高青县东北），发现凤凰（凤凰是一种祥鸟，表示祥瑞）。赦天下，免除田租田赋。

**5** 六月，刘病已下诏：“我的祖父故皇太子（刘据），安葬湖县（河南省灵宝市西。参考前九一年），没有称号，没有祭祀。请主管单位讨论，并设立墓园。”主管单位复奏说：“《礼经》规定：当某人的继承人，就是某人的儿子，对他亲爹亲娘，不可以祭祀，这是尊敬祖先的大义。陛下既是孝昭皇帝（刘弗陵）的继承人，接续祖宗的香火，不可以再祭祀陛下的祖父（刘据）跟父亲（刘进）。我们愚昧的建议：陛下亲爹刘进，称‘悼’，娘亲称‘悼后’。祖父故皇太子刘据，称‘戾’，祖母史良娣称‘戾夫人’。”（谥法：戾的意义是“不悔前过”。）全体改葬。

**6** 秋季，七月，刘病已下诏封故燕（剌）王（首府蓟县〔北京市〕）刘旦（参考前八〇年）的太子刘建当广阳王（首府仍设蓟县），封广陵王（首府广陵〔江苏省扬州市〕）刘胥的幼子刘弘当高密王（首府高密〔山东省高密市〕）。

**7** 最初，上官桀跟霍光争权，霍光既诛杀上官桀（参考前八〇年），开始恢复刘彻（七任武帝）时代的严刑峻法，严厉的控制部下官员。一些世俗的官吏，迎合上级意旨，在执法上尽量表现严酷。而以能吹毛求疵，能在豆腐里挑到骨头，作为衡量能力的标准。只有河南郡（河南省洛阳市东白马寺东）郡长（太守）、淮阳（河南省周口市淮阳区）人黄霸，以宽厚温和，闻名于世。刘病已在民间时，已知道他执法公平；同时又了解人民在官吏压迫下的痛苦。于是，征召黄霸当司法部大法官（廷尉正，一千石）。负责裁决疑狱，政府官员一致认为他处理公平。

# 纪元前七二年 己酉

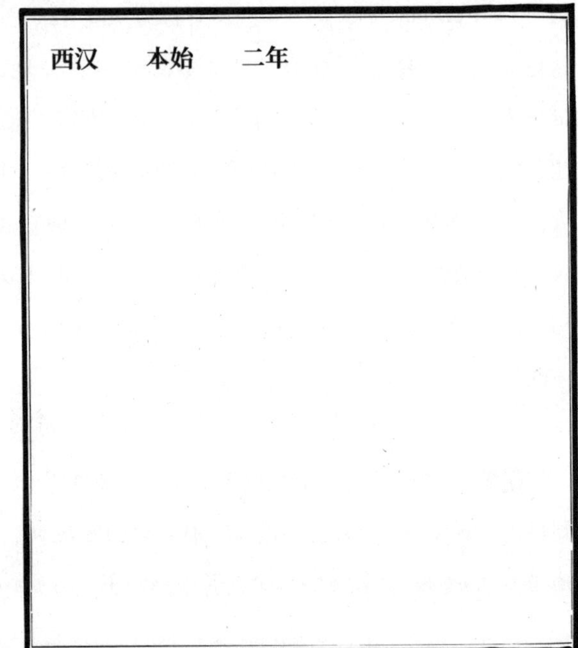


**1** 春季，西汉王朝（首都长安〔陕西省西安市〕）农林部长（大司农）田延年有罪，自杀。原来，刘弗陵（八任昭帝）丧事，田延年租赁民间车辆，虚报开支，贪污高达三千万钱，被怨恨他的人检举。霍光召唤田延年诘问，意思是要为他设计一项方法脱罪。可是田延年拒不承认，嘴硬说："绝对没有这回事。"霍光大不高兴说："如果真的没有这回事，我就要深入追究。"最高监察长（御史大夫）田广明，知道事态严重，告诉交通部长（太仆）杜延年说："《春秋》大义，功可以掩盖过失。当罢黜刘贺（九任帝）时，如果不是田延年挺身而出，大事不可能告成。而今，就算作为皇上赏赐给他三千万，又该如何？请你把我的话，转禀最高统帅（霍光）。"

杜延年转禀后，霍光说："诚然如此，田延年诚然勇士，当他提出重要决策时，震动政府。”因用手自抚胸脯说：“到今天我仍然有点心悸。请你代我向田广明致歉，明白告诉农林部长（田延年），前往监狱报到，一切秉公处理。”（霍光深忿田延年不知道要庇护他的初心，不肯坦诚相告。）田广明派人转告田延年，田延年说：“将来就是获得宽宥，可是我既入狱，还有什么面目承受大家讥笑指责，跟背后唾骂？”遂即紧闭屋门，手持利刀，露出臂膀，徘徊等待。几天之后，皇帝使节驾到，通知田延年前往司法部（廷尉）。田延年听到鼓声，自刎而死（使节到农林部，农林部接受诏书时，鼓声大作，表示尊敬）。

**2** 夏季，五月，西汉帝（十任宣帝）刘病已（本年二十岁）下诏：“孝武皇帝（七任刘彻）躬行仁义，武威远播，功勋跟品德，都已满盛，而‘庙号’（祭庙的称谓）、‘庙乐’（祭祀时用的乐章），还没有确定，我深感哀痛。主管单位应跟各位侯爵，以及部长级以上高级官员（二千石）、研究官（博士），共同议定。”

文武百官齐集宫廷讨论，一致说：“应该遵照诏书指示办理。”可是，长信宫供应官（长信少府）夏侯胜提出抗议，说：“武帝（七任刘彻）虽然有平定四方蛮夷、开疆拓土的功勋，可是战士们死亡太多，社会经济崩溃，奢侈豪华，把人民的眼泪跟鲜血，当作水一样浪费，使天下穷困，人民四出逃难，至少有一半死亡。旱灾蝗灾接二连三发生，千里不见青草树木，不见烟火，一片赤土。人民饥饿难忍，互相格杀吞食，元气迄今都不能恢复。他对人民毫无恩泽，没有理由给他特别制定‘庙号’‘庙乐’。”高级官员们提醒他说：“这是皇上（刘病已）的意思！”夏侯胜说：“皇上的意思也不行。臣属遵守的大义是：直言无隐，陈述正当的论点，绝不逢迎上级，顺着风向说话。我已经陈述了我的见解，绝不收回，即令是死，也不后悔。”

于是，宰相蔡义，以及监察官（御史），弹劾夏侯胜："非议诏书，侮辱先帝（刘彻），大逆不道。"同时弹劾宰相府秘书长（丞相长史）黄霸："知情不报，包庇纵容。"二人一并被捕下狱。

主管官员遂呈请：刘彻祭庙的庙号定名"世宗"，庙乐用《盛德》《文始五行之舞》。凡刘彻出游经过的郡县，一律立庙祭祀，情形如同一任帝刘邦（高祖）、五任帝刘恒（太宗）。

**柏杨曰** 谥法的主要用意，在于使在位的帝王，恐惧后世给他一个丑恶的绰号，因而自我克制，提高自己的道德水准。从夏侯胜这件事，可证明儒家学派这种构想，完全不切实际。一个享有无限权力的出笼毒蛇或脱缰奔马，绝不在乎身后的毁誉。即令在乎，只要继位的是自己的儿孙或自己的亲信，就不可能出现"恶谥"。夏侯胜应是最幸运的一员，不过坐牢而已，但这已足够阻吓公正的舆论。

夏侯胜是儒家学派的巨人，他根据良知，只身跟皇帝对抗，这就是英雄。讲道德说仁义的圣人易做，英雄难做，因为他必须有英雄行为。时至两千年后的今天，我们仍可以听到那些"逢迎上级，顺着风向说话"的角色，在那里对夏侯胜，窃窃讪笑。

夏侯胜、黄霸，囚禁监狱的时间很久，黄霸想请夏侯胜教他《尚书》。夏侯胜说："我们随时都会处决，还学什么？"黄霸说："早上知道真理，即令晚上就死，也没有遗憾。"夏侯胜深为感动，就在监狱里，把《尚书》讲解给他听。两个冬天，讲解不停。

**3** 最初，下嫁给乌孙王国（首都赤谷城〔中亚伊赛克湖东南〕）国王岑娶的中国公主刘细君（参考前一〇五年）逝世。西汉政府把楚王（首府彭城〔江苏省徐州市〕）刘戊的孙女刘解忧（刘戊因参与七国之乱伏诛，参考前一五四年），再下嫁给岑娶。岑娶的另一位外国籍妻子（胡妇）生子泥靡，年纪还小。岑娶死的时候，先把王位让给叔父大禄的儿子翁归靡，嘱咐说："等到泥靡长大，再把宝座传给他。"

翁归靡即位后，号称"肥王"（此人可能是个巨胖），依该国的风俗习惯，刘解忧继续做他的妻子，生下三男二女。长子名元贵靡，次子名万年，幼子名大乐。刘弗陵（八任昭帝）在位时，刘解忧上书中央政府，说："匈奴汗国（王庭设蒙古国哈拉和林市）跟车师国（新疆吐鲁番市）结盟，组织联军，侵略乌孙，请祖国援救！"中央政府调动兵马，准备出击。恰巧刘弗陵逝世，遂告停顿。本年（前七二），刘病已派特级国务官（光禄大夫）常惠当使节，前往乌孙王国。而刘解忧跟乌孙王国国王（昆弥）翁归靡的告急文书又到："匈奴大军已开始攻击，并派出使节到乌孙，警告说：'交出中国公主！'企图断绝乌孙跟中国的关系。我们将出动五万精锐骑兵，竭力抵抗。请求祖国快派兵拯救公主跟国王。"而匈奴先前对西汉边塞，也不断侵扰，西汉政府决定反应。

秋季，西汉政府下令动员，任命最高监察长（御史大夫）田广明当祁连将军，率四万余骑兵，从西河郡（内蒙古准格尔旗西南）出发。另外，度辽将军范明友，率三万余骑兵，从张掖郡（甘肃省张掖市）出发。前将军韩增，率三万余骑兵，从云中郡（内蒙古托克托县）出发。任命后将军赵充国当蒲类将军，率三万余骑兵，从酒泉郡（甘肃省酒泉市）出发。云中郡（内蒙古托克托县）郡长（太守）田顺，当虎牙将军，率三万余骑兵，从五原郡（内蒙古包头市）出发。规定各路军要深入二千余华里，作大规模扫荡。

再任命常惠当指挥官（校尉），"持节"，督促乌孙兵团，共同出击。

# 纪元前七一年 庚戌

西汉　本始　三年

**1** 春季，正月十三日，西汉王朝（首都长安〔陕西省西安市〕）皇后（恭哀皇后）许平君暴卒。

当时，全国最高统帅（大将军）霍光的妻子霍显（原文只一"显"字，姓不详。因她在以后的各项事件中，占重要地位，单字称呼不便，姑且冠以夫姓，称她霍显），想尽方法使她的小女儿霍成君当皇后，可是现任皇后许平君年纪正轻，以致束手无策。想不到，机会立刻叩门，许平君又怀身孕，有一点小不舒服。正好一位女医师淳于衍（淳于，复姓），一向受霍家敬重信任，曾经侍候过许平君，现在再召她入宫。淳于衍的丈夫赏（姓不详），在宫廷当一名看守门户的低级职员，告诉妻子说："你在进宫之前，最好去向霍夫人辞行，乘机求她帮忙，把我调出去当安池总管。"（安池，山西省运城市南盐池，以产盐成为一个独立的行政区，总管是一个贪污发财的官位。）

淳于衍果然向霍显拜托，霍显怦然心动，认为上天终于开眼，赐下良机，不可错过，就遣开左右，称呼淳于衍的别名，亲切说："少夫，你求我的事，我一定照办。可是我也有一件事求你，不知道你可答应？"淳于衍受宠若惊，说："这是哪里话，夫人吩咐，我还有不听命的？"霍显说："将军（霍光）最喜爱小女儿霍成君，一心要使她大富大贵，只有你能成全。"淳于衍愕然说："我有什么力量？"霍显说："女人生产，只跟鬼门关隔着一纸，九死一生，是一件大事。而今，皇后（许平君）就要分娩，如果趁势使用毒药，可谓神不知、鬼不觉，霍成君自然会当上皇后。如果成功，荣华富贵，跟少夫你一同享受。"淳于衍等到震惊过去后，嗫嚅说："皇后患病，由很多医生会诊，而且汤药都要由宫女先行喝过，怎么能办得到？"霍显说："我不知道怎么办得到，只靠你自己细心安排。不要怕事，将军领导天下，哪一个敢说话？即令发生事情，也足有力量保护，问题在于你愿不愿帮忙？"淳于衍这才发现她已被掇弄到虎背上，沉吟一会，回答说："愿尽全力。"

淳于衍无疑的是一位凶手，罪行不能宽恕。但我们也为她悲哀，常有些人无缘无故、阴差阳错的陷入一个无法自拔的阴谋陷阱，文学作品或影剧舞台上，多的是这种离奇遭遇，而且几乎全以喜剧收场。无奈的是，在真实的人生，却必然是一场悲剧。

霍显的手段，先从亲亲热热称对方的别名开始，以全国最高统帅夫人之尊，几声“少夫”，便足以使对方神魂颠倒。而以后更把能不能当皇后的压力，放到淳于衍肩上，使淳于衍发现自己的重要。她终于接受，当然是利欲熏心。但是，她如果不接受，她的下场可是显而易见。全国最高统帅夫人在她的内宅格杀一个微贱的妇女，跟格杀一只老鼠没有分别。她只要顺口宣布一项罪状——诸如偷东西被发觉，还要拒捕之类，证据证人，可装满一火车。谁又知道她是冤死？淳于衍可以假装答应，然后逃亡。可是，她手握着足以使霍家灭族的把柄，史书上虽没有交代，却可以推断，霍显不会不防备这一招。恐怕还没有逃出长安城，警骑已到。她如果指控霍显要她谋杀皇后，谁能相信？当时是农业时代，社会人口流动量极小，她跟她的丈夫、儿女，根本无处容身。

人生有太多无奈，自己不能为自己做主，一不小心栽到贼船上，根本无法自救。所以我们需要的是一个多层面的社会，法治的和容忍的社会，使这些被命运摆弄的人，受到保护，他们如果不肯向黑暗屈服，仍可以跳出是非。

淳于衍回家后，找出附子（多年生草本，花的形状像和尚穿的芒鞋，所以也称“僧鞋菊”，茎叶都有毒，根部粗肥，毒性更剧），捣碎，秘密带进长定宫。等到许平君生产之后，淳于衍取出附子，掺到御医搓合的药丸里，给许平君服下。一会工夫，毒性发作，许平君呻吟说：“我的头有点麻，而且这么重。”忽然警觉说：“药丸里有没有毒？”淳于衍说：“怎么可能有毒？”许平君觉得头崩欲裂，不久死亡。

淳于衍出宫后，晋见霍显，互相道贺安慰。但为了避免引起注意，霍显也不敢马上重谢淳于衍。

许平君之死，引起震撼。有人上书指控御医们没有尽力侍奉诊治，刘病已把御医们——包括淳于衍在内，全部逮捕下狱，认为大逆不道，追查致死的原因。霍显这时才大为惊恐，只好把情形告诉霍光，说："我不应该这样做，可是既然做了，唯一的办法是不要他们逼迫淳于衍。她一旦供出来，我们全完。"霍光头上像挨了一记闷棍，立即就想亲自检举霍显，可是霍显到底是他的妻子，而又是为了女儿，于心不忍，犹豫复犹豫。正好司法部向刘病已奏报结案，霍光在奏章上注出跟淳于衍无关，淳于衍遂得释放（此时刘病已还不知道许平君是被毒死，只是追究侍奉不尽心的责任）。

霍显乘机要求霍光，把女儿送进皇宫。

**2** 正月十八日，出征匈奴汗国（王庭设蒙古国哈拉和林市）的五位将领，由首都长安出发。匈奴得到西汉动员庞大兵力消息，十分惊慌，迅速向瀚海沙漠以北撤退。拔营仓猝，老弱在后面奔走追赶，驱逐牛羊家畜，情况非常狼狈。因此，沙漠以南，再没有敌踪，五路远征军长驱直入，也没有什么收获。

夏季，五月，各路军班师，复员。清查战果：

度辽将军范明友从张掖郡（甘肃省张掖市）出塞一千二百余华里，到达蒲离候水（今地不详），斩杀及俘虏七百余人。

前将军韩增，从云中郡（内蒙古托克托县）出塞一千二百余华里，到达乌员（今地不详），斩杀及俘虏一百余人。

蒲类将军赵充国，从酒泉郡（甘肃省酒泉市）出塞一千八百余华里，到达西方的候山（今地不详），斩杀及俘虏匈奴单于使节蒲阴王以下三百余人。

因为情报说匈奴主力早已远去，所以三位将领都没有到达预定的距离——二千华里，即行回军。刘病已认为他们的过失并不严重，特别从宽处理，不加处罚。

祁连将军田广明，从西河郡（内蒙古准格尔旗西南）出塞一千六百华里，到达鸡秩山（今地不详），斩杀及俘虏十九人。正好遇到从匈奴回来的西汉使节冉弘等一行人，冉弘透露鸡秩山西方集结有匈奴部队，田广明不敢前进，警告冉弘等，要他们表示：什么都没有看到，下令班师。监察员（御史属）公孙益寿（公孙，复姓）抗议，认为应该追击，田广明拒不采纳，即行率军回国。

虎牙将军田顺，从五原郡（内蒙古包头市）出塞八百余华里，到达丹余吾水（今地不详），即停止前进，斩杀及俘虏一千九百余人，撤退。

刘病已认为田顺距原定的目标太远，而又假报斩杀及俘虏人数。田广明明知敌人就在前面，却畏缩逗留。下令军法审判，二人自杀。擢升公孙益寿当执法监察官（侍御史）。

**3** 乌孙王国（首都赤谷城〔中亚伊赛克湖东南〕）国王（昆弥）翁归靡，亲自率骑兵五万人，跟西汉指挥官（校尉）常惠，深入匈奴汗国西部，军队直抵右谷蠡王的王庭（应在今蒙古国西部阿尔泰山北麓）。俘虏单于的伯父叔父一辈，跟单于的嫂嫂，以及公主（居次）、有名的亲王、封王、犁汙兵团司令（犁汙都尉）、指挥官（千长）、骑兵将领以下，共四万人；牛马羊驴、骆驼，共七十余万头。乌孙王国把他最需要的东西，留下自用。

刘病已认为，西汉五位将领全都没有功劳，只有常惠出使乌孙，有如此惊人的斩获，遂封常惠当长罗侯。

匈奴汗国经这次打击与损失，部众伤残逃亡，家畜因长途跋涉，大批丧生，多到不可胜数。国家损耗，不易恢复。对乌孙王国深为怨恨。

刘病已再派常惠，携带金银财宝，到乌孙王国，赏赐有战功的贵族。常惠奏报："龟兹国（新疆库车市）曾经袭杀西汉派驻轮台（新疆轮台县）屯垦区司令赖丹（参考前七七年），还没有受到惩罚，请准许顺便讨伐。"刘病已不许。但全国最高统帅（大将军）霍光，暗示他可以相机行事。常惠率领部下五百人，从乌孙王国回程时，征发龟兹以东各国军队二万人，再派副使节征发龟兹以西各国军队二万人，配备乌孙王国军队七千人，三面围攻龟兹。在完成包围圈之前，派人前往责备袭杀西汉使节的罪状。龟兹王请罪说："那是我老爹在世时，贵族姑翼的主意，使我老爹犯下错误，我并没有罪。"常惠说："既然如此，交出姑翼，就饶了你。"龟兹王把姑翼捆绑送到大营，常惠把他诛杀，回国。

**4** 大旱。

**5** 六月十一日，宰相阳平侯（节侯）蔡义逝世。

六月二十六日，任命长信宫供应官（长信少府）韦贤，继任宰相。

**6** 擢升农林部长（大司农）魏相，当最高监察长（御史大夫）。

**7** 冬季，匈奴汗国单于（十一任）挛鞮壶衍鞮，亲率好几万人的骑兵，攻击乌孙王国（首都赤谷城），以报复正月乌孙王国对匈奴的攻击，俘虏乌孙不少老弱。可是，当他班师时，大雪疯狂降落，一

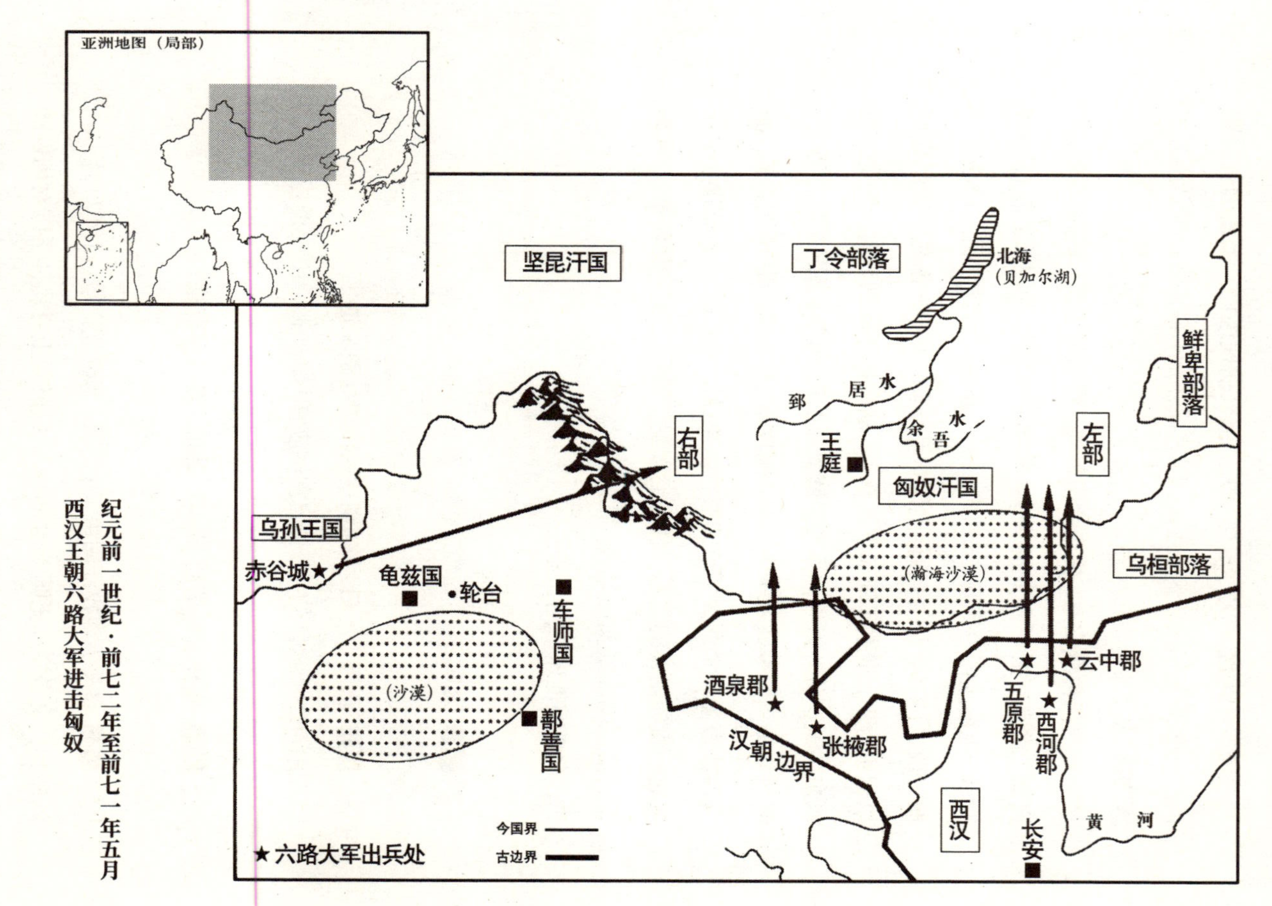


纪元前一世纪·前七二年至前七一年五月
西汉王朝六路大军进击匈奴

日之间，地面雪深一丈有余，民众和家畜，大批冻死，勉强撤退回国的，还不及出征时十分之一。

于是，这个古老而凋谢的汗国，成了豺狼吞噬的对象。丁令部落（西伯利亚贝加尔湖畔）乘匈奴战斗力衰竭，向南推进，攻击匈奴的北部（这是匈奴有史以来第一次受到来自北方的攻击），乌桓部落（内蒙古西辽河上游）攻击它的东部，乌孙王国攻击它的西部。三国分别攻击，总共斩杀好几万个人、好几万匹马，跟无法计数的牛羊。匈奴严重缺粮，大批饿死，人民死亡达到总人口的十分之三，家畜死亡达到总头数的十分之五。匈奴更为衰弱，原来臣服它的国家和部落，几乎全都背叛，境内治安破坏，贼盗蜂起，匈奴政府已没有能力治理。

后来，西汉派出三千余骑兵，分三道深入匈奴，俘虏数千人班师。匈奴无法再行报复，越加盼望跟西汉皇家和亲，边塞一带，更少事端。

**8** 本年（前七一），擢升颍川郡（河南省禹州市）郡长（太守）赵广汉，当首都长安特别市长（京兆尹）。

颍川社会的风俗，帮派林立，土豪劣绅之辈，结党营私。赵广汉在郡政府门外，设置一个竹筒，接受人民控诉，鼓励揭发阴私。于是地方人士你告我，我告你，团结力消失，帮派瓦解，盗匪绝迹。归降西汉的匈奴人，谈起他们在祖国时，就听到过赵广汉的大名。由于这个缘故，西汉政府把他征召到长安，担任首都长安特别市长（京兆尹）。

赵广汉能力极强，待他的部下，殷勤周到。有功劳或有奖赏，都归到部下身上，并不是故意做作，而是发于至诚。部下都乐于受他差遣，打击奸恶和强梁，宁死也不逃避。赵广汉聪明不过，知人善用，完全了解部下的能力，跟是不是尽了能力。如果有人欺骗他作弄他，就立即捕入监狱，逃不出他的眼睛。审讯结果，证据确凿的，马上定罪。特别了解人情的真伪，跟事态的变化，所以能得到真相。街巷一铢钱或一两银子的纠纷，他都能洞察。

有一次，长安城几个恶少年，在一个荒僻的空屋里，秘密会商抢劫。话还没有说完，警察已破门而入，全体承认罪行。类此情形，说明赵广汉发掘奸邪，消灭潜伏罪犯，好像神灵。首都长安市，政清人和，社会治安良好，官吏人民一致歌颂，赞不绝口。年纪大的老辈人说：自从西汉王朝建立迄今，没有一位首都市长，能胜得过赵广汉。

西汉王朝

- 广川王刘去残忍惨剧。
- 路温舒上宽刑书。
- 霍光家族屠灭。
- 撤销车师屯田。
- 西羌解仇，起兵抗暴。

---

- 罗马元老院选格拉苏、庞培当执政官。
- 庞培进军小亚细亚。
- 塞琉卡斯王国灭亡。
- 罗马帝国“前三雄”崛起。

# 纪元前七〇年

## 辛亥

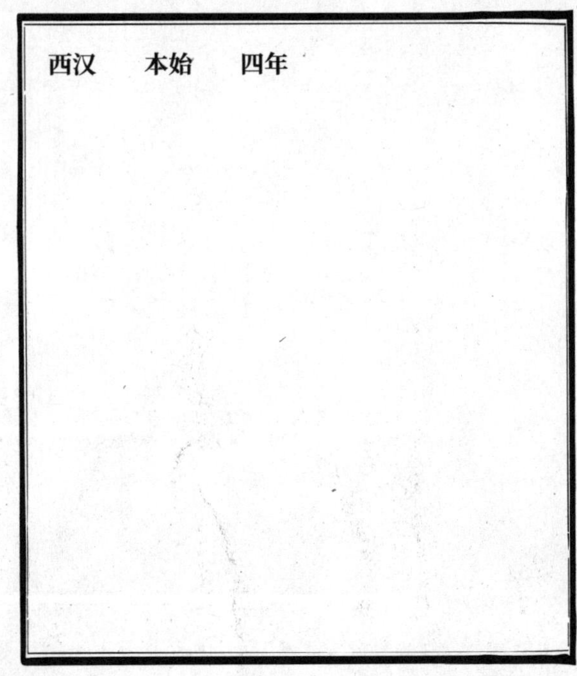


**1** 春季，三月十一日，西汉王朝（首都长安〔陕西省西安市〕）皇帝（十任宣帝）刘病已（本年二十二岁）娶霍光的女儿霍成君当皇后，赦天下。

最初，皇后许平君出身微贱，登上皇后宝座的时间尚短，所以侍从、车马、服装，都很俭朴。而霍成君出身富贵，习惯奢侈，侍从、车马、服装，每项都威严盛大。赏赐她的部下，动辄以千万计算，跟许平君时代，有天壤之别。

**2** 夏季，四月二十九日，四十九个郡和封国，同一天地震。有的山崩、有的城郭倒塌、有的房屋摧毁，死六千余人。北海（山东省昌乐县东南）、琅邪（山东省诸城市）两郡，刘邦（一任帝）跟刘恒（五任文帝）的祭庙（前一五六年，六任景帝刘启下令各郡各封国立刘邦、刘恒祭庙），也都倾毁。

刘病已下诏，要求：宰相、监察官（御史）、侯爵、部长级以上高级官员（中二千石），应向精通儒家学派经典的高级知识分子请教：地震的意义何在？代表什么警告？不要有任何忌讳。又下令“三辅”（大长安地区）、祭祀部长（太常），跟首都长安附近的各郡各封国，推荐“贤良”“方正”各一人。大赦天下。刘病已穿上素色衣服，在偏殿朝会五日。

释放夏侯胜、黄霸（二人抗议刘彻庙号、庙乐，而被捕下狱，参考前七二年五月）。任命夏侯胜当议论官（谏大夫）兼御前监督官（给事中）。黄霸当扬州（安徽省中部及江南地区）督导官（刺史）。夏侯胜为人，忠实朴拙，执着固执，平易近人，没有一点官场架势。甚至对刘病已，有时候也忘了称“陛下”，而直称“你”。或者在刘病已面前，直叫其他官员的别名。正因为如此，刘病已更亲信他。有一次出朝，把刘病已的话，转告别人。刘病已得到报告，向他诘问。夏侯胜说：“陛下的嘉言善行，是我故意告诉别人的。伊祁放勋的话布满天下，到今天家家户户，都会背诵。我认为可以传播，所以才传播。”

政府每有重大的决策性会议，刘病已知道夏侯胜正直，告诉他：“先生只管发言，不要把从前的事放到心上。”不久，夏侯胜复任长信宫供应官（长信少府），后来擢升到太子师傅（太子太傅），年九十岁，逝世。上官太后赏赐奠仪二百万，为夏侯胜穿素服五日，表示报答师恩（上官太后曾向夏侯胜学习《尚书》，参考前七四年）。儒家学派的学人专家，都引以为荣。



**3** 五月，凤凰飞集在北海郡（山东省昌乐县东南）的安丘县（山东省安丘市）及淳于县（安丘市东北）。

**4** 广川王（首府信都〔河北省衡水市冀州区〕）刘去（六任景帝刘启儿子刘越的孙儿），被控诬杀他的师傅跟小老婆十余人，或用铅汁锡汁灌入口腔，或把尸体大卸八块，羼入毒药烹煮，使它糜烂。放逐到上庸（湖北省竹山县西南上庸镇），自杀。

刘去在他的小老婆群中，最宠爱两位美女：王昭平跟王地余。当爱得发癫时，发誓要立她们当王后。然而，一场病使情势急变。刘去患病时，另一位美女阳城昭信（阳城，复姓），侍奉汤药，恩爱备至。她的强大媚功，使刘去又爱她爱得入骨。有一次，刘去跟王地余在一起游戏搂抱，忽然发现王地余袖里藏有利刃，大吃一惊。下令逮捕拷掠，王地余供称：她跟王昭平同谋，准备刺杀阳城昭信。于是再逮捕王昭平拷掠，王昭平坚持不知道这回事。刘去下令审问官用铁锥猛刺，王昭平面目身体，被刺成一团血肉，只好承认。

刘去于是召集所有的小老婆，举行公审。刘去亲自用剑砍死王地余，又教阳城昭信用剑猛砍王昭平。两位美女，霎时死于剑下。阳城昭信深谋远虑，说："那两个狐狸精的婢女们，有泄漏的可能。"于是，再把三个可怜的婢女绞死。后来，阳城昭信患病，梦见王昭平的阴魂向她索命，告诉刘去。刘去咆哮说："这个女强盗可能还来吓我，要把她们彻底消灭。"下令把两位美女的尸首挖掘出来，用火烧成灰烬。

最后，刘去立阳城昭信女士当王后。阳城昭信的恶毒心肠跟她的花容月貌成正比，她要完全控制刘去。这当然不是一件容易的事，但却引起一连串更惨酷的杀戮。

刘去另一位宠爱的美女陶望卿，封号修靡夫人，主管绸缎。再一位宠爱的美女崔修成，封号明贞夫人，主管王宫事务（永巷）。阳城昭信向刘去打小报告说："陶望卿对我不尊重，毫无礼貌；衣服穿得也比我漂亮，而且常把高贵的绸缎，赏赐给官人。"刘去说："你说陶望卿的坏话没有用，不能减少我对她的宠信。除非她跟野男人通奸——我会用大锅把她煮烂。"一语提醒梦中人，阳城昭信改变手段，从奸情上着手。

不久，阳城昭信告诉刘去说："有件事情你得注意，前些时，画家前来描绘陶望卿的房舍，陶望卿坐在他身旁，故意把衣裳脱得露出肩背。而且这骚货还常到南书房偷看小白脸，恐怕内情不简单。"刘去果然起疑，回答说："拜托你小心察看。"从此对陶望卿开始冷淡。稍后，刘去跟王后阳城昭信，设宴对饮，小老婆群衣香鬓影，在旁侍奉，陶望卿当然也在座。刘去大不舒服，高声唱起他自己编的歌——我们姑且称之为《刘去之歌》：

"背叛了你的教养 / 像残花一样 / 飘飘荡荡 / 多么奇妙的想法啊 / 是你自己逞能逞强 / 是你自己东奔西跑 / 是你自己投入罗网 / 当初是何等恩爱 / 如今，你还有什么希望！"

一面唱，一面教小老婆群跟着和声。唱罢，刘去板着脸说："就在你们中，有人心里有数。"包括陶望卿女士在内，虽然恐惧，但都不知道指的是谁。只有王后阳城昭信女士知道指的是谁，而且知道她注射到刘去身体里的蛊惑毒剂，已经发作，只要再踢一脚，就会爆炸。于是再向刘去提供秘密情报说:“陶望卿常去禁卫官(郎)、小职员(吏)宿舍，对哪张床上睡的是谁，连姓名都知道。”又说:“王宫禁卫官司令(郎中令)锦被，跟她眉来眼去，两个人可能是床上关系。”

刘去果然咆哮如雷，跟阳城昭信女士，率领小老婆群，一齐到陶望卿住屋，把她浑身脱光，先施一顿殴打，下令其他姬妾各用烧红的铁条，灼烧陶望卿的玉体。陶望卿哀号逃命，投井求死，阳城昭信急命救出——救出不是饶了她，而是要她受更大的苦。绑住手后，用木橛塞入陶望卿的阴户，然后割下她的鼻子、嘴唇，再割掉舌头。阳城昭信对刘去说:“从前杀王昭平，她反而在梦里吓我，我要把陶望卿煮烂，教她不能成形。”于是，把陶望卿剁成肉块，放到大锅里，撒上桃灰毒药烹煮。教其他美女围着观看，一天一夜，一位千娇百媚的美女，煮成一团肉糊。刘去跟阳城昭信，更杀掉也是姬妾的陶望卿的妹妹陶都，一对姐妹花，同时丧生。

刘去当然不以王后一个女人为满足，常跟另一位美女荣爱饮酒欢乐。阳城昭信的毒手再次伸出，用一种使对方一定信任的媚功，告诉刘去说:“看荣爱的神态和眼神，恍惚不安，我怀疑她跟人有不可告人的勾当。”这时，荣爱正在给刘去的方领口上刺绣，刘去一把抢去，投到火里烧掉。荣爱霎时间了解恶爪已抓住她，不愿受陶望卿的苦刑，逃出来投井。阳城昭信照例不放过她，急行救出后，痛加鞭打。荣爱受刑不过，只好承认跟医生通奸。既经“攻破心防”“自动招认”“坦承不讳”，当然有这个事实。绿帽子使刘去发疯，把荣爱绑到柱子上，用烧红的牛耳刀，刺烂她秋水般的双眼，一块一块割她屁股上的肉。荣爱浴血哀号，刘去下令把熔化的铅汁硬灌到荣爱口中，这个可怜的美女，才告解脱。然后，把她四肢剁下，用带刺的荆条埋葬。所以用带刺的荆条，是为使她的灵魂，永远在痛苦之中。

然而，这只是个开端，刘去所宠爱的美女，阳城昭信自有她特有的方法，加以诬杀，前后共惨杀了十四人，都埋葬在王太后（刘去老娘）所住的长寿宫中。

刘去的暴行终于被发觉，在绝对封建专制的社会中，对于一个烜赫的权势巨头，历程是曲折而血腥的。像陶爱卿的娘亲，为了索取两个女儿，刘去再施毒手，把她斩首。对此，我们不再报导，而只讨论全案的结局。全案的结局是，刘去只不过削去王爵，放逐到航空距离九百公里外的上庸（湖北省竹山县西南上庸镇），而且还赏赐给他一百户作为他的汤沐邑（一百户人家的田赋税捐，统统缴给他）。真是天理何在？国法何在？“王子犯法”，可跟平民犯法，绝不相同。

无限权力是可怖的，刘去如果是一个皇帝，就更无法克制。幸而他不过是一个亲王，人民总算还有一个管道可以控诉。刘去对儒家学派的经典《易经》《论语》《孝经》，全都精通，而又写得一手好文章，却凶残到如此地步。说明教育和知识，都抵挡不住权力毒素。没有制衡，权力就要既害人而又害己。年轻少女们常常幻梦着“白马王子”，而刘去正是典型的一个“白马王子”——他身价高贵，而又多才多艺。不过中国的“白马王子”几乎全是凶残之辈，因为中国缺少一种克制当权派恶行的制度，和尊重人性尊严的文化传统，往往使一个本来应该十分可爱的人，变得狰狞。

# 纪元前六九年

## 壬子

西汉　地节　元年

1 春季，正月，西方天际，出现孛星。

2 西汉王朝（首都长安〔陕西省西安市〕）楚王（首府彭城〔江苏省徐州市〕）刘延寿，认为广陵王（首府广陵〔江苏省扬州市〕）刘胥，是七任帝（武帝）刘彻的儿子，天下万一有什么变动，刘胥必然登上皇帝宝座，所以暗中向他靠拢；撮合正妻王后的同母弟弟赵何齐，娶刘胥的女儿。因为这门姻亲关系，派赵何齐送一封信给刘胥。信上说："盼望你扩大耳目，不要在别人背后取得天下。"赵何齐的老爹赵长年（也就是刘延寿的岳父），向中央政府告发（父亲检举儿子，事非常情，凡事非常情的，必有内幕，可惜我们不知道内幕是什么），西汉帝（十任宣帝）刘病已（本年二十三岁）交给主管官员，查证确凿。

冬季，十一月，刘延寿自杀，中央政府对刘胥不做处分。

**3** 十二月三十日，日蚀。

**4** 本年（前六九），于定国当司法部长（廷尉）。于定国处理疑难案件，力持合情合理合法，用慈悲心肠，哀怜孤苦。凡没有积极证据的罪行，都从轻判决，十分谨慎。政府官员一致赞扬，说："张释之当司法部长，天下没有冤狱；于定国当司法部长，被处刑的人自己知道绝不冤枉。"

# 纪元前六八年　癸丑

**1** 春季，西汉王朝（首都长安〔陕西省西安市〕）全国最高统帅（大将军）霍光病重，西汉帝（十任宣帝）刘病已（本年二十四岁）亲自到霍府慰问，感慨伤怀，禁不住落泪。霍光上书谢恩，愿分采邑三千户，请求封老哥霍去病的孙儿、御车总监（奉车都尉）霍山一个侯爵，祀奉霍去病的香火（霍去病之子霍嬗，继承霍去病冠军侯的封爵。霍嬗逝世，没有儿子继承，封国撤除。而霍光请把霍嬗弟弟的儿子霍山，过继霍嬗，继承爵位）。刘病已回宫后，当天立即宣布，并任命霍光的儿子霍禹当右将军。

三月八日，霍光逝世。刘病已跟上官太皇太后，亲自到霍光灵堂祭悼（这是一项殊荣）。任命一位资深部长（中二千石）担任治丧官。赏赐棺木葬器，跟皇帝用的御棺御器一样。定绰号为“宣成”（博陆〔宣成〕侯），征调三河（渭河、泾河、洛河）地区武装部队战士，给霍光筑起高冢。墓园（园邑）设置三百户人家，另设管理官（长）、秘书（丞），负责洒扫祭祀。永远免除赋税，世世代代如此。

最高监察长（御史大夫）魏相，上“亲启密奏”（古时臣属呈送的奏章报告，都用开口封套。如果事涉机密，预防泄漏，则加密封，由皇帝亲拆，所以称“封事”），说：“国家最近丧失了全国最高统帅（霍光），陛下最好擢升有功的高官接替，不要使权力陷于真空，免得引起争夺。我认为车骑将军张安世，最为合适。不要再使他兼宫廷禁卫官司令（领光禄勋事），宫廷禁卫官司令一缺，则由他儿子张延寿接替。”正好，刘病已也有此意。

于是，夏季，四月十七日，任命张安世当全国武装部队最高指挥官（大司马）兼车骑将军，主管宫廷机要（领尚书事）。

**2** 凤凰降临鲁国（首府鲁县〔山东省曲阜市〕），成群的鸟追随。大赦天下。

**3** 刘病已为了回报霍光擢拔自己当皇帝的大德厚恩，下诏封霍光老哥霍去病的孙儿霍山当乐平侯，任命他当皇家御车总监（奉车都尉），主管宫廷机要（领尚书事）。

最高监察长（御史大夫）魏相，透过昌成君许广汉，呈递“亲启密奏”（封事），说： 

“《春秋》讥讽国务官（大夫）世袭制度（参考《公羊传》“前七二〇年”），痛恨宋国三届国君都没有国务官（三届国君：二十任襄公子滋甫、二十一任成公子王臣、二十三任昭公子杵臼。传统上，国君都娶外国国君的女儿，而这三位国君却娶国务官的女儿，地位就跟国务官平等，尊卑内外，被认为全无分别）。后来鲁国（前六六〇年）国务官姬友专权（拥立十九任国君僖公姬申），使国家陷于混乱。西汉王朝政府，自从前八七年以来，皇上（指八任帝刘弗陵、九任帝刘贺、现任〔十任〕帝刘病已）不能支配俸禄，国家权柄，握在宰相级高官（指上官桀、霍光等）之手。而今霍光逝世，他的儿子（霍禹）继续担任右将军，侄孙主持中枢（霍山主管宫廷机要），兄弟女婿，都居于权势要津，掌握军权。霍光夫人霍显，跟她的女儿，有特别通行证，可以随时出入长信宫（上官太后所居），甚至半夜叫开宫门，自由出入，骄傲奢侈，放纵不羁，恐怕渐渐不能克制。皇上应该想办法削弱他们的权势，消灭未成形的阴谋，用以巩固皇家万世的基业，也保全功臣于后世。”

依照惯例，凡上奏章给皇帝的，要同时缮写两份；奏章送到宫廷秘书署（尚书），主管机要的大臣，先打开副本审查。认为不合适的，连同正本，一齐搁置。魏相再通过许广汉建议废除副本，用以防止蒙蔽。

刘病已认为好极，下诏命魏相兼任御前监督官（给事中），参与决策。

**4** 刘病已出身平民，知道民间生活艰难。霍光逝世之后，他才亲自主持政府，励精图治。每隔五天，就举行一次御前会报，宰相以下的官员，各就所负责的事务，提出报告。根据他们的陈述，考察他们的成绩。即令是宫廷随从（侍中）、宫廷秘书（尚书），积有功劳，或有特别表现，也都厚厚赏赐，甚至包括他们的子孙，成为惯例，始终都不改变。中央政府的核心组织，十分严密，各种法令，都订定完备，上下祥和，没有人因循敷衍。凡任命各州督导官（刺史）、郡长（守）、封国宰相（相），一定亲自接见询问，观察他的抱负，然后考察他的行为，跟他当初所说的话，一一验证。遇到名实言行不相符的，一定探讨它的原因何在。刘病已常说："人民所以乐于长久定居家乡，而没有悲叹、忧愁、怨恨，主要由于政治清明、司法公平。跟我共同治理天下的，岂不全靠州郡首长！"

刘病已了解郡长是国家安定的基石，经常变更，会引起官吏跟人民的困扰。如果人民知道郡长在位的时间一定会很久，就不敢欺骗他和敷衍他，才能服从他的教化。所以，地方政府首长成绩斐然的，刘病已就用正式诏书，勉励褒扬，或增加薪俸，或赏赐金钱，甚至封准侯爵——关内侯。中央政府部长级以上官员（公卿）出缺，就在被表扬过的州郡首长中遴选，依照等次顺序，擢升任用。所以，西汉王朝政治，在这个时候（前一世纪三〇年代）最为清明，被称为"中兴"。

**5** 匈奴汗国（王庭设蒙古国哈拉和林市）单于（十一任）挛鞮壶衍鞮逝世，老弟左贤王挛鞮虚闾权渠继位（十二任）。娶西部兵团司令（右大将军）生的女儿当大皇后（大阏氏），而贬黜老哥挛鞮壶衍鞮（十一任）所爱的正宫皇后（颛渠阏氏。颛，音zhuān〔专〕）。正宫皇后的老爹、东部军区总监（左大且渠），大为愤怒（匈奴汗国风俗，兄死，弟要娶嫂；爹死，儿子要娶爹的小老婆。不仅匈奴汗国如此，乌孙王国如此，北方游牧民族，都是如此。直到纪元后十二世纪女真人的金帝国，仍维持这种传统。所以，正宫皇后受到冷落，连老爹都怒不可遏）。这时，西汉政府了解匈奴汗国国力已衰，再不能发动攻击，把边塞外的一些前进基地（如受降城〔内蒙古乌拉特中旗东五十公里新忽热〕、遮虏障〔内蒙古额济纳旗故居延海南〕），全部撤除，使人民获得休息。 

挛鞮虚闾权渠对西汉政府这项措施，十分欣喜，召开贵族会议，企图跟西汉政府和解，恢复昔日友谊。东部军区总监（左大且渠）从中破坏，建议说："从前，西汉政府派遣使节前面走，大军后面跟。我们不妨也仿效他们的办法，先派使节进入西汉，然后大军攻击。"并自告奋勇跟呼卢訾王（訾，音zǐ〔紫〕）各率一万人骑兵南下，沿着西汉边塞打猎。一旦抓住机会，即行入侵。

然而，两路大军距西汉边塞还有段距离时，匈奴三个战士逃奔西汉，向西汉政府报告匈奴兵团的阴谋。刘病已下令征调边防军备战，派全国最高统帅部军纪总监（"军监"，地位次于军法总监〔军正〕）治众（姓不详）等四人，率五千骑兵，分为三队，各出塞几百华里，作威力搜索，各捕获数十人班师。这时，东部军区总监（左大且渠）等因三名部下逃亡，知道无法突击，不敢前进，即行撤退。

本年（前六八），匈奴汗国发生可怕的大饥荒，人民牲畜死亡十分之六七，而又动员两个兵团各一万人，防备汉军进攻，使情况更为恶劣。

秋季，从前降服匈奴，使居留在匈奴东部的西嗕部落（蒙古国乔巴山市附近。嗕，音rù〔入〕），在酋长率领下，有好几千人，驱赶着自己的家畜南下。匈奴边防军截击，双方激战，死伤相当。但西嗕部落终于突破防线，归降西汉王朝。

# 纪元前六七年——甲寅

西汉　地节　三年

**1** 春季，三月，西汉王朝（首都长安〔陕西省西安市〕）皇帝（十任宣帝）刘病已（本年二十五岁）下诏：“我们知道，有功不赏，有罪不罚，即令是伊祁放勋（唐）、姚重华（舜），都无法治理国家。而今，胶东国（首府即墨〔山东省平度市〕）宰相王成，勤勉奋发，认真工作。流亡人口定居申报户籍的，达八万余人，考绩超过最最优等。特封他关内侯，支最高薪俸（中二千石）。”（西汉王朝秩俸，一级“万石”，二级“二千石”，内又分一阶中二千石，二阶二千石，三阶比二千石）还没有等到征召，王成却先逝世。后来，刘病已命宰相、监察官（御史），向各郡各封国每年派到中央呈送年度工作报告的官员，查问政府法令的得失。有些人反映说，王成的政绩是虚伪的，假造申报户籍的数目，竟获得富贵。 

自此之后，庸俗无能的官吏，往往得到美好的名誉。

**2** 夏季，四月二十二日，刘病已封儿子刘奭（音shì〔是〕）当皇太子（本年九岁），任命丙吉当太子师傅（太子太傅）；中级国务官（太中大夫）疏广当太子教师（太子少傅）。封刘奭的外祖父（刘病已的岳父）许广汉当平恩侯（霍光曾阻止许广汉封侯，此举可表示刘病已已脱出霍光的阴影），又封霍光的老哥霍去病的孙儿、皇家警卫指挥官（中郎将）霍云当冠阳侯。

霍光的妻子霍显，听说刘奭被封为皇太子，气得死去活来，拒绝吃饭，以致大口吐血，喊叫说："刘奭是皇上当平民时生的儿子，怎有资格当皇太子？将来，我的皇后女儿生了儿子，难道只能当亲王？"

于是，这位老娘教唆她的女儿霍成君，毒杀刘奭。霍成君依照老娘指示行事，几次召唤刘奭到皇后宫，喂他糖果之类食物。可是刘奭的乳娘和保姆，都很机警，先行吃下，尝尝是否有毒。霍成君心里焦急，苦于没有机会下手。

**3** 五月二十五日，宰相（丞相）韦贤，年老退休，刘病已赏赐他黄金一百斤，用可以坐下的安车（古人乘车都是站着，安车则可以坐下），送他回家。西汉王朝宰相退休，从韦贤开始（西汉王朝建立迄今〔前六七〕，一百四十年间，宰相全死于官位之上，有些寿终，有些诛杀）。

六月七日，刘病已任命魏相当宰相。

六月十六日，任命丙吉当最高监察长（御史大夫）、疏广当太子师傅（太子太傅）、疏广的侄儿疏受当太子教师（太子少傅）。

刘奭的外祖父平恩侯许广汉，认为刘奭年纪还小，向刘病已建议，由老弟皇家警卫指挥官（中郎将）许舜，当刘奭的监护人（监护太子家）。刘病已征求疏广的意见，疏广回答说："太子，是国家的储君，无论教师或朋友，必须是天下英俊人才，不应该单独跟舅父许家亲密。而且，太子（刘奭）自有师傅（太傅）、教师（少傅）、官员，以及僚属，无一不备。如果再教许舜当太子的监护人，显示见识肤浅，心胸不广，不是传播太子品德于天下的办法。"刘病已认为他的话含有至理，告诉魏相。魏相脱下官帽，抱歉说："这种见识，我万万不如。"疏广由于这件事，得到器重。

**4** 首都长安（陕西省西安市）降大雨跟冰雹。外籍官民接待署主任秘书（大行丞）、东海（山东省郯城县）人萧望之，上书说："因为高级官员控制政府，一姓一家专权太久，上天才用此作为警告。"刘病已平常就听到过萧望之的名字，于是任命他当皇家礼宾官（谒者）。这时候，刘病已已延揽了很多贤能的英才，平民中也有很多人上书，提出建议。刘病已把这些奏章，交给萧望之处理。才能高的，转给宰相、监察官（御史）；才能次的，转给部长级官员（中二千石）试用。一年之后，把试用的考绩，奏报刘病已；才能低的，则遣送回乡。萧望之所作的建议，都能使刘病已满意，所以都被批准。

**5** 冬季，十月，刘病已下诏说：

"九月十九日，发生地震，使我感到恐惧，渴望知道我的过失，各郡各封国保荐的'贤良方正''直言极谏'人士，都应积极发言，帮助我改正；对有关高级官员的错误，也不要避讳。我知道我的品德不够，不能使远方的蛮夷归附，以致时到今日，边防军仍不能休息。而我又对边疆不断增援，使人民的劳苦太久，不是我安定天下的本意。现在，车骑将军张安世、右将军霍禹的两支边防部队，全部解甲归田。”

刘病已再下诏说：“凡是被政府指定，而迄今并没有使用过的皇家水田鱼池，一律开放给平民。各郡各封国的王宫宾馆，如果损坏，不准修理恢复。流亡在外的人回归乡里，地方政府应发给他们土地，借给他们粮食或种子，不准征收他们田赋，也不准征召他们充当差役。”

**6** 霍光虽死，但他的庞大家族，权势仍十分烜赫。骄傲奢侈，凶暴蛮横，一如往昔。已经身为曾祖母的霍显，大肆扩充她的住宅，建造跟皇家一样的舆轿、辇车，甚至更加豪华，褥垫都用锦绣，车身都用黄金缠裹。皮革棉絮，包在车轮外缘，在行驶中，安静如水。由美丽的侍女，用五彩绸缎，牵引着坐在上面的霍显，在庭园宅第中游玩。霍显跟奴仆总管（监奴）冯子都通奸淫乱。她的儿子霍禹、侄孙霍山，也同时扩建房屋，在平乐馆纵马奔驰。另一侄孙霍云，当他轮值入宫当班的时候，却总是声称有病在身，私自溜出，率领大批摇尾分子（宾客），在黄山宫御花园（黄山苑，陕西省兴平市西南）中，惊天动地的打猎。却只派一个随从，代替他进宫当班，没有一个官员敢加以指责。而霍显跟她的几个女儿，更不分昼夜的出入上官太后居住的长信宫，毫无顾忌。

刘病已尚是平民的时候，就知道霍姓家族尊贵的日子太久，行为不能自我克制。等到亲自主持国事，特准最高监察长（御史大夫）

魏相进宫处理公务。霍显已经觉得有点不对劲，警告霍禹、霍山、霍云说："你们不能继承最高统帅（霍光）的事业，而今，魏相进宫处理公务，一旦离间你们，你们还能活命？"后来，霍家奴仆跟魏家奴仆，驾车时争夺道路，霍家奴仆闯进最高监察署（御史府），大声辱骂，又要踢开魏相的家门。值班的执法监察官（侍御史）大为恐慌，不知道如何才能阻挡。最后，向霍家奴仆们下跪，叩头求情，霍家奴仆们才谩骂而去。有人把这件事报告霍显，霍显等才开始忧虑。

不久，魏相当上宰相，每每被刘病已私下接见，对国事交换意见。而平恩侯许广汉，跟宫廷随从（侍中）金安上等，又可以随时出入宫廷。当时，霍山虽主管宫廷机要（领尚书），但刘病已下令，无论小官和小民，都可以呈递"亲启密奏"（封事），直达皇帝面前，不通过宫廷秘书署（尚书），霍山的权力遂被架空。而官员们每逢提出报告或建议，都直接向刘病已陈述，霍姓家族大为痛恨。

刘病已隐约的听到：霍家把皇后许平君毒死。却不能获得证实，但已使他提高警觉，决定先剥夺霍姓家族的军权。于是，把霍光的女婿、度辽将军、未央宫保安官（未央卫尉）、平陵侯范明友，调任宫廷禁卫官司令（光禄勋）；把霍光的次女婿、皇家警卫指挥官（中郎将）、羽林军警卫总监（羽林监）任胜，调任安定郡（宁夏固原市）郡长。几个月之后，再把霍光的姐夫、特级国务官（光禄大夫）张朔，调任蜀郡（四川省成都市）郡长；孙女婿、皇家警卫指挥官（中郎将）王汉，调任武威郡（甘肃省武威市）郡长。过了几天，又把霍光长女婿、长乐宫保安官（长乐卫尉）邓广汉，调任宫廷供应部长（少府）。

八月十四日，刘病已任命张安世当首都卫戍司令（卫将军），兼未央宫暨长乐宫保安官（两宫卫尉）；城防部队（城门）、野战部队（北军），都由张安世统御。为了平衡霍姓家族的情绪激动，擢升霍禹当全国武装部队最高指挥官（大司马），体制上应戴大帽，但仍教他戴原来小帽。体制上应有印信，但并不颁发印信；解除他的军权，把所管辖的部队，转移管辖，而只在表面上使霍禹的官位，跟老爹霍光的官位相等。接着，免除范明友度辽将军职务，专任宫廷禁卫官司令（光禄勋）。霍光中女婿赵平，本是护从顾问（散骑）兼骑兵总监（骑都尉），又兼特级国务官（光禄大夫），统率城防部队，现在免除赵平骑兵总监（骑都尉）。凡在外籍兵团——匈奴兵团和南越兵团（胡越兵）、羽林军，未央宫、长乐宫保安部队，以及城防部队中担任指挥官的霍姓家族，全部调职，由刘病已所亲信的许家子弟（刘病已岳父家）跟史家子弟（刘病已祖母家）接替。 560

**7** 最初，刘彻（七任武帝）在位时代，不断征收赋税，征召差役，征集丁壮。贫困穷苦已极的人，越来越多，纷纷犯法，无法消灭。刘彻就命张汤、赵禹之流，制定法令，规定：知道别人犯法而不检举，罪名为“知情不报”。政府派出官员视察，发现某一位首长有罪，部下连同处刑。指示法官狱吏：冤枉人没有关系，使用酷刑没有关系。对于公平待遇囚犯，尊重人权的法官狱吏，反而一律诛杀。想不到，这样做不但不能遏阻犯罪，反而使奸猾之辈，玩弄法令，互相引用新的判例，或比照办理，或推论定案。禁忌之网，密不通风，而法令越发苛刻琐碎，满桌满屋都是，主管官员连看一遍都没有时间。于是各郡各封国使用的条文，每每矛盾冲突。一样的罪，判决却不一样。奸猾的法官狱吏，乐于利用这种现象，玩弄法令，收受金银财宝，好像市场上谈交易做买卖。想教囚犯活命，就引用使他活命的条文判例；想陷害囚犯时，则引用使他非死不可的条文判例。冤枉难伸，人民哀伤。

司法部总务官（廷尉史）、钜鹿（河北省平乡县）人路温舒，上书刘病已，请求慎重刑罚，说："我听说：春秋时代齐国有姜无知的祸事，而姜小白兴起（齐国十四任国君〔襄公〕姜诸儿，被贵族姜无知诛杀，齐国混乱。姜诸儿的老弟姜小白从莒国回国即位〔十六任桓公〕，国势大振，成为春秋时代五霸中的第一霸）。晋国有骊姬的灾难，而姬重耳称霸（晋国十九任国君〔献公〕姬诡诸，听信后妻骊姬的谗言，逼死合法继承人太子姬申生，驱逐另两位儿子姬重耳、姬夷吾。姬诡诸逝世后，骊姬生的儿子姬奚齐继位〔二十任〕，被杀。再由骊姬妹妹生的儿子姬卓子继位〔二十一任〕，又连同骊姬，一齐被杀。姬夷吾返国继位〔二十二任惠公〕，逝世后，儿子姬圉继位〔二十三任怀公〕。秦国用重兵强送姬重耳回国，姬圉再被杀，姬重耳继位〔二十四任文公〕，力图复兴，成为春秋时代五霸中的第二霸）。在西汉王朝，赵王（首府邯郸〔河北省邯郸市〕）刘友被迫饿死（参考前一八一年），吕姓家族扰乱政坛（参考前一八七年至前一八〇年），而孝文皇帝（五任刘恒）被尊称'太宗'（帝王的绰号有二：一是"庙号"，如"太宗"之类，乃祭庙上的招牌；一是"谥号"，如"孝文"之类，乃形容他的品德功业）。由这些往事，可以发现，灾祸的发作，原是为圣人的来临，开辟道路。而在大乱之后，必然有跟昔日大不相同的改革措施。贤明的君王，正藉此显示上天的旨意。

"过去，孝昭皇帝（八任刘弗陵）逝世，没有儿子，继位君王（九任刘贺）淫乱，这正是前所陈述的，皇天为圣人的来临，开辟道路。我听说，《春秋》最重视的，是君王登上宝座的实质程序，因为尊重正统，对开端必须慎重。陛下刚刚登上至尊的座位，跟天意符合，正应该革除前世的过失，使正统在慎重中开创，废除繁杂琐碎的法令条文，解救人民的痛苦，上应天心。

"我听说：秦王朝犯有十大错误（一、废封建。二、筑长城。三、铸金人。四、造阿房宫。五、焚书。六、坑儒。七、营建骊山嬴政坟墓。八、求不死之药。九、外放太子嬴扶苏监军。十、任用狱吏），西汉王朝兴起后，已改革了九项，只有一项仍然存在，就是司法黑暗。法庭上的审判，监狱里的囚禁，是天下最重要的大事。被处死的，不能使他复活；砍掉肢体的，不能使他重续。《尚书》说：'与其诛杀无罪的人，宁可以释放有罪的人。'而今的法官，却恰恰相反。上级跟下属之间，好像搏斗，争着打出最恶毒的一击。拷掠得越惨，刑判得越重，越被称为贤能。陷害人陷害得深入骨髓的，立刻获得公正的美誉。发现冤枉，敢于平反的，却后患无穷。

"所以，调查官或审判官，都决心把人置于死地，并不是对某个人有什么憎恨，而是，保护自己的主要办法，就是使被告一死。死人的鲜血，流满街市。被处徒刑的囚犯，肩并肩相接相连。计算死刑的人数，每年有几万人之多，使仁爱贤明之心，无限悲恸。国家之始终不能有祥和的太平盛世，正由于此。

"人情之常，平常的时候，喜爱生命；痛苦的时候，盼望死亡。苦刑拷掠之下，什么口供得不到？当囚犯无法忍受痛苦时，审问官就提出暗示，如果对方不能了解，或拒绝暗示，办案人员为了顺利结案，就索性明明白白告诉他如何招供。定案之后，往上级呈报，恐怕受到批驳，则像冶金一样，在烈火中烧熔，左敲右击，把它锻炼成一件结结实实的罪案，使被告陷入密不通风的法律网罗。判决书呈上去之后，已是一件天衣无缝的文件，即令是皋陶看到（皋陶，黄帝王朝聪明如神的法官），也会认为死有余辜。为什么？为的是捏造出来的罪行太多，在法律条文编织之下，罪状十分明显。所以俗话说：'即令在地上画个圆圈当作监狱，也不要进去；即令削一块木头当作审问官，也不要面对。'这是一种怨恨司法黑暗，最悲痛的心声。唯有请求陛下删减法令规章，放宽刑罚，则天下太平，才可以呈现于世。"

刘病已欣赏路温舒的建议。

**8** 十二月，刘病已下诏："最近，司法审问官玩弄法律技巧，越来越熟练，都是我自己品德不够的缘故。对诉讼事件，如果处理不当，有罪的反而更无法无天，无罪的却受到诛杀。父痛子，子痛父，一家悲伤，我非常哀悼。而今，司法官员（廷史）跟郡政府负责诉讼的官员，地位既低，俸禄又少。从现在起，在司法部（廷尉）增设四位覆判官（廷尉平），俸禄六百石，审理诉讼，务求公平，以符合我的要求。"

每年秋后，全国诉讼作最后定案时，刘病已常到宣室殿（未央宫内），沐浴斋戒（不吃肉类），虔敬裁决。从此，诉讼才被认为公正。涿郡（河北省涿州市）郡长（太守）郑昌上书说："现今，圣明的君王，亲自主持诉讼，俯察民情，即令不增设覆判官（廷尉平），司法也会纳入正轨。然而，为了建立公正的长久基础，不如从删改法律判例，和删改行政命令着手。法令一经确定，人民知道什么事不可做，奸猾的官吏就无所施展。不在基础上改革，而只靠覆判官在法令末梢上补救，一旦陛下不再注意督促，下级就会立刻懈怠，恐怕覆判官也跟着玩弄他的权势，收受贿赂，反而成了赃官首领。"

路温舒这项奏章，是中国历史上第一位官员，为人民的刑狱痛苦，发出呼吁。一向炫耀自己是炎黄子孙、礼义之邦的中国人，却像一群被剥了皮的可怜动物，完全暴露在苦刑拷掠的暴政之下，没有一点保护。严重的缺少人性尊严，和道德勇气的衰退，以及粗糙的思考方式，是摧残人权的最大动力；一直到二十世纪，我们还常听到一种下流的论调："对付老奸巨猾，还讲什么人权？”于是一个嫌疑犯被捕，拒绝承认罪行之后，传播媒体就会立刻抨击他“坚不吐实”。我常想做一项永不可能做的实验，把说这种话的人逮捕，指控他是谋杀美国总统林肯的凶手。如果他承认，立即枪决；如果他不承认，就一口咬定他老奸巨猾，“坚不吐实”。

路温舒指出传统冤狱之所以形成，在于人体不能忍受痛苦。对此，我曾写有诗句：“人到苦刑际，方知一死难。”坐在冰块之上，或绑在老虎凳之上，你平生的愿望恐怕只剩下一个：死。招认罪行，不过一死而已，而酷刑比死可怖。误被香烟烧一下都会大叫，试想一百个烟头烧下去，像陶爱卿、荣爱所受的那样，只有招认确确实实谋杀了林肯，凶刀就在厨房，人证就是你的妻子儿女，你会跪下来求他们大义灭亲，制造一把凶刀。

常有审问官拍胸宣称：“我跟你无仇无恨！”路温舒已代我们指出，当然没有仇恨，但有任务。审问周亚夫的人岂跟周亚夫有仇？审问彭越的人岂跟彭越有恨？一旦柏杨先生审问你，教你承认谋害林肯，我又岂跟你有仇有恨？只是因为你不肯“合作”，我交不了差，下不了台，你就必须坐冰块和上老虎凳。

有人天真的哀号说：“你教我承认什么我就承认什么！”这是一句严重伤害审问官职业尊严的话，将会招来更残忍的酷刑。雷马克《人性光辉》中，有一篇集中营的描述，一个纳粹向一个被打得血肉模糊，而仍拒绝签字自愿参加被注射毒菌试验的犹太人咆哮说：“我可以代你签字，我也根本不需要你签字。但我非要你签不可，我要你爬着过来，跪到我脚下，哀求我准许你签字！”这正是酷吏的心情，他的职业尊严不允许被侵犯，他要你自动自发、亲口供出你从没有犯过的罪行。

每一件冤狱的判决书，都是一项杰作，不但皋陶先生看了，认为死有余辜，纵是上帝看了，也会认为死有余辜。即令柏杨先生撰写的你谋杀林肯的判决书，也会有此奇效。

路温舒的呼吁，十分沉痛，并且第一次触及到改革的深度，而刘病已的反应使人失望。郑昌已明白指出症结所在，因症结固在刑法，但更在刑事诉讼法。刑事诉讼法允许酷刑，又如何没有酷刑？又不仅在刑事诉讼法，而在制度。再进步再文明的刑事诉讼法，在一个专制独裁的社会中，都会变质。不是规定不准用刑吗？我当然没有用刑。腿断了不假，医生证明是被打断了的也对，但你用什么方法证明是审问官打断的？那可能是同房囚犯互殴打断的，也可能是你企图栽赃，自己打断的。而且，最奇异的一件事是：法庭向办案单位去一封公函，询问他们是不是对你有过苦刑拷掠？办案单位用公文回答："没有。"那就是没有。

五千年历史，始终绕在"一治一乱"打转，主要原因之一是：官逼民反。民为什么反？当法律不但不能保护人民，反而陷害人民时，人民只有两种选择，一是死亡，一是反抗。李自成本是一个守法的庄稼汉，在荒旱之年，人们互相格杀吞食，他欠一位财主的钱，不能偿还，财主就教县政府把他绑到毒烈的太阳下烤晒，并派家丁在旁监视，不准他喝一口水。县政府的士兵于心不忍，把他移到一处树荫底下，财主的家丁却不准，又拖回原处，李自成的儿女和围观的人，痛哭失声，于是暴动。这是一个典型，当法律管道不通时，人民就走反抗的管道。

《资治通鉴》记载的每一次民变，包括已经叙述过的陈胜和吴广，以及将来不断出现的无数次，都跟严重的蹂躏人权有关。拿破仑曾形容当时的法国法庭："除了正义外，什么都有。"中国历代王朝都使人有此沉痛伤感。不仅为那些在苦刑之下辗转哀号的同胞落泪，更为国家的前途落泪。

**9** 八任帝（昭帝）刘弗陵在位时，匈奴汗国（王庭设蒙古国哈拉和林市）曾派出四千骑兵，在车师国（新疆吐鲁番市）开荒屯垦。后来，西汉五位将军出塞攻击匈奴（参考前七一年），匈奴屯垦兵团，惊恐撤退。车师国才再跟西汉恢复邦交。匈奴大发脾气，征召车师国的太子军宿，打算扣留作为人质。军宿的亲娘是焉耆国（新疆焉耆县）国王的女儿，所以军宿是焉耆国王的外孙，他不想到匈奴当人质，而又不敢抗命，于是逃奔焉耆。车师王就改立另一个儿子乌贵当太子。于是乌贵得以继承王位，跟匈奴结成姻亲，重入匈奴怀抱，建议匈奴堵截西汉政府派往乌孙王国（首都赤谷城〔中亚伊赛克湖东南〕）的使节。

本年（前六七），宫廷警卫官（侍郎）、会稽（江苏省苏州市）人郑吉，跟指挥官（校尉）司马憙（憙，音xī〔喜〕），率领被免除罪刑的囚犯，在渠犁（新疆库尔勒市西南）开荒屯垦，调发各王国军队一万余人，连同屯垦兵团一千五百人，联合攻击车师。车师大败，乌贵请求投降。

匈奴汗国大为震怒，出军攻击车师。郑吉、司马憙率军向北挺进迎战，匈奴不敢前进。郑吉、司马憙就留下一个军官跟二十个战士，保护乌贵，然后率大军回渠犁。国王乌贵认为二十个战士不可能保护他，一旦匈奴反击，他会丧生。于是，王位也不要了，单人独马，逃奔乌孙王国。郑吉遂即把乌贵的妻子，用政府驿马车，送到首都长安。匈奴汗国再立乌贵兄弟辈的兜莫当车师王，把车师全国人民东迁，故土一空。郑吉于是派三百个武装战士，进入真空的车师国开荒屯垦。

**10** 刘病已自从登上宝座，便派人四出，查访外婆家的消息。因为时间太久（距前九一年刘据自杀，到前七四年刘病已即位，已十八年），查访到的人家，初看很像，实际上都不是（能跟皇太子结亲，当是一个盘根错节的庞大世家。跑了和尚跑不了庙，总可找到线索，而竟然找不到，可看出巫蛊案杀戮之惨。全族血染刀锋，未死的逃命流窜，不敢跟故乡私通消息）。直到本年（已二十五年），终于找到外祖母王媪（媪，音ǎo〔袄〕），跟王媪的儿子王无故、王武。刘病已封两位舅父当关内侯（准侯爵），十数天之间，赏赐亿万（每一个传奇都不是孤立的，一个传奇一定引起另一个传奇。王媪二十五年前惊恐号哭时，不会想到今天，上帝往往用传奇安慰苦难）。

# 纪元前六六年 乙卯

西汉　地节　四年

1 春季，二月，西汉王朝（首都长安〔陕西省西安市〕）皇帝（十任宣帝）刘病已（本年二十六岁）封外祖母王媪当博平君，封舅父王无故当平昌侯、王武当乐昌侯。

2 夏季，五月，山阳郡（山东省巨野县东南大谢集镇）、济阴郡（山东省菏泽市定陶区）两郡，天气阴暗，降下冰雹，大得跟鸡蛋一样，撞击地面，深入二尺五寸。二十余人被砸死，飞鸟也都丧生。

**3** 刘病已下诏："从现在开始，儿子窝藏父母、妻子窝藏丈夫、孙儿窝藏祖父祖母，都不算犯罪，不可惩罚。"（由这项诏书，可看出以前法令的残忍，老爹娘亲犯罪，子女就要通知政府逮捕归案，否则同样有罪。）

**4** 封广川（惠）王（首府信都〔河北省衡水市冀州区〕）刘越的孙儿刘文（以残忍闻名于世的刘去的弟弟），继位广川王。

**5** 全国最高统帅（大将军）霍光的遗孀霍显，跟她的儿子霍禹，侄孙霍山、霍云，眼睁睁看着权力被不断剥夺，经常聚在一起，相对流泪，自怨自艾。霍山说："现在，宰相（魏相）当权，皇上对他十分信任，把最高统帅（霍光）所制定的法令，全都变更，还宣传最高统帅（霍光）的过失。而那些儒家知识分子，都是贫穷出身，远远的来到首都长安，连自己的生活都不能维持，却喜欢吹牛拍马，胡说八道，毫无忌惮。对这种人，最高统帅（霍光）一向痛恨。偏偏皇上喜爱召见他们，听他们的议论。每个人都可以呈递'亲启密奏'，全在攻击我们霍家。曾经有人上书指控我们霍家弟兄骄傲霸道、横行不法，言词激烈，我就把它压下，没有转呈。想不到上书的人越来越狡猾，改成'亲启密奏'（封事），由宫廷政务长（中书令）直接收受，根本不经过宫廷秘书署（霍山"主管宫廷机要"，奏章既另有管道，他就毫无实权），看样子皇上对我已经不再信任。又听民间传说，霍家毒死许平君皇后，真是天大的冤枉，哪有这回事？"

霍显恐惧，只好把实情告诉他们。霍禹、霍山、霍云，一齐吃惊，说："竟真是这样，为什么不早让我们知道？皇上把霍家女婿都贬逐到外郡，就是为了这个缘故。这是一件大事，一旦爆发，罪状可怕，我们怎么办？"于是开始阴谋政变，因为只有这项阴谋成功，才可以获得拯救。 

霍云的舅父李竟，有一位最要好的朋友张赦。张赦发现霍云家丁们不似往年威风，就建议李竟，说："现在宰相（魏相）跟平恩侯（许广汉）当权，这还不简单，请太夫人（霍显）对太皇太后（上官）说一声，先杀掉这两个人，然后教皇上搬家让位，只在太皇太后（上官）一句话罢啦。"长安男子张章听到这件事，向政府检举（张章是颍川〔河南省禹州市〕人，寄住在霍家马厩，半夜，听到马夫互相闲话，谈到霍姓家族企图谋反。第二天，便行告发）。案件交给司法部（廷尉）跟首都长安警备区司令（执金吾），于是逮捕张赦等。刘病已下令，不再追究。可是霍山等更加恐惧，商量说："这是皇上看上官太皇太后的面上，才不扩大。猜忌怀疑已经开端，他会记在心里，以后一旦发作，那时候全族都会覆没，与其等待宰割，不如先行下手。"遂教霍家女儿回去把这项决定报告丈夫，都承诺说："我们无法逃避。"正好，李竟被控跟亲王、侯爵结交，在供词中牵连到霍姓家族。刘病已下诏："霍云、霍山，不适合在宫内供职，免除职务，仍保留侯爵，返回家宅。"

山阳郡（山东省巨野县东南大谢集镇）郡长张敞，上"亲启密奏"（封事），说：

"我听说，鲁国姬友（季友），有功国家（姬友，鲁国十六任国君〔庄公〕姬同的老弟。前六六二年，姬同逝世，儿子姬般继位〔十七任〕，只三个月，被姬同另一位弟弟姬庆父杀掉。拥戴姬同的另一个儿子姬启继位〔十八任闵公〕。后来，做叔父的姬庆父又把姬启杀掉。姬友遂于前六六〇年，拥立姬同的另一位儿子姬申继位〔十九任僖公〕，诛杀姬庆父。从此，姬友的后代，用"季"作姓，世世专政）。晋国赵衰，也有功国家（晋国十九任国君〔献公〕姬诡诸驱逐他的两个儿子，其中之一姬重耳流亡期间，赵衰始终追随。前六三六年，姬重耳回国继位〔二十四任文公〕，赵姓遂世世代代充当国务官。传到赵籍，跟韩魏两大家族，终于共同瓜分晋国，参考前四〇三年）。齐国田完，也有功于国家（田完，是陈国十四任国君〔厉公〕妫跃的儿子，因陈国内乱，田完逃到齐国，改姓为田。齐国十六任国君〔桓公〕姜小白对他礼敬有加。到了前三五九年，后裔田和，篡夺齐国）。国家对他们的功劳，都有报酬，而且使他们的子孙，都享受富贵，可是结果如何？季家在鲁国世代专权，赵家瓜分晋国，田家夺取齐国政权。所以，孔丘著《春秋》，探讨兴衰存亡的轨迹，对臣属们的世袭制度，最不满意，予以讥讽。

“以前，全国最高统帅（霍光）决定大计，安定祭庙，巩固帝国，功勋并不细小。要知道，周王朝初立，姬旦（周公）辅政，只不过七年。而最高统帅（霍光）却辅政二十年，海内人命，全在他掌握之中。当鼎盛之时，威严震撼天地，权力改变阴阳。在位的政府官员，就应该提出下列建议：‘陛下褒奖宠爱故最高统帅（霍光），回报他对国家跟皇家的贡献，已经足够。可是，一个位于辅佐的臣僚，如果专政太久，权势太盛，君和臣之间，便不容易分别。我们请求解除霍家三位侯爵（霍禹、霍山、霍云）的政府职务，各人以侯爷的身份，返回自己家宅。连同首都卫戍司令（卫将军）张安世，也赐赠手杖茶几，准予退休。而由陛下时常慰问召见，以侯爵的地位，当天子的教师。’然后，陛下明白表示拒绝。然后，群臣继续据理力争，然后，陛下再勉强允许。这样，天下都会认定陛下不忘旧勋，也认为政府官员明礼。霍姓家族，世世代代，无忧无患。

“想不到，政府中听不到正直的声音，使陛下不得不主动下诏，这不是最好的策略。而今，两位侯爵（霍云、霍山）已经被逐出宫廷。人情大都相同，以我的猜度，全国武装部队最高指挥官（霍禹）跟他的家人，必然恐慌危惧。最亲近的臣僚，竟有恐慌危惧之感，不是万全的办法。我愿意在政府公开的场合中，陈述我的建议。只因身在遥远的边郡，无法办到，请求陛下省察。”



刘病已欣赏张敞的策略，然而并不征召他前来长安。

**6** 霍禹、霍山家里，不断发生怪事，全家忧愁。霍山说：“宰相（魏相）擅自减少皇上宗庙祭祀用的小羊、家兔、田鸡，这是一项大罪，可用这个作为借口，动手诛杀。”（吕雉太后当权时，曾有诏令：擅自讨论祭庙事情的，街头斩首。）于是，密谋由上官太皇太后出面，宴请刘病已外祖母博平君王媪，召唤宰相魏相、平恩侯许广汉以下作陪。就在酒席之上，由范明友、邓广汉，宣称奉上官太后之命，当场处决。乘势把刘病已罢黜，拥立霍禹当皇帝。密谋已定，等待时机发动。

不久，刘病已任命霍云当玄菟郡（辽宁省新宾县）郡长、中级国务官（太中大夫）任宣当代郡（河北省蔚县）郡长。就在这个时候，密谋泄漏。

秋季，七月，霍云、霍山、范明友自杀。霍显、霍禹、邓广汉被捕。霍禹腰斩，霍显跟她的女儿以及兄弟，全体绑赴街头斩首。这场谋反巨案牵连到几十家（《汉书》作几千家），全被诛杀。交通部长（太仆）杜延年，因是霍姓家族老友，也受到免职处分。

八月一日，罢黜皇后霍成君，囚禁昭台宫（宫在御花园〔上林苑〕中）。

八月十七日，刘病已下诏封检举霍姓家族谋反的男子张章、期门禁卫武士（期门）董忠、宫廷秘书署（尚书）东厢主管（左曹）杨恽、宫廷随从（侍中）金安上、史高，都晋封侯爵（张章封博成侯、董忠封高昌侯、杨恽封平通侯、金安上封都成侯、史高封乐陵侯）。杨恽，是故宰相杨敞的儿子（杨敞，参考前七四年八月）。金安上，是故车骑将军金日磾老弟的儿子（金日磾，参考前一二一年）。史高，是刘病已祖母史良娣老哥的儿子。

**7** 最初，霍姓家族气焰之盛，不可一世时，茂陵（陕西省兴平市东北）人徐福说："霍姓家族，必然灭亡。因为过度的奢侈，一定使他们的态度傲慢。态度傲慢，一定冒犯皇上。冒犯皇上，就走上大逆的道路。而又居于高位，所有的人都会厌恶。霍姓家族当权太久，厌恶他们的人太多。这么多人厌恶他们，而他们又走上大逆之途。不败亡，还等什么？"于是，上书说："霍姓家族，已到了满盈的程度，陛下如果厚爱他们，应该随时管束，不要教他们覆灭！"凡上书三次，都接到"知道了"批示（报闻）。后来霍姓家族被诛，凡告发的人，都有封赏，只没有徐福。有人为他不平，上书说：

"我听说，有客人过访主人，看见主人炉灶的烟囱直直伸出，旁边又堆满木柴。客人建议主人：'把烟囱改弯，把木柴移开。不然的话，恐怕会发生火灾。'主人不理。不久，主人家失火，邻居们奋身抢救，幸而把火扑灭。主人杀牛置酒，宴请邻居们致谢。焦头烂额的坐在上座尊位，其余的按照当时出力的情形，依次序列，独不理会建议改弯烟囱、移开木柴的那个客人。有人告诉主人：'当初如果采纳客人意见，既不必宰牛置酒，又可免去失火灾难。而今，论功行赏，建议改弯烟囱、移开木柴的人没人理会，焦头烂额的人反而成为上宾！'主人醒悟，请客人入席。而今，茂陵（陕西省兴平市东北）人徐福，几次向陛下警告霍姓家族将有激烈行动，应严加防范。假如徐福的建议，受到采纳，那么，国家不必浪费国土，分封侯爵。臣属也不会有叛逆的行动，受到屠灭。事情既已过去，只徐福的功劳，未被提及。请陛下明察，嘉许他弯曲烟囱、移开木柴的远见，使他居于焦头烂额人们之上。"

刘病已这才赏赐徐福绸缎十匹，后来，任命他当宫廷禁卫官（郎）。

刘病已即位时，依照规定，前往刘邦祭庙（高庙）晋谒，霍光陪同乘车（骖乘）。刘病已虽已是至尊的皇帝，但平民的心理仍在，对烜赫的全国最高统帅（霍光），仍怀畏惧。跟霍光在一起，有一种压迫感，好像芒刺在背。后来车骑将军张安世代替霍光陪同乘车（骖乘），刘病已才觉得轻松从容。

等到霍光逝世，而家族竟全部诛杀。所以民间传言，霍姓家族的命运，在霍光陪同乘车时，就种下祸根。

十二年后（前五四年），刘病已下令把罢黜的皇后霍成君，迁移到云林馆，霍成君自杀。

**班固曰**

霍光接受武帝（七任刘彻）托孤的重大责任，西汉王朝安危兴亡，掌握在霍光之手，扶助国家，安定祖庙。维护昭帝（八任刘弗陵），拥立宣帝（十任刘病已）。即令是周王朝的元勋姬旦（周公）、商王朝的元勋伊尹（阿衡），也不过如此。然而，霍光不学无术，不了解至为明显的正大道理，却为了保护妻子（霍显），把女儿（霍成君）送去当皇后，沉迷在日益满盈的无穷欲望之中，反而更加速覆亡的灾难。身死不过三年，家族屠灭。堪哀。

**司马光曰**

霍光辅佐西汉王朝皇家，忠心耿耿，却竟然不能保护他的家族，原因何在？在于霍光不知道，威望权柄，只有君王才能享有。做一个臣僚，去享受威望，掌握权柄，久久不肯缴回，很少能逃掉厄运。以刘弗陵的贤明，十四岁就洞察上官桀的作为，是应该可以亲政的了。何况刘病已即位时，已十九岁，聪明刚毅，深知道民间疾苦。霍光却把持大权，不知道退避。还广为布置私人党羽，充满政府。在上位的君王，内心愤怒，越累积越重。在下位的官吏平民，咬牙切齿，等待攻击的时机。霍光能在活着的时候不受到灾祸，已是天下的幸事。何况，他的子孙骄傲奢侈，更加速灾祸的来临。

虽然如此，假使刘病已在收回政权后，使用擢升官阶和增加薪俸的方法，使霍姓家族的子孙，都能富有。把侯爵采邑，封到收入丰富的县份，仅使他们定期的参与政府的会报（奉朝请），已足够回报恩德。却竟然仍命他们主持政府，又把兵权交他们掌握。等到发生间隙，再去剥夺，迫使他们惊慌恐惧，产生邪恶阴谋。岂仅仅是霍姓家族自己找死？也是刘病已鼓励培养的结果。从前斗椒在楚王国作乱，楚王国国王芈侣（六任庄王），屠灭他的全族，而仍赦免斗克黄（楚王国著名宰相〔令尹〕斗谷于菟的弟弟斗子良，生子斗椒。纪元前七世纪前六〇五年，当时已经是宰相〔令尹〕的斗椒谋反，率领斗姓家族，跟当时国王芈侣〔六任庄王〕，在皋湖〔湖北省襄阳市西北〕大战，斗椒军败，斗姓全族被杀。但芈侣特别赦免斗谷于菟的孙儿斗克黄），认为假如使斗谷于菟没有后代，怎么能够劝勉别人一心向善？以霍显、霍禹、霍云、霍山的罪行，当然应该灭族。可是，以霍光的忠心和贡献，不应该没有人主持他的祭祀，而竟全部屠杀，连一个儿童都不留下，不使霍光保存一线苗裔，刘病已未免刻薄寡恩。

班固跟司马光分析霍姓家族覆灭的原因，已经详尽，而司马光对刘病已的刻薄寡恩，特别指责，我们同感。当时如果留下一个幼苗，对西汉王朝的政权，毫无影响，却可显示刘病已的宽厚。问题是，刘病已不是宽厚之人，一件轻而易举的盛德，都不肯去做。

班固和司马光建议的方法，如果能那样做，当然是最高的境界，也是最高的谋略。然而，根本没有那种可能。在专制独裁政治制度之下，一个权力大到可以更换君王、使君王觉得如同芒刺在背的人，他除非发动政变，使自己的屁股也坐上宝座，否则只有被杀被屠，横尸旷野的份儿。像班固跟司马光所盼望的那条路，根本不通。权力迷人，没有尝过权力滋味的人，永不知道权力的诱惑是如何强烈。专制社会，掌权的会终身不放。民主社会，一经当选，必然追求继续当选。教一个功高震主的人返朴归真，去过没有权力的闲淡生活，那比凌迟还要难受。当然，灾难发生后，他们却宁愿去过平民生活。但在灾难发生前，他们却宁愿凌迟也不愿放弃权力。而且，即令放弃权力，又怎能使君王相信你是真的？君王又怎敢确定你辞职不是一种试探？他会考虑到万一他批准时，你可能立即反扑。人像鱼而权力像水，鱼一离水，便万般都休。吕不韦在洛阳何曾有什么异图？周勃在绛县又何曾有什么异图？吕不韦终于自杀，周勃终于入狱。

君王跟臣僚的关系，是一个死结，君王日夜提心吊胆，疑心臣僚会叛。臣僚则日夜提心吊胆的，不断向君王表示他的忠心。君王脖子上和臣僚脖子上，都架着钢刀，这死结只有死才可解开。

继吕家班、卫家班皇亲覆灭之后，霍家班是第三个覆灭的皇亲。不同的是，吕家班、卫家班都没有谋反之意，而霍家班却真的要干。在全部丧失兵权之后，而竟想靠一个二十几岁的小女人上官太皇太后，夺取政权，可是猪的想法。即令杀了政敌，结果也同样是一团血腥。愚蠢到这种程度，使人发现，大少爷型的人物去玩弄政治，可是天下第一冒险。而大少爷型人物，偏喜欢去玩弄政治，悲剧才接连发生。在此之后，两汉王朝的皇亲群，一个家族接一个家族的被屠，前仆后继，历史的教训丝毫不发生作用，总以为不会轮到自己，连累多少妇女和儿童丧生刀下，徒使旁观者感慨唏嘘。

**8** 九月，刘病已下诏，减低食盐价格。又命各郡各封国，调查被羁押的囚犯，或被苦刑拷死的，或病死饿死的，每年呈报。列出主管官员的姓名、籍贯、官职，跟所属的县名。由宰相、监察官（御史）考核奏报。

**9** 十二月，清河王（首府清阳〔河北省清河县〕）刘年，被控乱伦，撤销王爵，贬逐房陵（湖北省房县。刘年被检举跟亲妹刘则通奸生子）。

**10** 本年（前六六），北海郡（山东省昌乐县东南）郡长（太守）、庐江（安徽省庐江县）人朱邑，因为政绩考居全国第一，擢升到中央政府当农林部长（大司农）。勃海郡（河北省沧州市东南）郡长（太守）龚遂，擢升到中央政府当水利总监（水衡都尉）。

最初，勃海郡（河北省沧州市东南）左右相邻的各郡，逢到荒年，人民饥馑，强盗贼偷，一时并起，郡长级官员（二千石）失去控制。刘病已物色贤能的人，前往主持。宰相、监察官（御史），推荐故昌邑国（首府昌邑〔山东省巨野县东南大谢集镇〕）王宫禁卫官司令（郎中令）龚遂（龚遂事，参考前七四年）。刘病已即任命他当勃海郡（河北省沧州市东南）郡长，召见问话，说："你用什么方法治理地方，消灭盗贼？"龚遂回答："海滨遥远，没有圣明君王的教化，人民被饥寒驱使，而官吏又行为凶暴，不知道怜悯，才迫使陛下这些弱小的儿女，玩弄陛下的刀枪于小小池塘之中。不知道陛下，是要我镇压他们，还是要我安抚他们？"刘病已说："我选用贤能良才，当然是要用和平手段，使秩序恢复。"龚遂说："我听说，治理乱民，跟治理乱绳一样，不能操之过急，希望短期间就见功效。只有先使紧张的形势缓和下来，然后才能谈到治理。我请求宰相、监察官（御史），不要用严格的法令限制我，准许我相机行事。”刘病已批准，增加赏赐黄金，送他出发。

龚遂乘政府的驿马车到勃海郡（河北省沧州市东南）边界，郡政府听说新郡长驾到，派出武装部队迎接，并提供保护，龚遂教他们回去，当时就下令所属各县，撤销所有负责捕捉盗贼的治安官员。命令上说，凡是携带锄头、镰刀的，都是善良的农民，官吏不准打扰。必须携带武器，才算盗贼。然后，单独乘车到郡政府就职。

各县盗贼听到新任郡长的命令，纷纷解散，抛弃弓箭，拿起锄头镰刀，于是盗贼消失，人民安土乐业。龚遂遂打开仓库，把粮食借贷给贫民。选用品德能力优良的低级职员跟治安官，鼓励农民畜牧养马。龚遂发现故齐国地区（山东省）风俗奢侈，喜爱经营商工之类的末业，不喜爱耕田种桑。于是亲自作为表率，领头节约，规劝人民耕田养蚕。按各家人口多少，规定必须种植多少树，豢养多少家畜。人民有携刀带剑的，龚遂就教他们把剑卖掉买牛，把刀卖掉买犊，说：“你为什么把牛佩到身上，把犊带到腰间？”这样辛苦劝勉，不时巡察。郡民们都有了积蓄，治安良好，诉讼案件，自然也都稀少。

**11** 乌孙王国（首都赤谷城〔中亚伊赛克湖东南〕）王后刘解忧，是西汉公主（参考前七二年）。她的女儿嫁给龟兹王（新疆库车市）绛宾当王后，绛宾上书西汉政府，表示他是西汉的外孙女婿，要求跟西汉公主的女儿，同时到首都长安，晋见汉朝皇帝。

# 纪元前六五年

## 丙辰

西汉　元康　元年

1 春季，正月，龟兹王（新疆库车市）绛宾跟王后，抵达首都长安（陕西省西安市）。西汉政府颁发他们印信，尊称王后为汉朝公主，赏赐极为丰厚。

2 西汉帝（十任宣帝）刘病已（本年二十七岁）开始自己预建他的坟墓杜陵（陕西省西安市东南）。宰相、将领、侯爵、部长级官员（二千石），财产在一百万钱以上的，都被强迫迁移到杜陵。 

**3** 三月，刘病已下诏：因凤凰飞集泰山郡（山东省泰安市）、陈留郡（河南省开封市东南陈留镇），甘露又降在未央宫，赦天下。

**4** 主管官员再次奏请，刘病已应称老爹刘进（史皇孙）为“皇考”（已经死亡了的老爹称“考”，皇帝的爹，称“皇考”。可是刘病已的宝座不是得自老爹，而是得自叔祖父刘弗陵，迟到今天，才敢称“皇考”。从“再次奏请”，说明过去已经有此建议，而刘病已格于阻力，不敢接受）。

夏季，五月，兴建皇考庙（奉明园，今陕西省西安市玉祥门西一公里）。

**5** 冬季，设立建章宫保安官（建章卫尉）。

**6** 首都长安特别市长（京兆尹）赵广汉，喜爱任用旧日官吏家子孙中初入社会的少年（老爹曾经当过官吏，多少有点法律知识；年少则初出之犊不畏虎，勇于负责），利用他们的强壮锐气，遇到事件发生，勇往直前，不在乎权贵。而他们也都有胆识、有决断，没有人敢跟这群少年警察为难。然而也正由于这个缘故，最后终于招致失败。

赵广汉由于自己私人的怨恨，诬杀男子荣畜（赵广汉的门客在长安酿造私酒贩卖，被宰相府小职员驱逐。门客怀疑是男子苏贤检举，告诉赵广汉。赵广汉派人逮捕苏贤，苏贤老爹向刘病已上书诉冤，赵广汉受到降级的处罚。赵广汉怀疑是苏贤同乡荣畜出的厉害主意。于是，随便捏个罪名，把荣畜处死），有人直接向皇帝刘病已控告。案件交给宰相、监察官（御史）调查，调查的结果，果然有这回事。赵广汉怀疑宰相魏相的夫人用酷刑拷死婢女，打算用这件事要胁魏相，使魏相不再追究荣畜的事。魏相不接受要胁，而且对荣畜的事，积极处理。赵广汉一不做、二不休，亲自率领部下，闯入宰相府，召唤宰相夫人，跪在地下，由他询问口供，逮捕十余个奴仆跟婢女而去。魏相报告刘病已，刘病已交司法部（廷尉）查办。司法部侦办的结果是：魏相因为婢女有过失，才责打她，送到外宅后才死，并不像赵广汉所指控的由宰相夫人苦刑拷死。

刘病已对赵广汉的行为，深恶痛绝，逮捕赵广汉，羁押司法部监狱（廷尉狱）。低级职员和市民守着宫门哀号哭泣的，有数万人之多。有的甚至声言："我活着对皇上没有贡献，愿代赵广汉处死，留着他照顾我们小民！"刘病已不接受。赵广汉遂腰斩。

赵广汉当首都长安特别市长（京兆尹），操守廉洁，公正明察，社会得到平安，等到他被处决，市民怀念追思，为他唱出悼歌。

**7** 本年（前六五），凤凰飞集彭城郡（江苏省徐州市），高阶层官员会议，认为是刘病已盛德感召。宫廷供应部长（少府）宋畴，认为凤凰并没有飞到京师长安，不足以祝贺。刘病已把宋畴贬到泗水国（首府淩县〔江苏省泗阳县〕），当亲王刘煖的师傅（太傅）。

**8** 刘病已在研究官（博士）、议论官（谏大夫）中，遴选有行政能力的人，派出当郡长（守）或封国宰相（相）。于是，任命萧望之当平原郡（山东省平原县）郡长（太守），萧望之上书说："陛下怜悯人民，唯恐怕恩德不能遍及全国，所以把中央担任言论职务的官员，全部外放到各郡各封国。结果中央政府缺少以规劝为主要责任的臣僚，陛下可能再不知道过失。这正是忧虑末梢，而忘掉根本的现象。"刘病已立即命萧望之代理宫廷供应部长（守少府）。

**9** 东海郡（山东省郯城县）郡长（太守）、河东（山西省夏县）人尹翁归，考绩列入高等，征召当西长安市长（右扶风）。

尹翁归为人，公正、廉洁、明察，郡境之内，无论小吏、小民，好人、坏蛋，以及邪恶之徒的罪状，他都了如指掌。对每一县都有专用档案，直接审理，不通过县长。县长中有苛刻的，尹翁归都要他们宽容。官员小职员如果稍有懈怠，他就翻阅档案，查问督促。逮捕罪犯，一定选择在秋冬之际，而且都在“官员年终考核大会”之时，或到各县巡查之时（西汉王朝规定，年终前处决囚犯。尹翁归在秋冬逮捕，目的在速判速决。如果春夏逮捕，一旦遇到赦令，就要释放。所以在大会之中或巡查之时，有一种警告作用）。平常日子，不准有所举动。而他的逮捕，只是用一人警告一百人。小职员和平民，无不敬服，恐惧懊悔，改过自新。

被任命当西长安市长（右扶风）之后，尹翁归遴选清廉的跟执法公正的官吏，排斥奸邪。对僚属礼节周到，平易近人。有些人仗着权势要胁他，尹翁归却不妥协，应该有罪的仍然定罪。然而，尹翁归性情温和谦恭，遇事退让，并不用他的能力和品德，向别人炫耀。所以在政府中，得到很好的名誉。

**10** 最初，乌孙王后、西汉公主刘解忧的次子万年（参考前七二年），受到莎车国（新疆莎车县）国王的宠爱。莎车王逝世，没有儿子。当时，万年正在西汉，莎车国认为，万年是西汉的外孙，如果拥戴万年当他们的国王，既可以依靠西汉，又可以获得乌孙王国的欢心。于是上书西汉政府，提出这项要求。西汉政府批准，派使节奚充国（奚，姓）护送万年前往莎车国。

想不到的是，万年性格凶恶残暴，当国王没有多久，就使莎车人由失望而愤怒。

刘病已命令官员们推荐有胆识、有担当，可以担任出使西域（新疆及中亚东部）的人才。前将军韩增，推荐上党（山西省长子县）人冯奉世，以皇城治安官（卫候）身份，"持节"，护送大宛王国（首都贵山城〔中亚纳曼干市西北卡散赛城〕），以及其他王国的使节宾客，返回他们的国家。冯奉世一行人马，抵达伊循城（新疆若羌县西北七十公里，前七七年被西汉开辟为屯垦区），正好莎车国爆发政变，故莎车王的老弟呼屠徵，跟邻国结盟，击斩万年，连同西汉使节奚充国，也一并杀掉，自己继位莎车王。这时，匈奴汗国攻击车师境内的西汉屯垦区，西汉武装屯垦兵团奋力抵抗，匈奴不能得手。莎车王呼屠徵立即抓住机会，派出使节到各国，宣称："北道（新疆天山南麓、塔里木盆地北边缘）所有国家，已向匈奴汗国归降。"乘势派军进入南道（新疆塔里木盆地南边缘），跟南道各国结盟，共同背弃西汉。于是，西域（新疆及中亚东部）几乎全部脱幅，从鄯善国（古楼兰，新疆若羌县）以西，交通完全断绝。

这时，宫廷警卫官（侍郎）郑吉、指挥官（校尉）司马憙，仍在北道各国之间（参考前六七年），人单势孤。冯奉世跟副使节严昌磋商，认为如果不对莎车国立即反击，莎车的国势一天比一天膨胀，将来可能无法对付，西域（新疆及中亚东部）将完全陷落。于是决定行动，声称奉西汉皇帝之命，征调仍接受命令的各国军队，南北两道，共集结一万五千人，向莎车国攻击。莎车城池（新疆莎车县）陷落，莎车王呼屠徵自杀，砍下人头，送到长安悬挂示众。

冯奉世遴选莎车故王的其他兄弟子侄当莎车王，南北两道所有国家，再回到西汉王朝这一边。冯奉世声威，震撼西域（新疆及中亚东部），遂遣返各国军队，并奏报中央政府。刘病已召见韩增，嘉

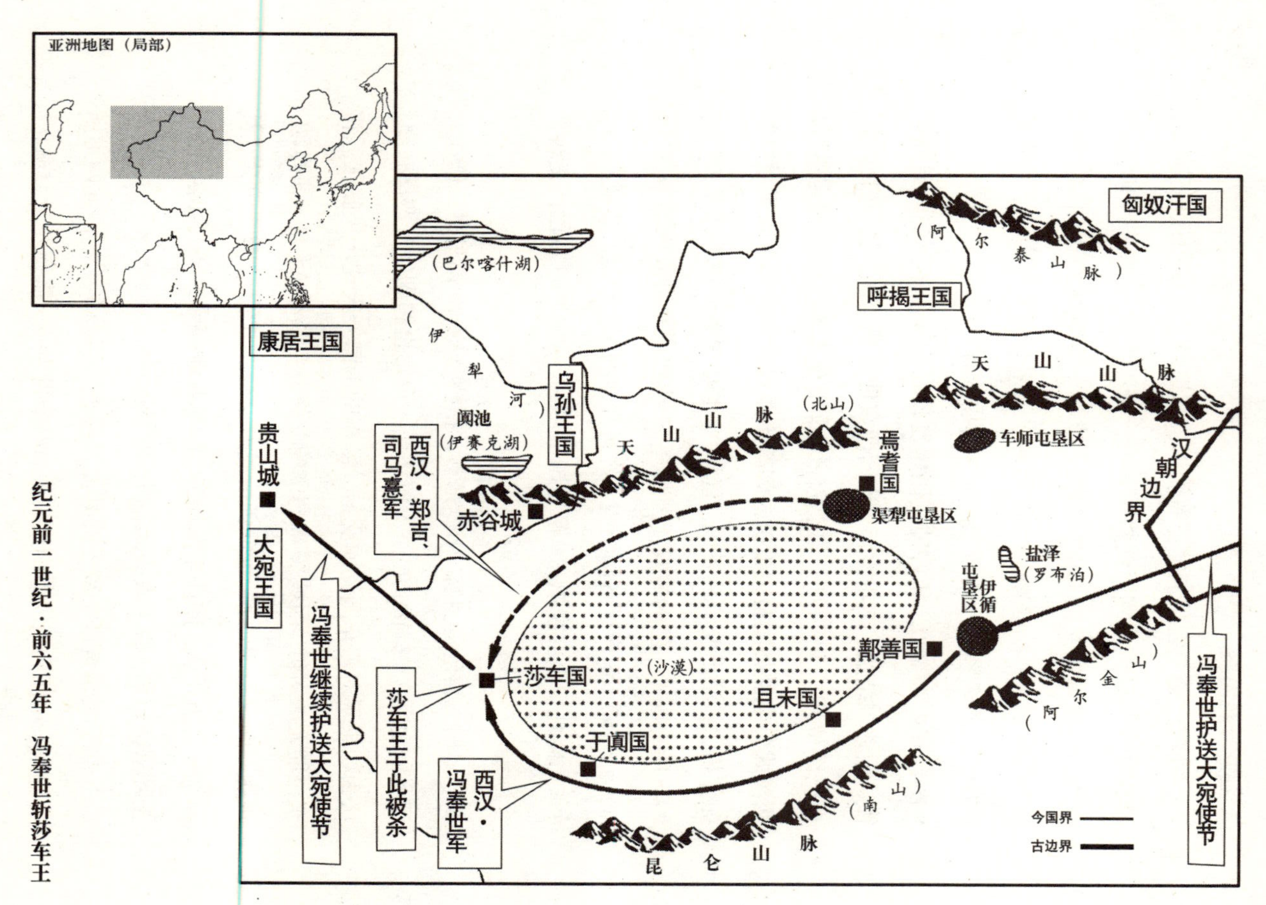


纪元前一世纪·前六五年　冯奉世斩莎车王

勉说:“恭喜将军，你荐举的真是恰当的人才！”

冯奉世抵达大宛王国，大宛王国已经知道他击斩莎车王，对他特别尊敬，超过对其他西汉使节。大宛王国向西汉呈献“象龙”名马，冯奉世带回长安，转呈刘病已。刘病已十分高兴，要封冯奉世侯爵，宰相(魏相)跟高级将领们，都以为应该，只宫廷供应部长(少府)萧望之，提出异议，说:“冯奉世出使西域，有指定的任务(护送大宛等国人返国)，而竟然假传皇帝的圣旨，征发各国军队，虽然建立功勋，但不可以鼓励后人效法。如果封冯奉世侯爵，很明显的，将鼓励以后的使节，把冯奉世当作榜样，争着调发。企图在万里之外，有所表现，将使国家陷入蛮夷的纠纷之中。这种做法，不可以使它成为风气。所以，冯奉世不适合封侯。”

刘病已认为有理，遂仅只擢升冯奉世当特级国务官(光禄大夫)。

# 纪元前六四年

# 丁巳

西汉　元康　二年

**1** 春季，正月，西汉王朝（首都长安〔陕西省西安市〕）赦天下。

**2** 西汉帝（十任宣帝）刘病已（本年二十八岁）准备在小老婆群中遴选一位当皇后。当时，华倢伃（生女馆陶公主）、张倢伃（生子刘钦）、卫倢伃（生子刘嚚），都受到宠爱（七任武帝刘彻初期之前，一级小老婆称“夫人”。刘彻后期，直到十一任元帝刘奭初期，一级小老婆称“倢伃”。刘奭后期，一级小老婆称“昭仪”），刘病已有心遴选张倢伃，可是迟疑又迟疑，想起霍成君要害死太子刘奭的往事（参考前六七年），仍觉心悸，于是决心擢升一位没有儿子而性情谨慎温柔的皇后。

二月二十六日，封长陵（陕西省咸阳市东北二十公里）人王倢伃（名不详）当皇后，教她抚养太子刘奭。封她老爹王奉光当邛成侯（邛，音qióng〔穷〕）。王皇后仅只拥一个虚名，并没有宠爱，很难见到刘病已。

**3** 五月，刘病已下诏："国家的司法，关系万民的生命。能够使获得释放的不抱怨，判处死刑的人不愤恨，那才真正是有高度素质的法官。而今却恰恰相反，法官断章取义，巧妙的舞弄法令，只求把人陷入重罪。于是，无论判决得重或判决得轻，都不公平。罪行的根据和判决书所列举的理由，都不是事实。而在上位的人，无法发现，天下人民，还有什么仰仗指望？部长级官员（二千石）要督促部属，对这一类的法官，不可任用。而有些官吏，没有经过上级批准，就自己征调平民充当差役，装潢各地宾馆（传舍），用盛大的酒筵，招待过往的使节。既超越职权，而又破坏法令，只为了博取长官对他有一个良好印象。这种行为，使政府追求的廉洁政治，好像踏在薄冰之上而等待烈日升空，岂不是越来越糟？而今，天下很多地方，疾病瘟疫流行，使我怜悯。兹下令：受到灾害的各郡、各封国，免除农民今年的田赋。"

**4** 刘病已诏书上又说："听说，古代天子的名字，人民很难知道，所以很容易避开，因此我决定改名刘询。"

这是《资治通鉴》第一次关于"讳"的记载，寥寥数语，看不出什么。但是，查考未经浓缩的《汉书》原文，便可发现其中另有恐怖情节。刘病已的原诏是："听说，古代天子的名字，人民很难知道，所以很容易避开。而今，人民上书时，很多因为冒犯忌讳，受到惩罚，我很怜悯。因此，我改名刘询。”透露出已经有很多人因为在奏章上不小心用了“病”字“已”字，而被处刑。至于处了什么刑？没有记载，不过我们可以根据一件小事推测：以谨慎闻名于世的西汉王朝太子师傅石奋（参考前一三九年），当他发现他的儿子、宫廷禁卫官司令（郎中令）石建奏章上的“马”字，下面多了一点时，汗流浃背，说：“一旦受到指摘，就死定了。”只不过多了一点，便忧虑到会受到杀戮，如果写出皇帝的名字，罪刑岂会太轻！唐王朝政府有明文规定，由于过失而冒犯政府官员忌讳的，打五十藤鞭。一个普通官员的名字，还有这么大威力，冒犯了皇上御名，可以了解它的严重程度。

古代官场上有两大文字游戏，一是绰号——包括谥号、庙号、尊号，另一则是避讳，是儒家知识分子对权势的一种卑屈谄媚，比绰号更麻烦、更无耻，影响深远，直到今天二十世纪。

“讳”这个单音节的方块字，在做动词时，意思是“躲开”。在做名词时，意思是“尊长的名字”。“避讳”就是“对尊长的名字，不但笔下不能写，口中也不能说”。尊长的名字就好像疯狗的屁股，万不可碰，不小心碰了一下，大祸可是滔天的，会被立即咬上一口，毒发身死。五千年来，中国人除了缴税和服役，每天还要面对种种大小不一、光怪陆离的疯狗的屁股，长期下来，遂不得不紧张出全民性的神经质恐惧。

罗素曾指出，只有野蛮部落的人才避讳，领袖人物如果名约翰，则改称Juhquil，如果名乔治，则改称Georgquil。随着野蛮程度的降低，文明程度升高，避讳也就绝迹。中国则不然，在这个巨大的酱缸之中，避讳不但没有消失，反而更加泛滥。发生在十八世纪清王朝的一系列的文字狱中，就有几桩跟疯狗屁股有关。像王锡侯先生，他在他主编的字典里，遇到玄烨（清王朝四任帝）、胤禛（清王朝五任帝）、弘历（清王朝六任帝）的名字，都没有“缺笔”示敬，立即诛杀（缺笔应该解释为“不敬”才算合理，而竟被解释为“敬”，疯狗自有疯狂的思考模式）。

躲开尊长名字（避讳），在古书《礼记》上，便有明文规定，以后逐渐成为一种专门学问，研究三年都研究不完。大体上说，有四种方法：一是“改字”，二是“空格”，三是“缺笔”，四是“改音”。只因为秦王国国王嬴政的老爹名嬴楚，就索性把楚王国改成荆王国；西汉王朝七任帝刘彻名“彻”，蒯彻先生就成了蒯通。像南宋一任帝刘裕，《宋书》介绍他时，不说刘裕，而说：“名曰刘讳。”南梁一任帝萧衍的父亲萧顺之，《梁书》就有“前侍幸□宅”奇怪句字，□下注：“顺之。”像唐王朝二任帝李世民，名字中有一“世”字，王世充先生遂成了王充，前面所举的玄烨的“烨燁”，就成了“煠”，胤禛的“胤”，就成了“胤”，弘历的“弘”，就成了“弘”。而孔丘这个儒家的祖师爷，“丘”（qiū）就得念成“回眸一笑百媚生”的“眸”（móu）。

为了不碰疯狗的屁股，不但改国号，还改姓氏，历史上有名的文彦博先生，本来姓敬。曾祖父时，跟后晋帝国一任帝石敬瑭的“敬”字对撞，他只好改姓“文”。到后晋帝国瓦解，才改回原姓“敬”。可是宋王朝一任帝赵匡胤的祖父名赵敬，敬家只好再继续姓“文”，宋王朝历时三百二十年，遂一“文”到底。姓都可改，名更不在话下，孔莽，因为跟新王朝一任帝王莽同名，就改名孔均。不但改人名，如果官名跟疯狗屁股的名字相同——或同字，或同音，连官也不敢做。《北史》记载：李延实被任命当“太保”，因为他祖父名李宝，“保”“宝”同音，辞职不干。官可以不当，衙门不能全部裁撤，只好改衙门，李世民的“民”施展威力，“民部”就成了“户部”。衙门既可改，地名更不用说，西汉王朝五任帝刘恒有一个“恒”字，恒山就成了常山。地名可改，经典书籍也可以改，刘邦名“邦”，《论语》上的“何必去父母之邦”，就成了“何必去父母之国”。不但人改名，官改名，书改名，地改名，连动物也得改名，西汉吕雉当权之后，“雉”就成了“野鸡”。

每个项目，我们只能举一个例证，如果作较详尽的叙述，真能写一部百科全书。但只由这一些斑点，可以看出全貌。避讳泛滥之后，知识分子如同陷入疯狗屁股大阵，东招西架，扭曲得不成人形，叙述几则人人皆知的故事，说明扭曲的程度。

田登当州长时，不准许人民冒犯他老人家的名字，冒犯的就受到鞭打，于是人们都把“灯”改叫为“火”。上元节时，州政府出告示说：“本州依例，放火三日。”这就是“只许州官放火，不许百姓点灯”成语的来源。钱良臣也不准人冒犯他的名字，他的小儿子非常聪明，一天读到《孟子》：“今之所谓良臣，古之所谓民贼也。”他就朗诵起来：“今之所谓爹爹，古之所谓民贼也。”这还是自己拍自己的马屁。五代时代的名宰相冯道请教师讲解《道德经》，上面有句：“道可道，非常道。”教师于是改“道”为“说”：“不敢说，可不敢说，非常不敢说。”

天下最无聊的事，莫过于避讳，五千年来的中国知识分子，为躲开疯狗的屁股，只好到处打听尊长的名字叫什么，爹娘、祖先的名字又叫什么。既不准人写，又不准人说，却又非要人知道不可——不知道怎能不写不说？这种矛盾的窘境，反而被当作一种神圣不可侵犯的尊严法则。除了把活人搞得神经兮兮，还把所有的文字记载，弄得一团糟乱。感谢时代，如今帝王终于绝种，否则的话，我这种直呼帝王名字的干法，早就血染法场。

**5** 匈奴汗国（王庭设蒙古国哈拉和林市）的重臣，一致认为：“车师国（新疆吐鲁番市）土地肥沃，草木茂盛，位置又最接近匈奴。汉人占据得越久，田亩开辟得越多，储存的粮食也越多，对匈奴一定造成伤害，我们不能不夺回来。”于是，不断派军攻击西汉的屯垦兵团。西汉屯垦兵团不断战斗，筋疲力尽，不能支持。郑吉率驻扎渠犁（新疆库尔勒市西南）的另一支屯垦兵团七千余人赴援，陷于包围。

郑吉上书中央政府求救，说：“车师距渠犁一千余华里（两地航空距离四百公里），西汉屯垦军在渠犁的很少，不能解除车师的危急，建议增加屯垦军人数。”刘病已跟后将军赵充国等讨论，打算乘匈奴汗国国内空虚，攻击它的西部军区（蒙古国西部阿尔泰山北麓），使它不敢再骚扰西域（新疆及中亚东部）。

魏相上书劝阻，说：“我听说：平定叛乱，诛杀凶暴，称为‘义兵’，把仁义当作使命的军队，是王者之师。敌人发动侵略，攻击我们，我们不得不起来抵抗，称为‘应兵’，救亡图存，阻止外患，可以取得胜利。为了一口气咽不下去，争回颜面，只不过一点小小的伤害，便忍不住满腔怒火，疆场相见，称为‘忿兵’，这种受情绪驱使的战争，必然顿挫。贪图别国的土地、爱慕别国的金银财宝，因而劳师动众，称为‘贪兵’，因为没有正义的士气，就非失败不可。仗恃国家强大，炫耀人口众多，打算在敌人身上展示自己的威望，称为‘骄兵’，傲气凌人的结果，会使全军覆灭。这五种军事行动的结局，没有人可以改变，也是一种公平的天道。

“最近，匈奴汗国曾经不断伸出友善的手，所掳掠的西汉士兵，都遣送他们回来，再也没有进犯过边塞。虽然争夺车师国（新疆吐鲁番市），不过是小规模的战斗，不足介意。听说各位将军打算动员大军，深入匈奴心脏，我十分愚昧，不知道这次军事行动，将归于哪一种类型？现在，沿着边塞的各郡，都很贫困。老爹跟儿子，只能共穿一件狗皮或羊皮，无米无粮，挖掘草根充饥，常害怕他们无法维持残生，又怎么忍心使他们再去服役？

“《老子》说：‘军事行动之后，必有凶年。’意思是人民愁苦怨恨之气，伤害天地间阴阳调和（《老子》的话有科学根据，被这么一解释，反而玄得难以理解。原因简单明了：劳力缺乏，灌溉系统毁坏，田地荒芜。自然发生旱灾，有旱灾必有饥馑，死尸遍野，瘟疫自起）。幸而胜利，还有后遗症，恐怕天灾民变，从此一发不可遏止。

“现在的郡长跟封国宰相，很多人并不能胜任他们的工作（刘病已时代，以吏治清明闻名于世，尚且如此），民情更是浇薄，水灾旱灾，不时发生。就在今年（前六四），儿子杀父亲，弟弟杀哥哥，妻子杀丈夫的，有二百二十二人，我认为这不是小的变态事件。陛下左右官员，没有考虑到民间痛苦，仍主张大张挞伐，在万里外的蛮荒地区，报复细小的仇恨，恐怕会应验孔丘所说的：‘季孙的灾难，不在颛臾，而在萧墙之内。’”（颛臾，音zhuān yú〔专鱼〕。萧墙，大门之内的屏风小墙，遮断外人对庭院的视线。鲁国世袭的国务官季姓家族，将要攻击颛臾国〔山东省平邑县〕，孔丘告诉他的弟子这样说，指危害季姓家族的，不在外，而在内。）

刘病已采纳魏相的建议，停止动员。派长罗侯常惠，率领张掖郡（甘肃省张掖市）、酒泉郡（甘肃省酒泉市）的边防军骑兵部队，前往车师国（新疆吐鲁番市），护送郑吉跟屯垦兵团到渠犁（新疆库尔勒市西南）。征召逃亡在焉耆国（新疆焉耆县）的车师前太子军宿（参考前六七年十二月），封他当车师王，把车师国所有人民，迁到渠犁；把车师国故地跟已开垦出来的农田，全放弃给匈奴。任命郑吉当护卫军政官（护司马），使负责鄯善国（原楼兰国，新疆若羌县）以西，南道（新疆塔里木盆地南边缘）诸国安全（北道〔塔里木盆地北边缘〕已放弃）。

魏相喜爱阅览中央政府档案中保存的奏章，探讨西汉王朝建立以来所发生的故事。经常提出历史借镜，把贤臣贾谊（参考前一七四年）、晁错（参考前一六九年）、董仲舒（参考前一四〇年）的见解跟建议，奏报给刘病已，请求采纳。宰相府官员们前往各郡各封国公干，或者退休回到故乡所属的郡县；魏相都教他们提出所见所闻的报告，或有关盗贼，或有关天灾，郡政府不肯呈报，魏相就直接向皇帝提出。跟最高监察长（御史大夫）丙吉，同心辅政。刘病已对二人全心倚重。

**6** 丙吉性情敦厚，从不展示自己的善行。自从受他保护的皇曾孙刘病已登上皇帝宝座，丙吉闭口不提昔日的恩情，以致政府中没有人知道他的传奇功劳。想不到发生一事：宫廷事务署（掖庭）所属的宫婢则（姓不详。因犯罪被判作奴隶的罪犯，男称“宫奴”，女称“宫婢”），教她的丈夫上书皇帝，陈述她当年有抚育皇帝的功劳。刘病已把奏章交给宫廷事务总管（掖庭令）查办，则在供词中称：丙吉可作为证人。宫廷事务总管（掖庭令）带着则，一同到最高监察署（御史府），晋见丙吉求证。丙吉还认识则，说：“你抚育皇曾孙时，曾经因为照顾不周到，我还鞭打过你，你有什么功劳？只有渭城（陕西省咸阳市）人胡组、淮阳（河南省周口市淮阳区）人郭徵卿，才真正恩重如山。”于是，由宫廷事务总管（掖庭令）跟丙吉，分别奏报胡组等养育之恩。

这对刘病已是一个惊喜的震撼，下诏寻访胡组、郭徵卿，而二人早已逝世，但子孙尚在，都受到重赏。赦免则的刑罚，恢复平民身份，赏钱十万。刘病已亲自查问往事，才发现丙吉对自己有那么重的恩德，而竟始终不肯主动透露，心怀钦敬。

**7** 刘病已认为萧望之深明儒家学派经典，行为持重，往往有杰出的见解，才干能力，足可以担任宰相。打算先让他更熟悉地方政府事务，于是再任命他当北长安市长（左冯翊）。萧望之原职是宫廷供应部长（少府），忽然降级到地方政府，对他是一项贬谪，认为刘病已定有不满意之处。于是，宣称有病，提出辞呈。刘病已接到报告，派宫廷随从（侍中）成都侯金安上告诉他："你将来的责任重大，要管理人民和考核官员。你固然当过平原郡（山东省平原县）郡长（参考去年〔前六五〕），但时间太短，所以才调你到三辅（大长安京畿地区）磨炼，并不是有人打你的小报告。"萧望之才去到差。

**8** 最初，宫廷事务总管（掖庭令）张贺，屡次向老弟车骑将军张安世，赞扬当时尚是小民的刘病已，是如何有才干，以及如何有神灵保佑。张安世都阻止他说下去，认为当时皇帝刘弗陵（八任昭帝）年纪还轻，不应该提到失去帝位的皇侄孙。等到刘病已即位，张贺已经逝世。刘病已安慰张安世说："总管赞扬我，而你阻止他，那是对的。"但追思张贺的恩情，准备追封他恩德侯，并指定墓园守护采邑二百户。张贺的儿子早死，老弟张安世最小的儿子张彭祖，过继伯父名下，继承香火。张彭祖跟刘病已年龄差不多，又从小在一起玩耍读书。现在，刘病已有意由张彭祖继承继父张贺恩德侯的爵位。于是，先下诏封张彭祖关内侯。

张安世坚决不接受对老哥张贺的封号，不能不接受时，退而求其次，要求减少守墓人数，一直争取减少到三十户。刘病已不耐烦说："我是封宫廷事务总管（张贺），不是封你！"张安世才不敢再开口。

**9** 刘病已虽然即位已十一年，但对已罢黜的前任皇帝（九任）刘贺，仍深怀疑惧，担心他卷土重来，于是下诏给山阳郡（山东省巨野县东南大谢集镇）郡长张敞，要他："严防盗贼，注意往来旅客。"

并且吩咐秘密进行。张敞了解刘病已的暗示是什么，于是逐条说明刘贺的日常行动，分析他被废的缘故，奏报说：“刘贺这个人，皮肤呈现青黑颜色，眼睛细小，鼻头有点塌陷，胡须眉毛，都很稀少，但身材高大。大概中过风的缘故，半身瘫痪，走路困难，行动不便。我曾经跟他有一番对话，并藉此次对话，观察他的内涵，就用一种恶名在外的猫头鹰诱发他（传说中，猫头鹰长大后，会把亲娘吃掉），我说：‘昌邑（山阳郡郡政府所在县）的猫头鹰倒很多！’（刘贺原封昌邑王）刘贺应声说：‘是呀，我前些时到长安，长安就没有猫头鹰。回来的时候，一到济阳（河南省兰考县东北堌阳镇），就听见猫头鹰叫。’观察刘贺的衣服穿着、言语、谈话，以及跪下及起立的姿势（古人席地而坐，要坐时必须先跪，然后把屁股坐在双腿上。现在日本人在榻榻米上，仍保持这种坐的程序和姿势），不过一个智力商数很低的白痴。我曾向他建议：‘先王（指刘贺的老爹刘髆）的歌女张修等十人，膝下没有儿女，却一直枯守先王（刘髆）的墓园，是不是可以请你放她们回家？’刘贺说：‘不行，教她们一直守下去，害病的不要医治，互相打架伤人的，也不要管，教她们早早死光！你怎么想到放她们走？’说明他天生愚鲁残忍，不知道什么是仁，什么是义。”

刘病已这才发现刘贺不值得忧虑。

刘病已虽然不忧虑刘贺，但我们却忧虑张修等十位女士。刘髆于前八八年逝世，那些美丽的侍妾当时如果二十五岁的话，经过二十四年，本年已五十岁左右，还不放她们一条生路，而仍囚禁墓园。张修等因皇帝猜忌故主，才在一份奏章上显露。不曾显露的其他千万皇家妇女，她们当初都以她们的白马王子为荣，命运同样悲伤。难道那些继任王爷，也都是白痴？

# 纪元前六三年 戊午

西汉　元康　三年

**1** 春季，三月，西汉王朝（首都长安〔陕西省西安市〕）皇帝（十任宣帝）刘病已（本年二十九岁）下诏，封被罢黜的前任皇帝（九任）刘贺当海昏侯。

**2** 三月二日，刘病已开始报恩行动，下诏说："当我还是孩童时，最高监察长（御史大夫）丙吉、皇家警卫指挥官（中郎将）史曾、史玄，长乐宫保安官（长乐卫尉）许舜、宫廷随从（侍中）兼特级国务官（光禄大夫）许延寿，对我都有厚恩。还有已去世的宫廷事务总管（掖庭令）张贺，辅助教导，使我接受教育，学习儒家经典，恩德功劳，十分显著。《诗经》上说：'受人之恩／必当有报。'现在，封张贺的继子、宫廷随从（侍中）、皇家警卫指挥官（中郎将）张彭祖当阳都侯，追封张贺当阳都（哀）侯，封丙吉当博阳侯、史曾当将陵侯、史玄当平台侯、许舜当博望侯、许延寿当乐成侯。"

张贺还有一位孤孙张霸，年才七岁，任命他当护从顾问（散骑）、皇家警卫指挥官（中郎将），封关内侯。过去的老关系，以至刘病已当初被囚禁在藩属事务部监狱（郡邸狱）里的一些狱吏，凡是对当时皇曾孙小娃有过照顾恩情的，都升官加俸，或赏赐田亩、住宅、财产，按照各人当时尽心的程度回报。

当封爵时，丙吉患病沉重。刘病已忧虑他一病不起，准备派人把印信送到他病榻之前，希望他在生前受封。太子师傅（太子太傅）夏侯胜说："丙吉不会亡故，我听说：有阴德的人，会在有生之年，受到回报，留传给子孙。丙吉还没有得到回报，虽然病情严重，但这个病不会教他死亡。"稍后，丙吉果然痊愈。

张安世父子都封侯爵，他警觉到官位太高，权势太盛。官爵既不能拒绝，于是坚决辞去薪俸。刘病已允许，下令农林部（大司农）总库（都内）把张安世应得的俸禄，以"无名钱"储存，后来累积到一百万左右。张安世为人谨慎细心，每次跟刘病已讨论一项方案，绝不透露消息，等到刘病已已经裁决，他就声称有病，出宫休养，听见颁下诏书，才假装大吃一惊，派人到宰相府探问情形。所以高级官员们，没有人知道他曾经参与大计。曾经保荐某人当官，某人前来致谢，张安世大为懊悔，说："我是为国家选拔人才，怎么牵扯到私人关系？”以后拒绝跟某人交往。有一位宫廷禁卫官（郎）有很大的功劳，却始终没有调升，直接向张安世请求，张安世说：“你的功劳，英明的领袖自然知道。我们当臣僚的，不应该自己评短论长！”拒绝帮助。不久，那位宫廷禁卫官（郎）果然擢升。

张安世眼看到父子同时拥有尊贵的地位跟美好的声誉，内心有一种不祥的恐惧，日夜不安。替自己的儿子张延寿求补一名官职，刘病已任命张延寿当北地郡（甘肃省庆城县西北马岭镇）郡长。年余之后，刘病已怜恤张安世年纪太老，就把张延寿征召回京（首都长安），担任宫廷秘书署（尚书）东厢主管（左曹）兼交通部长（太仆）。

**3** 夏季，四月十四日，刘病已封皇子刘钦当淮阳王（首府陈县〔河南省周口市淮阳区〕）。

皇太子刘奭（音shì〔是〕），年十二岁（应为十三岁），已经读过《论语》《孝经》。太子师傅（太子太傅）疏广，对太子教师（太子少傅）疏受说：“我听说：‘知道满足的人不受羞辱，知道停止的人不会跌倒。’（《老子》上的话。）而今当官当到部长级（二千石），官位已高，声誉已播。如果仍迷恋眼前的荣华富贵，不肯离开，恐怕后悔。”同一天，叔侄声称患病，上书请求退休。刘病已批准，赏赐黄金二十斤，皇太子刘奭另送黄金五十斤。政府高级官员跟老友，为他们饯行，在长安城东门外送别。送别的人数众多，仅马车就有几百辆，沿途观看的人群，都称赞说：“太贤明了，两位贵官！”有人甚至叹息下泪。

疏广、疏受，回到东海郡（山东省郯城县）兰陵县（山东省兰陵县西南兰陵镇）故里，每天都教家人们变卖黄金，摆设筵席，招待本族的人以及老友、门客，共同欢乐。有人劝疏广留下一点黄金，给子孙购买产业，疏广说："我岂是老糊涂，不顾全子孙？只因为我们家本来就有田地房宅，子孙们如果努力耕作，勤俭奋勉，足够供给他们的饮食穿戴，过着跟普通人同样水准的生活。现在再多增添，使有盈余，只会使子孙懒惰荒唐！他们如果贤能，太多的财产将磨损他们的雄心壮志；他们如果愚蠢，太多的财产将增加他们的罪恶。而且，财富是众人怨恨的目标。我对子孙既然没有良好的教育，更不能用财产谋害他们，增加他们的过失而招致怨恨。同时，这些黄金，是圣明领袖抚养老臣的赏赐，我乐于跟邻居宗族们分享这份恩典，用来打发我在世上剩下的日子，有什么不好？"族人们都诚心悦服。

**4** 颍川郡（河南省禹州市）郡长黄霸，下令各驿站招待所，跟各县所属的乡政府，都要养鸡养猪，用以救济鳏夫（鳏，音guān〔官〕。没有妻子或丧失妻子的男人）、寡妇，或贫民。然后推行教育，设置教育官（父老）、督学官（师帅）、治安官（伍长）等，深入民间，教化人民行善去恶，务农养蚕；节俭用度，豢养家畜，种树植麻，不要把钱浪费到表面排场上。

黄霸处埋事务，精密详细，好像在数米粒、盐粒一样，看起来繁重琐碎，可是黄霸精力过人，可以贯彻到底。跟部属和平民面对的时候，总能在谈话中找出症结所在。深入探索，作为印证参考。黄霸了解既多，又善于发掘问题，使部属们不知道他用什么方法，能够如此？一致赞扬他神明，不敢有一毫欺瞒。奸猾的人不能立足，只好逃走；郡境内的盗贼，日渐减少。黄霸竭力进行教化，最后才对犯罪的人处罚或诛杀。对重要部属，不轻易更动。许县（河南省许昌市东）主任秘书（丞），年纪已老，双耳全聋。视察官（督邮）报告黄霸，要求免职。黄霸说：“许县主任秘书是一位清廉的官员，年纪虽老，可是身体健壮，下跪（坐）、起立、出入迎送，都应付自如。只不过耳朵不太灵敏，那有什么关系？我们要帮助他，莫让贤能的人失望！”这是表面理由。有人问他真正的理由。黄霸说：“如果不断的更换幕僚，免不了既要送旧，又要迎新，那就是一笔庞大的费用。而在新旧交接之际，官吏们会乘机藏匿档案，窃盗公家财物。公私沉重的负担，都要出在小民身上。而新上任的幕僚，又未必贤能，万一不如旧任，就会陷于混乱。治理人民，只能排除过火的坏人。”

黄霸外表对人宽厚，而内心明察，很得官吏人民的爱戴。户口数目，每年都有增加，考绩全国第一。刘病已征召他当首都长安特别市长（京兆尹）。不久，被指控违法，一连减少薪俸。于是，刘病已下诏调回颍川郡长，但薪俸只有八百石（郡长俸禄二千石，一连调降之后，只剩下八百石）。

**柏杨曰**

在传统政治中，大家都在那里锯箭杆。只对付末梢，不触及根本，所以越修理就越奇怪。苦刑拷掠既是一种暴政，贾谊不建议禁止狱吏暴行，却建议被审讯的人自杀。监狱黑暗，酷刑如故，刘病已不制定刑事诉讼法根绝刑求，却只在司法部增加四位覆判官（参考前六七年）。前后任官员交接之际，竟有这么大的弊端，黄霸不订定法令，革除弊端，却用延长任期手段因应，这不过使弊端爆发的时间延后几天而已，而弊端永在。

# 纪元前六二年 己未

西汉 元康 四年

**1** 春季，正月，西汉王朝（首都长安〔陕西省西安市〕）皇帝（十任宣帝）刘病已（本年三十岁）下诏："年龄超过八十岁的老人，除非是诬告、杀人、伤人，犯其他的罪时，一律免刑。"

**2** 西长安市长（右扶风）尹翁归逝世，家庭贫穷，没有余财。

秋季，八月，刘病已下诏说："尹翁归廉洁公正，治理人民，成绩列为优等。特赏赐尹翁归的儿子黄金一百斤，作为祭祀之用。"

**3** 刘病已命有关单位查访西汉王朝开国时代功臣后裔中，丧失爵位的人。结果查出槐里（陕西省兴平市）公乘（文官十三级）周广汉等一百三十六人。每人赏赐黄金二十斤，免除田赋跟捐税，使他们得以祭祀祖先，世世不断。

**4** 八月十一日，富平侯（敬侯）张安世逝世。

**5** 最初，扶阳侯（节侯）韦贤逝世，长子韦弘，正好因犯法囚禁牢狱，家人恐怕失去爵位，假造韦贤遗命，由次子大河郡（山东省东平县东南）民兵司令（都尉）韦玄成继承（韦贤四个儿子：长子韦高山，早卒。次子韦弘，东海〔山东省郯城县〕郡长。三子韦舜，家居。四子韦玄成，后官到宰相。《资治通鉴》原文有误）。韦玄成知道不是老爹本意，就诈病装疯，躺到大小便上，满口胡说八道，又哭又叫又闹。等到葬礼完毕，要正式继承爵位时，他已疯狂得无法前往。藩属事务部（大鸿胪）奏报刘病已，刘病已交给宰相、监察官（御史）查办。

承办人宰相府的官吏，写信给韦玄成，说："古代的辞让行为，必然由于他的文章和仁义，有明显的成就，才能留传后世。而今，你毁坏容貌，忍受羞辱，伪装疯狂，好像奄奄一息的火苗。这种小动作，岂可以得到大名声？我一向愚陋，在宰相府当一名职员，希望你了解外界对你的评论，迅速改正。不然的话，你本求高洁，却受到惩处。而我本尊敬你，却不得不对你检举。"韦玄成的朋友、宫廷警卫官（侍郎）章（姓不详），上书刘病已说："圣明的君王，一向用礼让治理国家。最好优待韦玄成，不强迫他屈服，使他安心的过贫苦生活。"而这时，宰相、监察官（御史）一齐指控韦玄成并没有病，提出弹劾。刘病已下诏："不必处罚，要他袭爵。"

韦玄成不得已，继承爵位。刘病已欣赏他高风亮节，任命他当河南郡（河南省洛阳市东白马寺东）郡长。

**6** 车师王（新疆吐鲁番市）乌贵逃到乌孙（首都赤谷城〔中亚伊赛克湖东南〕。参考前六七年），乌孙王国不让他走。西汉政府派使节前往责问，乌孙才把他送到长安。

**7** 最初，刘彻（七任武帝）开辟河西（河西走廊，甘肃省中西部）四郡（酒泉郡〔甘肃省酒泉市〕、张掖郡〔甘肃省张掖市〕、敦煌郡〔甘肃省敦煌市〕、武威郡〔甘肃省武威市〕。参考前一一五年及前一一一年），隔绝北方的匈奴汗国（王庭设蒙古国哈拉和林市），跟南方的西羌诸部落之间的交通，并把西羌诸部落逐出湟中（湟，音huáng〔凰〕。湟水，青海省东北部一条重要河流，发源于青海湖东北，向东南流，又称西宁河。在甘肃省永靖县北，注入黄河。湟中，指湟水流域，也就是青海湖至黄河跟湟水入口之间约四万平方公里地区。土地肥沃，一向是西羌诸部落居住，西羌既被逐出故土，遂向西及向南迁徙，生活十分困苦）。

后来，刘病已即位，特级国务官（光禄大夫）义渠安国（义渠，复姓。春秋、战国时代的义渠部落〔甘肃省庆阳市西峰区〕后裔），巡查到羌中（诸羌部落所在地），西羌诸部落中的先零部落，请求准许他们到湟水以北，在耕田以外的水草茂盛地方，牧放牛羊。义渠安国同意，奏报中央政府。

后将军赵充国立即弹劾义渠安国擅作主张，然而已来不及。西羌诸部落利用西汉使节的承诺，大批渡过湟水，进入西汉领土，郡县无法禁止。

不久，先零部落酋长跟其他部落酋长二百余人，解除过去所有怨仇，互相派遣人质，结盟立誓。情报传到首都长安，刘病已询

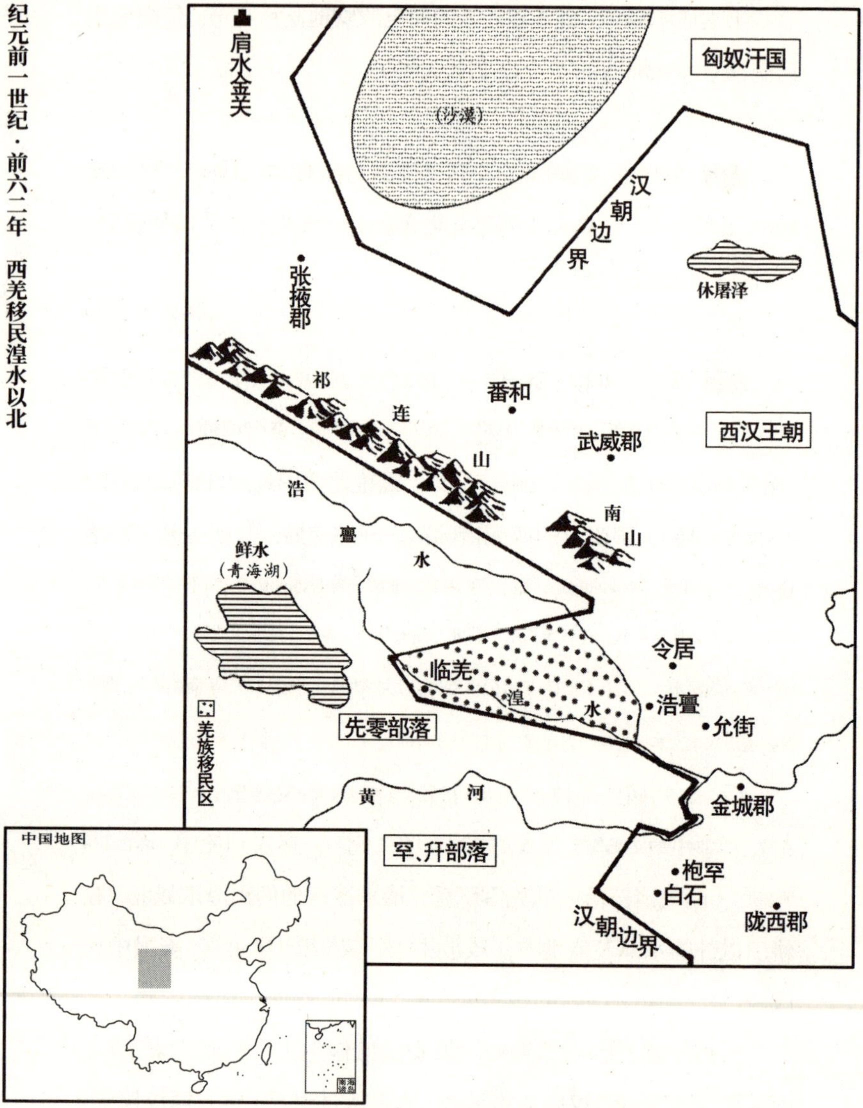

纪元前一世纪·前六二年　西羌移民湟水以北

肩水金关

(沙漠)

匈奴汗国

汉朝边界

休屠泽

张掖郡

祁连山

番和

西汉王朝

武威郡

浩亹水

南山

鲜水
(青海湖)

令居

临羌

湟水

浩亹

允街

先零部落

羌族移民区

黄河

金城郡

罕、幵部落

枹罕

白石

陇西郡

汉朝边界

中国地图

南海诸岛

问赵充国的意见。赵充国回答说：

“西羌各部落所以容易控制的主要原因，在于他们不能团结。每个部落都有酋长，每个酋长都自以为是英雄豪杰，互相攻击，仇深似海，根本没有力量对外。三十年前，西羌大联合对抗中国时，事前也曾解仇，共同盟誓。挺进到令居（甘肃省永登县西），跟中国对抗，五六年才被击退（前一一二年，西羌十万人进攻。次年〔前一一一〕，即恢复和平，距本年〔前六二〕恰好五十年。赵充国仓猝应对，凭记忆陈述，难以精确）。而匈奴汗国又诱导西羌各部落，打算夹攻张掖郡、酒泉郡，把二地交给西羌居住。最近，匈奴汗国在西方受到创伤（指前七一年被乌孙王国击败），因而我认为，这次西羌各部落的行动，跟匈奴有关，可能匈奴的使节已到羌中，恐怕灾难还没有开始。相信他们还会联合更多的种族、更多的部落，一举发动。西汉应在他们发动之前，严密戒备。”

几个月后，羌侯部落酋长狼何（仍留在河西走廊的小月氏族群，位于甘肃省敦煌市阳关西南），果然派出使节到匈奴汗国借兵，准备攻击鄯善国（原楼兰国，新疆若羌县）及西汉的敦煌郡，企图切断西汉跟西域（新疆及中亚东部）之间的交通。赵充国认为：“狼何不可能单独想出这种谋略，定有匈奴使节在其中献策。而且，西羌诸部落中的先零部落（青海湖东畔）、罕部落、幵部落（幵，音qiān〔千〕。罕、幵二部落同在今青海省同仁市以西），已经解仇，共同盟誓。等到秋季庄稼收割之后，战马肥壮，必然有变。中央政府应火速派出官员到沿边要塞，加强防御工事。用尽方法，从中挑拨离间，不可使西羌各部落团结一致，才能消灭危机。”

宰相跟最高监察长（御史大夫）奏报刘病已，再派义渠安国巡察边塞，了解西羌各部落动向。

**8** 几年以来，一连丰收，稻谷每石才值五钱。

# 纪元前六一年 庚申

西汉　神爵　元年

1 春季，正月，西汉王朝（首都长安〔陕西省西安市〕）皇帝（十任宣帝）刘病已（本年三十一岁）开始游甘泉宫（陕西省淳化县西北），祭祀天神（泰畤）。

三月，刘病已再往河东郡（山西省夏县），祭祀地神（后土）。刘病已羡慕曾祖父刘彻（七任武帝）求神、求仙、求长生不死药的故事，对祭祀的礼节，遵行十分谨严，并且采纳法术师的意见，增建了不少神仙的祭坛和庙宇。听说益州郡（云南省昆明市晋宁区东晋城街道）有金马、碧鸡神，可以用隆重的祭祀请到（云南省永仁县西有禺同山，相传是西汉王朝祭祀金马神和碧鸡神的地方），于是派议论官（谏大夫）蜀郡（四川省成都市）人王褒，"持节"前往寻找。

最初，刘病已听说王褒有才干，特别召见他，命他写一篇《圣主得贤臣颂》。王褒呈上他的作品。

《圣主得贤臣颂》全文："贤才是国家的工具。官员如果是贤能的人才，则不需要什么改革更张，功德就会普及全国。工具锐利，用的力量就少，而效果却很丰富。拙笨的工匠使用钝挫的工具，就不得不累断肋骨，从早到晚，埋头苦干，成果却不堪闻问。而灵巧的工程人员，熔化钢铁，能够制出干将宝剑（干将，传说中的宝剑之一，春秋时代吴王国人干将所铸，相传削铁如泥，锋利无比），假使用离娄（传说中黄帝王朝的一位目光最锐利的人杰）从事测量，任用公输班砍削木材（公输班，春秋时代鲁国著名工程师，直到二十世纪，木工仍认为公输班是他们这一行业的祖师爷），虽然五层高台，百丈面积，照样有条不紊，顺利落成。原因何在？在于适当的人，使用适当的工具。一个笨人驾驶一匹笨马，即令把马口勒破，鞭子打断，仍难前进一步。然而，一旦骑上'啃膝型'的良驹（孟康注：良马常常把头低到膝盖），或骑上名叫'乘旦'的骏马（张晏注：乘旦，良马名，早上出发，晚上就到），由王良（春秋时代的名驾驶）手拿缰绳，韩哀（传说时代发明车辆的人）驱策车辆。周游天下每个角落，万里之遥，不过一喘息工夫。原因何在？在于适当的人使用适当的工具。所以，穿着凉纱的人，不会感到烦热之苦；穿着貂皮大衣的人，不怕寒冷刺骨。原因何在？在于他们具备了防热御寒的工具，所以很容易满足盼望。

"圣人和君子，正是圣明君王治理天下的工具。从前，姬旦（周公）吃一顿饭要停下来三次，洗一次头要中断三次，为的是接待宾客，因此才有监狱成为真空的盛世。姜小白（齐国十六任国君）在庭院中燃起火炬，为的是不分昼夜接待贤士（姜小白攻击宋国，中途遇到宁戚，相谈之后，大为钦敬；当晚，姜小白命在庭院中燃起火炬，要封他官爵。一个宦官说：“为什么不先派人四出查访，查访的结果证明他果然贤能，再封爵不晚，否则会被他蒙蔽。”姜小白说：“宁戚是旷世天才，而这种人，都不拘小节，不可能有一致叫好的口碑，查访出他的过失再封爵，就不光彩；不封爵，我们就丧失一个贤能。”就在火炬之下，任命宁戚当国务官），所以才九次集结封国国君，一次安定天下。从这些事迹观察，君王如果肯辛辛苦苦物色人才，然后才能安安逸逸享受太平。

“做部属也是如此。从前，贤能的人在没有遇到圣明君王时，贡献策略，君王不使用他的策略；提出建议，君王不采纳他的建议。做官不能施展他的才能，被贬黜被排斥，并不由于有什么过失。所以，伊尹（商王朝贤明宰相）想接近子天乙（商汤），只好通过奴仆，身背锅碗瓢盆，去给子天乙当厨夫，用鲜美的滋味，先去取悦。姜子牙（周王朝贤明的宰相）在微贱时，投靠无门，只好在街市上杀牛卖肉。百里奚（春秋时代秦国贤明宰相）本是俘虏，不过一个卑贱的奴隶，秦国用五张黑羊皮把他买回来。宁戚不过一个牛贩，而他在喂牛的时候，敲着牛角唱歌，被姜小白赏识；命运都很卑贱困苦。然而，一旦遇到圣明的君王，谋略合乎君王的意思，规劝的言词受到重视，无论前进或后退，都显示出他的忠心，担任官职，允许他施展抱负。于是，剖开铜符封爵，割裂国土作为采邑，使祖先受到光荣。

“所以，世间必须先有智慧的领袖，然后才有贤能忠诚的干部。猛虎长啸，山风才起。神龙飞跃天际，浓云才生。秋季到时，蟋蟀才在墙脚哀鸣。阴湿角落，蜉蝣（一种短命昆虫）才会出现。《易经》说：‘飞龙在天上，才有能力选拔贤能。’（飞龙在天，利见大人。）《诗经》说：‘多么优秀的贤士啊／生长在多么美好的国土！’（思皇多士，生此王国！）天下太平，则君王圣明。贤能的人才，自然来临，堂堂皇皇的进入政府，正正当当的参与行列，专心一致的工作，互相勉励督促，相得益彰。即令是伯牙（古代音乐家）弹他的'递钟'名琴，逢蒙（古代神射手）射他的'乌号'名弓，都不足以譬喻他们合作的运用自如。

"所以，英明的领袖，必须有贤能的人才辅佐，功业才能弘大。而贤能的人才，也须有英明的领袖，才干才能显示。在上位的人跟在下位的人，需要相同，互相欣赏，千年难逢的际遇，言谈见解，二人合而为一。天际翱翔，如同顺风吹动羽毛；澎湃浩荡，好像巨鲸逛游大海。洋洋得意，有什么邪恶不能遏阻？有什么善政不能推动？教化将超过我们四方边陲，传播到无涯世界。

"所以，圣明的君王不需要用小动作表示自己聪明，不需要听小报告表示自己能干。天下太平的责任已经尽到，安乐悠闲的生活自然产生，祥瑞自然降临，寿命自然无疆，又何必求神求仙，呼吸修炼，委屈的去学彭祖（彭祖，商王朝国务官〔大夫〕，据说活八百岁），去学赢侨（秦国王子），去学赤松子（二人都是古代神仙）？寻觅那些与世隔绝的仙境？"

当时，刘病已正在追求成仙之术，所以王褒在文章中特别强调。

而首都长安特别市长（京兆尹）张敞，也适时上书规劝，说："希望明主经常忘掉车马的嗜好，排除法术师（方士）的虚伪言语，专心做帝王的工作，太平才可能呈现。"

于是，刘病已把担任金马门候见官（待诏）的法术师，全部遣散。

最初，赵广汉逝世（参考前六五年），以后继任首都长安特别市长（京兆尹）的，没有一个人称职。只有张敞可以匹敌，但谋略方法，跟

耳目线索，不如赵广汉。不过张敞在推行政令时，却常运用儒家学派的经典（张敞专门研究《春秋左氏传》）。 610

**2** 刘病已特别注意宫殿、车马、衣服，豪华奢侈，远超过他的叔祖父（八任昭帝）刘弗陵。而皇亲国戚许姓家族（刘病已岳父家）、史姓家族（刘病已祖母史良娣家）、王姓家族（刘病已娘亲王翁须家），既尊贵而又富有，盛极一时。议论官（谏大夫）王吉，上书说："陛下以圣贤的气质，总揽万方事务，推行教化，将使全国达于太平之境。诏书每次公布，人民欢欣，好像开始另一种新的生命。我伏案沉思，这虽然是至大至重的恩德，但并没有涉及问题的核心。希望使国家成为太平之境的君王，并不是常常出现。可是，现在却侥幸的遇到，官员们所作的建议跟提出的规劝，都蒙陛下采纳，可是他们却没有拟订为万世建立和平的久远计划，推动陛下走上媲美夏商周三代王朝的盛世。他们所专心的，不过是开会、立法、审案、判决而已。可惜，这并不是太平的基础。

"我听说：人民，虽然没有抵抗能力，即令微弱不堪，却不能把他们击败；即令十分愚昧，却不可以对他们欺骗。圣明君王独处深宫之中，所做的决定，如果正当，天下人无不称颂；如果失当，天下人就会纷纷表示不满。陛下的要务，在于谨慎选择左右助手，严格考核他们所作所为。左右助手们能够正心诚意，自己作为榜样。所作所为，都在推广礼教仁义，这才是治理天下的根本。孔丘说：'使君王平安，使人民治理，最好的方法，是实行礼治。'（《孝经》原文："安上治民，莫善于礼。"）并不是一句空言。

"在圣明君王还没有制定礼仪之前，应该把从前那些圣明君王曾经使用过，而又合乎今日情况的礼仪，先行付诸实施。我愿陛下承受上天之心，发扬宏大之业，跟高级官员（公卿大臣）和儒家学者（儒生），研究旧的礼仪，实行旧的制度，驱策全国人民，共同升高到仁义的层面。如此的话，风俗怎么会不如姬诵（周王朝二任王成王）、姬钊（周王朝三任王康王）？寿命怎么会不如子武丁（商王朝二十三任帝，绰号高宗，活了一百岁）？我愿将现在大家所追求的，跟不合乎正道的，一条一条写出，向陛下启奏，请陛下裁决。”

王吉在奏章中指出：“世间男婚女嫁，男方所致送的聘金和女方所陪送的嫁妆，无限膨胀，没有节制，以致双方都无力承担。为了避免后患，以致有些贫穷人家，不敢生育子女，甚至杀婴。”

王吉又指出：“西汉王朝习惯，侯爵‘尚’公主（皇帝的女儿），其他贵族则‘承’翁主（亲王的女儿）。这是一种使男子侍奉女子，丈夫屈服妻子的制度（普通人家，则是丈夫“娶”妻子）。更换阴阳的位置，所以妇女很多淫乱。古时候的衣服车马，尊贵的有尊贵的标志，卑贱的有卑贱的标志。而今却混成一团，卑贱的人竟僭越得跟尊贵的人一样，各人随各人的高兴，想怎么华丽就怎么华丽。于是，贪图金钱，追求利禄，为了发财，死都不怕。周王朝所以能够全国治理，连刑法监狱都没有机会使用，主要的在于他们在邪恶还没有发动之前，就予以克制。”

王吉又指出：“姚重华（舜）、子天乙（汤）两位贤明君王，不用当时部长级以上官员（三公九卿）们的子弟，却遴选皋陶（黄帝王朝著名法官）、伊尹（商王朝宰相），担任重要职务。贤才既受到重视，奸佞自然远离。而今一个庸俗的官员的子弟，就可以因父兄的关系，担任官职。他们因为官职得来容易，大都十分骄傲。既不知古，又不知今，对人民毫无裨益。我建议应该改变，明确的扩大征召贤能人才，废除‘任子令’（西汉王朝“任子令”：部长级官员，任职满三年，就可以在亲兄弟或儿子中，保荐一个人当宫廷禁卫官〔郎〕)。陛下的皇亲跟从前追随你，或对你有恩的故旧，可以赏赐他们丰厚的财产，但不应授给他们官职。盼望陛下不再做‘角力’游戏，减少听音乐的时间，节省御用库房(尚方)的供应，向天下明白展示节约。古代做工的不去雕刻细致的装饰，经商的不贩卖奢侈物品，并不是工商界人士比今天深明大义，而是政治教化，使他们自愿如此。”

刘病已认为这些建议都是迂阔滥调，不切实际，并不重视。王吉遂宣称有病，辞职。

**3** 义渠安国抵达羌中(青海省东北部)，召集先零部落重要首领三十余人欢宴，就在席间，逮捕最骄傲不驯的几个酋长，当场诛杀。并乘先零部落不备，发动突击，斩杀一千余人。于是，所有早已归降西汉的西羌诸部落，和被西汉封为归义侯(羌侯)的酋长杨玉等，悲愤交集，认为羌人并没有任何违法行动，竟被卑鄙的害死，使他们不敢相信西汉政府的信义，遂全体叛变，联合其他种族部落，攻击城邑，杀戮西汉官员。义渠安国以骑兵总监(骑都尉)身份，率骑兵二千人戒备，抵达浩亹(甘肃省永登县西南河桥镇。亹，音mén〔门〕)，西羌各部落迎战，义渠安国大败，伤亡惨重，武器辎重，损失不可胜数，急行撤退到令居(甘肃省永登县西)，奏报刘病已。

当时，后将军赵充国已七十余岁，刘病已认为他年纪已老，派最高监察长(御史大夫)丙吉询问他，请他保荐可以担任大将的人才。赵充国说：“如果对付西方的诸羌部落，我认为没有人比我更合适。”刘病已派人再问他，为什么他最合适：“你预测西羌各部落会有什么发展？我们当派多少军队？”赵充国说：“百闻不如一见，军事行动，很难遥控。我愿先赶往金城郡(甘肃省兰州市)，绘制地图，拟订战略计划呈报。不过可以肯定的是，西羌诸部落的人数不多，逆天背叛，不久就可平服。请陛下把事情交给老臣，不必担忧。”刘病已笑起来，说：“就这么办！”动员军队，指定到金城郡集结。

夏季，四月，刘病已任命赵充国当西征军司令，出发。

**4** 六月，东方天际，出现孛星。

**5** 赵充国抵达金城郡（甘肃省兰州市），等到骑兵集结到一万人，准备西渡黄河，而又怕被西羌军拦击。就在夜晚，派出三个指挥官率领骑兵，马口衔枚，先行偷渡，在黄河西岸构筑阵地。赵充国率大军随后，天色微明，已全部渡完。西羌各部落斥候部队几十人，还有骑兵百余人，已出现营寨附近。赵充国说：“我们部队正精疲力尽，不能奔驰。敌人斥候，都是百战精兵，不容易制伏，而且他们后面可能有大军埋伏。作战的目的在歼灭敌人的野战军主力，不贪小利。”下令不准出击。

赵充国派斥候侦察四望峡（青海省海东市乐都区西），回报说，四望峡没有羌军把守。赵充国乘夜急驱大军穿过四望峡，挺进到落都（青海省海东市乐都区），大喜过望，召集各营指挥官跟军政官，说：“我早就知道羌人不懂军事，假设用几千人把守四望峡，我们怎么能到这里？”赵充国用兵，最主要的是派出远程斥候，使情报更准确。向前挺进时，一直保持戒备状态，可以随时突击，并防备敌人随时突击。安营扎寨时，一定构筑坚强的阵地营垒，绝不心存侥幸。爱护战士，谋略决定之后，才展开行动。于是，从落都（青海省海东市乐都区）再向西，进抵金城郡所属的西部民兵司令部（西部都尉府）所在（青海省湟源县）。每天用丰富的饮食，大享战士。士气高昂，西羌各部落发动好几次攻击，赵充国坚守不动。

俘虏口中，供出："西羌各部落互相责备：告诉你不要谋反，而今皇上派赵将军来，赵将军已八九十岁，是沙场老将，我们想拼个你死我活，都办不到。"

最初，罕部落、幵（音qiān〔千〕）部落（都在青海省同仁市以西）的酋长靡当儿，派他的弟弟雕库，秘密报告金城郡（甘肃省兰州市）西部民兵司令（西部都尉）："先零部落可能叛变。"几天后，先零部落果然叛变。而雕库所属的月氏族部落，跟羌族的先零部落，互相羼杂相处，金城郡（甘肃省兰州市）西部民兵司令竟把雕库扣留，当作人质。赵充国认为雕库没有罪，下令释放，送他回去，转告各部落酋长："西汉政府大军只诛杀罪犯，请你们明白表示态度，不要自取灭亡。皇上教我转告各部落：犯罪的人如果能捕杀另一个犯罪的人，他所犯的罪，即行赦免；还看他立功大小，分别赏赐金银；而且还把被捕杀者的妻子、儿女、财产，全部归他。"（当时西汉政府的悬赏是：斩谋反的最高酋长一人，钱四十万。中级酋长钱十五万，小酋长钱二万。斩女人跟老弱的，钱一千。）赵充国的谋略是：打算用威信促使罕、幵二部落，以及被胁迫的其他一些部落，改变立场，用来瓦解各部落的团结。在他们惊惶疲惫时，再发动攻击。

这时，刘病已征调集结的边防军，已有六万人。酒泉郡（甘肃省酒泉市）郡长辛武贤上书说：

"边防军都进驻南山（祁连山），而北边（祁连山以北）防务空虚，这种局势，不可以拖得太久。如果要等到秋冬之季，才开始攻击，那是敌人远在边境之外时的因应。而今，情势有异，羌人日夜不停的侵犯，秋冬之后，天气转冷，土地冻成坚冰，我国战马无法承受严寒。我的建议是：趁着夏季七月上旬，携带三十日粮草，分别从张掖郡、酒泉郡，出动大军，在鲜水（青海湖）会合，攻击那一带的罕幵二部落（青海省同仁市以西），虽不能够全部屠杀，但是可以掠夺他们的财产、牲畜、妻子、儿女，然后撤退。冬季来临后，我们再度出击。这样不停的给他们创伤，所有羌部落都会震恐。”

刘病已把这份奏章交给赵充国，听取意见。赵充国奏报说：“一匹马载负它自己食用的三十日粮草，需要米二斛四斗、麦八斛，又要载负衣服、武器，如此沉重的装备，只能缓行，没有能力奔驰。敌人评估我们的行军情况，势必稍微向后撤退，追逐水草，深入山林。我们如果尾追而进，敌人一定在前面据守险要，在后面断绝我们的粮道，可能全军覆没，被野蛮民族讥笑。这种严重的创伤，即令再过一千年，也难恢复。辛武贤认为可以掠夺他们的财产、牲畜、妻子、儿女，仅只是纸上的壮烈作业，不是最好的策略。

“先零部落首先向西汉挑战，其他种族跟其他部落，都是受到威逼利诱，并不是真心跟西汉作对。我愚昧的想法是：对罕部落跟幵部落的过失，应尽量隐藏遮盖，不再宣扬。我们应先给先零部落一个重大教训，使他们震动，内心后悔，立场动摇。然后，政府趁势宣布宽大政策，对他们赦免。选择了解他们风俗习惯的优良廉洁官员，前去安抚和解。这是既保全军队，又获取胜利，跟促使边塞永久和平的策略。”

刘病已把赵充国的奏章交给政府高级官员讨论，大家一致认为：“先零部落兵力最为强大，而又有罕部落跟幵部落两个结盟的党羽，如果不先击破罕、幵，便不可能击破先零。”刘病已遂任命宫廷随从（侍中）许延寿，当强弓兵团司令（强弩将军），任命酒泉郡（甘肃省酒泉市）郡长（太守）辛武贤当破羌兵团司令（破羌将军），颁发诏书，嘉勉辛武贤的建议，并且责备赵充国说：“现在已全国动员，粮草跟部队的输送征集，同时开始。人民进入战时状态，生活扰动不安。你率领一万余人的大军，不早早掌握夏季水草茂盛的优势，夺取敌人的家畜跟积蓄，却准备到冬季攻击，而那时，蛮族们已经储存了足够的粮草，退避到深山之中，据守险要。而将军的战士却受到严寒的摧残，势将手断足裂，还怎么能够作战？将军没有想到国家的庞大支出，而竟准备拖延数年之久，博取胜利。这样的将领，谁不愿干？我已下令破羌兵团司令（破羌将军）辛武贤等，统率大军，在七月间攻击罕部落。将军应率你的部队，同时并进，不得有任何借口拒绝。”

诏书严厉，赵充国仍然抗争，上书说：“陛下上一次颁发诏书时，曾指示派人前往通知罕部落，告诉他们，大军即将征讨，但对罕部落将不追究，目的在于瓦解他们的团结。所以我才释放幵部落的一位名雕库的酋长，回到他的部落，传达皇上的恩德。罕、幵二部落都已经了解皇上的德意。而今，先零部落酋长杨玉，坚守山林，待机而动，而罕、幵部落，并没有任何违法行为。现在我们却把先零部落放在一旁，而先行攻击、罕幵部落，是对有罪的人撒手不管，对没有罪的人却作诛杀。一次行动，造成两层伤害，不应是陛下的原意。

“我曾经听说，《兵法》：‘攻击的力量不够，如果用来固守，却可以胜任。’《兵法》又说：‘良好的军事指挥官，一定采取主动。无能的指挥官，一直被敌人牵着鼻子走。’假定罕部落要攻击敦煌郡（甘肃省敦煌市）、酒泉郡（甘肃省酒泉市），我们应该加强戒备，训练兵马，等他前来，坐在那里就可以歼灭它。以逸待劳，才是获取胜利的重要方法。现在，由于敦煌、酒泉两郡的部队太少，防守的力量不足，却打算先发制人。这是抛弃主动诱敌之法，而接受敌人摆弄。我虽然愚昧，却认为并不恰当。

“先零部落打算攻击西汉，所以先行跟罕、幵部落盟誓，解除仇怨。但先零部落内心，不能不恐惧西汉军队一旦进攻，罕部落跟幵部落，可能叛盟。而我们竟然先行攻击罕、幵，那将正是先零部落所盼望的，使他们之间的盟约，更为坚强。我们先行攻击罕、幵，先零部落必然派出援军。而今蛮夷战马正肥，粮秣正丰，攻击行动不但不能使他们受到伤害，反而造成罕、幵部落对先零部落感恩戴德的形势，促使他们的盟约更加稳定，党羽更为团结。盟约稳定，党羽团结之后，只要派出两万精兵，就可胁迫其他小种族、小部落。跟滚雪球一样，越滚越大，归附的越来越多，像莫须部落等，想脱离控制，都脱离不了。

“结果是，羌军日益增加，大军征讨诛杀，将要征发比现在更多数倍的兵力。我恐怕国家被拖下泥沼，要以十年为单位来对付，再盼望像我们现在所做的，只要两三年的时间，已不可得。我的意见是，只要击破先零部落，则罕部落跟幵部落，用不着一兵一卒，自会臣服。如果先零部落已经臣服，而罕部落跟幵部落仍然抗拒，等到春季正月，再行攻击，不但合理，也合时宜。现在即行进军，看不见有什么利益。”

六月二十八日，赵充国发出奏章。

秋季，七月五日，刘病已复诏采纳。

赵充国率军再西进，压迫先零部落阵地。先零部落驻屯已久，戒备松懈，忽然发现西汉大军涌到，大为惊慌，不能迎战，放弃辎重，急渡湟水撤退。道路狭窄，羌军争先恐后，赵充国下令大军缓缓进逼。有人提醒说：“要收到战果，必须急追，这样怎么可以？”赵充国说：“他们都是穷寇，而穷寇不可以追击太急。我们缓缓进逼，他们神魂不定，会争先逃亡。如果发现逃生无望，则一定死拼。”指挥官们同意这项见解。于是，羌军被挤入湟水中淹死的数百人，被斩杀跟被俘虏的战士五百余人，马、牛、羊、家畜，十万余头，车四千余辆。

赵充国率大军再西进，到达罕、幵部落所在（青海省同仁市以西），赵充国禁止焚烧房屋，和田野中罕、幵部落堆积的粮草。罕、幵部落得到情报，欢欣鼓舞，说：“西汉果然不把我们当作敌人！”酋长靡忘派使节进见赵充国，要求准允他们回到原来的牧地。赵充国转报刘病已，还没有得到批示，靡忘亲自前来晋谒。赵充国设筵招待，把所俘虏的罕、幵部落的月氏人（小月氏），全部释放。大军保护官（护军）以下重要军官，都大为震惊，提醒他们的统帅：“靡忘是国家的叛徒，不可以随便释放。”赵充国说：“你们都是为了保护自己，并不是为了国家的百年大计。”话还没有说完，刘病已的诏书已到，准许靡忘戴罪立功。

稍后，罕、幵部落竟没有劳动西汉军队，即行平定。

**6** 刘病已下令破羌兵团跟强弓兵团，前往鲜水（青海湖）畔，跟赵充国的西征兵团会师，于十二月间，向先零部落发动攻击。这时，归降的羌人，已有一万余人。赵充国推测先零部落受不了这种逃亡的打击，一定屈服，准备撤退骑兵，而以剩下来的步兵，就在湟中（青海省东北部）地区，开荒屯垦，僵持围堵，使对方自行凋零。已写好奏章，还没有发出，十二月合击的诏书已下。赵充国的长子、皇家警卫指挥官（中郎将）赵卬，感到恐惧，自己不敢规劝，派一位幕僚向老爹建议说：“假使这次出击，面对的是军队破碎、将领丧生、国家覆亡的严重后果，你坚持自己的立场，还说得过去。现

纪元前一世纪·前六一年　赵充国征服先零羌

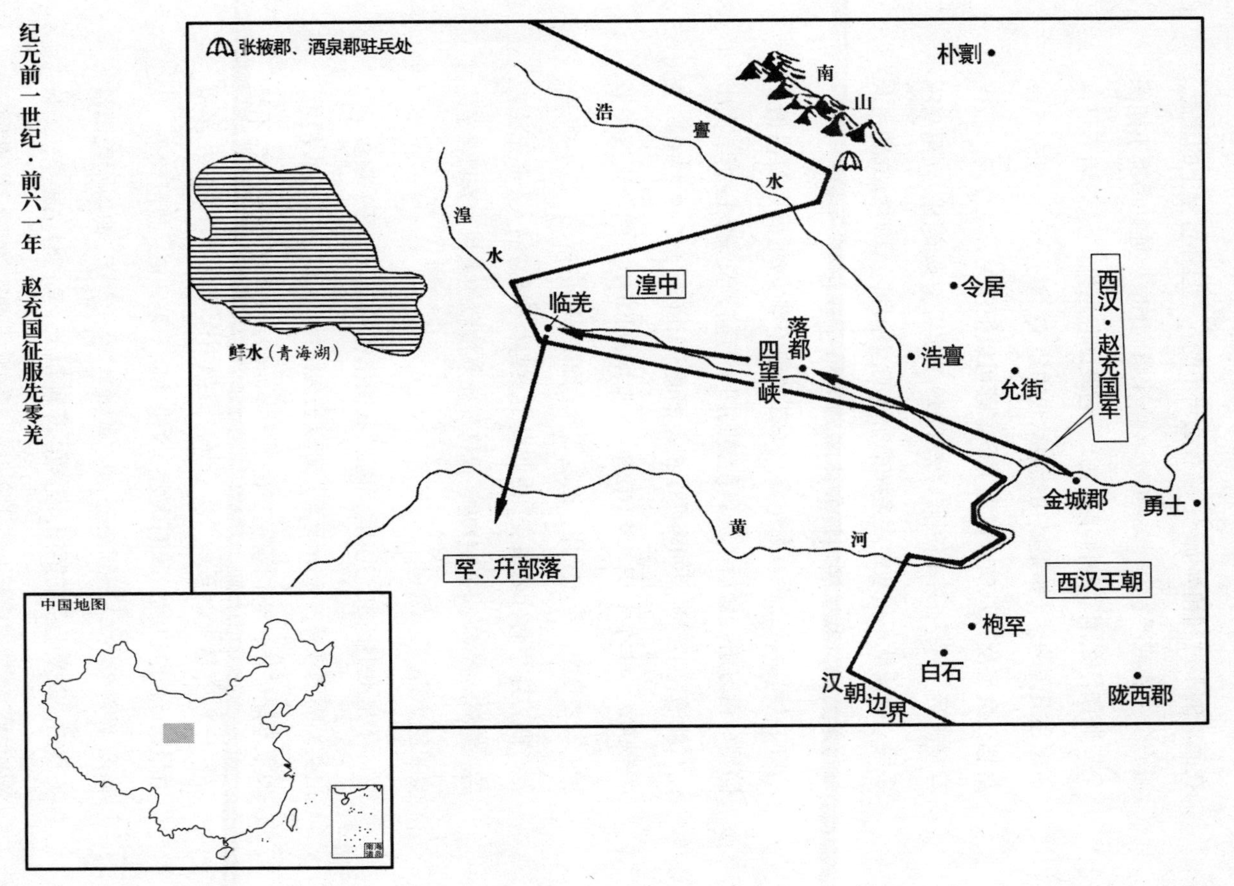

在面对的不过利和弊而已，有什么可争的？一旦违背皇上的意思，派一个绣衣戒严官（绣衣。参考前九九年）来责问你，你连性命都不能保全，还谈什么国家的百年平安？”赵充国叹息说：“这些话不是真正忠心报国的话，如果最初就采纳我的建议，事先预防，西羌各部落怎么会造反？从前，皇上下令推荐可以担任羌人工作的，我推荐辛武贤。可是，宰相跟监察官（御史）又推荐义渠安国，使用高压手段，事情就不可收拾。金城郡所属的湟中地区（青海省东北部），米谷每斛八钱，我曾经告诉农林部（大司农）主任秘书（中丞）耿寿昌：‘我们只要储备三百万斛粮食，羌部落绝不敢发动。’耿寿昌请求储蓄一百万斛，最后不过只积蓄到四十万斛。义渠安国第二次出动，就消耗了一半。如今两个机会都遭破坏（第一个机会是事先戒备，变成事先屠杀。第二个机会是囤粮三百万斛，而只囤粮四十万斛），到今天这种地步，失之毫厘，差之千里，正是如此。而今，军事行动，久不结束，万一四方边境有什么事变，由此发生，纵然再智慧的人，都无法善后。羌部落根本不值得忧虑，我将誓死坚持我的意见，圣明君王终会采纳忠言。”

于是上书请求“屯田”，说：“我所率领的部队，马牛粮食干草之类，需要数量，十分庞大，难以长久维持。而人民的差役捐税，如果不能停止，恐怕激起变化，为圣明的领袖增加忧愁，这不是安定国家的良策。而且羌人顽强，容易用谋略瓦解，难以用军事力量击碎。所以我愚昧的认为，攻击他们不是善策。我已调查，从临羌（青海省湟源县）东到浩亹（甘肃省永登县西南河桥镇），原属于羌部落的耕田，以及无主的荒田，为数二千顷以上，其间驿站邮亭，多数颓坏（前八一年，刘弗陵在位时，设立金城郡〔郡政府设甘肃省兰州市〕，辖区西界差不多到青海湖。迄今仅二十年，就颓坏如此），我前派部队入山，砍伐林木六万余棵，存在湟水之滨。我建议把骑兵全数撤回，只留下步兵一万零二百八十一人，分别屯驻险要。等到春季之后，河上冰解，木材顺流而下，就可用它修建驿站邮亭，挖掘灌溉水道，先行兴筑四望峡（青海省海东市乐都区）以西七十余处桥梁，直到鲜水（青海湖）附近。由战士武装开荒屯垦，每人分田三十亩。到四月之后，草木丛生，可以征调郡政府骑兵，跟移民区（属国）外籍兵团各千余人，前来放牧，也同时作为屯田部队的警戒。收割下来的粮食，就运到金城郡，增加仓库积蓄，可以节省庞大的战费。而今农林部（大司农）运送到前防的粮草，足以支持这一万余人在收割前的年余之间的消耗。谨呈上屯垦区分，跟所需要的农具清册。”

刘病已下诏问：“如果依照你的计划，叛逆什么时候可以诛杀？战争什么时候可以结束？请仔细计议，答复。”赵充国报告说：“我曾经听说，帝王的军队，应不受损失而取得胜利。所以重视谋略，而轻视沙场搏斗。百战百胜，并不是高手中的高手，所以先要立于不败之地，使敌人不能击败我们，我们才有可能击败敌人（“先为不可胜，以待敌之可胜。”语出《孙子兵法》），蛮夷民族的风俗习惯，虽然跟礼仪之邦的中国不同，但逃避灾害，亲近利益，爱护亲人，畏惧死亡，感受都是一样。现在，西羌各部落已经失去他们肥沃的土地，和茂盛的牧草，远逃到荒山旷野，生活艰苦，骨肉离心，人人都有背叛的愿望。在这个时候，英明的领袖下令班师，而只留一万人屯垦，顺应天时，利用地利。一定会被我们征服的蛮夷，虽然现在还没有马上伏诛，但和平可在几个月后实现。因西羌各部落联盟，正在迅速瓦解之中，前后投奔归降的，已有一万零七百余人，而已接受号召，回去劝说的，也有七十余人，这是促使羌人崩溃的工具。

“不必作战，直接留兵屯垦，有十二项利益：步兵共有九位指挥官、官兵一万人，用屯垦的方法，武装保卫边疆。有了耕田，自有食粮，威力和恩德同在，此其一。屯垦工作，一经开始，肥沃的土地就在中国控制之下，羌人没有回归故土的可能。流浪在外，贫苦到不能忍受时，团结自然破裂，可促使他们的盟约解体，此其二。居民都从事耕种，可以自给自足，此其三。骑兵人马一个月的粮秣，能供应步兵一年，撤回骑兵，可以节省国家的开支，此其四。到了春天，集结战士，利用黄河、湟水，把粮草运到临羌（青海省湟源县），向蛮夷炫耀威力，作为镇压或谈判的资本，此其五。农闲之时，运用砍下的木材，修复驿站邮亭，物资可以输入金城郡（甘肃省兰州市），此其六。我们现在如果出击，冒着极大危险，未必获得胜利。而留兵屯垦，反而把反叛的羌人，堵塞在酷寒贫瘠的荒野，受到霜露、疫病、冻疮的威胁，使我们坐着等待胜利，此其七。我们可以免除攻营破寨、深入追击、死伤相继的损失，此其八。不经过战争就取得胜利，对内仍维持威望，对外使羌人失去可乘之机，此其九。没有血战，就不至于使黄河南岸一带大开部落（青海省同仁市以西），受到惊动，横生枝节，此其十。兴建湟中各峡谷的桥梁，直通鲜水（青海湖），可以控制西域（新疆及中亚东部），使西汉国威，伸展千里，行军平安，好像经过自家的床铺，此其十一。大的费用既然节省，人民的差役和增加的税捐，就可免除，可以防止激起其他变故，此其十二。留兵屯垦有十二项益处，出兵攻击有十二项损失，唯请圣明抉择。”

刘病已用诏书回报：“奏章上说：‘和平可在几个月内实现。’几个月者，是指今年冬季，还是别的时间？将军是不是想到，西羌各部落一旦知道我们的骑兵撤退，他们将集结精锐，攻击骚扰屯垦的战士跟道路上守军，格杀及掳掠我国人民。将用什么方法防止和克制？愿将军深入考虑回答。”

赵充国覆奏说：“我们了解，军事行动，谋略为主。谋略精密的，必然胜过谋略疏忽的。（《孙子兵法》：“多算胜，少算不胜。”）先零部落的精兵，现在不过剩下七八千人，丧失了祖传的土地，被驱逐到荒野山林流亡，四分五散，挨饿受冻，背叛逃亡的人，络绎不绝。所以我愚昧的认为，他们的崩溃，可能就在这几个月之内。再远的话，也不过拖到明年（前六〇）春天，所以才说：‘和平可在几个月内实现。’我常观察，北边要塞，从敦煌郡（甘肃省敦煌市）直到辽东郡（辽宁省辽阳市），东西一万一千五百余华里，有些重要地区，只不过官兵数千人。蛮夷数次发动大规模攻击，都不能动摇。现今，骑兵虽然撤回，而我们的屯垦战士，仍全副武装，有精兵万人之多。而且三个月内，蛮夷战马，正逢枯瘦之期，他们绝不敢在四周都是其他种族、其他部落的围绕之下，留下妻子、儿女、家畜，翻山渡河，遥远的向中国发动攻击。更不可能携带妻子、儿女、家畜，回归故土。这正是我愚昧的看法，认为他们终于会瓦解在现在居住的地方。用不着我们出动，他们就会失败。

“至于小股的蛮夷盗匪，偶尔杀伤人民，这件事根本无法立刻禁绝。我曾经听说：‘战争如果没有把握必胜，不轻易短兵相接，攻城如果没有把握夺取，不轻易劳师动众。’假如我们发动攻击，虽不能消灭先零，却可以使蛮夷不敢再作骚动，不妨攻击。事实上我们发动攻击，仍不能根绝。攻击不攻击，结果相同。却放弃坐着即可得到的胜利，而采取危险的行动，而仍得不到利益，只不过使自己损失疲惫，自贬身价，不是向蛮夷展示声威的方法。

“主要的是：大军一经发动，战胜也好，战败也好，一旦班师，人心思归，就不可能再留。而湟中（青海省东北部）也不可能使它真空，势必再度征发民间的差役捐税，我以为对国家有损。我曾经自己思量，一个人如果接到出塞的诏书，立刻率军深入蛮荒，把天子的武装部队、车马甲胄，浪费在山林旷野之间，虽然没有建立尺寸的功劳，但可以摆脱‘苟且’‘偷安’的指控，而且又没有任何对自己不利的后遗症。然而，我认为，那样做，对个人有利，而不是国家之福。”

赵充国每次奏章，刘病已都交下来，要高阶层官员讨论。最初，赞成赵充国的十分之二三，稍后渐渐增多到十分之五。最后，更增多到十分之八。刘病已要从前反对的提出回答，都心服口服。宰相（丞相）魏相说：“我只是一个文人，不懂军事上的利害关系。赵将军不断提出建议跟计划，都非常正确，我保证他的谋略可以成功。”刘病已于是用正式诏书嘉勉赵充国，批准他的计划。可是，因为强弓兵团司令许延寿、破羌兵团司令辛武贤，屡次建议应该采取行动，刘病已也同时批准，命两个兵团跟皇家警卫指挥官（中郎将）赵印，发动攻击。结果，强弓兵团斩杀跟俘虏四千余人，破羌兵团斩杀跟俘虏二千余人，赵印斩杀跟俘虏也有二千余人。而赵充国收容归降的羌部落，就有五千余人。

刘病已下诏撤回骑兵，只留下赵充国步兵，在湟中（青海省东北部）开荒屯垦。

**7** 农林部长（大司农）朱邑逝世。刘病已认为他是一个奉公守法的公务员，感到怜惜。赏赐给他儿子黄金一百斤，作为祭祀之用。

**8** 本年（前六一），刘病已任命前将军龙额侯韩增，当全国武装部队最高指挥官（大司马）兼车骑将军。

**9** 丁令部落（西伯利亚贝加尔湖畔），一连三年南下攻击匈奴汗国（王庭设蒙古国哈拉和林市），斩杀及俘虏数千人。匈奴动员一万余骑兵反击，毫无所获。

# 万里诛杀

# 导读

中国进入纪元前一世纪四〇年代之后，强敌全被征服，不再向外发展。像一个已经饱食，但却搏斗得精疲力尽的巨兽，回归洞穴，舐伤休养。在当时已知的世界里，中国唯我独尊。盖世英雄陈汤，率领远征军，在首都长安遥远的西北，航空距离三千四百公里外，中亚巴尔喀什湖西南，击斩匈奴郅支单于，砍下人头，向中央献捷时，指出：“胆敢冒犯强大中国的，距离再远，也要诛杀！”豪气上干霄汉。千年之下，我们仍听到这个声音，为之热血沸腾。

匈奴汗国终于向中国臣服，并不是中国（西汉）有此力量，而是匈奴内部分裂。再一次向历史证明：一个不能团结的国家或族群，必然衰弱。匈奴如不分裂，郅支单于的人头，不会悬挂高竿。

柏杨　一九八四·三·一五

# 目录

## 纪元前一世纪

六〇年代

前四〇—前三一年

西汉王朝

●宦官诬杀张猛、京房●陈汤击斩郅支单于●王昭君和蕃



## 纪元前一世纪

七〇年代

前三〇—前二一年

西汉王朝

●黄河在东郡决口●王姓家族五人同日封侯●刘骜诬杀王章●颍川郡铁官徒暴动

## 西汉王朝

- 西羌部落变乱平复。
- 开始设西域总督。
- 杀酷吏严延年。
- 匈奴汗国分裂。
- 刘病已诬杀盖宽饶、杨恽。
- 乌孙王国内乱。
- 呼韩邪单于入朝西汉。

---

- 罗马共和国选庞培当执政官。
- 凯撒出任高卢（今法国）总督。
- 朝鲜半岛南部建新罗王国。
- 凯撒征服英格兰，发出著名三言：“我来，我见，我征服！”

# 纪元前六〇年 辛酉

西汉 神爵 二年

1 春季，正月，西汉王朝首都长安（陕西省西安市），凤凰飞临，甘露降落，西汉政府因此赦天下。

2 夏季，五月，西羌战乱结束，西征军司令赵充国上书，说："先零部落（散布在青海湖东）本来只不过五万人，被西汉军队击斩七千六百人，归降的有三万一千二百人，淹死在黄河、湟水的，以及饿死的，有五六千人（共四万四千八百人）。计算起来，随着他们酋长煎巩、黄羝（音dī〔低〕）等一齐逃亡在外的，不过四千人。已归降的罕部落酋长靡忘等保证，一定可以把他们全部捕获。请准予撤军！”

西汉帝（十任宣帝）刘病已（本年三十二岁）批准，赵充国振旅班师。

赵充国的好友浩星赐（浩星，复姓），在半途迎接赵充国，建议说：“大家都认为，先零部落所以破败不堪，是因为破羌兵团（辛武贤），跟强弓兵团（许延寿）不断发动攻击，斩杀及俘虏很多的缘故。只有少数有洞察力的人了解，先零部落已经穷途末路，即令没有两个兵团的攻击，也非出来投降不可。将军晋见皇上时，最好把功劳转让给辛武贤和许延寿，声称他们所做的贡献，你不能相比。这样的话，对你并没有损失。”赵充国回答说：“我年纪已老，爵位也到了巅峰，不需要为了避免嫌疑，和为了避免别人讥刺我展示自己的功劳，而去欺骗英明的主上！军事措施，是国家的大事，应该为后世立下榜样。老臣如果爱惜性命，不肯向皇上分析利害，一旦去世，谁还肯再说实话？”

赵充国仍把他原来的意见，报告刘病已，刘病已完全同意。于是，撤销破羌兵团，辛武贤专任酒泉郡（甘肃省酒泉市）郡长（太守）。赵充国仍担任原来的后将军。

秋季，西羌各部落酋长若零、离留、且种、兒库，击斩先零部落酋长犹非、杨玉。其他酋长弟泽、阳雕、良儿、靡忘，分别率领煎巩、黄羝所属四千余人归降。西汉政府封若零、弟泽二人为帅众王，其余的人都封侯爵或君爵（离留、且种二人侯爵，兒库君爵。阳雕封言兵侯，良儿君爵，靡忘封献牛君）。开始设置金城郡移民区（属国），收容归降的羌民部落。

刘病已下诏征求可以担任西羌保安司令（护羌校尉）人选。这时，赵充国已经卧病，四府联名推荐辛武贤的小弟辛汤（四府：宰相府、最高监察署、车骑将军府、前将军府——加上后将军府，本为五府)。赵充国反对，立刻从病床上起来，奏报说："辛汤酗酒而又任性赌气，不适合主持蛮夷事务，不如辛汤的哥哥辛临众。"这时辛汤已经接受印信，刘病已下诏改派辛临众。可是不久，辛临众患病，不得不辞职。"五府"再推荐辛汤。辛汤到任后，曾经有几次，在酒醉时，肆虐移民区里的羌人，羌人再度叛变。跟赵充国所预料的，完全符合。

辛武贤把赵充国恨入骨髓，向刘病已告发赵充国的儿子、皇家警卫官(中郎)赵印，泄漏宫中谈话。赵印被捕，在狱中自杀。(辛武贤检举赵印曾告诉他："皇上最初很讨厌张安世，本来要杀他，还是我父亲〔赵充国〕讲情，才没有动手。")

**3** 京畿总卫戍司令(司隶校尉)魏郡(河北省临漳县西南邺城镇)人盖宽饶，性情刚强正直、公正清廉，不断冒犯刘病已。当时，刘病已正全神贯注在刑事案件上，而又信任宦官。盖宽饶上"亲启密奏"(封事)给刘病已，说："而今，儒家圣人的道理衰微，儒家学派的治国方法，没有推广，以致陛下把刑余之人(宦官)，当作姬旦(周公)、姬奭(召公)；把法律命令，当作《诗经》《尚书》。"又引用《易传》说："五帝对政权大公无私，禅让给贤能。三王把政权当作自己口袋里的财产，传给子孙。"(五帝：黄帝王朝一任帝姬轩辕、三任帝姬颛顼、四任帝姬喾、六任帝伊祁放勋、七任帝姚重华。三王：夏王朝一任帝姒文命、商王朝一任帝子天乙、周王朝一任王姬发。)

刘病已认为盖宽饶奏章上充满怨恨诽谤，把奏章交给部长级官员(中二千石)查办。首都长安警备区司令(执金吾)认为："盖宽饶的意思是，要求皇上把宝座禅让给他，大逆不道！"

议论官(谏大夫)郑昌，怜悯盖宽饶忠心正直，过度忧虑国家前途，只不过词不达意，直率顶撞，竟受到曲解陷害。上疏替盖宽饶辩护，说："我听说，山中有凶猛的野兽，连最低贱的藜藿菜，都没有人敢去采摘。国家有忠臣，邪恶奸佞之辈，就不能抬头。京畿总卫戍司令（司隶校尉）盖宽饶，平常时候，居住不求安适，饮食不求美味。当太平之日，对国事满怀忧虑；当天下混乱，则但愿为国一死。盖宽饶孤独一身，上面没有许姓（许广汉后代）、史姓（史高后代）皇亲的庇护，下面没有金姓（金日磾后代）、张姓（张安世后代）世家的支持。而他的职务跟责任，就是察隐侦私，按牌理出牌。所以，敌人多而朋友少。上书陛下，陈述的是他对国事的看法。主管官员却用最苛重的法条（大辟）弹劾他，置他于死。我有幸得以追随各位国务官（大夫）之后，而又用'谏'作为官名（谏大夫），不敢知而不言。"刘病已不予理会。

九月，刘病已下令逮捕盖宽饶。盖宽饶用佩刀自刎在未央宫北门之下，国人无不痛惜。

**4** 匈奴汗国（王庭设蒙古国哈拉和林市）单于（十二任）挛鞮虚闾权渠，亲率十余万人的庞大骑兵军团，沿着西汉王朝北方边界打猎，准备乘机攻入边塞掳掠。大军在南下途中，还没有到达边界时，他的部属题除渠堂，逃亡到西汉投降，透露这项军事目的。西汉政府封题除渠堂当言兵鹿奚鹿卢侯（这是一个奇异的爵名，《汉书·功臣表》上没有记载，可能只有薪俸，没有采邑。跟西羌部落归顺后封的那批"王""侯""君"一样，只是一种羁绊性、象征性爵位）。派后将军赵充国，率领四万余骑兵，沿着边塞九郡布防（九郡：五原郡〔内蒙古包头市〕、朔方郡〔内蒙古杭锦旗北黄河南岸〕、云中郡〔内蒙古托克托县〕、代郡〔河北省蔚县〕、雁门郡〔山西省右玉县〕、定襄郡〔内蒙古和林格尔县〕、右北平郡〔内蒙古宁城县西南〕、上谷郡〔河北省怀来县〕、渔阳郡〔北京市密云区〕）。月余之后，挛鞮虚闾权渠患病吐血，不敢深入，撤军北返。派题王都犁胡次等，出使西汉，要求和解。还没有决定，而挛鞮虚闾权渠逝世。

当初，挛鞮虚闾权渠即位时，疏远正宫皇后（参考前六八年），正宫皇后就跟右贤王挛鞮屠耆堂私通。挛鞮屠耆堂本来要前往龙城（内蒙古苏尼特左旗）参加大会，正宫皇后告诉他："单于（挛鞮虚闾权渠）病重，不要走得太远！"几天之后，挛鞮虚闾权渠逝世，左右当权贵族郝宿王刑未央，派出使节征召散布全国各地的亲王，共商大计。各地亲王还没有到达，正宫皇后跟她的弟弟、东部军区总监（左大且渠）都隆奇，共同设谋，拥立挛鞮屠耆堂当单于（十三任），称握衍朐鞮单于。挛鞮屠耆堂是六任单于挛鞮乌维的耳孙（八代孙〔玄孙的儿子〕）。

挛鞮屠耆堂即位后，凶恶残暴，诛杀郝宿王刑未央等，而只信任都隆奇。把前任单于（十二任）挛鞮虚闾权渠的子弟近亲，全部逐出政府，改用自己的子弟近亲。挛鞮虚闾权渠的儿子挛鞮稽侯栅，不能继承宝座，既愤怒而又恐惧，逃亡到岳父乌禅幕那里。乌禅幕的部落，本是康居王国（首都卑阗城〔中亚巴尔喀什湖西南锡尔河北岸突厥斯坦〕）跟乌孙王国（首都赤谷城〔中亚伊赛克湖东南〕）之间的小国，不断受到康、乌两国的攻击，生存困难，索性率领他的数千人部落，归降匈奴汗国。十任单于挛鞮狐鹿姑，把侄儿日逐王的姐姐，嫁给乌禅幕，使他同他的部落，长期居留东部。

**5** 日逐王挛鞮先贤掸的老爹左贤王，本来已当了单于，稍后才把单于宝座让给挛鞮狐鹿姑（十任）。挛鞮狐鹿姑公开承诺，死后传位给他。匈奴汗国人民，都确信日逐王终有一天会继大位，这是当年的政治形势（参考前九六年）。而现在的日逐王挛鞮先贤掸，跟现任单于（十三任）挛鞮屠耆堂，二人有过争执，而且怒目相向，势不并存。为了自保，打算率领他的部落，归顺西汉王朝。派人到西域（新疆及中亚东部）渠犁（新疆库尔勒市西南），跟西汉政府驻扎西域的骑兵总监（骑都尉）郑吉，取得联系。郑吉立即征调渠犁、龟兹（新疆库车市）等国士卒五万人，迎接日逐王挛鞮先贤掸部落一万二千人，以及小王、将领十二人，护送到河曲（青海省东部，湟水流域以南。黄河到此，弯曲成S形状，称河曲。这个地区，在以后史迹上，占重要位置），中途很多人逃亡，郑吉派军追击，一律诛杀。最后，陪同日逐王挛鞮先贤掸到首都长安，西汉政府封挛鞮先贤掸当归德侯。

**6** 郑吉曾击破车师国（新疆吐鲁番市。参考前六七年），现在又收降匈奴汗国的日逐王，声威震撼西域（新疆及中亚东部），西汉政府命他兼管车师以西“北道”（前六四年，仅命郑吉负责鄯善以西“南道”〔新疆塔里木盆地南边缘〕治安，本年命他兼管“北道”〔塔里木盆地北边缘〕，西域全部交给郑吉），遂称郑吉为“总督”（都护）。西域（新疆及中亚东部）之设总督（都护），从郑吉开始。

刘病已封郑吉当安远侯。郑吉遂在距离各国都差不多的地点，兴筑乌垒城（新疆轮台县东北，跟渠犁屯田接近），东距西汉边城阳关（甘肃省敦煌市西南）二千七百华里（航空距离八百五十公里）。从此，匈奴汗国更形衰弱，不敢再争西域的霸权，遂撤销过去设置的匈奴西域总督（僮仆都尉）。汉朝西域总督（都护）负责保护乌孙王国、康居王国等三十六国，如果发生变乱，立即向中央政府报告。可以安抚的，安抚；安抚不了的，讨伐。西汉政府命令，通行全部西域（新疆及中亚东部）。

**7** 匈奴握衍朐鞮单于（十三任）挛鞮屠耆堂封他的族兄挛鞮薄胥堂当日逐王。

**8** 乌孙王国（首都赤谷城〔中亚伊赛克湖东南〕）国王（昆弥）翁归靡，透过长罗侯常惠，上书汉朝皇帝，愿意指定汉朝外孙元贵靡当合法继承人，希望能再娶汉朝公主，缔结两代婚姻，跟匈奴永远断绝邦交。刘病已交付高官会议讨论。藩属事务部长（大鸿胪）萧望之认为："乌孙王国距中国太远，无法保证不发生变化，不应允许。"然而刘病已感激乌孙王国新近才帮助中国，立下重大功劳（指前七一年大破匈奴），又拒绝匈奴汗国的婚姻，于是不接受萧望之的建议，径行答应这项请求。封刘解忧的妹妹刘相夫当公主（刘解忧是楚王刘戊的孙女，生长子元贵靡，次子万年，幼子大乐），携带丰富的嫁妆，派常惠护送到敦煌郡（甘肃省敦煌市）。还没有出塞，而翁归靡逝世。乌孙王国贵族遵守当年誓约，共同拥戴岑娶的儿子泥靡当国王，号狂王（岑娶逝世时，泥靡年幼，才传位给叔父翁归靡，吩咐等泥靡长大后再传位给他。参考前七二年。而翁归靡代儿子向西汉求婚，显示要撕毁十二年前的誓约，而用西汉公主作为后援）。常惠上书建议："事情既有变化，请少公主（刘相夫）暂时留居敦煌郡，等候进一步发展。"

然后，常惠赶到乌孙王国，警告他们，如果不立元贵靡为国王（昆弥），西汉将召回少公主。刘病已命高官会议讨论，萧望之认为："乌孙王国鼠首两端，难以用婚姻约束。少公主（刘相夫）如果因他们不拥戴元贵靡而返回的话，对蛮夷不能说是毁约，这应是西汉的福气。少公主如果不停止前进，差役和赋税，将再度征发。"

刘病已接纳，召回刘相夫。

纪元前一世纪·四〇年代
西汉王朝疆域扩张

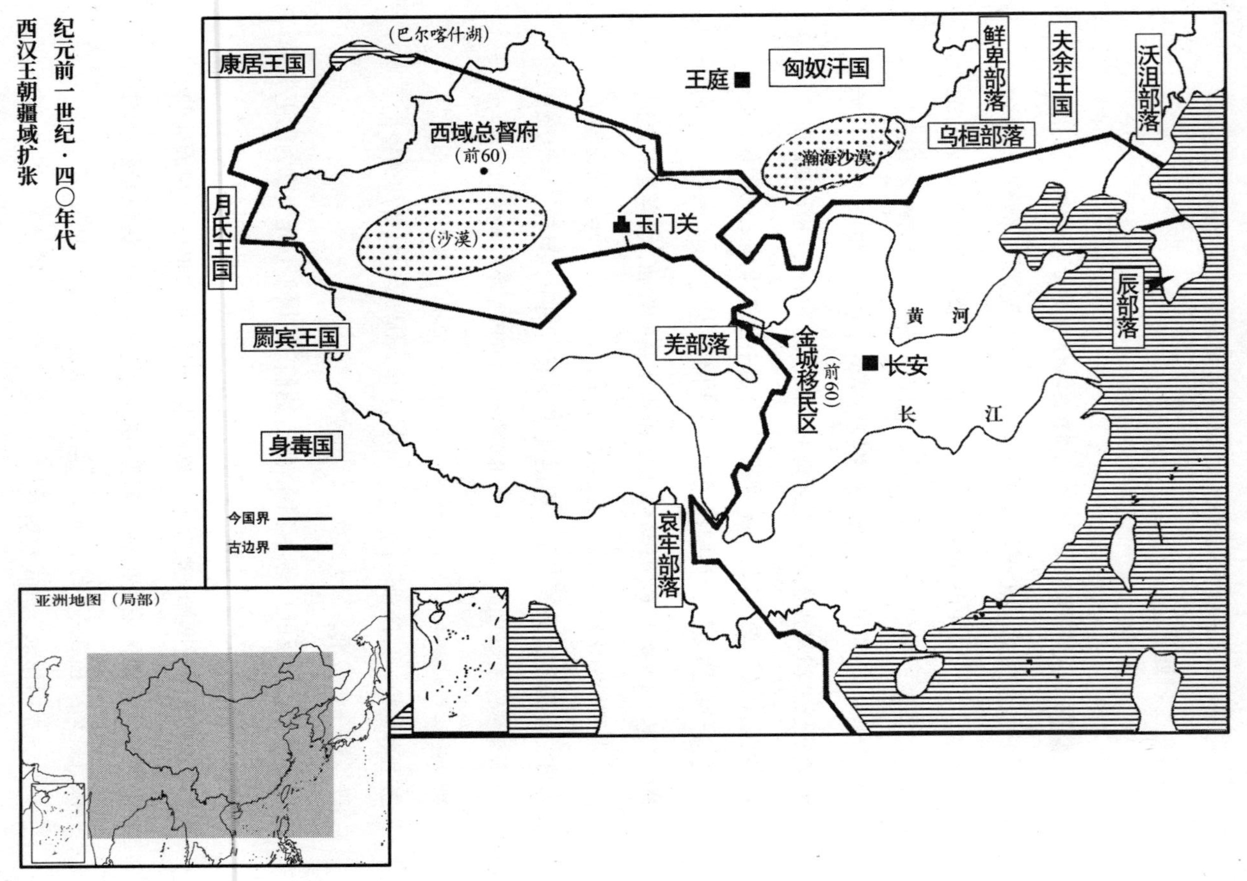

# 纪元前五九年——壬戌

西汉 神爵 三年

**1** 春季，三月十六日，西汉王朝（首都长安〔陕西省西安市〕）宰相（丞相）高平侯（宄侯）魏相逝世。

夏季，四月二十九日（原文“戊辰”，据《汉书·百官公卿表》改），西汉帝（十任宣帝）刘病已（本年三十三岁）任命丙吉当宰相（丞相）。丙吉心胸宽大，做人谦虚退让，不过问小事；当时人认为他深得大体。

**2** 秋季，七月二十六日，刘病已擢升藩属事务部长（大鸿胪）

萧望之，当最高监察长（御史大夫）。 

**3** 八月，刘病已下诏："低层公务员（吏）如果不能廉洁公正，国家便不能治理。而今，小吏的工作忙碌，薪俸却少，要想他们不欺诈压迫人民，十分困难。从现在开始，增加低层公务员待遇十分之五。"（俸禄一石，增加五斗，成为一石五斗。）

**4** 本年（前五九），东郡（河南省濮阳市西南）郡长（太守）韩延寿，调任北长安市长（左冯翊）。韩延寿最初当颍川郡（河南省禹州市）郡长，颍川郡在赵广汉郡长治理时，挑拨官民之间感情，鼓励告讦，民情浇薄，人与人之间，结下层层怨仇（参考前七一年）。韩延寿改弦易辙，教人民礼义谦让。征召长辈士绅，共同议定嫁娶、丧葬、祭祀等仪式跟礼品，大致上依照古代的规矩，禁止奢华。人民接受他的教化，凡是纸马、纸车，阴间鬼神用的器具，一律不准使用，强制销毁，抛弃到道路上。稍后，黄霸接任颍川郡长，遵循韩延寿的方法，继续推行，政绩斐然。

韩延寿担任官职，推行礼义，崇拜古人古事——一切崇古，注意礼教感化。所到的地方，一定聘请当地贤良人士，待以宾客之礼。遇到问题，反复讨论，采纳真诚的建议和批评。表扬对父母孝顺、对兄弟友爱的有品德的人。修建公立学校，并于春秋两季，恢复古代的"乡射"之礼（在学校比赛射箭）。设置钟鼓、管弦乐队，在隆重仪式中，与会人士，上台阶、下台阶时，都作揖相让。每年八月，依照政府规定，检阅民兵，设置刀斧大旗，练习骑马射箭。整修城堡外郭，征收田赋租税，事先明白宣告日期，把最后期限看作大事。小吏和人民，既恐惧、又尊敬，都奔走前往，准时完成。

韩延寿更设置里长（正）、邻长（五长），互相勉励孝顺父母、友爱兄弟。严格规定，不准收留奸邪的人。邻居村落，稍微有点不平常事情，小吏立刻知道，据实向上级报告。奸邪的人，都不敢进入郡境。开始实施的时候，好像有点繁琐，但是，到了后来，官吏再没有追捕盗贼的烦恼，人民也再没有被抓去苦刑拷打的忧虑，大家乐于新政。韩延寿对他的部属，即令位置很低，也都待以厚重的恩德，但约束严明。也有欺骗、辜负他的，韩延寿总痛切的责备自己："难道我有什么对不起他，为什么会如此？"干部听到，都会自己羞惭后悔。某一县的警察官（县尉），就曾为此自杀身死。有一次，他手下一位职员（掾），也因羞惭后悔而自杀，却被人救活。韩延寿感动，垂泪涕泣，派人请医生诊治，厚厚的赠送他的家人。在东郡（河南省濮阳市西南）三年，令出必行，禁止必止，民间的诉讼大为减少。因为这个缘故，受到中央政府的赏识，调升北长安市长（左冯翊）。

韩延寿巡察到高陵县（陕西省西安市高陵区），有弟兄二人为争夺田产，向他控诉。韩延寿大为悲伤，说："我有幸被派到这里，作为全市的表率。却不能够教育感化，到今天，仍然有骨肉之间，为了争夺田产，打起官司。既伤害善良的风俗礼教，而又使贤明的高级官员（长吏）、民政官（啬夫）、乡村教育官（三老）、伦理官（孝弟），蒙受耻辱。责任在我，应当闭门思过！"

当天，宣称有病，不再处理公务。回到政府宾馆，卧床不起，深自反省。全县官员不知道如何是好。县长、市政府主任秘书（丞）、乡村事务官（啬夫）、乡村教育官（三老），恐惧之余，自己投入监狱囚禁，等候定罪。于是，互相控告中的家族，都自己责备自己；两弟兄也深感后悔，把头剃光（表示髡刑），脱下衣袖（表示准备接受鞭打），露出臂膀，向韩延寿请罪，愿意把田产让给对方，到死不敢再争。境内一派升平，到处传播这件事，互相勉励，以后再没有发生过告状的事件。韩延寿以至诚待人，所属二十四县，受到他恩信的感召，没有人敢再告状，官吏小民，都不忍心对他欺骗。

人不平则鸣，有委屈才有诉讼；诉讼，是弱者信赖政府的行为。法庭主持正义，打击迫害，保护弱小。然而，黑暗的司法却成为弱小的陷阱。中国传统是，一旦开始诉讼，没有人敢担保吉凶，仅《资治通鉴》就提供无数例证，在“无罪不能无刑”的原则下，“说不准学”油然问世，不但被告如此，连原告的命运，自己也不能掌握。于是，中国人遂有一种“屈死不告状”的悲怆心理。

明知道告状有这么严重的危险，而兄弟二人仍去告状，其中之一所受的委屈，一定超过所能忍受的程度，想不到法官先生却用诈术逼使和解。和解并不是坏事，问题在于由谁仲裁？在这场兄弟争产的案件中，势必由族中长辈仲裁。长辈中有穷有富，住在破庙里伸手叫化的“曾叔祖父”，他的话有什么力量？假定他有力量，早不住在破庙，自有人奉养去了。结果仍是有钱的“曾叔祖父”干预。如果他主持公道，这公道为什么不由法官执行？如果他不主持公道，受委屈的一方，也只好接受这种不公道。如果他不接受这个不公道，咦，好个顽劣刁民！

儒家学派一直唾弃法治，一直歌颂礼治下的监狱常空。于是产生韩延寿之类人物，拿和稀泥和小女人撒娇等政治裹挟手段，制造和谐假象，像卧床不起、部下自投监狱等小动作，希望达到礼治目的。于是天地之间，没有正义、没有法律，只有权势。社会全力追求的只是："息别人的事，宁自己的人。"行险侥幸之辈，永远胜利；地主、财团、恶霸之类，如同巨斧，砍断人民呼天求救的渠道。直到今天，这种残余意识，仍在作祟，仍在延缓法治的确立！

**5** 匈奴汗国（王庭设蒙古国哈拉和林市）握衍朐鞮单于（十三任）挛鞮屠耆堂，痛恨日逐王挛鞮先贤掸归降西汉（参考去年〔前六〇〕），于是诛杀他两个弟弟。乌禅幕请求宽恕，饶他们一死。挛鞮屠耆堂拒绝，乌禅幕大不愉快。

后来，左奥鞬王逝世，挛鞮屠耆堂封他的幼子当奥鞬王，留在王庭供职，不准接管部落。奥鞬部落的贵族，遂共同拥戴故王的其他儿子继任奥鞬王，向东迁移。挛鞮屠耆堂派右宰相（右丞相）率一万骑兵追击，损失好几千人，不能取胜。

# 纪元前五八年 癸亥

西汉　神爵　四年

**1** 春季，二月，因为凤凰飞集首都长安（陕西省西安市），甘露也下降首都长安，西汉王朝政府赦天下。

**2** 颍川郡（河南省禹州市）郡长（太守）黄霸，当郡长八年之久，政事一天比一天治理。这时，凤凰、神雀，屡次集落在各郡各封国，而集落在颍川郡的次数最多。

夏季，四月，西汉帝（十任宣帝）刘病已（本年三十四岁）下诏说："颍川郡长黄霸，宣扬诏书和法令，人民都受到礼教感化。孝顺爹娘的儿子、互相友爱的兄弟、贞节的妇女、敬爱祖父母的孙儿，每天都在增加。农夫都知道礼义，田野间行走都会让路。遗失东西在道路上，没有人捡起来据为己有。照顾鳏夫（无妻。鳏，音guān〔官〕）寡妇（无夫），帮助贫苦弱小。八年之间，监狱里没有重刑囚犯。现在，封黄霸准侯爵——关内侯（没有采邑），赏赐黄金一百斤，颁发最高俸禄中二千石。”（一级“中二千石”，二级“二千石”，三级“比二千石”。）颍川郡内有孝顺恺悌行为的人民，以及乡村教育官（三老）、农业官（力田），按照他们的官职，中央政府都赏赐他们爵位跟布帛。

几个月后，中央政府征召黄霸到首都长安，擢升太子师傅（太子太傅）。

**3** 五月，匈奴汗国（王庭设蒙古国哈拉和林市）握衍朐鞮单于（十三任）挛鞮屠耆堂，派他的弟弟呼留若王挛鞮胜之，到西汉朝见。

**4** 冬季，十月，十一只凤凰飞集杜陵（刘病已预定墓地〔陕西省西安市东南〕）。

**5** 河南郡（河南省洛阳市东白马寺东）郡长（太守）严延年，手段阴险毒辣，残酷暴烈。一般人认为罪恶重大，应处死刑的人，他会判决无罪释放；一般人认为清白无辜，应平安无事的人，他会硬扣上法条，判决处死。官吏小民，无法确定他的意图，每人都惊惶恐惧，不敢冒犯。冬季，把各县所有囚犯，集中在郡政府，作一次总的审理，处决人犯千万，血流数里，人民称他“屠夫”。

严延年一向瞧不起黄霸，后来同时担任郡长，黄霸受到的褒奖和赏赐，都在自己之上，心里大不服气。正好河南郡内，发生蝗虫灾害，郡政府主任秘书（府丞）义（姓不详），到各县视察蝗灾情形，回来后向严延年报告。严延年冷笑说：“蝗虫正好可以供凤凰吞食！”这本来是对黄霸因凤凰飞集而受褒奖所作的讥刺。可是，义年纪已老，有点糊涂，而一向对严延年的阴狠，心存恐惧，一时不了解严延年这种表情的涵义，唯恐怕受到陷害。严延年跟义，曾经同时当过宰相府秘书长（丞相史），严延年对义实在亲信，念及他出巡劳苦，赠送慰问的礼物，更较往日丰富。然而，这种不同以前的厚赠，使义越加惊惶。自己卜卦，又卜得“死卦”，就更紧张，认为严延年将对自己采取行动。于是请假前往首都长安，到长安后，立即上书刘病已，控告严延年十大罪状，呈文递上去后，服毒自杀，表示没有欺罔。

案件交付总监察官（御史丞）调查，发现严延年果然有几次对皇帝有怨恨的话，对政府有诽谤的话。

十一月，严延年被控“不道”，绑赴街市斩首。

抢劫银行，跟谋财害命，有时候可以单枪匹马，捞他一票。但一项大的暴行，像暴君暴官们的摧残人权，就不是单枪匹马一个人可以胜任。严延年一生暴行中，义是他的帮凶之一。多少次，二人密室私语，计划如何布置天罗地网。可是，义一旦怀疑对象可能是自己时，回想其他帮凶，都在严延年一声冷笑，或在一次丰厚的馈赠之后，被下狱诛杀，如何不心胆俱裂？一九六〇年代时，台北一批刑警因贪污案被捕，家属们哀泣哭号，指控她们的丈夫受到苦刑拷打。她们并不知道是不是受到拷打，但她们平日却从丈夫口中，完全了解真相，所以肯定不能幸免。义，正是刑警女眷们的角色。

从义的惊骇程度，可看出暴君暴官们下手的残酷。而也正因为这种残酷，使暴君暴官们自相残杀，不知不觉中，为民除害。同时也显示：任何凶手，都要付出代价。

最初，严延年的娘亲，从故乡东海郡（山东省郯城县）前来探望儿子，打算跟儿子共祭灶君（阴历十二月二十三日“祭灶”，灶君是家神）。进入洛阳（河南郡郡政府所在县，河南省洛阳市东白马寺东）县境，正碰上处决囚犯。娘亲大惊失色，就停在驿站招待所，不肯到郡政府。严延年到招待所迎接，娘亲闭门不见。严延年脱去官帽，在门外用头碰地，很久之后，娘亲才见他，责备说：“你侥幸的当上郡长，管辖千里之遥的国土。没有听说你用仁爱的心肠，推行教化，安抚照顾治下的人民。反而任性弄法，杀人如麻，用来建立个人的威信，这岂是做人民父母的本意？”（《资治通鉴》第一次透露地方政府首长，自认为也被认为是人民的父母。这是一种“君权”和“父权”结合在一起的意识形态。直到二十世纪，人民对地方政府首长，诸如县长之类，还称“父母官”。）

严延年承认错误，再度用头碰地，表示抱歉，遂即亲自驾车，把娘亲接到郡政府。过了腊日（参考二五年）及新年，娘亲告诉儿子说：“天道悠悠，神明在上。人，不可以乱杀，乱杀必有报应。想不到我到了老年，却亲眼看见壮年的儿子，被绑赴刑场。我要回去了，离开你，回到家乡，扫除坟墓，等待你的棺柩！”遂回东海郡（山东省郯城县），对严家的兄弟辈跟家族里的人，再重复她的悲伤。

年余之后，严延年果然伏诛。东海郡人士，都尊敬老娘的贤明智慧。

6 匈奴握衍朐鞮单于（十三任）挛鞮屠耆堂，凶暴狂横，喜爱诛杀，贵族和人民都离心离德。而太子和左贤王，又不断构陷东部军区左谷蠡王以下的统兵将领，东部军区的贵族和将领们，既惊慌又愤怒。正好，乌桓部落（内蒙古西辽河上游）攻击匈奴汗国东部边防军姑夕王，掳掠不少人民。挛鞮屠耆堂大发雷霆。姑夕王恐惧不安，为了保护自己，索性联合乌禅幕，跟东部军区左谷蠡王以下将领，共同拥戴挛鞮稽侯栅，称呼韩邪单于（十四任），动员东部军区部队四五万人，向西挺进，攻击挛鞮屠耆堂。大军挺进到姑且水（图音河，发源于蒙古国戈壁阿尔泰山，向北流到车车尔勒格城南）之北，挛鞮屠耆堂不敢迎战，率军逃亡，派人通知他弟弟右贤王，说："东部叛军攻击我，你肯不肯赐给我援手？"右贤王说："你没有一点爱心，大肆屠杀兄弟跟贵族。你回去死！不要来弄脏了我的地方！"挛鞮屠耆堂恨怒交集，而又无可奈何，自杀。东部军区总监（左大且渠）都隆奇抛下他的部落逃亡，投奔西部军区右贤王（都隆奇当初拥立挛鞮屠耆堂，所以溜走。参考前六〇年），他的部属全部归降呼韩邪单于（十四任）挛鞮稽侯栅。 648

挛鞮稽侯栅大军回到王庭（蒙古国哈拉和林市），几个月后，下令复员，命各部落返回各部落的牧地。在民间寻觅到老哥挛鞮呼屠吾斯，封左谷蠡王。派人到西部军区，煽动贵族，希望击斩右贤王。

冬季，东部军区总监（左大且渠）都隆奇跟右贤王，共同拥戴日逐王挛鞮薄胥堂，称屠耆单于（五单于之一），发动数万人军队，向东袭击呼韩邪单于（十四任）挛鞮稽侯栅。挛鞮稽侯栅迎战，大败，向东撤退。挛鞮薄胥堂也退回西部军区，封长子挛鞮都涂吾西当左谷蠡王，幼子挛鞮姑瞀楼头当右谷蠡王，留他们驻守王庭。

# 纪元前五七年 甲子

西汉　五凤　元年

**1** 春季，正月，西汉王朝（首都长安〔陕西省西安市〕）皇帝（十任宣帝）刘病已（本年三十五岁）前往甘泉（陕西省淳化县西北），祭祀天神。皇太子刘奭行加冠礼（刘奭本年十九岁）。

**2** 秋季，七月，匈奴汗国（王庭设蒙古国哈拉和林市）屠耆单于（五单于之一）挛鞮薄胥堂，命先贤掸的老哥右奥鞬王，跟乌藉兵团司令（都尉），各率二万骑兵，驻屯东边，防备呼韩邪单于（十四任）挛鞮稽侯栅。这时候，位于西部的呼揭王挛鞮来，跟唯犁地区司令（唯犁当户）合谋陷害右贤王，一口咬定右贤王当初要自立为单于。挛鞮薄胥堂（五单于之一）不能分辨，就诛杀右贤王父子。不久发现冤枉，立刻再诛杀唯犁地区司令。呼揭王挛鞮来恐慌，索性叛变，率领部下逃走，自称呼揭单于（五单于之二）。右奥鞬王听到消息，也自称车犁单于（五单于之三）。而乌藉兵团司令跟进，自称乌藉单于（五单于之四）。于是，匈奴汗国境内，五位单于（加上十四任呼韩邪单于挛鞮稽侯栅）同时并立。

屠耆单于（五单于之一）亲统大军，攻击东方的车犁单于（五单于之三），又派东部军区总监（左大且渠）都隆奇，攻击乌藉单于（五单于之四）。车犁、乌藉，都被击败，向西北撤退，跟呼揭单于（五单于之二）联合，拥有部队四万人。而乌藉、呼揭，力单势弱，主动撤销单于称号，合力帮助车犁单于（五单于之三）。屠耆单于（五单于之一）得到消息，命东部兵团司令（左大将。即“左大将军”），以及东部军区司令（都尉），率四万骑兵，驻屯东方，防备呼韩邪单于（十四任）；然后亲自统率大军四万骑兵，向西攻击车犁单于（五单于之三）。车犁单于（五单于之一）大败，向西北逃走。屠耆单于（五单于之一）率军回到西南部的阘敦地区（今地不详。阘，音tà〔榻〕）。

**3** 西汉政府对匈奴汗国的内乱，议论纷纷，大多数主张：“匈奴伤害中国时间太久了，现在正应该利用他们的内部斗争，出动大军，一举歼灭。”

刘病已询问最高监察长（御史大夫）萧望之的意见。萧望之回答说：“春秋时代，晋国士丐率军攻击齐国，得到齐国国君（二十四任灵公）姜环逝世的消息，即行撤退（参考《左传》前五五四年）。君子们认为

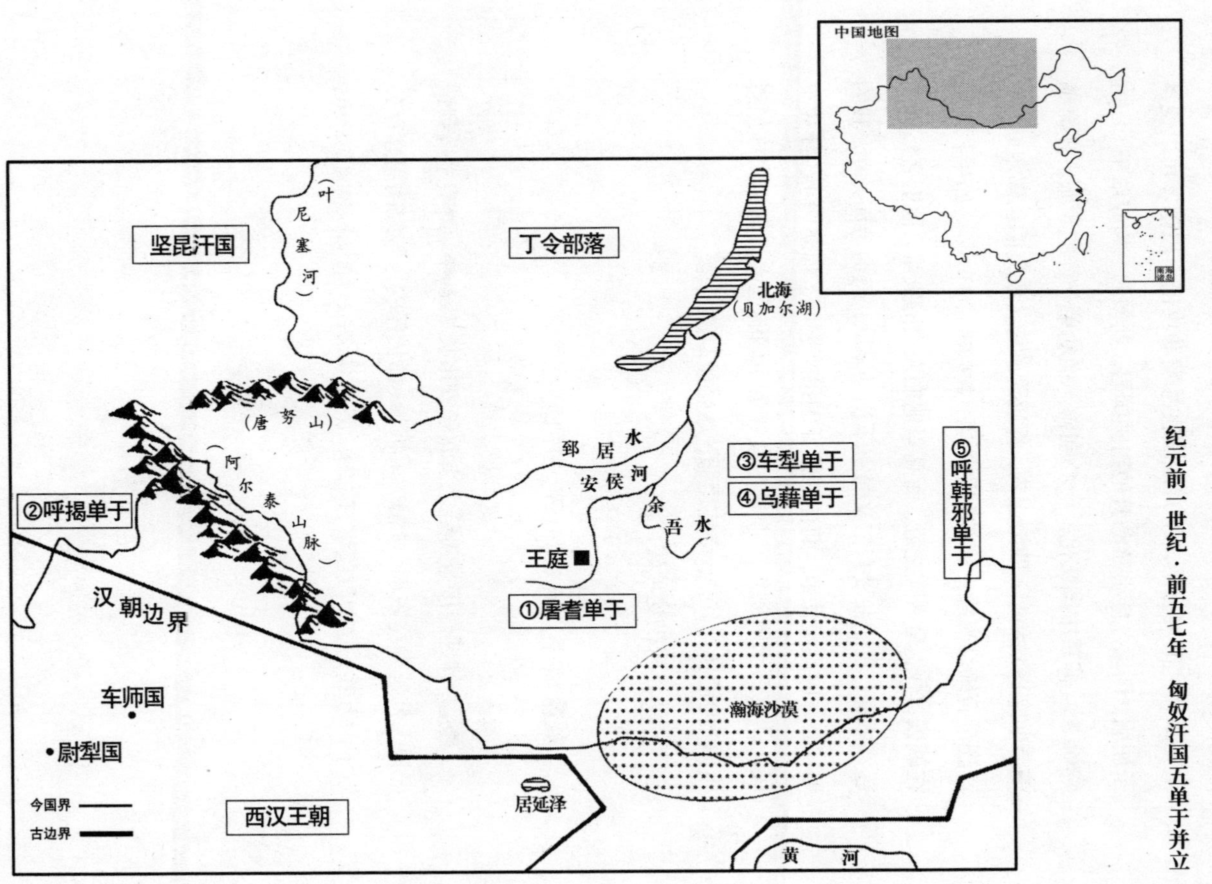


纪元前一世纪·前五七年　匈奴汗国五单于并立

士丐最伟大的地方是，不乘敌国丧乱发动攻击，恩德才可以使孝子屈服，情谊才能够感动其他封国国君。前些时，匈奴单于（十三任挛鞮屠耆堂）仰慕中国文化，一心向善，像幼弟一样的顺服。还派遣使节前来请求和亲，四海之内，都感到欣慰，蛮夷们也都知道。不幸还没有缔结良缘，就被贼臣所害（参考去年〔前五八〕）。如果我们现在就去讨伐，是乘人之危，而高兴他们人民的灾难。他们必然更向远方撤退；我们在没有仁义号召下出动军队，恐怕劳而无功。我的建议是：应派出使节，前往匈奴汗国吊丧慰问，辅助弱小，拯救灾民。四方蛮夷听到这个消息，会尊敬中国的仁义。如果再施加恩典，使他们各得其位，必定臣服，这是最高的道德。” 652

刘病已采纳这项建议。

**4** 冬季，十二月一日，日蚀。

**5** 韩延寿接替萧望之当北长安市长（左冯翊）。萧望之得到情报说，韩延寿在东郡（河南省濮阳市西南）郡长任内，曾经动用库存公款千余万钱，立即派监察官（御史）调查（颜师古注：萧望之因韩延寿是后任，而又有贤能盛名，恐怕治绩超过自己，深为嫉妒不安，准备用法律手段陷害）。韩延寿得到消息，也派人调查萧望之任内时，动用首都粮仓及畜牧管理署（廪牺）公款百余万的内幕。

萧望之向刘病已奏报说："我的职责（此指最高监察长职责）是监察天下各郡各封国，既有人检举，不敢不问，想不到韩延寿却对我报复。"刘病已对韩延寿的印象开始恶劣，下令追究。追究的结果是，萧望之动用公款查无实据，而派往东郡（河南省濮阳市西南）的监察官（御史）却查出：韩延寿在考试骑射的日子，奢侈豪华，超过法令规定（逾制）。又用库存的黄铜，在月蚀的时候，铸造刀枪剑戟，一切仿效中央政府御库房（尚方）办法。又用公款雇用工人，却供自己差遣。又浪费公款三百万以上，加装自己车辆的防箭设备。于是，指控韩延寿"狡猾不道"。韩延寿遂被绑赴街市，斩首。

在行刑之前，官吏跟人民数千人，送到渭城（陕西省咸阳市）法场，扶老携幼，攀住囚车车轴不放，争相进奉酒肉。韩延寿不忍拒绝，凡敬他酒的，都一饮而尽，共计喝下一石有余。命他的旧属向送他的人们致谢，说："辛苦各位远程相送，我死而无恨！"人们无不悲恸流涕。

# 纪元前五六年 乙丑

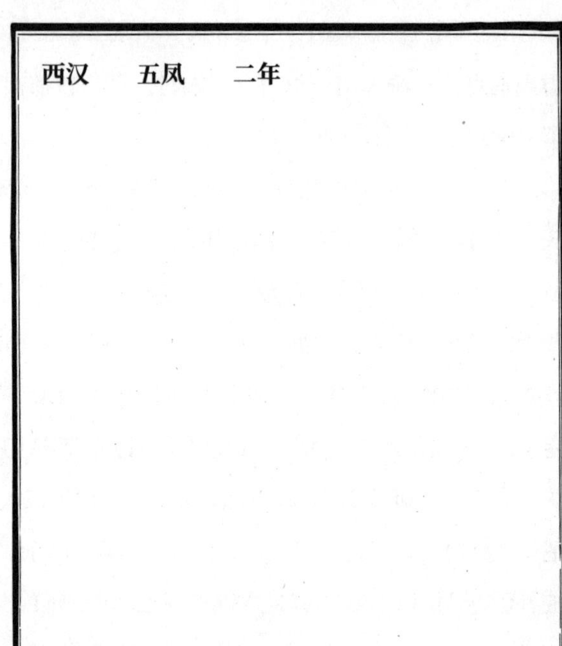


1 春季，正月，西汉王朝（首都长安〔陕西省西安市〕）皇帝（十任宣帝）刘病已（本年三十六岁）前往甘泉（陕西省淳化县西北），祭祀天神。

2 车骑将军韩增逝世。

五月，刘病已任命将军许延寿当全国武装部队最高指挥官（大司马），兼车骑大将军。

3 宰相（丞相）丙吉，年纪已老，刘病已对他十分敬重。而萧望之却瞧不起丙吉（萧望之奏称：“人民困乏，盗贼不止，部长级官员〔二千石〕的才能，多不能胜任他们的职务，三公〔宰相、最高监察长、全国武装部队最高指挥官〕也都不是恰当的人选。责任和过失，在我跟其他臣属身上。”企图排除丙吉，使自己擢升），刘病已十分不高兴。于是，宰相府执行官（丞相司直，当为繁延寿）弹劾萧望之对宰相（丙吉）态度傲慢无礼，又曾派属下低级官员给自己买东西，低级官员私下贴钱，前后共十万三千钱；请求惩治。

秋季，八月二日，刘病已下令贬降萧望之当太子师傅（太子太傅）；擢升原太子师傅黄霸，当最高监察长（御史大夫）。

**4** 匈奴汗国（王庭设蒙古国哈拉和林市）呼韩邪单于（十四任）挛鞮稽侯栅，命他的老弟右谷蠡王等，率大军西进，攻击屠耆单于（五单于之一），斩杀及俘虏一万余人。屠耆单于大为震怒，亲自统率骑兵六万人的庞大兵团反攻，不料溃败，屠耆单于自杀。

东部军区总监（左大且渠）都隆奇跟屠耆单于的幼子右谷蠡王挛鞮姑瞀楼头，投降西汉王朝。车犁单于（五单于之三）则向东投降呼韩邪单于（十四任）挛鞮稽侯栅。

冬季，十一月，呼韩邪单于（十四任）挛鞮稽侯栅的东部兵团司令（左大将）乌厉屈，跟老爹随从武官（呼速累）乌厉温敦，看到匈奴汗国内乱不止，率领他们的部属数万人南下，投降西汉政府。西汉政府封乌厉屈当新城侯，乌厉温敦当义阳侯。

这时候，李陵的儿子再拥戴乌藉单于（五单于之四）复位。呼韩邪单于（十四任）挛鞮稽侯栅，起兵攻击，击斩乌藉单于，重回王庭（蒙古国哈拉和林市）。然而，部属才只有数万人而已。屠耆单于（五单于之一）的堂弟休旬王，在西境宣布独立，称闰振单于。呼韩邪单于（十四任）的老哥、左贤王挛鞮呼屠吾斯，在东境也宣布独立，称郅支骨都侯

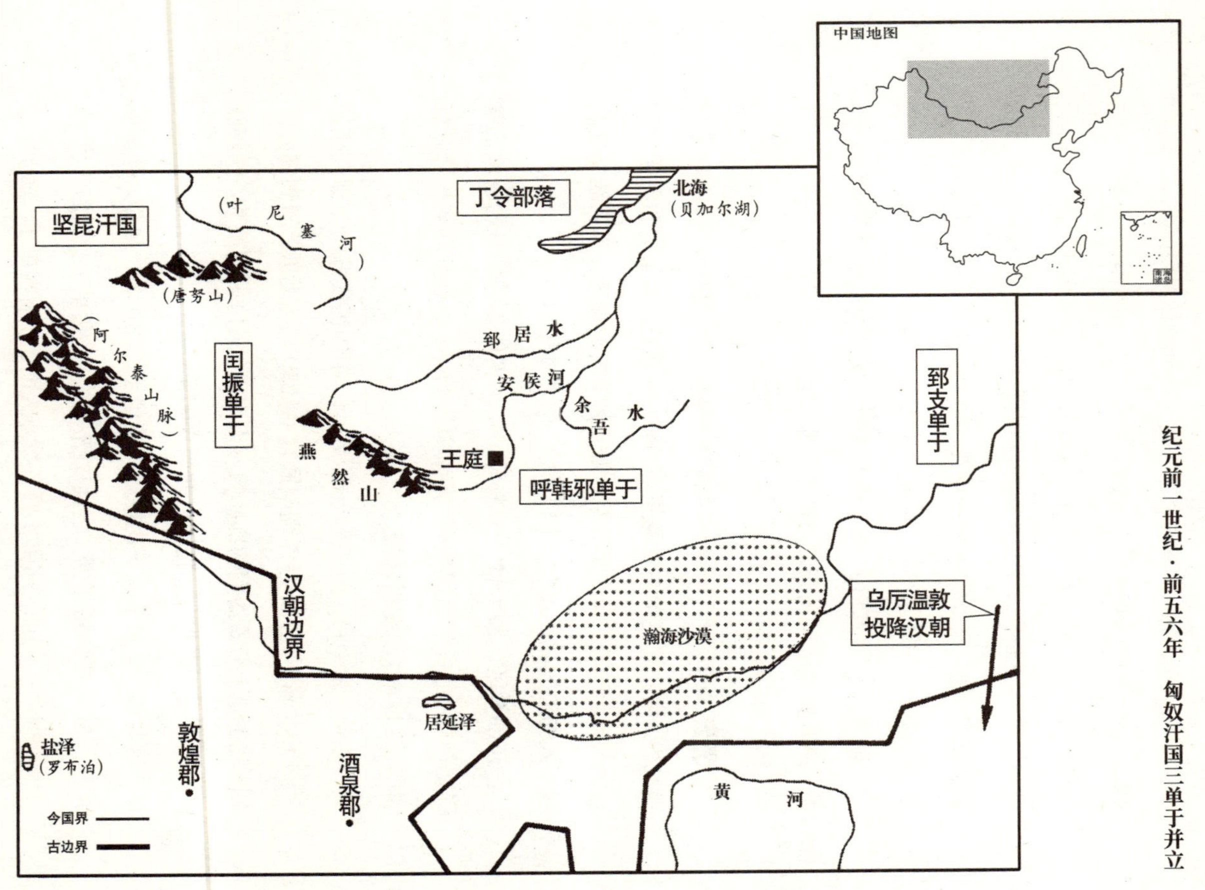

纪元前一世纪·前五六年 匈奴汗国三单于并立

单于（本年〔前五六〕，匈奴汗国由五单于并立，经过一番互相残杀的血战之后，分裂成三个独立汗国）。





**5** 宫廷禁卫官司令（光禄勋）、平通侯杨恽（音yùn〔韵〕），廉洁无私，可是，却喜爱展示他的才能，性情刻薄险诈，喜爱揭发别人的阴私。在政府中，结下很多怨仇。杨恽跟交通部长（太仆）戴长乐，互不相容。正好有人上书皇帝控告戴长乐，戴长乐认为准是杨恽背后教唆主使，就立即反击，指名检举说：

“杨恽曾上书为韩延寿辩护，宫廷禁卫官（郎中）丘常，询问杨恽说：‘听说你想救韩延寿，能不能救他一命？’杨恽说：‘谈何容易？正直的人士，往往得不到平安。我连自己都不能保全，正是人们说的：老鼠进不了洞穴，只怪它嘴里衔的东西太大。’杨恽又亲口告诉我：‘正月之后，天气久阴不雨，这正是《春秋》记载过，而夏侯胜谈论过的现象。’”（夏侯胜说：“天久阴不雨，臣下必然有犯上作乱的行动。”参考前七四年。用此暗示杨恽诅咒刘病已死在臣属之手。）

案件交付司法部（廷尉），司法部长于定国奏报：“杨恽心怀怨望，用恶言诽谤，大逆不道！”（“大逆不道”是唯一死刑，甚至屠灭全家全族。）

刘病已不忍诛杀，下诏赦免杨恽死刑，跟戴长乐一齐贬谪，成为平民。

# 纪元前五五年 丙寅

西汉　五凤　三年

**1** 春季，正月二十六日，西汉王朝（首都长安〔陕西省西安市〕）宰相、博阳侯（定侯）丙吉逝世。

**班固曰** 古代制定器物的名称，一定找一个跟原器物有点类似的，作为参考。远的取材于别的东西，近的取材于自己身边。所以，经典上称君王是“元首”（头颅），称臣僚是“股肱”（肱，音gōng〔公〕，上臂，从肩到肘部分。股，大腿，从屁股到膝盖部分）。说明领袖跟干部是一体的，互相扶持，才能成功。君王跟臣僚之间密切配合，是古今正常的轨道，自然的形势。最近，观察西汉王朝的宰相，自刘邦（一任帝高祖）开创基业，萧何、曹参，应列第一。孝宣（十任帝刘病已）中兴，丙吉、魏相，最有声誉。当他们在位时，无论罢黜、升迁，都有一定标准和程序，政府各部门，都很健全，部长级高级官员，都能称职，国内礼让之风兴起。观察他们的行事，哪有一点虚妄！

**2** 二月二十五日（原文“壬辰”，据《汉书·百官公卿表》改），西汉帝（十任宣帝）刘病已（本年三十七岁）擢升最高监察长（御史大夫）黄霸当宰相（丞相）。

黄霸的长处在于直接治理人民，对中央政府庞大的功能，缺乏运作能力，当宰相后，声誉比他当郡长时顿减。有一天，首都长安特别市长（京兆尹）张敞家的鹖雀（可能是斑鸠之类。鹖，音hé〔盒〕），飞集到宰相府，黄霸大为惊喜，认为它们是神雀，准备奏报皇帝。

张敞上书刘病已，说：“我尝看到宰相会同各部首长（中二千石）、研究官（博士），共同接见各地方政府派来京师奏报考绩的官员，包括郡长（守）、秘书长（长史）、主任秘书（丞）。询问考察他们兴利除害，推行教化的情形，听取答复。凡是报告辖区之内，农人让田，男女分开走路，遗失东西，没有人捡，以及能列举孝子和贞节妇女姓名人数的，列为第一等成绩，请他们先入厅上坐。仅只能泛泛陈述，不能确切指出姓名人数的，列为第二等成绩。在这方面不能有所表现的，列为第三等，只能在后排叩头请罪。宰相虽然口中没有说出来，但心里却希望他们也能对答如流。

“会议进行时，我家的一群鹖雀，飞集到宰相府屋顶上。宰相以下的所有人等，有好几百人亲眼看到。其中有从边疆地区来的，都知道它是什么鸟（鹖雀出产羌中〔青海省东部〕，长安不常见），可是，向他们询问时，他们却硬是假装不知道。宰相曾准备把这项祥瑞，奏报陛下，说：‘我问过来到首都呈送工作报告的各地方政府首长，他们都认为，教化大兴，上天才派下神雀。’后来发现原来是从我家飞来的鹖雀，才算停止。地方政府官员都在暗中窃笑，认为宰相仁爱忠厚，而又有智慧谋略，只是有点相信神怪奇迹。

“我绝不是抨击宰相，只是恐怕大家都不重视此事，忽略了它的重要性。宰相盼望什么，地方政府首长就会舍弃正规法令，专心于个人表现，追求‘绩效’增加。那么，淳朴的风俗，势必破坏。大家只讲究虚伪的面貌，结果，名存实亡，各走偏锋，最后成了奇异妖孽的世界。假如首都长安市辖区内，先能够农夫让田，男女分开走路，不捡遗失的东西，实际上无补于分辨廉洁与贪污、贞节与荒淫；只不过用表面假象，欺骗天下，已经不可以。如今反而鼓励各郡各封国先去做假，再把美誉传到京师（首都长安），这可不是小事，后遗症非常严重。

“西汉王朝接管破碎的时代，不得不做若干改变，制定新的法律条例，目的在于鼓励善行，禁止邪恶。条理周密，已不能再有增加。所以我们应做的事是：由政府明白指示地方政府官员，回去后转告他们的首长（二千石），在任用乡村教育官（三老）、伦理官（孝弟）、农业官（力田），选拔知识分子（孝廉），以及小吏时，务必物色适当的人才。郡政府和封国亲王府发号施令，都应遵循法律条例的规定，不可以擅自修改。如果敢有用诈术博取声誉的，就应先受诛杀，用以显示好坏善恶的标准。”

刘病已欣然采纳，召集呈送考绩到首都来的地方政府官员，命宫廷随从（侍中）切实告诫，内容完全用张敞的建议。黄霸大为惭愧。

乐陵侯史高（刘病已祖母史良娣老哥史华的长子，刘病已的表叔），以皇亲国戚，跟旧时恩义的缘故，出入宫廷，贵重一时。黄霸奏请任命史高当全国武装部队总司令（太尉）。刘病已命宫廷秘书（尚书）召唤黄霸前来质问说：“全国武装部队总司令（太尉）这个官职，撤销已经很久（前一三九年，田蚡免除全国武装部队总司令职务后，就再不复设，距本年〔前五五〕已八十五年），推广教化，建立上下交通管道，使监狱不再有冤枉，地方不再有盗贼，是你宰相的责任。至于任命宰相或大将，是我的责任。宫廷随从（侍中）乐陵侯史高，是亲密近臣，我对他很清楚，你为什么逾越职责，冒昧推荐？”（宰相本来总揽全局，职责上当然可以推荐。但是自七任帝刘彻之后，宰相只管文官，武官由皇帝任命的全国武装部队最高指挥官〔大司马〕管辖，所以认为宰相越权。）宫廷秘书（尚书）命黄霸答复，黄霸答复不出，脱下官帽，请求恕罪。几天之后，刘病已才下令不予追究。

从此之后，黄霸不敢再提什么建议。然而，西汉王朝建立以来，治理人民的好官，黄霸居第一位。

**3** 三月，刘病已前往河东郡（山西省夏县），祭祀后土神。下诏减少人头税（人民七岁到十四岁，每年缴纳人头税二十三钱。前七四年，曾减收十分之三，每人约出十六钱。本年〔前五五〕再减，唯减少的数目不详）。赦免天下死刑以下罪犯。

**4** 六月十六日，擢升西河郡（内蒙古准格尔旗西南）郡长（太守）杜延年当最高监察长（御史大夫）。

**5** 设置西河（内蒙古准格尔旗西南）移民区（属国），与北地（甘肃省庆城县西北马岭镇）移民区（属国），收容归降的匈奴部落。

**6** 广陵（厉）王（首府广陵〔江苏省扬州市〕）刘胥（七任武帝刘彻子），命女巫李女须，诅咒刘病已，阴谋当天子。事被发觉，刘胥杀人灭口，毒杀女巫跟宫女二十余人。中央部长级以上高级官员，请求处刘胥死刑。

# 纪元前五四年 丁卯

西汉　五凤　四年

**1** 春季，西汉王朝（首都长安〔陕西省西安市〕）广陵王（首府广陵〔江苏省扬州市〕）刘胥自杀。

**2** 匈奴汗国单于，向西汉归附，派老弟右谷蠡王到首都长安（陕西省西安市）当人质（此时，匈奴三单于并立，是哪一位单于归附，不详。但从明年〔前五三〕事态发展推测，应是位于西部的闰振单于），汉朝边疆不再有战争，中央政府下令减少边防军十分之二。

**3** 农林部主任秘书（大司农中丞）耿寿昌奏称：“连年丰收，粮食价贱，农夫收入随之减少。依照从前规定，关东（函谷关以东）每年运送稻谷四百万斛，供应首都（长安），需要士兵六万人。如果中央从三辅（首都长安市〔京兆〕、西长安市〔右扶风〕、北长安市〔左冯翊〕）、弘农郡（河南省灵宝市东北）、河东郡（山西省夏县）、上党郡（山西省长子县）、太原郡（山西省太原市），直接收购，可以节省运输部队一半以上。”西汉帝（十任宣帝）刘病已（本年三十八岁）采纳。耿寿昌又奏称：“命沿边各郡，一律兴建粮库，在粮价贱时，略微增加一点价格收购。粮秣贵时，略微减低一点价格卖出，定名‘常平仓’。”从此，人民受益不浅。

刘病已下诏封耿寿昌关内侯。

**4** 夏季，四月一日，日蚀。

**5** 杨恽既失去侯爵（参考前五六年），在家赋闲，大肆购买产业，用他的财富，从事声色犬马。他的朋友安定郡（宁夏固原市）郡长（太守）孙会宗，写信给他规劝告诫，说：“一位居高位的大臣，一旦被罢黜贬谪，应当闭门不出，惶惧不安，做出悲哀可怜模样，不应该大兴土木，交结宾客，享有声誉。”杨恽，是曾经当过宰相的杨敞的儿子（杨敞，就是那位一听说霍光要罢黜九任帝刘贺，吓得浑身流汗，不敢一言的老官僚。参考前七四年），有能力才干，从小就在政府担任要职，声名显耀。一旦被无法分辨的暧昧言语中伤，竟被贬谪，内心当然不平，于是回信说：

“曾经自我检讨，我的罪过太大，行为更有亏欠。决心当一个农夫，默默无闻于世。所以亲自率领妻子儿女，从事耕田种桑，想不到却又因此之故，受到讥评！人情所不能克制的，连圣人都不禁止。君王跟老爹，虽然地位最为尊贵，血缘最为亲近，一旦他们死亡，做臣属和儿子的，送终服丧，也有尽期（三年）。我之得到惩罚，恰恰已满三年（表示已不必再闭门惶惧），劳作辛苦，遇到岁末严寒之时，宰羊杀羔（小羊），配上斗酒，自己慰劳。酒后耳朵发热，仰天敲盆，纵声高歌：‘南山那里的田地／一片荒芜／没有人照料。播种一顷豆子／最后豆茎下垂／都成乱草。人生应该及时行乐／何必盼望高官富豪！’诚然荒淫无度，不知道不可以这样。”

杨恽的侄儿安平侯杨谭，告诉杨恽说：“你的罪状很小，而功劳很大（指揭发霍姓家族谋反），一定会再被征召。”杨恽说：“功劳有什么用？皇上认为我还没有尽力。”杨谭说：“皇上确实如此。盖宽饶、韩延寿都已经尽力了，还不是借口诛杀？”

恰好日蚀，管马助理员（驺马猥佐）成（姓不详），上书控告：“杨恽骄傲奢侈，不知道悔过，日蚀的警告，应在此人身上。”刘病已交付司法部（廷尉）审讯。在搜查中，得到杨恽写给孙会宗的信稿，刘病已深恶痛绝。司法部判决：杨恽大逆不道，腰斩。妻子、儿子放逐到酒泉郡（甘肃省酒泉市）。杨谭连坐，贬作平民。政府中跟杨恽友善的所有高级官员，如未央宫保安官（未央卫尉）韦玄成及孙会宗，全部免职。

文言文原版《资治通鉴》，有张宴对杨恽那首歌词的诠释。看了之后，毛骨悚然。张宴的诠释是：“‘南山’是很高的地方，象征皇帝，而竟‘一片荒芜，没有人照料’，显然在攻击皇帝昏乱。‘一顷’是一百亩，比喻政府中的文武百官。‘豆子’本是很结实的东西，代表忠贞，应该放在仓库之中，却沦落到旷野，譬喻杨恽的被罢黜放逐。‘豆茎下垂’，曲而不直，暗示政府官员，都是谄媚之徒。”

张宴是什么时候人，以及是干什么的，我们不知道。仅从他对杨恽这一首歌词的诠释，便可了解文化杀手的可怖。中国专制政体下统治者，或以统治者自居的大小官僚，一旦触及到对文字的解释，想象力的丰富，着实惊人，就像台湾北海岸的“疯狗浪”，势不可当。阿Q因为自己是秃子，只不过对“光”“亮”敏感而已。张宴竟能从一首普通的歌词里，找出足以使作者毁灭的罪证，这种本领，如果用到科学研究上，中国该有多大的进步？却偏偏用到文字狱上，正说明有良心的知识分子的灾难，泉源何在。

以刘病已的英明，魏相、丙吉当宰相(丞相)，于定国当司法部长(廷尉)，而赵广汉、盖宽饶、韩延寿、杨恽，先后诛杀，都不能使人民心服，是他们美好声誉上最大的污点。《周官·司寇》上有明确的规定：应该考虑到被告的贤德，以及考虑到被告的才干，减轻处分。像赵广汉、韩延寿，治理人民，能说他们没有才干？盖宽饶、杨恽的刚强正直，能说他们没有贤德？即令真的犯了死罪，还要宽恕，何况他们被指控的过失，远不至于死！扬雄认为韩延寿之反击萧望之，是自取其咎。我不以为如此，使韩延寿冒犯上级官员的，是萧望之迫害的结果。上级不能洞察隐情，独使韩延寿身受诛杀，手段过于毒辣。

**6** 匈奴西部的闰振单于，率领部队向东攻击郅支单于，兵败被杀，部队被郅支单于并吞。

郅支单于乘战胜余威，攻击呼韩邪单于(十四任)挛鞮稽侯栅。挛鞮稽侯栅大败，逃走；郅支单于遂入居王庭(设蒙古国哈拉和林市)。

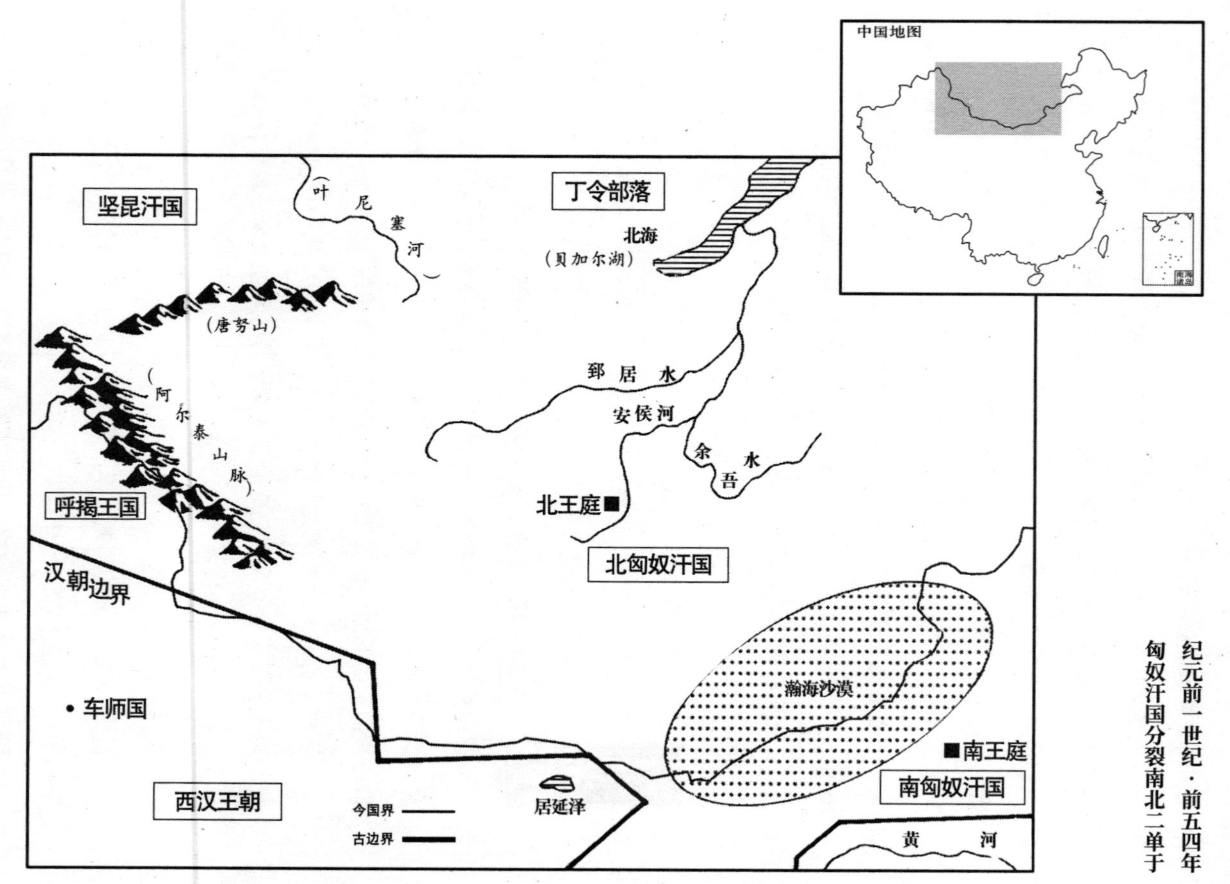


纪元前一世纪·前五四年
匈奴汗国分裂南北二单于

# 纪元前五三年
# 戊辰

西汉　　甘露　　元年

1 春季，正月，西汉王朝（首都长安〔陕西省西安市〕）皇帝（十任宣帝）刘病已（本年三十九岁）前往甘泉（陕西省淳化县西北），祭祀天神。

2 杨恽处死之后，高级官员纷纷指控："首都长安特别市长（京兆尹）张敞，是杨恽的朋友，不应该仍居高位。"刘病已爱护张敞，把奏章搁置，不交付查办。然而，山雨欲来风满楼，气氛十分紧张。

张敞派他的一位秘书（掾）絮舜（絮，姓）调查一件案情，絮舜态度倨傲，爱理不理，索性回家睡觉，冷笑说："你这个顶多再干五天的市长，还不知趣，查什么案？"（原文："五日京兆耳，安能复案事？"这是"五日京兆"成语的来源。）张敞听到这话，逮捕絮舜，任意扣上一个罪名，日夜不停审讯，终于把他陷于死刑。处决之前，张敞教秘书官（主簿）送一张字条给絮舜："五天的市长，威力如何？冬季已尽，想不想拖延老命？"（这是去年〔前五四〕的事。）绑赴法场诛杀。

等到立春，司法部查勘冤狱委员（行冤狱使者）出巡，絮舜家人抬着尸体，拿着张敞写的字条，向委员控告。委员遂弹劾张敞滥杀无罪。滥杀无罪的处分很重，刘病已不愿采取严厉手段，于是，把前些时因杨恽缘故而被要求免职的一些奏章，交下查办，贬作平民（如将滥杀无罪的弹劾案交下查办，就可能抵命）。张敞到未央宫北门，缴还首都长安特别市长印信，一溜烟逃走。

絮舜不过一条势利眼的官场蛆而已，从稍后张敞所作的解释看出，他本是张敞的旧部，一旦发现老长官行将失去权势，立刻换了一副嘴脸。李广曾诛杀霸陵警察官，然而霸陵警察官还是在执行公务，絮舜却是拒绝执行职务。霸陵警察官被杀，我们对他同情。絮舜被杀，我们对他并不同情。

问题在于，势利眼虽然可厌，不犯死罪，强烈报复不应超过他应该得到的，不妨揍他一顿，不妨把他撤差。如果这两点办不到，不妨跟他绝交，以后敬鬼神而远之。势利眼是人性的卑劣面，无法用杀戮使之根绝。不应用苦刑拷打使他坦承莫须有的罪状，然后处死。只是，对势利眼之辈给予惩罚，即令是过当的，也确实大快人心！

几个月之后，首都长安特别市政府以及所属单位，官员惰怠，行政效率，几近瘫痪，追捕盗匪的警鼓（西汉王朝时，发觉盗匪，擂鼓追缉），此落彼起。而冀州（河北省中部南部）更为严重，一位巨盗和他的部下，公开跟政府对抗。刘病已想到张敞的能力，召见张敞。张敞仍担负着重大的刑事责任（皇帝如果把弹劾他的奏章交下查办，他会丧生），当皇帝使节驾临的时候，张敞全家，包括他的妻子儿女，霎时间一片哭声。张敞笑着安慰他们："我是一个逃亡的平民，要逮捕我，郡政府派一个警察就够了。而皇家使节竟然亲临，一定是再起用我。"遂穿上官服，跟随使节到首都长安。上书为他之所以诛杀絮舜辩护，说："我侥幸的能够当一个部长级官员，被任命担任首都长安特别市长（京兆尹），因被控诛杀絮舜，免职为民。絮舜这个人，是我最宠爱的一个部下，很多次，我都原谅他的过失。只因为有人对我提出弹劾，应当受到免职处分，我命他查办一件案件，他竟不理不睬，回家高卧，还讥刺我'五日京兆'。这是一种忘恩负义、伤风败俗的行为。我认为絮舜的态度邪恶，遂假借法律，把他处死。我知道我枉杀无罪之人，判决并不正直。但即使被明正典刑，也不后悔！"

刘病已接见张敞，任命他当冀州（河北省中部南部）督导官（刺史）。张敞到职后，盗贼绝迹。

张敞的干练跟反应之快，在这份奏章上，得到证明。这是一项非常重要的手段，首先向皇帝承认自己的错误，当"圣眷"正隆时，正是最安全时。其次，就是这么一纸文书，立刻把压在背上的严重刑事案件，轻轻化解。史书虽然没有交代刘病已接到奏章后如何反应，但可以推断，已经结案。否则的话，劾章仍握在皇帝手中，像一个定时炸弹一样，随时都会爆炸。一旦有人催促皇帝行动，张敞性命不保。

官场技巧，又为我们提供一个范例。可怜的只是势利眼絮舜的孤儿寡妇，仍在认为圣明的君王，会为他们冤死的丈夫、父亲做主。

**3** 皇太子刘奭（音shì〔是〕），性情温柔敦厚，深受儒家学派思想的熏陶。眼见老爹偏重于任用深懂法律的知识分子，用法律对待下属。曾经乘着父子共同进餐的时候，顺便建议说："阿爹太重视法治，应该多依靠儒家人才。"刘病已脸色大变，厉声说："西汉王朝自有西汉王朝的制度，一开始就是采用'霸道''王道'的混合手段，治理国家，怎么能够单独的使用周王朝那种'礼治教化'？而且所有儒家人才，都不切实际，崇拜古人古事，总认为今不如古。使人弄不懂'名'和'实'的分界，不知道做什么才好，怎么可交给他们重责大任？"叹息说："败坏我们刘姓皇家的，就是这小子！"

王道、霸道，本质本上并没有分别。从前，当三代鼎盛之时（三代：夏王朝、商王朝、周王朝），无论制定礼仪或发动战争，都由天子做主，我们称之为"王"。后来天子的权力衰退，不能控制封国，有能力的封国国君，率同其他同盟的封国，共同讨伐背叛中央的封国，号召尊重中央政府，我们称之为"霸"。不管"王"也好，"霸"也好，他们的行为，都在仁义法则的指导之下：任用贤明有能力的人才，奖励善行，惩罚邪恶，禁制凶残，镇压暴乱。只不过名位尊卑不一样，恩德深浅不一样，功勋大小不一样，辖区广狭不一样，如此而已。并不像“黑白”“甘苦”之恰恰相反。

西汉王朝之所以不能建立三代的盛世，原因在于君王没有去做，并不是先王（儒家崇拜的古代君王）治理国家人民的道理，不能重新在后世推行。儒家学派中，有“君子儒”“小人儒”之分（《论语》中孔丘告诫卜商：“你应该做一个君子儒，莫做小人儒。”谢显道解释说：“立志追求仁义，目标广大，是君子。立志追求利益，目标狭小，是小人。”）普通的一些儒家人才，诚然不能够治理国家。但，为什么不去寻找杰出的儒家人才？像姬弃（周王朝一任王姬发十五代祖先）、子契（商王朝祖先）、皋陶（黄帝王朝著名的法官）、嬴伯益（黄帝王朝末任帝姚重华时，帮助姒文命治理洪水有功）、伊尹（商王朝一任帝子天乙的宰相）、姬旦（周王朝一任王姬发的宰相）、孔丘（儒家学派创始人），都是“大儒”。假使西汉王朝得到他们，则西汉王朝的功业，岂止如此而已！刘病已痛恨太子刘奭懦弱，不能自立，认为刘奭不了解他的责任，必然败坏皇家，当然可以这样肯定，而竟然说：“王道不可行，儒家不可用。”岂不过分？不可以用来训勉子孙，告诫后世。

**柏杨曰**

刘病已刚刚指出儒家的缺点：“不切实际，崇拜古人古事，总认为今不如古。”司马光立即出马辩护，可是辩护的论据仍是一连串的古人古事，一连串的今不如古。好像不是为儒家辩护，而是挺身为刘病已作证：“儒家果然不切实际，崇拜古人古事，总认为今不如古。”当人们指责螃蟹横着走时，螃蟹勃然大怒，认为那是一种别有居心的诬蔑，而且马上表演给人们看他直着走的英姿——却仍在那里横着走。司马光在表演“儒家可用”特技时，就是这种姿势。

司马光所列举的“大儒”，都是古人古事，即令事迹可靠，西汉王朝也不能派人到阴曹地府，把他们请来帮忙。而且幸好不能请来帮忙，真的请来帮忙，恐怕非丢人砸锅不可。法国拿破仑复活，这位军事天才岂能指挥现代化战事？蒙古铁木真复活，他岂能再打到波兰？面对新的形势，必须有新的头脑。丘吉尔在第二次世界大战后，竞选失败，曾说：“一个对首领恩德容易忘记的民族，是一个充满活力，不可轻侮的民族。”而在中国，儒家学派的唯一法宝，竟然全是古人古事，全是今不如古。只有患老昏病的人，才不断惋惜昔年风光，中国文化已走到了这个可悲的尽头。

“君尊臣卑”基本精神，使传统知识分子根本看不见、也想不到时代是一个转动的巨轮。所以认为政治上的领袖人物，全都像魔法师一样，一念之间，就可旋乾转坤。只要复古，就可以把西汉王朝倒退两千年，回到“三代”那种简单粗陋的“盛世”。司马光跟一些自闭在书房里的历史学家不同，司马光不久就被擢升为宰相，得到宫廷大力支持，宋王朝可算是找到“大儒”了，而且君臣合心，怎么不把中国带到可爱的姬旦、孔丘时代？

一个重大的问题：“三代”之世的王道，既然妙不可言，完整无缺，就应该千秋万世，永垂无疆之庥，为什么“王”着“王”着，忽然间“天子权力衰退”“不能控制封国”？证明“三代”盛世的王道，缺乏巩固本身制度的能力。即令西汉王朝的君王大发神威，找到了一个“大儒”，回到夏商周，一旦该“大儒”死亡，又如何保证不再堕落凡尘？

“罢黜百家，独尊儒术”，并不是儒家学派跟君王合作，组织联合政府，而是君王利用儒家“君尊臣卑”的学说，奴化人民思想，使人民更容易控制。历史上最善于歌功颂德、自毁尊严的知识分子群，莫过于儒家系统。也只有儒家系统，才能使君王们舒服舒服、蹲在高位上过瘾。所以，“大儒”也好，“小儒”也好，“君子儒”也好，“小人儒”也好，君王可以豢养他，可以尊敬他，但没有一个君王敢放心把政权交给他。只因为他们是刘病已所指出的：“不切实际。”司马光于十一世纪八〇年代当过两年宰相，就因为当上宰相后，努力扼杀改革的成果，引起民怨沸腾。对刘病已的告诫：“儒家人才不可以任用”，又多一个有力的挺身证明。

**4** 淮阳（宪）王（首府陈县〔河南省周口市淮阳区〕）刘钦（刘病已次子），喜爱研究法律，聪明通达，而又有才干。他的娘亲张倢伃，尤其受到宠爱。刘病已对长子刘奭既感失望，遂对刘奭疏远，深爱刘钦，屡屡赞叹：“这才真正是我的儿子！”有意命刘钦当太子。然而，念及生刘奭时，还是一介平民，而刘病已从年轻时便依靠岳父许家（参考前七四年）；刚刚即位，妻子许平君又被毒死，不忍心把许平君生的儿子刘奭罢黜。

很久之后，刘病已任命韦玄成当淮阳国首府陈县（河南省周口市淮阳区）警备区司令（中尉）；打算用韦玄成曾坚持把爵位让给老哥的故事（参考前六二年），教导刘钦。而刘奭的太子地位，才算稳固。

**5** 匈奴汗国（王庭设蒙古国哈拉和林市）呼韩邪单于（十四任）挛鞮稽侯栅，被郅支单于击败后，左伊秩訾王提出建议说：“不如投降中国，朝见汉朝皇帝，要求中国帮助；匈奴汗国经过连年内战，已残破不堪，只有得到外援，才能平定内乱，维持统一局面。”挛鞮稽侯栅征求高级官员们意见，大家一致反对，说：“绝对不可这么做。匈奴的习惯是，崇拜英雄，而以服侍别人为低贱。立国精神就是不断的战斗，才终于建立强大的国家，使威名震慑所有蛮夷。战死疆场，是大丈夫的本分。而今，不过兄弟争夺（郅支单于是老哥），将来不是老哥胜利，就是老弟胜利，无论是谁，总在自己人之手。即令战死，威名仍在。皇家子孙，仍是国家元首，永远统御各国。中国虽然强大，并不能吞并匈奴。为什么要背叛祖先，臣服归顺？侮辱我们历代君王，接受各国讥笑，即令因此而得到平安，又怎么再统御其他蛮夷？”

左伊秩訾王说：“不然。强大衰弱，随着时代，各有不同。现在中国强，乌孙王国（首都赤谷城〔中亚伊赛克湖东南〕）等一些西域国家，都已经先后屈服。自从挛鞮且鞮侯单于（九任，呼韩邪单于的曾祖父）以来，匈奴汗国的国土，一天比一天削减，没有能力收复。我们虽然屹立不屈，却从没有过一天平安日子。现在，事奉中国，获得安全保障；不事奉中国，则覆亡在即。事实俱在，没有比这个更为明显。”

高级官员们仍不同意，向左伊秩訾王盘问诘难，久久不能定案。最后，呼韩邪单于（十四任）挛鞮稽侯栅决定接受左伊秩訾王的建议，率领属下的人民和武装部队，向南移动，接近汉朝边塞。派他的儿子右贤王挛鞮铢娄渠堂，到中国充当人质。

郅支单于挛鞮呼屠吾斯听到消息，也派他的儿子西部兵团司令（右大将）挛鞮驹于利受，到汉朝充当人质。

**6** 二月二十一日，乐成侯（敬侯）许延寿逝世。

**7** 夏季，四月，新丰（陕西省西安市临潼区东北）发现黄龙。

**8** 四月一日，太上皇刘执嘉（一任帝刘邦的老爹）祭庙失火。

四月九日，刘恒（五任文帝）祭庙失火。

刘病已穿素色衣服五天。

**9** 乌孙王国（首都赤谷城〔中亚伊赛克湖东南〕）国王（狂王）泥靡（参考前六〇年），再娶中国公主刘解忧（刘解忧是泥靡老爹岑娶的妻子之一），生下男孩鸱靡（鸱，音chī〔痴〕），跟刘解忧的感情破裂，而自己又行为凶暴，失去民心。正好西汉使节皇城护卫官（卫司马）魏和意、副使节任昌，到达乌孙。刘解忧告诉二人："泥靡是乌孙王国的灾难，很容易除掉他。"

计谋已定，就在酒筵之上，命武士拔剑直劈泥靡头颅，泥靡把头一偏，剑锋偏下，正中肩头。泥靡负伤逃出，上马奔驰而去。泥靡的儿子细沈瘦，集结兵力，把刘解忧、魏和意、任昌，团团包围在首都赤谷城（中亚伊赛克湖东南）。数月之后，西域总督（都护）郑吉，征调各国武装部队的救兵赶到，细沈瘦才解围撤退。

西汉政府派皇家警卫指挥官（中郎将）张遵，送药品给泥靡，赏赐他金银绸缎。下令逮捕魏和意、任昌，在尉犁（新疆博湖县）用铁链锁住脖子，载上囚车，押回首都长安，处斩。

最初，肥王翁归靡跟匈奴籍夫人生子乌就屠；当泥靡受伤时，乌就屠跟各大酋长（翎侯），魂不附体的逃到北方山中，宣称母亲娘家的匈奴军队，马上就来援救。消息传播，很多人前往投奔，或宣布归附。不久，乌就屠发动奇袭，诛杀泥靡，登上乌孙国王宝座。本年（前五三），西汉派破羌兵团司令（破羌将军）辛武贤，率军一万五千人，进驻敦煌郡（甘肃省敦煌市），开凿通往白龙堆沙漠（新疆罗布泊东）之间的运河，囤积粮秣，准备西征。

当初，汉朝公主刘解忧的侍女冯嫽（音liáo〔僚〕），受过教育，能够撰写文书，了解中国及西域各国的事务，曾经数次“持节”，代表公主，出使其他国家。各国对她非常信任悦服，称她冯夫人，嫁给乌孙王国西部军团司令（右大将）为妻。而西部军团司令（右大将）跟乌就屠是至好朋友，西域总督（都护）郑吉，请冯嫽规劝乌就屠说：“汉朝军队势将出击，你一定会被消灭，不如归降。”乌就屠大起恐慌，说：“愿让出国王，但求封我一个低一级的名位，使我有个立足之地。”

刘病已征召冯嫽到首都长安，亲自询问乌孙国王实际情况（胡三省注：用这件事跟屡次下诏给赵充国参照，《资治通鉴》所包括的一千三百余年间，明理慎重的君王，只刘病已一人而已），然后派皇家礼宾官（谒者）竺次、期门禁卫武士（期门）甘延寿，担任冯嫽的副使，护送冯嫽返回乌孙王国。冯嫽乘坐锦车，“持节”，召唤乌就屠跟长罗侯常惠，同到赤谷城（中亚伊赛克湖东南）。正式封元贵靡（汉朝公主刘解忧所生）当乌孙王国大国王，乌就屠当乌孙王国小国王，同样颁发印信。破羌兵团司令（破羌将军）辛武贤大军还没有出塞，即被调回。

后来，乌就屠霸占各大酋长（翎侯）部落所属的人民牲畜，不肯归还。西汉政府再派长罗侯常惠，以及三位指挥官（校），率军进驻赤谷城（中亚伊赛克湖东南），划分地界：大国王元贵靡地区六万余户，小国王乌就屠地区四万余户。然而，民心归附小国王乌就屠。

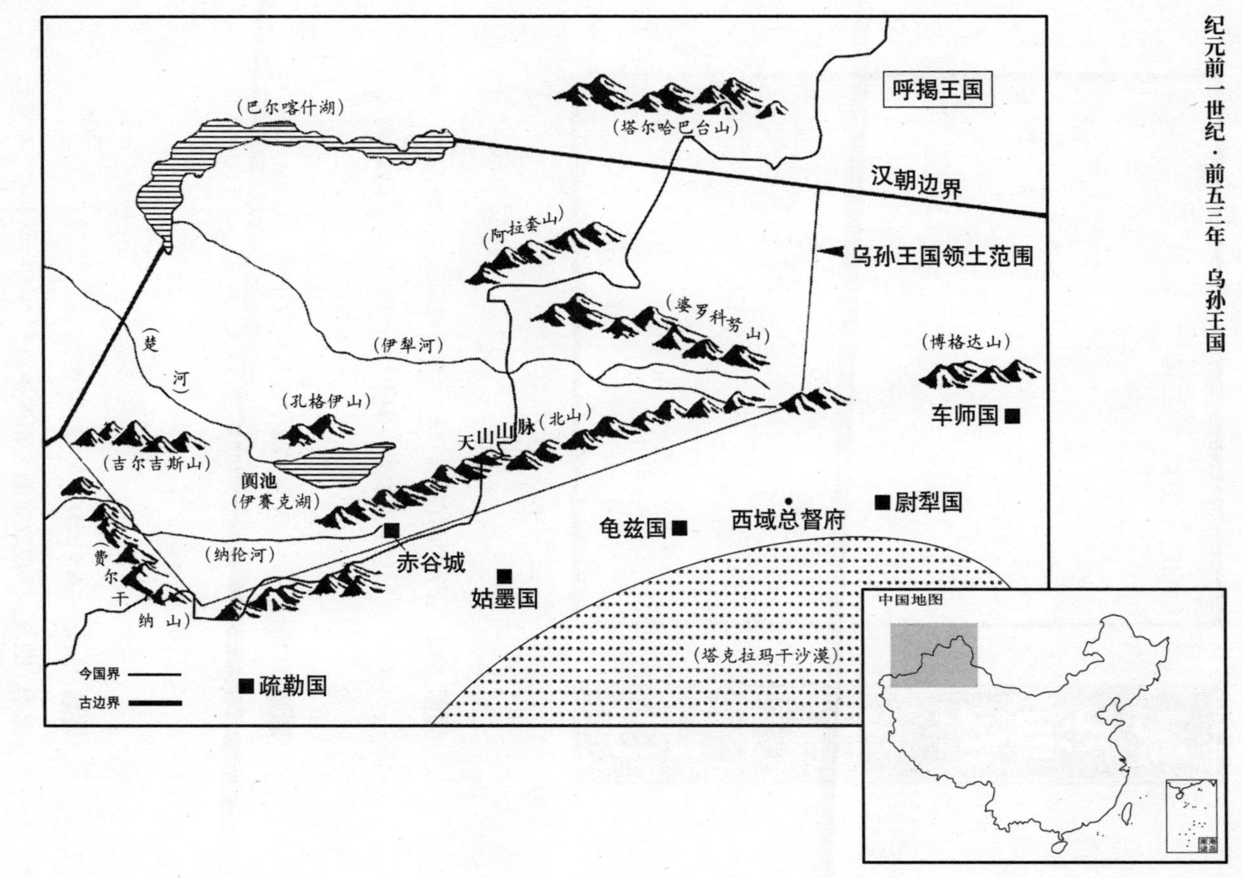


纪元前一世纪·前五三年 乌孙王国

# 纪元前五二年 己巳

西汉　甘露　二年

**1** 春季，正月，西汉王朝（首都长安〔陕西省西安市〕）皇帝（十任宣帝）刘病已（本年四十岁）封皇子刘嚣当定陶王（首府定陶〔山东省菏泽市定陶区〕）。

**2** 刘病已下诏赦天下，减少人头税三十钱（西汉王朝人头税，经常改变。国民自七岁起到十四岁止，都要缴纳，参考前五五年。此时减三十钱，根本不可能，必有一误）。

**3** 珠厓郡（海南省海口市琼山区）叛变。

夏季，四月，西汉政府派大军保护总监（护军都尉）张禄，率军讨伐平定。

**4** 最高监察长（御史大夫）杜延年因为老病，免职。

五月一日，擢升司法部长（廷尉）于定国继任最高监察长。

**5** 秋季，七月，刘病已封皇子刘宇当东平王（首府无盐〔山东省东平县东南〕）。

**6** 冬季，十二月，刘病已前往萯阳宫（萯，音fù〔负〕。宫在陕西省西安市鄠邑区西南）属玉观（属玉，一种鸟名。《文选·西都赋》："天子乃登属玉之馆。""馆""观"二字相通）。

**7** 本年（前五二），营平侯（壮武侯）赵充国逝世。前些时，赵充国以年纪太老，呈请退休。刘病已批准，赏赐他安车（有座位的车）、四匹马，再赏赐黄金，送他回到侯爵府。每遇到四方边境有大事发生，政府一定邀请他参与军事作业，征询意见。

**8** 匈奴汗国（此时王庭不定，或在中蒙交界处）呼韩邪单于（十四任）挛鞮稽侯栅，率领大批人马，缓缓抵达边界五原要塞（内蒙古包头市），派人进关，表示愿意呈献国宝，并于明年（前五一）正月，前到首都长安，朝见西汉皇帝。

这是一个使全国震撼的消息，刘病已命有关单位决定礼仪，宰相（丞相）跟监察官（御史）建议："古时候圣明君王的制度，首都占第一位，而后才是封国。中国占第一位，然后才是蛮夷。匈奴单于朝贺，地位应跟亲王平等，但座位应在亲王之下。"太子师傅（太子太傅）萧望之提出异议说："匈奴本不是我们的臣属，所以称它是敌国。不应该以臣属的礼仪待他，而应当作国家的贵宾，地位在亲王之上。蛮夷愿意归附，低头称臣，而我国谦让，并不让他称臣。这会建立更深厚的感情，享受谦虚的福气。古书上说：‘蛮夷很难驯服。’形容他们反复无常。万一以后匈奴的后裔干出飞鸟远走、老鼠潜伏的勾当，不肯再来朝见，也就不是我们的叛臣贼子（不必非征剿不可），应是万世的长远策略。”

刘病已采纳萧望之的意见，下诏说：“匈奴单于，愿意作为西汉北方藩属，在正月初一——‘正朔’之日，前来朝觐。我自问恩德不够，不敢当此隆重礼节。应以国宾之礼接待，使单于位于亲王之上。拜谒时只称‘臣’，不称名字。”

**荀悦曰**

《春秋》显示的道理是：圣明的君王不分国内国外，对天下人民，一视同仁。蛮族相距遥远，人事隔绝。所以中国的“正朔”（即年号），传递不到，中国的礼义，也无法教化。并不是尊重他们，而是形势所限，不得不如此。《诗经》说：“管你是氐（音dī〔低〕）/ 管你是羌 / 都不敢不来朝见天王。”所以再远的蛮族，必须前来朝贡。如果不朝贡，则先是斥责，继是讨伐，所以它们并不是敌国。萧望之打算待以国宾之礼，位居亲王三公之上，是一种僭越，和一种错失。违背天理，扰乱纲常，不合礼教！但是如果只是一时权宜之计，那将另当别论。

中国因为地理封闭，一开始又拥有相当庞大的面积，和相当强大的武力，于是养成了自命不凡的心理，对四邻一律瞧不上眼，全部当成蛮夷，偏偏他们竟然也真的文化低落，国土既小，而人口又少，于是更增加中国人的优越感。这不能单纯责备中国人，任何一个国家处于这种“万国来朝”

的局面，都会发现自己的确伟大。英国称霸世界，不过两百年而已，而且现在已经瓦解，但我们仍可在英国人身上看出他们的优越感，何况中国占据高位，长达四千年之久。

战国时代，各王国的国王，也曾互相访问，而且也不断有过巨头会议。但是，因为它们都是由封国蜕变出来的缘故，性质上不过昔日封国国君报聘制度的延伸，顶多也不过像西羌部落间，暂时"解仇"，心理上仍在"中国"这个大范围笼罩之下。而这次匈奴汗国单于前来中国朝见，却是有史以来，第一次真正接待一位外国元首，是件破天荒的大事，史无前例，而儒家学派最恐惧的正是这种史无前例，一旦没有古人古事可以遵循，立刻就成了夜盲。当时只有一个人有正确的见解，那就是萧望之，虽然心态上仍是唯我独尊，但形式上他总算认为应把单于当成国宾。

荀悦的评论，再一次展示他的那种不切实际，大言不惭，不怕闪了舌头的态度。"再远的蛮夷，如果不朝贡，则先是斥责，继是讨伐！"好家伙，匈奴汗国单于不但不朝贡，还要西汉王朝的皇太后充当他的小老婆，斥责在哪里？讨伐在何方？金帝国，不但不朝贡，还把宋王朝的皇帝像捉猪一样的捉了去两个，斥责在哪里？讨伐在何方？习惯于关着屋门说大话，教人背紧。

刘病已警告说："儒家不可用！"(参考去年〔前五三〕。)正是为此，因为儒家不但企图回到永不能回到的古代，而又是单线思想，中国人遂激荡在两个极端，一端是狂妄的自傲，另一端是卑鄙的屈膝，一直学不会如何跟朋友平等相处。

**9** 西汉政府派机动兵团司令(车骑都尉)韩昌，前往迎接匈奴汗国单于，征发所经过七个郡，每郡动员骑兵两千人，沿途警戒保护。

# 纪元前五一年

# 庚午

西汉　甘露　三年

**1** 春季，正月，西汉王朝（首都长安〔陕西省西安市〕）皇帝（十任宣帝）刘病已（本年四十一岁）前往甘泉（陕西省淳化县西北），祭祀天神。

**2** 匈奴汗国（南匈奴，此时王庭不定）呼韩邪单于（十四任）挛鞮稽侯栅，抵达长安，受到特殊荣耀的礼遇；仅自称“藩臣”，而不加报名字。刘病已赠送他汉式的官帽、官服，跟黄金铸成的单于印信——绿颜色绣带；以及用玉石装饰的宝剑、佩刀；弓一张、箭四十八支；仪仗用的戟十支、安车（有座位的车）一辆、马鞍连缰绳一副、马十五匹、黄金二十斤、钱二十万、汉式平民衣服七十七套；其他锦绣、绸缎、布帛等八千匹，棉絮六千斤。

赏赐礼仪之后，西汉政府使节引导挛鞮稽侯栅下榻长平观（陕西省泾阳县东南）。刘病已从甘泉宫（陕西省淳化县西北）出发东下，住宿池阳宫（陕西省泾阳县），登上长平阪（长平阪在池阳宫东南，长平观就在长平阪），跟挛鞮稽侯栅会面，先使人传达旨意，命挛鞮稽侯栅不要叩头。这是一项空前未有的盛典，匈奴随行的带兵官（当户）及臣属，都排列观礼，其他外国君王、使节、蛮夷部落酋长，以及汉朝亲王、侯爵，共有好几万人之多，全体到渭河大桥那里，夹道欢迎。刘病已走上渭河大桥时，群众高呼："万岁！"（这才是真正值得高呼"万岁"，值得歌颂的场面。）然后请挛鞮稽侯栅移住长安宾馆。

刘病已在建章宫（长安城外西郊）设置国宴，宴请挛鞮稽侯栅，请他参观中国的珍宝。

二月，送挛鞮稽侯栅返国。挛鞮稽侯栅请求：准许他的部众移居瀚海沙漠南的光禄塞（光禄塞，西汉政府特级国务官〔光禄大夫〕徐自为兴建〔参考前一〇二年〕，在五原塞〔内蒙古包头市〕北航空距离二十五公里，是一连串城堡亭障），边境有紧急情况时，准许他们撤退到受降城（公孙敖所筑，内蒙古乌拉特中旗东五十公里新忽热），寻求保护。西汉政府同意，遂派长乐宫保安官（长乐卫尉）高昌侯董忠、机动兵团司令（车骑都尉）韩昌，率骑兵一万六千人，又征调沿边各郡步骑兵部队几千人，护送挛鞮稽侯栅出朔方郡（内蒙古杭锦旗北黄河南岸）鸡鹿塞（内蒙古磴口县西北七十公里）。刘病已下令董忠大军遂即进驻匈奴王庭（设光禄塞北〔瀚海沙漠南、阴山山脉北〕，呼韩邪单于御帐所在地）协防，帮助单于镇压反侧。又把边郡储藏的粮食，赠与匈奴，前后共三万四千斛，救济部众饥馑。

一向，西方世界，从乌孙王国（首都赤谷城〔中亚伊赛克湖东南〕）直到安息王国（伊朗），凡是跟匈奴汗国接壤的，都敬畏匈奴，而瞧不起西汉王朝。自匈奴单于朝见西汉王朝，大家转而敬畏西汉王朝。

**柏杨曰**

匈奴汗国于纪元前三世纪崛起，南下侵略，中国跟它苦苦缠斗，历时二百年之久，终于获得最后胜利，虽罗马帝国之击败迦太基共和国，艰难也不过如此。本年（前五一），匈奴汗国呼韩邪单于（十四任）挛鞮稽侯栅到中国首都长安朝觐，以及中国协防兵团之进驻王庭，使北方边患，得以解除。

然而，这么一项伟大的盛典，中国所有史籍，包括《资治通鉴》在内，记载的简略，使人气沮。而这简略记载，又复纠缠成一团，毫无条理，再度出现“说不清”的毛病。唯一的男主角挛鞮稽侯栅先生，反而成了一个隐形人物，而第二男主角刘病已，也像一块不重要的木偶。所谓典礼既毕，是什么典礼？所谓渭桥之会，两国君王有没有见面？当时仪式如何？谈些什么？一片模糊。

笔下“写不清”，嘴巴“说不清”，也就是脑筋“想不清”。想不清的原因是，重文轻武的传统观念下，把英雄血汗换来的成就，轻松抹杀，一味在纸上做着五帝三王的美梦。使我这个从事翻译现代语文的作者，都感到满面羞惭。这么一个空前的盛典，如果由司马迁执笔，恐怕字都会从纸上跳起来。现在，不但笔调平庸而已，连词句都根本不通。

**3** 刘病已对于匈奴汗国以及四方蛮夷全都归降，十分满意，因而想到他即位以来重要辅佐大臣们的贡献，为表示尊敬与感谢，就在未央宫麒麟阁上，绘制他们的肖像，注明官名爵位和姓名。其中只有霍光，不称名字，只写：“全国武装部队最高指挥官（大司马）、最高统帅（大将军）、博陆侯，霍先生。”（不称名字，表示更大的尊敬。）其次则是张安世、韩增、赵充国、魏相、丙吉、杜延年、刘德、梁丘贺（梁丘，复姓）、萧望之、苏武，共十一人。这些人对国家都有

纪元前一世纪·前五一年二月

南匈奴呼韩邪单于朝见中国

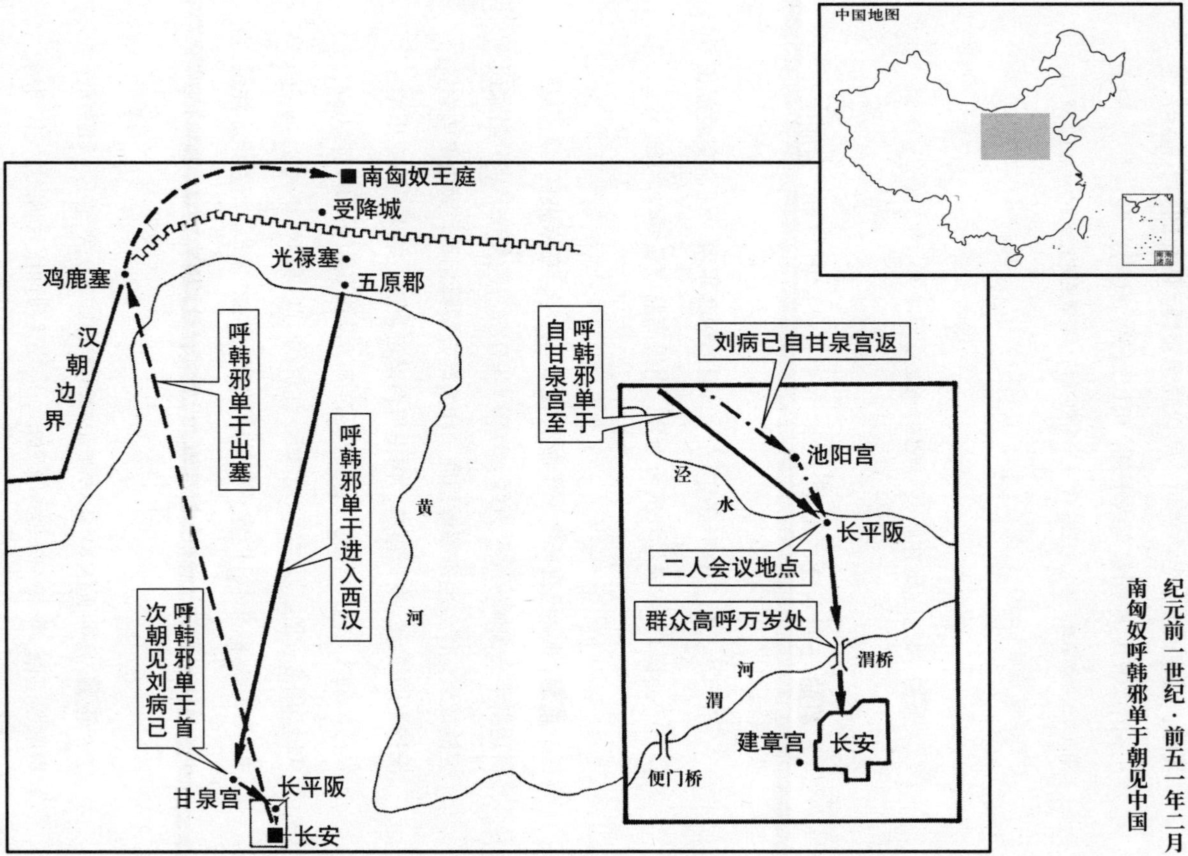

中国地图

南匈奴王庭
受降城
光禄塞
五原郡
鸡鹿塞
汉朝边界
呼韩邪单于出塞
呼韩邪单于进入西汉
黄河
呼韩邪单于首次朝见刘病已
甘泉宫
长平阪
长安
呼韩邪单于自甘泉宫至
刘病已自甘泉宫返
池阳宫
泾水
长平阪
二人会议地点
群众高呼万岁处
渭桥
渭河
便门桥
建章宫
长安

贡献，德望很高，名声盖世，所以画像表扬。明显的向下宣示，使王朝中兴的这些国家高级干部，可以媲美古代的方叔、召虎、仲山甫（方叔等都是周王朝十一任王〔宣王〕姬靖的助手；姬靖是周王朝的中兴之王，据说这三位臣僚，有很大贡献）。

**4** 凤凰飞集在新蔡（河南省新蔡县）。

**5** 三月六日（原文“己巳”，据《汉书》改），宰相（丞相）、建成侯（安侯）黄霸逝世。

五月十二日，擢升于定国当宰相，封西平侯。任命交通部长（太仆）、沛郡（安徽省淮北市）人陈万年，当最高监察长（御史大夫）。

**6** 刘病已召集儒家学派高级知识分子，在未央宫北石渠观，讨论辩难有关儒家学派五经（《诗经》《书经》《礼经》《易经》《春秋》）各家研究的成果，什么地方解释相同，什么地方解释相异。而由萧望之做出持平的结论，奏报皇帝，再由皇帝亲自裁决。结果，决定用梁丘贺注解的《易经》，作为《易经》标准本，设置《易经》研究官（《易经》博士）。用夏侯胜、夏侯建（大小夏侯）注解的《尚书》（《书经》），作为《尚书》（《书经》）标准本，设置《尚书》研究官（《尚书》博士）。用谷梁赤注解的《春秋》，作为《春秋》标准本，设置《春秋》研究官（《春秋》博士）。

**7** 乌孙王国（首都赤谷城〔中亚伊赛克湖东南〕）大国王（大昆弥）元贵靡跟鸱靡（都是汉朝公主刘解忧生的儿子），先后逝世。刘解忧上书刘病已，说：“年纪已老，思念故土，唯愿回乡，把尸体埋葬祖国。”刘病已觉得凄然，派人前往迎接。

冬季，刘解忧回到首都长安（刘解忧自前五三年出嫁乌孙王国，于三年后回国）。西汉政府用公主的体制接待她（刘解忧本是亲王之女，称翁主）；两年后（前四九）逝世。

元贵靡的儿子（刘解忧孙）星靡，继任大国王，年纪还小。冯嫽上书，表示她愿出使乌孙（首都赤谷城。冯嫽可能陪伴刘解忧同返回国），辅佐星靡；西汉政府即派她充当使节。西域总督（都护）韩宣奏报："乌孙王国宰相（大吏大禄）跟总监（大监）二人，应该发给侯爵级金质紫带印信，使他们尊贵，用以加强护卫大国王（星靡）的力量。"西汉政府批准。

后来，段会宗接任西域总督（都护），继续帮助乌孙王国招徕流亡在外或叛逃在外的乌孙人，国家渐渐安定。星靡死后，他的儿子雌栗靡继任大国王。

**8** 皇太子刘奭最宠爱的司马良娣（良娣，太子宫小老婆群第一级），病重不起。临终前，告诉刘奭说："我死，不是我天命已尽，而是其他良娣跟良人（小老婆群第二级），轮番诅咒，派鬼神把我杀害。"刘奭认为那是事实。司马良娣逝世后，刘奭悲哀过度，也染病在床，爽然若失。刘病已心疼儿子，命王皇后选择皇宫中出身良家，年轻貌美，可以供太子娱乐的宫女。物色到元城（河北省大名县东北）人王政君（本年二十一岁，这位美丽的玩物，竟成了毁灭西汉王朝的杀手，在此出场），送到太子宫。

王政君，是故绣衣戒严官（绣衣御史）王贺的孙女（参考前九九年）。刘奭在太子宫丙殿（殿以甲乙丙丁命名）接见她，当时就搂抱上床，春风一度，即行怀孕。

本年（前五一），王政君在甲殿（甲观）画堂，生下一个儿子，成为嫡皇孙。做祖父的刘病已，十分疼爱，命名刘骜（音ào〔奥〕），别名大孙，经常带在左右。

# 纪元前一世纪 五〇年代 前五〇—前四一年

## 西汉王朝

- 北匈奴郅支单于向西遁走。
- 十一郡国大饥馑，人相吞食。
- 西汉政府放弃海南岛。
- 南匈奴呼韩邪单于返单于故王庭。
- 西羌部落再叛。

---

- 凯撒回军攻陷罗马城，元老院选凯撒当终身执政官。
- 凯撒被刺身死。
- 后三雄崛起，击斩布鲁斯特、加西阿斯。

# 纪元前五〇年 辛未

西汉　甘露　四年

**1** 夏季，西汉王朝（首都长安〔陕西省西安市〕）广川王（首府信都〔河北省衡水市冀州区〕）刘海阳，被控有禽兽行为，及杀戮无辜（广川王刘去，以“铅汁灌口”罪行，封国撤除〔参考前七〇年〕。四年后〔前六六〕，皇帝刘病已封刘去的老哥刘文当广川王。刘文逝世，子刘海阳继位。满屋都是春宫画，然后摆下酒筵，请他的叔父伯父以及姐妹，前来观赏。刘海阳的妹妹已经嫁人，却教她跟他的宠信侍臣通奸，又跟堂弟刘调等，谋杀别人一家三口），贬谪到房陵（湖北省房县）当平民。 

**2** 冬季，十月，未央宫宣室殿（皇帝处理公务处所）失火。

**3** 本年（前五〇），改封定陶王（首府定陶〔山东省菏泽市定陶区〕）刘嚣（刘病已之子）当楚王（首府彭城〔江苏省徐州市〕）。

**4** 匈奴汗国既然分裂，南北两单于并立。为了争取支持，南匈奴（王庭设内蒙古阴山山脉北）呼韩邪单于（十四任）挛鞮稽侯栅，跟北匈奴（王庭设蒙古国哈拉和林市）郅支单于挛鞮呼屠吾斯，分别派人向西汉进贡。西汉政府待南匈奴使节，特别礼敬。

# 纪元前四九年 壬申

西汉　黄龙　元年

**1** 春季，正月，西汉王朝（首都长安〔陕西省西安市〕）皇帝（十任宣帝）刘病已（本年四十三岁）前往甘泉（陕西省淳化县西北），祭祀天神。

**2** 南匈奴（王庭设内蒙古阴山山脉北）呼韩邪单于（十四任）挛鞮稽侯栅，第二次到西汉首都长安朝见。二月，返国。

最初，北匈奴（王庭设蒙古国哈拉和林市）郅支单于挛鞮呼屠吾斯，认为老弟呼韩邪单于（十四任）挛鞮稽侯栅过度软弱，投降西汉，西汉一定会把他软禁起来，不再送回。既无后顾之忧，遂率大军西征，准备底定西方的乱局，重新统一残破的匈奴汗国。大军既动之后，早就逃到西方的屠耆单于（五单于之一）的幼弟、侍从武官（本侍）挛鞮呼韩邪，也逃到西方，收集两位老哥的残兵败将（屠耆单于跟闰振单于，都是他的老哥），集结到数千人，宣称自己是伊利目单于。想不到在行军途中，猝然跟郅支单于遭遇，决战中大败，被郅支单于击斩，部属全被吞并。

此时郅支单于已拥有五万人武装部队，然而传来消息，西汉政府大力援助呼韩邪单于（十四任），除运送粮草外，还派军协防。郅支单于感到沮丧，遂即逗留西部地区。他发现他的力量，不但不能统一匈奴，甚至不能东下跟受到西汉支持的呼韩邪单于（十四任）争锋。于是向西移动，接近乌孙王国（首都赤谷城〔中亚伊赛克湖东南〕），希望用诈术吞并乌孙。

郅支单于派使节晋见乌孙小国王乌就屠，乌就屠把使节诛杀，出动八千人的骑兵军队，声称迎接郅支单于。郅支单于发觉其中阴谋，纵兵迎战，大破乌孙军。郅支单于遂乘胜向北攻击乌揭王国（新疆阿尔泰山南麓）、坚昆汗国（西伯利亚叶尼塞河上游）、丁令部落（西伯利亚贝加尔湖畔），全部并吞。不断进攻乌孙王国，常占上风。

坚昆汗国东距北匈奴王庭（蒙古国哈拉和林市）七千华里，南距车师国（新疆吐鲁番市）五千华里，郅支单于遂以坚昆汗国的王庭（今地不详），作为他的王庭。

**3** 三月，孛星（短尾巴彗星）出现于王良星、阁道星，进入紫微星座（事属天文，怎么“出现”，怎么“进入”，无法弄懂）。

**4** 刘病已患病，物色可以托付后事的高级官员。召唤表叔、宫廷随从（侍中）乐陵侯史高、太子师傅（太子太傅）萧望之、太子

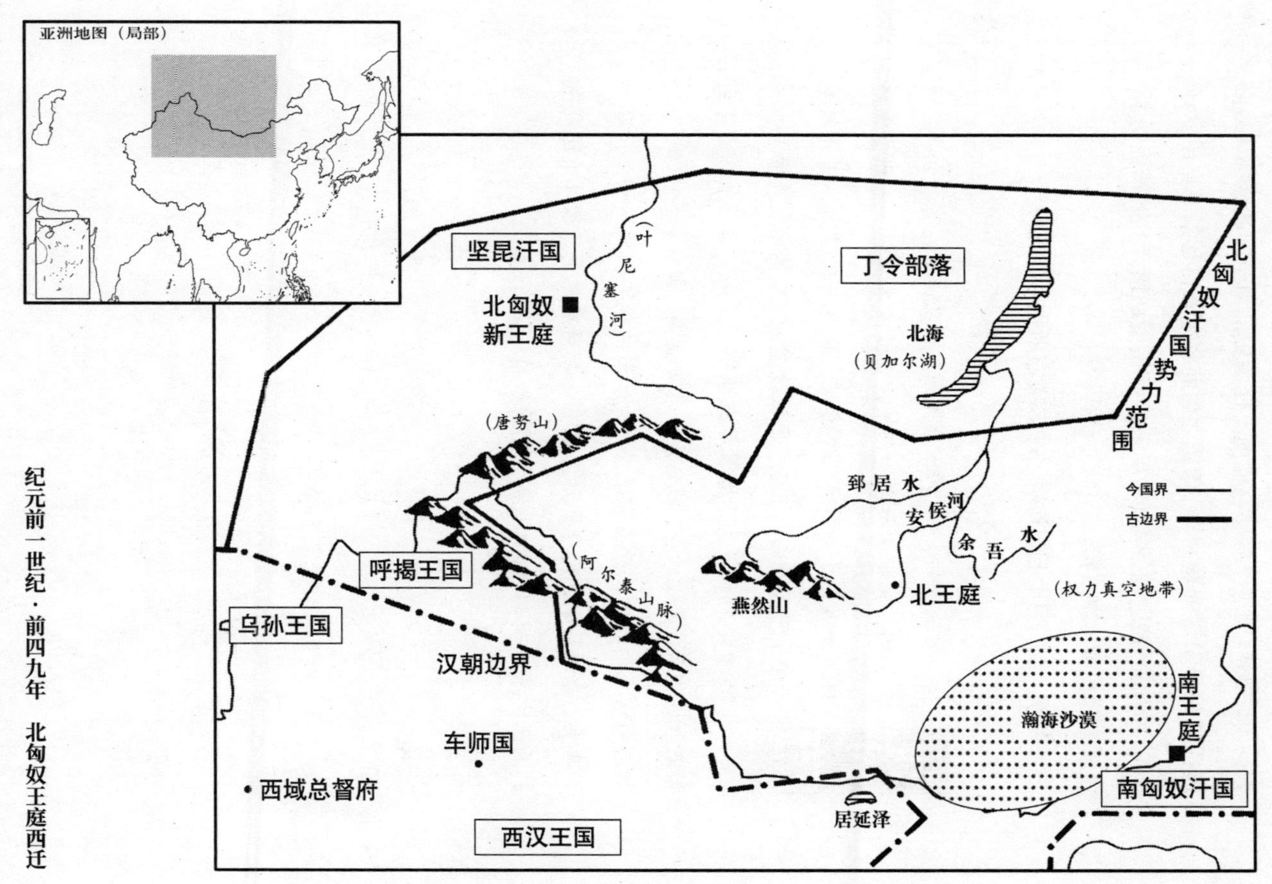


纪元前一世纪·前四九年　北匈奴王庭西迁

教师（太子少傅）周堪，到寝宫榻前。任命史高当全国武装部队最高指挥官（大司马）兼车骑将军，萧望之当前将军兼宫廷禁卫官司令（光禄勋）、周堪当特级国务官（光禄大夫），都接受遗诏，共同辅佐幼主，主管宫廷机要（领尚书事）。

冬季，十二月七日，刘病已在未央宫逝世（四十三岁）。

**班固曰**

孝宣皇帝（刘病已）治理国家，有功必赏，有罪必罚。详拟计划，追查实施成果。无论主持政务的官员，或儒家经典的知识分子，以及法学专家，都是一时精英，工作效率至高。至于技巧、工匠、器械之盛，之后的两位皇帝（十一任刘奭、十二任刘骜），都赶不上。官员尽忠职守，人民安居乐业；又碰到匈奴汗国内乱，救亡助存，威信震慑北方蛮夷。匈奴单于（呼韩邪单于）敬慕西汉王朝仁义，低头称臣。伟大功勋的光芒，照耀祖先，盛大的事业，永垂后嗣，确可称为“中兴”。功劳和恩德，都可上比商王朝的子武丁（二十三任帝高宗）、周王朝的姬靖（十一任王宣王）。

**柏杨曰**

班固颂扬刘病已上比子武丁、姬靖，仍酱在“古”的巨缸里。子武丁先生的事迹，发生在半信史时代的前十四世纪，不过寥寥数语。姬靖先生虽是前九世纪的人物，却窝囊得很。把英明的刘病已拼命往古人古事模子里塞，反而使之黯然无色。

最热闹的是：“匈奴单于敬慕中国仁义，低头称臣。”匈奴单于挛鞮稽侯栅只因兵弱将寡，走投无路，才向中国投降，完全由于现实利害，跟仁义何干？中国皇帝中也有几位向蛮夷低头称臣的，难道是敬慕蛮夷的仁义？

这种信口开河的无知和无耻，一定导致错误的决策。虚骄之气不改，中国人就永远看不到面对的真相。

**5** 十二月六日，太子刘奭（二十七岁）继任皇帝（十一任元帝）。晋谒一任帝（高祖）刘邦祭庙，尊上官皇太后为太皇太后（此是上官女士第二次被尊称为“太皇太后”。第一次是在前七四年七月），王皇后为皇太后。

# 纪元前四八年 癸酉

西汉　初元　元年

**1** 春季，正月四日，西汉王朝（首都长安〔陕西省西安市〕）新任皇帝（十一任元帝）刘奭（本年二十八岁），把老爹、前任帝（十任宣帝）刘病已安葬在杜陵（陕西省西安市东南）。赦天下。

**2** 三月十日，刘奭封王政君当皇后，封王政君的老爹王禁当阳平侯。

刘奭下诏：把三辅（首都长安市〔京兆〕、西长安市〔右扶风〕、北长安市〔左冯翊〕）、祭祀部（太常）、各郡、各封国，跟皇家林苑的结余经费和物产，全部赈济贫民，帮助创业。资本额不满一千钱的，供给或借给他们种子或粮食。

**3** 刘奭命外祖父平恩侯（戴侯）许广汉同胞弟弟的儿子、寝殿侍奉官（中常侍）许嘉（许广汉的侄儿），继承平恩侯爵位（“中常侍”一词在此出现，指可以直入寝殿的最亲近的官员。后来专由宦官担任，皇帝除了朝会时跟外界接触外，其他时间，全被封闭，宦官遂得以弄权）。

**4** 夏季，六月，传染病流行，刘奭命御厨房（太官）减少菜饭（损膳），减少音乐署（乐府）的官员（音乐署之设置，参考前一二〇年。《汉书・礼乐志》载：十三任帝〔哀帝〕刘欣即帝位时〔前七年〕，把音乐署的官员人数，由八百二十九人，裁减至三百八十八人。可想在刘奭裁减官员之前，音乐署人数必不止八百二十九人），减少皇家马匹（当时皇家马匹约有三十万），救济难民。

**5** 关东（函谷关以东）十一个郡跟封国，大水成灾，发生大饥馑。有些地方，人民互相残杀，吞食对方尸体（人间惨事）。

西汉政府转运其他郡、其他封国的援助款项及粮食救济。

**6** 刘奭早就听说琅邪（山东省诸城市）人王吉、贡禹二人，精通儒家五经（《诗》《书》《礼》《易》《春秋》），德行廉洁，特派使节把二人征召到首都长安（陕西省西安市）。王吉在途中逝世。贡禹到了之后，被任命当议论官（谏大夫）。刘奭屡次谦敬的向他请教如何治理国家。贡禹说：“古代时候，君王都很节约，因而用度也很有限，除了征收十分之一的所得税外，没有其他任何税收和差役。所以家家户户，都保持水准以上生活。高祖（一任帝刘邦）、孝文（五任帝刘恒）、孝景（六任帝刘启），宫女不过十几个人，御马不过一百余匹。到了后来（七任武帝刘彻以后)，迫不及待的提高享受，恶性发展，就越来越严重。上行下效，臣属也跟着奢侈。 

“我愚昧的认为：完全效法太古，当然困难，但至少也应效法近代祖先的事迹。现在，宫殿的兴建，告一段落，已经无可奈何。而其他的开支，应尽量减少。从前设立在齐国地区（山东省）的皇家织造厂（三服官），每年为皇家织造的衣裳，不过十个竹箱。而今，所属的春季、夏季、冬季三项织造，每项工人都有几千，每年消耗亿万。而吃人类粮食的皇家御马，已达一万余匹。武帝（七任帝刘彻）时，又收取美女数千人，用来填满不断增加的皇宫。等到皇帝死亡，陪葬的金钱、财物、鸟兽、鱼鳖，多达一百九十种。而把所有的美女，送到墓园，看守坟墓。先帝（十任刘病已）的陪葬物也是如此，只以陛下身为人子，难以主动要求更改。官员也乐于援照前例，至为痛惜。

“最高领袖如此，在下位的人受到影响。一个男人所拥有的妻妾，大多数都超过常态。亲王侯爷的小老婆有的多到几百人，富豪官员甚至小吏小民，有的仅歌女就有几十人。于是高官巨富家庭中充满怨妇，而普通贫穷人家的男子，多娶不到妻子。至于陪葬，天下莫不把地上的金钱财宝，随着尸体，埋入地下，结果是地上财富一空，地下却充满宝藏。这种过失，应由上面负责，全是高级官员们一切援例的结果。

“我建议陛下，查考古人道理，遵循节约正途，减少车辆、衣服、器物的开支——三分减去二分。皇宫美女，只留下二十人，其他的全部送回她们自己的家。羁留坟园而没有生过子女的美女，都应释放。御马不要超过几十匹。只留下长安南御花园（上林苑）地区，作为打猎之用，其他的全部发还给人民。而今，天下陷于严重的饥馑荒年，难道不应大幅的缩小支出，用作补救，回报天意？上天设立君王，是要为人民谋福利，不是为他一个人自己享乐。”

刘奭采纳贡禹的建议，下诏：凡是皇帝很少前往的宫殿，以后不再修理。交通部（太仆）减少御用马匹，水利署（水衡）减少供应皇帝观赏或打猎用的野兽（西汉王朝时，水利署掌管御花园）。

**司马光曰** 忠臣之事奉君王，应要求君王去做较为困难的事。那么，较容易的事，用不着费多大力气，便可纳入正规。只要能弥补短缺，长度过分的地方，自然修正。刘奭刚刚即位，向贡禹虚心请教，贡禹应该先在最重要的事情上着手，而把次重要的事情，留在第二步。优柔寡断，邪恶之辈掌握权柄，正是当时最严重的忧患，贡禹不在这方面发言。谨慎节约，正是刘奭所具有的，贡禹却煞有介事，提出建议。原因何在？假使他的智慧连这都不知道，怎么可称贤能？假使他知道却不肯说，罪就更大。

**柏杨曰** 贡禹的建议，集中“婚”“丧”两大焦点。如果能够像他盼望的，把宫女减为二十人，不但可以内无怨女、外无旷夫，还可以使中国政治局面，有一个新的转变——可能免除宦官之祸，因为根本就不再需要那么多宦官。也可能缩短君王跟官员人民之间的距离，使君王有机会保持清醒。厚葬的弊端，不仅使死者家属不堪负担，而且大量动产、不动产，每天都要埋入地下，资源就不得不日益干枯。试想一想，全国每天有多少人死亡，平均一个尸体陪葬一两银子的话，一年要多少银子消失？

司马光责备贡禹不知道在最重要的事情上着手，而他所谓的最重要事情，就是：“优柔寡断，邪恶之辈掌握权柄。”问题是，刘奭天生的优柔寡断，这种性格，岂是“建言”“进谏”所可以改正得了的？至于“邪恶之辈掌握权柄”，更是稀奇。刘奭刚刚坐上宝座，“邪恶之辈”还没有上台。即令上台，还没有机会显露他们的邪恶，教贡禹如何指出？难道贡禹是摆卦摊的，未卜先知。

司马光的意思是，应先要求君王去做较为困难的事，其他的小事，就迎刃而解。这种擒贼先擒王手段，并不是万灵仙丹。在司马光看起来“嫁”“葬”的小事，刘奭又听得进几句？宫殿岂能真的一直不修理？最后还不是要大动土木。减御车、减野兽，能节省多少经费？对减少宫女的事，刘奭一字不提，这么“容易”的事他都办不到，更困难的事——诸如任用不知在天涯何方的“大儒”，就更办不到。如果刘奭问柏杨先生的意见，我就建议全国选举，组织议会，司法独立，这可是更困难更根本的，刘奭能不能接受？

贡禹的建议，证明一件事，在专制封建的政治制度之下，“建言”“进谏”，作用甚微。只有民主政治的制衡压力，才能使当权分子小心掌舵。

**7** 匈奴汗国（南匈奴，王庭设内蒙古阴山山脉北）呼韩邪单于（十四任）挛鞮稽侯栅，上书西汉政府，陈述部众饥馑困乏，请求赈济。西汉政府命云中（内蒙古托克托县）、五原（内蒙古包头市）两郡，运送米谷二万斛供应。

**8** 本年（前四八），西汉政府在西域总督（都护）之下，增设戊己指挥官（戊己校尉），主持车师（新疆吐鲁番市）武装屯垦（“戊指挥官”“己指挥官”是两个职位。至于为什么叫这个奇怪的名字，颜师古认为，在神秘的“天干地支”系统中，“戊己的位置不定”。所以“戊己校尉”是巡防性质，如译“巡防指挥官”，更为确切，可是从他又主持开荒屯田上，似又有固定驻所）。

# 纪元前四七年

## 甲戌

西汉　初元　二年

1 春季，正月，西汉王朝（首都长安〔陕西省西安市〕）皇帝（十一任元帝）刘奭（本年二十八岁）前往甘泉（陕西省淳化县西北），祭祀天神。

2 乐陵侯、全国武装部队最高指挥官（大司马）、车骑将军史高，以皇亲国戚的缘故（十任帝刘病已祖母史良娣兄弟的儿子），主管宫廷机要（领尚书事）。前将军萧望之、特级国务官（光禄大夫）周堪，作为他的副手。萧望之是儒家学派著名的大儒，在刘奭还是太子的时候，跟周堪分别担任刘奭的师傅、教师，旧情很深，刘奭对二人十分信赖。刘奭退朝之后，每每接见二人，谈论历代治理故事，陈述国家建设大计。萧望之推荐皇族出身、研究儒家学派五经深有心得、护从顾问（散骑常侍）、本职议论官（谏大夫）的刘更生，兼御前监督官（给事中。护从顾问〔散骑常侍〕，跟宫廷随从〔侍中〕相反，是一种外廷差事。皇帝出门时，他就骑马跟在车队后面，以便皇帝随时传唤咨询）。又推荐宫廷随从（侍中）金敞，同在刘奭左右辅佐。四人同心合力，引导刘奭走向古代制度，多方补救并纠正政治上的错误，刘奭几乎言听计从。在这种强大的影响之下，史高虽然官居高位，也只不过坐在高位上充数。于是，跟萧望之之间，有了裂痕。

宫廷政务长（中书令）弘恭、执行官（仆射）石显，在前任帝（十任宣帝）刘病已时代，就主持中枢机要，熟悉文书法令。刘奭即位后，身体虚弱，时常患病。认为石显担任重要工作很久，又因为是宦官的缘故，背景单纯，在政府中没有党羽，精明干练，责任心又重，可以信任，就把大权交给他。政府事情无论大小，都透过石显转呈，再由刘奭裁决。只短短数月，石显的权势和宠幸，就倾盖朝野。文武百官，全对他尊敬畏惧。

石显为人，聪明绝顶，洞察事理，能了解领袖隐藏在内心深处的想法。外表和颜悦色，心里阴险毒辣。最会狡猾辩驳，中伤别人。任何一点细小的怨恨，都难逃他用法律报复。他跟车骑将军史高结合，在讨论国家大事时，常常坚持自己意见，不附和萧望之。萧望之一批人对于皇亲国戚的许姓家族（刘病已妻族）跟史姓家族（刘病已祖母族）的骄傲奢侈放纵，本已深为厌恶，现在又有掌握实权的弘恭、石显，加入对方阵营，更觉得事态严重。于是采取攻击行动，向皇帝刘奭建议：

“宫廷政务署（中书）是皇帝发号施令的地方，位居国家的神经中枢，应该由光明正大的人士担任这项工作。武帝（七任帝刘彻）因为整天在后宫美女群中欢乐享受，外臣出入不便，才改用宦官，不是古代的传统制度。请解除宦官兼任官职的规定，这才符合古人‘不接近受过刑罚的人’的训诫。”

这项建议升高了萧望之跟皇亲集团（史高、弘恭、石显等）的对抗。而刘奭刚刚坐上宝座，谦让谨慎，不敢马上改变祖先的安排。所以到底应不应由宦官担任掌握政令的官员，讨论了又讨论，商议了又商议，仍不能下最后决定。然而形势显然对萧望之不利，因为不久，刘奭就擢升刘更生当皇族事务部长（宗正。不再兼御前监督官〔给事中〕，不能再进入宫廷）。

萧望之、周堪为了扩大影响力，继续向皇帝推荐儒家学派的学人专家，出任政府的议论官员（谏官）。而这时候，一位危险人物出现，会稽郡（江苏省苏州市）人郑朋，发现中央政府两大派系，不久可能爆发一场胜负分明的决斗，决定把赌注押到萧望之这一边，走萧望之路线，博取权力。于是上书刘奭，控告史高派遣他的门客到各郡、各封国，图谋非法利益，并强烈指出皇亲中许姓、史姓两大家族子弟罪恶。

刘奭把这份奏章拿给周堪过目。周堪建议，命郑朋到金马门报到，听候召见。郑朋遂上一份签呈给萧望之，说：

“将军身当国家重任，目的何在，只不过希望当个管仲、晏婴（二人皆是春秋时代齐国的贤明宰相），便心满意足？还是兢兢业业，忙得过了中午才吃饭，直追姬旦（周公）、姬奭（召公）的勋业才止？如果目的不过是当管仲、晏婴，我马上就回到我的故乡延陵（江苏省常州市），去守祖先的坟墓，终我的天年。如果在于建立姬旦、姬奭那样伟大勋业，那么，请赐给我时间，我愿意竭尽忠心，陈述我的谋略。”

萧望之接见郑朋，推心置腹相待。可是不久就看出郑朋不过是一个投机取巧的邪恶之徒，就跟他划清界限，不再来往。

郑朋，具有战国时代楚王国人的性格，由失望而怨恨，他追求的是权力，而不是原则跟是非，于是作一百八十度转变，投奔许史两大家族的皇亲集团。对他过去所做的事，解释说：“那都是周堪、刘更生教唆那么干的，我是关东（函谷关以东）人，怎么知道政府里的事？”宫廷随从（侍中）许章，遂奏请刘奭亲自召见郑朋。在跟刘奭一番对话后，郑朋出了皇宫，宣称：“我向皇上检举前将军（萧望之）有五项小过、一项大罪。”恰好，候见官（待诏）华龙，也想纳入萧望之系统，萧望之因华龙品行恶劣，不肯接受。华龙也投入皇亲集团。

弘恭、石显，教这两位自动送上门来的打手，联合控告萧望之系统“密谋罢黜史高，并挑拨皇上跟皇亲许史二大家族的感情”。等到萧望之休假那天，教郑朋、华龙把奏章呈递上去。刘奭交付弘恭查办。弘恭询问萧望之，萧望之回答说：“皇亲国戚身居高位，多半荒淫奢侈，我盼望皇上疏远他们，只是为了国家，一片忠心，并没有邪恶的意念。”在取得萧望之承认有这种企图的口供后，弘恭、石显，联合奏报说：“萧望之、周堪、刘更生，结成私党，互相援引推荐，不断诋毁国家重要高官，离间陛下的骨肉至亲，图谋控制政府，专制朝纲。作为一个臣属，不忠；陷领袖于不义，无道。不忠无道，应请由皇家礼宾官（谒者）把全案移送司法（召致廷尉）。”

刘奭即位不久，不了解“移送司法”（召致廷尉）是什么意义，于是批准。直到有一天，刘奭召唤周堪、刘更生。左右回答说：“他们已被逮捕收押。”刘奭吃惊说：“这是怎么回事？不是说司法部（廷尉）仅仅问话吗！”诘责弘恭、石显，二人叩头请罪。刘奭说：“快请他们出来办公！”弘恭、石显发现，如果周堪、刘更生官复原职，一旦报复，将势不可当。于是，由史高告诉刘奭，说：“陛下即位没有多久，还没有传出德化天下的美名，却先用法律套上师傅（刘奭当太子时，萧望之当太子太傅），而且既把部长级高级官员（周堪、刘更生）下狱，如果使天下晓得出于程序上的错误，政府的形象将受到伤害。不如乘此机会，把他们免职，表示政府没有错误。”刘奭遂下诏给宰相（丞相）、最高监察长（御史大夫）：“前将军萧望之，辅导我八年之久（萧望之自前五七年八月担任太子太傅，直至前四九年十二月，在任凡八年零五个月），没有其他罪过，只因年纪已老，记忆力衰退，应免除他的前将军、宫廷禁卫官司令（光禄勋）职务。而周堪、刘更生，一律贬作平民。”

**3** 二月二十七日，刘奭封老弟刘竟当清河王（首府清阳〔河北省清河县〕）。

**4** 二月二十八日，陇西郡（甘肃省临洮县）地震，城郭房屋倒塌，压死很多平民。

**5** 三月，封广陵（厉）王（首府广陵〔江苏省扬州市〕）刘胥的儿子刘霸继承王位（刘胥因罪自杀，封国撤销，参考前五四年，现在又册封他的儿子）。

**6** 刘奭下诏：撤销禁宫侍从署（黄门寺）所管理的御车、御狗、御马。水利署（水衡）所属的宫廷花卉供应局（禁圃）、宜春宫（陕西省西安市东南）所属的御花园，以及宫廷供应部（少府）皇家狩猎供应局

(佽飞)辖下的外池(佽，音cì〔刺〕。佽飞，古代楚王国勇士，可以跳到水中，斩杀蛟龙。佽飞外池是西汉王朝帝王射雁场所)、皇家鸟场中的田地，全部开放给贫民。又下诏赦天下，命有关单位推荐优秀的人才跟有特别能力的人才，和直言进谏人士。

**7** 夏季，四月，刘奭封皇子刘骜(本年四岁)当皇太子。

金马门候见官(待诏)郑朋，赞扬太原郡(山西省太原市)郡长(太守)张敞，是刘病已时代有名的重臣，可以辅佐皇太子刘骜。刘奭询问萧望之意见，萧望之认为张敞是一位干练的官员，足可胜任治理繁杂混乱的工作，但是行为轻佻，不是当师傅的材料。刘奭遂改变主意，派使节征召张敞，准备任命他当北长安市长(左冯翊)。不巧，张敞因病逝世。

**柏杨曰**

萧望之攻击张敞行为轻佻，所指的事实有二：一是有一次，张敞参加皇帝朝会后，“骑马穿过章台”，章台街上，妓女户林立，而他竟不在乎，直穿而过。另一是著名的“张敞画眉”，酱缸蛆认为堂堂政府官员给妻子画眉，是一种淫亵。张敞曾就此点抗议说：“闺房之乐，比画眉更淫亵的动作，可多得是。”然而只要被鲨鱼群咬住，恁凭事实俱在，都无法摆脱。

中国传统文化，是一种老人文化。很多率真的性情中人，都被迫端起嘴脸，努力扮演圣人。结果把赤子之心，层层磨损，出现一种官场中的奇异怪兽。然而，只有伟大的人格才会有伟大的形象，而伟大的形象就是真情。靠着人工制造，能累出气喘病。萧望之在他跟皇亲集团的斗争中，受到惨败，我们万分同情。但他那种拒人于千里以外的高傲嘴脸，却实在使人生厌。他之打击张敞，不过由于张敞是受郑朋推荐而已，从他陷害韩延寿，以及企图陷害丙吉，显示出萧望之绝不是一个善良宽厚之辈，但他却是一个“大儒”，于是自有儒家系统给他过高的评价。

**8** 刘奭封萧望之当关内侯（准侯爵），兼御前监督官（给事中），每月一日及十五日朝见。

关东（函谷关以东）大饥馑，齐国地区（山东省）饥民互相残杀，吞食对方尸体（人间惨事）。

**9** 秋季，七月二十七日，又有地震。

**10** 刘奭再征召周堪、刘更生，准备任命当议论官（谏大夫）。弘恭、石显从中阻梗，刘奭遂改命二人当皇家警卫官（中郎）。

刘奭一直非常尊重萧望之，要请他担任宰相。皇亲集团弘恭、石显，跟许史两大家族的子弟，以及宫廷随从（侍中）、宫廷政务署各单位（诸曹），都心怀怨恨，等待机会反击，而机会终于来临。原来刘更生迫不及待，先行动手，命他的一位亲戚，就地震灾难，上书给刘奭说：“地震发生，正是针对弘恭、石显，而不是针对三个孤寒的匹夫（指萧望之、周堪、刘更生）。我非常愚昧，但我认为，应罢黜弘恭、石显，显示对于包庇邪恶的处罚。应擢升萧望之等，疏通贤能上进的道路，如此的话，则天下太平的大门洞开，天灾地变的泉源阻塞。”

奏章呈递上去之后，弘恭、石显怀疑是刘更生干的勾当，要求刘奭准许追究，刘奭批准。于是逮捕那位亲戚，供出真相，果然受刘更生指使。遂逮捕刘更生，再度贬作平民。

就在这时候，萧望之的儿子、护从顾问（散骑）兼皇家警卫官（中郎）萧伋，为老爹“移送司法”事件，上书呼冤。奏章交付给有关单位，有关单位查覆奏报，说：“萧望之正月间被指控的罪证，十分明确，并非诬告陷害。他却教唆儿子，向陛下上书，引用诗经上无罪的诗篇（萧伋的奏章，史书上不载，不知引用哪一篇。《十月之交》：“无罪无辜，谗口嚣嚣！”可能即此），有失大臣的风格，大不敬！请逮捕审讯。”弘恭、石显等皇亲集团深刻了解，萧望之素来刚烈高节，不可能接受下狱的屈辱（前后印证，正月案件，仅周堪、刘更生二人被捕，萧望之不过仅把案情移送司法部而已）。所以建议说：“萧望之在前案中，侥幸没有牵连进去。而又赐给他爵位，不知道改过，反而一肚子牢骚，教唆儿子（萧伋）上书，把错误推到陛下身上。用意十分明显，自以为是陛下的师傅，无论怎么乱搞，都没关系。如果不用监狱的痛苦，挫挫他的骄傲，减减他的自信，就无法阻止他的怨恨。陛下即令再加给他恩典，他也不会感激。”刘奭说：“萧师傅性情刚烈，怎么肯去坐牢？”石显一群人说：“人，谁不爱惜生命，而萧望之被指控的，不过言语上的小罪（这是欺骗的话，“大不敬”是唯一死刑），用不着担心他自杀。”刘奭同意。

冬季，十二月，石显等把诏书封妥，交给皇家礼宾官（谒者），命送由萧望之亲自拆封。为了加强恐怖效果，石显教祭祀部（太常）火速调发首都长安警备区司令部（执金吾）所属的警备部队，包围萧望之住宅（时萧望之住杜陵县〔陕西省西安市东南〕，杜陵县是以前任帝〔十任〕刘病已坟墓〔杜陵〕为基础而建立的县城，属祭祀部〔太常〕管辖，而不属长安市政府〔京兆尹〕。所以命就近征集附近的警备部队，目的在造成恐怖气氛，逼萧望之自杀），使节到了萧宅，召唤萧望之。萧望之问他的学生鲁国（首府鲁县〔山东省曲阜市〕）人朱云，应如何因应。朱云性情也很刚烈，崇尚节操，建议萧望之自我了断。萧望之仰天长叹：“我曾经立于将军（前将军）及宰相之列（萧望之曾任最高监察长〔御史大夫〕，三公之一。参考前五九年七月），而年纪已超过六十。这么老的年纪被投入监狱，去苟且求生，岂不过分鄙贱？”遂唤朱云的别号说：“朱游，快把药和好，不要延长等死的时间！”饮下鸩酒，身死（鸩，音zhèn〔震〕。传说中的一种毒鸟，把羽毛放到酒里，就成毒酒，饮下必死）。

刘奭接到报告，大为震惊，拍桌子说：“我本来就怀疑他不会去坐牢，果然杀了我的好师傅！”这时，御厨房太官送来饮食，刘奭正在午饭，不能下咽，流泪满面，左右都被感动。召唤石显等责问，石显等承认当初判断错误，脱下官帽，叩头请罪，很久很久，才放他们起身。刘奭哀悼萧望之，不能忘情，每年都派使节去他坟墓前祭祀，直到刘奭去世方止。

刘奭这位君王，使人奇怪，这么容易受到欺骗，而又这么难以醒悟。弘恭、石显之陷害萧望之，阴谋诡计，诚然有时候很难分辨。然而，刘奭已经怀疑萧望之拒绝入狱，弘恭、石显保证不会自杀，结果竟然自杀，则弘恭、石显的诈欺，已至为明显。即令是中等智慧的君王，也会发现真相，予以应得的刑罚。刘奭却不然，虽流泪满面，甚至拒绝进食，哀悼师傅，却不知道诛杀弘恭、石显，仅只不过使他们脱下官帽，跪下请罪而已。如此，奸佞还怕什么？而且恰恰鼓励弘恭、石显更肆邪恶，毫无忌惮。

刘奭是一个超级浑球。浑球最大的特色是，他心肠不坏，但没有判断能力，即令有判断能力，也没有执行能力。就像一个永不成长的小娃，被野心家团团玩弄，抛上荡下，不但不觉得危险，反而欢天喜地。爱护他的人在旁空淌大汗，却无可奈何。不幸的是，自从刘奭开始，一连串的君王，都是这一类型。西汉王朝之瓦解，遂连神仙都挡不住。

**11** 本年（前四七），弘恭病死，执行官石显继任宫廷政务长（中书令）。

**12** 最初，刘彻（七任武帝）吞并南越王国（首都番禺〔广东省广州市〕），在海南岛上，设立珠厓（海南省海口市琼山区）、儋耳（海南省儋州市）两郡（参考前一一一年）。大海之中的小岛上，官员小吏，以及士兵，全是汉人。对当地土著，侵夺凌辱，十分凶暴。而土著人民也很强悍，认为海南岛阻绝在大海之外，中央力量不能到达，所以不断起兵抗暴。每隔几年，就爆发一次民变，诛杀西汉官吏。西汉政府每次都要出动军队，才能平定。二十余年间，共发生过六次大规模变乱。刘病已（十任宣帝）在位时，又有两次变乱（前五九年，三县反。前五二年，九县反）。刘奭即位的第二年（前四八），珠厓郡山南县（今地不详）变乱，西汉政府出兵镇压，而变乱更加扩大；其他县份也跟着变乱，一连两年，不能平定。

刘奭广为征求意见，准备出动大军攻击。候见官（待诏）贾捐之说："我曾经听说，伊祁放勋（尧）、姚重华（舜）、姒文命（禹），这些圣明的君王，版图的面积，不过数千华里。西接沙漠，东滨大海。朔方（泛指北方领土）以南，都是中国文化普及的地区。愿接受中国文化的，中国就去治理；不愿接受中国文化的，我们绝不强迫。所以君王跟臣僚，都被歌颂，凡有生命的动物，都得到它们的需要。子武丁（商王朝二十三任帝高宗）、姬诵（周王朝二任王成王），是商王朝跟周王朝至圣至仁的君王，然而版图仍然很小，东方不过到达江国（河南省正阳县南)、黄国(河南省潢川县),西方不过到达氐部落、羌部落(均在甘肃省南部),南方不过到达蛮夷的楚部落(湖北省襄阳市一带),北方不过到达朔方(泛指北方领土)。所以颂扬的声音四起,凡是会听会看的生物,都乐于生存。越裳部落(可能在越南南部),经过九次翻译,而向中国进贡,这不是武装部队的兵力所可以办得到的。

"然后,到了秦王朝,大军远征,贪功于万里之外,却使国内的防卫虚弱,天下纷纷背叛,政府崩溃。到了孝文皇帝(五任帝刘恒),放弃战争,专心从事政治的安定,推广礼教。在那个时代,每年处决的囚犯不过几百人;赋税很少,劳役又很简单。到了孝武皇帝(七任帝刘彻),磨利武器,喂饱战马,用以对抗东南西北四方蛮夷;每年处决的囚犯,高达几万人。赋税沉重,差役频繁。盗贼一时遍起,而大军不断出击,做父亲的在前方刚刚战死,做儿子的就踏着老爹的足迹负伤。最后,男人缺乏,靠女子守卫碉堡亭障。失去父母的孤儿,在道路上哀哀啼哭,无人抚养。衰老的娘亲跟死掉丈夫的寡妇,在破陋的巷子里吞声饮泣。这都是开拓的疆土太大,战争不能停止的结果。而现在,关东(函谷关以东)人民,很久以来,困难穷苦,流离失所,四散流亡,在路途上乞讨。人情,最亲莫过于父母,最爱莫过于夫妇。到了卖妻子、卖儿女,法律无法禁止,道义不能责备的地步(卖妻卖子,还可两全;不卖妻卖子,全家饿死。所以法律、道义,都失去效用),这是国家的忧患。

"陛下不能忍受一时的愤怒,准备驱使壮士,把他们推到大海之中,在那块蛮荒黑暗的孤岛上,显示决心,并不是拯救饥馑,保全人民的恰当方法。《诗经》说:'愚蠢的楚部落蛮夷/竟敢找中国麻烦!'意思是,圣人掌权,蛮夷自然降服,中国衰乱,蛮夷首先背叛。从古代起,就是这个样子,何况更在楚部落南方几万华里之外？骆越人民，没有礼义，父子同时挤在河里洗澡，习惯上都用鼻子饮水，跟禽兽无异，本来没有资格设立郡县。蠢蠢然单独的孤悬在大海之中，雾大露重，气候潮湿，到处是毒草、毒蛇、毒虫，以及水土灾害。还没有看见敌人，战士已经先行病死。而且，也并不是仅只珠厓郡才出产珍珠、犀牛角、玳瑁。抛弃它，一点也不可惜；不加讨伐，一点也不损害政府威严。那里的人民好像鱼鳖，不值得争取。

“我再用当年（前六一）讨伐西羌叛乱的军事行动，作为例证。大军在前方作战，还不满一年，而战场距首都长安，还没有超过一千华里，军事费用已达四十余万万。农林部（大司农）国库积蓄，完全用光，更动用宫廷供应部（少府）的存款。一个角落发生问题，费用还这么多，何况几万华里之外的攻击？只会造成死亡，不可能有功。在古代寻找同类的事，既找不到；在现代寻找同类的事，害处如此。我十分愚昧，认为那些不懂戴帽穿衣的国家，《书经·禹贡》谈论过的地方，《春秋》记载过的地方，都应该暂时先放到一边。特此建议：放弃珠厓郡（海南省海口市琼山区），专心处理关东（函谷关以东）的大旱灾大饥馑。”

刘奭询问宰相（丞相）、监察官（御史）的意见。最高监察长（御史大夫）陈万年，仍主张出击。宰相于定国认为，珠厓郡连年叛变，政府连年发兵的结果，大军保护总监（护军都尉）、指挥官（校尉）、主任秘书（丞），共十一人，只有二人生还，九人丧生；战士跟转运粮秣的后勤士卒，死亡达万人以上，费用达三万万余钱，仍不能完全平服；而今关东（函谷关以东）又大灾荒大饥馑，民心动摇，应采纳贾捐之的建议。刘奭批准。

贾捐之，是贾谊的曾孙（贾谊以《治安策》闻名于世，参考前一七四年）。

# 纪元前四六年 乙亥

西汉 初元 三年

1 春季，西汉政府（首都长安〔陕西省西安市〕）宣布放弃海南岛。西汉帝（十一任元帝）刘奭（本年三十岁）下诏，说："珠厓郡（海南省海口市琼山区）盗匪，杀戮官吏人民，背叛国家。在高级官员会议上，有的主张镇压，有的主张坚守城堡，有的主张放弃，各有理由。我日夜思考他们的意见：为了维持政府的威信，只有诛杀。为了长久对抗，只有继续移民屯垦。为了因应特殊变局，又忧虑战争引起人民的困扰。现在面对的问题是：人民饥馑，跟蛮夷的叛乱，哪一个应优先处理？连我祭祀历代皇家祖庙的祭品，都因凶年之故，不能全备，何况边境小小的羞辱挫败！关东（函谷关以东）人民正逢巨大困难，仓库空虚，无法维生，如果再征集丁壮作战，不但烦扰人民，而且还要再生凶年。现在决定撤销珠厓郡，人民有向慕仁义，愿意迁到大陆本土的，可以随便定居；不愿意迁移的，不可勉强。”

**2** 夏季，四月二十九日，茂陵（七任武帝刘彻墓园，陕西省兴平市东北）白鹤馆失火。赦天下。

**3** 夏季，旱灾。

**4** 刘奭封长沙（炀）王（首府临湘〔湖南省长沙市〕）刘旦（六任景帝刘启五世孙）的老弟刘宗，继任长沙王（刘旦于前四八年逝世，没有儿子，封国撤销，本年恢复封国）。

**5** 长信宫供应官（长信少府）贡禹，上书建议：散布全国各地的皇宫（离宫），以及长乐宫的警卫部队（长乐宫跟长信宫同是皇太后宫），可减少大半，用以减轻人民差役负担。

六月，刘奭下诏：“我顾念到人民的饥寒，又远离父母妻子儿女，从事不是他们本行的工作，保卫君王从不居住的宫殿，不是使阴阳纳于正常的办法。现在，撤销甘泉（陕西省淳化县西北）、建章（陕西省西安市西北）两宫的警卫部队，使他们回乡务农。政府官员应在如何节约上，提出方案奏报，不要有任何顾忌。”

**6** 本年（前四六），刘奭再擢升周堪当宫廷禁卫官司令（光禄勋）。周堪的学生张猛（张骞的孙儿〔张骞，参考前一二六年〕）当特级国务官（光禄大夫）兼御前监督官（给事中）；非常受到信任。

# 纪元前四五年 丙子

西汉　初元　四年

**1** 春季，正月，西汉王朝（首都长安〔陕西省西安市〕）皇帝（十一任元帝）刘奭（本年三十一岁）前往甘泉（陕西省淳化县西北），祭祀天神。

三月，刘奭前往河东郡（山西省夏县），祭祀后土神坛，赦汾阴（山西省万荣县西南荣河镇）苦工犯。

# 纪元前四四年

# 丁丑

西汉　初元　五年

**1** 春季，正月，西汉政府（首都长安〔陕西省西安市〕）擢升周子南君姬延，当周承休侯（前一一三年，七任帝刘彻封周王朝皇族后裔姬嘉为周子南君，姬延是姬嘉孙儿，本年晋封侯爵）。

**2** 西汉帝（十一任元帝）刘奭（本年三十二岁）前往雍县（陕西省宝鸡市凤翔区），祭祀五色帝。

**3** 夏季，四月，参星之旁，出现孛星。

**4** 刘奭采纳儒家知识分子贡禹等的建议，下令御厨房（太官）：不要每天都宰杀牲畜，供应的饮食，减少一半。皇帝使用的御车御马，只要维持正常使用就够了，不必多有储备。撤销角抵（类似日本“大相扑”）游戏（参考前一〇八年），释放上林宫（在御花园内）很少有见面机会的宫女，撤销位于故齐王国地区（山东省）的皇家织造厂（三服官），放弃北假（河套黄河〔乌加河〕南北两岸）一带皇家农田，撤销盐铁专卖局（前一一九年设置），撤销沿边各郡的常平仓（参考前五四年），研究生（博士弟子）的名额不加限制（刘彻时限五十人，刘病已时限二百人，现在取消限制）。为了推广礼教，人民对儒家学派五经（《诗》《书》《礼》《易》《春秋》）中，能精通其中任何一经的，一律免除田赋差役。废除刑法七十余项判例。

最高监察长（御史大夫）陈万年逝世。

六月二十日，擢升长信宫供应官（长信少府）贡禹，当最高监察长（御史大夫）。贡禹对刘奭的得失，前后曾数十次上书规劝。刘奭欣赏他的坦率正直，多半都予采用。

**5** 匈奴（北匈奴，此时郅支单于流亡坚昆汗国〔王庭设西伯利亚叶尼塞河上游〕）郅支单于挛鞮呼屠吾斯，认为他远在天方，跟汉朝距离遥远（叶尼塞河上游距长安，航空距离二千八百公里），对西汉帮助呼韩邪单于（十四任）挛鞮稽侯栅（南匈奴单于，王庭设内蒙古阴山山脉北），而不帮助他，既怨又恨。一面困辱西汉政府使节江乃始等，一面派人到长安进贡，要求送还在西汉当人质的儿子挛鞮驹于利受（参考前五三年正月）。

西汉政府派皇城城门护卫官（卫司马）谷吉，护送人质前往匈奴。最高监察长（御史大夫）贡禹、研究官（博士）东海（山东省郯城县）人匡衡，同时认为：“郅支单于对西汉并没有诚心悦服，王庭（设西伯利亚叶尼塞河上游）所在，又在遥远绝域。我们的使节，只把他的儿子送出边塞就可以了。”谷吉上书说：“我国对于蛮夷，应该有一直保持接触和联系的道义。我们养育郅支单于的儿子十年之久，恩德不能说不厚。如果不送他到家，而只送到边塞，那就显示出跟他永远断绝关系，使他无法再跟我国交往。抛弃一向的恩德，结下以后的怨仇，似不相宜。参与意见的人，鉴于江乃始缺乏应变的才能，智勇都无法施展，以致受到羞辱，事先替我担忧。可是，我有幸拿着强大西汉的符节，奉到皇上的圣明诏书，觉得应传布西汉对匈奴深厚的德意。料想郅支单于会感恩畏威，不敢放肆。如果他狼子野心，不以正常规则待我，那么，他就犯下滔天大罪，必然逃得更远，不敢接近边塞。牺牲一个使节，而使全国人民获得平安，是国家的福分，也是我个人的志向。所以，我愿把郅支单于的儿子，送到王庭。”刘奭批准。

谷吉万里迢迢，把郅支单于的儿子，送到王庭（设西伯利亚叶尼塞河上游），郅支单于应该感谢他的辛苦才对，想不到不但没有感谢，反而忽然间大怒若狂，下令诛杀谷吉等。

郅支单于在诛杀了谷吉等，沸腾的脑筋平息了之后，才发现闯下大祸，而又知道他的老弟呼韩邪单于（十四任）挛鞮稽侯栅正日趋强盛，恐怕受到来自西汉或来自老弟的攻击，准备向更西迁移。偏偏在这个时候，机会敲门。康居王国（首都卑阗城〔中亚巴尔喀什湖西南锡尔河北岸突厥斯坦〕）不断受到乌孙王国（首都赤谷城〔中亚伊赛克湖东南〕）的侵略而困扰，康居王跟他的大臣（翕侯），决心谋求外国援助，认为：

“匈奴是一个大国，乌孙一向是他的臣属。而今，郅支单于困处在国境之外，我们可欢迎他到我国，请他驻防东方边界，然后共同攻击乌孙。把乌孙消灭，由郅支单于当乌孙国王。我们不但不再害怕乌孙，也不再害怕匈奴。”计议一定，就派使节到坚昆汗国（西伯利亚叶尼塞河上游），晋见郅支单于。

郅支单于既恐惧西汉跟老弟呼韩邪单于的强大压力，又怨恨乌孙王国（参考前四九年），听到康居王国使节的计划，天堂的门向他开了，刹那间，他从地狱跃升云端，这是连做梦都梦不到的喜事。在一阵盛大的招待宴会，缔结同盟后，率领部众向西进发。然而，越往西走，天气越冷，不少人在中途冻死，到达康居王国时，只剩下三千人。康居国王决心用婚姻维持双方的密切关系，把女儿嫁给郅支单于。郅支单于也把女儿嫁给康居国王，作为回报。康居王国上自国王，下到人民，对郅支单于十分尊敬。打算借匈奴（北匈奴）的武力，威胁邻国。

郅支单于率领匈康联军，不断攻击乌孙王国。有一次甚至攻陷乌孙王国首都赤谷城（中亚伊赛克湖东南），大肆屠杀及掳掠乌孙人民，夺取财产、牲畜。乌孙王国无力反击，西部边境五千华里广大地区，完全残破，无人居住（从赤谷城到巴尔喀什湖乌孙王国西部边界，航空距离约五百公里，用普通情况三倍计算，地面道路约一千五百公里，不过三千华里。所谓“五千华里”，不尽确实，只是指出乌孙王国受创严重）。

**6** 冬季，十二月九日，最高监察长（御史大夫）贡禹逝世。

十二月十九日，擢升长信宫供应官（长信少府）薛广德，继任最高监察长（御史大夫）。

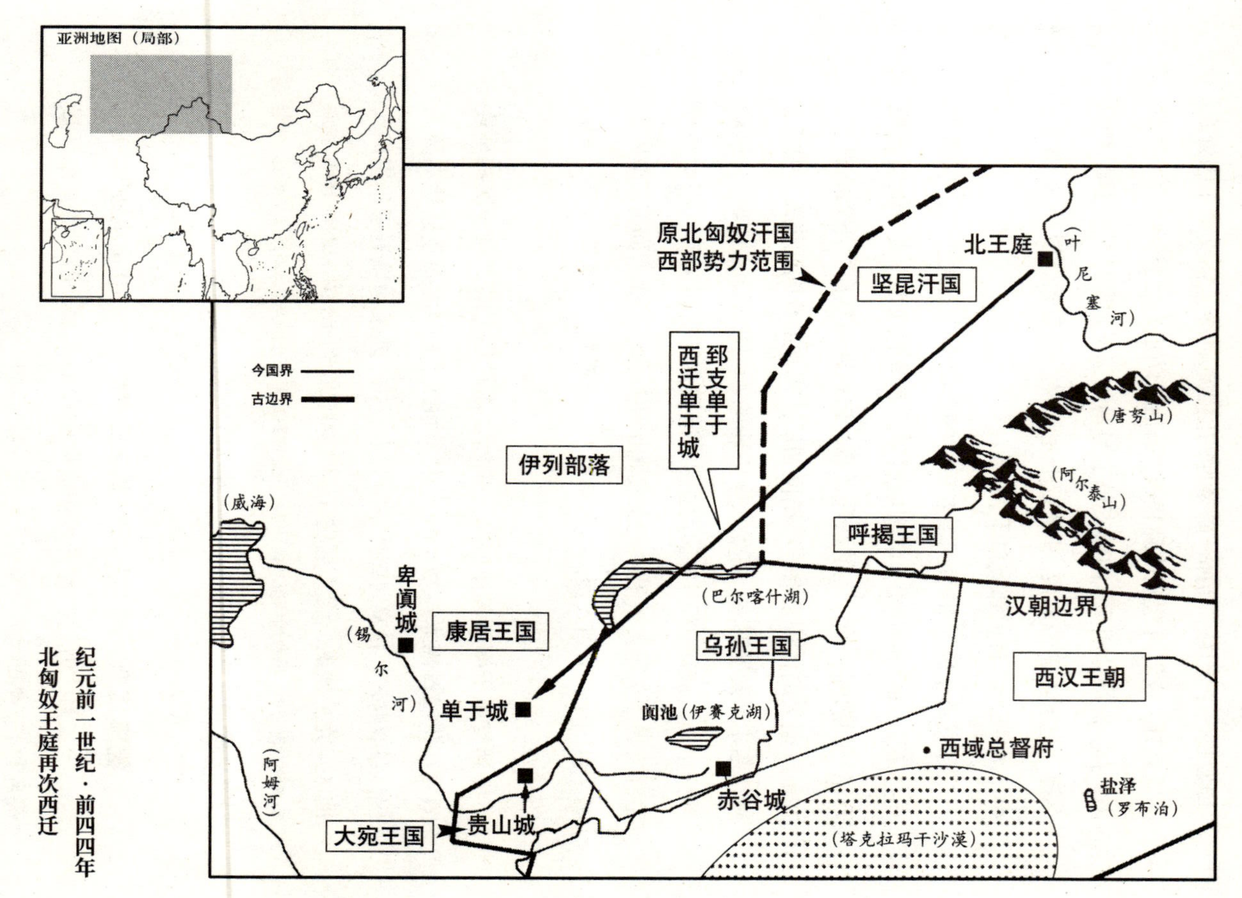


纪元前一世纪·前四四年
北匈奴王庭再次西迁

# 纪元前四三年 戊寅

西汉 永光 元年

1 春季，正月，西汉王朝（首都长安〔陕西省西安市〕）皇帝（十一任元帝）刘奭（本年三十三岁）前往甘泉（陕西省淳化县西北），在郊外祭祀天神。祭祀已毕，就在那里举行围猎。最高监察长（御史大夫）薛广德上书说："关东（函谷关以东）地区，困顿已到极点，人民流离失所，而陛下却每天敲着秦国的大钟，听着郑国、卫国的音乐（古人认为春秋时代郑国、卫国的音乐，淫荡萎靡），我十分痛惜。现在，护卫陛下的大军，暴露在原野之上，随从的官员，疲劳不堪。盼望陛下火速回宫，要跟人民同乐同忧，才是天下之福。”刘奭当天即还长安。

**2** 二月，刘奭下诏：“宰相（丞相）、监察官（御史），应保荐‘质朴’‘敦厚’‘逊让’‘品行良好’四类人士。宫廷禁卫官司令部（光禄）每年应比照这四项要求，考核宫廷禁卫官（郎）和随从官员（从官）。”

**3** 三月，赦天下。

**4** 雨雪交加，大量降霜，桑树纷纷落叶（桑叶缺少，影响养蚕。蚕数减少，则绸缎价格必然上涨）。

**5** 秋季，刘奭祭祀皇家祖庙，出便门（长安南城西边第一门），准备乘船。薛广德拦住皇家卫队（乘舆），脱下官帽，叩头说：“请走河桥。”刘奭传话下来，说：“请最高监察长（薛广德）戴上官帽！”薛广德说：“陛下如果不接受我的建议，我就自刎在此，用鲜血污染车轮。车轮一旦污染，陛下就进不了皇家祖庙（太庙）。”刘奭大不高兴。担任车队开道的特级国务官（光禄大夫）张猛说：“我听说，主上圣明，臣属自然正直。坐船危险，而过桥却万无一失。圣明的君王不冒任何危险，最高监察长（薛广德）的话，可以考虑。”刘奭说：“规劝别人，应像这样把道理说个明白！”于是改走河桥。

**柏杨曰**

席地而坐，跪下也好，叩头也好，顿首也好，不过俯一俯腰。而在大街之上，拦住车队叩头，可是先要矮半截，双膝接触地面，头才能叩得下去。从薛广德搞的这一套，可看出向当权分子"进谏"时的卑屈心理和卑屈动作。也可看出知识分子的命运：必须丧尽廉耻，自甘羞辱，才有可能蒙受当权派的青睐。然而，也同时使当权派准确的看出知识分子竟像狗一样的跪在面前，用自杀来表演他的忠贞！

我们盼望中国人永远不再这么卑屈，永远不再自甘于狗的身份。而永远的挺直脊梁，站在那里，侃侃而谈。大声警告头目："你如果坐船，可能淹死！"他如果不听，就让他淹死。假如这种举动伤害到国家，而不接受警告，就在一场选举中，把他逐下宝座。

薛广德的表演，在历史上不过一个开端，以后这种节目，可没完没了。明清王朝六百年间，中国人更把自己糟蹋得不像人，而把当权分子一个个宠成暴君暴官。

**6** 九月，大霜再降，农田庄稼全毁，全国严重饥馑。宰相（丞相）于定国、全国武装部队最高指挥官（大司马）兼车骑将军史高，最高监察长（御史大夫）薛广德，为这项天灾，先后引咎辞职（这是"三公"为天变负责，第一次集体辞职）。刘奭批准，赏赐每人安车（有座位的车辆）、四匹马、黄金六十斤，罢免他们的官职。

擢升太子师傅（太子太傅）韦玄成当最高监察长（御史大夫）。

薛广德回到故乡，把皇帝赏赐给他的安车（有座位的车辆），悬挂起来，留传给子孙，作为一项荣耀。

**7** 刘奭当太子的时候，中级国务官（太中大夫）孔霸，教他学习《尚书》(书经)。等到登极，封孔霸当关内侯(准侯爵)，称褒成君，兼御前监督官(给事中)。刘奭一心一意要请孔霸当宰相级高官，可是孔霸为人谦虚退让，不喜爱权势，常说：如果爵位太贵，官位太高，他的品德和能力，都不能适应。最高监察长(御史大夫)几次出缺，刘奭几次都要发表任命，孔霸坚决辞让，至于两次、三次。刘奭确知道他出于诚心，才不再勉强，但对他更为尊敬，赏赐更厚。

**8** 九月二十四日，任命宫廷随从(侍中)、皇城保安司令(卫尉)王接，当全国武装部队最高指挥官(大司马)，兼车骑将军(王接，是王无故的儿子。王无故，是十任宣帝刘病已的舅父，参考前六七年)。

**9** 宫廷政务长(中书令)石显，跟宫廷禁卫官司令(光禄勋)周堪、特级国务官(光禄大夫)张猛，结仇已深，不断在刘奭跟前，打小报告。已经被罢黜成为平民的刘更生，唯恐怕有一天会被陷害，于是上书说：

“我曾经听说，姚重华(舜)任命九位高阶层官员(九官——工程官〔司空〕、农业官〔后稷〕、国防官〔司徒〕、司法官〔士〕、矿业官〔共工〕、水利官〔朕虞〕、祭祀官〔秩宗〕、音乐官〔典乐〕、监察官〔纳言〕)，大家济济一堂，感情融洽。高阶层官员在政府中互相和睦，万物在农田中自会欣欣向荣。所以洞箫吹出名《韶》的乐章，只要九遍，凤凰就会飞来朝拜。到了周王朝厉王(十任)姬胡、幽王(十二任)姬宫涅时候，政府官员不再和睦，互相排斥。于是日蚀、月蚀，相继而来，冷冽的泉水都会沸腾，高山深谷都会改变位置，不应降霜的时候，都会降下大霜。由此可以了解，和睦可以招来祥瑞，互相仇视则会兴起灾难。祥瑞多则国家平安，灾难多则国家自然陷于危境。这是天地运转的法则，古今一贯的道理。

“而今，陛下开创三代（夏、商、周）那种盛世的大业，招揽儒家学派知识分子（文学之士），给他们很好的待遇，宽容他们的过失，使大家同时上进。然而，贤能的人跟一些坏胚，混杂在一起，黑白不分，正邪也不分，使忠奸同时挤入政坛。建言的奏章，虽然集中未央宫北门（公车），但因奏章不妥当而被捕下狱的，却满满的囚禁在北军监狱（凡上书皇帝，查出有犯法之处，一律逮捕，交付北军〔野战军〕收押）。现在政府官员，又互相仇视，意志不合。不断用谗言陷害，惹出许多是非。蛊惑主上耳目，影响主上判断，这种事情太多，无法一一陈明。于是各自结党组帮，同心合力，去陷害正直大臣。正直大臣进，国家治；正直大臣退，国家乱。面对治乱契机，却不知道依靠谁才好。灾难变异，因之屡屡出现，我所以寒心的原因，在此。

“陛下登极迄今，已有六年（自前四九年十二月刘奭登极之年算起，至本年〔前四三〕应共七年。刘更生没有把头一年〔前四九〕计算在内）。在春秋时代，一连六年都发生灾难天变的情形，从没有像如今这么密集。所以如此，因为奸邪的人进入政府之故。奸邪的人所以进入政府，因为在上位的人，心怀猜疑。既然任用贤能，去推行善政，如果受到陷害，贤能的人被排除，善政也就中止。由于领袖有猜忌的心，才招来奸臣陷害之口；由于领袖不能当机立断，才给歹徒打开大门。奸臣进则贤才退，歹徒太多则正人君子减少。《易经》上有‘否’（不顺利）有‘泰’（平安），小人那一套如果受到欣赏，君子的力量消失，政治就会一天比一天混乱；君子行事如果受到尊重，小人那一套如果受不到欣赏，政治才会日上轨道。

“古代，姒鲧（音gǔn〔滚〕）、共工、驩兜跟姚重华（舜）、姒文命（禹），同在伊祁放勋（尧）的政府中当官（纪元前二十三世纪黄帝王朝六任帝〔尧帝〕

伊祁放勋时，在一次流血斗争中，姚重华诛杀以姒鲧为首的四位政敌。姚重华后来继承帝位，被儒家学派当作圣君。遂称姒鲧等为“四凶”。姒文命是姒鲧的儿子，最后终于罢黜姚重华）。姬旦（周公）跟姬鲜（管国国君）、姬度（蔡国国君），同时在周王朝政府当官。当时，他们之间，互相打击、流言诽谤，难以详尽描述。而伊祁放勋（黄帝王朝六任帝）、姬诵（周王朝二任王成王）能够肯定姚重华（舜）、姒文命（禹）、姬旦（周公）贤能，而排除共工、姬鲜（管）、姬度（蔡），所以国家治理，荣耀永垂，直到今天。孔丘跟季姓家族、孟姓家族，同时在鲁国当官（跟孔丘同时的两家巨头，是季孙斯、孟孙何忌），李斯跟叔孙通，同时在秦王朝当官。而鲁国国君（第二十七任定公）姬宋、秦王朝皇帝嬴政（一任始皇帝），认为季孙斯、孟孙何忌、李斯贤能，而排除孔丘、叔孙通，所以国家大乱，恶名一直流传到今天。这可以证明：治和乱，荣和辱，关键在于领袖信任什么人，一旦信任真正贤能，必须坚持，不可动摇。

“《诗经》说：‘我的心虽不是石头／你却无法使它转变方向。’说明坚持善行的态度。《易经》说：‘出令如出汗。’说明君王发号施令，犹如出汗，汗既流出，不能再返回体内。可是现在的情形是：有关善政的命令，颁布之后，一会工夫，即行取消，是一种‘反汗’现象。任用贤能的人才，不到三十天，便逐出政府，是转动了那块石头。《论语》说：‘看见邪恶，好像用手去探试滚水。’而今，二府所弹劾的谄佞之辈（二府：普通情形下，指“宰相府”及“最高监察署”），历经数年，仍不能排除。收回成命，如同‘反汗’，任用贤能，却跟转动石头一样的艰难。而驱逐邪恶，简直像拔起一座大山。这种情形下，希望阴阳调和，没有灾荒天变，当然不可能。

“现在的情况是，一群小人，到处寻找漏洞，运用文字技巧，随时诋毁诬陷，制造谣言文件，使在民间广为流传，《诗经》有言：

‘我心忧如焚／只因为触怒了鲨鱼群。’（“忧心悄悄，愠于群小。”）一群小人物猖獗到如此程度，使人愤慨。从前，孔丘跟他的学生颜渊、端木赐（子贡），互相赞扬夸奖，没有人诋毁他们结党营私。姒文命（禹）、姬弃（后稷）、皋陶，互相推荐引用，没有人攻击他们广植党羽。为什么？为的是他们忠心为国，胸无邪念。

“而今，奸佞的小人，跟贤能的君子，手拿戟剑，同时担任宫廷禁卫。奸佞的小人，结合在一起，共同阴谋，违背善良，走向罪恶，唧唧喳喳，不断设下险恶的圈套，决心使领袖跳进去。可能忽然有一天，领袖会相信他们的忠诚，这正是上苍用天变先行提出警告，而灾难不停发生的原因。自古以来，圣明的君王从来没有不经过诛杀，就可使国家治理的。所以姚重华（舜）对于‘四凶’，有四种刑罚（把共工贬逐幽州，把驩兜贬逐崇山，把三苗贬逐三危，把姒鲧斩首羽山）。而孔丘也曾在两观门诛杀少正卯（两观，鲁国国君的宫门。前四九六年，代理宰相孔丘，处决国务官〔大夫〕少正卯），然后圣贤的教化，才能够推行。

“以陛下的贤明智慧，诚能深思天地无私的大公之心，警惕到《易经》‘否’‘泰’的卦辞，参考黄帝王朝跟周王朝的措施，作为榜样。而以秦王朝跟鲁国的措施，作为戒鉴。注意到祥瑞应验国家的幸福，跟灾难天变反映国家的灾祸。用以考察当前局势，放逐奸佞邪恶的小人，击破专门从事阴险构陷的集团，关闭歹徒的门户，广开正大光明的道路，不再狐疑犹豫，而应坚决果断，使是非明显。则一百种奇异的天变灾难，都会消灭，各种祥瑞，都会来临。这是太平的基础，万世的福利。”

石显看到这份奏章（石显是宫廷政务长〔中书令〕，当然先行过目），跟许、史两姓皇亲，结合得更为坚强，把刘更生一帮，恨入骨髓。

刘更生呈递给刘奭这份奏章，是一封战书，煽动刘奭下手诛杀自己的政敌。满口攻击对方奸佞邪恶，却没有指出奸佞邪恶的事实，或举出奸佞邪恶的例证，而只一口咬定对方是“小人”，自己是“君子”。全篇都是大道理、大推论。我们没有看到石显集团如何攻击刘更生，但可以推断，恐怕也会使用同样的语言——一口咬定刘更生是“小人”，而自己是“君子”。这种“小人”“君子”之争，不过刚刚开始闹起，以后越闹越烈，直闹了两千年之久。读者只看到刘更生唾沫横飞，却看不到他所指控的罪行。只看到萧望之的指摘，却看不到皇亲集团什么地方奸佞邪恶，非赶尽杀绝不可。每一个人都用情绪诟骂对手，无怪当皇帝的刘奭，分辨不清到底谁是“小人”？谁是“君子”？在我们的印象中，皇亲集团不过一群保位固宠的官场混混，却只听到萧望之、刘更生一帮，磨刀霍霍。

然而我们必须正视孔丘诛杀少正卯的故事。纪元前四九六年，孔丘被赏识他的鲁国二十七任国君（定公）姬宋，任命代理宰相（摄相事），掌权不到三个月，就把一位声望很高，深得国人尊敬的文化人少正卯，逮捕处决，然后宣布少正卯五大罪状：“一、居心阴险，处处迎合人民的意思。二、行为邪恶，不肯接受劝告。三、说的全是谎言，却坚持说的全是实话。四、记忆力很强，学问也很渊博，但知道的全是丑陋的事。五、自己错误，却把错误润饰成为一件好事。”（“心逆而险，行僻而坚，言伪而辨，记丑而博，顺非而泽。”）这种烟雾迷蒙的抽象词汇，如果可作为定罪的证据，则凡是有权杀人的人都有福了，他们可以随时随地把这顶帽子，扣到任何一个看不顺眼的人的头上。扣到莎士比亚、柏拉图、华盛顿头上，固然适合，扣到孔丘、孟轲、朱熹头上，更是天衣无缝。这桩历史上有名的冤狱，当时就引起十分强烈的反弹。正主持对上帝大祭的鲁国国君姬宋，在分祭肉的时候，故意不分给孔丘。这是礼教社会中表示最严重的一种厌恶，孔丘只好逃亡，出奔卫国。

在孔丘被尊为圣人之后，这件枉杀无罪的冤狱，竟被儒家学派美化，而且在以后两千年儒家学派当政的日子里，有权大爷只要杀机一动，这件冤狱便会被牵出笼。跟攻击嬴政大帝的情形一样，一犬吠影，百犬吠声。没有人敢去追查少正卯被杀真相，而只敢异口同声，一致赞扬孔丘杀得好、杀得妙。刘更生不过百犬吠声中的一犬而已，以后这种一犬分子，车载斗量，为“无罪不能无刑”，找出儒家学派圣人的论据，使杀人的真凶，心安理得。虽然到了后来，有头脑的儒家学者，忽然发现，总有一天会被有思考能力的人予以揭发，也曾著书立说，为孔丘辩护，誓言他并没有杀少正卯。但已无法挽回它在历史上所造成的长期毒害，实在是一件遗憾。

**10** 本年（前四三）夏季，天气寒冷，太阳发出青色光芒，十分黯淡。石显跟许、史两大家族，坚持这是周堪、张猛当权引起的天变（把刘更生的奏章，原封不动照抄一遍，扣到刘更生头上，完全合适）。刘奭心里尊重周堪，可是面对众口一词的抨击，却无法堵他们的嘴。于是他想到长安县长（长安令）杨兴。杨兴有干练的行政能力，受到赏识，而且常常赞扬周堪。刘奭想得到他的帮助，遂召见杨兴，问他：“有些大臣总是反对周堪当宫廷禁卫官司令（光禄勋），怎么回事？”杨兴是一个伶俐的官场人物，他误会了意思，认为刘奭对周堪已经不再信任，杨兴当然不会站在眼看就要垮台的这一边，不但不再维护周堪，反而落井下石，强调说：“周堪不但没有能力担任宫廷禁卫官司令（光禄勋），就是当一个乡下的里长、邻长，也不适宜。我以前听说，人们攻击周堪跟刘更生等挑拨离间陛下的骨肉亲情，要求诛杀。我所以提出抗议，并不是赞成他们，只是为国家培养恩德。”刘奭说：“那么，用什么罪名才可以杀他？现在怎么办？”杨兴说：“我愚昧的意见是：最好封周堪关内侯（准侯爵），赐给他三百户采邑，而不要他掌权。这样的话，英明的领袖仍维持对师傅的旧恩（周堪曾当刘奭的教师，参考前四九年），应是最上等的策略。”刘奭遂对周堪、张猛，开始怀疑。

京畿总卫戍司令（司隶校尉）、琅邪（山东省诸城市）人诸葛丰，以刚强正直，特立独行，闻名朝野，屡屡冒犯皇亲国戚，很多当权派排挤他，说他坏话。后来被控春夏二季逮捕人犯（古时规定：春夏二季，万物生长之时，春季对囚犯特别优待，能释放的便释放，不能释放的则不加刑具〔如脚镣、手铐、枷等〕，并停止审问。夏季则增加重刑犯的饮食。春夏二季如果囚禁人犯，被认为违背天时），贬谪当首都长安城防指挥官（城门校尉）。诸葛丰上书控告周堪、张猛有罪。刘奭对诸葛丰大为不齿，下诏说：“首都长安城防指挥官（城门校尉）诸葛丰，之前跟宫廷禁卫官司令（光禄勋）周堪、特级国务官（光禄大夫）张猛，同在中央时，诸葛丰屡屡称赞周堪、张猛的美德。诸葛丰当京畿总卫戍司令（司隶校尉）时，不顺应四时天意，不知道遵守法令制度，用苛刻凶暴的手段，建立威严外貌，我不忍心法办，只贬他当首都长安城防指挥官（城门校尉），想不到他不自我反省，反而翻脸成仇，怨恨周堪、张猛，以求报复。控告的全是没有证据的话，揭发的全是无法证明的罪。想诽谤就诽谤，想赞扬就赞扬，随心所欲，不管从前的立场，没有一点信义。我怜悯诸葛丰年纪老迈，不忍诛杀，着即贬作平民。”

再下诏说：“诸葛丰指控周堪、张猛毫无忠贞信守，我心怀怜悯，不肯追究，而又惋惜二人的才干，无法报效国家。兹贬周堪当河东郡（山西省夏县）郡长（太守）、张猛当槐里县长（令）。”（槐里，即废丘，楚汉相争时，雍王章邯的首都，今陕西省兴平市。）

诸葛丰对于周堪、张猛，从前赞誉，后来诋毁，目的不是为国家进贤除奸，不过是向皇亲集团表态，企图升迁而已。属于郑朋、杨兴之流，何来的刚烈正直？当一个领袖人物，应该察看善恶，分辨是非，用奖赏鼓励善行，用刑罚惩治邪恶，这样才是治理国家的常轨。如果诸葛丰的话是对的，他不应被贬逐；如果他的话是一种诬陷，则周堪、张猛有什么罪？而今双方都受到责罚，同时废弃，那么，善跟恶，是跟非，分别又在哪里？

柏杨曰

刘奭对诸葛丰跟周堪、张猛的处分，使一千年后的司马光先生感慨，也使比司马光更后一千年的柏杨先生感慨。这正是官场上流行的“各打五十大板学”：“张三固然是坏胚，李四也不是好东西。”产生这种态度，一个原因是情绪上的不耐，虽然你对了，可是你怎么总是惹麻烦？另一个原因是，智力不能判断谁是谁非，索性左右开弓，图得眼前清静。而且，其中至少有一方是罪有应得。

“各打五十大板学”不废除，和稀泥就成为金科玉律。诚如司马光所言：善恶是非，就永远混沌不明。一个善恶是非得不到公道的社会，必然爆发动乱。

**11** 贾捐之跟杨兴，友谊至深。贾捐之总是抨击石显，因此他一直无法弄到一个官做，更很少有机会见到皇帝刘奭。而杨兴正因干练的才能，受到赏识。贾捐之向杨兴建议说：“首都长安特别市长（京兆尹）出缺已久，如果我能面见皇上推荐你的话，这个职位马上就可以到手。”杨兴说：“老哥笔下生花，当今天下，言语最为精辟。假如你能当宫廷秘书长（尚书令），可比五鹿充宗（五鹿，复姓。五鹿充宗是现任宫廷秘书长）高明得多。”贾捐之说：“我如果能取代五鹿充宗，你能当首都长安特别市长（京兆尹）。首都，位居各郡跟封国之首，而宫廷机要，掌握全国官员的命脉。天下一定太平，上下就再不会隔阂。”说着，又攻击石显。杨兴说：“石显权势，如日中天，皇上正信任他，我们如果谋求上进，必须听我的计划，向他靠拢，只要能称他的心、合他的意，就可以成功。” 732

于是，二人联名上书，赞扬石显的美德，建议应封爵关内侯（准侯爵），而使他的兄弟入宫充任政务署（中书）或秘书署（尚书）的单位主管（诸曹）。然后，二人又共同拟定，而由贾捐之单独署名的奏章，保荐杨兴能力非凡，应考虑使他当首都长安特别市长（京兆尹）。

石显看穿二人诡计，报告刘奭。于是逮捕贾捐之、杨兴下狱。刘奭命石显负责审讯，审讯后，石显覆奏，说：“杨兴、贾捐之心怀奸诈，行为虚假，互相标榜，企图谋取政府高官位置，欺骗皇上，大逆不道。”贾捐之绑赴街头斩首，杨兴被剃光头发（髡刑），罚做苦工。

正人君子，用正道攻击邪道，还怕不能取胜；何况贾捐之用邪道攻击邪道，怎能免掉灾祸？

司马光称贾捐之“以邪攻邪”，事实上，何来“以邪攻邪”？不过官场虫蛆在那里爬上爬下、钻营升迁而已。《资治通鉴》从郑朋开始，写贾捐之、写杨兴、写诸葛丰，把一群奔走于权贵之门，密室咬耳，寡廉鲜耻的官崽嘴脸，描绘得栩栩如生。

**12** 改封清河王（首府清阳〔河北省清河县〕）刘竟（十任宣帝刘病已子）当中山王（首府卢奴〔河北省定州市〕）。

**13** 匈奴（南匈奴，王庭设内蒙古阴山山脉北）呼韩邪单于（十四任）挛鞮稽侯栅的部落，日渐壮大，而塞外野兽，经连年捕捉，几乎绝种，不能维持生活。同时，武装部队休养补充之后，战斗力提高，足以自卫，不再担心郅支单于（北匈奴单于。此时在康居王国〔首都卑阗城，中亚巴尔喀什湖西南锡尔河北岸突厥斯坦〕东部国境）的袭击，很多大臣建议回到瀚海沙漠故土。呼韩邪单于又拖延了一段日子后，终于北返（王庭复设于蒙古国哈拉和林市）。散布在其他地区的部落，重新取得联系，国家初步安定。

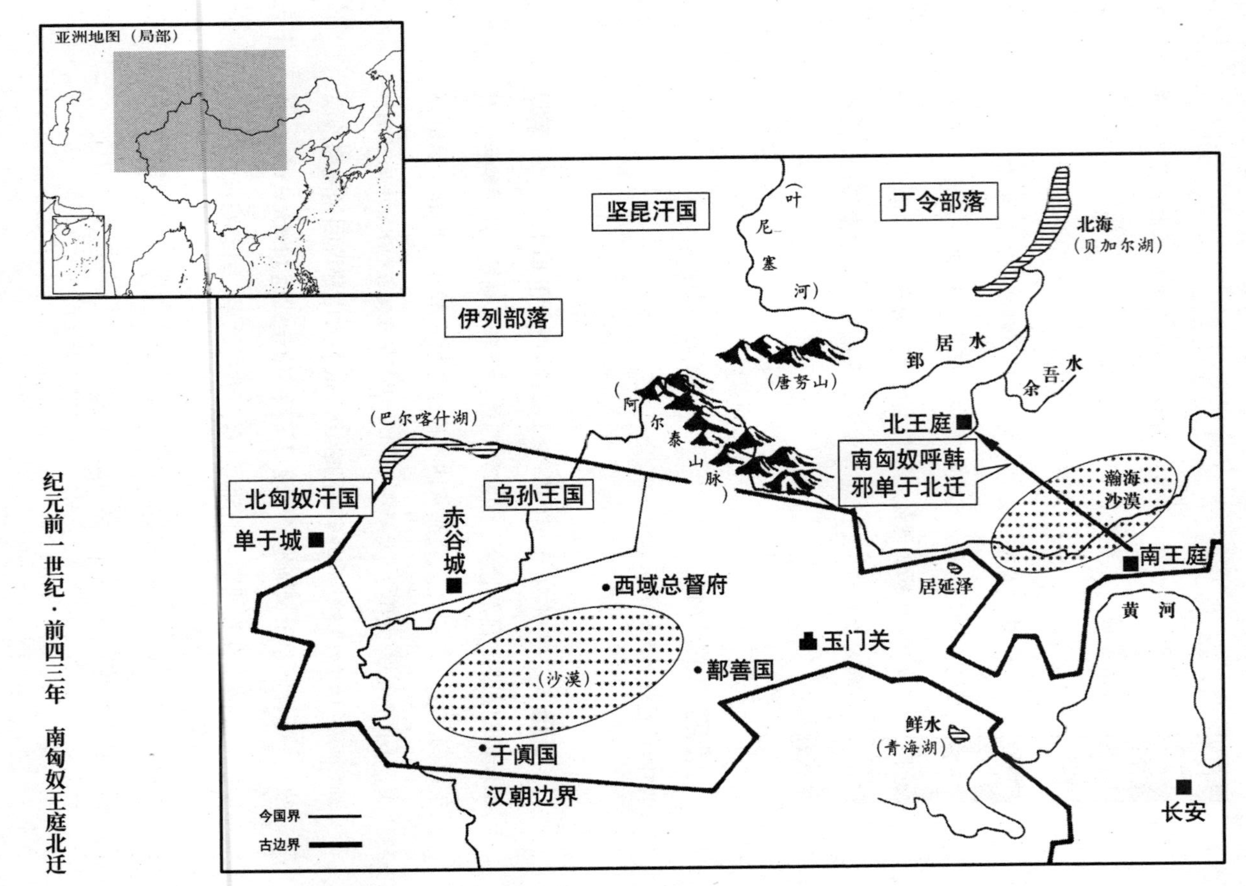


纪元前一世纪·前四三年　南匈奴王庭北迁

# 纪元前四二年

## 己卯

西汉　永光　二年

1 春季，二月，西汉王朝（首都长安〔陕西省西安市〕）赦天下。

2 二月五日，西汉帝（十一任元帝）刘奭（本年三十四岁）擢升最高监察长（御史大夫）韦玄成当宰相（丞相）、西长安市长（右扶风）郑弘当最高监察长（御史大夫）。

3 三月一日，日蚀。

**4** 夏季，六月，赦天下。

**5** 刘奭向御前监督官(给事中)匡衡，询问地震、日蚀等天地变化的缘故。匡衡上书说："陛下亲自身体力行，为国家开辟太平道路，怜悯愚昧的官吏人民，误触法网，连年都有赦免，使人民得到改过自新的机会，这是国家之福。不过，据我的考察，每次大赦之后，作奸犯科的人，并没有减少；作奸犯科的行为，也没有停止。今天刚刚释放出狱，明天就又犯法，重新坐牢。由于辅导他们的工作，没有抓住重点。社会风气，贪财贪利，轻视道义，喜爱追逐声色犬马，把豪华奢侈，当作目标。亲族的关系日益稀薄，婚姻的关系却十分密切。苟且结合，用身家来博取财富，万变不离这种倾向。虽然一年之内，有数次赦免，仍不能避免使用刑法。我愚昧的认为：改正之道，在于大刀阔斧，革新社会风气。

"中央政府之于国家，犹如筑墙时所用的模板。高级官员如果怒目相对，官吏人民就会兴起斗争的意愿。在上位的人如果专权弄势，在下位的人就会兴起拒抗心理。在上位的人如果互相伤害，在下位的人就会兴起杀机。在上位的人如果有贪图财富的大臣，在下位的人必然有偷窃强盗的人民，因为模板是筑墙所用的基本工具。治理国家的人，最应该谨慎的，是提倡什么。礼教的推行，用不着逐家拜访，也用不着见人就去劝说。只要贤能的人在位，有能力有才干的人尽忠职守，政府尊重礼义，文武官员知道谦让。道德的行为，从内心发展到体外。从最接近的人开始，然后人民才知道用谁作为榜样，努力效法，不知不觉中，善行日益增加。

"《诗经》说：'商王朝首都的风俗礼仪／高贵大方／是天下人的标准／都要模仿。'而今，在西汉王朝首都长安(陕西省西安市)，天子亲自推行圣王的教化。可是，社会风气，跟远方并没有差异。各郡、各封国的人，到了首都，不知道学习什么，最后却学会了奢侈荒淫。所以推行教化最根本的地方，也是培养社会风气最重要的地方，应该最先着手。我曾经听说，天上跟人间的分界，精气互相激荡，善恶互相推展。下面有所行动时，在上面可以看出迹象。太阴变化，则静的东西会动（指地震）。太阳变化，则光明会被掩盖（指日蚀）。而水灾旱灾，类似的灾祸，接踵而至。陛下敬畏上天的警告，只有怜悯天下人民，节省庞大浪费，建立国家制度，接近忠良正直，疏远伶俐奸佞，提倡大仁大义，矫正败坏的风俗习惯。使高尚的道德，在京师（首都长安）先发出光芒，美好的声誉，传播到国境之外。然后广大的教化，可以完成，礼义谦让的美德，可以复兴。”

刘奭欣赏匡衡的意见，擢升他当特级国务官（光禄大夫）。

**荀悦曰**

对于囚犯的赦免，是一种权宜的措施，不是正常的司法典范。西汉王朝崛起之初，恰在秦王朝战乱之后。几乎每个人都身负重罪，如果一定要依法办理，挨家逐户，都应诛杀。所以高祖皇帝（西汉一任帝刘邦）约法三章，颁发大赦命令（刘邦登极时大赦天下，以后就成为一种传统，新皇帝登极，一定大赦）。洗刷社会上的罪恶污秽，使人民从头开始一种新的生活。当时局势，不得不如此。可是，到了后世，大家承袭了这个制度，不知道改革，已经失去时代意义。在惠帝（西汉二任帝刘盈）、文帝（西汉五任帝刘恒）时候，天下不需要赦，在孝景皇帝（西汉六任帝刘启）时候，发生七国之乱，人心浮动，奸诈百出（参考前一五四年）。到了武帝（西汉七任帝刘彻）末年，赋税沉重，差役频繁，盗匪四起，再加上皇太子刘据事件（参考前九一年），巫蛊大祸，全国惊惶，人民生活困难，无依无靠。等到光武皇帝（东汉一任帝刘秀）上台，平息灾难。用来跟前世相比，由他赦免罪犯，才最恰当。

荀悦这篇评论，实在不知道说些什么。司马光把它放在匡衡的言论之后，当然认为是对匡衡的言论，有阐扬的功能。可是荀悦却只绕着“赦免罪犯”一个小圈圈打转，而又转昏了头，语无伦次。看样子他是赞成赦的，因为赦可以“洗刷社会上的罪恶污秽，使人民从头开始一种新的生活”。但再看下去，他似乎又在反对。强调说，刘恒时代，天下太平，从没有赦。可是刘彻末年之后，天下大乱——荀悦在叙述到天下大乱之后，忽然塞住嘴巴，不知道跟“赦”“不赦”有什么关系？最后才忽然肯定，只有刘秀（荀悦先生的顶头上司）才有赦免的资格。却没有说明：刘病已、刘奭二位先生在位，也在大乱之后，为什么就没有赦免的资格？

只有糊涂不清的头脑，才写出糊涂不清的文章。

**6** 秋季，七月，陇西郡（甘肃省临洮县）羌民族杉姐部落叛变（杉姐，即彡姐。彡，音shān〔山〕），刘奭召集宰相（丞相）韦玄成等高级官员，举行御前会议。这时，农田庄稼，连年歉收，中央政府正在焦虑，突然传来战报，韦玄成以下所有高级官员，震惊不知所措，没有人敢先开口。右将军冯奉世说：“杉姐部落，在境内叛变，如果不迅速扑灭，我国威望就无法控制远方蛮夷，我愿率大军出征。”刘奭问他需要多少部队，冯奉世说：“我听说，一个有谋略的大将，不会作第二次动员（一次就把敌人歼灭，不使对方有复起的机会）。所载负的粮秣，不会超过三年所需。大军不至于被羁绊在原野之外，所以必须速战速决。过去，我们从来不正确的评估对手，大军才受到挫败，不得不一而再、再而三的增派援兵，不但拖延日子太久，军费增加，国家的威望，也被伤害。现在，情报说，叛军有三万人之多。依据兵法，攻击部队必须超过两倍，我们需要六万。只不过杉姐部队的武器落伍，只有长矛与弓箭，我们的部队可以减少，但至少也要四万人，一个月就可解决。”

然而，宰相韦玄成、最高监察长（御史大夫）郑弘、车骑将军王接、左将军许嘉，都认为：“民间正逢秋收，不便在农人最忙时征调入伍。且集结一万人前往屯守，足够。”冯奉世抗议说：“不可。天下人民受到天灾饥馑，情况十分惨重，战士战马，不但体力瘦弱，而且数量也大都消耗；战斗训练跟武器、工事，很久以来，都已废弛。蛮夷对边塞，早已不看到眼里，羌民族才首先发难。我们用一万人，分开驻防几个地方，敌人发现我们的兵力单薄，根本不会在意。我们如果攻击，一定挫败丧师。如果固守，则眼看他们屠杀汉人，却不能援救。衰弱胆怯的形象，完全暴露。羌民族将抓住机会，各种族各部落，势将互相呼应煽动，纷纷起兵。到那时候，西汉动员的兵力，恐怕四万人都不够，花再多的钱都无法解决。所以，发兵太少，一定拖延时日，跟扩大发兵，一举迅速解决，利与害之间，相差万倍。”据理力争，然而，得不到支持。最后，刘奭下诏，增加两千人。

冯奉世率一万二千步骑兵，声称开垦荒田（因兵力不够，不敢表示讨伐）。任命移民区总监（典属国）任立、大军保护总监（护军都尉）韩昌，作为助手，抵达陇西郡（甘肃省临洮县），分别驻防三处要塞（西路军任立，驻防白石〔甘肃省临夏市西南〕。前路军韩昌，驻防临洮〔甘肃省岷县〕。中路军冯奉世，驻防首阳〔甘肃省渭源县〕）。

韩昌先派出两位指挥官（校尉），向杉姐部落攻击，杉姐兵团大举迎战，斩两位指挥官，政府军溃败。冯奉世呈报山川地图，跟兵力分配计划，要求中央政府增援三万六千人："必须如此，才可以有决定性的胜利。"刘奭索性征调六万余人参战。

八月，刘奭任命祭祀部长（太常）弋阳侯任千秋，当奋武兵团司令（奋武将军），做冯奉世的助手。

冬季，十月，大军在陇西郡（甘肃省临洮县）集结完成。

十一月，冯奉世发动总攻，数道并进，大破杉姐兵团，斩杀数千人，残余部众，全体逃出边塞。

在胜负尚未分晓时，中央政府又招募战士一万人，任命定襄郡（内蒙古和林格尔县）郡长韩安国，当建威兵团司令（建威将军），还没有出发，而羌民族杉姐部落已经溃败，遂停止前进。

刘奭下诏复员，但也留部分部队开荒屯垦，防卫边区要塞。

# 纪元前四一年

## 庚辰

西汉 永光 三年

**1** 春季，二月，西汉王朝（首都长安〔陕西省西安市〕）右将军冯奉世凯旋首都长安，调任左将军，封关内侯（准侯爵）。

**2** 西汉帝（十一任元帝）刘奭（本年三十五岁）封皇子刘康当济阳王（首府陈留〔河南省开封市东南陈留镇〕）。

**3** 夏季，四月，全国武装部队最高指挥官（大司马）、车骑将军、平昌侯（考侯）王接逝世。

秋季，七月壬戌日（七月甲申朔，没有壬戌），任命平恩侯许嘉，继任全国武装部队最高指挥官（大司马），兼车骑将军。

**4** 冬季，十一月八日，地震，降雨（十一月已入深冬，北中国只应降雪，不应降雨。降雨说明气候反常）。

**5** 恢复盐铁专卖制度（撤销盐铁专卖事，参考前四四年）。研究生（博士弟子）限制不超过一千人。因政府经费不够开支，而民间又很多人免除田赋差役，政府财力不足，无法负担。

- 宦官诬杀张猛、京房。
- 陈汤击斩郅支单于。
- 王昭君和蕃。

- 罗马安东尼进军埃及，被二十八岁的女王克娄巴特拉迷住，流连忘返。
- 高句骊王国（首都纥升骨城〔辽宁省桓仁县〕）建立。
- 安东尼兵败，自杀。克娄巴特拉欲以美色再迷屋大维，不遂，用毒蛇自杀。托勒密王国亡。

# 纪元前四〇年 辛巳

西汉　永光　四年

1 春季，二月，西汉政府（首都长安〔陕西省西安市〕）赦天下。

2 三月，西汉帝（十一任元帝）刘奭（本年三十六岁）前往雍县（陕西省宝鸡市凤翔区），祭祀五色帝。

3 夏季，六月二十六日，十任帝（宣帝）刘病已（刘奭的爹）墓园（杜陵，陕西省西安市东南）东门失火。

**4** 六月三十日，日蚀。因此，刘奭召集坚持灾难天变，都是为周堪、张猛而发的官员（宫廷政务长〔中书令〕石显，跟许、史两姓皇亲。参考前四三年），要求他们解释，皇亲集团唯有低头请罪。于是，刘奭下诏褒扬周堪、张猛，调回首都长安。任命周堪当特级国务官（光禄大夫），支部长级最高俸禄（中二千石。特级国务官原是“比二千石”）、主管宫廷机要（领尚书事）。任命张猛当中级国务官（太中大夫），兼御前监督官（给事中）。而这时候，宫廷政务长（中书令）石显兼管宫廷秘书署（尚书），秘书（尚书）共五人（石显、牢梁、五鹿充宗、伊嘉、陈顺），全是石显死党。周堪官位虽然位于秘书（尚书）之上，但他很难见到皇帝，虽然主管机要（领尚书事），但有什么建议，却不得不拜托石显代为转达，局势遂全被石显控制。正巧，周堪患上失音症，不能言语，逝世。张猛完全孤立，石显乘势诬陷。强迫张猛在司马门收发接待室（公车）自杀。

**5** 最初，贡禹上疏说：“孝惠帝（二任帝刘盈）、孝景帝（六任帝刘启）的祭庙，因为亲情已尽，应该撤除（贡禹指出：天子只能设立七座祭庙，凡不属于这七座祭庙的其他祭庙，都要撤除），而各郡、各封国所设置的皇家祭庙，不合古代规定，也应撤除。”（刘盈尊老爹刘邦的祭庙为“太祖庙”，刘启尊老爹刘恒的祭庙为“太宗庙”。刘病已尊曾祖父刘彻的祭庙为“世宗庙”。凡是他们到过的郡或封国，都设置祭祀。）刘奭认为有理。

秋季，七月十日，刘奭下诏撤除昭灵后墓园（刘邦的娘王含始。《汉仪注》记载：王含始于刘邦起兵反抗秦王朝时，已死于小黄〔河南省开封市东〕，之后于小黄建立祭庙。唯太上皇刘执嘉的墓园〔今陕西省富平县西南七公里〕亦称是刘执嘉及王含始夫妇二人的共同墓地。故此，这“太上皇墓”未必埋葬王含始的尸体，而只是形式上陪葬刘执嘉）、武哀王墓园（刘邦的老哥。墓园今地不详）、昭哀后墓园（刘邦的姐姐。墓园今地不详）、卫思后墓园（刘彻的皇后卫子夫、刘据的娘。思后园在今陕西省

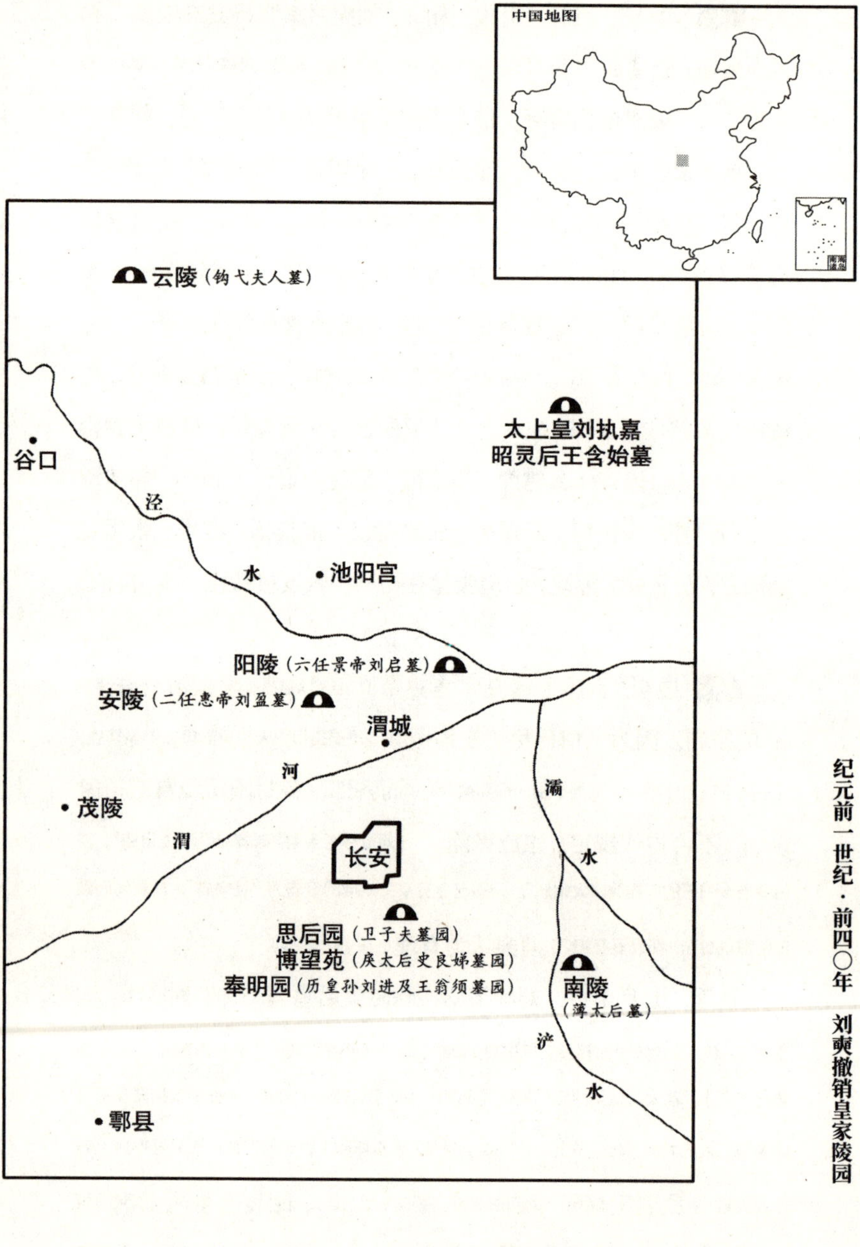

中国地图

云陵（钩弋夫人墓）

太上皇刘执嘉
昭灵后王含始墓

谷口

泾

水

池阳宫

阳陵（六任景帝刘启墓）

安陵（二任惠帝刘盈墓）

渭城

河

茂陵

渭

长安

灞

水

思后园（卫子夫墓园）
博望苑（戾太后史良娣墓园）
奉明园（历皇孙刘进及王翁须墓园）

南陵
（薄太后墓）

浐

水

鄠县

西安市玉祥门西一公里）、戾太子墓园（刘据、现任皇帝刘奭的曾祖父）、戾后墓园（刘据的正妻史良娣、现任皇帝刘奭的曾祖母。刘据死时在湖县〔河南省灵宝市西，参考前九一年〕，墓也应在该地。但刘病已当皇帝之后，在长安城南、卫子夫墓园〔思后园〕附近另建“博望苑”，为刘据及其妻史良娣的墓园。史良娣死于长安巫蛊之祸〔参考前七四年六月〕，其尸体葬于长安城南，尚有此可能。唯诸史并未记载刘据于死后曾经改葬，恐其尸体仍埋葬在湖县。故此，博望苑只是一座象征式的墓园），解散祭祀官员跟守护人员。

冬季，十月十九日，撤除设置在各郡、各封国的皇家祭庙。

活君王的浪费，固使人民的负担沉重；死君王的浪费，人民的负担也不轻松。刘奭在位时，散布各郡各封国的皇家祭庙，多达一百六十七所，每年祭祀大典，有二万四千四百五十五次。祭庙以及墓园的守护卫士，多达四万五千一百二十九人。而祭祀官、乐队、厨师，则有一万二千一百四十七人。饲养供应宰杀畜牲的差役，还不包括在内。这项庞大而无聊费用，都是人民的纳税钱——有些更是卖儿卖女的眼泪钱。

一旦把它们撤除，可谓大快人心。

**6** 刘奭下诏：皇帝的墓园，各以其所在地区，划给三辅管理（死皇帝坟墓，以及以这些坟墓为基础所发展的县城〔陵邑〕，一向由祭祀部〔太常〕直接管理，现在交给地方政府。三辅：首都长安市〔京兆〕、西长安市〔右扶风〕、北长安市〔左冯翊〕）。

刘奭在渭城（陕西省咸阳市）寿陵亭地区（咸阳市东北七公里），预筑坟墓，下令不要把它发展成为一个县，也不要强迫各郡各封国移民到那里。

# 纪元前三九年 壬午

西汉　永光　五年

**1** 春季，正月，西汉王朝（首都长安〔陕西省西安市〕）皇帝（十一任元帝）刘奭（本年三十七岁）前往甘泉（陕西省淳化县西北），祭祀天神。

三月，再往河东郡（山西省夏县），祭祀后土神。

**2** 秋季，颍川郡（河南省禹州市）水灾，淹死平民。

3 冬季，刘奭前往长杨宫（在陕西省周至县）射熊馆，大肆游猎。

4 十二月十六日，刘奭采用宰相韦玄成等建议，下诏拆毁太上皇刘执嘉（一任帝刘邦的爹）祭庙及墓园（陕西省富平县西南七公里），跟二任帝刘盈祭庙及墓园（安陵，陕西省咸阳市东北十五公里。韦玄成等上书说："祖宗的祭庙，万世不毁。可是在祖宗之下的祭庙，应只保留五世，其余的应渐次淘汰。太上皇〔刘执嘉〕、孝惠帝〔刘盈〕，亲情已尽，祭庙应行拆除。"）

5 刘奭非常喜爱儒家系统的典章制度，又喜爱文学。对老爹刘病已（十任宣帝）时代的法令规章，多有改变。提出建议、贡献方略的人，多数都被召见，每人都认为皇帝对他们已留下深刻印象。这时候，傅昭仪跟她生的儿子济阳王（首府陈留〔河南省开封市东南陈留镇〕）刘康，正受刘奭特别的宠爱，超过皇后王政君跟皇太子刘骜（西汉王朝宫廷小老婆群编制，七任帝刘彻曾大为扩充。刘奭又作第二次扩充：一级"昭仪"，位比宰相，爵比亲王。二级"倢伃"，位比重要部长，爵比侯爵〔列侯，文官一级〕。三级"娙娥"，位比中二千石〔正部长〕，爵比关内侯〔准侯爵，文官二级〕。四级"容华"，位比真二千石〔次部长及郡长〕，爵比大上造〔文官五级〕。五级"充衣"，位比二千石，爵比少上造〔文官六级〕。六级"美人"，位比千石，爵比中更〔文官八级〕。七级"良人"，位比千石，爵比左更〔文官九级〕。八级"八子"，位比八百石，爵比右庶长〔文官十级〕。九级"七子"，位比八百石，爵比左庶长〔文官十一级〕。十级"长使"，位比六百石，爵比五大夫〔文官十二级〕。十一级"少使"，位比四百石，爵比公乘〔文官十三级〕。以下没有爵位：十二级"五官"，位比三百石。十三级"顺常"，位比二百石。十四级"舞涓""共和""娱灵""保林""良娣""夜者"，一律位比百石。十五级"上家人子""中家人子"，一律位比斗食〔百石以下〕。刘邦时，最高级是"夫人"。刘彻时，最高级是"倢伃"。刘奭则在"倢伃"之上，另设"昭仪"，作为第一级，而把"倢伃"压到第二级。刘邦时，小老婆群只有七级。

刘彻时，增加到十级。刘奭则增加到十五级。而第十四级内，包括六阶。第十五级之内，包括两阶，事实上达二十一级之多。刘奭为了节约，连太上皇刘执嘉，以及自己的曾祖父刘据的祭庙墓园都拆除，却把经费移来扩充小老婆群）。

太子教师（太子少傅）匡衡上书说：“我曾经听说，治乱安危的契机，在于领袖是不是用心。接受上帝旨意的君王，全力开创大业，把他的宝座无穷无尽的传递下去。而继任的君王，一心一意，承受祖先的恩德功勋，更发扬光大。从前，姬诵（周王朝二任王）继承王位之后，追思祖父姬昌（文）、老爹姬发（周王朝一任王）的成功轨迹，用以培养自己的心性，把美好的声誉荣耀，都归于祖父和老爹，而不敢自己居功。所以，上天欣然的接受他的祭祀，连鬼神都保佑他。陛下圣明的恩德，像天一样覆盖大地，像爱护儿女一样爱护全国人民。但是阴阳不能调和，奸邪也不能禁止。可能是你的臣僚，不能发扬光大历代祖先伟大的功业，反而争先恐后的抨击过去的法令规章，认为都应作废的缘故。对所有事情，都全力全心去改变，然而，很多事情改变了之后，无法执行，只好再恢复原状。结果，在下位的人互相攻击，不能分辨是非，官吏和人民无法遵循。

“我内心曾经痛恨：国家竟然放弃已有成效的制度，而作荒乱更张。但愿陛下回顾昔日的盛大功业，留意遵守先帝的法制，弘扬先帝的功名，用以安定臣僚。《诗经·大雅》说：‘怀念你的祖先／继承跟发扬他们的恩德。’恩德才是根本。《诗传》说：‘了解喜爱什么？厌恶什么？一切合情合理，圣王的道路就是如此。’锻炼智慧的方法，必须先知道自己的长处，而全力弥补自己的缺点。聪明通达的人，应警惕明察秋毫，不能原谅别人。见识不广的人，应警惕眼界狭窄，受到蒙蔽。刚强正直的人，应警惕性情暴烈，不能容忍过失。温柔敦厚的人，应警惕难下决心，不能当机立断。恬淡安静的人，应警惕成为懦夫，不能掌握良机。胸襟广阔的人，应警惕疏忽大意，挂一漏万。必须了解自己是哪一种类型，而时常告诫自己，改正自己，然后才能有正确的方向。那些假冒为善的伶俐乖巧之徒，才无法组党结帮，挤满政府。务请陛下详细检查自己，使陛下的盛大恩德，更受到尊崇。

"我又曾经听说，家庭如果安详和睦，天下自然治理。所以《诗经》开头就是《国风》（封国的风俗习惯），《礼经》开头就谈冠礼、婚礼。用《国风》开头，使真情流露，显明人伦关系。用冠礼、婚礼开头，为安详的家庭，奠立基础。所以圣明的君王，在处理皇后跟姬妾（小老婆群）之间关系上，必然十分慎重，而更应注意到'嫡子'跟'庶子'的区分，把礼仪纳入正常轨道。卑贱的不能超过尊贵的，新来的不能超过旧有的。必须如此，才能顺乎人性，合乎阴阳。

"嫡子尊贵，庶子卑贱。嫡子成年，举行加冠典礼时，在高台上隆重举行，使用甜酒祝福。其他的儿子，不用这种仪式，目的在于显示谁是主角，使立于无可置疑的地位，不仅仅是表面文章而已。虽然如此隆重，而人心仍然观望，所以礼仪的意义是，把内心的真情，呈现出来。圣人的一举一动，甚至跟最亲近、最喜爱的人，在一块欢宴娱乐，也要使大的小的、尊贵的卑贱的，都有一定次序，如此的话，全国人民自然都会效法，社会也都井井有条。如果应当亲近的反而疏远，应当尊重的反而放到卑贱的地位，则乖巧的邪恶之徒，就会乘机挑拨，使国家混乱。所以圣人谨慎小心，不愿有一个坏的开头，而用心防范恶果。绝不因个人的喜好，伤害正大的原则。古书说：'家庭端正，则天下安定。'

正是如此。”



**6** 最初，刘彻（七任武帝）把泛滥二十余年的黄河决口“瓠子口”（瓠子堤，河南省濮阳市西南古黄河边上），堵塞合龙（参考前一〇九年）。后来，黄河又在北方的馆陶（河北省馆陶县）再次决口，大水汹涌流向东北，注入渤海（经河北省沧州市北境），因为河床广度深度，跟黄河一样，遂由它自然冲出一条新河道，命名屯氏河，不再堵塞决口（黄河下游河道，本因河床容纳不了上游涌到的河水，河水宣泄不及，便常常冲破河堤，涌向东南方向，入侵泗水、淮河。如今黄河下游多出一条屯氏河，分流作用增加了下游的排水量，上游因排水不及，水位上涨而决堤的灾难便大大减少；淮河、泗水亦免受黄河入侵之灾）。

本年（前三九），黄河在清河郡（河北省清河县）所属灵县（山东省高唐县南）鸣犊堤（灵县城东），又一次决口，屯氏河失水，遂逐渐干涸（此次决口，冲出一条鸣犊河，使原本涌向屯氏河的河水改道。屯氏河流水量因而逐渐降低）。

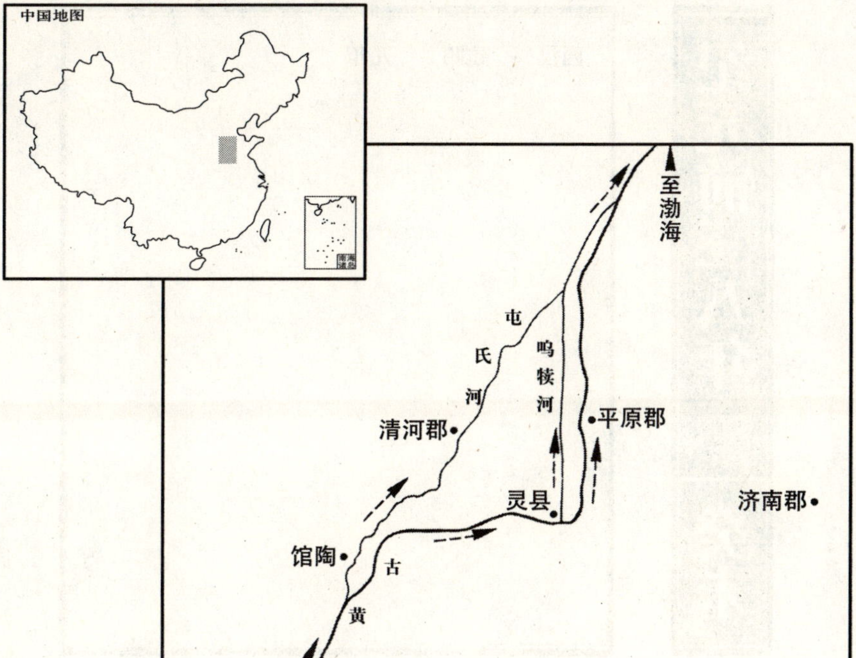

纪元前一世纪·前三九年　黄河下游分流形势

# 纪元前三八年

# 癸未

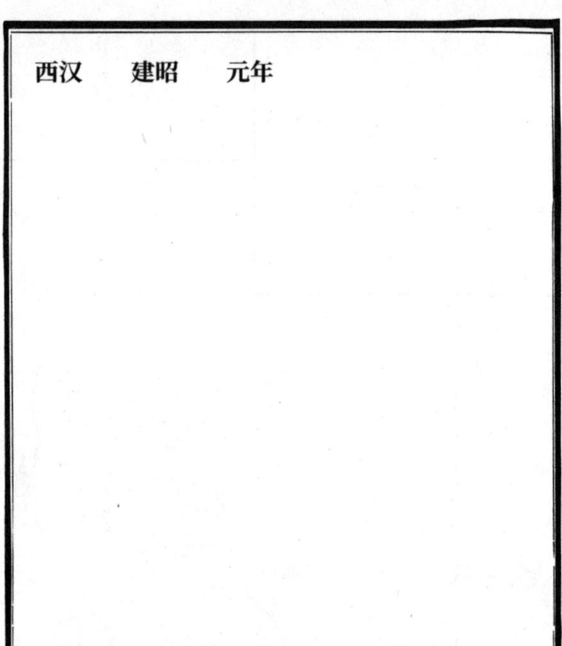


1 春季，正月二十八日，天上陨石，坠落在梁国（首府睢阳〔河南省商丘市〕）。

2 三月，西汉王朝（首都长安〔陕西省西安市〕）皇帝（十一任元帝）刘奭（本年三十八岁）前往雍县（陕西省宝鸡市凤翔区），祭祀五色帝。

**3** 冬季，河间王（首府乐成〔河北省献县〕）刘元，被控滥杀无罪平民，撤销爵位，贬逐房陵（湖北省房县。刘元把已去世的广陵王〔首府广陵，江苏省扬州市〕刘胥，跟刘胥太子刘霸的姬妾，以及中山王〔首府卢奴，河北省定州市〕刘循的姬妾廉〔姓不详〕等，收作自己的小老婆。在辈分上，刘胥是刘元的曾祖叔，刘霸是刘元的高祖叔，刘循则跟刘元是堂兄弟。前五二年，被冀州〔河北省中部南部。河间国归冀州监督〕督导官〔刺史〕张敞弹劾，交付司法部〔廷尉〕查办，下令逮捕廉等，刘元情急，强迫廉等七位美女自杀。主管机关要求处决刘元，十任帝刘病已仅下诏削除两县一万一千户。后来，刘元对他姬妾之一的"少使"〔亲王小老婆群位号〕留贵〔姓不详〕，大发脾气，留贵恐惧，跳墙逃走，刘元更怒不可遏，派人格杀留贵的娘亲，遂有本年的贬逐。数年之后，刘元又被控虐待他的妻子若〔姓不详〕，用棍棒痛击，又强迫她剃光头发。汉中郡长〔房陵县属汉中郡管辖〕要求惩处，而刘元正好病死）。

**4** 撤除刘恒（五任文帝）娘亲薄太后的墓园（南陵，陕西省西安市东南狄寨街道西北）。

**5** 刘奭前往虎园，欣赏野兽搏斗，小老婆群都在座奉陪。想不到一头野熊突然跳出圈外，前爪攀住栅栏，眼看就要爬上来。刘奭左右的贵族、姬妾，包括傅倢伃在内，都惊慌逃命，只有冯倢伃，毅然走到野熊面前。而就在这个时候，卫士已把它格杀。惊魂初定后，刘奭问冯倢伃："人人恐惧，你为什么单独跑上去挡它的路？"冯倢伃说："野兽凶性发后，只要抓住一个人，就会停止攻击，我恐怕它直扑你的座位，愿意以身承当。"刘奭感激嗟叹，倍加敬重。而傅倢伃大为惭愧，把冯倢伃恨入骨髓（三十年后，傅倢伃终于报复，诬杀冯倢伃，参考前六年）。

冯倢伃，是左将军冯奉世的女儿。

# 纪元前三七年 甲申

西汉　建昭　二年

**1** 春季，正月，西汉王朝（首都长安〔陕西省西安市〕）皇帝（十一任元帝）刘奭（本年三十九岁）前往甘泉（陕西省淳化县西北），祭祀天神。

三月，前往河东郡（山西省夏县），祭祀后土神。

**2** 夏季，四月，赦天下。

**3** 六月，刘奭封皇子刘兴当信都王（首府信都〔河北省衡水市冀州区〕）。

**4** 东郡（河南省濮阳市西南）人京房，追随梁国（首府睢阳〔河南省商丘市〕）人焦延寿学习《易经》。焦延寿常说："得到我的学问而丧失生命的，就是京房。"京房可以从《易经》上推算出天灾人祸。共分六十卦，轮流交替的指定日期，用风雨冷热作为验证，都很准确。京房的功力，十分深厚，被故乡（顿丘〔河南省内黄县东南〕）地方政府推荐为"孝廉"（孝廉是文官制度中最低一级的名号，普通情形下，民间知识分子经过考试或推荐，就可跨入这最低一级。取得"孝廉"名衔，才具备文官资格）。之后，到中央政府充当宫廷禁卫官（郎），屡次上书刘奭，议论天象变异，相当灵验。刘奭大为欣赏，不断召见他，向他询问。京房回答说："古代帝王在功劳中选拔贤能，万事都有成就，祥瑞出现。到了近代，任用官员，全看他受到的称赞或诋毁作为标准，所以政治腐败，天变不止。最好是考察文武百官们的行政效率跟工作成绩，天变才会停止。"

刘奭命京房负责主持这件事，京房拟定《考绩条例》（考功课吏法）呈报。刘奭在未央宫前殿温室殿，举行讨论会，由京房跟部长级官员出席。大家都认为京房的办法过于琐碎，使上级跟下属互相监督侦查，不可施行。但刘奭颇为动心，当时，正好各州督导官（刺史）向中央作例行报告，集中首都长安。刘奭召见他们，命京房向他们宣布《考绩条例》的实行细则，督导官们也认为不可施行。只有最高监察长（御史大夫）郑弘、特级国务官（光禄大夫）周堪，开始时也反对，稍后才转为支持。

这时，宫廷政务长（中书令）石显，正掌握中央政府权柄。石显的好友五鹿充宗，是宫廷秘书长（尚书令），二人密切合作，权倾中外。有一次，京房在刘奭闲暇饮宴时，晋见刘奭，问刘奭说：“姬宫涅（周王朝十二任幽王）、姬胡（周王朝十任厉王）二人，为什么把国家搞得那么糟？他们任用些什么人？”刘奭说：“君王昏庸，任用的又都是奸佞。”京房说：“君王是明知奸佞而仍用他们，还是认为贤能才用他们？”刘奭说：“当然是认为他们贤能。”京房说：“可是，为什么我们却说他们奸佞？”刘奭说：“当时局势混乱，君王身处险境。而我们事后旁观，看得清清楚楚。”京房说：“如果是这样的话，可以肯定：任用贤能时，国家一定治理；任用奸佞时，国家一定混乱。既然道理这么简单明了，为什么姬宫涅、姬胡不任用贤能，却任用奸佞，以致弄到后来那种狼狈地步？”刘奭说：“乱世君王，都认为他所任用的官员，全是贤能。假如都能觉悟到自己的错误，他们岂不全成了英明领袖，怎么还有亡国之君？”京房说：“姜小白（齐国十六任国君桓公）、嬴胡亥（秦王朝二任帝），也知道姬宫涅、姬胡的故事，而且还讥笑过他们。可是，姜小白却用竖刁，嬴胡亥却用赵高，以致全国混乱，小偷强盗，满山遍野。为什么不能把姬宫涅、姬胡，当作一面镜子，而觉悟到用人不当？”刘奭说：“只有高度智慧的君王，才能吸取历史教训。”

京房脱下官帽，叩头说：“《春秋》一书，记载二百四十二年间的天变灾难，用来警告后世君王。陛下登极以来，日蚀月蚀，星辰逆转运作，互相重叠；山崩泉涌，大地震动，天落陨石；夏季降霜，冬季响雷，春季百花凋谢，秋季树叶茂盛，大霜不能肃杀害虫；水灾、旱灾、螟灾、人民饥馑、瘟疫流行、盗贼遍地，受过刑罚的人，满街满市。《春秋》所记载的天灾人祸，现在应有尽有。陛下，你认为当前是治世，还是乱世？”刘奭说：“当然是乱世，而且乱到极点，这还用问？”京房说：“那么，陛下现所任用的是些什么人？”刘奭说：“还好的是，幸而比前代高明。而且，责任也不在他们身上。”京房说：“前世那些君王，也是陛下这种想法。我恐怕后代人看现代，犹如现代人看古代。”刘奭思索了一会，说：“现代扰乱国家的，是谁？”京房说：“陛下英明，自会知道。”刘奭说：“我怎么会知道？如果知道，还会用他？”京房说：“陛下最最信任，跟他在密室之中，共商国家大事，掌握用人权柄的人，应该是他。”京房很明白的在指控石显，刘奭终于恍然大悟，对京房说：“我知道了。”京房告退。

然而，刘奭信任石显如故。

君王的智慧不够，则臣属虽然想竭尽忠心，也白费力气。观察京房对刘奭的节节诱导，一片苦心。把道理说得十分透彻，而刘奭仍无法吸收消化，真是一场悲剧。《诗经》说：“不但当面告诉他 / 还提着他的耳朵告诉他 / 不但提着他的耳朵告诉他 / 还把事实摆给他。”又说：“规劝的人苦口婆心 / 听话的人全当耳边风。”正是指的刘奭者流。

**5** 刘奭命京房推荐他学生中，了解《考绩条例》，有行政经验的人才，准备试办。京房推荐皇家警卫官（中郎）任良、姚平。建议：“任用他们当州督导官（刺史），先在各州建立考绩制度。请准许我留在中央，转报他们的奏章，免得下情不能上达，被人隔阻。”然而石显、五鹿充宗已把京房当作死敌，决心使京房远离权力魔杖，以便下手铲除。于是向刘奭建议，应任命京房当郡长。刘奭遂任命京房当魏郡（河北省临漳县西南邺城镇）郡长（太守），实验考绩方案。 

京房不能推辞，只好请求："年终时候，请准许我乘坐政府驿马车，到首都长安（陕西省西安市），向陛下面报。"刘奭承诺（年终乘政府驿马车到首都晋见皇帝，督导官〔刺史〕才有此权。郡长是地方政府首长，未经批准，不得擅离职守。京房恐怕石显等切断他跟皇帝之间的渠道，才有此请求）。京房自知已陷于鲨鱼群之口，跟石显怨恨已成，不想远离皇帝。于是，呈递"亲启密奏"（封事）："我一出京师（首都长安），恐怕当权官员就会下手，身死而事败。所以盼望在年终岁暮之时，得以乘政府驿马车，到首都面向陛下奏事，幸而蒙陛下应许。然而，六月二十日，阴云乱风又起，太阳光芒暗淡，显示高级官员覆盖天子，而天子心存怀疑。六月十八日、十九日之间，定有权贵离间，撤销我乘政府驿马车的承诺。"（《汉书 · 京房传》记载：京房被任命当魏郡郡长是在"己卯"日，但却把任命之月份，以及上呈这份奏章的月份记载为二月。《资治通鉴》编辑群显然认为《汉书》有误，故把事情记载在六月发生，而整件事亦变得通顺合理。京房在六月十八日〔己卯〕被任命当郡长后，即上亲启密奏，以预测之后两日〔十九、二十日〕的天气为名，警戒刘奭。）

京房还没有出发，刘奭命阳平侯王凤（皇后王政君之弟），通知京房，果然撤销京房年终乘驿马车回京（首都长安）晋见皇帝的承诺。京房发现他已面临生死关头，十分惊恐。

秋季，京房出发，走到新丰（陕西省西安市临潼区东北），托政府信差，再上"亲启密奏"（封事）："我于六月间曾上书陛下，指出'遁卦'有误。我认为：'有道行的人离去，天气寒冷，大水涌出成灾。'到了七月，果然大水涌出。我的学生姚平告诉我：'你可以说洞察到天地奥秘，但也不要太相信其中道理。你所预测的天灾人祸，没有一件事不应验。现在，大水已经涌出，岂不是有道行的人接着就要被放逐，死在外边？还有什么话可说！’我说：‘皇上大仁大爱，对我尤其宽厚，即令因进言而死，我还是要进言。’姚平又说：‘你这话只算小忠，不算大忠。从前，秦王朝时，赵高当权，有一位叫正先的人，因讥讽赵高，而被处决。赵高的权势从此高涨，所以秦王朝的衰乱，正先使之加速。’而今，我离开首都，担任郡长，自愿全力报效，只恐怕还没有着手，便被诛杀。唯求陛下不要使我应验大水上涌的预言，充当正先的角色，让姚平作为笑料。”

京房到陕县（河南省三门峡市），再上“亲启密奏”（封事）：“我前推荐任良可以负责官员考绩制度，使我留在中央政府。高级官员们说，这样做对我不利，而且政府中不可能发生隔绝蒙蔽情事。一致认为：‘与其学生出面，不如师傅亲自主持。’可是，假如派我当州督导官（刺史），又怕我面见陛下奏事。于是又说：‘当州督导官（刺史），可能郡长（太守）不肯合作，不如索性当郡长。’目的在于隔绝我们君臣，使我无法面见陛下。陛下忽略了他们的用心，接受他们的建议。这正是阴云乱风所以不散，太阳失去光芒的原因。我离首都长安越远，太阳的暗灰颜色越重。盼望陛下不要忘记把我召回京师，而轻易违背天意。邪恶阴谋，人虽不觉，上天却必有反应。可以欺人，不可以欺天，请陛下详察。”

月余之后，刘奭下令逮捕京房，押回首都长安监狱审讯。

原来，淮阳（宪）王（首府陈县〔河南省周口市淮阳区〕）刘钦（刘奭的老弟）的舅父张博，是一位聪明伶俐的危险人物，向刘钦要了很多金银财宝，到首都长安，活动征召刘钦入朝。张博追随京房学习《易经》，而且把女儿嫁给京房。京房每次朝见，回家之后，往往把跟皇帝刘奭间问答的话，告诉岳父大人。张博遂暗中记下京房的机密言语，拜托京房代刘钦作一份请求入朝的奏章。而把这些密语记录，跟奏章草稿，送给刘钦过目，作为他工作的证明。石显得到这项情报，指控："京房跟张博通谋，诽谤政府，把罪恶推到陛下头上，而又欺骗亲王。"

京房跟张博同时下狱，绑赴街市斩首，妻子放逐到边塞。最高监察长（御史大夫）郑弘，被控跟京房是朋友，免职，贬作平民。

**6** 总监察官（御史中丞）陈咸，不断抨击石显。稍后，被指控他跟槐里（陕西省兴平市）县长朱云是好友，泄漏宫廷机密（宰相韦玄成谈及朱云性情暴戾，陈咸在旁听见，转告朱云；朱云上书为自己辩护），石显从旁得知这些事。陈咸、朱云，同时被捕下狱，判处髡刑（剃光头发），罚作苦工。

石显一连串强烈措施（包括置刘奭师傅萧望之于死地，参考前四七年），中央政府三公及部长级官员，全被慑住，对他十分畏惧，不敢多说一句话。石显跟宫廷政务署执行官（中书仆射）牢梁、宫廷供应部长（少府）五鹿充宗，结合密切。攀附他们的人，都得到很好的官位。民间有歌谣说："你是姓牢的人／或是姓石的人／或是姓五鹿的人／为什么身上揣的印那么多／印上的佩带那么沉？"

石显了解他自己的权势太盛，深怕刘奭一旦听信左右的抨击，自己就面对险境。所以，必须采取预防措施。石显常出宫到政府官署办事，向刘奭请求："有时回宫太晚，宫门已经关闭，我可不可以说奉陛下之命，教他们开门！"刘奭允许。有一天，石显故意回来得很迟，宣称刘奭有令，唤开宫门。不久，果然有人上书控告："石显胆大妄为，假传圣旨，私开宫门。"刘奭忍不住笑起来，把奏章拿给石显。石显抓住机会，适时的流下眼泪，说："陛下过度的宠爱我，教我办事，很多人妒火中烧，随时随地陷害我，类似这种情形，已不止一次，只有英明的领袖，才知道我的忠心。我出身微贱，不能用我一个身子，去使万人称心快意，担负起天下所有的怨恨。请准许我辞去中枢机要工作，只负责宫廷清洁洒扫，死而无恨。唯求陛下哀怜，保留活命。”刘奭深为同情，多方安慰，又重重赏赐，价值一万万之巨。

最初，石显逼死前将军萧望之，人心激愤，唯恐怕招来抨击。议论官（谏大夫）贡禹，深明儒家学派的五经，而又高风亮节，天下敬慕。石显托人从中介绍，用心结交。并向刘奭推荐，贡禹遂擢升到部长级高官，石显对贡禹礼貌十分周到。于是舆论对石显也有赞扬，认为他对萧望之不致有陷害的行为。石显谋略变诈，善于为自己解围，以加强刘奭的信任，都类乎此。

**荀悦曰**

奸佞迷惑君王的方法，可是多端。所以孔丘说：“教奸佞离你远点！”不仅仅不用他而已，还要驱逐到远方，跟他隔绝，把源流塞住，态度十分坚决。孔丘说：“政治的意思，就是公正。”治理国家最基本的一件事，公正而已。鲠直诚实，则是公正的主干。对于品德，必须肯定是真实的，才授给他官位。对于能力，必须肯定是真实的，才教他做事。对于功劳，必须肯定是真实的，才颁发奖赏。对于犯罪，必须肯定是真实的，才加以惩罚。对于贡献，必须肯定是真实的，才可以擢升。对于言谈，必须肯定是真实的，然后再去信任。事物必须真实，才可以使用。工作必须真实，才可以有成果。

所有的公正都汇集到中央政府，则全国没有虚伪。古代帝王的道理，不过如此而已。

一篇了不起的评论，最后来了一个崇古的尾巴，把全部论据，破坏无遗。

**7** 八月三日，擢升宫廷禁卫官司令（光禄勋）匡衡，当最高监察长（御史大夫）。

**8** 闰八月八日，上官太皇太后逝世。（本年五十二岁。上官女士六岁当皇后〔参考前八三年〕，丈夫〔八任帝刘弗陵〕早死，所有亲人，在两次屠杀中，全被消灭，一个受人摆弄的小女孩，独处深宫四十七年，心灵早已破碎，传奇性的悲剧，终告落幕）。

**9** 冬季，十一月，故齐国地区（山东省）、故楚国地区（此指江苏省），地震，雨雪交加，树木折断，民房倒塌。

# 纪元前三六年 乙酉

西汉 建昭 三年

1 夏季，六月十九日，西汉王朝（首都长安〔陕西省西安市〕）宰相、扶阳侯（共侯）韦玄成逝世。

2 秋季，七月，擢升最高监察长（御史大夫）匡衡当宰相（丞相）。

七月十四日，擢升皇城保安司令（卫尉）李延寿，当最高监察长（御史大夫）。

**3** 冬季，西汉政府对匈奴（北匈奴）郅支单于，发动攻击。西域总督（都护）、骑兵总监（骑都尉）、北地郡（甘肃省庆城县西北马岭镇）人甘延寿，跟副指挥官（副校尉）、山阳郡（山东省巨野县东南大谢集镇）人陈汤，率军向康居王国（首都卑阗城〔中亚巴尔喀什湖西南锡尔河北岸突厥斯坦〕）挺进，深入康居王国，诛杀郅支单于。

最初，郅支单于自以为匈奴汗国是一个大国，一向威震万邦，他个人又在战场上取得一连串胜利（斩闰振单于，破呼韩邪单于，杀伊利目单于，败乌孙王国），遂骄傲不可一世，忘了他是谁。康居国王却对他敬鬼神而远之，郅支单于大发脾气，竟把康居国王的女儿诛杀（前四四年，康居国王把女儿嫁给郅支），也诛杀派到郅支单于那里的康居高级官员、贵族、平民，共几百人之多，砍下四肢跟人头，投到都赖水（中亚塔拉斯河，流经江布尔市东郊）；强迫康居人民为他兴建城垣。在那荒凉的地带，每日征发五百苦工，历时二年，才算完成（世称单于城，中亚巴尔喀什湖西南江布尔市）。又派出使节，前往奄蔡王国（里海北岸至咸海北岸一带，其东南边境跟康居接壤）、大宛王国（首都贵山城〔中亚纳曼干市西北卡散赛城〕），要他们进贡。各国畏惧郅支单于强梁，不敢拒绝。

西汉派出三次使节，前往单于城（中亚巴尔喀什湖西南江布尔市），查问谷吉生死。郅支单于对西汉的使节，窘困侮辱；对西汉皇帝的诏书，嗤之以鼻，但仍透过西域总督（应是甘延寿）上书西汉皇帝（十一任元帝）刘奭（本年四十岁），声称："环境困苦，很愿意归降强大的中国，听候差遣。而且，我还打算送我的儿子去当人质。"（这是一种调侃戏弄语气。）态度十分傲慢。

陈汤这个人，沉着勇敢，深思远虑，脑筋里满是谋略，渴望建立突破性功勋，跟甘延寿商议说："蛮夷畏惧匈奴强梁，这是天性。西域（新疆及中亚东部）各国，本来就属匈奴管辖，而今，郅支单于

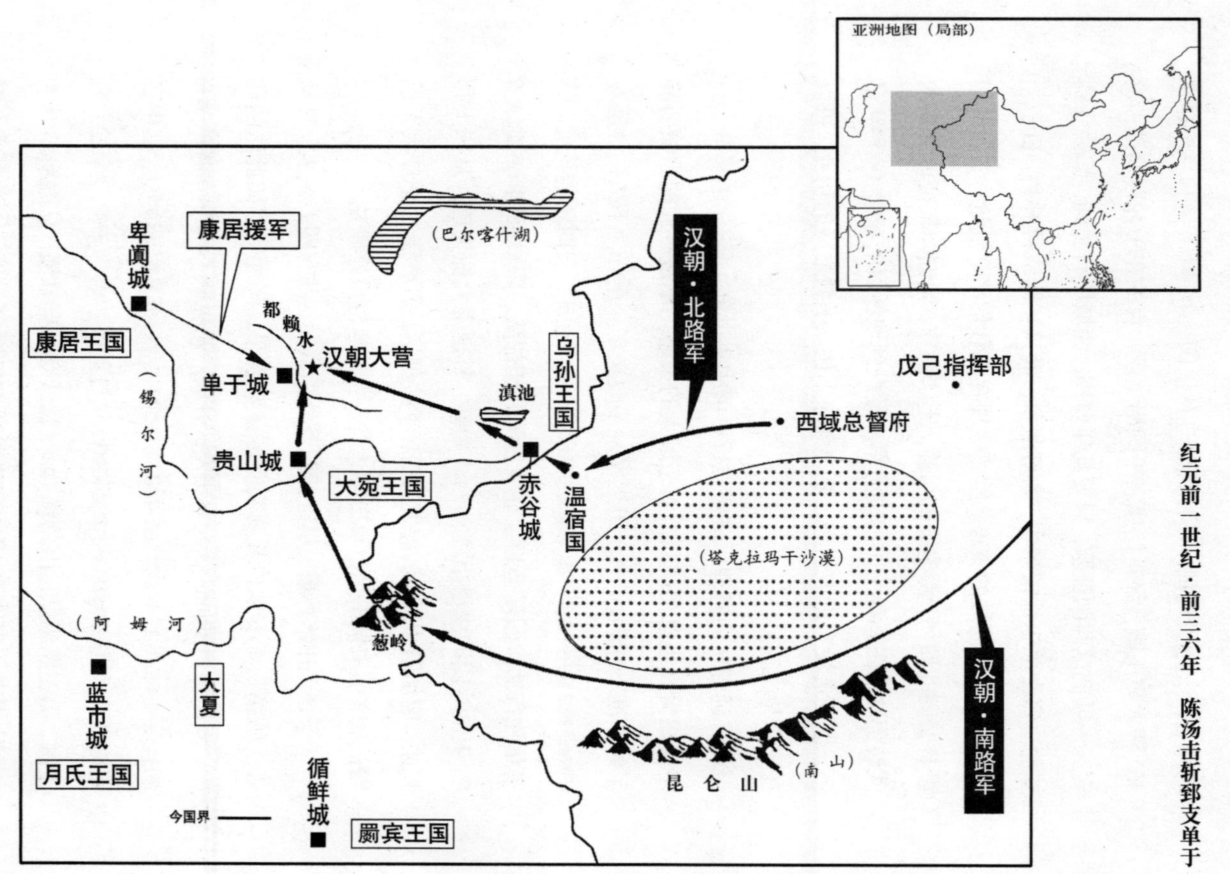


纪元前一世纪・前三六年　陈汤击斩郅支单于

的威名，又远近传播，不断侵略乌孙王国（首都赤谷城〔中亚伊赛克湖东南〕）跟大宛王国，经常给康居王国出主意，目的在于并吞乌孙、大宛。一旦把这两国征服，只要几年时间，西域所有王国，都会受到威胁。郅支单于性情剽悍，喜好战争，而又不断取得胜利。日子一久，势将成为西域的灾难。虽然他现在距我们路途遥远，幸而他们没有坚固的城堡，跟坚强的弓箭，无法固守。我们如果征调屯垦的武装部队，跟乌孙王国的国防军，挺进到他新筑的城堡（单于城）之下，他要逃没有地方可逃，要守则守不住。千载难逢的功业，可以在一天早上完成。”

甘延寿认为有理，准备先行奏请中央批准。陈汤说：“皇上一定会招集高级官员磋商，对于远大的策略，不是平凡的官僚所能了解，准不同意。”甘延寿迟疑，不敢决定。正好，不久，甘延寿（时在西域总督府所在乌垒城〔新疆轮台县东北〕）卧病在床，一时不能痊愈。陈汤单独行动，假传圣旨，征调各国武装部队，跟车师国（新疆吐鲁番市）屯垦兵团的戊己指挥官（驻车师国）。甘延寿大惊失色，从床上爬起来，要加阻止。陈汤怒发冲冠，手按剑柄，厉声警告说：“大军已发，你这小子是不是打算破坏大计？”甘延寿只好顺从。

于是，开始部署，集结西汉及外国兵力，共有四万余人。甘延寿、陈汤，上奏章自我弹劾假传圣旨之罪，陈述所以如此做的理由。发出奏章的同天，大军出发，分成六路纵队（新设阳威指挥官、合骑指挥官、白虎指挥官，跟西域总督府直辖的副指挥官、戊指挥官、己指挥官）。其中三路纵队沿南道（新疆塔里木盆地南边缘）越过葱岭（帕米尔高原），穿过大宛王国。另三路纵队，由总督（都护）甘延寿亲自率领，从温宿国（新疆乌什县）出发，由北道（新疆塔里木盆地北边缘）经过乌孙王国首都赤谷城（中亚伊赛克湖东南），横穿乌孙王国，进入康居王国边界，挺进到阗池

(中亚伊赛克湖) 西岸。而这时，康居王国的副王抱阗，率领数千骑兵，在赤谷城东方攻击乌孙王国大国王 (大昆弥) 地区 (应在伊犁河上游一带)，屠杀及俘虏一千余人，驱赶着抢来的牛羊马匹牲畜，返回康居，前锋正追及西汉远征大军的殿后部队。于是，从背后发动攻击，夺取汉军大批辎重。

陈汤回军迎战，杀四百六十人，夺回抱阗所掳掠的乌孙人四百七十人，送他们回国，交给大国王 (大昆弥)。而夺回的牛羊马匹，则留下来作为军队补给，逮捕到抱阗手下贵族伊奴毒，大获全胜。进入康居王国东边国境后，陈汤下令严守纪律，不准烧杀抢掠。秘密跟康居王国的贵族屠墨会晤，向他展示西汉政府的威力与决心，摆下筵席，开怀饮酒，共同盟誓，然后送他回去。大军继续挺进，在距新筑的单于城 (中亚巴尔喀什湖西南江布尔市) 六十华里处，安营扎寨，构筑阵地。这时，又俘虏康居王国另一位贵族具色子男开牟，具色子男开牟愿做向导。具色子男开牟是屠墨的舅父，也痛恨郅支单于的凶暴。西汉远征军遂对郅支单于的内部情况，了如指掌。第二天，大军再向前挺进，距单于城三十华里，扎营 (“具色子男开牟”这么长一串，因为是方块字的缘故，无法正确的处理音节，“具色子”也好，“具色”也好，“具”也好，“色子”也好，“子男开”也好，应该怎么断音？谁都不知道。如果用的是拼音字，这些毛病，根本不会发生。因为方块字无法断音结词，所以中文拼音化是拯救中文的唯一良药，正有待我们孜孜不息的努力)。

郅支单于得到情报，派人前来询问：“西汉军队到这里的目的何在？”远征军回答说：“你们单于，曾经上书中国皇帝，说：‘环境困苦，很愿意归降强大的汉朝，听候差遣，亲身到长安朝见。’(前文所载，没有“亲身到长安朝见”的话，可能前文遗漏，也可能远征军故意加上一句。) 皇上怜悯单于放弃那么广大的祖国，委屈的住在康居，所以派西域总督（都护）率军前来迎接护送单于的妻子儿女。恐怕单于的左右受到惊恐，所以没有直接到达城下。”

双方使节来往了几次之后，甘延寿、陈汤出面，责备郅支单于的使节说：“我们为了单于，万里而来，到今天他还没有派一位有名望的王爵，或高级官员，前来晋见总督的幕僚（表示他们只有资格会晤总督的幕僚，还没有资格晋见总督），为什么单于这么快就忘记他当初的请求，竟不知道主人待客的礼貌？我们从遥远的地方到此，人困马乏，而粮秣又快用完（这是一个陷阱，表示远征军不能持久，郅支单于才没有远走高飞），恐怕连回程都不够用，请单于跟大臣们慎重考虑。”

次日，大军挺进到都赖水（塔拉斯河）畔，在距单于城三华里构筑阵地。看见单于城上，五色旗帜，迎风飘扬，好几百人全副盔甲，在城上戒备；又派出一百余骑兵，在城下来往奔驰，另有一百余步兵，在城门两侧，结成“鱼鳞阵”（战士肩与肩稍微错开，紧紧相接，好像鱼鳞），正做战斗演习，城上守军战志激昂，向西汉军队挑战，说：“有种的过来！”而一百余人的匈奴骑兵敢死队，直冲西汉营垒。西汉营垒戒备，强弓全都拉满，箭头外指。匈奴骑兵不敢攻击，撤退。强弓部队出营，射击城门外操练的匈奴骑兵跟步兵，骑兵步兵立即退入城内，城门紧闭。

甘延寿、陈汤下总攻击令：“听到鼓声，直扑城下，四面包围，各单位记住所分配的位置，开凿洞穴，堵塞射击孔。盾牌在前，保护强弓部队，强弓部队负责射杀城楼守军。”攻击开始，城楼上的匈奴守军不能立足，溃散。土城之外，还有两层坚固的木墙。匈奴坚保木墙，由木墙射击，西汉远征军相继伤亡。于是远征军纵火，木城燃烧。入夜，匈奴守军骑兵好几百人突围，西汉远征军迎头痛击，箭如雨下，全部歼灭。

当初，郅支单于听说西汉远征军抵达，打算迅速脱离战场，投奔康居。可是，又怕康居国王对他怨恨，跟西汉勾结，里应外合，所以不敢投奔。接着了解，乌孙王国等西域各国，都派出军队，参与西汉远征兵团，四周全是敌人，也无处可以投奔。因此，他虽已逃出单于城，仍再度返回，说："不如坚守，西汉军队远在万里之外，绝不可能持久。"

当攻城之战激烈时，郅支单于全身披甲，在城楼上指挥作战。他的皇后、夫人，以及数十位美女，也都用弓箭反击，遏阻攻势。西汉强弓部队一箭射中郅支单于的鼻子，而皇后、夫人也有死亡。郅支单于满身是血，奔下城楼。

午夜之后，木城全毁，匈奴守军退入土城，再登城墙，呼号呐喊。这时，康居王国一万余人的骑兵援军到达，分成十余队，每队一千余人，对西汉兵团作反包围，奔驰号叫，跟城上的匈奴守军，互相呼应。并乘天色漆黑，向西汉远征军阵地进攻。然而无法楔入，稍稍向后撤退。天将亮时，西汉远征军对单于城发动拂晓攻击，四面纵火，杀声震天，战鼓擂动，号角悲鸣，大地好像沸腾，康居援军再向后撤，西汉远征军举盾堆土，攀土而上。

郅支单于不能支持，率领一百余名匈奴战士，退入皇宫。西汉远征军纵火焚烧皇宫，战士争先冲入。郅支单于身负重伤，气绝而死。远征军部队长、指挥部副秘书（军候假丞）杜勋，砍下郅支单于的人头。在皇宫中搜出西汉皇帝的符节（节）两个，跟谷吉等所带的书信。接着是大屠杀，计斩皇后、太子、名王以下一千五百一十八人，生擒一百四十五人，投降的一千余人。凡是抢掠的金银财宝，都归抢掠者所有。其他生擒的或投降的匈奴人，以及财产，分配给参加远征军的十五个王国的国王。

# 纪元前三五年 丙戌

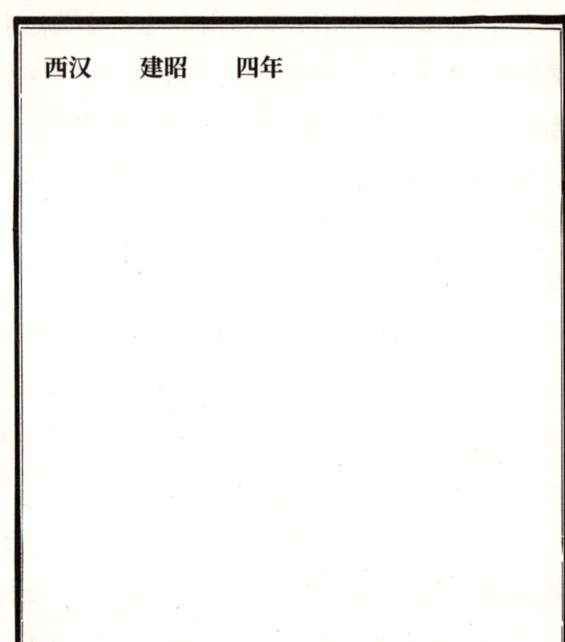
西汉　建昭　四年

**1** 春季，正月，匈奴（北匈奴）郅支单于的人头，送到西汉王朝的首都长安（陕西省西安市）。

甘延寿、陈汤，上疏说："我们曾经听说，天下的大义，莫过于天下统一。从前有伊祁放勋（唐）、姚重华（虞），今有强大的西汉政府。匈奴（王庭设蒙古国哈拉和林市）呼韩邪单于（十四任）已成为我们北方的藩属屏障，唯有郅支单于，背叛我国，没有伏罪。他逃亡到大夏国（阿富汗东北部）之西，认为西汉对他无可奈何（实际上应是逃亡至大宛之北、乌孙之西。原文有误）。可是，郅支单于对人民暴虐恶毒，罪恶上通于天。臣，甘延寿、陈汤，率领仁义的西汉远征军，替天征讨。幸赖陛下神灵，阴阳配合，天气晴朗，攻陷敌人军垒，压制敌人抵抗，诛杀郅支单于跟名王以下很多人，砍下人头，似应悬挂在首都长安槁街各外国宾馆之间（槁，音gǎo〔搞〕。槁街，首都长安街名，外国宾馆集中在这条街上。犹如北京，外国使馆集中在东交民巷一样），使传播万里之外，昭示天下：胆敢冒犯强大中国的，距离再远，也必诛杀！”

宰相（丞相）匡衡等，认为：“现在春季，正是掩埋骨骼之时，不应悬挂人头。”

西汉帝（十一任元帝）刘奭（本年四十一岁）下令悬挂示众十日，十日后埋葬。报告并祭祀皇家祖庙（太庙），赦天下。中央全体官员向皇帝祝贺，欢宴。

**2** 六月五日，中山（哀）王（首府卢奴〔河北省定州市〕）刘竟逝世。刘竟是刘奭的幼弟，跟皇太子刘骜年龄相仿，叔侄在一块长大，又在一块读书。刘竟逝世后，刘骜前往吊丧。刘奭看到儿子，想起幼弟，悲哀不能自制，可是刘骜却像没事人一样，一点也没有悲容。刘奭恨恨说：“天下哪有一点爱心都没有的人，可以继承祖庙香火，做人民父母？”这时，御马总监（驸马都尉）、宫廷随从（侍中）史丹，正充当刘骜的监护人（护太子家）。刘奭责备史丹，史丹脱下官帽，请罪说：“这都怪我，是我看见陛下哀痛幼弟，身体瘦损。前些时，太子（刘骜）晋见，我特别嘱咐他，不要流泪哭泣，免得引起陛下伤感。罪过在我，我应该处死。”刘奭认为史丹说的是事实，愤怒才被化解。

**3** 蓝田（陕西省蓝田县）地震，山崩，坠入灞水河床（灞水，源出蓝田山，向西北流，注入渭水），灞水壅塞。安陵（二任帝刘盈坟墓，陕西省咸阳市东北十五公里）泾水堤岸崩塌，河床壅塞，向西逆流。

# 纪元前三四年 丁亥

西汉　建昭　五年

**1** 春季，三月，西汉王朝政府（首都长安〔陕西省西安市〕）赦天下。

**2** 夏季，六月十七日，恢复戾园（刘奭曾祖父刘据墓园，位陕西省西安市玉祥门西一公里。前四〇年，撤除祭祀跟守卫人员）。

**3** 六月三十日，日蚀。

**4** 秋季，七月二十八日，恢复太上皇（一任帝刘邦的老爹刘执嘉）墓园（陕西省富平县西南七公里）、原庙（刘邦祭庙本在首都长安城内。二任帝刘盈，又在渭水北岸建立祭庙，称原庙；参考前一九一年）、昭灵后（刘邦的娘亲王含始）墓园（与刘执嘉同处一陵）、武哀王（刘邦的老哥）墓园、昭哀后（刘邦的姐姐）墓园、卫思后（卫子夫，七任帝刘彻的皇后）墓园（陕西省西安市玉祥门西一公里）。

因皇帝（十一任元帝）刘奭（本年四十二岁）患病，一直不能痊愈，认为是祖宗谴责（参考前四〇年），所以全部再设置祭祀及守卫人员，但各郡、各封国的祭庙，从此全废。

**5** 本年（前三四），改封济阳王（首府陈留〔河南省开封市东南陈留镇〕）刘康（刘奭子），当山阳王（首府昌邑〔山东省巨野县东南大谢集镇〕）。

**6** 匈奴汗国（原南匈奴，王庭设蒙古国哈拉和林市）呼韩邪单于（十四任）挛鞮稽侯栅，得到郅支单于被诛杀的消息，既高兴，又恐惧（高兴的是敌人已死，没有后患；恐惧的是中国更为强大，有一天万一得罪中国，可能身为郅支单于第二）。于是，上疏西汉皇帝，请求到京师（首都长安）晋见。

# 纪元前三三年

# 戊子

西汉　竟宁　元年

**1** 春季，正月，匈奴汗国（南匈奴，王庭设蒙古国哈拉和林市）呼韩邪单于（十四任）挛鞮稽侯栅入朝，请求准许他当西汉女婿，使他感觉有所依靠。西汉帝（十一任元帝）刘奭（本年四十三岁）把皇宫"良家子"王嫱，别名王昭君，赏赐给呼韩邪单于（西汉王朝皇宫小老婆群编制无"良家子"，可能是十五级的"上家人子"或"中家人子"——合称"家人子"。八级"八子"、九级"七子"，似乎也有可能。除此之外，别无含有"家""子"的称号。但王昭君也可能仅是一名宫女，还没有列入小老婆群。但把一个宫女送给外国元首，地位似乎悬殊太大。所以"良家子"者，如果解释为小老婆群中还没有陪皇帝上过床的处女，似也合理）。呼韩邪单于（十四任）欢喜得心里唱歌，感激涕零，上书刘奭，表示他："愿意当中国的警卫，代替西汉边防部队，保护东自上谷郡（河北省怀来县），西到敦煌郡（甘肃省敦煌市）之间的边塞，万世相传。请撤销边防，命战士复员，使天子的小民，获得休息。"

刘奭把呼韩邪单于（十四任）的奏章，交给有关单位讨论。有关单位一致认为可以接受这项忠心，只有宫廷禁卫官（郎中）侯应，了解边塞事务，提出异议。刘奭问他原因，侯应说："周王朝跟秦王朝之后，匈奴汗国突然崛起，不断侵略中国边境。西汉王朝建立之初，还受到他们的伤害。据我了解，北方边界，东起辽东郡（辽宁省辽阳市），西到阴山（河套以北阴山山脉），东西长达一千余华里（航空距离一千四百公里，这里说一千余华里，不过形容遥远），水草林木，十分茂盛，禽兽出入其中，数目众多。二任单于挛鞮冒顿用作根据地，在那里开矿炼铁，制造弓箭，作为当强盗的工具。直到孝武皇帝（七任刘彻），大军北伐，把那一带夺取到手，收入中国版图。建立城市堡垒，兴筑道路桥梁，更越过这条防线，在防线之北，兴建前进指挥所（指遮虏障〔内蒙古额济纳旗，故居延海南〕、受降城〔内蒙古乌拉特中旗东五十公里新忽热〕），派遣边防军进驻。然后，边塞才比较前世安宁。

"边塞之北，大地平坦，草木稀少，沙漠相连（瀚海沙漠），匈奴发动攻击，找不到隐蔽之地。边塞之南，山高谷深，交通运输，十分困难。边塞老一辈的人说：'匈奴丧失了阴山，每次经过那里，都伤心痛哭。'我国如果撤销边防军，正是给蛮夷卷土重来的可乘之机，这是理由之一。现在，皇帝的恩德，像天一样覆盖到匈奴汗国身上。匈奴人得到拯救，才能活下去。感激救命之恩，叩头顺服。不过，匈奴人的性情，穷困时谦卑屈膝，强大时骄傲横暴，天性如此（匈奴固然如此，礼义之邦的中国人，难道就不如此？中国人这种"自卑"与"自傲"

的两头极端性格，在儒家学派“尊君”意识下，已逐渐养成）。前些时，已撤除了前进指挥所（参考前六八年）。现存的边防军，仅够担任瞭望、烽火工作而已。古人明训：安不忘危。不可以更进一步的撤除，这是理由之二。中国有礼义、有制度、有刑法、有诛杀，愚蠢的小民，还要犯禁，何况匈奴单于，他能约束部下不出乱子？万一犯了中国法律，是治与不治？这是理由之三。即令在中国境内，还在山坳水滨，设立关卡，用以控制封国王侯，不使做臣属的有非分之想。边疆一带，设立要塞城堡，不仅仅是为了防备匈奴汗国，也是为了移民区（属国）的移民，本是匈奴汗国的人，恐怕思念故土，防止他们逃亡，这是理由之四。接近边塞的西羌若干部落（青海省东部），跟西汉人来往做生意，西汉官吏小民，图财贪利，强占他们的牛羊牲畜，甚至强占他们的妻子女儿，因为这些怨恨，激起叛变（史书上只记载诸羌部落叛变，好像羌人天生贱胚。而在此无意中透露叛变原因——官逼民反），现在如果全部撤除边防军，可能发生这种欺骗诬陷、纠缠不清的纷争，这是理由之五。过去，从军的战士，很多人都留在匈奴，没有回来，他们的子孙，生活贫苦，可能大批前往匈奴寻亲访友，便无法禁止，这是理由之六。沿边各地，奴仆婢女，身世悲苦，但求脱离，虽然互相告诫：‘听说匈奴那里快乐，无奈关卡太紧！’可是仍不断有人逃亡，无法阻挡，这是理由之七。强盗匪徒，地痞流氓，被追捕得急了，定会北入匈奴，气焰将更凶恶，这是理由之八。而且，自从沿边设立要塞，已有一百余年（自刘彻初期算起），并不完全用土筑成，有的利用悬崖绝壁，有的利用大石巨木，有的利用深沟险谷，有的利用水峡渡口，征发壮士修建，累月经年。用去的经费，无法统计。我恐怕主张撤除边塞的官员，没有深刻的考虑到事情的来龙去脉，只打算用快刀斩乱麻的手段，一下子停止人民一切差役。

十年之后，百年之内，如果突然发生变化，而要塞已经破坏，道路已经湮没，只好重建。可是，百余年累积下来的工程，不可能马上恢复，这是理由之九。如果撤销边防军，不再守望戒备，边境一片太平。匈奴汗国单于，会认为对中国恩重如山，不断请求赏赐，终于有一天，小小的事件使他失望，则所发生的灾祸，就难以推测。挑动匈奴人的野心，毁灭中国的防卫，这是理由之十。

“由于这十项理由，我认为：撤除边疆要塞跟边防部队，不是保持永久和平，控制匈奴人的长远谋略。”

奏章上去后，刘奭下诏：“停止讨论撤除边塞跟边防军这件事。”派车骑将军许嘉，向呼韩邪单于（十四任）解释，说：

“单于上书，请求西汉撤除北方边防部队，愿子子孙孙，永远负责保卫。单于一番好心善意，为中国人民幸福安乐着想，诚是长远的计划，皇上非常感谢。问题是，西汉东西南北，四方都有边塞亭障，并不单单北方才有，更不是专门为了防止来自北方的侵略，也同时防止西汉奸民流氓，把灾害带到塞外；使他们了解政府的措施，消灭邪念。单于的原意，皇上绝不怀疑。恐怕单于误会西汉仍驻扎部队的原因，所以教我向你作此一项简报。”

呼韩邪单于（十四任）道歉说：“我愚昧，没有想到这些。天子还特别派大臣告诉我，待我这么优厚！”

最初，左伊秩訾王向呼韩邪单于（十四任）建议归附西汉（参考前五三年），匈奴汗国竟因此完全底定，恢复繁荣。后来，有人谗言挑拨，说左伊秩訾王自以为他有安定国家的功劳，却没有什么封赏，心里不高兴，常发牢骚。呼韩邪单于（十四任）顿然起疑。左伊秩訾王恐怕被杀，遂率领他的部众一千余人，奔驰南下，投降西汉。西汉政府封他关内侯，特拨采邑三百户，仍佩戴匈奴王爵的印信。等到呼韩邪单于（十四任）到长安朝见，跟左伊秩訾王会面，呼韩邪单于（十四任）道歉说：“大王为我设计的策略，收获十分丰富。匈奴汗国能有今天这样的太平安宁，都是大王的力量。恩德岂能忘记？料不到我却使大王失望，离我而去，不再顾念，都是我的过失。我想向皇上报告，请大王重回王庭。”左伊秩訾王说：“单于承受上天的旨意，依附中国，使国家从死亡中崛起，是单于的抉择明智，跟中国皇帝的大力保护，我怎么会有这种力量？既然已经归降中国，而又再回匈奴，是有二心。愿留在这里，作为单于的一个使臣，不敢北返故居。”呼韩邪单于（十四任）坚决请求，无法得到左伊秩訾王的允许，只好自行回国。

呼韩邪单于（十四任）封王昭君当宁胡皇后（宁胡阏氏），稍后，生下一个男孩，名挛鞮伊屠智牙师，封右日逐王。

**柏杨曰**

历史上四大美女：西施、王昭君、貂蝉、杨玉环。西施的事迹，发生在纪元前五世纪一〇年代，《资治通鉴》还没有开始（《资治通鉴》开始于纪元前五世纪九〇年代）。但其他三位美女，则全部包括在《资治通鉴》之内，而以杨玉环的事迹最为详尽。貂蝉女士仅有她的行动，没有她的名字。王昭君女士则仅只上述的几行。然而，史学家吃力捧场的角色，未必受到人民重视，而一些只寥寥数语提及的人物，透过文学作品，虽经数千年之久，人们仍记忆犹新。二十世纪以来，传播工具发达，报纸、电台、电影、电视、舞台剧等，使四大美女的形象，更家喻户晓。然而，也使四大美女——尤其是王昭君的际遇，距事实也越远。

王昭君，是湖北省秭归县人，王穰的女儿。无疑义的，她漂亮非凡，所以虽然生长荒村僻壤，仍然被选入皇宫。王昭君自负她的容貌，认为只要她一入宫，皇帝就会着迷。再也想不到，皇宫可是美女窝，天下最美丽的“动物”，都集中在那里。

王昭君入宫几年之久，始终见不到刘奭的面。就在这时候，匈奴汗国呼韩邪单于（十四任）挛鞮稽侯栅，向中国求婚。刘奭决定在美女群中，物色五位，当作礼物赏赐给他；王昭君挺身而出，自愿前往。在致赠礼物的宴会上，五位美女盛装出见，王昭君艳丽夺目，《汉书》上形容她：“光照汉宫，顾影徘徊，竦动左右。”刘奭——这个不知道玩过多少美女的垂毙君王，也大为震惊，想要改变主意，却不能张口，只好目送她投入呼韩邪单于的怀抱。呼韩邪单于想不到中国这么慷慨，竟把最漂亮的美女赏赐给他，感激涕零之余，企图回报，这才提出愿意担任中国北方防务的建议。

呼韩邪单于逝世后，长子复株累若鞮单于（十五任）挛鞮雕陶莫皋继位，依习惯，王昭君继续当皇后，跟新单于又生了两个女儿。我们不知道何时香消玉殒，只知道她埋葬在河套以北的阴山跟黄河之间。一片黄沙，墓草碧绿。杜甫曾有诗凭吊：“一去紫台连朔漠，独留青冢向黄昏。”另在鄂尔多斯市北部的黄河岸上，也有王昭君墓，据说是衣冠冢。

王昭君在文学上引起的冲击，远超过她在政治上引起的冲击，文学上的结论是她芳心充满幽怨。恰巧西汉政府处决了一批宫廷画家，其中之一的毛延寿，遂被认为因向王昭君索取贿赂，不能达到目的，就把她画得容貌平庸。刘奭因思念王昭君，一病不起，王昭君也深恨放逐蛮邦，在呼韩邪单于死后，不愿再嫁，自杀。也有些作品强调：王昭君在被迫前往蛮邦中，投水而死。她似乎那么的眷恋中国宫廷，那么眷恋中国皇帝，好像一对恩爱夫妻，被活生生拆开。廉价的爱情故事，在刘奭跟王昭君之间展开，生离死别，回肠九转。

这类汗牛充栋的文学作品，显然抹杀了一件事实，那就是，王昭君对中国的宫廷和皇帝，早已厌倦绝望，大彻大悟下，自愿脱离。王昭君离开五个月后，刘奭便翘了辫子。幸亏刘奭没有留下她，如果留下她，顶多过五个月陪伴病夫日子，然后被送到墓园，作为张修女士第二（参考前六四年），囚禁到死。这种形势之下，她怎么会有幽怨？有的话，也只有感谢上苍，保佑她及时的跳出蛇窟。匈奴汗国单于固然也有美丽的小老婆群，但王昭君拥有的是中国娘家强大而又高贵的背景，在王庭中，居于荣耀地位。换在长安，谁都不能保证惨烈的夺床斗争中，她这个乡下姑娘会有什么下场？下任皇帝刘骜，完全在赵飞燕姐妹控制之下，杀人如麻，王昭君即令不被送入墓园，也逃不脱劫数。她就更没有理由幽怨，而且恰恰相反，她反而更有理由为自己明智的抉择欢呼。从她主动要求出宫的举动，可看出她是一位罕见的有性格、有胆识的漂亮姑娘。两千年来，在庸俗文化人的笔下，王昭君的高贵品质，被曲解诬蔑，竟成为一个贪图眼前富贵、念念不忘主子恩典的奴性入骨的人物，使人扼腕。

**2** 皇太子刘骜加冠（本年，刘骜二十岁）。

**3** 二月，最高监察长（御史大夫）李延寿逝世。

**4** 当初，宫廷政务长（中书令）石显，见到冯奉世父子都当部长，而女儿又当刘奭的一级小老婆“昭仪”，存心要攀附这家权贵，于是向刘奭推荐：“冯昭仪（参考前三八年）的老哥、皇家礼宾官（谒者）冯逡，品格端正，行为廉洁，最好请他侍奉左右。”（这是《老子》“将欲取之，必固与之”手段。）于是，刘奭召见冯逡，打算任命他当宫廷随从

(侍中)。冯逡请求单独面对，而就在单独面对时，抨击石显窃弄权力。刘奭对冯逡如此抨击自己的推荐人，既惊讶又愤怒，立即停止擢升他的念头，仍使他回到原来政府中级官员(郎官)位置。后来最高监察长(御史大夫)出缺，很多人推荐冯逡的老哥、藩属事务部长(大鸿胪)冯野王继任。刘奭命宫廷秘书署(尚书)，在部长级官员(中二千石)群中，评选品行能力最优秀的，冯野王又被列第一。刘奭询问石显的意见，石显对冯姓家族十分痛恨，乘机报复，说："部长级官员中，无论品行能力，没有比冯野王更恰当的人选。问题是，冯野王是冯昭仪的亲哥，恐怕后世议论起来，认为陛下压制其他人才，专看裙带关系，把他们擢升到三公(宰相级)高位。"刘奭赞说："对极！我怎么想不到这一点？"于是，告诉大家说："我如果用冯野王当三公，后世一定抨击我任用后宫亲属，会把冯野王的事拿出来，作为例证。"

三月丙寅日(三月庚午朔，没有丙寅)，刘奭下诏："刚强正直，宁静淡泊，藩属事务部长(大鸿胪)冯野王是这种人。反应敏捷，可以代表皇帝，出使四方，宫廷供应部长(少府)五鹿充宗是这种人。廉洁而又节俭，太子教师(太子少傅)张谭是这种人。现在，擢升太子教师张谭，当最高监察长(御史大夫)。"

**5** 河南郡(河南省洛阳市东白马寺东)郡长(太守)、九江(安徽省寿县)人召信臣，被任命当宫廷供应部长(少府)。召信臣本来是南阳郡(河南省南阳市)郡长，后来才调到河南郡(河南省洛阳市东白马寺东)，考绩在全国常常列于第一。他照顾人民跟照顾儿女一样，热心为人民谋求福利，亲自劝导人民耕田，开凿灌溉用的沟渠，户口倍增，无论官员跟人民，都对他敬爱，称他"召老爹"(召父)。

**6** 三月癸卯日（三月也无癸卯），恢复孝惠皇帝（二任帝刘盈）祭庙墓园（安陵，陕西省咸阳市东北十五公里）、孝文太后（薄太后）墓园（南陵，陕西省西安市东南狄寨街道西北。二陵撤除事，参考前三九年及前三八年）、孝昭太后（钩弋夫人赵倢伃）墓园（云陵，陕西省淳化县北大疙瘩村。《资治通鉴》无撤除云陵的记载）。

**7** 最初，宫廷政务长（中书令）石显，打算把姐姐嫁给甘延寿，甘延寿拒绝。等到甘延寿击斩郅支单于（参考前三六年），返回首都长安，宰相（匡衡）、最高监察长（应是李延寿），对假传圣旨这件事，深恶痛绝，对甘延寿的功勋，不赞一词。而陈汤又一向贪财，把掳获的金银财宝，违法带回国。京畿总卫戍司令（司隶校尉）通知沿途各地方政府，逮捕陈汤的部下，查办审问。陈汤急上书给刘奭，说："我跟我的部下，共同奋战，攻击郅支单于，幸而诛杀，从万里之外，凯旋班师，自以为中央政府会派遣官员，在道上迎接慰劳。而今，不但没有官员迎接慰劳，京畿总卫戍司令反而大批逮捕囚禁，拷问口供，这可是替郅支单于报仇！"

刘奭下令：立即释放所有被捕官员，命沿途地方政府盛大劳军。

甘延寿既返长安，评估功绩。石显跟匡衡认为："甘延寿、陈汤，假传圣旨，擅自调发部队，不诛杀他们，已是宽大。如果再给他们封爵，以后派出的使节，恐怕都要争先恐后的采取冒险行动，以图侥幸成功，在蛮夷中间，制造纠纷，为国家招来大难。"刘奭内心欣赏甘延寿、陈汤的功劳，而又不愿完全否决匡衡、石显的意见。事情不能马上定案。

前皇族事务部长（宗正）刘更生（改名刘向），上书说："郅支单于囚禁杀害的西汉使节和官员战士，为数以一百人作为单位计算。这种事在外国传播，严重的伤害中国威信，政府官员们无不痛苦悲悯。陛下要诛杀郅支单于的意念，并没有消失。西域总督（都护）甘延寿、副指挥官（副校尉）陈汤，秉承圣上的旨意，倚仗先王的神灵，统率蛮夷所建的万国君王，集结各城邦的军队，百死一生，深入遥远荒凉的绝域。最后击破康居王国（首都卑阗城〔中亚巴尔喀什湖西南锡尔河北岸突厥斯坦〕），攻陷郅支单于的三层巨城（单于城〔巴尔喀什湖西南江布尔市〕木墙两层，土墙一层），夺取元帅（歙侯）大旗，砍下郅支单于人头，悬挂在万里之外西汉的首都长安（陕西省西安市），使国家声威，震动昆仑山以西，洗刷掉谷吉被杀的羞辱（参考前四四年），建立可上比日月的明显功勋，所有蛮夷，莫不慑服恐惧。

“呼韩邪单于（十四任）看到郅支单于伏诛，既高兴又恐惧，怀念中国的恩义，低着头前来朝见，愿为西汉守卫北方边疆，世世作中国的臣属。甘延寿、陈汤，所建立的千年难得一见的大功，将为国家奠立万世和平。所有官员，都没有这么深远的贡献。

“从前，周王朝国务官（大夫）方叔、尹吉甫，为宣王（十一任王）姬靖，诛杀猃狁（匈奴汗国的前身）部落酋长，而后，北方蛮夷，全都归附。所以《诗经》赞美说：‘人马奔腾／军容壮盛。好像霹雳／好像雷霆。英明的方叔／讨伐猃狁／既在北方战胜／连南方的蛮夷／也都尊敬。’《易经》说：‘应该嘉奖的是：斩敌酋、获匪徒。’意思是赞扬诛杀叛徒首脑的人，则叛徒们自然归降。

“而今，甘延寿、陈汤，他们的诛杀跟引起的震动，即令是《易经》的‘斩敌酋’，《诗经》的‘霹雳雷霆’，都无法相比。评估一项伟大的功勋，不能斤斤计较小的过失与错误；鉴赏伟大的善行，不能紧咬某一点瑕疵不放。《司马兵法》说：‘对于军事上的赏赐，要急如星火，不要超过一个月。’目的在于使功效立见，鼓励士气。对军事上的功勋，必须迅速反应，才可以培养人才。尹吉甫班师时，周王朝用重赏回报，《诗经》上形容：'为尹吉甫设下盛大筵席／太多的祝福／他应领受。只因为他从镐城回来／是那么远／而又那么久。'（镐城，今地不详，应在陕西省北部。）相距不过一千华里的镐城，已经被称为'远'，何况一万华里之外，辛苦悲壮，已到极限。

"可是，甘延寿、陈汤，不但没有受到一语祝福，反而抹杀他们浴血苦战的功劳，在舞文弄笔的桌案之上，挑剔复挑剔，这不是奖励、劝勉战士的办法。从前，齐国国君（十六任桓公）姜小白，前有尊崇皇家的贡献，后有消灭项国（河南省沈丘县）的罪行，儒家学派的君子，认为他的功大过小，故意为他掩饰（《春秋》"前六四三年"："夏，灭项。"《公羊传》解释说："这是齐国消灭了它。为什么不指明齐国？为的是要袒护姜小白。"《公羊传》是一部在圣人粪便里发掘哲学基础的奇书，就以"前六四三年"而言，文章是一气呵成的："春季，齐国伐英氏国；夏季，灭项国。"如果在"夏季"之后，再加上"齐国"二字，便是幼稚园程度了。根本不涉及"袒护""掩饰"，而《公羊传》竟发明出来天大的道理，只有吃饱了去看蚂蚁上树那种无聊文化人才干得出。而《春秋》记载，又有疑窦，灭项国的，是鲁国，并不是齐国。不但不是齐国，齐国反而为了拯救项国，把鲁国国君〔十九任僖公〕姬申囚禁起来。《春秋》却把这笔账记到姜小白头上，不知何故？大概身为鲁国人的孔丘，可能也在政治挂帅，扭曲事实，颠倒是非）。贰师将军李广利，丧失了大军五万人的性命，消耗了高达亿万钱的费用，经过四年之久的辛劳，战果不过仅仅俘获三十四马而已。虽然砍下大宛王国（首都贵山城〔中亚纳曼干市西北卡散赛城〕）国王毋寡的人头，并不能抵消他的浪费，而他自身的罪恶，尤其多不胜数。然而，孝武皇帝（刘彻）认为，万里之外征伐，不追究小的过失，因此晋封两位侯爵，擢升三位部长，和一百余位部长级高级官员（参考前一〇一年）。

"而现在，康居王国，比大宛王国强大。郅支单于的地位，比大宛国王尊贵。诛杀中国使节的罪行，超过不献出汗血马。甘延寿、陈汤，并没有劳动西汉国防部队的战士，也没有由西汉供应一斗粮食。比起李广利来，对国家的贡献，要超过百倍。而且常惠凭他一己的意见，从乌孙王国（首都赤谷城〔中亚伊赛克湖东南〕），进攻龟兹国（新疆库车市。参考前七一年）。郑吉没有得到命令，擅自接受匈奴日逐王的投降（参考前六〇年）。他们都受封侯爵，享受采邑。甘延寿、陈汤，威武功勋，大于方叔、尹吉甫。功大过小，优于姜小白、李广利。比之于近世，更高过常惠、郑吉。想不到，震动世界的功勋还没有受到褒扬，而微小的罪恶，却不断传播，人人皆知。我深感痛惜，建议陛下，应立即解除对甘延寿、陈汤的惩处，恢复他们的自由之身（由此推测，这两位英雄人物，身已入狱，命陷危境）。不再寻求他们的过失，赐给他们爵位，用以奖励功业。”

刘奭醒悟，下诏赦免甘延寿、陈汤，不准再作指控。命高级官员不必讨论功过，而只讨论如何封爵。大家认为应依照“捕斩单于”军令（西汉王朝军令，今已不存，但从匡衡、石显的反应，以及常理推测，捕斩敌国元首，赏赐必然很重），可是，匡衡、石显仍作最后阻挠，说：“郅支这个人，只不过一个逃犯，早已失去国土，而只在荒凉的绝域，当一个冒牌单于，并不是真正的单于。”刘奭不理会他们的意见，援用郑吉前例，要封一千户人家的采邑。匡衡、石显再坚决争执。

夏季，四月三十日，刘奭封甘延寿当义成侯、陈汤当关内侯，采邑各三百户，赏赐黄金各一百斤。任命甘延寿当长水外籍兵团指挥官（野战部队〔北军〕八指挥官之一，年俸二千石），陈汤当射击兵团指挥官（野战部队〔北军〕八指挥官之一）。

杜钦上疏追述冯奉世从前击破莎车国（新疆莎车县），击斩莎车王的功勋（参考前六五年）。刘奭认为那是老爹刘病已在位时的往事，不再受理。杜钦，是故最高监察长（御史大夫）杜延年的儿子。（杜延年，参考前五二年四月）。



**荀悦曰**

如果冯奉世的功勋，应该封爵，纵是过去的事，照样应该受理。《春秋》大义：姬兴（鲁国二十任国君文公）拆毁泉台，应受谴责，而撤销“中军”（古代：天子六军，大一点的封国三军，小一点的封国只有二军、一军，每军一万二千五百人，分为“上军”“中军”“下军”），应受褒扬（《春秋公羊传》“前六一一年”：“为什么记载拆毁泉台？讥刺他。为什么讥刺他？那是祖先兴建的台，不去住就行了，用不着把它拆毁。”“前五三七年”：“撤销‘中军’的意义是什么？恢复古代编制。”鲁国是小国，不应有三军），各有各的原因。假传圣旨这件事，先王（从前的君王）看得非常严重。在不得已的情形下，才假传圣旨。如果功勋小，处罚他当然应该；如果功勋大，就应该赏赐。功过相等，也就算了。应该只看功过大小，再作决定。

**柏杨曰**

甘延寿跟陈汤，建立的是绝世功业，陈汤那句话：“凡是冒犯强大中国的，距离再远，也要诛杀！”中国人之不可轻侮的尊严，跃然纸上。豪气上干霄汉，两千年后听到，仍觉热血澎湃，兴起无限景慕，可是欢迎他们的却是堆积案头的刑法条文，跟被夸大了的恶形恶状。石显是官场人物，公报私仇，不太意外。宰相匡衡，可是所谓“大儒”。咦！史迹斑斑，“大儒”跟英雄，誓不并存。大迂腐加小格局，心胸狭窄兼眼光短小，英雄事业，不得不奄奄一息。

**8** 最初，太子刘骜从小就喜爱儒家学派的经典，宽厚谨慎，也很博学，可是后来却喜爱饮酒，喜爱宫廷中的欢乐。老爹刘奭认为他没有能力主持国家；而另一位皇子山阳王（首府昌邑〔山东省巨野县东南大谢集镇〕）刘康，才气纵横，娘亲傅昭仪又是刘奭最心爱的小老婆，刘奭遂有意改封刘康当太子。

刘奭到了晚年，常常患病，不过问国家大事，却特别喜爱音乐。有时候把战鼓搬进宫廷，刘奭亲自到走廊上，靠着栏杆，一连串把铜丸遥遥的投击鼓面，立刻响出紧密的声调，好像用手直接敲打，小老婆群跟左右对音乐有素养的人，都办不到。可是刘康却能够，刘奭不断夸奖这个儿子有才干。史丹进言说："才干的意义是：聪明而喜好学问，从已有的知识中发展出新的知识，太子刘骜就是这样的人。至于用演奏乐器的能力衡量人，那是陈惠、李微（古代音乐家，事迹没有留传下来）比匡衡高明，可以治理国家了。"刘奭不好意思的一笑。

后来，刘奭卧病，久久不能起床。傅昭仪跟她的儿子刘康，经常在病床前侍奉。而皇后王政君跟她的太子儿子刘骜，却很少能够晋见。刘奭的病势渐渐沉重，忽然不耐烦起来，好几次向宫廷秘书署（尚书）查问六任帝刘启罢黜皇太子刘荣，改封刘彻当皇太子的往事（参考前一五〇年）。这时，刘骜的舅父阳平侯王凤，当皇城保安司令（卫尉）兼宫廷随从（侍中），跟皇后王政君、刘骜，忧心忡忡，不知道用什么方法才可挽救危局。

乐陵侯史丹，是刘奭最亲密的大臣之一（史丹不但是皇亲，还是刘奭初即位时的托孤大臣史高之子），能够直进寝殿探病。现在，史丹出马，等刘奭单独在房间里时（也就是等傅昭仪跟刘康不在身旁时），史丹闯入寝殿，一直走到"青蒲"之上（皇帝睡处，用尊贵的青毯铺地，只有皇后才可以上去），用头叩地，呜咽流泪，说："刘骜以嫡长子的身份，封作太子，十余年来，全国人民，家喻户晓，万众归心，自愿当他的臣子。而今，刘康得到陛下宠爱，流言纷纷，十分关切，认为太子的地位不保。如果发生这种事情，政府高级官员——上自三公，下到部长以下，誓必以死相争，拒绝接受这项改变。我请求陛下先赐我死刑，作为群臣的表率。”

刘奭素来心肠软弱，不忍看到年老的史丹泣不成声，而史丹的话又恳切中肯，甚为感动，心情也觉开朗，长长的叹一口气，说：“我的病一天比一天沉重，刘骜跟刘康、刘兴，三个孩子，年纪都小，对他们的未来，怎不悬念？可是，并没有改换太子的念头。而皇后（王政君）一向谨慎小心，老爹（刘病已）又喜爱刘骜（参考前五一年），我怎么能违背老爹的意旨？你从什么地方听到这些话？”史丹即向后退（退出青蒲地毯），叩头说：“我愚昧，听信传言，罪当处死。”刘奭喘口气，说：“我的病已入膏肓，恐怕不能痊愈，还请你用心辅导刘骜，莫辜负我的重托。”史丹欲哭无泪，唏嘘告退。而刘骜的太子地位，才告巩固。同时，右将军、特级国务官（光禄大夫）王商（此王商非王家班，而是刘病已娘亲王翁须的侄儿）、宫廷政务长（中书令）石显，也都站在刘骜这一边，全力拥戴。

**9** 夏季，五月二十四日，刘奭在未央宫逝世（本年四十三岁）。

**班彪曰**

我的外祖父（金敞）兄弟，曾当过元帝（刘奭）的宫廷随从（侍中），告诉我说：“元帝（刘奭）多才多艺，尤其写得一笔好字，会弹琴鼓瑟，吹奏洞箫。自己谱出曲调，就能唱出歌声，对乐器极有研究，可以厘定音节位置，巧妙精密。从小就喜爱儒家学问，即位后，任用儒家学派知识分子，把国家大事交给他们。贡禹、薛广德、韦玄成、匡衡，相继担任宰相。但是，他太过拘谨，缺少判断跟决断的能力，宣帝（十任帝刘病已）的大业，因此衰退。然而，宽厚、敬业、节约，态度温和，有古代君王的风范（班彪，参考二五年十二月）。

**10** 宰相（丞相）匡衡奏称："前些时，先帝（十一任刘奭）因为身体有欠舒适，所以把废除的祭庙跟墓园，先后恢复（参考去年〔前三四〕），而仍不能蒙受祖先的赐福。依儒家礼教，卫思后（七任帝刘彻的皇后卫子夫）墓园、戾太子（刘据）墓园、戾后（史良娣）墓园，亲情仍在，不应撤除。而孝惠皇帝（二任刘盈）墓园、孝景皇帝（六任刘启）墓园，亲情已尽，应该撤除。另外，太上皇（一任帝刘邦的爹刘执嘉）墓园、孝文皇帝（五任刘恒）墓园、孝昭太后（钩弋夫人赵倢伃）墓园、昭灵后（刘邦的娘王含始）墓园、昭哀后（刘邦的姐姐）墓园、武哀王（刘邦的老哥）墓园，也请一并撤除。"刘骜批准。

**柏杨曰**

这一段记载，原文的结尾是："奏可。"我们把它译为"刘骜批准"，颇感心虚。此时死皇帝刘奭已躺进棺材，皇太子刘骜尚未登极，还没有资格接受奏章。原文打马虎眼，来一个"奏可"，我们一定要顶真，就出了麻烦。如果也打马虎眼，译作"批准"，包管万无一失，问题在于我们不愿打马虎眼，想来想去，仍是罩到刘骜头上。

儒家系统这种"亲尽则庙毁"制度——亲情已尽时，撤除墓园跟祭庙，有它的用意，如果跟日本天皇万世一系一样，中国皇帝由一个家族包办，一包到底，千百个祭庙墓园，像疥疮般的满地都是，人民的纳税钱都被浪费到那些枯骨上，实在荒唐。然而，儒家系统解决疥疮症的方法，却是寡情绝义。不妨假设一种情况，像西汉王朝第一流皇帝刘恒（五任）、刘启（六任），在阴曹地府也好，在云端天堂也好，每天接受子孙香火，好不快乐，却忽然间，门房通知说：

“明天我们就不能管你饭了，你的子孙现任皇帝，跟你‘亲情已尽’，一刀两断，祭庙没啦，墓园没啦。”于是，刹那间，他们就成了无主的游魂饿鬼，得去马路上哀哀乞讨。想起来当年，别人碰一下祭庙外的空隙地带（堧地），都要杀头，何等威风。而今，被儒家的“亲尽”学说，全盘断送。

死而无知，祭祀无益；死而有知，亲情永在。儒家学派这种势利眼的祖先崇拜，不能解决问题。解决问题的方法，只有一个，那就是根本不要什么祭庙墓园，而儒家系统又办不到。于是只好在夹缝中煞有介事，伤害善良的人情风俗。

**11** 六月二十二日，刘骜即位，登上皇帝宝座（本年，刘骜二十岁），晋谒一任帝刘邦祭庙（高庙）。尊祖母皇太后王女士（刘病已的正妻）当太皇太后，尊娘亲皇后王政君当皇太后。任命舅父、宫廷随从（侍中）、皇城保安司令（卫尉）阳平侯王凤，当全国武装部队最高指挥官（大司马），兼全国最高统帅（大将军）、主管宫廷机要（领尚书事。王姓家族从此掌大权，直到把西汉王朝吞没）。

**12** 秋季，七月十九日，把刘奭埋葬渭陵（陕西省咸阳市东北七公里）。

**13** 大赦天下。

**14** 宰相（丞相）匡衡上书说：“陛下天性孝顺，对老爹的哀伤思念，永存内心，从没有声色犬马的欢娱，确实是重视孝道的终极效果，不忘祖先的教训，应把它传到永远，这种忠厚的圣人性情，虽然是上天赐予，但仍望陛下的圣心，再度加强。《诗经》说：‘忧愁伤身／痛在心头。’这是形容周王朝成王（第二任王）姬诵内心的忧愁难解，也正是姬昌（周文王）、姬发（周一任王武王）伟大勋业，跟伟大教化的基础。

“我听我的教师告诉我：‘夫妻配偶，是人生的开始、千万幸福的源头。婚姻的礼仪端正，然后事物全备，天命完成。’孔丘研究《诗经》，从《关雎》着手。因为婚姻在维持社会秩序中，扮演主要角色。在政府推行礼教中，担任第一步。自从上古以来，三代（夏、商、周）的兴起和衰落，没有一个不由此而起。愿陛下考察过去得失兴衰的关系，用以巩固根本。物色有品德的人，排除靡靡之音和漂亮的美女。接近严肃自尊的人，远离花言巧语、诡计多端的人。

“我又听说，儒家学派的六经（《诗经》《书经》《礼经》《乐经》《易经》《春秋》。《乐经》早已失传，此处不过提出来凑数），是圣人们为了统御天下人心，把善恶分别归类，显明吉凶祸福，指示做人的大道正路，使之不违背善良本性的著作。还有《论语》《孝经》，也都是圣人们言行的记录，应追寻他们的启示。我又听说，圣明君王的作为，无论动态静态，周旋于天地之间，上奉天心亲意，面对群臣，事事克制，发扬人伦的美德。

“谨慎小心，是侍奉上天的根基。和悦顺服，是侍奉祖先的礼义。严格要求自己，是统御文武百官的原则。和颜悦色，是待下的态度。举止行为，有一定轨道——遵循仁义的法则。正月元旦，陛下驾临金銮宝殿，接受天下朝贺，设置筵席，慰劳四方，古书上说：‘君子人物，开始时就要谨慎。’建议陛下，留意自我克制，使政府官员们得以仰望高贵品德的光彩，为国家奠立坚固的基础，则天下有福。”

刘骜谦敬的采纳他的建言。

# 纪元前三二年 己丑

西汉 建始 元年

1 春季，正月一日，西汉王朝（首都长安〔陕西省西安市〕）刘进祭庙（悼考庙）火灾（刘进，十任帝刘病已的爹）。

2 调宫廷政务长（中书令）石显当长信宫交通官（长信中太仆），年俸文官最高级（中二千石）。

石显既离开中枢要职，如鱼出水，权势霎时间化为乌有，平常情投意合的高级官员，翻脸无情，开始打落水狗。宰相（丞相）匡衡、最高监察长（御史大夫）张谭，一条条列举出石显的罪行，提出弹劾。于是，石显的党羽牢梁、陈顺，一齐撤职。石显跟他的妻子儿女，被逐回故乡（石显是济南郡〔山东省济南市章丘区〕人）。石显悲愤忧惧，不进饮食，在中途逝世。凡是因结交石显而得到官位的摇尾系统，全部罢黜。宫廷供应部长（少府）五鹿充宗，贬降玄菟郡（辽宁省新宾县）郡长（太守），总监察官（御史中丞）伊嘉贬降雁门郡（山西省右玉县）民兵司令（都尉）。

京畿总卫戍司令（司隶校尉）、涿郡（河北省涿州市）人王尊，上书弹劾说："宰相（丞相）匡衡、最高监察长（御史大夫）张谭，明知道石显专权弄势、作威作福，是四海之内的灾难，却不立刻报告皇上，施予惩罚。反而百般谄媚，曲意顺服。攀附臣下，欺骗领袖。心怀邪恶，迷惑君王。一个辅政大臣，不应有这种态度，犯了大逆不道之罪。幸而这都在大赦之前，不必追究。然而，就在大赦之后，匡衡、张谭，指控石显，不但不肯承认自己的不忠，反而诋毁先帝（刘奭）任用奸险之徒，荒谬的宣称：'文武百官畏惧石显，甚于畏惧主上。'把皇上压得那么低，把臣下抬得那么高，不应该有这种观念，有亏大臣的气节。"

匡衡惭愧恐慌，脱下官帽请罪，缴还宰相跟侯爵（乐安侯）的印信。西汉帝（十二任成帝）刘骜（本年二十一岁）刚刚坐上宝座，不愿立即更换高级官员，下令把王尊贬作高陵（陕西省西安市高陵区）县长（令）。然而政府官员很多人支持王尊。匡衡内心不安，以后每逢遇到水旱天灾，都请求退休，刘骜每次也都下诏慰留。

**3** 刘骜封故河间王（首府乐成〔河北省献县〕）刘元的老弟、上郡（陕西省榆林市东南鱼河镇）军械库管理官（库令）刘良，继任河间王（刘元因滥杀没有罪的人，放逐到房陵〔湖北省房县〕，封国撤除，参考前三八年）。



**4** 孛星出现营室星座。

**5** 赦天下。

**6** 二月十八日（原文误置于正月，据《汉书·外戚恩泽侯表》改），刘骜封舅父、特级国务官（光禄大夫）、关内侯王崇当安成侯。另封舅父王谭、王商（王家班）、王立、王根、王逢时当关内侯。

夏季，四月，赤黄色浓雾，沉滞不解。刘骜下诏给三公、部长（卿）、国务官（大夫），询问原因何在，示警何事，不要有任何顾忌，直言回答。议论官（谏大夫）杨兴、研究官（博士）驷胜，一致认为："阴气太盛，阳气被压。当年，高皇帝（一任帝刘邦）有过约定，臣属除非在军事上建立功劳，不可以封侯爵。而今，太后（王政君）的几位弟弟，并没有军功，却同时晋封侯爵，对皇亲国戚的恩典，从来没有过。所以，上天有这项变异。"全国最高统帅（大将军）王凤恐惧，提出辞呈。刘骜下诏诚恳慰留。

**7** 总监察官（御史大夫）、东海郡（山东省郯城县）人薛宣，上书说："陛下的性情和品德，非常仁慈宽厚。可是，阴阳之气，还聚集在一起，无法散开，大概由于政府官员，仍在推行暴政的缘故。各州督导官（刺史）巡查地方，有人并不遵守'六条'（六条，参考前一〇六年注），随着他的高兴，干涉郡县政府行政。甚至大开后门，接受贿赂。听信谗言，直接审理官员跟人民的过失。对很细小的地方，都申斥谴责，要求别人去做无法做到的事。郡县政府在压力之下，也跟着采取苛刻手段。最后，灾祸转嫁到小民身上。于是，亲戚邻居，再没有友情的喜乐，家族家属，也忘了亲密的血缘关系。互相帮助、救济急难的敦厚风俗衰退，礼尚往来的习惯礼节丧失。

"做人的道理破坏，阴阳自然隔开。和睦的气氛破坏，天象自然发生变异。《诗经》说：'由于一个微小的煎饼／人民都会失去控制。'俗谚说：'暴政伤害亲情，悲苦伤害恩义。'当各州督导官（刺史）回京复奏的时候，请陛下加以约束，使他们了解政府的立场。"

刘骜欣然采纳。

**8** 八月，某一天早上，东方天际，一上一下，出现两个月亮。

**9** 冬季，十二月，刘骜分别在首都长安南郊、北郊，祭祀上天及大地。撤除甘泉（陕西省淳化县西北）跟汾阴（山西省万荣县西南荣河镇）两地祭坛（甘泉有"泰畤"，汾阴有"后土祠"）。同时撤除其他祭坛上的彩色装饰（伪饰）、童男童女歌队（女乐）、皇帝御用专车（鸾路）、祭祀时御用枣红色骏马（骍驹），以及皇家马匹管理官（龙马），和石筑的祭台（石坛）。

# 纪元前三一年 庚寅

西汉　建始　二年

**1** 春季，正月，西汉王朝（首都长安〔陕西省西安市〕）皇帝（十二任成帝）刘骜（本年二十二岁）下令撤除位于雍县（陕西省宝鸡市凤翔区）的五色帝庙（五畤），跟陈宝庙（五色帝庙，参考前一六五年。陈宝庙，在陕西省宝鸡市东陈仓镇。宝鸡，古名陈仓。纪元前八世纪，秦国二任国君〔文公，名不详〕前往陈仓游逛，得到一块颜色像猪肝一样的化石，当成宝物，兴建了一座庙院，祭祀叩拜，称为“陈宝”，即“陈仓之宝”。陈宝神常于夜晚莅临，光芒像一道流星，叫的声音像雄鸡早啼。从前八世纪一直祭祀到本年），这些都是宰相（丞相）匡衡的建议。

正月二十三日，刘骜到首都长安南郊祭祀天神。因为长安县有侍奉皇帝祭祀的辛劳（皇帝祭祀南郊，称“郊天”，是一桩几乎可上比“封禅”

〔到泰山祭祀天地〕的大事。长安县南郊虽近在咫尺，但负责供应皇帝为首的蝗虫群，却是一庞大开支），刘骜下令赦免长安县，及在首都长安服役的髡刑（剃光头）以下罪犯。全国人头税减四十钱（本为一百二十钱，减四十钱，剩八十钱。刘邦时，人头税不过三十三钱，史书不断记载历任皇帝减税德政，结果越减越多。本年减过之后，还要缴八十钱，苛税沉重，人民已无法负担）。

**2** 闰正月，刘骜在渭城（陕西省咸阳市）延陵亭（陕西省咸阳市北四公里），预建自己坟墓。

**3** 三月十四日，刘骜开始在首都长安（陕西省西安市）北郊祭祀大地。

**4** 三月十九日，刘骜封许女士（名不详）当皇后。许皇后，是车骑将军许嘉的女儿。前任帝（十一任）刘奭哀悼娘亲许平君在位日子不多，惨遭霍姓家族毒手（参考前七一年），所以特选许嘉的女儿婚配当时尚是太子的刘骜（许皇后是许平君的侄女，在辈分上，刘骜应叫她"表姨妈"）。

**5** 刘骜当太子的时候，就以喜爱美女闻名于世。等到即位，娘亲皇太后王政君下令挑选良家女儿，送入皇宫，供她的儿子娱乐。最高统帅部军械库管理官（大将军武库令）杜钦，向王凤规劝说："古礼（夏王朝及商王朝）规定，君王一娶就是九个妻子，主要的用意是，要她们多生儿子，使皇族繁衍，才对得起祖先。其中有人死亡，不再补充，为的是保护君王的性命，也免得争风吃醋。所以，正妻（后）跟小老婆（妃）如果品行端正，孩子们就可以成为圣贤领袖。小老婆编制如果有严厉的节制，君王就有活到高寿的福气。

“废弃这些规定，就会不断追求新鲜刺激。不断追求新鲜刺激，寿命就会缩短。男人到了五十岁，喜爱女人的欲望，仍很强烈。可是，女人到了四十岁，容貌就开始变丑。以变丑了的容貌，侍奉性欲仍强的男人，如果不用礼教强行克制，源头既不能塞，最后必然发生变化。变化的结果是：正妻（后）自顾形惭，恐惧自己跟儿子会被罢黜。而小老婆跟儿子们则会产生夺嫡的野心。这正是晋国国君（十九任献公）姬诡诸被指摘听信谗言，使姬申生受到无罪诛杀的原因（姬诡诸宠爱骊姬，骊姬希望她的儿子姬奚齐继承国君位置，向老丈夫姬诡诸进谗。姬诡诸相信，太子姬申生，上吊身亡）。而今，皇上青春鼎盛（刘骜本年二十二岁），没有嫡子（许皇后还没有生子），正是研讨学问的年龄，还没有因正妻（后）和小老婆群（妃）的冲突而引起争议。

“将军身居辅政大臣，责任重大，应该乘着权威正重，建立九位妻子的制度。在以仁爱著名的家庭之中，物色温静淑女，不必一定美丽，也不必一定会歌舞或其他技能，只求建立万世的宫廷基本法则。要知道，对一个在成长中的年轻人而言，美女不可贪求无厌。《小卞》诗篇，使人们寒心（《小卞》，《诗经》中的篇名，张晏注：“此诗是在讽刺周王朝十二任王〔幽王〕姬宫涅，罢黜申后，改立褒姒，罢黜太子姬宜臼，改封庶子姬伯服。”事情发生在前八世纪二〇年代），盼望将军忧虑后果。”

王凤转告皇太后王政君，王政君认为没有前例。王凤是个没有见识的人，不能创新，因循敷衍，不了了之。

然而，王凤一向尊敬杜钦，常把他请到身旁，跟他共同商议国家的大事方针，好几次推荐有名望的人，补救政治上的错误。当时若干善政，多出于杜钦的建议。

**6** 夏季，大旱。

**7** 匈奴汗国（王庭设蒙古国哈拉和林市）呼韩邪单于（十四任）挛鞮稽侯栅，宠爱左伊秩訾王（参考前三三年）的两位侄女。长侄女正宫皇后（颛渠阏氏），生二子：长子挛鞮且莫车，幼子挛鞮囊知牙斯。幼侄女大皇后（大阏氏），生四子：长子挛鞮雕陶莫皋，次子挛鞮且麋胥，二人都比挛鞮且莫车年长。三子挛鞮咸，四子挛鞮乐，都比挛鞮囊知牙斯年幼。其他皇后也有儿子十余人。正宫皇后出身高贵，挛鞮且莫车又深受老爹宠爱。

呼韩邪单于（十四任）病危，打算立挛鞮且莫车当太子。正宫皇后说："匈奴汗国内乱，十余年之久，国家命脉，像一根头发那样，勉强维持，依靠着中国力量，总算渡过难关。现在，和平时间太短，人民畏惧战乱，渴望休息。我儿挛鞮且莫车年纪太小，人民还不能诚心悦服，恐怕再对国家造成伤害。我跟大皇后，是亲姐妹，她的儿子，也就是我的儿子，不如改立挛鞮雕陶莫皋。"当妹妹的大皇后谦逊说："挛鞮且莫车虽然还是孩童，但由大臣们共同主持政府，一样推行政令。如果舍弃嫡子，而立庶子，恐怕以后会发生战乱。"

呼韩邪单于（十四任）最后仍采纳正宫皇后的建议，由挛鞮雕陶莫皋继任，指定将来传位给弟弟挛鞮且莫车。

呼韩邪单于于本年（前三一）逝世。挛鞮雕陶莫皋即位，称复株累若鞮单于（十五任。"若鞮"，匈奴语"孝顺"之意。自呼韩邪单于（十四任）归附中国之后，羡慕中国皇帝都有绰号，匈奴汗国单于遂也开始使用绰号。又羡慕绰号中都用"孝"字，匈奴汗国也跟着效法，开始加上"若鞮"）。复株累若鞮单于（十五任）封挛鞮且麋胥当左贤王，挛鞮且莫车当左谷蠡王，挛鞮囊知牙斯当右贤王。

复株累若鞮单于（十五任）再娶王昭君为妻，生二女。长女名挛鞮云，封须卜公主（须卜居次），小女（名不详）封当于公主（当于居次）。

纪元前一世纪

七〇年代

前三〇—前二一年

西汉王朝

- 黄河在东郡决口。
- 王姓家族五人同日封侯。
- 刘骜诬杀王章。
- 颍川郡铁官徒暴动。

- 罗马共和国元老院呈献执政官屋大维尊号“奥古斯都”。罗马帝国建立。

西汉　建始　三年

**1** 春季，三月，西汉政府（首都长安〔陕西省西安市〕）赦天下判处徒刑的罪犯。

**2** 秋季，关内（关中〔陕西省中部〕）连绵大雨四十余日，首都长安（陕西省西安市）社会浮动，人们忽然间惊恐相告说："洪水就要灌城！"长安城内，居民惊慌逃命，互相推挤践踏，老弱哭号，陷入混乱。西汉帝（十二任成帝）刘骜（本年二十三岁）在深宫中也大为慌张，亲自到金銮宝殿，召集高级官员询问消息。全国最高统帅（大将军）王凤建议："皇太后（王政君）跟皇上可登上御船，然后下令居民登上长安城躲避。”大家一致赞成。只左将军王商反对（当时有两位王商。此王商，涿郡蠡吾〔河北省博野县〕人，十任帝刘病已娘亲王翁须娘家人，非王家班分子。另一位王商，魏郡元城〔河北省大名县东北〕人，十二任帝刘骜娘亲王政君娘家人，是王家班主要成员），说：“即令是古代那些暴虐无道的王朝，大水都没有淹没过京师（首都）。而今，国内一派升平，没有战争，上下和睦，洪水不可能突然发生。必然是一项错误的谣言，不可以教人民登上城墙，那会使全城惊恐。”刘骜决定停止。

一会工夫，混乱平定。调查结果，果然是以讹传讹（音é〔鹅〕）。刘骜对王商（非王家班）的见解跟镇定，至为动容，不断赞扬。王凤大感惭愧，自恨把话说错（王凤因此痛恨非王家班的王商）。

**3** 刘骜准备完全倚靠王凤。

八月，把岳父车骑将军许嘉免职，以“特进”侯爵身份，参加御前朝会（西汉王朝制度，留在首都的侯爵，准许参加朝会〔奉朝请〕时，位置在三公之下。但加“特进”，位置虽在三公之下，却在所有侯爵之上。许嘉封平恩侯）。

4 最高监察长（御史大夫）张谭，被控推荐人才不真实，免职。

冬季，十月，擢升特级国务官（光禄大夫）尹忠，当最高监察长（御史大夫）。

5 十二月一日，日蚀。当天夜晚，未央宫地震。刘骜下诏，要求推荐“贤良”“方正”，以及能“直言规劝”人才。杜钦，跟祭祀部（太常）主任秘书（丞）谷永，上书指出：“皇宫内美女太多，互相嫉妒，恐怕会影响皇上生育儿女。”

6 越嶲郡（四川省西昌市）山崩。

7 十二月三十日，宰相（丞相）匡衡，被控在他侯爵的采邑中，侵占四百顷土地。职权管辖下的主管，盗取公款黄金二百两以上。撤职，贬作平民（匡衡辞职不准，而且恳切慰留。这是表面一套，最后收线，官位与爵位同时被强行剥夺，来得更狠）。

# 纪元前二九年 壬辰

西汉　建始　四年

**1** 春季，正月二十六日，陨星坠落亳邑（山东省曹县南）四颗，坠落肥累（河北省石家庄市藁城区）两颗。

**2** 撤销宫廷政务署（中书），设立宫廷秘书五人（秘书〔尚书〕五人，各人主管一科〔曹〕。第一，政务科〔常侍曹〕，主管宰相府、最高监察署〔御史大夫〕文件。第二，高官科〔二千石曹〕，主管部长级、郡长级〔二千石〕文件。第三，民政科〔户曹〕，主管人民上书文件。第四，外事科〔主客曹〕，主管外国文件。第五，司法科〔三公曹〕，主管司法文件）。

**3** 三月八日，西汉王朝（首都长安〔陕西省西安市〕）皇帝（十二任成帝）刘骜（本年二十四岁）擢升左将军乐昌侯王商（非王家班）当宰相（丞相）。

**4** 夏季，刘骜召集前些时征召的“贤良”“方正”跟“直言规劝”人士，在未央宫白虎殿举行考试。这时，刘骜把权力交给王凤，正受各方抨击。祭祀部（太常）主任秘书（丞）谷永，看出王凤的权势将更升高，决定向他摇尾靠拢，就在试卷上说：“而今，四方蛮夷，都已归降，作为中国的臣属，北边没有荤粥、挛鞮冒顿的灾祸（荤粥是匈奴汗国部落时代的名称，黄帝王朝时称山戎、荤粥，夏王朝时称淳维，商王朝时称鬼方，周王朝时称猃狁，秦王朝时称匈奴。挛鞮冒顿，匈奴二任单于），南边没有赵佗、吕嘉的外患（参考前一八三年、前一一二年）。疆域之内，一派升平，不再有战争叛乱。封国中最大的，采邑不过数县。中央政府控制严密，不能有什么作为，已失去当年吴国、楚国（吴楚七国之乱，参考前一五四年）、燕国（燕盖之乱，参考前八〇年）、梁国（参考前一四八年）那种尾大不掉形势。文武百官互相制衡，皇亲国戚跟平民出身的官员，一同在政府中掌权。跟陛下骨肉相连的大臣，有申国（河南省南阳市）国君的忠心（申国国君，是周王朝十二任王〔幽王〕姬宫涅的岳父，十三任王〔平王〕姬宜臼的外祖父——谷永举这个例证，本来是烘托王凤。但是，如果考究起来，却是一个最不恰当的例证，这位申国国君根本谈不到忠心，为了拯救外孙姬宜臼，起兵叛变，跟蛮夷结盟，竟把女婿姬宫涅诛杀。我们发现古人经常冒出这种例证不当或错误的毛病，弄不清原因何在，可能只求文章的优美，或是对古事本来模糊，或是明知读者不会深究，故意打马虎眼），谨慎敬畏，小心翼翼；更没有马通、上官桀、霍禹的阴谋。三方面毫无事故（三方面：外无挛鞮冒顿、赵佗之患，内无吴国、楚国之忧，政府无马通、上官桀之乱)，深恐陛下因此而产生明显的错误，忽略了天地赐下的显明警告，听信愚昧盲目的建议，把罪恶加到无辜者的头上，改变托付重任的决定。那就可能丧失上天的保佑，是不可以中的最大不可以(这一段话有点混淆和突兀，因司马光剪接时，省略了最主要的一段。《汉书·谷永传》，在“三方面都没有丝毫事故”之下，画龙点睛说：“不应该把天变的责任，推给舅父〔王凤〕。”有此一句，谷永上书的主旨才明)。

“陛下诚能够考虑我的建议，拒抗沉溺已久的心意，解除专心于一位美女的爱情，奋起男性的威严，扭转被控制的局势(从后文可知，许皇后此时正在得宠，这一段专对许皇后，也是专对许姓家族而发)，使所有的美女，都得进身。陛下最好收纳可能生男孩的女子，不管她美丑，不管她是不是嫁过人，不管她年龄是不是相当。就形势分析，陛下如果使出身卑贱的小老婆生下男孩，反而是一种福气。因为主要的目的，是在为皇位得到继承人，至于娘亲的出身是不是卑贱，并不重要(王凤把他小老婆张美人已结过婚的妹妹，献给刘骜，正受抨击。谷永这段话，是要为王凤开脱)。因此，盼望陛下不妨留意后宫中卑贱的女奴、女仆，有合适的，一旦上天保佑，生下男孩，也可使皇太后(王政君)的忧虑消失，使上帝的愤怒停止。后代繁衍，灾变自然消除。”

杜钦在试卷上的意见，跟此相同。

刘骜因终于获得理论根据，大为兴奋，把二人的试卷，拿到后宫公开，并擢升谷永当特级国务官(光禄大夫)。

**5** 夏季，四月，降雪。

**6** 秋季，桃树、李树开花结果(夏季不应降雪，而桃树、李树应在春季结果)。

**7** 连绵大雨十余日，黄河在东郡（河南省濮阳市西南）金堤（河南省濮阳县城南一公里，又名千里堤）决口。

之前，清河郡（河北省清河县）民兵司令（都尉）冯逡奏报说：

“清河郡位于黄河下游（古黄河是清河郡跟东郡的分界水），土壤松脆，容易崩塌。所以一直没有大灾害的原因，在于有屯氏河容纳它的水量，而今屯氏河淤塞（七任帝刘彻时代，黄河在馆陶决口〔参考前一三九年〕，另开一条水道，注入渤海，称屯氏河，阔度深度，跟黄河相等。因为二河同时并流，足可容纳水量，所以一直平安无事。前三九年，黄河再在清河郡灵县〔山东省高唐县南〕鸣犊口决口，屯氏河遂淤塞不通。迄本年〔前二九〕，已十一年之久），灵口（山东省高唐县南，古灵县城东）、鸣犊口（鸣犊河注入屯氏河处），承受的压力日增，情形危急。仅剩下一条黄河河道，却要容纳数条河的水量，即令把堤防提高，也无法使它顺利宣泄。如果遇到大雨，十天不停，必然满溢。

“夏王朝时代的九河固有水道（九河：徒骇河、太史河、马颊河、覆鬴河、胡苏河、简河、絜河、钩盘河、鬲津河。上承黄河的水量，分别注入渤海），现在既然无法找出它们的位置，而屯氏河淤塞的时间，不能算太久，比较容易疏通。又因为黄河分口处地势较高，对于分散黄河水流的冲击力，可立见功效。我建议迅速挖浚疏导屯氏河，帮助黄河宣泄洪水，防范非常情况。如果不预先采取措施，一旦在北岸决口，将危害四五个郡。一旦在南岸决口，将危害十余个郡。然后再忧虑善后，就后悔已晚。”

当时宰相（丞相）匡衡、最高监察长（御史大夫）张谭，请求派遣研究官（博士）许商，前往视察。匡衡、张谭，根据许商的视察，报告说；“现在，国家经费困难，暂时不必挖浚疏通。”

三年后（即本年），黄河果然在馆陶（河北省馆陶县）和东郡（河南省濮阳市西南）金堤（河南省濮阳县城南一公里）决口，大水泛滥兖州（山东省西部）、豫州（河南省），以及平原郡（山东省平原县）、千乘郡（山东省高青县东北）、济南郡（山东省济南市章丘区。地方政府“州”“郡”同时出现，可看出“州”地位提高，“郡”逐渐成为不重要角色）。大水淹没四郡、三十二县，耕地十五万余顷，水深地方达三丈余，毁坏政府机关，及民间房舍四万所。

冬季，十一月，最高监察长（御史大夫）尹忠的救灾方案，漏洞百出，刘骜斥责他不尽职责，尹忠自杀。刘骜命农林部长（大司农）非调（非，姓），筹措救济受灾各郡的经费，派皇家礼宾官（谒者）二人，征发河南郡（河南省洛阳市东白马寺东）以东船舶五百艘，从灾区中抢救灾民到丘陵高地躲避，共抢救出九万七千余人。

史书上写出田产房舍的损失，没有写出生命的损失，不知道什么缘故。财产失去，还可重来，而人死不能复生。宰相匡衡固是一个“大儒”，同时也是一个官场“大混”，最初跟宦官石显结合，死缠活缠的打击陈汤。等到石显调职，立刻反咬一口，目的只在保护自己的官职爵位。这种人脑子里没有人民。所以拒绝疏浚屯氏河，声称没有经费。那么，决口之后，经费从哪里来？不是没有经费，而是不愿尽责。为了发动这项工程被扫地出门，也比为了贪污百顷田地被扫地出门值得。千万冤魂应向他索命，政府也应向他追究——必须有追究责任的精神，才能使大混分子，减低混的程度。

**8** 十一月二十日，擢升宫廷供应部长（少府）张忠，当最高监察长（御史大夫）。

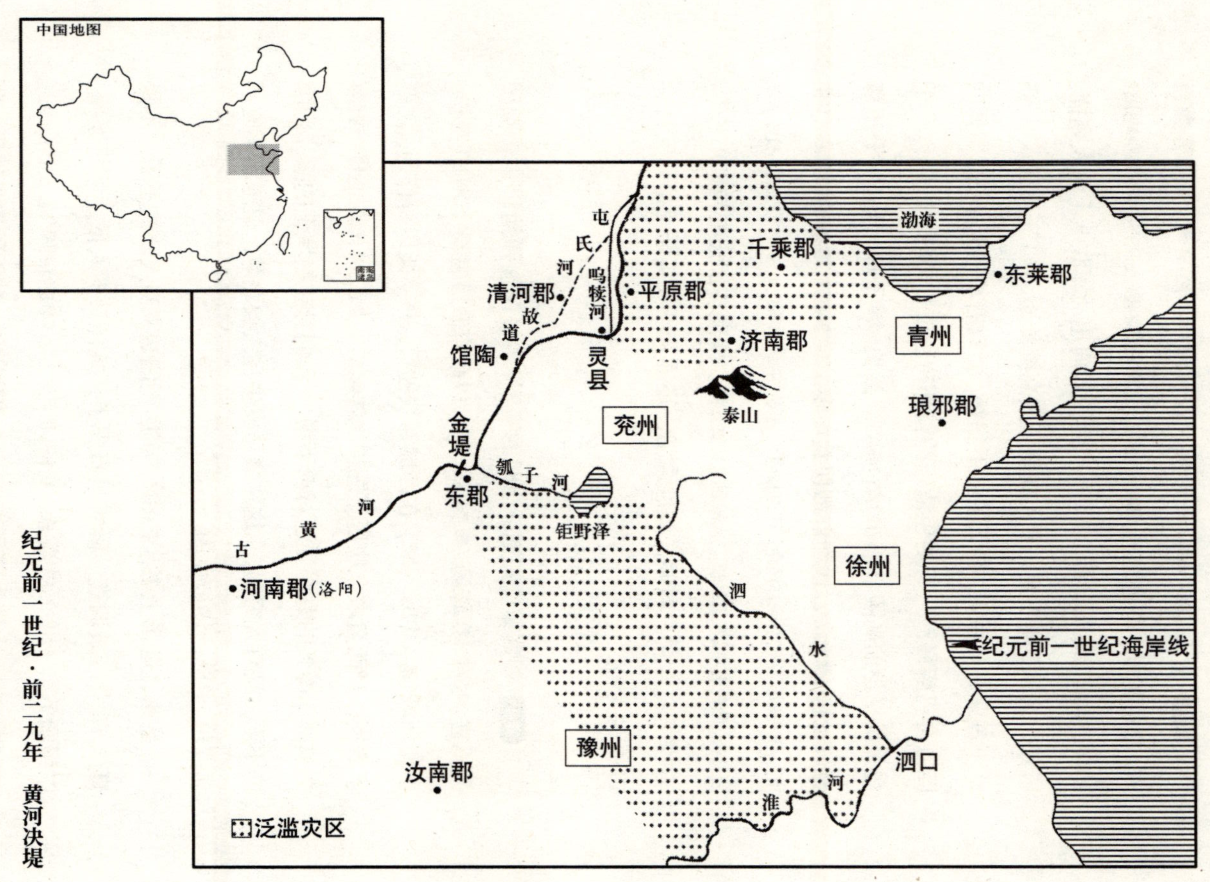


纪元前一世纪·前二九年 黄河决堤

**9** 南山（秦岭山脉）一带变民首领倗宗（倗，音péng〔朋〕）等数百人，横行抢劫，危害地方（秦岭山脉位于首都长安之南，泛称南山。包括秦岭山脉所属的终南山、首阳山、太白山、华山等）。西汉政府出动军队一千余人剿捕，一年有余，不能平定。有人向全国最高统帅（大将军）王凤建议："盗匪不过只有几百人，在天子脚下猖獗，而政府却毫无办法，如何向四方蛮夷解释？只有物色适当的首都特别市长（京兆尹）才行。"于是王凤推荐前高陵（陕西省西安市高陵区）县长（令）王尊。于是擢升王尊当议论官（谏大夫）、代理首都民兵司令（守京辅都尉，驻华阴县〔陕西省华阴市〕。王尊原任京畿总卫戍司令〔司隶校尉〕，于前三二年弹劾当时的宰相匡衡，被贬当高陵县长。此时称"前高陵县长"，大概后来又被免职），代理首都长安特别市长（行京兆尹事）。一个月时间，盗匪肃清，遂擢升王尊实任首都长安特别市长（京兆尹）。

**10** 刘骜即位初期，当时的宰相（丞相）匡衡弹劾："射击兵团指挥官（射声校尉）陈汤（参考前三三年），以政府高级官员（二千石）身份，出使西域（新疆及中亚东部），在西域专权独行，并不能以身作则，为部下表率，反而盗取在康居王国（首都卑阗城〔中亚巴尔喀什湖西南锡尔河北岸突厥斯坦〕）得到的财物，还对部下说：'我们身在绝域干的事，跟国内不同，没有人穷追。'这件事虽发生在大赦之前，但陈汤不应再居官位。"陈汤遂被免职。

后来，陈汤上书，指称："康居王国送来当人质的王子，不是真王子。"经过调查，确实是真王子，陈汤被捕入狱，可能处死。中级国务官（太中大夫）谷永（谷永在此之前之后，都是特级国务官〔光禄大夫〕，此处可能有误），上疏为陈汤辩护，说："我听说，楚王国有芈得臣，晋国国君姬重耳，坐不安席（春秋时代前六三二年，楚王国宰相〔令尹〕芈得臣，率

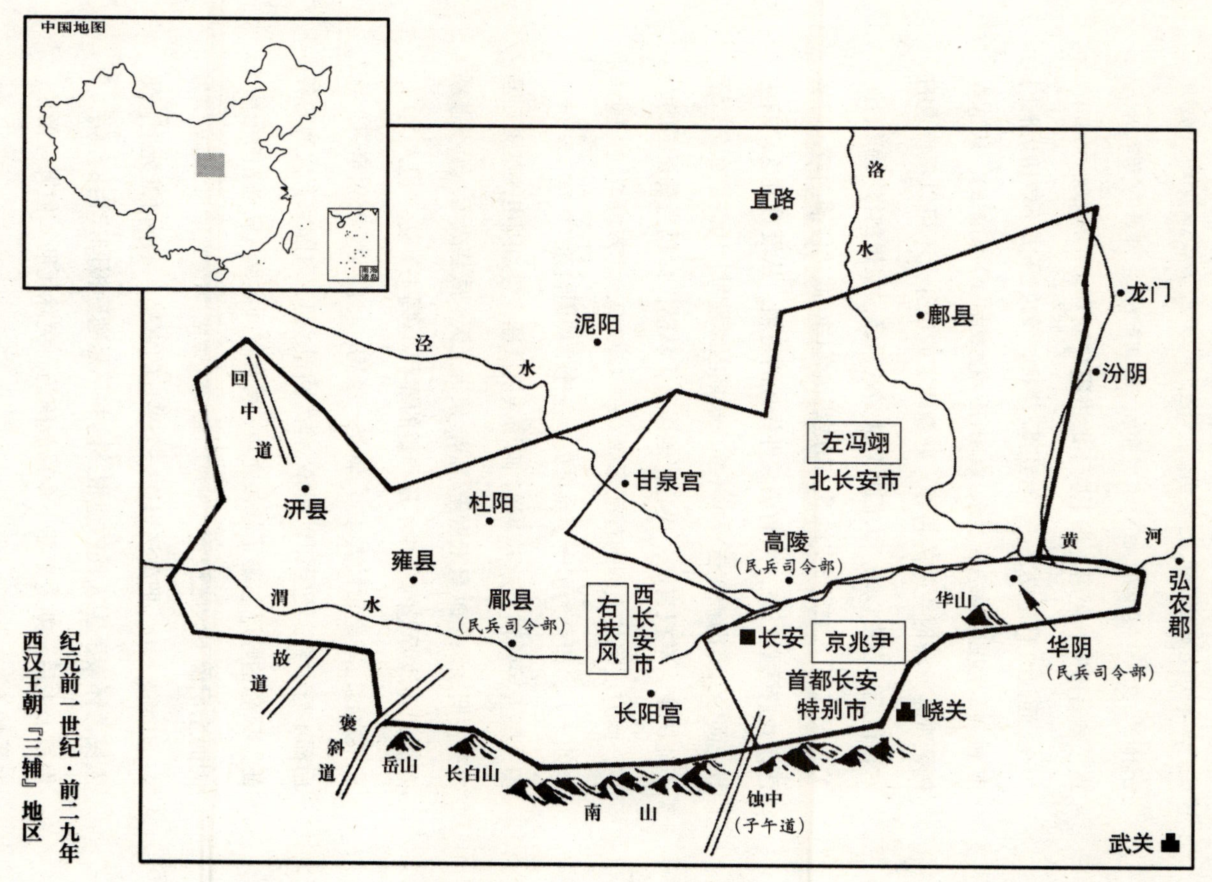


西汉王朝『三辅』地区
纪元前一世纪·前二九年

军跟晋国军队，在城濮〔山东省鄄城县西南〕会战，楚军大败。晋军欢欣鼓舞，只姬重耳心情沉重，说："芈得臣仍在，使人心忧。"稍后，楚王国斩芈得臣，姬重耳才转忧为喜)。赵王国有廉颇、赵奢，秦王国不敢进犯井陉（河北省井陉县西太行山八陉之一)。西汉政府建立之初，有郅都、魏尚，匈奴汗国不敢接近雁门郡（山西省右玉县。郅都当雁门郡长，魏尚当云中〔内蒙古托克托县〕郡长)。从这些例证观察，战时克敌的将领，好像国家的爪牙，不可以不慎重的对待他们。自古以来，人们听到战鼓的声音，就想到将领和统帅。关内侯陈汤，击斩郅支单于，声威震慑各国，武功传播西域，自从西汉政府建立以来，所有疆域外作战的将领，从没有过这样的功勋。而今，陈汤被控告检举不实，长期囚禁监狱，历时这么久，还不能决定。掌权官员，决心把他诛杀。从前，白起当秦王国的大将，南方攻陷楚王国的首都郢都（湖北省江陵县)，北方坑杀赵王国降卒四十万，却只为了一丁点过失，在杜邮被逼自杀（参考前二五七年)。秦王国人民怜惜，无不流涕。陈汤亲执武器，势如闪电，喋血万里之外，把战果呈献皇家祖先祭庙，禀告上天。武装战士，无不思慕效法。而他所犯的，并不是严重的罪行。《周书》说：'记人之功，忘人之过，才是领袖人才。'就是一条狗、一匹马，对人辛劳，死后都不忍舍弃，还要加以埋葬，作为回报，何况对国家有大功的英雄？只恐怕陛下忽略了战鼓之声，没有时间翻阅《周书》的记载，因而忘记留下破帐破篷（《礼经》：破帐不要抛弃，留作埋马之用。破篷不要抛弃，留作埋狗之用)，把陈汤当作一个平凡的官员，终于批准死刑，使人民再怀秦王国人民的遗恨，这并不是勉励报国忠臣的办法。"奏章上去后，刘骜立即下令释放陈汤，免除死刑，但剥夺爵位，贬为战士。

就在这时候，西域总督（都护）段会宗，被乌孙王国（首都赤谷城〔中亚伊赛克湖东南〕）的部队围困（我们不知道发生这件事的原因，但汉乌两国邦交一向敦睦，而且西汉为了乌孙王国，击斩郅支单于还没有多久，却反目成仇），段会宗用驿马上书，请求征发西域各国部队，跟敦煌边防部队救援。宰相王商（非王家班），跟全国最高统帅（大将军）王凤，以及文武百官会议，连日不能决定。王凤建议刘骜，说："陈汤谋略胜人，又熟悉外国事务，可以向他询问。"刘骜遂在未央宫宣室殿，召见陈汤。陈汤在攻击郅支单于时，染上疾病，两臂不能屈伸，所以晋见时，刘骜特别准他不必跪拜，把段会宗的奏章拿给他看，陈汤回答说："我认为这件事，用不着担心。"刘骜说："你根据什么？"陈汤说："西域各国，五个士兵，只可当一个中国士兵，因为他们的武器落伍，刀剑不利，弓箭不强。后来，虽然得到中国的技术，也不过三个当一个。《兵法》说：'攻击部队的人数，一定超过守军人数的两倍，才能势均力敌。'而今包围段会宗的人数，不能超过段会宗，所以陛下不必忧虑。而且，部队行军，每天五十华里，重装备的话，每天不过三十华里。如果征调各国跟敦煌郡（甘肃省敦煌市）部队，需要很长时间，才能抵达前防。这只能说是复仇之军，不是救兵。"刘骜说："那怎么办？是不是可以解围？什么时候可以解围？"陈汤知道乌孙王国的部队，不过是乌合之众，以经验判断，攻势不过数日。回答说："现在已经解围。"然后屈指细数，说："不出五天，当有捷报。"

第四天，段会宗军书奏到，果然解围。全国最高统帅（大将军）王凤，推荐陈汤当统帅部参谋主任（从事中郎），军事方面的事，都由陈汤决定。

# 纪元前二八年 癸巳

西汉　河平　元年

**1** 春季，西汉王朝（首都长安〔陕西省西安市〕）全国最高统帅部军械库管理官（大将军武库令）杜钦，把犍为郡（四川省宜宾市）人王延世推荐给全国最高统帅（大将军）王凤，请他负责堵塞黄河决口。王凤任命王延世当治河总监（河堤使者）。王延世用长达四丈的竹笼，大约九个人合抱，里面装满小石头，由两条船夹着搬送。历时三十六天，决口堵塞，堤防完成。

三月，西汉帝（十二任成帝）刘骜（本年二十五岁）任命王延世当特级国务官（光禄大夫），支部长级最高俸禄（中二千石），封关内侯（准侯爵），赏赐黄金一百斤。

**2** 夏季，四月三十日，日蚀。

刘骜要求政府官员上书指摘过失，不可有任何隐瞒忌讳。大赦天下。特级国务官（光禄大夫）刘更生（刘向）上疏说：“四月下面就是五月，日蚀的月份跟孝惠皇帝（二任帝刘盈）时相同（前一八八年五月二十九日日全蚀），日蚀的日子跟孝昭皇帝（八任帝刘弗陵）时相同（前八〇年七月三十日日蚀。而刘盈、刘弗陵都没有儿子）。日蚀的用意，显示有人危害后嗣。”（“四月下面就是五月”，原文：“四月交于五月”，竟把四月解释成为五月，已够稀奇。以下什么时日相同，更信口开河。）这时候，后宫只许皇后一人得到宠爱，其他美女很少见到刘骜，宫廷内外官员们都忧虑刘骜无法生下儿子。所以，除了刘更生（刘向）外，其他人如杜钦、谷永，都特别强调此点。

刘骜遂紧缩皇后宫椒房殿跟宫廷事务署（掖庭）开支，包括衣服、车马、轿舆的制造，以及对许皇后家族，及小老婆的赏赐，一律恢复他当皇帝前（前三三年之前）规矩。

许皇后上书丈夫刘骜抗议，说：“时代不同，长短互相补助，只要不超出西汉王朝的制度，就是合理合法，不一定要每一个细小节目，都不变动。五年前（前三三年，老爹刘奭在位），跟二十一年前（前四九年，祖父刘病已在位），岂是一样？皇后宫官员不知道变通，在接到诏书后，使我想摇摇手都不可能。如果想在某个地方做一个屏风，他们就回答：‘以前从没有过。’我一定要做的话，恐怕你诏书上的话就出来了：‘没有前例可援。’所以恢复二十一年前的开支，实在行不通，请陛下明察！我祖父许广汉（平恩侯〔戴侯〕）、祖父许延寿（乐成侯〔敬侯〕。许皇后老爹许嘉，是许延寿的儿子，过继给许广汉。所以许延寿、许广汉，都是许皇后的祖父），原来是用‘特牛’祭祀的，后来蒙受恩典，准许用‘太牢’祭祀（祭祀时仅用牛，称“特牛”。同时用牛猪羊，称“太牢”）。如果一律改回从前，就只能用‘特牛’了，请求陛下哀怜！而今，宫廷官员刚刚把诏书念给我听，就警告我，要我知道，不可以跟从前一样，把宫廷当作自己的私产，随意支配。开始之时，便如此凶狠，将来对我的约束，恐怕会失去人性，请陛下深切考虑！”

刘骜于是把谷永、刘更生（刘向）奏章上关于“天变灾祸，责任都在皇宫”的指责，送给许皇后过目，并且下诏说：“官员执行法令，有什么过错？为了矫正弯曲，不得不反转弯曲，才可以使它更直，古今的道理相同。而且，节省钱财，改用‘特牛’（仅一只牛），对于皇后而言，正足以发扬你的美德，使你受到更大的赞誉。如果不从根本铲除灾祸，天地变异，接二连三出现，皇家祖宗的祭祀恐怕都会完全斩断，还谈什么你的祖父（许广汉、许延寿）？古书（《论语》）说：‘节俭的人，很少过失。’假如皇后追求的是奢侈，我也会效法孝武皇帝（七任帝刘彻）。那么，甘泉宫、建章宫，可就再出现于世（二宫的警卫部队，于前四六年撤除。其宫内的维修，甚至宫内人员的编制，可能在不久后减少或裁撤）。而现在，孝文皇帝（五任帝刘恒）却是我的教师，也是皇太后、皇后效法的对象。假如皇太后（老娘王政君）在当皇后时，并没有随心所欲，而今天的皇后（许皇后）却特别放纵，岂不是超过婆母？盼望你收敛行为，进修品德，自我约束，作为小老婆群的榜样，使她们知道向谁效法。"

**3** 御前监督官（给事中）、平陵（陕西省咸阳市西双照街道）人平当，上书说："太上皇（一任帝刘邦的爹刘执嘉），是西汉王朝的始祖，却把他的墓园撤除（参考前三三年五月），是一种错误。"刘骜正忧虑自己没有儿子，遂采纳平当的建议。

秋季，九月，重建刘执嘉的祭庙和墓园。

**4** 刘骜下诏："现在，仅只死刑的条文，就有一千多条，律令繁多，总共有一百余万字。而'奇请''他比'的特殊判例，更天天增加（法律没有明文规定的行为，本不应该处罚，因为当事人没有犯法。可是却临时拟定一条法律罩上去，称"奇请"；或者比照其他法条判刑，称"他比"）。专门研究和执行法律的法官狱吏，都弄不清楚，却打算使天下人知晓，岂不太难？用它网罗善良的人民，把他们入罪，死于非命，斩杀无辜，岂不使人哀痛！主管机关应即讨论减少死刑，废除不合时宜的法令，使法律条文，可以一目了然。具体回奏！"

然而，主管官员不能体会刘骜的德意，只在小节目上，举出毛发般的细事，草草塞责。

**5** 匈奴汗国（王庭设蒙古国哈拉和林市）复株累若鞮单于（十五任）挛鞮雕陶莫皋，派右皋林王伊邪莫演等，到中国进贡，并定明年（前二七年）元旦，朝见西汉皇帝。

# 纪元前二七年 甲午

西汉　河平　元年

**1** 春季，匈奴汗国（王庭设蒙古国哈拉和林市）右皋林王伊邪莫演朝贡之后，将要回国，忽然声称："就此归降，请求政治庇护，如果不接受，我就自杀，誓死不回匈奴。"负责招待的西汉政府官员，据实奏报。西汉王朝（首都长安〔陕西省西安市〕）皇帝（十二任成帝）刘骜（本年二十六岁）交付高官会议讨论。有人认为："应该依照前例，对投降的匈奴官民人等，一律收容。"特级国务官（光禄大夫）谷永、参议官

（议郎）杜钦，则认为："自从西汉王朝兴起，匈奴汗国一直是北方的灾害，所以才悬赏'爵位'跟'黄金'，鼓励他们投降。而现在，匈奴汗国的单于，已屈膝顺服，作为北方屏障，派人进贡，毫无二心。跟他们交往，也应该跟从前不同。既然接受单于报聘朝贡的诚意，却又收纳他们国家的叛徒。为了贪图一个人，而失掉一个国家；为了一个犯罪的臣僚，而断绝一个向慕中国文化的外国君王。尤其，还有一种可能性，匈奴汗国复株累若鞮单于（十五任）挛鞮雕陶莫皋，刚刚即位（参考前三一年），本打算继续依靠我国，不知道我国的立场是否改变，秘密指派伊邪莫演，假装投降，用以观察情况的吉凶。我们如果接受，恩德就发生亏损，且使一心向善的单于沮丧，被迫与我们疏远，不再相信西汉边塞官员（认为边塞官员从中捣鬼）。而且更有一种可能，某些野心家利用这种手段，离间两国君王之间的感情，使两国再结怨恨。如果给予伊邪莫演政治庇护，正好跳进他们的圈套，使他们把责任加到我国头上，理直气壮的对我们责备。这正是边境'安'或'危'，军事'动'或'静'的契机，不可以不特别慎重。我们的意见是，不如拒绝，显示我们对匈奴汗国的信义，消灭诈欺的阴谋，安抚亲近西汉的决心，这样才符合西汉的利益！"晋见奏报。

刘骜采纳这项建议。派皇家警卫指挥官（中郎将）王舜，调查讯问，伊邪莫演忽然改变态度，说："我一时不能控制，胡说八道罢了，你们怎能当真？"最后把他护送回匈奴汗国。匈奴汗国仍维持他的官职，但不准他再接见西汉使节。

**2** 夏季，四月，楚国（首府彭城〔江苏省徐州市〕）降下冰雹，大的犹如饭锅（可怕的天灾，死伤定很惨重）。

**3** 改封山阳王（首府昌邑〔山东省巨野县东南大谢集镇〕）刘康（十一任帝刘奭子）当定陶王（首府定陶〔山东省菏泽市定陶区〕）。

**4** 六月，刘骜把他的五位舅父，全都封侯。计：王谭封平阿侯、王商（王家班）封成都侯、王立封红阳侯、王根封曲阳侯、王逢时封高平侯。五人在同一天中封侯，世人称“五侯”。皇太后王政君的娘亲李女士，曾再嫁河内（河南省武陟县）人苟宾，生了一个儿子苟参。王政君引用田蚡的故事，也要封苟参侯爵（田蚡跟王娡〔七任帝刘彻的娘〕也是同母异父姐弟，参考前一五一年）。刘骜说：“封田蚡已经不合正规了。”只任命苟参当宫廷随从（侍中）、水利总监（水衡都尉）。

**柏杨曰**

五位舅父，同时封侯，把西汉王朝开山老祖刘邦所订的“非有功不得封侯”制度，一举摧毁。一种崭新的、裙带关系照样可以封侯的制度，代之而起，西汉王朝政权开始滚下悬崖。对一个强大的政权而言，除非君王亲自下手，没有人能摧毁它，现在，君王已亲自下手，西汉王朝就毫无生存机会。

**5** 最高监察长（御史大夫）张忠，弹劾说：“首都长安特别市长（京兆尹）王尊，残暴倨傲。”刘骜下令免除王尊职务。晴天霹雳，官民惋惜。湖县（河南省灵宝市西）乡村教育官（三老）公乘兴（公乘，本文官十三级名称，祖先用来作姓）等，上书刘骜，为王尊辩护，说：“王尊治理京师，在艰难环境中，推动工作，整理混乱的市政，铲除凶暴，禁止奸邪，成效的明显，从来未曾有过。所有著名的民兵司令（都尉），都不能及。后来虽然由代理而实任，却没有受到任何特别的奖赏。可是，最高监察长（御史大夫张忠）却指控王尊：‘伤天害理，使我为国

## 纪元前一世纪 · 前二七年六月　王家班世系

<table>
<tr><td></td><td colspan="19">王禁（阳平侯）</td></tr>
<tr><td>王音（安阳侯）</td><td>王君弟（广施侯）</td><td>王君力（广惠侯）</td><td>王君侠（广恩侯）</td><td colspan="4">王曼</td><td>王逢时（高平侯）</td><td>王根（曲阳侯）</td><td>王立（红阳侯）</td><td colspan="2">王商（成都侯）</td><td colspan="4">王谭（平阿侯）</td><td>王崇（安成侯）</td><td>王凤（阳平侯）</td><td>王政君（孝元皇后）</td></tr>
<tr><td>王舜</td><td></td><td></td><td></td><td colspan="4">王莽（新都侯）</td><td>王买之</td><td>王涉</td><td>王柱</td><td>王邑</td><td>王况</td><td>王向</td><td>王闳</td><td>王去疾</td><td>王仁</td><td>王奉世</td><td>王襄</td><td></td></tr>
<tr><td></td><td></td><td></td><td></td><td>王临（赏都侯）</td><td>王安（褒新侯）</td><td>王宇</td><td>王获</td><td></td><td></td><td></td><td colspan="2">王睦</td><td colspan="3"></td><td>王述</td><td></td><td>王岑</td><td></td></tr>
</table>

家担心。王尊并没有执行皇帝诏书的意思，诚如《尚书》形容的：言论善良，行为险恶，外貌好像恭谨，实际上傲慢欺天。’

“所以有如此恶毒的指控，由于总监察官（御史丞）杨辅，跟王尊之间，有私人仇恨，利用职权，建议最高监察长，东拼西凑，罗织成那份奏章。存心诬陷，我们十分痛心（杨辅性情阴险，喜欢用法律条文陷害别人，当过王尊的秘书。有一次，杨辅乘夜拜访王尊的一位奴仆，发生冲突，那位奴仆在愤怒中抓住杨辅的头发，猛打他的耳光。王尊的侄儿王闳，更拔出佩刀要格杀杨辅。杨辅迁怒到王尊身上，必欲报复）。王尊素来廉洁自爱，全身献给国家。为了执行职务，不畏惧宰相将军；诛杀恶霸，不畏惧豪杰强梁；逮捕难以制伏的盗匪，解除中央的忧患（指傰宗事，参考前二九年），功勋十分明显，政令纳入正轨，威信建立，是国家难得的治安人才和重要干部。

“然而，一夕之间，王尊陷入仇人之手，被诬陷的文字，严重伤害。既不能因功赎罪，又不能在公堂之上，陈述他的冤屈。却因仇家的片面之词，受到共工所受的恶名（最高监察长在弹劾奏章上，引用《尚书》上的话，是黄帝王朝六任帝伊祁放勋在位时，宰相姚重华攻击政敌共工的用语），无法分辩。王尊在首都秩序混乱，盗匪横行之时，被征召入朝，担任部长级（卿）官员（二千石）。盗匪现已铲除，大奸巨猾，也都伏法，却被指控奸巧谄媚，霎时罢黜。同样是一个人，只不过三年之间，一会贤能，一会奸佞，岂不难以理解？

“孔丘说：‘宠爱的时候，要他活下去；厌恶的时候，恨不得他死，这是一种迷乱。’又说：‘如果能使像水渗透一样细密的诬陷，不发生功效，那才是真正的英明。’我们盼望，把王尊的案件，交付高级官员会议，由部长级官员（公卿）、国务官（大夫）、研究官（博士）、参议官（议郎），一齐参与审查。果真像所指控的：有‘伤天害理’

或‘言善行恶’的行为，就应该采纳最高监察长（御史大夫张忠）的建议，把王尊诛杀，或放逐到蛮荒绝域，不准他侥幸免罪。而保荐王尊的人，也应该受到推荐不实的惩罚，不应原谅（西汉王朝法令，被推荐保举的人，如果不能胜任或枉法渎职，原保荐推举的人，跟他同罪）。如果查出指控不是事实，而仅靠文字技巧，网罗罪状，陷害无辜，也应该反坐，用以惩戒谗贼的嘴巴，断绝骗徒的道路。请求英明的领袖思量，使黑白分明！”

奏章上去后，刘骜立即任命王尊当徐州（江苏省北部）督导官（刺史）。

**6** 夜郎王（贵州省关岭县）兴（姓不详）、钩町王（云南省广南县）禹（姓不详）、漏卧侯（云南省罗平县）俞（姓不详。夜郎、钩町、漏卧三地都属牂柯郡〔贵州省福泉市〕），互相攻击。牂柯（贵州省福泉县）郡长（太守）请求中央政府发兵讨伐。高官会议认为道路太远，不可以出动大军。于是，派遣中级国务官（太中大夫）蜀郡（四川省成都市）人张匡，“持节”前往和解。兴等拒绝，还用木头刻一个西汉官员的雕像，竖在道路旁边，用箭射击，表示轻视。

参议官（议郎）杜钦向全国最高统帅（大将军）王凤献策说：“蛮夷的王侯，瞧不起中国官员，不在乎中国权威，恐怕有人胆小如鼠，坚持继续和解政策，这样拖下去，事情将更恶化。等到郡长不能控制，呈报中央，徒浪费宝贵时间，使蛮夷的王侯乘机集结党羽和部队，发出政治号召。势力膨胀后，各部落互相之间，不能容忍，一定自相残杀。然后他们发现已犯了大罪，可能会一不做、二不休，进攻郡城，杀戮郡长（守）跟民兵司令（尉），退守烟瘴毒草地区。到那时候，即令孙武、吴起当统帅，孟贲、夏育当将领，攻击他们就好像跳进火坑深潭，不是被烧死，就是被淹死。智慧和勇敢，都没有用处。如果开荒垦田，作长期围困，费用支出，将是一项沉重负担。

“最好的办法是，在他们还没有铸成不能回头的大错，还没有想到中央政府会采取断然措施之前，下令相邻各郡的郡长跟民兵司令，秘密加强部队训练。农林部（大司农）同时在若干重要军事地区，储备粮草。遴选干练人才，担任郡长。到秋凉季节时，发动攻击，诛杀蛮夷中特别横暴的酋长，把那里土地当作蛮荒土地，把那里人民当作蛮荒人民，圣明的君王，不应为那些蛮荒土地跟蛮荒人民，劳动中国。所以，应撤销郡县，放弃当地土著，拒绝残余的酋长跟中国来往。如果认为，那是先帝（指七任帝刘彻）所建立的万世功业，不可以堕毁，也应该在变乱刚刚萌芽之时，早早决断。等到变乱已经爆发，再劳师动众，万民都受到伤害。”

于是王凤向刘骜推荐金城郡（甘肃省永靖县西北）军政官（司马）、临邛（四川省邛崃市）人陈立，当牂柯郡（贵州省福泉市）郡长。陈立到牂柯郡就职，下令给夜郎王兴，兴根本不理。陈立请求中央政府准许他诛杀兴，没有等到指示，就率领随从官员几十人，出巡各县，到夜郎所属的且同亭（应在贵州省关岭县境），征召兴面见。兴率领几千武装部队前往，由几十位村长（邑君）陪同晋谒，陈立责备他反抗中央，挥刀格杀，砍下人头。村长们震恐，说：“将军诛杀叛徒，是为人民除去祸害，请准许我们出去转告部众。”他们把兴的人头拿出展示，几千武装部队全都放下武器投降。

钩町王禹、漏卧侯俞，得到消息，魂不守舍，态度顿时改变，呈献粟米（黍米）一千斛，跟相当多的牛羊，慰劳将士，陈立遂返本郡。

兴的岳父翁指，跟儿子邪务，集结残兵，胁迫附近二十二个村落叛变。

冬季，陈立请求中央批准：招募蛮夷各部落人民当兵。陈立跟民兵司令（都尉），以及秘书长（长史），分别率领大军，攻击翁指。翁指据守险要山寨，牢不可破。陈立用特遣部队严密封锁，切断粮道，派出间谍，瓦解蛮夷士气。民兵司令万年建议说：“看情形不能马上取得胜利，军费可能无法胜任，必须速战速决。”率军单独挺进，大败而还，直奔陈立营垒。陈立怒不可遏，下令卫士把万年乱棒打出。万年只好还军再战，陈立率军尾随增援。这时天正大旱，陈立攻占水源，山寨无水，不能坚守，村长们共同格杀翁指，献出人头投降。西夷全部平定。

# 纪元前二六年 乙未

西汉 河平 三年

**1** 春季，正月，西汉王朝（首都长安〔陕西省西安市〕）楚王（首府彭城〔江苏省徐州市〕）刘嚣（十任宣帝刘病已子），到首都长安朝见。

二月十六日，西汉帝（十二任成帝）刘骜（本年二十七岁）下诏："刘嚣行为良好，特别予以褒扬，封他的儿子刘勋当广戚侯。"

**2** 二月二十七日，犍为郡（四川省宜宾市）地震，山崩。泥石阻塞长江，江水逆流。

**3** 秋季，八月三十日，日蚀。

**4** 皇家图书馆（中秘书）藏书，很多失散。刘骜命皇家礼宾官（谒者）陈农，向全国征求失传书籍。命特级国务官（光禄大夫）刘更生（刘向），负责校正儒家学派的经书，和经书注解（传），以及其他学派书籍（诸子）、诗、赋。另命步兵指挥官（步兵校尉）任宏，校正军事书籍。天文台长（太史令）尹咸，校正占卜算卦书籍。御医（侍医）李柱国，校正医药书籍。每一本书校正完竣，都由刘更生（刘向）列出章节目录，写出内容摘要，呈报刘骜。

**5** 王姓皇亲的权势，迅速膨胀，而刘骜正欣赏《诗经》《书经》等古书。刘更生（刘向）遂根据《书经》（《尚书》）《洪范》，收集自上古以来，直到春秋时代、战国时代、秦王朝、西汉王朝，所有祥瑞、天地变异灾难等记载，指出其中涵义，跟祸福关系，以及推测和验证，分门别类，各立题目，共十一篇，书名《洪范五行传论》，呈献给刘骜。刘骜知道刘更生（刘向）忠心耿耿，完全为了王凤兄弟们，才著此书。但刘骜始终不忍心剥夺王姓皇亲的权柄。

**6** 黄河又在平原郡（山东省平原县）决口，洪水灌入济南郡（山东省济南市章丘区）、千乘郡（山东省高青县东北），灾情有前二九年那次水灾的一半惨重。西汉政府再派王延世、宰相府秘书长（丞相史）杨焉，跟工程总监（将作大匠）许商、议论官（谏大夫）乘马延年（乘马，复姓），共同负责筑堤。六个月后，决口堵塞。西汉政府再赏赐王延世黄金一百斤。凡参加筑堤工程，而没有接受工资的差役民夫，登记姓名，折合抵消其他差役六个月。

# 纪元前二五年 丙申

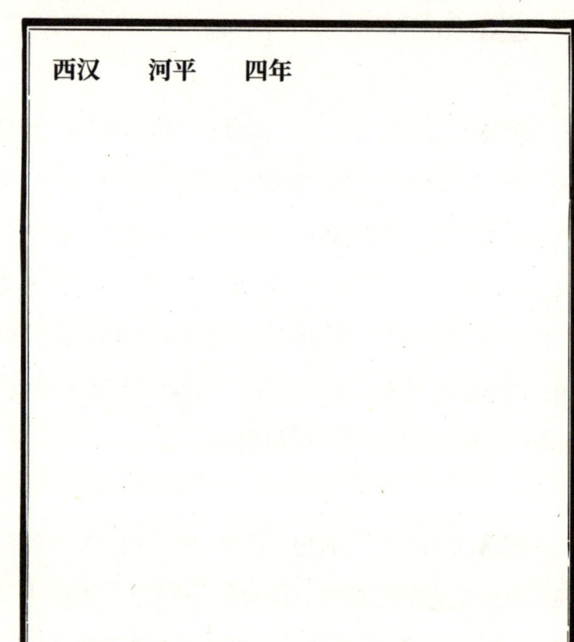


**1** 春季，正月，匈奴汗国（王庭设蒙古国哈拉和林市）复株累若鞮单于（十五任）挛鞮雕陶莫皋，到西汉首都长安（陕西省西安市）朝见西汉帝（十二任成帝）刘骜（本年二十八岁）。

**2** 赦天下徒刑犯。

**3** 三月一日，日蚀。

**4** 琅邪郡（山东省诸城市）郡长（太守）杨肜（音róng〔融〕），跟王凤缔结姻亲。郡中发生灾害，宰相（丞相）王商（非王家班）派人查办。全国最高统帅（大将军）王凤，向王商（非王家班）说情，王商（非王家班）不肯答应，奏请免除杨肜郡长职务。奏章呈上去后，果然石沉大海，不见刘骜批下（正常情形，宰相弹劾某一官员，会立即批准。连次一级的最高监察长〔御史大夫〕，只要提出弹劾，都不会落空。现在，宰相的弹劾奏章，却被皇帝留在案头，说明以王凤为首的王家班，已完全控制权力魔杖）。王商（非王家班）一击不中，王凤立即反击，秘密调查王商（非王家班）的隐私，教频阳（陕西省富平县东北）人耿定上书，指控："王商（非王家班）跟他老爹最亲近的婢女通奸。妹妹淫乱，奴仆把她的奸夫刺死，可能是王商教唆。"刘骜认为这些都是难以证明的暧昧小节，不能动摇身在高位的宰相。可是，王凤竭力主张把奏章交下查办。刘骜不能拒绝舅父的压力，遂把奏章交给京畿总卫戍司令部（司隶校尉）。中级国务官（太中大夫）、蜀郡（四川省成都市）人张匡，灵巧而邪恶，发现这是千载难逢的表态良机，立即上书刘骜，用最具杀伤力的词句，抨击王商（非王家班）。于是，京畿总卫戍司令部要求逮捕王商（非王家班）。

刘骜一向尊重王商（非王家班。在血统上，王商是刘骜的表叔），而又知道张匡阴险，于是下诏："不要再调查！"王凤当然不肯罢休，坚持追究。刘骜动摇。

夏季，四月二十日，刘骜再下诏："王商（非王家班）免职，收回宰相印信。"王商悲愤交加，免职只三天，大口吐血，遂即逝世，绰号称戾侯（乐昌戾侯）。王商（非王家班）所有的子弟亲属，在政府中担任御马总监（驸马都尉）、宫廷随从（侍中）、寝殿侍候官（中常侍）、宫廷秘书署各单位（尚书诸曹）、国务官（大夫），以及其他中下层官员（郎吏），一律调差到外郡，没有一人仍留在可以接近刘骜的位置上——如御前监督官（给事中）、宫廷禁卫官（侍郎）、皇家警卫官（宿卫）。王凤仍不能泄心头之恨，命主管机关奏报，要求撤销王商（非王家班）的封爵。刘骜这时才感觉不耐烦，下诏："王商（非王家班）的长子王安，继承乐昌侯。"

**5** 刘骜当太子的时候，跟着莲勺（陕西省渭南市东北）人张禹，学习《论语》。即位后，封张禹关内侯，参与政府，当特级国务官（光禄大夫），支文官最高薪（中二千石），兼御前监督官（给事中）、主管宫廷机要（领尚书事）。张禹跟王凤同时主管宫廷机要，但不敢跟王姓皇亲抗衡，心怀不安，屡次宣称有病，请求退休，希望逃得距王凤越远越好。刘骜每次都拒绝，而且待他更为优厚。

六月五日，任命张禹当宰相（丞相），封安昌侯。

**6** 六月二十九日，楚（孝）王（首府彭城）刘嚣逝世。

**7** 最初，刘彻（七任武帝）打开西域（新疆及中亚东部）大门，罽宾王国（罽，音jì〔计〕。罽宾王国，位于印度跟巴基斯坦之间，喜马拉雅山及喀喇昆仑山南麓。首都循鲜城〔巴基斯坦伊斯兰堡西北塔克西拉〕），自以为距中国十分遥远（从塔克西拉到中国西安市，航空距离三千公里），中国对它无可奈何；当其他国家都归降中国时，只罽宾王国，仍保持独立。为了掠夺财货，还不断拦阻和击杀中国使节。

后来，西汉使节文忠，和罽宾王国所属容屈部落酋长的儿子（王子）阴末赴，联合击斩罽宾国王乌头劳，拥护阴末赴当罽宾国王。再后来，西汉军官（军候）赵德，出使罽宾王国，不知道什么缘故，跟阴末赴闹翻。阴末赴用铁链把赵德锁起来，而把赵德所率领的使节团，从副使节以下，共七十余人，全部诛杀。然后，阴末赴派使节到首都长安表示歉意。当时刘奭（十一任元帝）在位，认为这种遥远的蛮夷部落，竟如此凶悍。拒绝接受文件，把使节放逐到县度（古山名，山险道恶，人们需要“悬绳而度”），断绝来往。

等到刘骜即位，罽宾国王阴末赴再派使节，到首都长安（陕西省西安市）请求宽恕。西汉政府准备把使节护送到县度。杜钦向王凤建议：“从前，罽宾国王阴末赴，本来是西汉把他推上王位的，后来却背叛西汉。世界上最大的恩德，莫过于使他当上君王；而最大的罪恶，莫过于谋杀西汉使节。他们所以不肯报恩，又不怕惩罚，只不过仗恃距离太远，西汉军队无法前往。对西汉有所要求的时候，就把好话说尽；没有要求的时候，则态度立即改变，始终无法使他们怀柔顺服。西汉之所以浪费金钱，跟蛮夷部落结交，尽量满足他们的欲望，为的是双方疆土相接，防止他们因不满意而入境劫掠。而今，县度的通道险恶，罽宾王国军队绝不可能越过。他们对西汉的仰慕和归降，对西域（新疆及中亚东部）也不发生影响。即令不顺附，也不能威胁西域各城邦的和平。

“之前，罽宾国王亲自冒犯西汉使节，罪恶传遍西域（新疆及中亚东部），西汉才断绝与他们来往。而今虽然宣称后悔，可是派遣来的人，既不是罽宾国王的亲属，也不是高级重要官员，不过一些从事商业的贱民，打算做生意，冒充进贡罢了。如果把他们护送到县度，恐怕被他们欺骗（指他们身份低微，不应远送）。凡是护送外国使节，为的是保护他们不受盗匪伤害。而自皮山国（新疆皮山县）之南，已超过西域边界（西域总督管辖边界），仍有四五个国家，并不属于西汉。平常日子，西汉派出的斥候（侦察）部队，不过一百余人，入夜后轮班五次（五更），敲打刁斗警戒，还不断受到袭击。驴马载负粮草，需要各国运送，不过仅能自给。有些国度，既小又穷，无力供应；或有力供应而拒绝供应。护送团空拿着强大西汉的符节，在山国之间，饥饿难忍，乞讨无门，只要十天或二十天时间，人马就会倒毙旷野，永不能回来。

“何况，中途危险重重，要穿越大头痛山、小头痛山、赤土阪（音bǎn〔板〕）、身热阪。行旅浑身发烧，面无人色，头痛、呕吐，驴马都是如此（高山症，空气稀薄之故），又要穿过三池盘、石阪道（以上各地都在今克什米尔最北部，吉尔吉特河上游山区）。最狭的山径只有六七寸，而长达三十华里。山径旁边是凶恶不测的深谷，马匹跟徒步的人，互相扶持。绳索前后牵连，有二千余华里，才能到达县度。牲畜一不小心，失足坠落，还没有跌到谷底，已身粉骨碎。人类一不小心，失足坠落，便永远沉尸，不能收殓。艰难狰狞，无法尽言。

“圣明的君王把天下分为九州，定为五服（纪元前二十二世纪夏王朝初建，为了统治方便，全国划分九个州，计：冀州、兖州、豫州、青州、徐州、荆州、扬州、梁州、雍州。西汉王朝设“州”时，沿用这些古老的名称。五服：以首都为中心，向四面每五百里为一“服”区，由近及远，分别是“甸服”“侯服”“绥服”“要服”“荒服”。），只求对内建设，不管蛮夷之事。而今，派遣使节，身奉皇上之命，护送蛮夷商贩，劳动西汉官员人民，跋涉险恶的道路，使自己疲惫。而做出的事，对自己又毫无裨益，不是长久的谋略。既然使节已经派定，不能撤销，我建议只护送到皮山国（新疆皮山县）为止，不再南下。”

王凤采纳杜钦的建议。

罽宾王国（首都循鲜城）贪图西汉的赏赐，又贪图西汉的生意买卖，所以，每隔数年，总要派遣使节前来中国。

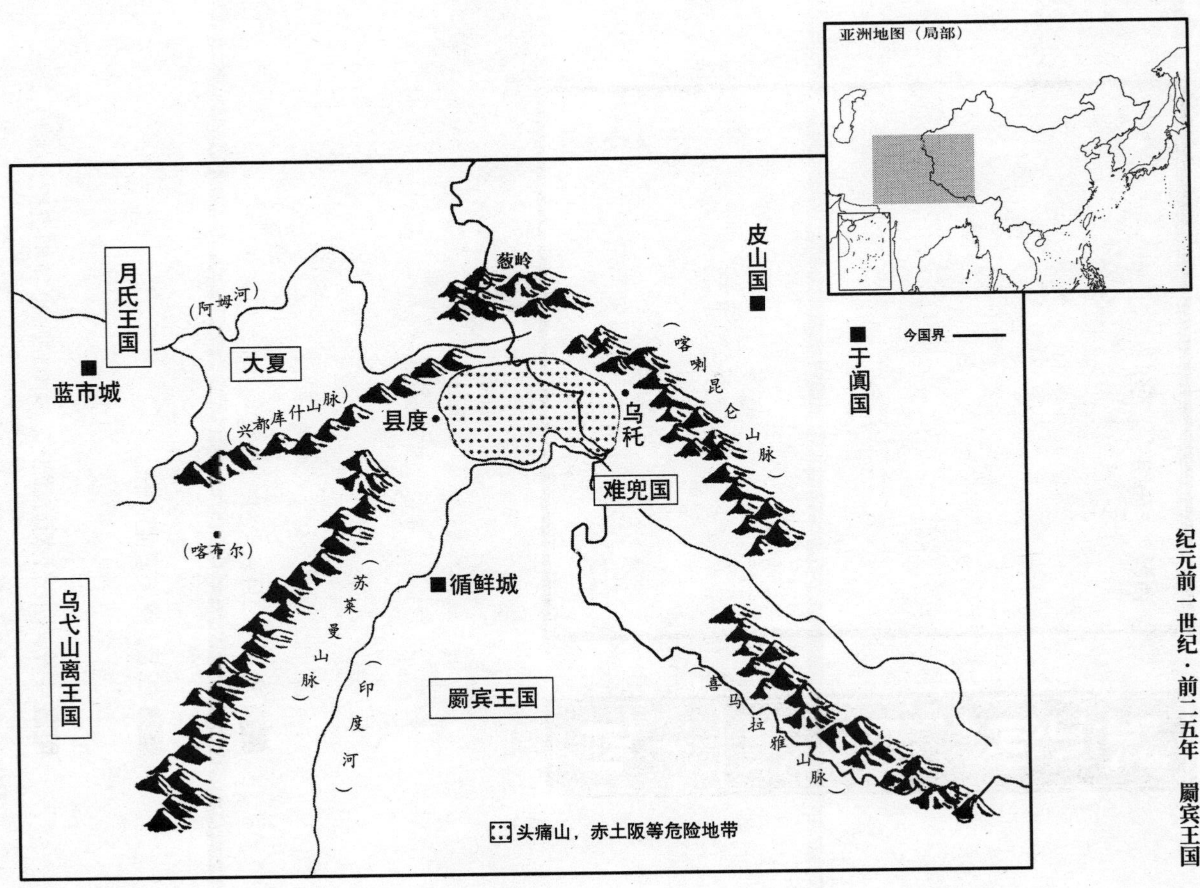


纪元前一世纪·前二五年　罽宾王国

# 纪元前二四年 丁酉

西汉 阳朔 元年

1 春季，二月三十日，日蚀。

2 三月，赦天下徒刑犯。

3 冬季，西汉王朝首都长安（陕西省西安市）特别市长（京兆尹）、泰山郡（山东省泰安市东）人王章，被逮捕下狱，处死。

这时，全国最高统帅（大将军）王凤，掌握大权。身为皇帝（十二任成帝）的刘骜（本年二十九岁），谦让软弱，遇事不能坚持。左右侍从曾经推荐特级国务官（光禄大夫）刘更生（刘向）的幼子刘歆（音xīn〔新〕），博学而有奇才。刘骜召见，刘歆在皇帝面前，朗诵"诗""赋"。刘骜大喜，准备任命当寝殿侍从官（中常侍），教左右去拿官帽、官服，就要授职。左右侍从一致警告："这事还没有报告最高统帅（王凤）！"刘骜说："这种小事，何必麻烦他！"左右大为惶恐，跪下叩头力争。刘骜不得已，只好告诉王凤，王凤认为不可以，任命之事，遂作罢论。

王姓皇亲的子弟，做官都做到部长（公卿）、国务官（大夫）、宫廷随从（侍中），以及宫廷秘书署各单位主管（尚书诸曹）。分别控制要津，权势充满中央。参议官（议郎）杜钦发现王姓家族太过满盛，规劝王凤说："我盼望将军：学习姬旦（周公）的谦让，减少魏冉（穰侯）的派头，放弃田蚡（武安）的欲望，莫使范雎者流，抓住把柄，从中挑拨离间。"（魏冉、范雎事，参考前二六六年。田蚡事，参考前一三五年。）王凤不能接受。

直到本年（前二四），二十九岁的刘骜，仍没有儿子，而身体却不断生病，定陶王（首府定陶〔山东省菏泽市定陶区〕）刘康（刘骜异母弟），到首都长安朝见，皇太后（王政君）跟刘骜，承接老爹刘奭（十一任元帝）的遗志，待这位老弟，十分亲厚，颁发的赏赐，比其他亲王，多十倍以上，对当初夺嫡事件（参考前三三年），没有分毫芥蒂。就留在京师，不放他返回封国（定陶国，山东省菏泽市定陶区）。刘骜对刘康说："我没有儿子，人生无常，不必忌讳，万一有三长两短，便再也见不到面，你就留在这里，跟我做伴。"后来，刘骜病情减轻，而刘康仍一直住在定陶国宾馆，早晚都入宫晋见刘骜。刘骜对这位老弟，十分敬重。全国最高统帅（大将军）王凤，对刘康长久停在京师，感到不方便。恰好发生日蚀，王凤警告刘骜说："太阳所以被蚀，是阴气过重的缘故，定陶王（刘康）虽然最亲，但依照规定，仍应回到他的封国（定陶国）。长久以来，留在京师，是一件违反常态的事件，所以上天提出警告，请命刘康早一点动身。”刘骜无法违抗王凤，只好答应。刘康拜辞，兄弟二人，相对流涕而别。

首都长安特别市长（京兆尹）王章，一向刚正敢言，虽然由于王凤的推荐，担任这项高位，但并不阿谀王凤、听凭摆布，于是上“亲启密奏”（封事），说：“日蚀之发生，都是王凤专权，蒙蔽主上的缘故！”刘骜召见王章，要他解释。王章说：“上天十分聪明，保佑善良，降祸邪恶，用天变作为见证。而今，陛下因为没有儿子，才特别优待定陶王（刘康），这正是奉承祖先祭庙，尊重国家，顺应天心，安抚人民的美举。上天应有祥瑞才对，怎么会有灾变？而灾变竟然发生，为的是不能忍受大臣专权。而全国最高统帅（大将军王凤）却把责任推到刘康头上，遣送回国，目的不过使陛下孤立无助，满足他控制政府的私欲。这种做法，不是忠臣。而且，日蚀的意义是：阴气侵犯阳气，臣僚侵犯君王。政府的大小事件，都由王凤决定，皇上连手都没有举过一次。他不从内心检讨，反而怪罪善人的行为，把刘康挤到远方。然而，王凤诬陷欺骗，并不仅此一事。前任宰相王商（非王家班），本是先帝（刘奭）的表叔（刘病已舅父王武的儿子），品德高洁，威望素重，历任将军宰相，是国家的栋梁。只因为人耿直，不肯向王凤屈膝，结果竟因闺房隐私，被王凤罢黜。王商（非王家班）忧伤而死，人民为他悲哀。又如，王凤明知道他小老婆的妹妹张美人，已经出嫁，并非处女，自不应上配至尊。如果说张美人会生孩子，才呈献给陛下，可是迄今为止，并没有听说张美人送入产房。西羌、北胡（匈奴汗国）那些野蛮民族，对女人第一胎的婴儿，还要杀掉，称为‘洗肠’，目的在于严格要求血统纯洁。何况皇上陛下，怎可以接近已嫁的女子？这三件大事，都是陛下亲眼看见，足以推断其他种种所看不见的不忠行为。王凤不可以继续主持政府，应该使他回到他的侯府，另选忠良代替。”

自从王凤罢黜王商（非王家班），跟送返刘康，刘骜一直气愤。一旦听到王章的分析，忽然醒悟，大为感动，完全听信。对王章说：“如果不是市长直言无隐，我无法了解国家大计。只有贤能的人，才知道贤能的人，你不妨给我找一个可靠的助手。”

王章于是再上“亲启密奏”，推荐信都王（首府信都〔河北省衡水市冀州区〕）刘兴（刘骜异母弟）的舅父、琅邪郡（山东省诸城市）郡长冯野王，忠心正直，富于谋略。刘骜当太子的时候，已听到过冯野王的声名，遂决定由冯野王代替王凤。然而，消息外泄。刘骜每次召见王章时，都逐出左右随从，闭户密谈。皇太后王政君的堂弟、宫廷随从（侍中）王音，私自窃听，完全了解内情，报告王凤。王凤既忧虑又恐惧，杜钦给王凤规划因应之道，教王凤宣称有病，一面搬出宰相府，回到自己侯爵住宅，上书请求退休，措词十分哀痛。王政君得到消息，为老弟流下眼泪，拒绝吃饭。

刘骜从小跟舅家（王家班）亲昵，心理上十分倚靠，不忍心一旦解除权柄。于是，用非常宽厚尊敬的诏书，拒绝王凤辞职，对王凤殷勤慰留。王凤遂称病愈，复行视事，决心严厉报复，事情遂作一百八十度转变。

刘骜命宫廷秘书（尚书）弹劾王章：“明明知道冯野王因亲王舅父缘故，出任郡长（刘骜即位之初，主管机关奏称：“藩属事务部长〔大鸿胪〕冯野王，不应在中央担任部长〔九卿〕。”遂出任琅邪郡长），而竟以私意，违法推荐，意图使他回到中央；这是王章谄媚侯爵（冯野王是关内侯），又明明知道张美人已配至尊皇帝，而竟然狂妄的引述西羌、北胡（匈奴汗国）

杀子洗肠的怪事，不应说出此话。”刘骜把奏章交下查办。司法部（廷尉）罗织成“大逆”罪状：“把皇上比成西羌、北胡（匈奴汗国）蛮夷，打算使皇上绝嗣，背叛天子，私心为定陶王（刘康）铺路。”王章遂死在狱中，妻子放逐合浦郡（广西合浦县东北）。从此，高级官员（公卿）见到王凤，敢怒而不敢言。

**柏杨曰**

王章自幼贫贱，曾经害病，躺在“牛衣”之上，跟妻子永诀，泪流满面（牛衣，用麦秸代替棉絮的褥子。中国北方穷家，都拿它垫床，偶尔也可用来盖身）。后来节节升迁，终于达到首都长安特别市长（京兆尹）高位。当他呈递“亲启密奏”（封事）时，妻子劝阻说：“人当知足，难道没有想到牛衣哭泣之时？”然而，人往往难以知足，追求富贵固难知足，追求真理尤难知足。全家囚禁司法部监狱（廷尉狱）。王章的小女儿才十二岁，午夜忽然放声大哭：“平常管理员前来查点，说有九人，今天只说八人。我爹性情刚直，死的必然是他。”天亮之后证实，王章果然丧生。冤狱史中，又多感人肺腑的一页。而绑赴法场，总在黎明时分。午夜即行消失，恐怕是就在狱中秘密处决。俗云：“枪头不快，努折枪杆。”枪头如果不够锋利，扎不进去，拼命去扎的话，最后枪杆必然断裂。王章正是这个场面。我们假如把领袖人物分成等级，则刘骜属于三流货色，不能说他不聪明，但他没有政治才能。在王商（非王家班）、王章，以及在稍后赵飞燕姐妹身上所发生的奇事，可以充分证明。儒家系统的两大法宝之一是“进谏”，并且主张婢膝奴颜，低三下四的“进谏”，儒家系统理论：“诚”可以感动上天，当然可以感动君王，王章已经完全办到，可是感动之后，又将如何？在君主立宪国家，刘骜是一个好君王。在专制封建国家，他不过一头猪崽。

**4** 冯野王大为恐惧，遂请病假，三个月期满，中央政府准予带职养病（赐告），冯野王遂跟妻子，回到故乡杜陵（陕西省西安市东南）就医。王凤当然不放过他，命总监察官（御史中丞）弹劾："冯野王只能在原郡（琅邪郡〔山东省诸城市〕）带职养病，却私自回归故乡，手拿虎符，越过郡界，径自回家，对诏书大不敬。"（"大不敬"是唯一死罪）杜钦给王凤上签呈说："部长级官员（二千石）患病，奉准带职养病，而私自回家就医的，有前例可援，并没有不准离开原郡的法令。古书上说：'对赏赐有怀疑时，应该赏赐。'目的在于推广恩德、勉励有功人员。'对处罚有怀疑时，不应处罚'。目的在于谨慎刑法，免得冤枉。而今，不管法令、不管前例，而竟然拿出'大不敬'法条治罪，完全违背'对处罚有怀疑时，不应处罚'的古训。假使说，因为部长级官员（二千石）的地位太高，管辖千里国土，负责军事重任，不可以随便离开本郡，必须制定新的法条，予以约束。那么，冯野王的罪状，却发生在法条制定之前。刑罚和赏赐，关系国家的大信，不可以不慎重。"

王凤听不进去。冯野王竟被免职。

**5** 当时，全国人民都知道王章死于冤狱，对中央政府，纷纷指责讥刺。杜钦为了补救已失的民心，再向王凤建议："首都长安特别市长（京兆尹）王章，被指控的罪状，全属隐私，近在京师（首都长安）的人都不知道，何况远方？恐怕天下不了解王章确确实实罪该万死，而误以为他直言规劝被杀。如此的话，不但阻塞以后的进谏，也伤害皇上宽厚的品德。我愚昧的认为，应该利用王章这件事，命各郡、各封国，推荐敢于规劝建议的'直言极谏'人才，加上现任中下级官员（郎吏）跟担任随从官员（从官），教他们尽量发表意见。政府的言论尺度，应表现得比从前更宽，用以向四方展示，使天下都了解领袖圣明，从来没有因为谁言论不当而责备过谁！能够这样做，谣言自然平息，怀疑也就会消失。”

王凤向刘骜报告，按着计划实施。

**6** 本年（前二四），陈留郡（河南省开封市东南陈留镇）郡长（太守）薛宣，调任北长安市长（左冯翊）。

薛宣当郡长，一向享有声誉。薛宣的儿子薛惠，当彭城（江苏省徐州市）县长（令）。薛宣曾经过彭城，知道他儿子没有才干，所以根本不考察他行政方面的事。有人问薛宣："为什么不教你儿子？"薛宣笑说："官员担任行政工作，严格遵守法令，不懂的话，可从学习中得到。但是才干和能力，却是天分，是学习不到的。"大家传播这句话，认为薛宣的见解，含有至理。

# 纪元前二三年 戊戌

西汉 阳朔 二年

1 春季，三月，西汉政府（首都长安〔陕西省西安市〕）大赦天下。

2 最高监察长（御史大夫）张忠逝世。

3 夏季，四月二十七日，西汉帝（十二任成帝）刘骜（本年三十岁）任命宫廷随从（侍中）、交通部长（太仆）王音，当最高监察长（御史大夫）。王家班更势不可当。郡长（守）跟封国宰相（相）、各州督导官（刺史），都出于王家班推荐。“五侯”兄弟们，生活豪华，竞争奢侈（王姓兄弟八人：王凤、王崇，跟皇太后王政君同一个娘亲，早就封侯。王政君的异母弟弟：王曼、王谭、王商〔王家班〕、王立、王根、王逢时。王曼先死；王谭等五人同时封侯，世称“五侯”），贿赂公行，金银财宝从四面八方，涌向王姓家门。王姓兄弟，又通情达理，喜爱贤能人才，毫不吝啬的招待宾客，并以结交朋友为荣。于是，帮闲分子盈门，纷纷传播王姓美好的声誉。刘更生（刘向）对陈汤说：“上天变异如此严重，皇亲国戚如此不可一世，日子一久，势将威胁刘姓皇族。我有幸是刘姓皇族中最卑微的后裔（刘更生是一任帝刘邦幼弟楚王〔元王〕刘交的子孙，在血缘上，相当疏远），而且几次都蒙受中央政府的恩典，自己又是皇族的旧臣，曾侍奉过三位皇上（十任刘病已、十一任刘奭、现任〔十二任〕刘骜），陛下知道我是先帝（十一任刘奭）的老部下，每次接见我，都十分谦恭。我如果不进言，谁还进言？”

于是，呈递“亲启密奏”（封事），竭力规劝，说：“我了解，没有一个君王不盼望安定，结果却常常动荡。没有一个君王不盼望兴盛，结果却常常灭亡。为什么如此？在于不知道如何统御。高级官员掌握权柄，控制政府，就没有不伤害国家之理。所以，《周书》说：‘大臣一旦作威作福，对家族造成灾难，对国家造成凶险。’孔丘说：‘皇家不能支配俸禄，国务官却主持政府。’这是危亡的先兆。而今，王姓家族，乘坐红色车轮跟彩色轴头（朱轮华毂）车辆的，二十三人（西汉王朝制度，部长级官员〔二千石〕以上，才可以乘坐这种车辆）；佩青色紫色印带，帽上有貂尾跟绣花的，充满金銮宝殿，像鱼鳞般，排列左右（西汉王朝制度：侯爵印信系紫色绣带，部长级官员印信系青色绣带。凡是可以跟皇帝接触的亲近官员，如宫廷随从〔侍中〕、寝殿侍奉官〔中常侍〕等，帽上都用貂尾作为标帜，还绣上蝉的图案，取“清高”之意）。全国最高统帅（大将军王凤）主持政府，独断独行，‘五侯’高高在上，骄傲奢侈，他们同时炫耀权势和财富，想怎么横行，就怎么横行。品格卑鄙，看起来却洁身自爱。一身为私，看起来却像是完全为了国家。依靠皇太后（王政君）的尊位，借用外甥（刘骜）跟舅父（王凤等）间的亲情，取得重大权力。

“现在，宫廷秘书（尚书）、九位部长（九卿）、各州州长（州牧〔此时仍是刺史〕）、各郡郡长（郡守），都来自王姓皇亲的家门，掌理宫廷机要，结党营私。受到他们夸奖的，指日高升；被他们憎恨的，非死即伤。帮闲分子到处传布他们的美德，摇尾系统又坚决支持。排斥刘姓皇族，使皇上陷于孤立。凡稍有智慧能力的，一定摧毁，不使他们向前迈进一步。隔离刘姓皇族，不准刘姓皇族人才，留在宫廷或中央政府，以免跟皇上接近，分割王姓家族的大权。并且不断提醒陛下'燕盖之乱'（参考前八〇年），表示皇族同样可以谋反，使陛下心生猜忌。却故意避开吕姓家族（参考前一八〇年）跟霍姓家族（参考前六六年）危害皇家的往事。在内心上，他们跟姬鲜（管）、姬度（蔡）一样，叛乱之念已经萌芽。可是在表面上，他们却满口姬旦（周公）论调（纪元前十二世纪，周王朝一任国王姬发逝世，十二岁的儿子姬诵即位。管国国君姬鲜、蔡国国君姬度起兵。姬旦当时是中央政府宰相，东征把他们击败）。兄弟分别控制重要位置，家族盘根错节。从上古算起，直到秦王朝，以至西汉王朝，皇亲的权力威势再高，从没有人高过今天的王家。

"权势太盛，一定有非常的变化预先警告和呈现即将衰败的各种征兆。孝昭帝（八任帝刘弗陵）时，泰山上的大石头自行起立，御花园（上林苑）枯干的柳树，复苏重生（参考前七九年）。最后，孝宣帝（十任帝刘病已）登上宝座。而今，王姓家族在济南郡（山东省济南市章丘区）的老坟（王姓家族本是济南郡东平陵〔山东省济南市章丘区〕人，七任帝刘彻时，绣衣戒严官王贺，才迁到魏郡元城县〔河北省大名县东北〕），梁柱上忽生枝叶，甚至伸出户外，再往下垂，深入地面，变成树根。比较起来，大石头起立，枯柳树复活，都没有如此明显。政府之中，两个领袖不能同时并存。王姓家族跟刘姓皇族，也不能同时并存。如果王姓有泰山般的平安，则刘姓就有累卵般的危险。陛下身为刘姓子孙，守护祖先祭庙，而竟使国家命脉，转移到皇亲外姓之手，而使刘姓皇族被贬降成贱役之辈。陛下虽不为自己打算，也应为祖先祭庙打算。

“妇人应亲近丈夫家的人，而疏远娘家的人，而今皇太后（王政君）却恰恰相反，不是她的福气。孝宣帝（十任帝刘病已）不把大权交给舅父平昌侯王无故，目的在于保全他，英明的君王，有能力在无形中为人造福，在没有发生灾难之前，就把灾难消除。我的建议是：请陛下颁布公开诏书，发出高贵声音，引用皇族，作为亲信，并予以支持。罢黜皇亲国戚，收回权柄，使他们都回到他们的侯府。一则效法先帝（十任帝刘病已）的榜样，使亲戚平安，保全性命，应该是皇太后（王政君）的本意，和皇亲的福气。然后，王姓家族永远保持他们的爵位俸禄，而刘姓皇族，也可永远绵延，不致失去政权。这正是和睦内外两姓，使子子孙孙享受无疆的谋略。如果不如此，恐怕田姓家族事件，会重见于今天（春秋时代，田姓家族从陈国投奔齐国，而终于前三八九年，夺取齐国政权）；而六位国务官分割晋国的局面，也会重在西汉王朝演出（春秋时代末期，晋国国君地位低落，被六大家族：智姓、范姓、中行姓、韩姓、魏姓、赵姓，联合控制。后来互相并吞，只剩下韩姓、魏姓、赵姓，终于瓜分晋国），为后世带来忧患。事情再明显不过，请陛下留意三思。”

奏章呈递上去后，刘骜召见刘更生（刘向），叹息伤感，说：“你不必再多言，我会考虑。”然而始终没有行动。

**4** 秋季，关东（函谷关以东）大水灾。

**5** 八月十日，定陶（共）王（首府定陶〔山东省菏泽市定陶区〕）刘康（刘骜弟）逝世。

**6** 本年（前二三），改封信都王（首府信都〔河北省衡水市冀州区〕）刘兴（刘骜弟），当中山王（首府卢奴〔河北省定州市〕）。

# 纪元前二二年 己亥

西汉　阳朔　三年

1 春季，二月二十七日（原文误置于三月，据《汉书·五行志》改），西汉王朝（首都长安〔陕西省西安市〕）东郡（河南省濮阳市西南）降下八块陨石。

2 夏季，六月，颍川郡（河南省禹州市）铁矿管理局（铁官）所属工人申屠圣等一百八十人，击斩郡政府高级官员（长吏），攻破军械库，取得武器。自称"将军"，向各处游击，历经九个郡。中央政府派宰相府秘书长（丞相长史）、总监察官（御史中丞）追捕，用战时军律征调大军，申屠圣等全体伏诛。

**柏杨曰** 这些工人为什么暴动？原因不明。传统史书最大的特点是，只写民变，却很少写为什么民变。一百余工人如果生活过得去，在那个叛变必死的形势下，不可能犯上作乱。而竟然犯上作乱，必然是活不下去。如不是生活已绝，则一定是冤苦难申。官方史书之不记载，是不敢记载。

**3** 秋季，全国最高统帅（大将军）王凤，患病沉重。西汉帝（十二任成帝）刘骜（本年三十一岁）几次亲去探望，握着王凤的手，流泪说："将军万一发生难言之事（死亡），平阿侯王谭将接替你的位置！"王凤叩头流泪说："王谭等一些人，虽是我的弟弟，然而，他们的行为不端，奢侈凶暴，不能做人民的表率，不如最高监察长（御史大夫）王音，谨慎小心，我愿以生命担保他可以担当大任。"王凤逝世之前，再上书给刘骜，坚决推荐王音接替自己，指出不可命王谭等"五侯"负实际行政责任。刘骜认为有理。

最初，王谭对老哥王凤的态度，十分傲慢，不肯听王凤摆布。而王音尊敬王凤，恭敬谦卑，好像子侄，所以王凤竭力保举。

八月二十四日，王凤去世。

九月二日，刘骜任命王音当全国武装部队最高指挥官（大司马），兼车骑将军。擢升王谭当"特进"（官位仅次"三公"），代理首都长安城防指挥官（领城门兵）。安定郡（宁夏固原市）郡长（太守）谷永，认为王谭已被冷淡，劝王谭辞职，王谭拒绝。但从此王谭、王音之间，结下怨恨。

**4** 冬季，十一月六日，擢升宫廷禁卫官司令（光禄勋）于永，当最高监察长（御史大夫）。于永，是于定国的儿子（于定国，参考前六九年）。

# 纪元前二一年 庚子

西汉 阳朔 四年

**1** 春季，二月，西汉政府（首都长安〔陕西省西安市〕）赦天下。

**2** 夏季，四月，雨雪交加。

**3** 秋季，九月十六日，东平（思）王（首府无盐〔山东省东平县东南〕）刘宇（十任帝刘病已子）去世。

**4** 宫廷供应部长（少府）王骏，当首都长安特别市长（京兆尹）。

王骏，是王吉的儿子（王吉，参考前七四年）。过去，首都长安特别市长（京兆尹）有：赵广汉、张敞、王尊、王章，直到王骏，都以干才闻名于世。京师（首都长安）传诵说："前有赵、张，后有三王。"

**5** 闰十二月七日，最高监察长于永去世。

**6** 乌孙王国（首都赤谷城〔中亚伊赛克湖东南〕）小国王乌就屠逝世，子拊离继位，被老弟日贰谋杀。中国政府派遣使节，封拊离的儿子安日当小国王。日贰逃亡到康居王国（首都卑阗城〔中亚巴尔喀什湖西南锡尔河北岸突厥斯坦〕），安日命高级官员姑莫匿等三人，假装背叛，也逃亡到康居王国，投奔日贰，然后乘机把日贰刺死。

西域（新疆及中亚东部）各国上书西汉政府，要求派遣前任总督（都护）段会宗，再回西域（段会宗于前三三年到差，三年任期届满，于前三一年调回首都长安），西汉帝（十二任成帝）刘骜（本年三十二岁）应许。西域各国得到消息，欢跃归附。

**7** 安定郡（宁夏固原市）郡长（太守）谷永上书说："圣明的君王，除了注意部下的名声外，还要考察他实际能力。最高监察长（御史大夫）责任重大，宫廷供应部长（少府）薛宣，熟练政府措施，请陛下留意。"刘骜认为薛宣是一位适当人选。